JENNIE

（美）拉尔夫·G.马丁 / 著　陈所以　祝晓光 / 译　陈　慧 / 校

活出
丘吉尔的硬核母亲詹妮
极致

（上卷）

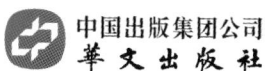

中国出版集团公司
华文出版社

图书在版编目（CIP）数据

活出极致：丘吉尔的硬核母亲詹妮／（美）拉尔夫·G.马丁（Ralph G. Martin）著；陈所以，祝晓光译；陈慧校. —— 北京：华文出版社，2021.8
　　ISBN 978-7-5075-5485-4

Ⅰ.①活… Ⅱ.①拉… ②陈… ③祝… ④陈… Ⅲ.①詹妮·杰罗姆－传记 Ⅳ.①K835.617=5

中国版本图书馆CIP数据核字(2021)第157805号

JENNIE #1 The Life of Lady Randolph Churchill, The Romantic Years 1854-1895
Copyright © 1969 by Ralph G. Martin
JENNIE #2 The Life of Lady Randolph Churchill, The Dramatic Years 1895-1921
Copyright © 1971 by Ralph G. Martin
Simplified Chinese translation copyright © 2021 by Sino-Culture Press
Published by arrangement with Sterling Lord Literistic, Inc. through The Grayhawk Agency
ALL RIGHTS RESERVED

活出极致 ：丘吉尔的硬核母亲詹妮

著　　者：（美）拉尔夫·G.马丁
译　　者：陈所以　祝晓光　　校　者：陈　慧
责任编辑：杨艳丽　袁　博　　特约编辑：王晓冰
出版发行：华文出版社
地　　址：北京市西城区广安门外大街305号8区2号楼
邮政编码：100055
网　　址：http://www.hwcbs.com.cn
电　　话：总 编 室 010-58336239　发 行 部 010-58336267
　　　　　责任编辑 010-58336191
经　　销：新华书店
印　　刷：天津市新科印刷有限公司
开　　本：880mm×1230mm　1/32
印　　张：22.75
字　　数：560千字
版　　次：2021年8月第1版
印　　次：2021年8月第1次印刷
标准书号：ISBN 978-7-5075-5485-4
定　　价：79.00元

版权所有，侵权必究

詹妮的祖父艾萨克·杰罗姆

詹妮的祖母奥罗拉

詹妮的父亲伦纳德·杰罗姆

詹妮的母亲克拉拉·杰罗姆

詹妮和她的妈妈

詹妮三姐妹（左起：詹妮、克拉丽塔、利奥尼）

曼哈顿麦迪逊广场的杰罗姆住宅

杰罗姆一家在纽约布鲁克林的住宅

结婚时的詹妮

结婚时的伦道夫

伦道夫勋爵

布伦海姆宫

布伦海姆宫的卧室

在布伦海姆宫打猎

马尔巴罗公爵七世乔治·查尔斯

马尔巴罗公爵七世夫人弗朗西斯·安妮

维多利亚女王

爱德华王子

威廉·格莱斯顿

本杰明·迪斯雷利

索尔兹伯里

6岁的温斯顿

詹妮和温斯顿（1876年）

My dear mama
I am so glad
you are coming
to see us I had
such a nice
bathe in the
sea to day.
love to papa
your loving
winston

温斯顿写的第一封信

詹妮和两个儿子

詹妮（中间站立者）、温斯顿（詹妮旁边）、杰克（詹妮前面）和众多亲戚的合影

德·布勒特伊侯爵

寇松勋爵

詹妮　　　　　　　　　詹妮

詹妮　　　　　　　画家萨金特笔下的詹妮

译 序
一部别开生面的传记

1987年秋，我在美国著名的游览胜地新港（Newport）买到这部传记，一开卷就被深深地吸引住了。

之所以如此，首先是因为这部传记的女主人公詹妮是一位极不平凡的女性，她是现代英国著名政治家温斯顿·丘吉尔的生身母亲，她本人也是在大西洋两岸名噪一时的风云人物。其次，还因为新港恰好是詹妮早年曾经生活过的地方。在新港面向大西洋的曲折幽深的峭壁上，星星点点散布着许多富丽华贵的夏季别墅，其中有一座就是詹妮一家居住过的。童年的詹妮曾在这些花团锦簇的花园里纵情游乐，她和姊妹们曾在这条浓荫密布的静谧街道上驱着驴车狂奔，她曾从这里乘上豪华的游艇追着海鸥驰向碧蓝的大海；她的父母曾在这里同著名的富豪范德比尔特（Vanderbilt）比富赛阔，詹妮也曾为后者在这里所建造的一座意大利式的宫殿——布雷克斯大厦（The Breakers）之富丽堂皇而目瞪口呆。而我，刚刚参观了这座大厦的金碧辉煌的大厅，现在坐在海岸边的草地上读着这本书，心中当然不能不产生一种奇妙的亲切感。

然而，更主要的，还是因为这确实是一部别开生面的传记。它结构十分严谨，资料翔实可信，引用了当时许多人的日记、书信、回忆录中的记载，而且文学性也很强，读起来趣味盎然，许多地方不禁令人哑然失笑。女主人公詹妮的经历富有传奇色彩。她本是美国富商的娇生惯养的小姐,却上攀英国的显贵世家公子伦道夫·丘吉尔勋爵。美国女性的热情坦荡、狂放不羁的性格,同英国维多利亚时代上流社会雍容斯文的传统发生尖锐的冲突,于是风波迭起,艳闻频传。但她意志刚强,且聪颖过人,多才多艺,冲过了阵阵恶风险浪。婚姻虽然早就破碎,她却治家有方,坚定地助夫从政,推着他青云直上,直至离首相的高位仅一步之差。可惜丈夫心力交瘁,功亏一篑,以致一落千丈。她却毫不气馁,从头做起,悉心培育其长子温斯顿,终于使这位丘吉尔家族中的后人成为英国名相。詹妮远非完人,无论她从政,还是私生活,可以诟病之处甚多;但她那种美国式的"永不屈服"的劲头,那种不达目的誓不罢休的奋斗精神,确实令人难以忘怀。

这是一本关于个人的传记,但所涉及的范围异常广阔,汇集了欧美近代和现代的许多宝贵史料。随着詹妮从美国到法国,从法国到英国,随后又多次游欧陆、回北美、环游世界,许多国家在19世纪后半叶到20世纪最初二十年的风俗人情,当时的许多重大历史事件,这本书都有所描述。它涉及诸多历史上的著名人物,每个人都栩栩如生,跃然纸上。如英国的维多利亚女王、德国的"铁血宰相"俾斯麦、法国的拿破仑三世等。作为一个外国文学研究者,我尤其对书中牵涉到的许多文化名人感兴趣,如马修·阿诺德、王尔德、普鲁斯特、詹姆斯·乔伊斯、萧伯纳、康拉德、毕加索、菲兹杰拉德,甚至还有野牛比尔[①],等等。难能可贵的是,作者的史笔公正不阿,对各种大人物,既写其辉煌的一面,也毫不客气地写其不甚光彩的一面,对英国和其他国家统治阶层的穷奢极侈、尔虞我诈、钩心斗角的

[①] 威廉·弗雷德里克·"野牛比尔"·科迪(William Frederick "Buffalo Bill" Cody, 1846—1917),南北战争军人、陆军侦查队队长、驿马快递(Pony Express)骑士、农场经营人、边境拓垦人、美洲野牛猎手和马戏表演者。说明:本书页下注没有标译者注的,即为编者注。

种种内幕，也毫不留情地给以披露。作者还如实地写到欧美当时贫富悬殊、阶级对立的情况：当英国的两百家豪族醉生梦死、歌舞升平之时，该国当时几乎有半数以上的儿童失学，英格兰的女孩子们正被人贩子源源不断地运往欧陆，而爱尔兰的农民则贫困得"像动物一样"，"除了土豆蘸盐外什么也吃不上"；当美国的富豪们替自己的爱犬宠猫戴上价值上万美元的钻石项圈时，纽约成千上万的移民正拥挤在贫民窟里啼饥号寒；当范德比尔特夫人为举办一次舞会替自己定做了上百件礼服，并为此花了 300 万美元建造了一座专用的别墅之时，美国多数工人每天要劳作 12 小时以上，而每周的平均工资却只有 10 美元。我还饶有趣味地读到了当时中国的情况。1894 年詹妮同其丈夫伦道夫抵达广州，书中有这样一段话：

>……街道上尽是敞开的店铺、旗幡、中国灯笼和粗俗浓丽的招牌。川流不息的人群造成一种很狂热的场面。当我们走过的时候，他们对我们怒目而视，叫我们"洋鬼子"；他们向我们当中的一个人吐口水，还打了另一个。很幸运，被打的人没有还手，否则的话，我们也许早被剁成肉饼了。……

上述绘声绘色的描述，出现在本书所引的詹妮给其爱子温斯顿所写的一封信中，从一个侧面反映了当时中国普通百姓强烈的反帝情绪。

这本书主要写詹妮，但是对她的儿子温斯顿·丘吉尔的描述也占了很大的篇幅。丘吉尔曾多次自诩为"雄狮"，但他幼年远非神童，青少年期品学也无异于常人，成长过程也颇为曲折。他从小缺乏父爱而依恋慈母；他相当顽皮，求学成绩不甚理想；他 9 岁时指挥一千多名锡兵玩打仗游戏；他11岁时同母亲一起划船表现出来"司令官"气魄；他在12岁时写信向母亲撒娇，哀求她去学校看望他；他在13岁时又向母亲撒娇，求她允许他从学校赶回家去看美国著名艺人野牛比尔的表演；还有他青年时代的误入歧途和轰动一时的丑闻。如此等等真实情节，书中都叙述得细腻动人，充满生活气息，把一个早年的温斯顿的形象活生生地展现在读者的眼前。书中还描写詹妮如何用美国式的启发诱导方法引导丘吉尔去克服弱点，走上奋发自立之路；如何一步步激起他对政治的兴趣，鼓励他继承父业，并超越前人；如何处处帮助他，为他披荆斩棘，又时时保护他的自尊心，激励他的自信心。可以说，有其母才有其子，"他从母亲那里得到了一切"。这本书是从一个独特的角度记叙丘吉尔这个大人物前半生经历的重要文献。

正因为如此，当我坐在新港的范德比尔特家族的一座华厦外面的草坪上，一边翻阅着这本传记，一边望着脚下不远处白色的海浪一排排奔腾而来，不由感慨系之。大西洋的碧水银浪依旧，历史的波涛却已淘尽了书中所写的两岸风云人物，但他们所留下来的历史经验、人生教训，却不能任其湮灭。于是我决定回国后就把这部传记译出来以飨我国的读者。

陈慧
1989年10月

前　言

陈慧　译

本书的女主人公是一位独一无二的女性，即使已到了 67 岁高龄，甚至躺在医院病床上的时候看上去仍然显得十分年轻。她脸上几乎没有什么皱纹，她的微笑相当迷人；她的眼睛，"那双任性的大眼睛"依然闪烁着热切的光芒。

在她的一生中，她一直是英语世界最有影响的女人之一。

她全力以赴，帮助她的丈夫从一个社交外行的人变成大英帝国最显要的人物之一；她满怀挚爱，雄心勃勃，把她的儿子温斯顿·丘吉尔培养成那个时代英国最伟大的人物之一。

她给她儿子寄书，促使他的写作和演讲精益求精；她运用巨大的影响力，让她儿子从一场战争奔赴另一场战争；她帮助儿子早年便获得战地记者的职务，帮助他发表首批作品和首批著作；她同他一起为他早年的竞选拼搏；她为他打开了通往显赫人物途径的大门。但最重要的是，她给他以无尽的勇气和精力。

她的勇气是令人叹为观止的。她一生中最后一个戏剧性的场面，出现在医生告诉她说她的那条感染了的腿必须截肢之时。作为一个女人，她一直以自己健美的双腿和小巧的双脚而自豪——她甚至把她所收藏的夜间睡鞋陈列在玻璃橱里，供人观赏。纵然如此，这时，她仍然非常镇静地说："一定要确保把被感染的部分全部截去。"

她的精力也是异乎寻常的。在她的一生经历中，她曾经当过一种国际文学杂志主编和出版商；她曾经为布尔战争组织过医疗救护船，用船将第一批伤员运送回国；她是一位具有专业水平的钢琴家；她先后当过剧作家、小说作家和记者；她主持过全国展览会和各种戏剧的会演。当时还不允许妇女单独外出看戏，可是她却已经单枪匹马地去参加政治竞选活动。

她一生中结过三次婚。她的第二次婚姻富有浪漫色彩，但是并不十分美满；第三次结婚倒是很美满幸福的，但是又不甚浪漫。她在63岁的时候和一位比她儿子温斯顿还年轻的男人结了婚，那时她的容貌依然是那么美艳，因此这次婚姻并没有使人们感到意外。

詹妮没有什么圣洁的品质。当然她是属于她那个世界的，那世界充满着伪善的道德，装模作样，又吵吵闹闹，只不过用一层薄薄的虚伪的礼节来掩饰而已。所以她身上也保留着她父母的习性：势利一如其母，而耽于声色则一如其父。

然而，促使她成为她那个时代中独一无二的女人的，却是她自身所拥有的特殊魅力。英国前首相阿斯奎斯夫人提起詹妮时曾说过："她能够主宰世界。"在某种意义上说，她几乎就支配过这个世界。

主要人物表

詹妮·杰罗姆——伦道夫·丘吉尔夫人,曾一度为乔治·康沃利斯-韦斯特夫人。

伦纳德·杰罗姆——詹妮的父亲。

克拉丽莎·杰罗姆——詹妮的母亲,简称克拉拉。

克拉丽塔·杰罗姆——詹妮的姐姐。她嫁给了弗雷温,自称克拉莱。

利奥尼·杰罗姆——詹妮的妹妹,嫁给了莱斯利。

伦道夫·丘吉尔——詹妮的丈夫,丘吉尔·温斯顿的父亲。

乔治·查尔斯——马尔巴罗公爵七世,詹妮的公爹。

弗朗西斯·安妮——马尔巴罗公爵七世夫人,詹妮的婆母。

布兰福德——马尔巴罗公爵八世,詹妮丈夫的兄长。

温斯顿·丘吉尔——詹妮和伦道夫的长子。

杰克·丘吉尔——詹妮和伦道夫的次子。

乔治·康沃利斯-韦斯特——詹妮的第二任丈夫。

蒙塔古·波齐——詹妮的第三任丈夫。

莫尔顿·弗雷温——克拉丽塔(克拉莱)的丈夫。

约翰·莱斯利——利奥尼之夫。

萨尼——马尔巴罗公爵九世,詹妮的侄子。

沙恩·莱斯利——詹妮的外甥。

西摩·莱斯利——詹妮的外甥。

克莱门亭·侯西亚——温斯顿的妻子,詹妮的儿媳,昵称克莱米。

格文德兰·伯蒂——杰克的妻子,詹妮的儿媳,昵称古妮。

伊丽莎白·安·埃弗里斯特太太——温斯顿的保姆。

维多利亚女王——一个时代的象征。

威尔士亲王——爱德华王子,后为英王,称爱德华七世,詹妮的友人。

亚历山德拉王妃——爱德华王子之妻。

迪斯雷利首相——后被格莱斯顿首相推翻。

格莱斯顿首相——伦道夫曾攻击过格莱斯顿首相，继任者是索尔兹伯里首相，后又成为首相。

索尔兹伯里首相——曾任命伦道夫为主管印度事务的国务大臣。

约翰·戈斯特——第四党成员。

亨利·沃尔夫——第四党成员。

阿瑟·鲍尔弗——第四党成员。

查尔斯·帕内尔——第四党成员。

罗斯伯里勋爵——英国首相，詹妮的友人。

德·布勒特伊侯爵——詹妮的友人。

布克·科克伦——美国政治家，詹妮的友人。

欧内斯特·凯西尔——詹妮的友人。

威廉·沃尔多夫·阿斯特——詹妮的友人。

布拉巴宗上校——詹妮的友人。

保罗·布尔热——法国名作家，詹妮的友人。

萧伯纳——全名乔治·伯纳德·萧，又称乔治·萧伯纳，英国名作家，詹妮的友人。

珀尔·克雷吉——笔名约翰·奥利弗·霍布斯，英国女作家，詹妮的友人。

乔治·寇松勋爵——詹妮的友人。

查尔斯·金斯基伯爵——后为亲王，詹妮的友人。

黛西·普莱斯王妃——乔治·韦斯特的姐姐。

沃里克伯爵夫人——威尔士亲王的情妇，詹妮的女友。

爱丽丝·凯佩尔夫人——威尔士亲王的情妇，詹妮的女友。

康苏埃洛·范德比尔特——马尔巴罗公爵九世夫人，萨尼之妻，詹妮的侄媳。

帕特里克·坎贝尔夫人——著名女演员，后嫁乔治·康沃利斯－韦斯特。

爱德华·马什——温斯顿·丘吉尔的秘书。

目录

第 一 章　千金……001

第 二 章　豆蔻……021

第 三 章　姊妹……036

第 四 章　世家……054

第 五 章　贵子……100

第 六 章　王子……125

第 七 章　婚姻……135

第 八 章　助夫……146

第 九 章　左右……167

第 十 章　"樱草"……180

第十一章　辉煌……190

第十二章　风波……210

第十三章　赛马……233

第十四章　情场……250

第十五章　故我……272

第十六章　教子……287

第十七章　黑雾……326

第一章　千金

伦纳德·杰罗姆对自己女儿的生活关怀备至，体贴入微，这为许多人树立了榜样。他是一位很有魅力的人，精力超群，个子很高，长得很帅气，尤其是他瘦瘦的脸庞上留着的那副山羊小胡子，给人留下了深刻的印象。他也是赛马、女人以及打猎的狂热爱好者。后来，詹妮所爱过的几乎所有的男人（包括和她结婚的三个男人）也都有同样的这些本领，尤其是他们对生活都有着强烈的兴趣。

伦纳德·杰罗姆一生中曾当过律师、报馆编辑，担任过美国驻意大利的里雅斯特（Trieste）的领事，又是一位艺术品收藏家和《纽约时报》的股东。他是一位神话般的大投机商，随时能赚又能亏数百万美元，亏了又能很快赚回来，因此报纸称他为"金融界之王"，人们也称他为"美国赛马场之父"，因为仅凭他个人的威望就把美国赛马活动的社会地位给提高了。

他的个人爱好是音乐，他花费大量金钱供养一批有前途、年轻的专业歌手，特别是漂亮的女歌手。他宠爱的一个情人便是著名的歌手詹妮·林德。他大胆地说服对此一无所知的妻子给他第二个女儿取名叫"詹妮"。

在他的四个女儿中，詹妮是伦纳德·杰罗姆最疼爱的女儿。他在临终时说道："我已经把我的一切都传给你啦，你一定要把它们传下去。"他传授给她许多人生哲理，其中重要的是：第一要坚信人的一生一定要过得幸福美满，其次要意识到生活中若没有爱情就是虚度时光。这些都是他遗产的一部分。

早年，为了寻求宗教自由，杰罗姆一家和成千上万的胡格诺派新教徒逃离法国来到了英国。但是这些人在英国并没有找到自由。1540年，维廉·杰罗姆牧师在火刑柱上被烧死，他的后裔漂洋渡海来到美国。成为第一代美国人的杰罗姆家族成员叫蒂莫西，他于1710年来自怀特岛①。历史形成一个神奇的圆圈，也正是在怀特岛，164年之后，詹妮·杰罗姆迈出了浪漫的第一步，重新变成了一位英国籍的妇女。蒂莫西·杰罗姆在获得皇家授予他制盐加工的专卖权以后，来到了康涅狄格州梅里迪安市。他死的时候很富有，遗体就埋在巴克威特山坡上，从山上可以俯瞰他自己曾拥有的土地。他的一份遗产清单包括：一顶水獭帽子、一个放混合甜料的大钵、一条丝手帕、一大批图书和四个分别叫波姆普、普林斯、罗丝和詹妮的奴隶。

蒂莫西之子塞缪尔生了五个儿子。在美国独立战争期间，塞缪尔和他的五个儿子并肩战斗。其中一子阿伦，同美国第一任总统乔治·华盛顿的表妹结了婚。因为华盛顿没有直系后裔，后来，伦纳德·杰罗姆宣布："我们是最近的亲戚。"

阿伦之子艾萨克是个当过兵的农民，十分守旧。他的妻子是一位年轻的苏格兰女人奥罗拉，是鲁本·默里的女儿。鲁本·默里在美国独立战争期间当过兵。他很机敏，高高的个子，有充沛的精力和想象力，是个很有威严的男子汉。作为作家和民谣歌手，他曾经走过红运发过小财，后来又倒霉亏光了。奥罗拉性格开朗、聪明机智，而又野心勃勃。艾萨克和奥罗拉·杰罗姆有九个儿子和三个女儿。他们的第五个儿子是在1817年出生的，名字叫伦纳德·沃尔特。

杰罗姆一家靠纽约州庆培村山坡上的那块农田维持生活。艾萨克

---

① 怀特岛（Isle of Wight），英国南部岛屿，靠近英吉利海峡北岸。

要求他的儿子们继续在地里干农活,但是精力旺盛的奥罗拉坚决主张把男孩们打发出去到外地谋生赚钱。伦纳德,像他哥哥们一样,先是在农田里干着不合自己心意的农活,后来,他在乡村百货店里找到一份每星期赚一美元的工作。他学会了跟精明能干的农民们做小小的生意,用商品去交换他们的农产品。

伦纳德的两个哥哥考进了新泽西学院(后来改名为普林斯顿大学)。紧接着,1836年,伦纳德也进了同一所学院。伦纳德是个漂亮的小伙子,在那里很容易地就交上了许多朋友。他很快就成了学院恶作剧团伙中的一员。他最壮观的功绩就是组织了一百多名大学生将1812年战争期间所缴获的一门大炮推到校园内,这门大炮现在依然摆在校园内,它是普林斯顿传统的永久性象征。

普林斯顿大学的档案中也有这样的记载。伦纳德·杰罗姆因"未经允许去特伦顿而被勒令退学"。他曾因涂抹祈祷厅里的座位以及破坏化学教师的实验试管,致使试管在课堂上爆炸而受到校方的处罚。为了补救这种缺乏教养的过失,老杰罗姆曾向普林斯顿大学提供5,000美元的年金,想让校方在他儿子毕业时授予他"最有教养的人"称号。(《纽约时报》赞成这样做,并建议州议会也应当给予同样的奖励,他们甚至认为再多给些奖励也是十分必要的。)然而,普林斯顿大学却拒绝这样奖励他儿子,因为他们认为"所有美国人天生就应该是有教养的人"。

由于家庭经济状况不佳,所以伦纳德就转学到学费便宜的纽约州斯克内克塔迪的联合学院①。他在学院合唱团里唱男高音,并以优异的成绩毕了业。他有一个表弟,名叫詹姆斯·罗斯福,几年之后也进

---

① 联合学院(Union College),始建于1795年,是美国纽约州政府承认的第一家学院。

了联合学院读书，他后来是富兰克林·德拉诺·罗斯福的父亲。

伦纳德·杰罗姆不久就在他伯父海拉姆·杰罗姆那里上班了。海拉姆曾是亚伯拉罕·林肯总统的早期法律条文起草者之一，后来曾任纽约州巴尔米拉市韦恩县法院第一任法官。当时，巴尔米拉是个有着宽广街道的繁荣小镇，商店装饰一新，十分华丽，伊利运河的两岸矗立着许多豪华旅馆，五颜六色的定期航船穿梭般地从运河里通过。伦纳德不但成为他伯父业务的合作者，而且被任命为该县公证人，还在穆德·克雷科以北的地方买下170英亩的土地。他和他的弟弟劳伦斯，与霍尔家的姊妹克拉丽莎和凯瑟琳，开始了两对男女同来同往的约会。

克拉丽莎（后来这个名字缩写成克拉拉）是一位文静的、身材丰满的年轻女孩，还接受了一笔丰厚的遗产。她的椭圆形的脸庞妩媚动人，长着一对黑色的沉思的眼睛，乌黑漂亮的头发齐整地从中间向两边分开。有些人说她腼腆而城府甚深，她的姨妈们说她们谁也搞不清这个姑娘到底在想什么事，还说，她恰到好处地同"看来有意的人"眉来眼去。

霍尔姊妹很早就成了孤儿，现在跟姨妈们住在一起。她们的生父安布罗斯·霍尔，高高的个头，相当英俊。他是个很富裕的地主，是纽约州议会众议院的杰出议员。她们的母亲克拉丽莎·威尔克科斯出身于马萨诸塞州一个早期移民家庭。霍尔家族中所有的女人都有乌黑的头发、黝黑的面庞、高高的颧骨，她们把这些特征说成"霍尔家族的标志"。有人背后说，这个家庭的这些特征说明她们具有印第安人血统，还说她们的祖母被易洛魁人①强奸过。

---

① 易洛魁人（Iroquois），北美印第安人的一支。属蒙古人种美洲支，使用易洛魁语。

霍尔家族人的特征随着年龄的增长,似乎变得越来越明显了。到了晚年,詹妮的母亲克拉拉看上去很像印第安人,她的亲戚戏称她为"坐牛"①。在詹妮的一位妹妹死的时候,家里人发现原本她是一位白肤金发的女子,脸上显现出某种奇怪的变化,使她看上去像一位印第安人……一位侄子一直坚持这种观点,认为詹妮本人的相貌在死的时候也呈现出同样的变化。

海拉姆伯父让伦纳德带着侄子们到罗彻斯特从事法律实践,这使得杰罗姆—霍尔的联姻推迟了。一位罗彻斯特的社交界名人后来回忆道:"杰罗姆兄弟俩的确是一对极为风趣的小伙子……他们打扮得十分漂亮,骑着高头大马,颇受姑娘们青睐。"劳伦斯·杰罗姆不久就和凯瑟琳·霍尔结婚了,但伦纳德·杰罗姆5年以后才向克拉拉求婚,并于1849年4月5日举行了结婚典礼。那时伦纳德32岁,而克拉拉只有24岁。杰罗姆兄弟所购置的房产是相邻的,还修建了一条连接通道,这样他们就可以互相来往而不必绕道了。他们住在富人居住的第三区"褶角衬衫区"②。该区和商业区被从市中心流过的伊利运河隔开。这个居民区的住房都很宽大,大多数是过去殖民地官员们的住宅,有些建筑物的外观呈现古希腊风格,而房间里却装有最新式的设备,包括单人套间的淋浴设备。

罗彻斯特镇是一个用船只转运小麦的主要港口,这是一个日益兴旺的上流阶层人士居住的地方,有一套很势利的风俗习惯。克拉拉很快就适应了这里的生活环境。她用红色金丝绒、贵重的镀金镜子、白

---

① 坐牛(Sitting Bull,1831—1890),印第安酋长,曾率领印第安人反抗美国政府并取得胜利。

② 褶角衬衫区(Ruffled-shirt Ward),19世纪20—30年代伊利运河建成后,商人们在罗彻斯特的第一次发展中建造了令人印象深刻的住宅。罗彻斯特人把这个社区称为"褶角衬衫区",因为那里有大量风格多样的豪宅。

色大理石壁炉以及布鲁塞尔地毯将房间装饰一新。克拉拉又出钱帮助她丈夫买下了罗彻斯特的《美国日报》，这使后者更加积极地参与了自由党的政治生活，不久就有人提议任命伦纳德为驻意大利拉文纳的领事。但是，他拒不接受这一任命，因为他已经致力于纽约电报公司的业务。为了经营这一新的生意，1850年他卖掉了罗彻斯特报纸的股份，随后和妻子一道来到布鲁克林。

当时，布鲁克林从法律上来说是个独立的城镇，人口大约12万。镇里修建了长达35英里的大街，两旁还安装有路灯照明。1853年以前这里还不通电车。杰罗姆居住的那个地区后来叫作布鲁克林高地，杰罗姆在那里的亨利大街租了15间红砖房，这条街恰好位于临近东河的街区。他的哥哥艾迪生是一位纽约股票交易经纪人，也随着他们一道儿搬进了这个重镇。他们兄弟二人还定期渡河到对面的华尔街去经营股票交易。

杰罗姆住宅附近有一座普利茅斯大教堂。教堂里有一位曾经因以其洪亮而又动人的声音反对蓄奴制度而闻名全国的传教士，名叫亨利·沃德·比彻。他的姐姐哈里特·比彻·斯托后来写了一部著名的小说①，曾被林肯称为"引发一场内战的小册子"。有一次，在做颇有影响的讲道时，比彻大声说道："萨拉，到这里来。"一位混血小姑娘来到讲台上握住了他的手，这时，比彻说道："这个小女孩是个奴隶，我已答应给她的主人1,200美元，用这些钱将她赎回，否则，她还会回去当奴隶。请把篮子传过去。"人们把金钱、手表和珠宝扔进篮子里。比彻当众宣布：萨拉是自由人啦！顿时教堂里响起了雷鸣般的掌声。尽管他跟一个教区居民的妻子有过一段众人皆知的丑闻，

---

① 这部小说就是《汤姆大伯的小屋》。

但是比彻仍然在这儿从事牧师工作40多年，那拥有2,800个座位的教堂几乎总是座无虚席。

不久以后，伦纳德把电报公司的股份卖掉了，并和艾迪生一起将全部资金都用在股票市场的投机生意上面。伦纳德把华尔街称为"人们为了生存而残酷斗争的丛林"。然而，他就是靠此而发家致富的。当纽黑文铁路公司卷入伪造股票的丑闻事件的时候，他帮助游说并通过了一项铁路改革议案以"消除混乱现象"。为此，他在华尔街赢得了内行的声誉，引用一个竞争者的话来说，"这该死的家伙已经从诚实中捞到了大好处"。

勇气、冷酷及工于心计是华尔街投机商人的第一需要。杰罗姆搞了许多投机活动，因为他是愿意冒风险的。

"伦纳德，今天的行情怎么样？"一位朋友忽然问他。

"噢，不怎么样，"杰罗姆说，"非常不景气，今天我才赚了25,000美元。"

他专门从事"买空卖空"——在适当的时候将不是自己拥有的股票抛出去，从中渔利。如果股票价格下跌，就廉价买进，待股票价格上涨时再将它们抛出去。

伦纳德和艾迪生的夜生活大部分是在曼哈顿度过的，他们工作上进，玩得也痛快。克拉拉·杰罗姆感到自己是被抛到一边的人。她的丈夫在经济上正处于兴盛时期，她有许多仆人可以使唤，可以随心所欲购买各种服饰。但是，她从来就不会像伦纳德那样懂得怎样玩得痛快，她也无法跟丈夫的种种消遣竞争，甚至连对音乐的爱好也日益减退了，她很少跟她丈夫一道去参加音乐会。

1851年4月15日，克拉拉生下了第一个孩子，是个女孩，取名叫克拉丽塔。此后，她的行动就更受限制了。不到一年，伦纳德高兴地宣布，他被任命为美国驻的里雅斯特的领事，他们全家都要去，而莉莉·格里诺小姐也与他们一同前往。

莉莉是几个和伦纳德有过风流韵事的姑娘中的一位，伦纳德说："她是为了学习意大利的歌唱技巧才跟我们一道来到意大利的。"而克拉拉对此自然并不高兴。莉莉甚至搬进了他们在的里雅斯特的别墅，跟他们住在一起。克拉拉却另居一室，并招集了一大批自己的崇拜者。有宾客形容她是"一位具有美国人的精力，穿着巴黎艳服的肤色微黑的漂亮女人"。不久，克拉拉终于鼓足勇气撵走了格里诺小姐，然后把她的钢琴扔到顶楼里。

当时，的里雅斯特是奥匈帝国通向地中海的唯一港口城市，在这里有许多意大利城堡式的建筑，住着许多意大利伯爵。但是，伦纳德对这些印象不深。"他们会讲几种语言，我自愧不如，"他写道，"但是可以肯定地说，能用一种语言把事情表达清楚要比用五种语言喋喋不休地说个没完更为重要。"他又恢复了对歌剧（有宾客曾写过，杰罗姆经常出去到弗尔迪新剧院看戏，观看威尔第的新歌剧《弄臣》多达 30 场）、对演唱歌剧的演员们、对他的白色小游艇、对那两匹（作为奖品赠送给他的）奥地利著名的种马以及对莉莉小姐的特殊爱好。

伦纳德在的里雅斯特只待了 16 个月，回国后正赶上全国大选，民主党主席富兰克林·皮尔斯取代了共和党主席米勒德·菲尔莫尔。杰罗姆的辞职书立刻被接受了。他们的家于 1853 年 11 月底搬到了布鲁克林，在和睦大街（Amity Street）8 号租了一套公寓定居下来。这条大街直接通往与纽约河遥遥相望的公众广场。

莉莉被赶走了，而克拉拉又怀孕了。这时，伦纳德又跟瑞典出生的著名歌星詹妮·林德联系上了，并恢复了他们之间过去建立起来的关系。詹妮·林德曾经说过，在她所有的崇拜者中，伦纳德·杰罗姆长得最漂亮。伦纳德提到詹妮时是这样说的："她的声音就像黎明，是难以形容的。她是无可挑剔的。"

根据伦纳德父母的家用《圣经》记载，伦纳德和克拉拉的第二个女儿是在1854年1月9日降生的。

"为什么不给她取名叫詹妮？"伦纳德向他妻子问道。

克拉拉最初拒绝取名叫詹妮，但是后来勉强同意了。几个月以后，她才意识到为什么伦纳德一定坚持要取这个名字。

他们在和睦大街住了四年多。虽然詹妮（詹妮特的昵称）对布鲁克林记忆不深，但是，她以前应该在公众广场散过步，观赏过河上航行的帆船和汽轮，偶尔喂喂落在广场上的野鸽子，有时还会看到头上戴着高头盔、身穿褶皱衬衫、外面披着长尾巴外套的救火义勇队队员沿着大街跑过来。杰罗姆的另一个女儿卡米尔是1855年11月在布鲁克林降生的。

伦纳德·杰罗姆在1857年经济恐慌时靠销售短缺货物变成了一位百万富翁。根据奥利弗·格思里提供的资料记载，纽约社会当时把他称为"伟大的唐璜、伟大的运动员、漂亮的马车夫"。他给妻子的钱也增加了，并给她购买了华丽的钻石项链，在新港租了一幢别墅，又为自己买了一艘游艇，这样他就能够乘上游艇来到这里探望家人了。

新港在夏天是个优美的避暑胜地，这个小天地的中心是范德比尔特一家，后来他在这儿修建了一幢用石料砌的、拥有七十多个房间的意大利式的大厦，取名叫"布雷克斯"。大厦里装有供应冷热水的银质自来水龙头（还有含盐的冷热自来水）、用真正大理石雕刻成的浴缸，还有个能够容纳两百人同时进餐的大餐厅。

科尼利厄斯·范德比尔特的个头很高，是个相当傲慢的人。他既是一个好朋友，也是个粗鲁的对手。但是，他也喜欢杰罗姆，这两个人已经携起手来，为控制哈莱姆铁路而进行斗争。许多年以后，詹妮成了布雷克斯的贵宾，她目不转睛地看着那些巨大的枝形吊灯——每盏吊灯所占的面积可以容纳4个人，见到那16位身着丝绸马裤的男仆人更是使她惊叹不已。杰罗姆和范德比尔特两家的友谊一直延续了几代人。

杰罗姆于1858年移居法国巴黎，搬进了香榭丽舍大街（Champs Elysées）的一座豪华公寓里。伦纳德在写给他弟弟的一封信中曾简单地提到过这件事："我们曾到过杜伊勒里宫（Tuileries）并参加过在那里举行的盛大舞会，而且受到皇帝和皇后的接见。舞会上所有的人都一致认为克拉拉是舞会中最漂亮的女人，我过去从来没见她这样漂亮过。"

克拉拉当时正是风华正茂。她家中经常聚集一些法国贵族，克拉拉设便宴款待他们，饭后请他们参观一系列的"令人感到高兴的""个人的"艺术展览。她的再一次怀孕使她的活动频率稍微有些降低。然而，伦纳德却对巴黎感到十分厌烦。他在给弟弟的一封信中写道，"巴黎并不像纽约那样使我感到舒适"，"我明年夏天要去怀特岛度假。那儿是乘快艇游玩、骑马打猎的好地方……"

他们的第四个孩子仍然是个女孩，名叫利奥尼（作者注：法语阴性名词，是伦纳德之意）。1859年杰罗姆携全家返回纽约。

纽约是美国最大的城市，人口约50万。那时第23大街以北的第五大道路面上还没有铺上石子，当时曼哈顿的大部分地段还是绵延起伏的农田，间或有些夏季别墅。杰罗姆在第26大街的最北角麦迪逊广场买了一块地，作为新的文雅社交中心。该广场里六英亩的一块地曾经是贫民的墓地，位于市杂技场的旁边，成了纽约首次组建起来的棒球俱乐部的球场，同时又是妓院云集之地。报纸广告把此地说成是"世界上最文雅的地方""卢浮宫"。

当周围建起了四层私人楼房以后，麦迪逊广场开始发生显著变化。"德尔荣尼克"餐馆给这个地区增添了光彩。新近落成的豪华的第五大道旅馆跨了几个街区。"旅馆里安装有穿过每层楼的轨道式的垂直升降梯"（后来叫作电梯），采用中央供暖系统，并对室内厕所做了改进——有一些批评者认为"厕所不仅不卫生，而且还有失大雅"。

杰罗姆已经答应他妻子，说"我将来要给你修建一座宫殿"。实际上，他也这样做了。他买了一块与谢默霍恩夫人漂亮的新房子相连接的地。后者以前没有把杰罗姆放在眼里。克拉拉为了超过她的邻居，坚持主张按照拿破仑三世巴黎式的建筑风格来设计自己的住宅。这是一幢漂亮的、用白色大理石镶边用红砖砌成的六层楼房，上边带有陡峭的双重斜坡的四边形屋顶，高大的门窗装饰着精致的铁制品，与广场上用褐石建造的许多旧房屋形成了鲜明的对照。这幢楼房里有一个能容纳三百人跳舞的乳白色大舞厅，舞厅内部金碧辉煌；一个供七十人聚餐的大餐厅，还有一个巨大的客厅，克拉拉用大红色布料将客厅装饰得十分漂亮。

伦纳德把大部分精力放在与小楼相毗连的马厩的建设上面，这个马厩总共花费了8万美元。它有三层楼房那么高，地板上面铺一层厚地毯，门窗是用乌黑色硬质木料制作的。"除了巴黎皇家马厩以外，世界上任何一个马厩是否还能与杰罗姆的马厩相媲美……这是值得怀疑的"，《纽约论坛报》这样报道。

马厩旁边又建起一座同样独特的有六百个座位的私人剧场。"当你进入剧场后，穿制服的仆人就会来接待你，带领你到你的座位上去,周围全是身份显赫的人物。舞台上演出的全是些金发女歌星及其配角——女票友们,都是当时的时髦人物。"在杰罗姆的剧场开幕的那一天,根据传统习惯举行了盛大的开幕典礼,墙壁用鲜艳的玫瑰花装饰得十分华丽,喷泉里喷出香槟酒和香水的气味。

对杰罗姆来说,所有这些富丽堂皇的建筑是跟他的好友奥古斯特·贝尔蒙特直接竞争的一种形式。贝尔蒙特个头不高,是个身材魁梧的中年人,跛脚(与人决斗留下的残疾),讲话的口音带有外国腔调。虽然他有德国和犹太人的血统,但是许多人把他误认为法国人。贝尔蒙特像杰罗姆一样,是靠着他灵活的头脑和锐利的机智才成为百万富翁的,而这两个人在女人、赛马、艺术欣赏和美食方面均称得上是行家里手。贝尔蒙特跟康芒德·佩里心爱的女儿结了婚。在第五大道贝尔蒙特家里举行的化装舞会是狂欢季社交活动中的一件大事。

贝尔蒙特与杰罗姆相互争夺的时髦女人之一就是范妮·罗纳德夫人。她是一位离婚的波士顿女人,曾经是音乐会的著名歌星。

20年以后,杰罗姆和贝尔蒙特与他们的朋友弗兰克·格里斯沃尔德共进午餐时,他们之间有过一段这样的谈话:

"奥古斯特,"杰罗姆说道,"你还记得范妮举办的盛大舞会吗?"

"是的,我当然记得,"贝尔蒙特回答说,"我为举办这次舞会还花了不少钱。"

"噢,说来也奇怪,"杰罗姆慢慢地说,"我也花了许多钱。"

詹妮初次见到范妮的时候,她还是一个不满6周岁的小女孩。但是童年时期的记忆犹新。"罗纳德夫人是一位才貌双全的绝代佳人,她赠送给我一辆单匹马拉的车和两头驴子;一头驴名叫'威利',另一头名叫'伍思埃'。"当然,这两头毛驴现在放在新港了。

杰罗姆在纽约的住宅比他家里的房子要豪华阔气得多。小女孩们整天坐在陈设漂亮的房屋里,家人从来不让她们外出一步,要出去就由仆人前呼后拥。人们觉得小女孩应该像小玩偶一样规规矩矩,就像博物馆里陈列的展品一样供人们观赏。而那些没有带来、放在家里的孩子们,主要是由女仆、保姆和女家庭教师来照料。

克拉拉·杰罗姆关心的头等大事似乎是她的穿戴问题。她的钻石、珠宝和华丽的衣裳需要由专人细心地照管,还要有一份详细的财物清单,以便使这些贵重的衣物保管得井井有条。诗人威廉·阿伦·巴特勒专门为像克拉拉这样的贵妇写了一首题名《我没有称心如意的衣裳可穿》的小诗。

> 弗洛拉·麦克弗里姆塞小姐,
> 家住麦迪逊广场,她曾三次旅行到国外。
> 她父亲曾经对我说,她每次到达巴黎后,
> 就将她的好朋友哈利恩夫人带……
> 六个星期不歇脚,天天去把东西买。
> 购买来的东西真够多,足足装了十二大车。
> 用船运至纽约港,然后再运到百老汇。
> 若问货主是何人,她就是阔小姐麦克弗里姆塞。

詹妮爱马胜过她讲究的衣着,她在马厩照料马占用的时间和她父亲在马厩里饲养马匹的时间一样多。她的父亲执意要他的女儿们学会

弹钢琴，詹妮的第一位教师就是肖邦的朋友——斯蒂芬·海勒。就是这位赫勒先生曾经对她说过，如果她能认真练习弹钢琴的话，将来有朝一日她也许会成为一名钢琴演奏家。她父亲的剧院对富有想象力的詹妮产生了巨大的影响。当剧院里彩排节目时，小詹妮经常是一位热情的小观众。在正式演出那天晚上，她以激动的心情鼓动全家人去观看演出。

1860年，杰罗姆组织了为欢迎威尔士亲王而举办的盛大舞会。这位来访的亲王是英国王子，年方19岁，长得很帅，但是使人生厌。纽卡斯尔公爵是他的向导，又是他的随身警卫，他以鄙夷的眼光注意到这些美国女人把她们自己的意愿强加于亲王，他认为，严格来说这与她们"受过良好教养的身份是不一致的"。7岁的詹妮也愿意成为王子的崇拜者，她声称她决心参加这个盛大的舞会，并准备跟这位王子跳舞。关于这位王子，据报纸在知名人士轶事专栏里的报道，那天晚上，他避开了纽卡斯尔公爵的监护，独自一人在"最豪华的妓院里寻欢作乐"。

克拉拉·杰罗姆让她的几个女儿生活在一个严加管教的环境之中。"同大多数美国孩子不一样，很少让我们去参加男女一块儿跳的交谊舞会。"詹妮后来写道。然而，奥古斯特·贝尔蒙特举办的化装舞会詹妮倒去参加了。为了证实这件事，詹妮甚至还拍了一张照片。她当时把自己化装成一个"随军女贩"。"我的心情异常激动，舞会前夕连续几天夜里都没有睡好觉。而这热闹的一夜里，人们却发现我面带泪痕，有些人把这件事解释为'由于并不像想象的那样好玩而感到难受'——哎，这种场面已经出现过几次啦！"

詹妮的乐趣并不在麦迪逊广场，而是在新港的杰罗姆的夏季别墅，那是一座迷人的海滨别墅。"那里允许我们纵情地玩乐，我们感到在那里才真正成为孩子，是那样的天真幸福。"詹妮写道。两头小毛驴——"威利"和"伍思埃"套上一辆大车，载着六个孩子"冒着危险"沿着贝尔维尤大道来回奔跑。为了让这两头牲口快跑，詹妮用一根木棍（她把它叫"说客"）当鞭子，在木棍的末端装上一个平头针的针尖。"这辆大车和车上的乘客很快就成为身穿漂亮丝绸衣服的人们所讨厌的对象，而这时也正是我们最开心之时。"

克拉拉·杰罗姆很不高兴地对她丈夫说，詹妮"应该是一个男孩"。然而，在某程度上，詹妮的所作所为是得到了克拉拉的支持的。她对女儿们的养育之道是每天要喝足够多的牛奶、充足的睡眠以及讲究的法兰绒衣裳，除此以外，克拉拉又给她们增加了一些有益的活动，如每天坚持户外健身锻炼，呼吸新鲜空气和经常进行冷水浴，等等。"健壮的女性才能成为漂亮的女人。"她说。

每年夏天到新港来的常客之一就是范妮·罗纳德。伦纳德·杰罗姆经常和她一块儿从纽约港出发乘上一艘"克拉拉·克拉里塔"号游艇去观赏海上风光。游艇内部用浅蓝色的丝绸和精致的银器装饰得十分华丽。克拉拉似乎是对她丈夫和别的女人的暧昧关系习以为常了。这里我们引用她们两人见面时她对范妮说过的那一句话："我并不想责怪你，但是我知道他是怎么能够诱惑人的。"

范妮不仅在特殊场合充当了杰罗姆的替补妻子，而且又是替补母亲。显然，她自己亲生的三个孩子跟她的前夫住在一起，或者是在外地读书。因此，她把母爱全都给了詹妮及其姊妹们。"她们很快就使她成为家里受人喜欢的人物。"后来，詹妮天真地回忆起范妮·罗纳德如何经常在晚上孩子们睡觉以前为孩子们唱歌。她与范妮的关系很好，一生中她们之间总保持着联系。范妮具备詹妮所喜欢的各种品质：美貌、天才、力量和敏感。

虽然詹妮的母亲克拉拉很漂亮，但她的那位多才多艺的丈夫——伦纳德·杰罗姆在别处寻求一位满足自己心愿的女人，也是不足为奇的。同时，詹妮在另外一些女人中寻找，而且她终于找到了她所要的母亲的形象，这一点也并不使人感到意外。

莉莉·格里诺，她看清了伦纳德的生活是空虚的，似乎缺少点什么，她结婚以后曾经给他写过信，信中说："我爱你胜过一切，因为我感到你从来就没有得到过任何人的真挚的爱情。"如果此话当真，那也不是因为他不想得到女人的真挚的爱情。他最新的保护对象就是芳龄17的艾德莱纳·帕蒂，她的声音使他想起了詹妮·林德。杰罗姆在他的剧院里把她培养成一个优秀的歌唱家，使她踏上了音乐道路，还协助她举办了首次巡回演唱会。

詹妮也很喜欢艾德莱纳，但是她更喜欢年轻的明妮·豪克。据说，明妮是伦纳德·杰罗姆婚前风流韵事的私生女。杰罗姆和贝尔蒙特共同承担她学习音乐方面的经费，甚至在她15岁的时候还为她举办了令人激动的公演。后来，艾德莱纳·帕蒂成了她的私人保护人。明妮和詹妮看上去很像一对亲生姊妹，于是克拉拉·杰罗姆在明妮的照片背面写了这样一句话："长得很像詹妮，只是不如詹妮好看。"

明妮追忆，"我在杰罗姆家住着的确很好"，她还记得杰罗姆家小姐们怎样热情地接待了她。她还对这些姑娘们在早餐前骑马奔跑几英里的习惯进行过评论，"她们骑着大马像女战士一样威风"。

杰罗姆在韦思特切斯特县福特汉乡买下了老巴斯盖特庄园，它包括230英亩的土地和私人的小型赛马场。詹妮和她的姐妹们感到在这儿比在新港更为自由。这里，高头大马取代了那两头毛驴"威利"和"伍思埃"。詹妮在巴斯盖特拥有了自己练习骑术的场地，她可以骑上高头大马无拘无束地任意奔跑。

第一章 千金

詹妮的妹妹卡米尔6岁那年突然得病，发高烧，死于1863年。她的死对她的姐姐克拉丽塔（那时才12岁）和妹妹利奥尼（当时不满5岁）来说是一次沉重的打击。同年，伦纳德的哥哥艾迪生也逝世了。

当时，这个国家似乎充满着死亡的气氛，因为内战已经开始了。"关于内战的内幕我记不大清楚了。"詹妮追忆，只是有一件事还是记忆犹新的，即"在舞蹈学校里我所看到的南方学员却都成了'邪恶的叛逆者'，被逮捕了，可能遭到了迫害"。她的父亲献身到国家的统一大业中。在他影响下，他的全家也跟他一道投入到这场斗争中来。杰罗姆坚信这场灾难的原因之一就是黑人在美国生活没有立足之地，他曾经协助政府制定过一个规划，安排一个五千名黑人的殖民团去海地岛安家落户。然而，政府在财政上刁难黑人并拒绝为他们拨款，黑人就自己组织起来了。当杰罗姆得知黑人们在该岛上受虐待时，他就撤回了这个规划，撒手不管了。（这个规划最后以失败告终，大部分黑人被遣返回乡。）杰罗姆还曾经担任过国家安全委员会的财政局局长，为开展各项活动拨出了大量的经费。他个人就捐赠给国家35,000美元来建造"陨星"号战舰，他曾是政府驻比尔银行的顾问，又是1863年纽约征兵骚乱中死伤家属救济基金的创始人。

警察局一直没有能够控制住这场由征兵而引起的骚乱。纽约城被暴徒们洗劫一空。数以万计用洋枪、长矛武装起来的人，举着火把冲向市区，将黑人吊起殴打，并放火焚烧黑人的住宅。他们将内战的罪责加在这些黑人的头上。一个暴徒闯进了一所黑人孤儿院，把儿童们一个个从窗户扔出去。虽然詹妮一直住在城里没有去避难，但她对所发生的这些事件一无所知。不过，她父亲（拥有《纽约时报》五分之一股份的人）干的那件事——当一名暴徒扬言要炸毁报社建筑物时，他父亲把军方交给他的两挺新式后膛机枪中的一挺发给了报社的警卫人员这件事——詹妮必然是知道的。(杰罗姆根本就没有开枪——这时这伙暴徒们便唱着"我们要把老贺拉斯·格里利①绞死在酸苹果树上",向报社进发。直到两百名警察赶到后才把这些暴徒们驱散,给记者们解了围。)

　　林肯总统被刺时,詹妮才11岁,"我记得我们在麦迪逊区的住宅上悬挂着一条黑白条幅。整个纽约城看上去像是一座巨大而又阴森的坟墓"。

　　内战结束以后,杰罗姆重操旧业,他把全部精力又放在音乐、美术、赚钱、寻找女人和赛马上。"像贝尔蒙特和杰罗姆这类人,实际上并没有进入社会。"弗兰克·格里斯沃尔德写道,"但是有些时候他们是会为社会创造财富的。"为了发展单人驾驭的四匹马拉的马车,他们两人组建了"马车俱乐部",以给社会创造财富。

　　后来,驾驭马车成了上流社会人士所喜爱的一项运动。"杰罗姆的马匹都是训练有素的,每当这些马沿着大街走过时,它们会跳跃起来,而且能用后腿站立起来。"一位记者写道。身穿华服的贵族小姐们,面带笑容坐在四轮马车的包厢里,奔驰在大街上寻欢作乐。拉吉斯小心翼翼地登上了马车,坐在后面的包厢里,而杰罗姆则坐在前边的木箱上,戴着一副白手套,拉着缰绳,衣服扣眼插上一大束鲜花,挥舞着皮鞭发出噼噼啪啪的响声。在主人的吆喝声中这四匹大马拉着车冲向第五大道,直接向公园奔去。这时,路边的一个人对另一个人说道:"瞧,这就是杰罗姆。"

　　杰罗姆在贝尔蒙特的帮助下,又把赛马这项运动,从粗鲁的低级玩法改进为社会上所公认的一种竞赛活动。他在巴斯盖特庄园建了一

---

　　① 贺拉斯·格里利(Horace Greeley),《纽约论坛报》创办者,主张改革,反对奴隶制。

座设备齐全的乡村赛马场，场内的看台有 8,000 个座位，里面有富丽堂皇的舞厅、餐厅，昼夜开放的客房，一个豪华漂亮的俱乐部，以及飞靶射击、马球、雪橇车和滑冰等娱乐设施。

1866 年 9 月 25 日，杰罗姆赛马场开幕的那一天，《纽约论坛报》上有过这样的报道："这是社会中的一件大事——是赛马界的新纪元。"贵宾当中有尤利塞斯·辛·格兰特将军，艾德莱纳·帕蒂和范妮·罗纳德也在场。这三匹赛马都是著名的列克星敦雄马，在每次赛马比赛中从来没有输过。其中的一匹马名叫肯塔基，它是杰罗姆花 4,000 美元买到的。克拉拉·杰罗姆感到身体有些不适，比赛前就离开了赛马场。但是，伦纳德坚持要詹妮留下来和他一道继续观看赛马。肯塔基赢得了这场比赛，当人们欢呼喝彩时，杰罗姆把詹妮抱到马背上。这对 12 岁的詹妮来说，是终生难忘的。

杰罗姆在他的赛马场旁边修建了一所乡间别墅，在冬季，他们全家可以来这里度周末。他还专门开辟了一块空地，先灌满了水，待结冰以后，便在室外演奏乐队的伴奏下让克拉丽塔和詹妮在冰上跳华尔兹舞。克拉丽塔当时只不过是 15 岁的年轻小姐，她溜冰时比詹妮胆小，人们把詹妮叫作"疯丫头"。范妮·罗纳德是位超级溜冰家，她经常到这里来滑冰，教给詹妮如何穿着短裙进行 8 字形花样溜冰。

杰罗姆、贝尔蒙特和伦纳德的表弟，及其被称作"华尔街口吃的机智者"的伙伴威廉·特拉弗斯，创建了美国赛马总会。《纽约时报》认为，清除了当时控制跑马场的流氓无赖应归功于杰罗姆。就在这时新闻记者开始把杰罗姆称为"美国跑马场之父"。

杰罗姆不从事跑马比赛时，又经营了快艇比赛。他和他的弟弟劳伦斯组织了首次横渡大西洋的国际快艇比赛，优胜者可以获得奖金 9 万美元。在怀特岛考斯港举行的有皇家特遣快艇中队参加的庆功宴上，人们注意到杰罗姆兄弟二人就是"这次宴会的生命和灵魂"。席间，劳伦斯·杰罗姆收到一张装在皇家信封里的便条。这张便条是过去他到女王夏日行宫参观时拾到的。皇家特遣快艇中队看着他打开了信封，把这张便条轻轻地放在一旁，大声地对伦纳德说："遗憾，我不能跟女王共进晚宴啦。这次因为我们缺乏教养而失约啦。"最后，劳伦斯假装自己被说服后才接受了女王的这次邀请。

伦纳德·杰罗姆回到纽约以后，仍然保持着在戴尔蒙尼科家里举行盛大宴会的传统，宴会上每位小姐都会在她的餐巾下面找到一份纪念品——金手镯。"杰罗姆先生和我们在一起时，赛马是精彩的，比赛快艇是愉快的，宴会是丰盛的。"一位评论家这样写道。

报纸、杂志及报纸内评论知名人物专栏里登满了有关杰罗姆的新闻、轶事。克拉拉看完后，把这些有价值的情报递给了12岁的詹妮。对詹妮来说，所有这些臭名昭著的事件和冒险活动至少把杰罗姆塑造成了一位更浪漫的人物。另外，父亲总是能有空闲时间带着詹妮去看歌剧或者听音乐会、做晨祷，以便让她开开眼界，"见见世面"。他们父女之间的感情很深，玩得快活，共享天伦之乐。而克拉丽塔则有另外的想法，她和母亲一样不想去看戏，整天为衣着打扮而发愁，每天把相当多的时间花在如何把头发卷成法国女人的流行式样上。

克拉拉·杰罗姆发现自己无法跟奥古斯特·贝尔蒙特太太竞争，报道中称其为"奢侈生活的女王"（Queen of High Life）：她的高雅风度，法国人的言谈举止，精致的珠宝和华丽的聚会等都成为人们经常讨论的内容。克拉拉在她丈夫的臭名昭著的事被公布于众后，再也无法忍受下去了。她告诉伦纳德，她打算和女儿们去巴黎，并在那儿长住。伦纳德想她们的时候，可以到巴黎去看望她们。

第二章 豆蔻

1867年，詹妮13岁。

詹妮父母婚姻关系中的裂痕，肯定会给詹妮精神上带来创伤。但是克拉拉·杰罗姆向她的女儿们保证，父亲不在家只不过是暂时的。她指望她丈夫很快厌倦他新喜欢的那些女人，最后回家，回到她的身边。

她们搬进了巴黎闹市区的一套豪华公寓中。虽然克拉拉当时要穿带荷叶花边的睡衣来掩饰她那肥胖的身体，但是，不得不说她在42岁时依然是一个美人儿。

当时，巴黎的人口大约有200万，看起来像是一座新兴城市。拿破仑三世像英国女王维多利亚关心伦敦市政建设那样，对巴黎的建设也做了精心安排，他将一个中世纪的古老城镇建设成了一个富丽堂皇的大都会。在市内修建了最好的林荫大道，在市中心建成了著名的莱斯·霍尔市场，使布洛涅森林最后定型，完成了雄伟的卢浮宫的设计。5年内完成的工作比前辈们700年内完成的工作还要多。一位历史学家曾把这个政权描写成是"提供廉价面包、出色市政工程及美好假期的政府"。

当杰罗姆母女来到巴黎新家定居时，正好赶上奢侈的新巴黎博览会（Paris Exhibition）如火如荼地进行，街头巷尾处处可以看到穿着艳丽民族服装的人群以及参观展览的皇亲贵族。"法兰西帝国似乎从来没有像今天这样稳固，皇宫里面装饰得更加金碧辉煌，举行着更加丰盛的宴会。"詹妮后来写道，"兴高采烈的巴黎人，为在白天观看皇家军队和骑兵游行队伍而感到洋洋得意,布洛涅森林和爱丽舍宫前也挤满了豪华的马车……"她母亲对王室中的任何一个人都很敬畏,这一点给詹妮留下了深刻的印象。她常常观看并等候皇后驱车来她家,"骑在左边马上的身穿绿色和金黄色驭者号衣的士兵以及骑马侍从都显得威风凛凛"。

1869年,克拉丽塔把詹妮带到皇宫里让她首次在社交场合露面时,她更加领悟到在社交场合露面的重要性。对15岁的詹妮来说,仿佛是克拉丽塔交给了她一把通往自由之路的钥匙。这里没有什么家庭女教师,没有严格的规章制度,没有冷水浴,也没有"小姑娘"穿的衣裳。外面是一个既浪漫而又充满艰险的世界,但是通往这个世界的大门一直是敞开着的。詹妮简直是急不可待地想闯入这个世界里去。

詹妮对克拉丽塔恋爱的情景做了详细描述:克拉丽塔是那么迷人,她穿着一件白色的柔姿纱做的低胸衣,那做成卷形的金发沿着脖子披散下来是多么漂亮。詹妮继续写道:

> 正当宾客们欢聚一堂的时候,突然所有的门都打开了,有人禀报说,皇帝陛下驾到,随后皇后也赶到了。她穿着一身绿色天鹅绒做的衣裳,华丽漂亮,灿烂夺目。在她那小而漂亮的头上戴着一顶用珍珠串起来的中间镶有翡翠和宝石的王冠。皇帝陛下和皇后慢慢绕场一周,并向宾客们鞠躬致意,有时在某处停下来,说上几句话,接着便向舞厅走去。

詹妮不仅积极地参与了姊妹们初进社交界的每一项社交活动,而且后来她又充当了向克拉丽塔求爱的一群人的预报者、媒介以及姊妹们的忏悔者。而德·莱塞拉公爵就是求爱人群中的一个，他是西班牙皇后的亲戚，因为他是天主教徒，所以克拉拉·杰罗姆绝对不允许女儿们跟他来往——她这样做只不过是想让她的女儿们找新教徒成亲而已。有一天，詹妮充当了这位公爵的向导，带领他穿过侧门来到了客厅。在这位公爵和克拉丽塔待在一起时，杰罗姆太太突然来到了客厅。克拉丽塔和莱塞拉全都惊呆了。然而，杰罗姆太太由于眼睛近视，把莱塞拉公爵误认成她的一个仆人，并命令他去告诉厨师准备晚餐。"是，太太。"公爵说，然后很愉快地退了出去。

1869年年底，詹妮已经满16周岁了。她已不是正在发育成长中的小姑娘，而是一位发育成熟的少女。她亭亭玉立，体态迷人，又长着一对富有魅力、善于调情的眼睛。幻想当个骑士首先要学会骑马，但是她姐姐的复杂的爱情生活使詹妮打消了结婚的念头。"我永远也不结婚。"她对她父亲说，"我要当一名音乐家。"她每天练习弹钢琴4个小时，但是，这并不是分散她精力的行之有效的办法。她毕竟还是处在最富有情感的年龄，她性格开朗、热情，并随时准备接受生活中的任何浪漫和奇遇。

她父亲是一位理想的护卫者，特别是在那个时代。那时他对女儿的要求就像女儿对他的要求一样多。杰罗姆已经陷入股票市场交易中，而且越陷越深，同时误判了股票市场消化自己购进的大量剩余铁路股票的能力。股票的价格突然下跌时，杰罗姆发现自己损失惨重，濒临破产边缘，他的大部分财富已经消失。他对家人只字未提这场灾难，只是把麦迪逊广场的房产租给联盟俱乐部（Union League Club），然后就到巴黎去了。

詹妮带给了他所需要的鼓励和爱。他带她去骑马，去野餐，去参加聚会，去剧院，去听音乐会。在社交方面他还是很老练的，他依然是一位潇洒英俊的男子汉，给人们留下深刻的印象。他给了她以前从没有过的审视社会旋涡的成熟眼光。

詹妮很快发现其他一些人，特别是上了年纪的人在她周围散布谣言。这时，范妮·罗纳德已经来到巴黎，所以伦纳德·杰罗姆认为有必要请他的好朋友，德·塔利润德侯爵的后裔——德·萨根王子来代替他作为詹妮的保护人。他们经常一起在布洛涅森林骑马游玩，萨根王子被这位活泼可爱的詹妮小姐迷住了。那时，她骑着一匹红栗色的大马，她回忆当时的情景说："我以为自己是非常了不起的。"这位王子给她留下的印象很深。

詹妮看上去很像一位成年妇女，骑马时像，行为举止也像。这位王子不像父亲一样地看待她，这显然使她觉得自己的确是一个真正的妇人了。

詹妮所要效仿的人究竟是谁呢？是她的父亲？她感觉到她跟他的关系最为亲近。当然，她对他的生活方式是完全理解的。是她的姐姐克拉丽塔？有人把她姐姐的许多风流韵事中的每一桩细节都告诉给詹妮了。是她的母亲？克拉拉·杰罗姆经常举行一系列的社交晚会，她总是被形形色色的追求者们包围起来。帝国宫廷社交圈？众所周知，皇帝拿破仑在生活上是个不拘小节的人，他就是个榜样，他拥有许多女人，并养着许多私生子，而且似乎总处于刚同一个情妇告吹便去另一个情妇那里的过程中。

德·伯欣尼公爵——皇帝的亲密朋友和政治上的支持者，他已经结婚，是五个孩子的父亲——竟然成了克拉拉·杰罗姆家里最积极的追求者之一，对此，詹妮并不感到吃惊。尽管伯欣尼经常给克拉拉献殷勤，但是这并不妨碍他向克拉丽塔和詹妮两人求爱。有一次跳舞时，这位公爵显然对詹妮产生了兴趣——而詹妮则以调情的一丝微笑回敬之——这就激怒了德·伯欣尼公爵，他走到詹妮面前，当众打了她一记耳光。这使她受到了教训，让她知道——就像皇宫里所有皇族们都知道的那样——公爵有那么多私通的丑闻，致使皇帝感到有必要告诫伯欣尼，对此类事情要有所收敛。

伦纳德·杰罗姆向妻子抱怨女儿们的放荡行为。"行啦，亲爱的，"她说道，"她们都是你的女儿。"当然，她的观点被丈夫接受了，但是她们也是时代的女儿。上层社会的妇女价值、标准和目标各有不同，就像她们自己一样千姿百态。

尤金妮亚皇后就是她们的标准。杰罗姆家的所有女人都可以用自己的眼光去细心观察皇后的服饰、衣着。克拉拉看见尤金妮亚皇后在社会上有着至高无上的权威；克拉丽塔看到她的那个能收藏三百多件衣裳的精工细做的大衣柜，以及华丽耀眼的珠宝玉器以后而不知所措；10岁的利奥尼看见她像仙女一样美丽；詹妮不仅对她成为欧洲最漂亮的女人，而且也对她成为一位有权力的妇女而惊叹不已。她可以调动千军万马，影响国家的各项决定，改变着历史。

玛利-尤金妮亚·伊格娜斯·德蒙蒂奥个头很高，相貌美丽动人，衣着服饰高雅大方。奥地利的大使梅特涅王子，也是玩女人的行家里手，他把这位皇后叫作"点燃爱情的火焰"。另外，马克西姆·德坎普对尤金妮亚皇后做了这样的描述："她的行为迅速而有些粗心……总是想着自己内心里形成的意念，爱炫耀自己的肩膀和胸脯，头发是染过的，脸上搽了胭脂，唇上又抹了口红……尽管没有情欲，但是虚荣心很强……为了符合她自己的地位，她从来不去剧院听音乐会……"

这里有一段关于尤金妮亚直到26岁时才结婚的传闻。据说，她没有结婚的原因是：她曾经和一位年轻人谈过恋爱，但是后来失恋了。这位年轻人爱上了她姐姐。有人给这个传闻添油加醋,即说尤金妮亚想放弃皇后位。这些传闻使她再也不愿意和任何男人接触。当她和查理·路易·拿破仑结婚的时候,她丈夫差不多比她大20岁,他身材不高,是个矮胖的人,长着一个大脑袋,看上去很不匀称,留着一副轮廓清楚的山羊胡子,上面还有针状的两撇胡子。拿破仑最初只给尤金妮亚摆上一张床,而不是皇后的宝座,只是在她愤怒地拒绝时,才提出和她结婚。然而,他们的结合并不妨碍拿破仑到情妇家去寻欢作乐。尤金妮亚经过两次流产后为他生了一个孩子——帝国王子。以后她与拿破仑的关系纯粹是精神恋爱。

尤金妮亚把越来越多的不公平现象告诉给外国人,尤其是告诉旅居巴黎的美国侨民。她的祖父就是美国人,名字叫维廉·柯克帕特里克,他曾担任过美国驻马拉加的领事。拿破仑似乎很喜欢美国人,他还在觊觎法兰西王位的时候,就是在美国过着幸福而又浪漫的流放生活的。他甚至还希望能写出一部关于移居到美国后来又到法国当杂货商人的小说,并已勾画了提纲。

克拉拉·杰罗姆和她的女儿们早已经卷入皇后生活的小圈子里去了。尤金妮亚在詹妮身上发现的那股热情和微笑正是她自己所没有的,于是她跟詹妮成了亲密的朋友。对詹妮来说,这是一个由皇后代替母爱的特殊形式的母女关系。她不但从皇后那里学到了如何过奢侈的生活,而且性格变得孤僻起来。她也懂得没有爱情的王室是空虚的。

把尤金妮亚介绍给拿破仑的那个人,是马蒂尔德公主。她是威斯特伐利亚老浪荡子杰罗姆王的女儿,也是拿破仑·波拿巴的侄女,路易·拿破仑的堂妹,他们曾订过婚。后来,当拿破仑在一场政变后没有重新掌握政权时,她的父亲出面解除了这门婚约。在她父亲的安排和主持下,她跟一位非常富有的俄国人结了婚。婚后不久,她就跟这位俄国人分手了。当路易·拿破仑当了皇帝以后，他又打算向她求婚，但是被马蒂尔德拒绝了。"我毫不犹豫地拒绝了这门婚事……也并不感到后悔。"她说，"我不能放弃我独立自主的主张，我觉得我心里早就不想这桩婚事了。"马蒂尔德后来对她的一位密友说："如果我要跟他结婚的话，那么我就要把他的脑袋敲开，看一看里面装的是什么货色。"

詹妮对马蒂尔德公主着了迷，称她为"法兰西第二帝国里真正最卓越的、才华横溢的女人"。詹妮和她相识时，她才40来岁，长得很俊俏，是一位性格开朗活泼的女人，目光敏锐，充满活力。无论她在哪里出现，总是被一群男人包围着。

"这位公主总是喜欢那些聪明有才智的人在自己身边工作。"詹妮后来写道，"她还拥有一个驰名全球的高雅的大厅，它可以与18世纪著名的沙龙相媲美。它对王室成员及上层社会的富人有很强的吸引力……这个大厅又是侨居巴黎的、年轻漂亮的美国人经常出没的地方……荣幸的是，一些知名人士，如大仲马、萨杜、奥菲尔·戈蒂耶、鲍德里等人常在这里聚会。"此外，常到这里来玩的还有普鲁斯特、盖伊·莫泊桑、阿纳托尔·法朗士，以及古斯塔夫·福楼拜等人。

16岁的詹妮对"马蒂尔德能够毫不拘束地和聪明有才智的男人们交谈"印象极为深刻。她的社交晚会犹如一颗明珠，光芒四射。直到尤金妮亚皇后把社交活动正式定为"小星期一"的时候，这颗光彩夺目的明珠——马蒂尔德的社交晚会才逐渐地暗淡下来。詹妮肯定这就是一位痛苦而又孤独的女人和一位热爱生活又得到了爱情的女人之间的差异。马蒂尔德所爱的男人都比她年轻，然而，她曾经劝说过一位想要嫁给比自己年轻得多的男人的朋友说："你在跟他谈情说爱，他的确长得很帅，而且又使你心旷神怡；让他和你站在一起，但是不要跟他结婚。"当时,这些话对詹妮来说毫无意义,但后来却觉得这些话颇有道理。

马蒂尔德公主的想象力、她把自己的两幢住宅装点得富丽堂皇而耗费大量钱财的本领,还有早被詹妮发现的鉴别力等,给詹妮留下了颇为深刻的印象。事实上,詹妮从马蒂尔德公主身上看到了许多她自己理想中的女人的很多方面。

如果说尤金妮亚皇后可以作为詹妮的一位庄严的母亲的话,那么马蒂尔德公主就是一位性格开朗的姨妈,波林·梅特涅公主则似乎很像一位易于和詹妮打成一片的姐姐,后者也颇受詹妮的敬佩。这位公主的年龄大约比詹妮长 12 岁,然而两人有许多相似之处:容颜漂亮,意志坚强,性格开朗热情,喜怒无常,非常任性,善于发表热情的演说,机智并且充满活力。"她的妙语和警句广为流传,"詹妮说,"她的衣着已成为人们模仿的样式,那个时代的伟人都渴望与她交往。"波林公主和詹妮经常一道去听音乐会、看戏。首次在巴黎公演歌剧《唐豪瑟》①的主要负责人就是波林公主。她组织演出歌剧和芭蕾舞,本人也参加演出时事讽刺剧并演唱一些歌曲。波林公主后来跟一位漂亮的奥地利大使结婚了。长期以来,这位大使被证实是追逐女人的情场老手,而波林公主本人则成了拿破仑三世的宠儿。

人类好战的本性已为 1870 年的战争所证实。普鲁士的首相奥托·冯·俾斯麦,是欧洲最有心机的人,他已使普鲁士成为北德意志联邦的中心。"要是不打败法国的话,我们就不可能在欧洲的中心建立起一个德国政府……"他说。拿破仑是不想打仗的,但是皇后想要

---

① 《唐豪瑟》(*Tannhäuser*),瓦格纳歌剧。

打仗，宫廷中的大部分大臣也想打仗。拿破仑在墨西哥的灾难①使法国在人力、财力和物力上损失惨重，而且他知道现在是有马没鞍，有大炮而缺少炮弹，有机枪没有会使用这些机枪的人。法国军队总数为30万人，而且没有后备部队。相反，普鲁士有近50万人，同时还有大量的备用部队。人们说普鲁士人是代表未来的民族，但是，尤金妮亚皇后冷冰冰地回答："我们还没去那儿。"

同时，奢华的社交活动从未停止过。詹妮这样描述皇家在贡比涅度周末的规模和豪华场面：

> 这次周末晚会无论从规模上或是人数上来说，都比过去经常举办的这类晚会要小得多（宾客还不到一百人），这是皇帝的龙体欠佳以及某些政治上的原因所致。
>
> 第一天举行盛大的酒会，安排宾客们参加狩猎活动，所有的宾客都骑着马或是驾着两轮马车参加了。所有前去打猎的人都穿着皇家颜色的服装，男人们都穿着带有金黄色纽扣的绿色上衣；而一群身穿绿色骑装、戴着三角帽子的太太、小姐们紧跟在后面。男人们在湖上将猎物包围起来，帝国王子冲上前给被猎的动物致命的一击。晚上在大别墅院内举行火炬晚会，每个阳台上都聚集了无数把火炬，发出耀眼的光芒。野鹿的尸体堆放在当中，上面覆盖着鹿皮；偶尔还能听到打猎的号角声，听到信号后就放出猎犬，一会儿这伙打猎的人便消失了。

随后，男人们护拥着他们的太太走进了餐厅。餐桌上已经摆好了

---

① 指"法墨战争"（1864 年），拿破仑三世支持墨西哥第二帝国建立，1866 年拿破仑三世因国内的对抗和美国的反对逐步从墨西哥撤军，1867 年墨西哥第二帝国灭亡。

金质的、上面刻有拿破仑缩写字母的漂亮餐具。由于拿破仑不喜欢在明灯蜡烛下面用餐,每个人都很快用完餐。接着皇帝举办了一个有奖彩票游戏,而这类彩票游戏的中奖者往往都是事先确定好的,以便让参加游戏的大部分人都能中奖。就以美国大使为例,他很少空着手回家。克拉丽塔在这个晚会上得了一个装满拿破仑金币的墨水壶,克拉拉也得了一些贵重的赛福尔瓷器。

1870年春,伦纳德·杰罗姆从纽约写来一封信,信中写道:"这里的每一个人都变得越来越令人讨厌。"他决定让詹妮和克拉丽塔去尼斯度假,他自己也到了尼斯。克拉丽塔在尼斯给在巴黎的母亲写了一封信。

> 爸爸昨晚到这儿时,他感到很累,但是,今天早晨他看上去还很年轻、漂亮,于是我就对他说,贵妇人们都在外面恭候他呢……我们这样安排反倒使爸爸感到有点吃惊。他出去了,并说到四点钟才能回家。接着我和詹妮为爸爸安排了一个小型沙龙,室内布置得很美,摆上一些我家花园里长的鲜花,以便让来到沙龙聚会的客人感到像"在家"一样……我想詹妮已经将我们在戛纳度过美好时光的情景告诉您了……当时到这里来玩的有一位贵族和他的父亲,还有一位什么伯爵……维也纳来的罗斯柴尔德太太曾经问过我是不是跟贝尔蒙特夫人很熟……

然而,甚至在戛纳,这个相对安静的环境当中,谈论关于即将和普鲁士打仗的消息的人也越来越多。最后,傲慢无礼终于引发了一场冲突——这正是俾斯麦想要干的事情。他将西班牙国内棘手的政治局面变成了战争危机,经过俾斯麦①精心编辑的来自法国政府的一份电报以对德国政府的针刺般的侮辱加深了战争危机。普鲁士国王威廉不知道这份电报已经被人篡改了内容,就给法国发了一封措辞强硬的回电。俾斯麦说,这份电文"对高卢牛来说是一块红布",可能会使"法兰西帝国大为恼火"。

  1870年夏天巴黎非常炎热。"到处都在谈论着战争,除此以外,就没有什么别的题目。"一位美国妇人说。成千上万的人每天晚上都聚集在协和广场上跳舞狂欢,宽敞的大道两旁建筑物的玻璃窗上挂满了彩旗,随风飘扬,简直就看不清楚这些旗帜后面人群的面孔。人们把敢于公开谈论战争的人称为"普鲁士间谍",嘲笑、踢打和追赶他们。一群人推翻了一辆啤酒车,人人的杯子里都倒满了酒,一边碰杯一边高喊着"皇帝万岁!法兰西万岁!军队万岁!!!"的口号。另一些人拦住了出租马车,把坐在车厢里的歌唱演员请了出来,让她站在车顶上唱一首《马赛曲》。"当她唱出这首歌的第一个音符时,周围一片寂静,鸦雀无声。"这是一位美国旁观者所看到的情景,"但是整个巴黎似乎是在演出一场大合唱……这位歌唱家眼含热泪,由于感情过于激动,她的歌声有些颤抖……"

  詹妮已经说服了她母亲允许她到街上去,加入狂欢的人群里,与他们一道载歌载舞共度美好时光。后来,克拉拉又把詹妮小时候的保姆多比派来了。她是一位身材高大、粗壮的美国黑人妇女,她无论在哪里,总是非常显眼,因为她头上扎着一条绿色头巾,而上身又围着一个红色披肩。詹妮对这场战争的真正意义不甚了解,德·伯欣尼公爵就给杰罗姆家中的所有女人讲了一些这场战争的背景。皇后也给她

---

① 此处原文叙述有误。俾斯麦篡改了威廉国王的电报"埃姆斯密电",引发了"普法战争"。

们讲了自己怎样看待这些人发自内心的爱国热情。实际上，詹妮已经深深地卷入到这场充满了爱国精神的、戏剧性的事件中去了。她不仅是一个旁观者，而且还是个爱国者。这位年仅16岁的小姑娘，高声呼喊，拍手喝彩，挥舞着彩旗欢呼跳跃。

一天晚上，詹妮跟她母亲以及姐妹们在从歌剧院往回走的路上看到一群群的男人在街上游行，并高呼着"我们要步枪……我们要步枪……"的口号（这种步枪是比普鲁士的枪支质量好的法国制造的新式来复枪）。"可怜的家伙，"许多年以后詹妮写道，"他们很快就有了枪支，而且他们要参加所有的战斗。"

8月4日，德国人越过边界线占领了阿尔萨斯。皇帝拿破仑三世去看望他的表妹、从前的未婚妻马蒂尔德公主，他的泪水滴在她的手背上。后来，他就带领着他的儿子——帝国王子到前线指挥战斗去了。当詹妮得知王子在前线担任法兰西野炮射手，受到战火洗礼的消息以后，她感到十分震惊。

普鲁士有条不紊地步步逼近，法国所有的城镇都提前得了通知，这些城镇很快就被占领，普鲁士人希望这些城镇能为他们提供特别给养。清单中包括：供应每个士兵一磅半面包，外加一磅肉，四分之一磅咖啡，五支雪茄，一品脱葡萄酒或是一品脱啤酒等。普鲁士人扬言会将无能力提供这些给养的城镇夷为平地。

拿破仑在三个大战役中连续吃了败仗以后，从前线给家里发了一封电报："火速为保卫巴黎做好一切准备。"巴黎已变成了一座人心惶惶的城市。如果说巴黎城有一种声音响彻云霄的话，那就是敲鼓时发出来的有节奏的咚咚响声。大人和孩子们在大街上进行操练，甚至晚上也有人在煤气灯下练兵。从全国各地运到巴黎布洛涅森林的牛有4万多头，羊25万只。食品被装罐后放进仓库储存起来以备巴黎被包围时食用。人们成群结队地聚集在街头巷尾，吵吵嚷嚷，边做生意，边传递两国打仗的新闻。人人都在监视着普鲁士奸细，而且所有的外国人都成了被怀疑的对象。

绝大部分外国人在8月底以前离开巴黎回国了。继续待在巴黎的外国人已寥寥无几，只剩下杰罗姆家的女性。伦纳德·杰罗姆从纽约给家人打来电报让她们逃往伦敦。"不幸的是，我的母亲由于严重的扭伤躺在床上，不能走路。"詹妮写道，"我们只好留了下来。此外，我们不肯轻信普鲁士已经抵达巴黎的传闻，我们每天都把我们动身离开巴黎的时刻向后推迟。我们的房子已经变成了少数几个没有上前线的法国朋友聚会的地方。其中最常来的客人依然是德·伯欣尼公爵，他带来的消息越来越坏。普鲁士的三路大军在乘胜前进，所有的部队都有先进的大炮支援。后来，有一天他冲进屋里，喊道：'一切都完了，普鲁士人已经到我们家门口了！'"

尽管这个消息还不太准确，普鲁士人还没有打进巴黎城，但是是时候离开巴黎了。火车已经不能正常运行了，然而伯欣尼还是想尽办法把她们安全地护送到了多维尔。她们要在一小时之内打好行装，他告诉她们可以把一些贵重的东西用床单或是餐布包起来捆好。当时找不到出租马车，伯欣尼匆忙间从外面搞到一辆二轮运货车打算把克拉拉拉走。

直到那时，战争对詹妮来说仍只是军旗飘扬、歌声嘹亮的一种游戏而已，是在军用地图上插上一些带着五颜六色小旗的游戏。后来，这种游戏在日常生活中真的出现了，这种戏剧性的事件使人们感到极度恐慌不安。詹妮把她的那位正在浇花的母亲从花园里拉走，和家人一起整理行装。克拉丽塔以十分关切的心情给德·塔米希尔侯爵写了几个字的便条，当时，她正在跟塔米希尔谈恋爱。詹妮比她们任何人都想得周到,她使这群人能继续照常生活。她安排力气很大的玛丽帮助她们把东西搬到火车站,又派她回去捆扎大衣箱,打算第二天让玛丽把这些箱子送上开往多维尔的火车。然而,玛丽根本就没有来,因为詹妮她们所乘的火车是离开巴黎的最后一列。

拿破仑三世的王朝在死气沉沉的色当城灭亡了。他在那里率领八万军队向普鲁士人投降了。就在七个月以前,700万法国人在一次特殊的公民投票中,还以压倒性的票数对他们的这位皇帝投以信任票。现在人们开始谴责他,而且承认他所领导的帝国灭亡了,宣告成立一个新的法兰西共和国。

最后宫廷里的朋友劝说皇后逃往英国,跟她的儿子住在一起,她的儿子是早些时候被送到英国去的。她蒙上黑色面纱,穿上黑色开司米,事先没有通知就来到她的牙科医生——一位46岁的美国人托马斯·伊文斯博士的办公室,跟另一位美国朋友克兰·伊文斯博士一道设法弄到一辆四轮马车,这位皇后来到了多维尔。

这时,杰罗姆家的妇女们正在船上等待通过英吉利海峡。詹妮写道:

当我们在多维尔的时候,德·加登尼侯爵出人意外地给我们打来了电话,问我们是否允许他到我们家里来做客——实际上,他到这儿来好像是在躲避什么似的。他恳求我们莫对别人提起他的名字或是让任何人知道我们曾见过他。我们当然认为这件事很奇怪。我的母亲也感到有些可疑,但是他给我们留下的印象,好像是为了"国家的原因",这是后来才听说的。吃完晚饭以后,外面的天已经相当黑了,他就像来时那样又神秘地溜走了。

后来，他们才知道加登尼是来帮助安排皇后从多维尔乘坐英国的游艇逃往国外的事宜。"我领她登上船，"加登尼写道，"她只说了一句话，'我知道我是在一位英国人的保护下安全地脱险了'。她还说'可怜的法兰西'。后来有一段时间她处于歇斯底里的状态。"经过艰苦的航行之后，皇后在怀特岛上岸了。杰罗姆家的妇女们不久也离开了法国。

第三章　姊妹

当杰罗姆一家人抵达布莱顿时,她们感觉来到了安全地带。这是一个旅游胜地,但现在正是旅游淡季,天空一片混沌,冷风瑟瑟。她们来到诺福克旅馆住下,没有衣服穿,周围也没有仆人们侍候。她们一直在等待着伦纳德·杰罗姆下一步的安排。詹妮还记得,当她在海滩上散步时,总是感到十分伤感。"我们的朋友们都分开了,有的人去前方打仗,还有的人在战场上牺牲。我们进不了我们住过的那幢漂亮的小房子,大部分家产也丢失了。这确实是一个令人伤感的时期。"

大家都有同样的感受,就像帝国王子写给马蒂尔德公主的信中说的那样:"我觉得英国沉闷无趣,暗灰色的天空使我感到比以往任何时候都渴望回到法国。但愿1871年会比过去的一年更幸福,至少局面不要变得更糟。"

伦纳德·杰罗姆立即乘船来到英国,他迅速把全家人转移到伦敦,并把她们安顿在皮柯德里附近的"布朗旅馆"。她们很快买了衣服,又聘请了一位家庭女教师,恢复了正常的生活秩序,其中包括每天刻苦练琴。"这个冬天我们是在阴郁和大雾茫茫的伦敦度过的,我们心中的忧郁难以驱散。"詹妮写道。头一年她们几乎没有结交几位英国朋友。克拉丽塔生病发高烧,医生诊断说她患了伤寒,但是她认为这个诊断是不正确的。尽管她的侯爵用氢气球从被包围的巴黎把信寄给她,但是,他们的浪漫前程似乎比以往任何时期都悲观。

德·伯欣尼公爵来访,这位往昔的活跃外交官如今心碎了,病恹恢的，而且身无分文。当伦纳德·杰罗姆得知这位公爵将他仅有的财产全部卖掉以后，坚持要在布朗大街为伯欣尼租一套住房，并支付所有的费用。"当时要是没有你的话，"杰罗姆对他说，"我的妻子和女儿们可能会在那座饥饿的城市里被人抓走。"

杰罗姆家的一些房间已经变成了大批的法国逃难者的避难所，每位逃难者都带来一些谣言。大家都知道皇后把她的珠宝全卖掉了，王室在意大利的一些财产也被她变卖了。这样，她只好搬到肯特郡的奇泽尔赫斯乡下去安家落户了。她从过去一直是前皇帝情妇的房产代管人哈里特·霍华德那里租了一幢很简朴的三层楼房，叫卡姆登公馆。虽然皇后对这幢住宅不太熟悉，然而，对皇帝来说，这里尚有些往事可以回首——往日皇帝曾和这里住着的一位年轻小姐谈情说爱，据说那时皇帝至少每天都要到这里歇息片刻。

现在，皇帝对他妻子的处境深表同情。1871年1月30日，他从普鲁士的监狱给妻子写过一封信。

> 最亲爱的朋友，今天正是我们结婚周年纪念日……我想要告诉你，我为你而感到骄傲。在过去美好的日子里，我们之间的关系变得越来越松散。我以为这种关系达到崩溃的边缘，但是，这动荡的时局又向我证明了这种关系又是多么稳固。而现在我经常想起福音传道士所说的话："无论是穷人、富人、健康的人、生病的人，都应当互尊互爱以及相互服从……"

伦纳德·杰罗姆看到他家已经安顿妥当，就去执行美国政府委派他的使命了。这时，巴黎已被包围。拿破仑投降以后，国防部门用"不让敌人占领一寸土地，不让敌人从我们堡垒中搬走一块石头"的口号来控制整个巴黎的局势。这时,美国政府派杰罗姆向俾斯麦提出一项特殊建议,以便缓和巴黎被包围的局势。他们发给他一张外交护照,并派两名内战时期著名的将军谢里登和伯恩赛德陪同他一道前往。

这三位美国人发现这座城市正在挨饿。食品仓库已空空如也,在布洛涅森林的好多家畜和马匹也早已了无踪迹。大约两个月以前,巴黎大饭店的圣诞节节日菜谱是:马肉汤、猫肉馅、茄汁狗肩膀肉、烤驴肉和土豆,以及烤面包片等。据一位在巴黎被包围时一直待在那里的年轻人,查尔斯·纳瑟夫·波纳博特的回忆,那时人们认为就连阴沟里的老鼠都比雏鸡的味道还鲜美。

一位美食家说,耗子肉吃起来很像"猪肉和鹧鸪肉混在一块儿的味道……"

狗肉可以用来充饥,与四十生丁一公斤的马肉相比较,一磅狗肉就可以卖上四个法郎。猫肉被认为是更精美的食物,其价格是一磅二十法郎。据《巴黎年鉴》的统计资料记载,在巴黎被包围时期巴黎人共吃掉了 25,523 只猫,小巷里的野猫被吃掉的还没有计算在内。人们还认为骡子肉比牛肉好,羚羊肉则比不上炖兔肉鲜嫩。当动物园关闭的时候,一些大象鼻子肉每磅售价八美元,骆驼腰子的价格更便宜。而面包似乎是用从贫民区拾来的旧的巴拿马帽(棕榈的嫩叶编成的)磨成粉制作的。杰罗姆并没有对他的女儿们说,当时,一片面包就等于一个妓女的价钱。

拉长了的围城时间使俾斯麦感到大为恼火,于是他命令他的部队向巴黎城内挨饿的妇女和儿童开火,因为这些人经常到普鲁士士兵这边来寻找食物。当时有人说普鲁士士兵可能拒绝开枪,俾斯麦回答说:"那么你就可以对准不服从命令的士兵开枪。"又接着补充说:"我并不把人的生命看得那么重要，因为我信奉另一个世界。"

在巴黎唯有芥子和香槟酒供应充足。许多巴黎人——大约65,000人因饥饿和患病而死，死亡的人数比在战争中受伤致死的人数还要多，其中有3,000名婴儿。经过四个多月的围困和最近几个星期的重炮轰击以后，人们已经做好停战的安排以便埋葬死者。

杰罗姆拜访了美国驻法国大使沃什伯恩先生，他是在巴黎被围困时待在那里的唯一一位外国代表。沃什伯恩告诉他，剧院已经变成医院了，后来又变成剧院了。这时，人们的心灵似乎比肉体更加脆弱。他给他讲述了维克多·雨果是如何举办诗歌、故事朗诵会，以及表演者又是如何费劲才使丧失斗志的人民重新振作起来的。

杰罗姆给家里写了一封信，告诉她们，他已经找到了她们的住宅，除了地窖墙壁上被炮弹打了个洞以外，别的东西都完好无损。女仆玛丽还在那里，在看守着女主人的衣橱。

他还讲述了他跟两位将军到设在凡尔赛别墅里的俾斯麦司令部，同俾斯麦会见的情景。俾斯麦就是在这里的一个单人房间里办公、睡觉和抽他那支抽不完的大雪茄烟的。他脱下软羊皮制服，换上睡衣，经常工作到深夜，然后一觉睡到第二天中午。他设便宴招待他的客人，餐桌上摆着锡制菜盘，饮着用蜡封口的葡萄酒，还请了一位军官弹钢琴以助雅兴。

这一群美国人什么任务也没完成。但这不要紧，因为整个战争很快就要结束了。巴黎投降了。俾斯麦将他的停战协议书条款口授给法国律师，1871年2月26日在凡尔赛宫签订了和约。

杰罗姆回到伦敦以后，把他在巴黎的所见所闻全部告诉给家里人，激动而又详细地描述了巴黎的饥饿、绝望和勇气。巴黎投降的故事给17岁的詹妮留下较深刻的印象。当普鲁士人准备向爱丽舍宫进军的时候，街道上立即空无行人，门窗紧闭，人们躲在黑暗、寂静的家中，等待被人征服。甚至布洛涅森林中的树都已经被砍光当柴烧了。大批普鲁士士兵头戴带角的钢盔，在军乐队的伴奏下唱着《保卫莱茵河畔》通过了凯旋门，沿着行人绝迹的林荫大道前进。那一天，人们看到普鲁士士兵在乐队伴奏下在协和广场跳着华尔兹舞蹈。

如果杰罗姆一家的女性一直生活在美国的话，那么詹妮的生活几乎完全是在富家子弟陪伴下狂欢作乐、无忧无虑的幸福生活，即使她跨入成年妇女行列时，仍然经历过这样的生活模式，但是，在巴黎不寻常的遭遇使她对这个世界有了新的认识。

伦纳德·杰罗姆为了保护他收藏的昂贵的意大利名画，决定再去巴黎一趟。巴黎还处在一片混乱之中，克拉拉坚持要和他一同前往。他们抵达巴黎后，赶在骚乱之前就设法把他们最喜爱的油画挑选出来，捆扎好了用船运走。成群结队的暴民来到王宫和市政府大厦，放火烧毁了这些建筑物，把家具从窗户扔了出来，然后将这些家具拿到草地上拍卖。

拍卖是翌日清晨进行的。克拉拉为了买点什么，便冒着危险去观看这次拍卖。摆在外面出售的有被大火熏烧过的、上面刻有拿破仑名字的杜伊勒里宫里的一些金质餐具。克拉拉给这些餐具出了价，并把它们买下，然后雇了一辆手推车把这些盘子运送到她的那位感到吃惊的丈夫那里。（后来，克拉拉的外孙温斯顿·丘吉尔使用过这些盘子。）

把克拉拉·杰罗姆说成是一个社会上的势利眼，想象力有限、偏见很强、有明显的个人野心的人，这是毫不夸张的，她的确是这样。但是她也有勇气，作风高雅——具有作为伦纳德·杰罗姆妻子的品质。克拉拉于 1870 年成为伦敦市居民。

1870 年的英国仍然处在维多利亚时代。当威尔士亲王绕着英伦三岛纵情游玩的时候，维多利亚女王坐在当中，脸上阴沉沉的。女王的座右铭是"责任和自我牺牲"。她的"亲爱的阿尔伯特"9 年前去世了，但是她现在仍然穿着黑绸子丧服。在温莎堡内，她每天晚上叫人把她丈夫的衣服拿出来放在他的床上，每天早晨还命令仆人把一盆洗脸水送到他的房间去。她的床头上方悬挂着镶有阿尔伯特亲王[①]半身照的镜框，这张照片是他临死时照的。

维多利亚女王甚至在她女儿结婚的喜庆时刻，还对她的女儿抱怨说："可怜的女人，无论从肉体上或是心灵上来说都是丈夫的奴隶。这些话梗塞在我的喉咙里（我总是不愿说这些话）。"阿尔伯特是一位个性很强的人，而维多利亚又是一个心甘情愿的跟随者。在她第一次怀孕后不久，她就把那些保密箱子和文件柜子的钥匙交给了他，让他参加制定所有正式决议的会议，叫他总结发言——实际上，就是让他做永久的内阁总理大臣。

阿尔伯特死后，女王神经错乱达两年之久。后来，她实际上变成一个隐居者。她想为已故的丈夫修建一座纪念堂，为此想得出神，一坐就坐好久好久。她很少在公共场合露面，很少举行招待会——招待会结束后经常不设便宴。所有宾客们所期望的就是能吻一下她的"柔软的小红手"。宫廷里的生活是严格、乏味、单调的，公众觉得非常无聊。

英国人民曾经爱戴过她，曾爱过这位被宫廷礼节的灿烂光辉所迷惑的年轻的女王。她跟阿尔伯特结婚后，先后生下了 9 个孩子。当她

---

① 阿尔伯特亲王（1819—1861），维多利亚女王的表弟和丈夫。他可以说是一个统治英国 20 年但没有名分的国王。

以她的威严和礼节来管理这个国家的时候，人民对她很尊敬。但是，在她成了遗孀后，她心情悲痛，脾气很坏，性格孤僻，这时，人民不理睬她，嘲弄她，甚至于要她退位。

迪斯雷利，身穿紫色马甲，辞藻华丽，他说英国是由"两个民族组成的国家"，即贵族和百姓。这种说法至少是部分真实的，正如《旁观者》（The Spectator）杂志中刊载的那样："我们的国家又一次变富裕起来，金钱已经向下渗透到真正劳动者那里。"

虽然英国的经济得到了发展，但是还不够迅速。著名作家狄更斯于1870年逝世了，然而他笔下的贫儿奥利弗·退斯特（Oliver Twist）还活着，有许多儿童在挨饿。格弗雷兴奋剂（Godfrey's Cordial）是最适合家用的安眠药水，它是由鸦片、糖浆和黄樟制成的饮料，它可以使家中由于没吃、没住显得多余的孩子饮用后毫无痛苦地迅速死去。全国几乎有半数以上的儿童不能上学就读。他们10岁就到工厂干活，每周工作六天，12岁就下井采矿。女孩子的法定劳动年龄是13岁，于是就有许多女孩子的命运像她们母亲过去的命运一样，很快就被人选去，边干苦力，边当妓女。奴隶贩子把一些小女孩源源不断地从英国运到巴黎，反过来，从巴黎向国外贩运小女孩的事情却没有发生过。

工人们不仅会因在工作中说笑而被罚款，而且还有许多工厂向他们索取使用开水和盥洗室的费用。至于女工的情况则更糟，有人争取为那些做母亲的女工们减少星期六的工时，一家报纸的社论中则说："说妇女们希望拥有一个法定的工作时间是不诚实的。她们最爱谈论的主题就是家庭，可爱的家庭。"

救世军（基督教的一个社会组织）为贫民提供睡觉的地方，是像棺材一样的木箱，摆在一个大招牌下，牌子上写着"你准备去死吗？"但是大部分贫民不住在那儿，他们的世界里至少得点上一盏煤气灯。后来，波里兹岛上的贫民区被拆除了，代之以宽敞的特拉法尔加广场。即使他们不能乘坐一下这里的新型出租马车，至少也可以观看一下这些车。他们还拥有自己的小酒店——里面供应的啤酒和威士忌很便宜，就是不太舒服而已。

詹妮对此当然一无所知。英国对她来说就是布朗旅馆、女家庭教师、钢琴练习课、法国贵族难民、海德公园、歌剧和一些从英国上层社会精心挑选出来的年轻人。几年之后，她才真正地了解到另一个英国，那里有四分之一的人民不会写自己的名字，一半以上的人不识字，不能读书。她生活在一个"上层万人社会"中，受到严格的"季节时间"的限制，显得很拘谨。除了伦敦季节以外，还有狩猎季节、打靶季节、在考斯旅游的季节。

使杰罗姆母女们感到幸运的是，她们在德·伯欣尼公爵的安排下，进入了伦敦的上层社会，这一点令她们感到十分宽慰。而这位德·伯欣尼曾经是法国派驻英国的大使。当时，法国皇帝已经被普鲁士人从他那所舒适的监狱里放了出来，并且来到肯特与居住在奇泽尔赫斯的妻子团聚。这里的一些法国贵族女难民很快地也加入了伦敦季节的各项活动中来。

虽然伦敦季节开始的官方时间是春天，但是活动的最佳时期却是在夏天。一位来自巴黎的游客一到达伦敦就被"六七月份从奥林匹斯山上下来的，到英国参加盛会的神仙和仙女们的艳丽的风姿搞得眼花缭乱……他们仿佛是居住在金黄色的云层里，他们大把地花钱，慵懒地生活，把这一切享受视为犹如树叶渐渐变绿一样理所当然"。

时间表内安排的听歌剧，看芭蕾、话剧和参加各种晚会等活动都是固定的，几乎不会有什么变动。但是，大部分娱乐活动是在家里进行的。社会上的许多慈善团体经常邀请一些客人去用工作早餐，时间通常是从 8 点到 10 点。这些客人用完早餐以后便离开，因为他们当中大部分人还准备去别的地方参加午餐聚会。一般来说，午餐要比早餐正式得多，要连续上几道菜，再加上美酒。午后茶点随便一些，时间一般是在下午 5 点，那时通常会有客人坐在钢琴旁边挑头要求听音乐，于是人们经常把詹妮叫进来为客人们弹钢琴。

所谓美人必须具备的条件是：美貌、随机应变的谈话技巧、能在钢琴上演奏自选的乐曲等。只有最佳的女客才能达到这些要求。

一般说来，正餐是一日的最高峰。饭菜都是精心加工的。全家人围坐在摆满了丰盛的美味佳肴的餐桌旁，桌上的食物全是完美的艺术杰作，往往可以同豪华餐馆丰盛、精细的名菜和各式醇香美酒相媲美。正餐包括：一份浓汤、一份雪利酒合成的清汤、一两盘鱼等，接下来是家畜或是野味，最后是布丁、甜食、奶酪和水果等。在威尔士亲王的影响下，香槟酒逐渐代替了正餐中常喝的红葡萄酒。

女主人们首先得将晚餐的日期互相核对一下，免得在日期上相互冲突，尤其是防止晚会活动的相互冲突。这是因为绝大部分的宾客是来自英国的二百多家统治阶级集团，温斯顿·丘吉尔把他们称之为"显赫的实力派人物"。请帖一般是在晚会前三周发出的，宾客通常都要如期赴会，而且只允许死亡或患有传染病的人可以不赴宴。

规矩是严格的，所有宾客们迟到不得超过请帖上规定时间的 15 分钟。而且吃完晚餐以后，宾客们立即分成两组：男人一组，女人一组。太太、小姐们聚集在客厅里，而男人们则留在餐桌旁，边吸烟边饮酒，进行男人式的交谈。夜间社交活动的"尾声"是 10 点钟以后来的其他客人，接下来就是一些娱乐活动，如由一位歌剧演员或是舞蹈演员演出的简单的音乐会。

"要想把舞会办得成功，"考珀小姐对内维尔小姐说，"每个女人应当邀请三个男人：一个男人陪她去跳舞，另一个男人陪她去吃饭，第三个男人用眼睛瞧着她——这才使她对一切称心如意。"男宾客们和表演者们举办的跳舞比赛接二连三地举行，或者是人们称为"连续地用脚踏地"的舞蹈赛，几乎每天晚上都举办。这种邀请赛有时从深夜持续到白天，来参加晚会的观众相当多，跳舞厅多大就会有多少观众。

甚至每天下午的海德公园也成了社交活动的公共场所，它是社会活动的缩影。每天社交活动的时间一般是在下午5点至7点之间，地点是在宽广的南大街，这条街一直通向从前的阿尔伯特门，并且与罗特大道——法语 Route en Roi 一词的英文拼写，即国王大道互相并行。

罗特大道只是一条没有铺上路面的砂粒掺砾石的大道，但是，它仍然是属于王室成员的。一辆笨重的四轮大马车，炫耀着车上褪了色的马鞍垫子，和露在外面的没有涂漆的黄铜装饰品，在这条大道上奔驰着。一次在英国下院讨论时，有的议员开玩笑地建议说，今后所有的住宅都要建在罗特大道的两旁，以便叫阳台上的小姐们能够看到骑在马上的先生们。对男人们来说，头等重要的大事就是女人们多看他们一眼。

所有专用的四轮大马车都配有穿号衣的风尘仆仆的男仆和赶车人，赶车人通常穿着带黄铜纽扣的天蓝色外衣。"在下午自己驾驶马车是不合乎礼仪的。"

詹妮也在向威尔士王妃行屈膝礼的人群中。在女家庭教师的陪同下，在海德公园散步已经成为她日常生活中的一部分。她的头脑里曾经闪过这种念头，那就是有朝一日，她也可以跟这位受威尔士亲王宠爱的、又为人们关心的、她曾经向其行过屈膝礼的王妃竞争，尽管这种可能性不大。

1871年，这位亲王30岁，也正是他与丹麦的亚历山德拉公主结婚八周年之际。他喜欢女人就像喜欢衣服那样变化无常。他经常在这两个方面都很时髦。时髦的人仿制他的服装样式、山羊胡子的形状，以及饭后吸烟的习惯。当这位亲王，即爱德华王子患了风湿病以后，他只好把右肘压在身子的右侧伸直手和别人握手。时隔不久，伦敦那些观察力强的时髦人群握手时也模仿他的这种动作。每个人都知道这位王子外出时总是带着两个贴身男仆，而另外两个男仆则留在家里做清扫工作和看管他的巨大保管库。至于女人嘛，英国的大众报纸（每份售价一便士）专为他开辟了他在巴黎与法国漂亮的女演员寻欢作乐的专栏。著名的娼妓，霍顿斯·施奈德小姐称他为"浪荡子"。而他也被法院判决过，定他为英国几起著名的离婚案件中的奸夫（法院后来又承认了他的否决意见）。还有许多事件没有声张就被压下去了。实际上，就是在去处理他儿子的问题的路上，维多利亚女王的丈夫阿尔伯特因患病发烧而病故。据说，女王一直不肯原谅爱德华王子。

女王曾经对她的一位朋友说，她几乎无法跟她的儿子待在同一房间里。她不允许他接近任何重要文件或参与制订各项重大的决定。迪斯雷利首相也同意她的意见。他把这位王子叫作"爱聊天、喋喋不休"的人，并且向女王建议千万不要让他看见任何一份秘密文件，因为他会泄露出去，或和他的朋友们谈论这些文件。在普法战争期间，爱德华王子恳求他的母亲让他作为女王使者去劝和。但是，女王拒绝了他的请求。当天就有那么一幅典型的漫画,上面画着住在城堡里的这位王子,就像一个顽皮的小学生一样,在教室的一个角落里被罚站,而他母亲则站在一旁对他怒目而视。

当王子放弃了君主的特权以后,他成了一位"更加时髦的人",而且是一位经常出没赛马场的人。他的母亲中肯地请求他不要去参加阿斯科特赛马会,他仍给母亲写信请求参加。

然而,母子之间最激烈最严肃的争论是关于他的晚会——那些狂欢一直持续到黎明,有些客人坐在楼梯扶手上突然从上面滑到楼下来,又有些客人在用苏打水瓶子打闹。狂欢中不受欢迎的客人是文人或知识分子,因为膨胀的人群"不想被迫思考"。

大部分的社交晚会是在马尔巴罗宫举行的,这是王子在伦敦的家。他的社交群体叫作"马尔巴罗宫时髦帮",这称号非常恰当,因为王子吸收了一位最新的成员,即王子最喜欢的那位年轻人,马尔巴罗公爵的次子——伦道夫·丘吉尔勋爵。伦道夫勋爵是位脸上表情丰富、嘴上留着漂亮的小胡子、有一对明亮的大眼睛的年轻人。他毕业于牛津大学,后来他的足迹踏遍整个欧陆,他身体健壮,精力充沛。

马尔巴罗宫已经变成一个摩登女士们主要的聚会场所,尤其是成了一些美国美女经常出没的地方。王子对她们颇有好感。这些踏入王子社交圈的女人中,很少有人拒绝给他好处。实际上,她们中许多人都曾将诸如镶金边的鲨皮革制成的带有宝石扣环的烟盒等一些豪华而贵重的礼物塞入钱包。《街谈巷议》(*Town Topics*)周刊里一篇署名文章提到这位王子时说:"他什么也不浪费,在没有确保得到回报的情况下,是不会赠给什么人礼物的。"接着又补充说:"殿下对任何女人献殷勤就是侮辱,就是丑闻。"像这样的流言蜚语在百姓中广为流传,而百姓又愿意打听这类新闻。对他们来说,威尔士亲王,即阿尔伯特·爱德华王子简直是一个"老伯蒂"（Old Bertie）。"威尔士亲王被爱着，"格兰维尔勋爵说，"因为他身上有着英国男人备受指责的所有缺点。"

考斯季节是在伦敦季节结束后8月的第一个星期开始的。考斯是怀特岛上的小村镇。怀特是一个令宾客神往的岛屿，环境优美，有岩石海滩，有五颜六色的岩石生成的峭壁，有石灰岩山丘以及整齐的花园，园内百花吐艳，香气宜人，整个小岛气味芳香，犹如仙境。怀特岛的自然环境犹如一张印象派的油画，绚丽多彩。维多利亚女王曾在这里度过了她的青春岁月，后来也在这儿离开了人间。拥有300名成员的皇家游艇俱乐部就设在这里，它是世界上独一无二的游艇俱乐部。城堡里的建筑是亨利八世建造的。

就在8月的第一个星期，皇家游艇俱乐部举行了豪华的帆船赛，使这个寂静的小岛一下子变成了欧洲的社交中心。

《图画》杂志刊登的一篇文章为詹妮描述了她将要步入的全新的、更大的社交界。现将文中部分段落摘录如下：

> 对于时尚美人而言，她的生活就是无休止的狂欢，而且她总是把自己打扮成男人的样子，出没在社交界中。她什么事都想做，她的感情和性格变化得极快，她的小靴子上面可能是长着翅膀的神使。她是一位女运动员，又是跳舞厅里的皇后。她也是一个女骑手、女猎手，一位勇敢熟练的游泳健将；她能像马车夫一样赶着两匹大马，她能爬到四马拉的马车车顶上面，会打草地网球。无论在马上还是在快艇的甲板上，她都像在家一样自在。她懂得如何精心安排正餐，她是佳酿的优秀品尝家。她有着充当教师和演员的本领。晚会上，她才华横溢，没有一人能和她相媲

美。作为时髦的现代女性,她会拉小提琴,打台球,以及会创作蚀刻版画①,她爬过高山,她通晓健康房里的一切。她我行我素,想干什么便干什么。

当然,《图画》杂志的文章仅仅是描述了一些方面。一般说来,人们认为维多利亚式的女性,不仅从身心上看是地道的女性,而且相信她具有保护自身不受男性粗暴侵犯的纯洁和灵性。上层社会的妇女,在没有仆人陪同下自己乘坐四轮马车或是大车外出旅行,或是参加任何一种娱乐活动都是不受人尊敬的。纵然被人轻视,但这些漂亮的女郎们大部分都已加入到马尔巴罗赛马俱乐部里来了。而女王则要求她的女臣民在这样的社交场合中举止道德、端庄严谨。性感是个脏字眼,然而,社会中越来越多的妇人把史文朋(英国诗人)的艳诗偷偷地放在她们的卧室里。有一本杂志曾经提到过这位诗人,并将他的诗歌当作"淫诗",属于色情作品之列。

詹妮偶尔跟年轻男子接触,还都是在仆人的陪伴下。她依然很谨慎,仅限于参加社交晚会和舞会。伦纳德·杰罗姆在考斯游览区租了一幢小型别墅,房屋不大,四周是个美丽的花园,面向大海。当杰罗姆一家被邀请乘坐皇帝游艇环绕小岛的那天,他们发现大海波涛汹涌,海浪滚滚,起伏不平。这时,一部分人晕船躺在船舱里。帝国王子想说一些适合大家口味的笑话来振奋大伙的精神,但无济于事。只有皇后见到这海浪滚滚的大海时,手舞足蹈,欣喜若狂。皇帝的心情则相反,詹妮对此记得很清楚:"这时,我看到皇帝靠在桅杆上,看上去苍老多了,病恹恹的,心情悲伤。在我们年

---

① 蚀刻版画(Etching),常用的方法是把画稿复制到透明的纸上,经过蚀刻和染色,在铝板表面上形成有凹凸立体线条的彩色版画。

轻人的眼里，他除了悲痛以外什么也不想，他的生活似乎已毫无目的。"

皇帝的胡子长了，开始下垂，头发乱蓬蓬地垂至耳边。他说话的声音比从前和蔼得多，有时还犹豫不决、吞吞吐吐。他把他的全部时间都花在制订一个长远的关于法国老人养老金的规划以及绘制贫困家庭用的节约燃料的炉灶草图上面。他社交活动少，几乎与尘世隔绝，只和少数老朋友来往，或者偶尔去拜访一下维多利亚女王。他的最大乐趣就是跟他的儿子在一起，享受天伦之乐。他已经把他的儿子帝国王子送进皇家陆军军官学校去学习。

拿破仑的参谋机构为保皇党们出谋划策，鼓动他们从瑞士返回法国去发动暴乱夺取政权。然而，拿破仑身染重病，以致不能上马。他对他的助手说，即使军队叛变对他有利，他也不能返回法国。只有通过公民投票让他回国，他才会返回法国。发动政变是"年轻人干的事"。

1871年秋末，杰罗姆携全家人返回法国。"但是，巴黎又发生了什么样的变化呢？"詹妮写道。

> 到处是一片废墟：当我看到巴黎从前的皇宫和德维大饭店被焚后的情景时不禁痛苦万分。人们兴高采烈地来到圣克劳德选购商品的情景已经一去不复返了，漂亮的法国的封建城堡已被夷为平地。然而，如果说物质的巴黎被破坏了，那么社会结构所遭受的破坏甚至更为严重。我们试图寻找一些线索，结果全是徒劳。我们的朋友当中，有些人被杀害，另一些人破了产，或者穿着孝服。所有人都心悲欲碎，可怜的人们都躲藏在家里，拒不接受别人对他们的宽慰。协和广场上的许多代表法国的最重要城市——

斯特拉斯堡、里尔、南希、奥尔良的塑像均用绉布包裹起来了。如果需要的话，每个人天天都要记住这一事实，即一个从痛苦和灾难中走过来的法兰西已经经受住了种种的磨难。只有外国驻法国的使节，一些外国人，特别是美国人才能接受别人的邀请，或是在家中款待客人……有些人甚至敞开大门，大宴宾客。但是总的说来，法国人都羞于外出，如果说在那些苦难的日子里巴黎还有任何喜庆的话，那也是因为她具有世界主义的性格。

这个精力旺盛的17岁女孩儿在这糟透了的城市里干了些什么呢？她的小妹利奥尼已经被送到威斯巴登去上学，克拉丽塔仍然如痴如醉地思念着德·莱塞拉公爵，而她母亲对这位公爵并不怜悯。伯欣尼已经回到巴黎，然而詹妮再也没有看见他跟任何一个女人调情——他已经是50岁的老人了，他痛苦而又令人厌烦。他可能在那年去世了。杰罗姆太太由于克拉丽塔和莱塞拉暗中有风流韵事而感到沮丧，于是对詹妮的行动就越发警惕起来，并更加严格地限制她的社交活动。因此，詹妮只好跟随父亲和父亲的朋友们到树林里去骑马玩耍，或是做点什么小事，细致地研究音乐和各种语言。

巴黎对克拉拉·杰罗姆来说似乎是有点太寂静了，于是，她接受了丈夫的建议，在1872年的夏天全家人又回到了考斯。杰罗姆则独自一人回到了纽约。

詹妮初入社交界的时刻来到了。在8月份开始的游艇比赛季，她参加了威尔士亲王和王妃举办的一年一度的皇家游艇俱乐部的盛大舞会。她的礼服当然是白色的。穿衣对她来说是严峻的考验。未婚少女在社交场合一定要穿紧身胸衣，而且用带子束得越紧越好。穿17英寸的紧身胸衣是件值得自豪的事，紧身胸衣要是超过21英寸则被人认为是极大的罪恶。紧身胸衣又可以让一些妇女穿上假乳房——是用马绒或是半球状的橡胶垫起来的。一般少女为了弥补缺陷，用人工方法来增加胸部曲线（穿袒胸露肩的衣服时的曲线），甚至有的人还要做假臀部，是用荷叶边下面内藏的裙撑子形成的，后来进一步发展成结构复杂的长拖到地面上的褶裙子。不知这种高大的胸脯及过分夸张的臀部的诱惑力究竟有多大，统计资料表明19世纪70年代结婚的人数显著增加，倒是个事实。詹妮则不需要这些，她的唯一化妆品就是脸上涂的淡淡的香粉。她将粉扑用手帕包起来以便随时取用。

跳舞时她的风度高雅大方。对詹妮来说，这是一个十分愉快的夜晚。她一直在舞伴陪同下跳舞达几个小时，一位美国的客人把她的活力说成是"美国人"的活力。

在整个考斯季节期间，克拉丽塔和詹妮两人在为晚宴演奏钢琴二重奏上面花费了同样的精力。"她们两人演奏的姿势是那样的优美，动作是那样的和谐。两位女士的头发颜色各不相同，一个是金黄发，另一个是乌黑发。她们弯着腰全神贯注地弹着琴键。"几年以后，一位鉴赏家追忆道。

这一对姐妹整天忙于社交活动，就连给亲人写信的时间——如给在威斯巴登上学的妹妹利奥尼，或给在纽约居住的父亲写信的时间，都难以挤出来。杰罗姆在信中抱怨道：

> 克丽特太太、克拉丽塔小姐和詹妮小姐，我亲爱的，自从我收到上封信后至今几乎有两个星期了。你们务必把你们的近况写给我。我并不怀疑，你们在那儿会见到许多显赫的人物，对美国人而言，你们在考斯会过得很愉快。你们收到从伦敦寄去的帐篷

第三章 姊妹

了吗？是已经把它架好了，还是把它存放在罗塞达别墅以备第二年使用呢？我想打听一下有关明年夏季考斯季节划艇比赛的消息。当你们坐在别墅院内藤树荫下吃着自己种的无花果的时候，别忘记给我写信。要是我收不到你们的每周来信的话，我会感到非常失望的。

第四章 世家

1873年初夏，考斯上流社会开展社交活动的季节到了。杰罗姆家的女士们在社交舞台上名声赫赫，独占鳌头。克拉拉·杰罗姆认为就她的地位而言，在考斯社交界只要有请帖发出，她就最有希望收到。她们收到一张写在毛边纸上的请帖。

杰罗姆夫人及小姐们：

兹定于8月12日星期四下午3时30分至7时30分在阿里阿顿护卫舰甲板上举行盛大舞会，欢迎威尔士亲王及王妃和俄罗斯帝国大公塞瑟尔维奇及其夫人塞瑟尔维娜。届时敬请光临。皇家游艇俱乐部备有船只负责迎送。能否前来务请答复。

舰长卡潘特及全体军官敬上

詹妮很久以后在请帖上写上：

见伦道夫。

在此之前，考斯的社交活动已逐步活跃，这次场面最为壮观。克拉拉的打扮十分引人注目。一条条游船把客人们从岸上接到舰上。身穿裙子、装束华丽的女士们登上舷梯。舰上灯光辉煌，甲板上空英俄两国彩旗迎风招展。皇家海军乐队在后台伴奏。

两姐妹立刻被舞迷们团团围住。她俩裸露着肩膀姿容俏丽。两人有效地互为补充：姐姐克拉丽塔长着金黄色头发，美若天仙；而妹妹詹妮头发乌黑，目光炯炯有神。詹妮第一个迅速步入舞厅和上尉跳起了华尔兹，接着又被另一位倾慕者邀请。

她的朋友弗兰克·伯蒂穿过拥挤的人群，跟在他后面的是一位面色苍白的青年男子。詹妮早就注意上他了。他站在一旁目不转睛地望着她。她向他投以微笑，可他还是一个劲地望着她。这时，詹妮羞怯了。"杰罗姆小姐，"弗兰克·伯蒂郑重其事地介绍，"这是我的老朋友伦道夫·丘吉尔先生，他刚到考斯。"

他身材细长，个子不高，大脑袋，留着象牙胡子，有吸引力，但并不十分英俊。他从8岁开始便成了勋爵（当时他父亲是马尔巴罗公爵）。他看上去确实像个贵族：穿着考究，一身时髦打扮，举止文雅。不过，他有时也很傲慢，对陌生人粗暴无礼，偶尔发起脾气来使人生畏。23岁的他经常在赛马场或都市娱乐场所游来逛去，缺乏信念，胸无大志。事实上，除了赛马和狩猎他几乎对什么也不热心。

就詹妮而言，仅仅是马尔巴罗家族一员这一资历已经很吸引人了。这赋予了伦道夫一道迷人而危险的光环。如果他属于马尔巴罗家族，那对他就再合适不过了！肤浅的花花公子的外表下，很可能有些特殊的品质。

寒暄了一番之后，伦道夫很勉强地邀请詹妮跳舞。因为他像丘吉尔家族的大多数成员一样，既不擅长音乐，更厌恶跳舞。可这似乎又是他对这位身穿白色衣裙、胸前佩戴鲜花、头发乌黑的少女倾吐爱慕之情的唯一途径。

伦道夫跳起方步舞来显得如此蹩脚，以致最后只得向詹妮承认，一跳起舞来他便头痛。他说："找个地方坐下好吗？"詹妮自然十分愿意。于是俩人在甲板上找了个空地坐下来，一边喝香槟一边交谈，微风阵阵，月色柔和。

伦道夫头脑灵敏，反应快捷，活泼潇洒又情意缠绵，这一切深深地打动了詹妮的心。一位漂亮少女（她知道自己长得很漂亮）总会令男人们公开爱慕并一见倾心。詹妮的思想和身躯已完全融化到伦道夫的脑海里。两人越谈话题越多，互相越来越感兴趣。他们两人去过相同的国家、骑马、狩猎，几乎走遍了天涯海角。詹妮思想活跃，有时容易烦躁，当然詹妮不会厌烦伦道夫，他一高兴起来便谈笑风生，妙语连珠。

两人谈得很投机，竟忘记了时间，把跳舞和舞伴也忘得一干二净。詹妮的母亲不放心了，到处寻找。因为詹妮过去从来没有跟一个男人在舞会上消磨那么长时间。詹妮没有花费多少口舌就向母亲说清了情况，并且决定让伦道夫及他的密友埃德库勃上校第二天到家里来做客。

詹妮对即将来临的第二天显得特别紧张。她坚持要姐姐克拉丽塔陪她一起弹钢琴。她反反复复、没完没了地弹练二重奏，甚至第二天该穿什么样的衣服也让她姐姐拿主意。

那天晚上，夜色柔和，微风吹拂，繁星闪耀，海湾上夜航船的灯光隐约可见。便宴进行得非常愉快，接着詹妮和姐姐弹起了二重奏，琴声悠扬，悦耳动听。当上校埃德库勃让伦道夫评价她俩及其表演时，后者不慌不忙而又认认真真地答道："我为她俩的表演以及她们本人所倾倒。如蒙许可的话，我希望娶头发乌黑的那位为妻。"

两位客人告辞后，詹妮偷偷问姐姐对伦道夫勋爵的印象如何。姐姐说对他的印象不深，她认为伦道夫总想极力显示自己的聪明，她尤其不喜欢他那很特别的胡子。"我相信你对他更加了解之后会喜欢他的。"詹妮边梳头边说。她突然停了下来表情严肃地补充说："那就请他显示聪明吧，姐姐，因为我心里有种超乎寻常的感觉，他会向我求婚……我打算答应他。"克拉丽塔简直不敢相信自己的耳朵，禁不住失声大笑。

第二天，詹妮沉默不语，表现和往常截然不同。母亲批评了克拉丽塔几句，克拉丽塔只好对母亲说詹妮已经爱上了那位年轻的勋爵。母亲对此不抱支持态度，她觉得那位年轻的勋爵配不上詹妮，何况他在家排行第二，不是公爵身份的直接继承人。

在头天晚上的交谈过程中，詹妮对伦道夫说她平时有在什么时候、什么地方单独散步的习惯。自然，伦道夫心领神会。因此，第二天晚上有了两人第一次双双林荫小道上的漫步。伦道夫建议次日去布伦海姆宫。他能再次见到她吗？她得到母亲的许可，也许他还能来她家与她共进晚餐。

为阻止詹妮与年轻的丘吉尔进一步交往，她母亲语气尖刻："我们又邀请这位先生不会显得过分频繁吗？"然而詹妮坚持邀请伦道夫来，于是她母亲在铅印着"伦纳德·杰罗姆夫人和杰罗姆小姐们"字样的小请帖上草草写道：

> 真诚地希望您今晚与我们共进晚餐。您的光临将给我们带来最大的愉快。C.H. 杰罗姆

（伦道夫先生后来把这张请帖放入布伦海姆宫的黑色金属箱内，作为最有价值的物品之一加以珍藏。）

晚餐过后，杰罗姆夫人因头痛失陪，而克拉丽塔则笑眯眯地巴不得早点离开。在自己简短的备忘录中，詹妮回忆那美好的夜晚时，描述了她和伦道夫如何漫步进入花园："当发现四周空无一人时，他问

我是否同意和他结婚,我答应了。我们说定暂时向我母亲保密,因为怕她觉得事情太突然。"

千里姻缘一线牵。两位多情人彼此迅速吐露真情,愿结为终身伴侣,这大概不是出于一时感情冲动。两人也许已经作出了许多公开的或秘密的承诺,无拘无束地表达了各自的爱慕之情,设计了婚后生活的美好蓝图。

伦道夫又推迟了四天才启程前往布伦海姆宫。他只是临行前才向杰罗姆夫人透露秘密。"她认为我们两人都已经发疯了,"詹妮后来谈到,"她对我们的决定感到太突然。"

到布伦海姆宫后,伦道夫把他俩的决定告诉了他母亲。他母亲反应更加强烈。当时正是英国大肆抵制美元并抨击美国的时期。詹妮是这样回忆的:"那时候在英国,美国少女被人看成是变态的、完全不正常的怪物。因为两国女性从风俗习惯到言谈举止都有很大的差别。这种差别就像是土著印第安人和穿着华丽的美女之间的差别一样大。"

马尔巴罗公爵夫人相貌堂堂,威风凛凛,毕竟她是弗朗西斯·恩培里·维恩的后裔,伦敦德里的第三代侯爵的大女儿。上层贵族社会认为她是"性格刚强、才能超群、贤惠忠贞而且反应灵敏的女人"。几乎没有人否认她具有刚强的性格和超群的才能,但是许多人对她的贤惠忠贞和反应灵敏持怀疑态度。她的脸部表情迸发出的威力远远超过了她的美貌所具有的吸引力。她有时很严厉,有时又很温柔,这就要看对谁了。她始终目光炯炯。"她是布伦海姆宫的铁腕人物,几乎什么事都是她说了算。"詹妮后来这样说,"就连马尔巴罗公爵听到她走路时绸衣发出的沙沙声都会发抖。"

公爵夫人好发脾气,有时甚至很狂暴,这倒给死气沉沉的布伦海姆宫带来了生机。她对应酬慷慨大方而且热情周到。她生了两个男孩和六个女儿（不算夭折的第三个男孩）。她既保持了做母亲的威严，又具有做母亲的奉献精神。温斯顿·丘吉尔在回忆他祖母时这样写道："她是位才能超群、精力充沛、办事果断的女性。"

公爵夫人的大儿子布兰福德使她和公爵大失所望。他跟一个漂亮的女人结了婚，这女人能孝顺长辈，体贴丈夫，可就是有时傻头笨脑。因为爱犯傻，所以布兰福德讨厌她，他经常跟别的漂亮女人勾勾搭搭，以公开表明他对自己妻子的反感。他成天东游西逛，对父母所立的家规根本不放在眼里。因此，公爵和夫人把全部希望都寄托在伦道夫身上。伦道夫最起码是个有热情、重感情的孩子。

伦道夫从小就过着上流社会的生活。10岁就学会了骑马、打猎。第一次出门打猎就拖着一只"带血"的狐狸回来了。长大以后自己买了一条猎犬，精心喂养，还买了几匹马，一有空就去赛马场。除了骑马、打猎以外，他对别的一概不感兴趣，包括上学。

在英国贵族社会里，马代表了一个人的社会地位、经济地位和政治地位。少数人占有马，会骑马。他们穿着靴子，用靴子踢马，他们就是贵族阶级；多数人无钱买马，他们给主人放马鞍、套笼头，他们是平民阶层。

在伊顿公学上学时，人们称伦道夫是个花花公子：邋邋遢遢、没有风度、缺乏道德、游手好闲、妄自尊大、盛气凌人，如果算不上是天生的缺德鬼，也是个废物蛋。他的一个老师说他是个"超级懒虫"（Idle to the Extreme），另一个老师说他是个"小流氓"（Little Blackguard）。他喜欢把两条腿跷在刻有自己名字的桌子上。他似乎还爱穿俗套的紫罗兰色背心，打扮得妖里妖气。看见他的人总会被他吓一跳，他却从中取乐。后来，难得有一位叫雷德斯德尔的人（他的好朋友）认为伦道夫的行为无可指责，认为伦道夫是"最逗人喜爱的孩子之一，他的玩笑能给大家带来乐趣，他的行为能活跃气氛"。伦道夫有出色的组织才能，他成立了一个人数众多的"新生"小组，他有15名最听他话的同学去完成他想做的每一件事。

甚至他父亲在回忆自己当时的烦恼与痛苦时也写道："我感到你对自己行为的承诺一点也不在意。"在另一封信里他写道："……说真的，我担心你不能约束自己，动辄发脾气，而且言谈举止也缺乏风度……"

提起伦道夫生活上的一些事，他的一位挚友说，在伊顿期间他一到想吃饭时就敲打汤匙，那些敲碎了的汤匙后来成了家庭纪念品。他自己在一封家信中也谈及了当时那无法无天的表现：一次，威尔士亲王和他的新婚妻子亚历山德拉王妃正在检阅地方上的游行队伍，"我撞开人群，登上王子的马车，几个举止端庄的老妇人不让我上车，我就抓她们的脸，把她们吓坏了。可我还一个劲地喊：'好极了！真过瘾！'"

温斯顿·丘吉尔在自传中谈到他父亲时这样写道："在伊顿期间，他心胸坦荡，无忧无虑，睡觉连个梦都不做。"伦道夫在牛津大学也很长时间不做梦。伦道夫的表现大家看得清清楚楚，可一点办法也没有。尽管家庭教师填鸭式地耐心帮助他，可第一次就碰了钉子。"他根本不想成为学者，他太粗心了。"家庭教师这样向公爵汇报。

牛津大学离布伦海姆宫很近。后来人们都知道了，他实际上住在家里，全部时间和精力都用在打猎上。在牛津大学莫顿学院，他组织了一个大学生的秘密社团，这个社团取名为"布伦海姆打猎队"。他们总是按时外出打猎，而且打死了多少猎物每次都有详细的记录。在统计他自己一个季度的收获时，他写道："上一季度一共打死58只兔子和 1 只狐狸。"

他妹妹柯纳丽亚在回忆哥哥伦道夫牛津大学的生活趣事时写道:"供他用膳的地方很多……举办各种打打闹闹、拿别人开心的联欢会……还有舞会,我也跟他们一起跳舞……"

他那双鼓鼓的大眼睛老喜欢盯着少女,同班同学就给他取了个"伴女郎"(Gooseberry)的绰号。穿学生服的这位"伴女郎"学会了抽烟,而且越抽越高级,还经常打碎"伦道夫公馆"窗户上的玻璃,有一次还因喝得酩酊大醉而被拘留。

几年以后,当年的《双周杂志》(Fortnightly Magazine)编辑弗兰克·哈里斯写过一篇报道,记载了下面这件事。他说这是伦道夫的至交詹宁斯向他透露的,这件事太严重了。那一次,有几个人在辩论主人与仆人的关系,辩论进行得很热烈,伦道夫的发言博得大家一致喝彩。辩论结束后有人给他倒满满的一杯香槟酒,他一饮而尽。伦道夫对詹宁斯说,后来怎么样就不知道了。

"第二天早晨",詹宁斯是这样回忆伦道夫后来向他讲的情况的:

> 我醒来时,嘴里有一股难闻的味道。我昏昏沉沉地睁开了懒洋洋的眼睛,看见墙壁四周的纸脏得要命,我大吃一惊。当我翻身时,我更被吓得喘不过气来:一位老妇人睡在我身边,枕头上是一把灰白的十分肮脏的头发。我怎么睡到这里了呢?是谁把我弄到这间如此肮脏的陋室里来的呢?究竟发生什么事了?我从床上滑了下来,悄悄地穿上衬衣、裤子。突然,睡在床上的老妇人醒了。她笑眯眯地叫我:"噢,亲爱的,你就这样离开我吗?"
>
> 她说话时露出了又长又黄的牙齿,高高突起的下颌上下晃

动。我被吓得一句话也说不出来,只是把手伸进裤子口袋把所有的钱都掏出来扔到了床上,还是一句话也说不出来。可她还是朝着我笑,我马上穿上坎肩和外套,拔腿就跑。当我关上门时听到她说:"亲爱的,你别走!"我心惊肉跳地下了楼梯,逃了出来。

伦道夫还向詹宁斯谈及他如何发疯似的跑到医生那里让医生检查。医生用高浓度的消毒剂给他治疗,可是21天的潜伏期之后,梅毒还是发作了。医生说,这病能够治好,也能使他恢复元气,就是不能再喝酒。还有,这种病不易除根。

这种治疗梅毒的方法还是相当原始的,远远赶不上"古希腊水"的疗效。这种疗法一百多年前曾得到国王乔治二世的认可,并获得了专利权,可就是价钱昂贵,买一瓶就得花10先令,又容易发生砷中毒而死亡。那些买不起"古希腊水"的人就改用价钱便宜的"热仙水"。

大约在20岁那年,伦道夫似乎完全变了。他解散了"布伦海姆打猎队",转而细心研究历史和法律,写拉丁语的诗句,帮助办下棋俱乐部。他被吉本所著的《罗马帝国衰亡史》一书迷住了,一遍遍反复翻阅,能整页整页地背诵。

19世纪60年代,保守党的领袖迪斯雷利经常来布伦海姆宫做客。他成了伦道夫的至交,不久担任了首相。他对公爵夫人说:"伦道夫应当成为杰出人物。"

不过,这看上去越发不可能。从牛津大学毕业后,他游历了法国、意大利和澳大利亚,历时18个月。如果他听医生的劝告把酒戒掉就好了,可是很遗憾,他做不到,而且还一个劲地抽烟,直到烫了嘴唇才把烟头扔掉。回到英国后,他心情忧郁,连马尔巴罗家族中的喜事也无法使他振作精神。他的前途似乎朦胧不定，从军或进入外交界，情况也许会好一些，可这又不是一时半会儿就能实现的事。那时，他是个胸无大志、成天混日子的年轻人。

不久，他认识了詹妮。

伦道夫的母亲承认无力动摇孩子与这位美国姑娘结婚的决心。不过，她把希望寄托在丈夫身上，希望丈夫能对他施加影响。因为伦道夫对父亲怀有深厚的感情，他不仅十分尊敬父亲，而且经济来源也全靠父亲。可是马尔巴罗公爵已经前往苏格兰打猎钓鱼去了。伦道夫从布伦海姆宫给他去了封长信，部分内容如下：

我希望您不要干涉我已经做出的非常重要的一步决定（这一步对我今后的一生无疑会起重大影响）。我来到考斯不久便结识了一位美国姑娘，她就是詹妮·杰罗姆小姐。小姐的母亲这几年一直住在巴黎，父亲住在纽约。我在考斯的大部分时光都是和詹妮一起度过的。我向她求婚，她已答应了。我觉得信写得再长也无法表达我对她的炽烈的爱慕之情。我所能说的就是我对她的爱超越了生活本身，我现在唯一朝思暮想的就是赶快和她结婚，即便到了另一个世界也和她永不分离。

诚然，您也许会非常吃惊，而且难以理解为什么在那么短的时间里我就深深地爱上了她。说实在的，连我自己也无法解释为什么。然而，我郑重声明，我说的每一句话都没有言过其实。

他为和詹妮确定关系之后没有及时给他父亲写信表示了歉意。他解释道，他无法控制自己的强烈感情，所以也就来不及预先征求意见了。他补充说，在他离开考斯之前已经向母亲公开了。"……而詹妮在她的信中说她母亲不同意，这使我十分尴尬。"

伦道夫接着触及了既伤脑筋而又敏感的问题。

> 我现在把一切都毫无保留地告诉您。我想恳求杰罗姆夫人同意让我做她女儿的丈夫。我想知道您在这方面是否能为我增加些勇气和力量。现随信附上一张詹妮的照片。我对她佩服得五体投地，我只能用漂亮、可爱、温顺、善良等字眼来形容。从哪方面讲她都是漂亮迷人的，她受的教育和成长过程也都是完美无瑕的。

接着他又补充了以下内容：

> 杰罗姆先生是美国绅士，在纽约经商。具体做什么样的生意我还不清楚，不过，他在美国有很高的声望。我相信他的女儿们都是好样的。他每年出来三四个月。杰罗姆夫人这几年一直住在巴黎，并在那里教育她的女儿们。她们在那里进行社交活动，有相当高的社会知名度。
>
> 现在我已经把到目前为止我所知道的有关他们的一切全告诉您了。您一直待我很好，给我做了许多我无权期待的事。我将要成为一个无比幸福的人，在我眼前展现出了一个触手可及的美好未来。我感到过去一年多来我已经浪费了大量的精力，我的抱负也付诸东流，生活似乎十分无聊和懒散。但是，如果我那个时候就和我已经告诉您的那位姑娘结了婚、成为终身伴侣的话，情况就完全不一样了，我就会变成一个最愉快的人了。我相信一个人

只要努力奋斗，就会前程似锦。对锦绣前程的向往鼓励着我去克服困难，使自己无愧于自身的存在。我想有上帝的帮助，我会成为一名无愧于时代的人。这一切，也许还有更多，都是您过去一直对我抱有的希望。反过来，如果一旦出现了阻挠我去实现我的最大心愿和希望的可能性的话（这种可能性我是不敢去想的，而且也不会引导自己往那方面去想），那么我的生活将变得多么寂寞无聊、暗淡无光啊！如果虚度年华，谁的性格和前途都不可能不留下任何深刻的痕迹，就像我最近一年多来的表现一样。当然，时光也许会部分地抹掉那些如此深刻的痕迹和我极力向您描述的那种强烈的感情，不过，这期间人生最美好的年华将会过去，一个人的精力和希望也将变得松弛和渺茫。

伦道夫最后是这样结束这封信的：

我对她完全放心。我相信或者说是坚信她爱我爱得如此真诚、如此强烈，就像我爱她那样。我明白，如果两个人的相爱达到了像我们两人达到的这种程度，那就会产生一种不可推卸的责任感，要么把双方表现出来的如此强烈的爱凝聚在一起使他们美满结合，要么阻挠他们的结合。

伦道夫的这封信显示了他本人潜在的卓识和远见。不仅如此，这封信更清楚地表明了他为什么爱上了詹妮。他爱詹妮不仅仅因为詹妮长得漂亮，而主要是因为詹妮具有一种力量，这种力量是伦道夫感受到了的，也是伦道夫所需要的。伦道夫指望詹妮"鼓励我去努力奋斗并不断取得成功"。

马尔巴罗很快就写了回信。"我最亲爱的伦道夫,"他写道,"你的确使我大为吃惊,从你信中的言辞看,你已经成熟了。"泛泛地谈了几句之后他又接着说:"你的信充满激情。对你表达出来的全部感情,我表示赞赏。其他我没有更多的话可说了,只是希望你听从你母亲和我对你的教诲。"像往常一样,按这个家庭的传统,他在信的末尾签上了亲笔手书"马尔巴罗"。

这封回信的内容是伦道夫所不期望的。但是,那时候他父亲不可能给他更多的鼓励,因为他毕竟是第七代马尔巴罗公爵。在英国最富裕的家族中数他这个家族的财产最多。第一代马尔巴罗公爵是约翰·丘吉尔,在安娜女王时代,他曾担任英军总司令。他率部前往法国与法军进行过10次重大战役,每次战役都大获全胜。他夺取了他包围的每一个要塞,其中最辉煌的一次胜利是1704年布伦海姆战役的胜利。他率领一支骑兵队突破了多瑙河左岸的法军防线,重创法军。为庆祝这一重大胜利,欣喜若狂的安娜女王把位于伍德斯托克的王室土地封赏给马尔巴罗。一千多年来,这块土地一直是富饶的。在这里,撒克逊、诺曼和勃兰塔金纳特王朝时代,从处于弱小状态的埃塞雷德国王到鼎盛时期的阿尔弗雷德国王都修建过他们的官邸。从亨利一世时代开始几乎没有一个国王或王后不在这里修建官邸和住宅。伊丽莎白女王就曾经在此被她妹妹玛丽囚禁了将近一年。也正是在这里,内战期间朗德首领们包围了王室军队,攻占并蹂躏了这一块土地。

布伦海姆宫占地2,700英亩,内有320个房间。宫内陈列了各式各样的世界奇珍异宝。国王乔治二世说:"我们没有任何东西能与布伦海姆宫相比。"

人们参观布伦海姆宫时先通过石砌的拱形城门,过了城门沿着一条蜿蜒的小路前进，路尽头，布伦海姆宫的壮观奇景便展现在眼前了。它看上去像是传说中的亚瑟王居住过的宫殿那样神奇奥秘。宫殿本身占了巨大的面积，还有一座幽静的平湖和无数参天古树把这座简洁纯正、均匀相称的布伦海姆宫点缀得更加绚丽多姿。温斯顿·丘吉尔称布伦海姆宫为"英国公园中的一座意大利宫殿"。他指的是两边保持对称的厢房、刻着各种几何图形的花坛和一座与之相映成趣的纪念碑。布伦海姆宫是用英国劳动者的白骨与热血筑成的。

如果说有的女人可以和男人相匹敌的话，那么第一代马尔巴罗公爵的夫人萨拉就是这种女人的一位典型代表。有人说公爵夫人萨拉不仅专横跋扈，而且偶尔还协助女王料理国事。作为安娜女王的至交（在她生女王的气之前），萨拉得到女王的充分信任，甚至像对法宣战这样的大事也由她说了算。诗人亚历山大·蒲伯在谈及萨拉时曾奋笔写下：

你把她打倒，她知道不能请求宽恕。
你向她施恩，在你还活着的时候，她就恨你。

萨拉也是一位非常傲慢的女人。她看完有关她丈夫的传记后，在一封信中如此评论："马尔巴罗家族的形成从一开始就付出了巨大痛苦的代价，据我所知这是事实。不过，是事实也罢，不是事实也罢，都无关紧要，我向来不把他人的功绩放在眼里。"

别看萨拉有时专横跋扈、盛气凌人，可是公爵死后追求她的人络绎不绝，因为她有一大笔财产。她给其中一位求婚者、社会名流萨默塞特公爵写了封信："如果我还年轻，并且像以前那样漂亮，而不是像现在这样衰老憔悴，你也许能主宰我的身躯，但你永远主宰不了我的心灵和思想。我的心灵和思想永远属于约翰·马尔巴罗。"

马尔巴罗公爵家族曾一度因没有男孩传宗接代，便把公爵的地位传到了外甥查尔斯·斯宾塞身上。因此，斯宾塞后来成了马尔巴罗家族姓氏的一部分。斯宾塞家族的徽章是格里芬——神话中有名的鹰首狮身兽。丘吉尔家族的徽章是狮子。

斯宾塞之后是第三代马尔巴罗，接着是第四代马尔巴罗。第四代马尔巴罗20岁就取得了公爵身份，并且保持了58年之久。他曾雇用精明能干的布朗先生在布伦海姆挖一座占地面积100英亩的人工湖。这是用私人财产建造的最大的一座人工湖。他收藏了许多古代珍品，他把技艺精湛的业余剧目搬上舞台，他还请来著名画家兰诺兹为家族的所有成员画像。可是后来他得了忧郁症，在家待了整整三年，沉默不语。直到后来有人通知他说有一位著名女作家要来进行专访时，他才打破沉默，大声喊道："把我带走，快把我带走……"

最值得一提的是第五代和第六代马尔巴罗。他们过分地奢侈浪费，卖光了宫内最有价值的珍宝。第六代马尔巴罗更加狼狈，最后只得搬进宫中最偏僻的一个角落住下。

第七代马尔巴罗公爵乔治·查尔斯是伦道夫的父亲。他温文尔雅、知书识礼，但性情执拗、见解独特，这些体现了马尔巴罗家族的性格特点。第七代马尔巴罗不同于他的祖先，他热心公共事务，他是伍德斯托克选区的保守党议员，后来担任了枢密院的议长。

看来大儿子很不争气，马尔巴罗把全部希望都寄托在伦道夫身上。现在伦道夫给父亲写信，要求父亲同意他跟一个美国少女结婚。杰罗姆家族的情况究竟怎么样呢？为了把情况弄清，马尔巴罗写信给和他关系最密切的一些国家的朋友，进行调查了解。

在伦道夫给他父母做工作，希望他们同意他俩婚事的同时，詹妮也在做她母亲的工作。她母亲一开始坚决反对。她迅速把情况写信告诉丈夫,信中所用的语言是:"性急的……任性的……轻率的……鲁莽的……冲动。"接着又补充了一句:"你马上乘下一班客轮到英国来。"克拉拉·杰罗姆认为,伦道夫根本配不上詹妮。不管他是贵族也罢,不是贵族也罢,马尔巴罗也罢,不是马尔巴罗也罢,反正配不上詹妮。克拉拉仍然充满了对拿破仑三世宫廷式的浪漫主义生活的向往,她在想象王子和王室成员们络绎不绝地前来向她女儿求婚的情景。

詹妮十分希望得到姐姐克拉丽塔的支持。姐妹俩不断地哀求,甚至痛哭流涕。在女儿们没完没了的纠缠和里外夹攻下,克拉拉·杰罗姆最后勉强同意了。她把她的意见写信告诉丈夫,而且也给伦道夫写了封回信。因为伦道夫给她写过一封恳求信。她在给伦道夫的回信中这样写道:"我必须承认,你已经以你表现出来的直率和高尚的行为打动了我的心。"但是在信的结尾又加上:"不管怎么样,希望你征求你父亲的意见,他会使你得到真正的幸福。作为一个好孩子,你的责任首先是取得他的同意。"

不久,马尔巴罗收到了一位伦敦律师的回信,介绍有关伦纳德·杰罗姆的情况。信中写道:

> 我坦率地、负责任地告诉你……你想了解的那位先生是一位从事股票交易的经纪人。他目前正在纽约做一笔巨额的股票交易。他过着十分奢侈的生活,尽管收入多,不过很可能是挣得多花得也快。

另一封回信写道:

我对这位住在纽约的伦纳德·杰罗姆了解甚微,只是听说他是位精明能干的投机商。他的酒友说他是个好样的男子汉。我虽然从来没有看出他在公共事务或社交方面有多大本事,不过,我相信他是个完全值得尊敬的人。

一位美国朋友提供的情况如下:

杰罗姆声望高,是一位巨额股票投机商。可是就在几年前已经把钱花个精光,最后连家产都抵押了。至于他的社会地位,在没有破产之前是很高的,堪称美国的显门富豪。他的女儿们跟着自己的母亲已经在国外待了好几年了,据说被好多人追求。

一位记者说杰罗姆在股票交易中很讲信誉,人们可以放心大胆地跟他做交易。可也有人说他花钱大手大脚,他的最大毛病就是把挣来的钱一下子都花个精光。

以上的材料足以使马尔巴罗胸有成竹。于是8月31日他给伦道夫写了封信。

这门亲事是不合适的。目前,你可以从你的观点来看待一切,但是外界的舆论不能不考虑。综合外界的舆论,不能不说你的表现是愚蠢的,你那不加控制的感情降低了你的判断力而把你引入歧途。"爱情是盲目的。"这条谚语用在你身上再合适不过了。你为了满足自己的情欲,似乎什么后果也不顾,不顾这门亲事会给你的家族带来什么后果,也不顾你的行动会给你母亲和我增添多少忧虑……

现在谈谈你给我写的那封信。目前,我还不能肯定你对我说的那些话。不久我将能从你处和其他人处获得更多有关杰罗姆先生的情况。就目前所知,他似乎爱炫耀,而且我认为他很庸俗。我听说他在纽约乘坐六到八匹马拉的马车。(人们可以从这方面判断一个人如何。)

你所谈到的关于詹妮的母亲和她的女儿们的全部情况跟我所了解到的关于詹妮的父亲及他的眷属的情况是完全吻合的。不论前者的吸引力是何等巨大,这种联姻是不可能的,若一旦联姻将甚不体面。对你的感情如此脆弱我深表遗憾。我完全是为你好,最真诚地希望你对自己的表现还没有变得无法控制之前,好好地进行一番反思。

我真心诚意地在上帝面前祈祷,愿你的行为保持圣洁。永远深情地爱着你的爸爸马尔巴罗。

父亲的这封信对伦道夫是个沉重的打击,而更沉重的打击则来自妹妹柯纳丽亚和哥哥布兰福德。柯纳丽亚给哥哥的长信中认为他的决定是"轻率的""缺乏深思熟虑的",是一种"发疯的表现"。因为柯纳丽亚和父亲一起住在苏格兰,所以她的话的意义就显得特别重要了。

布兰福德则显得更加直率,甚至有些粗鲁。他给弟弟写了一首诗,题为《婚姻挽歌》。

不是别人,正是你亲手,
把火葬用的柴堆放在自家门口。

匕首插入就要鲜血淋漓，
一旦结婚就要大难临头……

后悔将使你的心灵再遭创伤，
如果虚饰的金钱开始不再发光。
任性的痛苦会把你的身躯缠绕，
如果你老是优柔寡断，菩萨心肠……

婴儿的摇篮与饼干，
会把你的大部分时光抢占。
望着那婴儿的吃奶瓶子，
你不觉得恶心与反感？

你的妻子会烦恼或啜泣，
因为你没有在家吃饭、休息。
这场偶然风波愈演愈烈，
往后，你将永远受委屈……

　　这首诗写得有节有韵，指出了冒险和轻率的婚姻将会令人后悔莫及。该诗使伦道夫大为恼火。他把它誊写了两份，一份寄给柯纳丽亚，另一份寄给威尔士亲王。柯纳丽亚写了回信安抚他，她认为布兰福德没有恶意，写这首诗完全是出于对他的爱。
　　威尔士亲王凭借自己在婚姻和交接情妇方面的更加深刻广泛的切身体验，对布兰福德的诗大加赞赏。他在回信中对伦道夫说："这是一篇我从未读过的杰作。"不过，他劝伦道夫不要把这件事看得过于

第四章 世家

严重，他会亲自给布兰福德写信的。

他的父母又给他写了封信。他父亲已从苏格兰前往考斯，并在那里和他母亲会面了。父亲有些疲倦，因此信由母亲执笔，父亲口授。

> 你母亲和我都衷心希望你得到幸福，亲爱的儿子。我很愿意相信你所说的一切……我很愿意体谅你的心境。我只是希望这件事不至于让你……忘恩负义地对待你母亲和我……
>
> 对你们的婚姻将会带来的后果，你必须设身处地地替我们着想，不能认为这只是你个人的事，与家庭的其他成员无关……不论怎么说，我们不希望同美国人有姻亲关系。你必须承认，这门婚事的确有损于我们贵族世家的声誉……

在纽约，伦纳德·杰罗姆也产生了类似的不安情绪。当收到妻子来信谈及这一闪电式的爱情时，他简直无法相信。他坚决反对英国上流社会内的近亲繁殖和超远亲繁殖。另外，他认为女儿长得十分漂亮，眼睛炯炯有神，伦道夫配不上她。

他写信对詹妮说："你太使我震惊了。"他补充道：

> 在还没有获得更多的了解之前，我为你感到焦虑不安。如果他目前仅仅是处于征求他家人意见的阶段，那么你的处境会好得多。你喜欢他已到了这样的地步，要付出的代价是很大的。我担心，如果一旦出了差错，你将会遭到毁灭性的打击。我始终认为，如果你爱他已到了无法自拔的地步，那是相当危险的，你是绝不会拿爱情当儿戏的。爱情必须顺其自然地发展，否则将一无所得……选择对了，幸福终生；选择错了，痛苦无穷……

詹妮在这场为争取爱情而进行的抗争中表现出了最佳的精神状态。这场爱情抗争记是一部充满浪漫主义的爱情喜剧，詹妮是戏中的主人翁，冲破各种阻力之后取得的胜利显得更为可贵。正如俗话所说，只有苦尽才能甘来。来自各方面的压力只能使她变得更加坚强。她过去所走过的生活道路总的来说是平坦的，如今她第一次被迫为实现自己的理想而战斗，为得到她爱的人而战斗。她发现她的斗争正在取得胜利。

伦纳德·杰罗姆读了她心爱的女儿关于她的爱情声明之后，做了最后表态。

> 你是了解我的。我完全信赖你，并且更信赖你母亲。对任何人，只要你喜欢他，并且你母亲又同意，我都不会反对。只要他不是法国人，或者欧洲大陆上的坏家伙，我都不反对。

他本想乘下一班客轮前往英国亲自了解情况，但由于开支拮据而未成行。1873 年年初，财经丑闻震动了股票市场，造成全国上下一片恐慌。① 斯蒂芬·菲斯克描述了这样一个场景：伦纳德·杰罗姆在一家餐厅宴请一大群来宾。宴会正在进行时，一位餐厅服务员递给他一封电报。他接过电报默不作声地读了一遍，只是到晚宴要结束时，他才把电报内容告诉大家。他说为此多占诸位的时间表示歉意，接着他又补充道："不过，先生们，这件事也影响到你们大家的利益，你们对此也是感兴趣的。由于股票下跌，我已破产。当然这场晚宴的开

---

① 由于 1872 年美国大选中关于铁路、宅地以及芝加哥大楼的欺诈丑闻，导致了 1873 年的大恐慌。——译者注

第四章 世家

支已由我付清，为了不影响大家吃好，我在大家就餐过程中没有宣布此消息。"

杰罗姆还没有到彻底破产的地步。他早就给妻子留下足够数量的款项以保证她的经济独立。他还保存了一部分不动产。虽说大笔的投机生意不顺利，在华尔街继续混下去还是可以的，只是交易的速度慢多了，规模小多了，成交额也就少多了。他最大的不幸是他的地位大大下降了，他已不再是主宰华尔街的人物之一，他已不再是范德比尔特、古尔德和菲斯克等人组成的这个最大财团里的成员了。

杰罗姆很少向人谈起经济上的困难，对于他因为手头拮据而未能尽快去趟欧洲这件事也没有写信告诉别人。有关财务开支方面的事他很少跟妻子商量。他妻子讨厌谈论钱财，至少她自己是这么认为的。但是，如果詹妮和伦道夫订婚的话，钱的问题他还是不吝啬的。"我已立刻给你母亲拍了电报，我非常'高兴'。她给我的信中写到你们婚后每年要开支 2,000 英镑，这笔钱我负责。"杰罗姆这样写道。

> 我不能想象除了你们两人确定的婚姻关系之外，还会有别的任何人的订婚能给我带来更大的欢乐。我完全相信你向我介绍的关于伦道夫的全部情况。通过你的介绍，我似乎已经看见了他那年轻有为、刚正不阿的形象。在一切的一切中，你所考虑到的，也是我相信的，就是他对你的爱。他必须爱你。你不是财产的继承人，这就一定能取得无穷的爱的力量去压倒英国人对"那些讨厌的美国人"的偏见。从这个角度考虑，我也不会有意见……我必须说我成天都乐呵呵的，再没有别的什么事需要我操心了。

伦纳德·杰罗姆从美国来到巴黎与家人团聚。他含蓄而又扼要地向妻子讲了关于嫁妆的事。

得知马尔巴罗公爵不赞同这门亲事,克拉拉·杰罗姆立刻给伦道夫写了封信。

> 亲爱的伦道夫,诚然,他(伦纳德)对你的情况一无所知。我写信向他介绍了有关你的情况并且谈了我的看法。我用不着向你表白我的看法,因为这些看法都是对你很有利的。他认为我的话全部真实可信,他还倾听了他女儿的最真诚的恳求(她把她的幸福已全部寄托在跟你的结合上)。在听了我的介绍和女儿的请求之后,他才正式同意你们结婚。不过,我必须对你说,我丈夫对你父亲在这门亲事上所持的反对态度是十分关注的。我还特地把你在考斯写给我的信的内容告诉了他。这些你都尽可放心。我要反复强调的是杰罗姆先生和我本人都十分尊重女儿的意见,都十分疼爱女儿。如果没有对方家长真心实意的支持,我们是绝不会让女儿嫁给任何一个男人的……
>
> 如果你父亲同意了这门亲事,那么我希望你们考虑问题再全面、周到一些。既然要订婚,就得像样点,得好好筹划一番。

她又补充了一下她丈夫提到的有关经济负担的说明:"你们婚后每年由我们给你们2,000英镑,并且拿出我的全部财产的三分之一作为给你们的补贴。如果你满意的话,我们的许诺是容易办到的。"

然而,好事多磨。要办婚事,钱是燃眉之急中的关键。伦道夫的经济来源全靠他父亲,没有他父亲的支持,要办成这门婚事是不可思议的。可是目前,马尔巴罗既不答应这门亲事,也不寻求可能解决矛盾的办法。从詹妮方面考虑,如果说狂妄点,她有自己的独特见解,可是也不能一点也不考虑父母的意见。

这时候，布兰福德继他的诗歌形式的劝告之后，又写了一些无聊的散文，称伦道夫为"傻瓜"，试图从兄弟情谊的角度向伦道夫施加更大的压力。

威尔士亲王在这段时间里已经给布兰福德写了封信，并且还誊写了一份寄给伦道夫。王子的这封信深深地打动了伦道夫，他请求王子同意他把这封信转给马尔巴罗公爵和公爵夫人。王子开始有些犹豫，后来同意了，条件是由伦道夫向他父母口述信的内容，不能把原信交给他们。王子准是害怕信会被公爵夫人转到他母亲——女王手里。

伦纳德·杰罗姆已得知马尔巴罗公爵不赞同这门婚事，为此他打电报通知妻子："撤销同意的决定。"

在这厄运接踵而至、形势十分不利的情况下，是迎上去，去迎接欢乐，还是退下来，从此一蹶不振呢？伦道夫情绪低落，徘徊不前，詹妮成了他俩共同力量的源泉。詹妮委婉地批评了伦道夫的懦弱表现。对詹妮的批评，伦道夫回信解释："你是位思想敏锐的人，你具有深刻的理解力，你说我一会儿消沉失望，一会儿又自信乐观。这些批评都是事实。我为什么会这样连我自己也说不清楚。"

后来，伦道夫又给詹妮写了封信，他认为已经找到了一种消除烦恼、振作精神的兴奋剂。他是这样写的：

> 当我感到烦躁或愤怒的时候就阅读吉本的书。书中充满哲理，词语庄重，且通俗易懂。读着读着我的心便逐步平静下来，一小时后，我感到整个世界也都平静下来了。当我沮丧低沉的时候，我就阅读贺拉斯的作品。他那彻底的享乐主义思想，内涵十分深刻的格言和选词非常华丽的诗句，对我来说是最好的兴奋

剂。近来，我不得不经常求助于这两位文豪。他俩从来没有让我失望。我深情地推荐你阅读一些历史名著……小说，甚至游记都满足不了人们的欲望，有时还产生坏影响。因为它们挑唆人们的不健康情绪，这种情绪对任何人都是有害的。我不知道你是否理解了我所说的一切，还是认为我这个人奇特古怪。

詹妮不但不认为他奇特古怪，反而为他的这种想法而自豪，鼓励他好好学习。

伦道夫时来运转。马尔巴罗公爵对伦纳德·杰罗姆的为人、性格以及钱财方面的状况不断有所了解，甚至连一些细小的地方都有所了解。这种情况似乎对伦道夫很有利，它为对付无休止地施于伦道夫身上的压力增添了力量。为解脱这些压力，伦道夫曾不顾一切地要求找个工作做，哪怕到英格兰或英格兰以外的地方。

马尔巴罗开始一直反对，最后"为了平息孩子的情绪和维护自己的权威"不得不勉强地——暂时同意。

主要问题仍未解决。你和这位刚认识几天就被你爱上了的年轻女郎是否已经清醒地意识到你们的意志和决心了呢？也就是说你们要迈出的一步是把你们的生命永远联结在一起，你们是否已经意识到了呢？你认为只有和杰罗姆小姐缔结了婚约你才会获得幸福，才有光明前途。现在我不得不说，如果你要我相信这一点，那么只有通过时间的考验，你才能向我提供证据，使我相信。眼下，在这个问题上我再没有别的可说了。不过，明年的这个时候你若来告诉我说你们依然心心相印，那么我们就承认杰罗姆小姐为我们的儿媳。我无须说，你只有深情地爱她才能渴望她

第四章 世家

成为你的妻子。

伦道夫把他父亲写的"唠唠叨叨而又十分冗长的"信交给了詹妮,并进行了补充。

……我毫不介意地对你说,所谓要我们等一年的说教纯属胡说八道的梦话。我可以等一年,甚至远远超过一年的时间,但是我指的并不是那种毫无必要的等待。我们虽然认识时间不长,但是我们彼此之间已经十分了解。昨天我给父亲写了一封富于外交色彩的长信,我正做着从前已经做过的努力——反驳他,和他争辩。我希望能说服他,使他认识到他已经错了,他的思想陈腐。你瞧,我父母指望我成为伍德斯托克的议员。伍德斯托克是一座有议员选举权的城市,多少年来这个席位一直由一个家族占据。目前占据这个席位的是个古怪的人,他是保守党成员,他知名度很低,他自己几乎已经十分明白,如果让他参加竞选,一定会被击败。由激进党员占据伍德斯托克的席位这一事实对我的家族是无法忍受的。正因为如此,所以父母一直让我等着,甚至从我牛津大学毕业之后就一直让我等,等议会解散。看来……在年底之前解散议会是肯定无疑的。我现在面临两种选择:一种选择是,如果他们同意选举之后我们马上结婚,那我就公开积极投身到议会竞选活动中去,争取成为议会议员;另一种选择就是如果开始未能占据席位,那就采取更加隐蔽的权术,到最后时刻逼激进党人下台,恋爱和战争从来就是不择手段的……

最后,传来了鼓舞人心的好消息。

乌云驱散，晴空万里。自从我在考斯与你初次结识以来，从来还没有过这么好的天气。从我们在阿里阿顿护卫舰的甲板上相遇算起，到明天就整整六个星期了，可是我觉得仿佛过了整整六个年头。我们在护卫舰上共同度过的那个夜晚是多么令人怀念啊。尽管打那以后，担忧与烦恼接连不断，可我相信你是不会后悔我们相识的。自从我上次给你写信之后，我再没有和父亲交换想法了。我觉得双方都有充分的时间冷静地考虑一下，那是再好不过了。12月，这个我们早已盼望的、朝思暮想的婚期不会很快到来，可是也不用等很长时间了。我随时渴望跟你见面。我尽可能多给你写信。事实上我们可以堂堂正正地公开我们的婚约，让全世界都知道……

詹妮恭恭敬敬地给她未来的婆婆写了封信。伦道夫做了一些补充。

我最亲爱的，你给我母亲写的那封信写得多么好啊，她看完以后十分高兴。对我所认识的每个人你都做了十分周详的介绍，谈得恰如其分。你的文笔秀丽，而且情真意切。你将会高兴地听到我父亲对你的信的赞美之词。你的信使他十分感动，他对我说你的信很有特色。

现在他也可以再次让她放心，他父亲已经同意这门亲事。他说："我父亲已确信，我们在真心实意地相爱着。至于婚期必须推迟到明年一事，我完全有把握地对你说，他不会顽固坚持的……"他在信中说：

> 由于席位完全空缺，出现了实现三种新选择的可能。如果他们反对政府（他们很可能会这样做），我们就坚决解散议会，这样我就可以成为伍德斯托克的议员。不过，公众事务对我没有多大吸引力。我天生喜欢过平静生活，不想受干扰，也不想出风头。名声毕竟会使人的心灵变得空虚与无聊。当然，如果名声会给你带来欢乐，你对它感兴趣而且还能鼓励我去实现我的目标的话，那么它对我会具有更大的吸引力。

为了激发詹妮对政治的浓厚兴趣，伦道夫又给她写了封信："我建议你订一份今日的《泰晤士报》，读一下迪斯雷利的非凡的演说词。他向以格拉斯哥为首的保守党人做了一次动人心弦的演说。这篇演说词是完美的英语修辞学的典范。"

詹妮不仅读过迪斯雷利的演说词，而且还读过所有她能得到的有关英国政治的文章。按伦道夫的推荐，她还看了吉本和贺拉斯的作品。她决心让自己的思想和伦道夫并驾齐驱。

与伦道夫相比，詹妮的生活显得更加激动人心，更加丰富多彩。妄图复辟的保皇党人和拿破仑派在巴黎兴风作浪，到处散布谣言和小道消息。为了制止任何不满情绪的蔓延，新法兰西国民议会指控马歇尔·贝赞犯有叛国罪，指控他把军队拱手让给普鲁士人。詹妮出席了指控贝赞的审判会，后来她在信中向一位和她观点一致的同伴谈及了对那次审判会的印象。

詹妮说，有些妇女跳到椅子上用望远镜眺望，以便能看清贝赞的模样，结果宪兵们不得不扯这些不遵守会场纪律的女人们的裙子，把她们从椅子上拉下来。宪兵们边扯她们的裙子边说:"真不懂规矩。"詹妮也帮着宪兵们说话:"太不守规矩了。"

给詹妮留下最深刻印象的场面是贝赞毫无表情地坐在被告席上。他的辩护律师演戏似的手舞足蹈,极力为他开脱罪责。辩护律师说贝赞不是叛徒,只不过胆子小了一点。为此詹妮写道:"一个'大人物'倒下了!"

詹妮在她的谈及审判情况的一封长信中,有一处"休会"(prorogue)一词使用不当。为此伦道夫提出了尖锐的批评。詹妮接受不了,她就"休会"一词的用法去请教一位年轻的法国贵族费内隆伯爵,此人的名字似乎经常在她信中出现。费内隆认为詹妮就"休会"一词所下的定义是正确的。

伦道夫给她回信表示抱歉。

亲爱的詹妮:

今天上午收到你那么充满炽热的爱的情书,使我久久不能平静。记得上星期二我确实给你写过一封相当偏激的信。不过,请你体谅我,因为我被弄得惶惶不安……我希望你姐姐和我站在一边,当你对她说我的坏话时或者你对我产生怀疑时,她会为我说话,向你解释,安慰你……

詹妮正式通知伦道夫,说她父亲已到达巴黎,而且打算去英格兰看望他未来的女婿。得知此情况,伦道夫立即给詹妮拍去电报,电文如下:

詹妮·杰罗姆小姐 1874年1月1日

第四章 世家

你父亲动身了吗？他在伦敦逗留期间打算住在哪儿？我已离开桑德林厄姆。我在爱尔兰的婶母病危。

对两位年轻的恋人来说，伦道夫的婶母病得不是时候。他好不容易获得了父母的许可，同意他去巴黎和詹妮会面。可是艾丽·帕金托女士很有人缘，是伦道夫的好婶母，再说他父母也指望他到爱尔兰跟他们住到一起。然而，他首先得和未来的岳父见上一面。在给詹妮的一封信中，他写道：

就在我要和你父亲共进晚餐的时刻，我得前往爱尔兰。我婶母病情仍未见好转，我担心在我到达爱尔兰之前婶母就将离开人世，如果真是那样就太让人悲伤了。那我简直不敢进入使人悲痛欲绝的房子……我和你父亲整天在一起，形影不离……我度过了一个十分愉快的下午……我协助你父亲置办各种货物……我真是很喜欢和你父亲在一起，我相信我们永远是最好的朋友。我已经成功地使他消除了在美国时他对我的不好印象。我很高兴地发现，他对我的不好的看法似乎已经消失得无影无踪了。亲爱的，请你想象一下吧，人们都说我高兴得如醉如痴了！！！下一步该怎么办呢？

又及：星期天晚上或星期一上午以前，你收不到我的信，因为邮政不很方便。从爱尔兰发出一封信要花较长的时间才能到达你处。可是，说实在的，你多给我写点信不行吗？你的时间是不是都被其他人和其他事占满了呢？你就是把我忘了……

伦道夫在去爱尔兰前夕给詹妮拍了封电报，提到那天晚上他已经和她父亲共进晚餐,还说:"恐怕我星期一不能来巴黎。"

整整一个月,伦道夫一直是闷闷不乐,焦虑不安——他婶母似乎病情好转,他收拾行李准备离开爱尔兰前往巴黎,可过一阵儿婶母病情又恶化了,他又打开行李。他几次确定好了前往巴黎的具体日期,可是每次都推迟了。

一个月来,他每天都给詹妮写信,一写就是很长,现摘抄如下:

……情况老是反反复复,这给我带来的痛苦你是难以想象的。我是那样的不幸和悲伤……这里只有我父亲、母亲和伦敦德里女士……我感到我从来也没有像现在这样悲伤和痛苦。所有思维正常的人都无法了解每一瞬间的变化。为了能和你在一起,我可以抛弃一切。亲爱的,请保持平静,愿你心情愉快。昨天夜里我一直想如果我们结了婚,你患了我婶母的这种病,我会怎么样呢?我肯定会发疯的……

……你和凯文赫拉在一起能解除一些烦闷,我感到快慰。他一定长得英俊潇洒,正如你经常在信中大量提到的那样……

……亲爱的,我觉得你不像以前那样想念我了。这也无法怪你,因为在一起时我没能让你看出我有多了不起的才华,这样也就无法苛求你在我离开你之后更加思念我。我想如果让我们有一年时间总在一起,我们就应该有结婚的机会……我们在一起的时候或者你给我写信的时候,你似乎总是无所不谈。我给你写信也从不觉得是个负担,因为我在爱着你,一直思念着你,我希望你同样也是这样对我……我真傻,一写起信来竟毫无节制,已经写了10页了,一提笔就放不下这叫我有什么办法呢……

第四章 世家

  在我就要离开爱尔兰的最后时刻又被挽留了。婶母病情突然急剧恶化,大家都十分焦虑不安。每想到老是让你失望,我心里就很难受,可我又不能在如此危急关头抛下婶母不管。如果我一走,婶母就病故,那么人们会认为我冷酷无情……我母亲对我不得不留下来感到很内疚。为了你,她坚持要亲自给你拍电报,也许现在你已接到电报……

  (电文:我痛苦地告诉你,在伦道夫的婶母危险期没有过去之前,他不能前去你处。马尔巴罗公爵夫人。)

  伦道夫来到爱尔兰一个月之后婶母病故,在埃莫城堡举行了隆重的葬礼。葬礼一完毕,当晚,他便乘船渡了爱尔兰海峡来到多佛。他打算翌晨乘最早一班轮船赶到法国。

  就在这个时候消息传来,议会解散了。格莱斯顿领导的自由党地位因党内领导人之间的派系斗争而受到动摇。一位保守党领导人把格莱斯顿首相领导的内阁的动摇比喻为一次"火山爆发……而不只是一次青色山顶上的火焰的闪动……"1868年的形势把自由党人推上了政坛,让他们掌了权,而现在形势则对他们不利。政府在一系列重要的补缺选举中失败,最后老态龙钟、体弱多病的格莱斯顿被搞得焦头烂额,筋疲力尽。他缺乏政治判断力,过分藐视议会的作用,对法律一知半解。他同意解散议会。

  这样一来,伦道夫就被突然召回布伦海姆宫开始他的伍德斯托克议员竞选活动。情况紧急,不容拖延——他必须当天下午赶回伍德斯托克出席将要在那里举行的有全体农民参加的公开竞选会。他是被指定参加这次公开竞选会的。

伦道夫从布伦海姆宫给詹妮写了封信:"任何信件要想在昨天夜里发出是不可能了,我现在已经一点时间也腾不出来了。"他还说:

> 从上午十点开始我就出去拜会了伍德斯托克的几位朋友。总的看来,情况是令人满意的,他们保证支持我。现在出现了非常有利的情况,我父亲允许的这个公园举行的年度赛马会已经准备就绪。农民全都来了,因为是有趣的运动会,个个精神抖擞。在贝尔餐厅为他们举行的宴会上,你很难想象他们对我有多热情。他们意见很一致,到目前为止,我还没有听到任何反对意见。虽然谣传不少,不过没有一个人敢公开站出来说。我想情况如何明天就知道了。
>
> 现在我要到四英里以外的地方去会见更多的人。那里是有议员选举权的地方。下午四点我将参加在伍德斯托克召开的群众大会。就目前情况看,一切令人满意。有选举权的选民1,071人,我想会来参加投票的超不过800人,但也不会少于460人。只要超过了法定人数,选举便有效。现在情况仍然捉摸不定。我很高兴,我及时来到了这里。

他的自由党竞争对手是乔治·布罗德里克。伦道夫在牛津大学上学期间,后者就是牛津大学莫顿学院的指导教授。他曾在1868年伍德斯托克议会选举期间指责马尔巴罗公爵行贿、威胁并施展阴谋干扰选举。自那以后伦道夫再也不听布罗德里克教授的课了。校长办公室的人去问他为什么不听教授讲课,他回答:"先生,我怎么能去听一个把我父亲说成恶棍的人的课呢?"不管印象如何,他又和教授碰在一块儿了。他在给詹妮的信中说:"我们握了手,而且非常友好。这场竞选非常艰苦，能否取胜没有把握。工党成员的态度如何，目前也无法预料。不管怎么说，我已经有了良好的开端。到目前为止还没有出现令人叹息的场面。"

伦道夫政治上仍未成熟，需要有人指点。这时保守党人、著名律师爱德华·克拉克从伦敦赶来协助伦道夫开展竞选活动。到车站迎接克拉克律师的是即将退休的议员亨利·巴纳特。他向克拉克律师详细介绍了伦道夫的情况，重点谈了一下他的不足之处。接着克拉克亲自归纳整理了伦道夫的缺点。

> 他缺乏文化素养，完全不懂科学，对政治历史一窍不通，并且在外交事务方面也缺乏经验……伦道夫·丘吉尔先生是位胆子很小、头脑简单的年轻人，不过似乎已具备了现代政治中最基本的思想认识。我们就有关他的讲稿中涉及的几个问题一起进行了商榷，我写出了四五个问题，这些问题估计人们会以友好的方式提出来，或者在会下提问。我给他写好了问题的答案……当我们来到会场时，伦道夫显得很紧张。他把自己的讲稿事先抄成几张小纸片，他以为演讲时可以把小纸片放在讲坛上，然后脱下帽子放在讲坛上挡住小纸片，他可以瞄准纸片照本宣科，下面的听众发现不了。这肯定是不行的。下面的听众你一言我一语嘲弄他，有的干脆大声喧哗，让他把帽子下面的东西拿出来，简直无法收场。这次演讲没有成功，不过在回答听众提问方面倒进行得很顺利。然后我把几个问题归纳起来做了总结发言，会到最后算是开得很成功的。

克拉克还为丘吉尔撰写向报界发表的竞选演说。伦道夫后来在给克拉克的信中写道:"我现在信心百倍,如果不是绝大多数,也会有多数的选民被你的那篇优秀演说词吸引过来。"

伦道夫在给詹妮的信中没有提及竞选演说会上的骚动情况。

> 昨天我们进行了一次大规模的竞选活动并取得了巨大成功。从伦敦来了一位演说家协助我参加竞选活动。我多么渴望你和我在一起啊!如果我们在这之前就已经结了婚该有多好啊!我想你受到的接待会使你受宠若惊的。你简直想象不到我会见了多少选民。我到选民家中(多是肮脏的乡间小舍)和他们握手交谈。他们的手并不干净,但他们都是真心实意地和我握手。他们使我心潮澎湃、思绪万千。两院共同委员会和上帝了解一切。我很高兴,选举活动已接近尾声。投票结果会怎么样呢?我吃不下饭,睡不好觉。

布罗德里克教授也许更吃不下饭,睡不好觉。伦道夫有父亲的钱财和影响做后盾。为了孩子的事业,马尔巴罗租用了伍德斯托克的三家大旅馆,而对手布罗德里克教授住在"肮脏的、矮小的、折磨人的小酒馆里"。后来一位名叫阿斯奎斯的聪明小伙子向布罗德里克教授伸出了援助之手。可是伍德斯托克是个由家族控制的自治城市,不管从哪方面说多数当地居民都得依赖马尔巴罗家族。当然不是说所有人都怕马尔巴罗家族,再说伦道夫即使不算个悲观主义者,也是个现实主义者。

至于"选举结果如何",伦道夫写信告诉了詹妮。

> 我完全可以虚构一种没有意见的结果,可是这种无根据的猜测只会使我变得忐忑不安。昨天我花了一整天的时间在伍德斯托

克市内进行情况调查。我向我最信得过的选民了解情况时,他们都说,这是绝对保密的。你瞧,由于是秘密的无记名投票,谁也无法知道投票结果如何。你只能相信他们的许诺,当然我相信他们许多人是不会违背自己的诺言的。我们认为星期二那天的组织工作和准备工作做得相当出色,这是这座古老的城市过去从来没有过的……我预感到花那么多时间去调查了解实在是多余的,我真后悔自己那么傻,花那么大精力在那上面。我恨自己过于激动,不能控制自己……今天,我在教堂里看见了我的竞选对手,他看上去满脸愁容。我为他感到遗憾,因为他的伍德斯托克的朋友都声名狼藉,命运不佳……

伦道夫不断给詹妮去信,有时候是拍电报,有好几次电报内容是用法文写的。其中有一次的法文电报表现了极为不安的心情:"我相信一切会进展顺利,不过形势严峻。"伦道夫2月4日给詹妮拍的电文是:"我以569票赞成,404票反对取得了重大胜利,受到热烈的欢迎。等着我。星期六。"

詹妮为伦道夫的胜利而欣喜若狂,逢人便给他们看电报,办每件事都要引伦道夫的话为证。

伦道夫又给詹妮写信。

……自从我认识你后一切进展顺利——太顺利了。我总是希望我在选举中获胜,可我也担心受到上帝惩罚。因为是无记名投票,加上又是遇上像布罗德里克教授这样的竞选对手,我曾以为非败在他手下不可。我连做梦也没有想到会取得压倒性的优势。这是一次重大的胜利——我们再也用不着继续竞争了。上两次的竞选,即 1865 年和 1868 年那两次的竞选,胜利者仅以 17 票和 21 票的微弱优势取胜对手,因此你可以想象这次对对手的打击该有多大。欢呼胜利的场面你也是从来没有听说过的。选举结果到 11 点才宣布,我一小时又一小时提心吊胆地等待着宣布选举结果。那是多么难熬的时刻啊!当宣布完选举结果后,我的老父老母准会高兴得合不上嘴地手舞足蹈。我把情况简单告诉了两院共同委员会的成员和我的哥哥布兰福德,他们也和我一起分享了胜利的欢乐。欢迎的人群像潮水般涌向我们,他们伴随着我们穿过整个考斯来到布伦海姆宫,沿途欢呼声不断。啊!这是一次多么重大的胜利啊!真遗憾,你没有能够身临其境目睹这一盛大场面、壮观情景……

……现在除了交付支票以外无事可做,这件事我已交给父亲了……

伦纳德·杰罗姆从纽约给他未来的女婿写了封颇为风趣的祝贺信(用的信纸是约克俱乐部印的)。

你信中对于游说竞选活动的细节描写得太成功了,写得的确很风趣。你没有告诉我你在竞选游说活动中挨了多少臭鸡蛋和石块。你这次获得如此巨大胜利出乎我的预料,我向你表示最诚挚的祝贺。这确实是一件了不起的事,更可喜的是这一胜利是在你生命的这一阶段取得的。光辉灿烂的前途已经展现在你的眼前,你只要稍加努力便会大有作为。

……我在考虑我们将来的接触交谈中我要说的话,到时你会发现我的话都是经过深思熟虑之后才表达出来的。如果不是明智的，那至少也是根据我个人亲身经历得出的对生活问题的观点……若是我们有机会"私下密谈"的话，那么你今晚准会中自由主义思想的毒。我们现在不在一起，这种情况也就不可能出现。你真是个幸运儿。

杰罗姆希望夏天詹妮和伦道夫举行完婚礼之后，就到美国去见他。"我将领你们巡视这个'伟大的共和国'，而且千方百计地往你那个顽固的保守党人的脑袋里注入一些美国佬的自由主义思想（包括进行威逼或欺骗性的暗示）。"

这一胜利已经为每个人，包括马尔巴罗家族中的每个成员带来了更加温暖更为和谐的生活气氛。当马尔巴罗公爵领着他的儿子到巴黎和詹妮见面时，气氛似乎就更融洽了。詹妮使伦道夫陶醉在幸福之中，犹如进入了仙境一般。詹妮为他弹奏贝多芬的奏鸣曲，甚至还谈论英国政治，她对英国情况了解之深令人惊讶，这些都给马尔巴罗留下了极为深刻美好的印象，他喜笑颜开。詹妮未来的公公也给詹妮留下了极为深刻美好的印象。至于说到杰罗姆夫人对马尔巴罗的看法，她认为公爵是一位"十分亲切可爱的人"。

马尔巴罗公爵那时在牛津郡的房地产总收入每年约为 40,000 英镑。如果把他每年的开支，房产维持费和给几个女儿、两个男孩的津贴费都扣除，剩下的钱也就不多了。事实上，在这之前他已被迫卖掉了祖上留下来的价值 735,000 先令的珍品，还卖掉了布伦海姆宫著名的桑德兰图书馆的主体部分。

然而，他还是主动地为他的儿子预先拨出了一笔款项作为结婚礼物。他写道："我负担你的费用。"

为了你了解得更清楚，说具体一些，我得按分授财产给家属的协议书的规定执行我应该负担的那笔开支。为了支付你的结婚礼物款项和你以前的债务，到目前为止，我应给你的钱便增加到了 2,000 英镑（相当于 10,000 美元）。如果除去为你支出的财产费，我实际得给你 1,100 英镑……此外，我每年还将为你支出伍德斯托克的选举费用……我将在我的财产和收入的许可范围内为你交付各种费用……我每年都要负担这笔沉重的开支，困难是很多的。这些，你大概已清楚地意识到了，况且这笔开支仍在不断增加……

伦道夫自己能够给詹妮的仅仅是作为一名议会议员所能得到的一点点可怜而又微薄的工资收入、伦敦市区的一套住宅和两匹马的好马车（但是马车的所属权不归他）。

马尔巴罗公爵已通知伦道夫，他已力促他的律师在结婚时宣读结婚协议书，以便明确杰罗姆准备提供的财产及其使用权限。他接着补充道："我的确不愿意说一些刺耳难听的话，不过，把话说在前头总是好些，除非杰罗姆小姐自己掌管钱财……"

伦道夫回信向父亲表示感激。他说："您最慷慨最仁慈了，而且比我任何时候期待的还要多得多的主动援助使我感激万分……在我开始一种新生活之前，您为我还清了债务又使我感激万分……我不想让杰罗姆先生知道由于我和他女儿结婚让别人为我还债……"接着他又补充：

由詹妮掌管钱财我完全放心，她办什么事都井井有条。她很聪明，而且像所有的美国人一样谨慎行事、恪守信用。我几乎可以完全断言,对于无节制乱花钱买来的东西她是不会轻易付款的。

詹妮精明能干,聪颖好学,差不多样样都会,不过,在管理财务方面不能说她有什么经验。

现在只剩下一个没有解决的问题了,那就是嫁妆问题。伦道夫向来不关心料理钱财,可他父亲则不同,因为祖先并没有给他父亲留下什么财产。真不走运,伦纳德·杰罗姆手头也很拮据,经济能力远不如马尔巴罗。这样一来,马尔巴罗用钱就得更加精打细算。有关嫁妆问题的谈判是长期的,也是法律范围内要求的,当然也是肮脏的。杰罗姆给马尔巴罗写信,马尔巴罗给伦道夫写信,杰罗姆、马尔巴罗和伦道夫又给各自的律师写信,然后律师之间又互相写信。

这么一来,婚姻关系的确定不能简单地由双方家庭在没有正式手续的情况下进行,而必须签订契约。契约中包括各种条款细则,还要估计到一些不测情况的出现,以防万一。尤其在英国的大家族里结婚不只是双方肉体的结合,也是经济上的合二为一,签订契约的形式已被普遍接受。

伦道夫仍待在巴黎。他给他"最亲爱的爸爸"写了一封比一封长的信,请求父亲对条款中的各项细则逐条提出意见。情况变得越来越复杂,也变得越来越痛苦。"……情况已经陷入僵局,搞得十分不愉快。"他对父亲说,"杰罗姆先生和杰罗姆夫人都毫不掩饰对契约条款的意见,我自己也赤裸裸地寸土不让。我真不明白,何时才会有个尽头……我认为他本人和他夫人的做法都是十分不体面的……我可以十分有把握地说,詹妮是完全同意我的看法的……"

谈判进入了最后签字阶段。伦纳德·杰罗姆回到巴黎参加签字仪式。以给伦纳德·杰罗姆不断施加压力的他的女儿们为一方,以伦纳德·杰罗姆夫人为另一方,把伦道夫夹在中间,使其成为不受欢迎的角色,绘制出一幅极不愉快又不协调的家庭生活画面。最后达成一致协议:如果詹妮有了孩子之后,死在伦道夫的前头,那么钱财分摊给孩子们;如果詹妮没有生孩子而死在伦道夫的前头,钱财的一半归伦道夫,另一半则归杰罗姆家。伦道夫兴高采烈,立即把这个好消息写信告诉他父亲。

……我非常感激您给杰罗姆先生写了信。信的每一部分都措辞得当,我不知道还有谁能写出这么高水平的信。杰罗姆先生读了这封信之后感到非常满意,正是您的这种努力使他恢复了理智,终于在契约上签字。

……请您不要生杰罗姆先生的气,我也觉得他办事优柔寡断……原来他决定什么事都听他夫人的意见。杰罗姆夫人对宴会后签订的协议大为不满,大发雷霆。她声称杰罗姆先生不了解情况,她极力要他改变原来的立场,推翻整个协议。在这种情况下,这两天我是不会和他俩单独交换看法的,除非他俩同时在场。杰罗姆先生心情烦躁,吃不下饭,最后他宣布明天一早前往伦敦,第二天即返回美国。这一来夫人害怕了,她说一切困难都不难解决。这件事除了妈妈以外请您不要对任何人说,行吗?这是件不愉快的事。可怜的詹妮为此事烦透了,我相信她已经和她母亲周旋很久了……

事情还没有就此了结,还有一些其实是鸡毛蒜皮的小事也得由律师出面办理。如 61 美元的电报费和邮费该由谁付,麦迪逊广场的所有权（接着是纽约联合社团俱乐部的租借年限），甚至包括准备交付的税额（102英镑15先令6便士——1英镑相当于5美元，因此总数为545.85美元）等，双方因为这些问题纠缠不休，折腾来折腾去，最后总算达成了最低调的协议。现在还剩下一个主要问题就是给詹妮的津贴费。杰罗姆写信给马尔巴罗的律师："与伦道夫先生在信中提到的数字相比，我已经做了相当大的让步……是够满意的了（而且差不多完全按他父亲的意见）。"

有关法律方面的来往信件成堆，而且还在增加。其中一封马尔巴罗的律师1874年2月23日写给伦道夫的信中提到：

> 马尔巴罗公爵说，这个婚姻财产协议书根本不能和其他任何婚姻财产协议书相提并论，这远远不是只涉及你个人的问题。我在前几封信中已经解释过，从金钱的观点说（这种观点在我个人的经历中是最不寻常的），杰罗姆小姐将完全独立于你……虽然在美国，女人结婚之后财产完全地绝对地归她自己所有。可我必须强调，她跟英国人结婚后她就失去了美国国籍成了英国公民，因此我认为婚姻财产协议书应该按英国的法律，按当地的风俗习惯……

这个问题也获得了圆满解决，两位亲家在信件中变得更加友好。杰罗姆写道：

> 关于婚姻财产协议书……你尽可放心，我已充分考虑了双方的最大利益。我对伦道夫没有丝毫的不信任，相反，我认为除了伦道夫，世界上没有第二个年轻人更值得我信任。不过，我觉得

在你们英国，妻子完全依附于丈夫，这个习俗很不明智。在婚姻财产协议书中，就像最后达成的协议那样，我已不再考虑美国的习俗，而且放弃了所有的美国偏见接受了你们的观点。一切都按你们英国的风俗习惯，仅有一点保留，那就是在不违反原则协议的情况下作为特殊情况处理，应给妻子适当的津贴费，我提出这点谈不上对伦道夫有丝毫的不信任……

伦道夫可以向母亲汇报了："一切进展顺利，犹如结婚的钟声在四周回荡，悦耳清脆。"

婚礼定于1874年4月15日在巴黎举行，那天恰好是马尔巴罗公爵夫人的生日。不过，公爵和公爵夫人都因不能前往巴黎出席他俩的婚礼仪式而表示了歉意，公爵夫人不能前往大概是身体不舒服。伦道夫的父母都不参加他俩的婚礼仪式是一件不寻常的举动。伦道夫是他俩最喜欢的儿子，尽管起初他俩都不同意这门亲事，但最后还是同意了，还向他俩表示祝福，即使公爵夫人病了，公爵还是应该去参加婚礼的。

伦纳德·杰罗姆对这一尴尬情况采取了最大程度的克制，他给"亲爱的公爵"写道：

> 对您不能来参加婚礼我感到非常遗憾。我本来以为能有幸见到您本人和您的夫人……我完全信赖伦道夫，当我把我的女儿托付给他，世界上只由他一个人单独关照保护的时候，我对我女儿的幸福就完全放心了。人们都说一旦我的女儿进入您的家庭，就会立刻受到"新的慈祥的朋友和亲人的爱戴……"

第四章 世家

伦道夫的哥哥布兰福德来了，他的三个妹妹来了，他的婶母卡姆登夫人也来了。伦纳德·杰罗姆在婚礼的前一天以相当隆重且丰盛的晚宴宴请了他们。

嫁妆在很早以前就准备好了：23件法式礼服、7顶巴黎女帽和一大堆绣有精致花纹的白色衬衫和内衣。想到自己有限的开支预算，詹妮对克拉丽塔和利奥尼说："这些嫁妆够我用好长时间。"

婚礼的前一天晚上詹妮写道："……这将是我最后一次拨这里的座钟了……这将是我最后一次照这面镜子了。"对她来说，很快一切都将不再和以前一样："往后我再也不是一位姑娘了。"

婚礼当天的上午伦道夫接到了他父亲的来信。

> 明天是你们一生中最重要的时刻，是你们共同生活的开始。我真诚地向你们表示祝贺。她是你经过深思熟虑之后选中的，我不怀疑你们之间有着真心的爱。我真诚希望的是，随着时间的推移将会更好地证明你们的结合并不是一时的感情冲动。我向上帝祈祷，祝你们永远幸福。阳光灿烂，万里无云，和谐的乐曲四处回荡。不过，日后将会表明，最纯真的爱情也会出现极度痛苦的时刻，对此必须有充分的思想准备……
>
> ……我们期望在近期内来看望你和詹妮。不用说，我们欢迎她成为我们家庭中的一名新成员……

婚礼即将开始的早晨，女仆早早就赶来给詹妮做早餐。新娘穿上了紧身胸衣，紧得快喘不过气来，当然还不至于紧到会在婚礼仪式中晕过去的地步。女仆为詹妮梳头，把她的乌黑头发盘卷成弯曲状态。

詹妮身穿镶嵌着阿朗松蕾丝①花边的白色绸子衣裙，白丝长袜，白色缎鞋，戴白色羊毛手套，胸前还佩戴白花。她全身上下披上了一层细白轻盈的薄纱，身上唯一的珠宝就是一串珍珠项链，那是她父亲送给她的结婚礼物。

婚礼仪式上的男傧相是威尔士亲王的秘书弗朗西斯·诺利斯，女傧相是詹妮的姐姐克拉丽塔。结婚证书上写道：

> 兹证明伦道夫·亨利·斯宾塞·丘吉尔先生是牛津郡伍德斯托克教区的单身汉。现住巴黎达尔贝旅馆。未婚少女詹妮·杰罗姆是美国纽约市布鲁克林区人。两人按英国宗教仪式于1874年4月15日在巴黎英国驻法大使馆正式结婚……

婚礼仪式简短朴素得简直令人吃惊，没有任何装饰。然而这毕竟是首批重大国际婚姻之一，马尔巴罗家族是世代豪门权贵，杰罗姆也是美国的显门富豪。考虑到这两个家族的声望，人们以为婚礼一定会是隆重热烈的，必定要引起社会上的广泛重视。尽管伦纳德·杰罗姆生意越来越不景气，但是倚仗着他平素与朋友的交往和积累的资金把这场婚礼举办得阔阔气气是没有问题的。事实是仅在英国驻法使馆举行了一个简简单单的婚礼，参加的人寥寥无几，而且马尔巴罗公爵和公爵夫人没有参加。

这种情况的出现肯定不是杰罗姆夫人所希望的，她倒希望借此机会大大炫耀一番，以便稳步地提高自己的社会声望。这是她第一次为女儿举办婚礼，她已经做了充分的准备，把婚礼办得大大方方、热热

---

① 阿朗松蕾丝（Alencon Lace），起源于法国阿朗松地区的针绣蕾丝，有"蕾丝皇后"之称。

第四章 世家

闹闹，对她来说，这样做一点也不算过分。詹妮自己也不希望婚礼如此简单，最近拿破仑三世的宫廷生活和毫无拘束的浪漫主义的爱情观总是在她心中萦绕。

为什么克拉拉·杰罗姆一反常态呢？本来她对詹妮没有看上王子及王室成员而选中伦道夫这件事是持消极态度的，可是到后来在消除婚姻协议书中的所有障碍时她又突然变得积极了。这是为什么呢？

这跟7个月以后温斯顿·丘吉尔的诞生有没有联系呢？当然，詹妮的第二个儿子也是怀孕7个月后生的，这是事实。不过，有没有可能是这两位恋人由于长期分离而性欲特别强烈并且担心结婚的机会被合法地中断而急于结婚呢？或者是不是纯粹由于性欲压倒了他俩，于是赶紧结婚呢？

人们可以做这样或那样的猜测。不管怎么样，他俩吃过一顿甜蜜的婚礼早餐之后登上了一辆由几匹漂亮的灰马拉的漂亮马车。詹妮穿的是深蓝色带白条纹的旅行服，头上还戴了一顶时髦的帽子，手中举着一把精巧别致的阳伞。这把伞的边沿有白丝带，伞柄是龟甲制的，还镀上了一层金，这是她父亲赠送给她的礼物。"我当时想，你喜欢的这把伞就当作小玩具送给你吧。"父亲风趣地对詹妮说。

就要离别母亲时，詹妮劝慰地说："妈妈，别哭，生活会越来越美好……永远……"她的前途将不会是光明也不会是悲伤，不会是辉煌也不会是恐惧。

第五章 贵子

"如果存在爱情婚姻的话,那么这就是爱情婚姻。双方都不怎么花钱。"温斯顿·丘吉尔在回忆他父母的婚姻生活时这样写道。他接着说:"事实上,他们只能过着伦敦社会中一般人所过的最简朴的生活。"

这种提法只能说部分是真实的。伦道夫和詹妮手头的确拮据,那是他俩从来不在乎花钱造成的。在社交往来中他们一向大手大脚,对他俩来说似乎什么东西都是好的,什么东西都能使人获得快乐。

马尔巴罗为他俩在伦敦查尔斯街48号租了一套有四层楼的住宅,这套住宅的租期为37年。这是一座优雅别致的楼房,每一层都有阳台和花盆箱。不过租期从1874年仲夏开始生效,这样在生效期之前的几个月夫妻俩只好先在寇松街1号租了一套住宅。为参加议会开幕式,伦道夫缩短了在法国度蜜月的时间,由于寇松街1号还没有完全收拾好,夫妇俩决定先去布伦海姆宫。

他俩在火车站受到市民们的热烈欢迎。人们解开马车的缰绳,把年轻夫妇从马车上接下来。人群前呼后拥一直把他俩送到布伦海姆宫。伍德斯托克是个僻静的市镇,到处是矮小的旧房子,就只有一条主要街道。当他俩从街上走过时,街道两边的人群向他俩挥手致意。他俩穿过了主要街道,走出了巨大的石砌拱门,把挑夫甩在后面。挑夫肩上的扁担精致美观,两头有银白色的小球和红色的丝带装饰。夫妇俩进入公园之后,便来到了布伦海姆宫。詹妮以早已期待的心情肃然起敬地凝视着布伦海姆宫。横跨山谷、坚不可摧的大桥,绵延数公里美丽而又静雅的公园，绿色林中青草地旁波光粼粼的湖水，密林深处隐约可见的宫殿以及千年的老槐树，这些壮观而又神奇的景色一一收入她的眼帘。这里是供王公贵族使用的森林休憩区，许许多多的国王都曾在这里寻欢作乐。

布伦海姆宫以它巍峨挺拔的雄姿、美丽迷人的景色和蜿蜒起伏的奇观使詹妮为之倾倒。夫妇俩迈步登上一节节宽阔而平缓的台阶，走进一座座高大的宫门，进入了美丽壮观的殿堂。殿堂内半圆形的天花板很高，詹妮只好伸长脖子端详第一代马尔巴罗公爵的油画。这位公爵身穿古罗马礼服，驾着四轮轻便马车，形象逼真、栩栩如生。

然而令人不太愉快的现实迅速改变了人们对布伦海姆宫的最初印象。第一代马尔巴罗公爵夫人萨拉曾把布伦海姆宫说成"一片荒芜和残酷无情的地方"。

詹妮，这位后来成了布伦海姆宫女主人的美国客人埋怨道："我们睡在高高的天花板下的小小的房间里，吃饭在高高的天花板下阴暗的厨房里，梳妆打扮是在没有通风设备的厕所里，坐下休息是在狭长的走廊里或者是粉刷过的客厅里。"作家华尔波尔把布伦海姆宫比喻为："一位被选为葡萄牙国王的拍卖商的公馆。"另一位作家伏尔泰则说得更干脆："布伦海姆宫不过是一大堆的石块而已。"

小时候曾在这里玩过的詹妮的外甥休·弗雷温称布伦海姆宫为一座"低劣的楼房"，给他留下印象最深的，就是吃饭时金盘子发出的咔嗒声，他特别担心金屑会掉下来混在蔬菜里。他还回忆起了"宫中的那股气味……完全是因长期与外界隔绝而散发出的令人恶心的臭味……附带还能闻到一股正在腐烂的天鹅绒的恶臭味"。来参观的人中凡是小孩一般都被拒于宫外，因为宫内铺的是最精制的布鲁塞尔花地毯，宫里陈列有迈斯纳瓷器和无数有价值的纪念品。

在布伦海姆宫，人人都得遵守传统的礼仪和法规。一切都由公爵夫人向来访者口头颁布，包括他们乘哪一班列车及列车开出的时间。当来访者已全部告辞，宫内只剩下家族成员时，詹妮注意到：

> 做什么都得按时定点。那时我非常下功夫练钢琴、读书或绘画，仿佛又回到了学校的课堂。如果你对当天发生的各种问题感兴趣的话，那么上午你就得花一个多小时翻阅有关报章。吃午饭时大家通常就各种政治问题发表意见，交换看法。下午通常坐上车到邻居家串门或在花园散步，以此消磨一天的部分时光。晚饭是一顿非常隆重的正餐。吃过晚饭之后，大家通常来到范大克俱乐部，在那里可以看喜欢看的书，玩喜欢玩的轻松游戏惠斯特牌……有人老盯着墙上的挂钟，家族成员中想睡觉的人有时会偷偷把时针往前拨，因为神圣的十一点敲响之前谁也不敢建议回房睡觉。十一点的钟声响过之后，大家排着队进入小前房。蜡烛一旦点燃，人们便依次和公爵、公爵夫人吻别之后才能回房睡觉。

甚至连早餐也讲究礼仪。女人必须穿天鹅绒服或绸缎，只有等人都到齐之后才能用餐。午餐更显得神圣威严、隆重正规，各种小菜必须放在两个正菜之间，排列得整整齐齐。餐桌上摆得满满的，接着由公爵、公爵夫人切开大肉块，往每个人碗里放，包括保姆、家庭教师和孩子们。孩子们一吃完午饭便提上篮子给附近的穷人或病人分送食物。这是贵族之家的传统做法，表示位高责任大。

午后茶点也讲究。最讲究的茶点当然要数招待王室成员的茶点。吃茶点时要相互寒暄一番。当女主人说："恐怕你该稍许休息休息了。"这就意味着茶点到此结束。对任何客人都说这句话,有一次遇上了一位公主,她却冷若冰霜地回了一句:"谢谢你,现在才五点半,我七点才回房休息。"

一位客人后来写道:"裘皮和暖水瓶温暖了我们。"

  公爵夫人坐着,显然是在回顾与客人交谈时的情况。她觉得谈得不够风趣,不太成功……公爵夫人是位富于同情心且充满母爱的女性。她不聪明,也谈不上漂亮;至于公爵,不管从哪个方面、哪个角度看,充其量是个"平常"的人。不过"平常"就是这位虔诚的马尔巴罗公爵的一大美德,使他获得了人们对他的尊敬。

对詹妮来说,马尔巴罗公爵不只是一位"平常"的人,公爵夫人也不只是光有"母爱"。詹妮和她公公相处得十分融洽,她认为他是位虚怀若谷而又精明能干的皇帝。马尔巴罗向詹妮谈了第五代马尔巴罗公爵接待一位法国大使参观布伦海姆宫时的情况。这位大使对宫内的各种艺术珍品的来源表现了极大的好奇心,其中很多都是礼物。大使问:"这所官邸,这些地毯和绘画作品全都是别人赠送的吗?有没有不是别人赠送的东西呢?"

这番发问激怒了公爵,他马上让大使到宫殿南侧看夺获的宝石制的各种战利品和路易十四的雕像,接着直言不讳地说:"这些是夺来的,不是别人送来的,是约翰·马尔巴罗公爵从图尔奈的城门上夺来的。"

马尔巴罗公爵为宫内各种艺术珍品感到骄傲,但是詹妮注意到,马尔巴罗家族的成员们难得看一眼他们身旁的这些奇珍异宝。詹妮深有感触地说:"什么东西都是一样,看多了就不太感兴趣了,就会产生冷漠感。"

布伦海姆宫过去也曾偶尔向游人开放。游客们目不转睛地望着各种艺术珍品。游人参观的过程中,除詹妮外,家族其他成员都待在自己的卧室里。"偶尔,为了开开心,我们当中的一些人戴上旧斗篷或帽子,胳膊上挎着绸袋,手上拿着贝特柯旅游指南和游人们一起参观,以便听听他们的各种评论。这些评论不都是赞扬这个家族的。"詹妮说,"有一次,我们对一位同胞发笑时差点暴露了身份。这位同胞在观看一幅家族画像时感叹道:'哟,这些丘吉尔们的眼睛长得多么红!'"

5月底,年轻的丘吉尔夫妇搬进了寇松街。伦敦的社交活动刚开始活跃,一直要连续不断地延伸到7月底才结束。寇松街在梅菲尔的中央,这里是伦敦最繁华的闹市区,离皮克特利不远,紧挨着马尔巴罗在蓓尔美尔街的官邸。威尔士王子也住在蓓尔美尔街。也许代表梅菲尔风格的是一座漂亮的喷泉,喷泉的周围有悲剧女神、喜剧神和诗神的雕像,喷泉的尖顶上是名誉女神的雕像。詹妮和伦道夫·丘吉尔将充分体现这四种人物的风格,尤其是第一种和最后一种。但谁能未卜先知呢?这对青年夫妇各方面都具有魅力:美丽英俊、潇洒迷人、头脑敏捷、知识渊博而又意气风发,是社交界的风流人物。不管他俩走到哪里,威尔士王子都亲自安排,提供方便。

詹妮和伦道夫在寇松街安顿就绪后不久,马尔巴罗公爵夫人便来帮助她的儿媳涉足政坛,对伦敦市区的头面人物一一进行礼节性的拜访。詹妮给她母亲的信中写道:"公爵夫人下午两点来我这里。我们梳妆打扮之后便乘上家族专用马车。"她接着说:"公爵夫人和蔼可亲,待我很好。她把她的红宝石和钻石借我用。我把这些红宝石和钻石戴在头上,把我的珍珠项链挂在脖子上。我手里拿着一束香味浓郁的栀子花,这也是她送给我的。"

这个社会对新婚夫妇有一套一本正经的行为规范,新婚夫妇必须在家待上几个月之后才能外出进行社交活动。他俩对此非常反感。像冲破其他许多障碍一样,他俩也打破了这一陈规陋习,结婚还不到一个月,便参加了为欢迎恰尔·亚历山大二世而举行的舞会。恰尔注意到这对年轻夫妇结婚不到一个月便参加了舞会,对他俩如此无视社会行为规范感到十分震惊,以一种难以理解的目光看着詹妮。

不久,詹妮又发现了其他一些陈规陋习,为此她说:"我是在法国长大的,我只能使自己习惯于年轻姑娘该约束自制和保护自己的那些规范。不过,我实实在在地认为,作为一个结了婚的女子,我应该有能力使我自己获得完全解放。"然而,她知道,女人乘铁路客车外出旅游时绝不能单独行动而没有女仆陪伴。她写道:"如果独自一人乘坐一辆双轮小马车外出会被认为是'放荡'行为,更不用说独自一人外出散步,就是散步也只能在僻静的广场或街道上。至于年轻姑娘独自驾着车想到哪里就到哪里,这种事还从来没有听说过。"

詹妮聪明过人,她能巧妙地排解来自各方面的谴责与非难。她首先避开了母亲那小心提防的目光,现在又瓦解了婆婆在宫中的一套家规。她以一种愉快的方式解除了来自母亲和婆婆对她的责难之后,接着又以一种高昂的斗志鼓励这位忠于爱情的丈夫去争得自由,在广阔的天地里自由自在地飞翔,尽情欢乐。天地是无限的。

詹妮觉得生活中有永远享受不完的乐趣:参加游园会,观看上流社会人士在阿斯科特和古德伍德举行的赛马活动,观赏在亨雷的快艇比赛,观摩在赫灵汉姆举行的空中射靶表演,到皇家板球和溜冰俱乐部打打球、溜溜冰。("……跟这些水平不高的女人们一起玩,自然兴趣会受到一些影响,不过相互之间都是彬彬有礼的,不会因为谁滑倒而评头品足或加以嘲笑。")当然还有舞会和歌剧,如在艾伯特大厅举办的音乐会,在古罗马帝国宫和西班牙摩尔族王储宫演出的戏剧,跳芭蕾舞以及新的一人驾驶四马马车培训的俱乐部等等。若是参加晚会,不管是不是皇家举办的,她一玩就玩个通宵,不到翌晨5点不会离去。

1874年夏天,詹妮的姐姐克拉丽塔(她称自己为克拉莱)来看望妹妹,并住了些日子。她写信对妈妈说:"我不知道为什么,只要有王子在场的晚会,人们似乎总要邀请我们去,我想,这大概是因为詹妮长得太漂亮了……"在一次非公开的活动中,妇女们被邀请去皇家俱乐部,游戏中每人都充当纸牌中的一个角色。王子请詹妮担任游戏中的王后,王子对詹妮那聪明过人的才智和直来直去的性格佩服得五体投地,几乎就像她的娇容艳体一样使他神魂颠倒。在议论一对英美夫妇的新郎时,王子对詹妮说:"这个家族很穷,不过因为是和威廉一世一同来英国的,使他们获得了好处。"

詹妮说:"那很好,我如果还是一位姑娘的话,我就愿意嫁给那个家族,他们靠自身的努力取得了一些成就。"

王子对美国女性有特殊的好感,他说:"我喜欢她们是因为她们具有创造精神,她们给社会带来了活力,她们活泼爽快,受过良好的教育,不受陈规陋习的约束……她们不像英国姐妹脾气古怪,她们善于自力更生。"

因为他是王子,他爱怎么说就怎么说。大家都知道,他是个大名鼎鼎的玩弄女性的放荡公子,在贵族阶级淫乱生活的舞台上他是最突出的一名表演者。这种淫乱生活在英国大都市里比比皆是,屡见不鲜,几乎谁也不否认,他还是一名玩弄朋友妻子的能手。他早就看上了詹妮,他如此频繁地邀请丘吉尔家族参加晚会就使人们更加清楚地看透了他企图玩弄詹妮的野心。大多数英国人都认为"英美联姻就像同火星人打交道一样仍处于试验性阶段"。詹妮透彻而又敏锐地描述了英国妇女对这位放荡公子追逐一位美国女性的反应。

一些好色的男人总是想在美国女性身上打主意。如果她的言谈举止、穿衣打扮表现出来像任何一个受过良好教育的妇女一样,男人们马上就会凑上前来以一种特殊的目光望着她。她通常总是有礼貌地跟他们打一下招呼,然后说:"我从来都不认为你是美国人。"策略地避开了他们。

通常人们都认为美国女性是难对付的人,甚至是危险人物。人们如果不躲开她的话,也是以一种怀疑的眼光对待她。追求她的人认为她有钱,他们是冲着她的钱来的。每个有钱的美国人都会被他们看中。诚然,她如果没有钱的话,存在于这个世界上还有什么意义呢?美国人之间没有什么区别,他们都应该属于同一范畴的人。刚刚富裕起来的加利福尼亚矿工的妻子和女儿们都穿绫罗绸缎,而且她们哪怕受到一点点挑拨也会暴跳如雷。文化修养、道德水准高而且非常谦逊的波士顿人,还有多才多艺的弗吉尼亚人……统统都是属于同一范畴的人,也都有同样的缺点……

自从詹妮和伦道夫结婚之后,英美联姻突然大增。美国报刊对于这种找有官衔的英国人为丈夫的美国女人基本上是加以嘲讽的。有一篇典型的评论写道:"她们应该寻求高尚的心灵,而不是寻找高级的官位。"在一份《街谈巷议》(*Town Topics*)上有一篇专栏报道,说一个波兰王子花了1,000万美元找了个漂亮的美国妻子。"他就是波尼亚托夫斯基。一位波兰王子就像去年的帽子一样成了市场上的畅销货。我强烈建议选区产生更多的公爵。"在考察来英国落户的美国妇女的意义时,前首相亨利·帕麦尔斯顿先生预言:"在本世纪结束之前,聪明漂亮的纽约女人将占欧洲重要官员们的妻子的半数。"梅纳·斯蒂文斯成了培基特的夫人,康苏埃洛·伊兹那格(古巴和美国的混血儿)成了曼彻斯特公爵的夫人,阿瑟·波斯特成了巴雷摩尔的夫人。她们的美貌和她们的命运是一致的。

以上提到的只是少数比较有影响的人物。詹妮跟她们很熟,事实上,她们之间的血缘关系非常明显。经常和詹妮一起参加晚会的还有两位长得特别漂亮的美国女人,一位是斯坦迪什女士,另一位是桑兹女士。她们三人经常在报刊上同时出现,一位被称为粉珍珠,另一位被称为白珍珠,第三位被称为黑珍珠。黑珍珠指的就是头发乌黑的詹妮,这三位美女中最有才华、最美丽的就是詹妮。

詹妮个性很强。在1875年举行的一次金杯赛马会上,她毫无顾虑地穿上了结婚礼服,披着新款的法式薄纱。她平常爱穿裸露着脖子和胸脯的夜礼服,总是引得人们议论纷纷。到剧院看戏时,一般妇女都穿传统的黑色服装,而詹妮则与众不同,她穿浅蓝色的。伦道夫求她换一下,说怕这样做太"标新立异",詹妮依然不换。

在一次化装舞会上,克拉丽塔介绍一位年轻的勋爵给詹妮认识。詹妮回忆道:"当克拉丽塔把那位年轻的先生介绍给我时,她故意把我当成她的母亲。"她补充道:

> 深夜,我以"母亲"的身份煞有介事地对那位年轻人说:"我女儿已经把你们的秘密告诉我了,她说你已向她求婚,她也已答应你的求婚了。"那位年轻人那种尴尬和狼狈不堪的表情至今还

历历在目。他极力向我解释没有这回事,可我还是把这场滑稽戏继续往下演。我郑重其事地告诉他,明天我丈夫将要去看一下他未来的女婿。我向年轻人介绍了我和我丈夫的身份,并说:"我们同意你和我女儿订婚。"这位年轻人由于没有看出来这是在演一出滑稽戏,也许他太年轻单纯,动脑筋不够,他悲伤忧郁地离开了,心情是那样的沉重。

詹妮补充了几句:"一般而言,在化装舞会上英国人的表现十分迟钝,他们不善于开玩笑,不善于幽默,更不善于'耍滑'。其实这些在交际场合是很重要的……"

女人能否在社交活动中应付自如,很大程度上取决于她们开玩笑的本领,取决于她们的幽默感。詹妮在这方面才华过人,她谈笑风生,语言诙谐。詹妮对付男人们的那种阿谀奉承的低级玩笑更有一套特殊本领。她说话轻松得体而且经常是一语双关,这使詹妮在任何场合下都能应付自如。詹妮在这方面的才华不仅在女人中,就是跟男人们比,也是出类拔萃的。

詹妮的母亲在巴黎有自己的社交圈子。克拉丽塔希望母亲到英国来玩玩。她写道:"詹妮和伦道夫已决定去多维尔……一旦伦道夫把财产委托别人看管,他,詹妮,我和你,我们一起乘公爵的新游艇游弋一番。"沉思片刻之后,她接着写道:"你不要以为我们很放荡……"他们过去就"放荡",他们现在还想"放荡"。詹妮解释道:"我们似乎生活在狂欢与激动的旋涡之中。"

他们喜欢举行小型晚宴。晚宴时常进行一种叫"读心术"的游戏。据说,这种游戏可以猜出别人的想法。人们蒙上了伦道夫的眼睛把他领到房子中间,他听到克利福德女士的声音:"不要有先入为主的思想，完全按你现在的感觉行动吧。"伦道夫毫不迟疑地突然扑向克利福德女士，把她搂在怀里。琼女士后来这样描述伦道夫："他是个了不起的学生，是个爱开玩笑的淘气精……我看见他躺在椅子上，对自己的所作所为发出一阵阵爽朗的笑声。"

琼女士原名为玛丽·麦克肯茨。1871年她嫁给斯坦利上校。她在美国西部的犹他和内华达住了一年，她丈夫在那里和人合伙开办采矿公司。丈夫死后，她改嫁弗朗西斯·琼先生。琼先生是枢密院成员，这样一来，琼女士很快成了一名出众的伦敦女主人。乔治·斯莫利引用了一位社会名流的话："我去琼女士家是因为我始终不知道会遇上什么样的人，但是我始终相信在那里会遇上我喜欢的人。"琼女士有句名言，她说有趣的人便是超凡的人。她的好友之一，后来成了美国第二十六任总统的罗斯福，便属于超凡的人。

对詹妮和伦道夫来说，社会活动是至关重要的，甚至伦道夫的议员身份似乎主要是社交行为。他在牛津就牛津铁路工程一事发表了处女演说。这确确实实是一次"处女"演说，乔伊特教授[①]说："这是一位头脑简单的年轻人的高谈阔论，这样的年轻人成不了大才。"《笨拙》(*Punch*)的议会评论家路希对伦道夫这篇处女演说的评价比乔伊特教授更敏锐："……这位年轻议员太神经质，他的声音音调很差，他的演讲可以挑剔的地方太多了，以致不值得跟他辩论。不过，有些严厉批评多多少少有一定价值，让人觉得值得听下去。"

迪斯雷利认为伦道夫的演说对公爵夫人和维多利亚女王都是善意的。他说：

---

① 本杰明·乔伊特（1817—1893），英国学者，古典学家和神学家。牛津大学中有"乔伊特路"。

第五章 贵子

> 伦道夫勋爵发表了许多轻率的言论。作为下院新议员，又是个年轻人，而且又是处女演说，可以谅解。但是他那旺盛的精力、流利的口才以及他那给人留下深刻印象的风度使下院议员为之震惊，大为赞赏。加以自制力和学习精神，他有可能走上重要岗位。这是一篇充满希望、很有价值的演说。

迪斯雷利的评价是友善的。他还清楚地记得他自己当年发表处女演说时的情景。他身穿黑色天鹅绒上衣，深红色的裤子，在裤子的接缝处还衬有金黄色的丝带，套上了鲜红色的坎肩，戴着白色手套、钻石指环。他站着演说，他的朋友们认为他穿得那样华丽是为了吸引注意力。内维尔女士说："我认为他内心并不愿意这样做。"他的确把注意力吸引到他身上来了。不过，吸引过来的是下院议员们对他的嘲笑，导致他的发言还没说完，就只得坐下。他接着说："我可以现在就坐下，但是总有一天你们得听我演说。"

伦道夫有点像聪明的"花花公子"。他爱穿时髦的深蓝色外套，里面穿花色内衣，有时穿黄褐色鞋和佩戴珠宝，特别惹人注意。他最喜欢的是詹妮送给他的马耳他十字形状的钻石戒指。

像迪斯雷利一样，伦道夫有时也会变得傲慢粗鲁。这对女人往往具有一种迷人的魅力，而会使男人感到畏怯。他往往表现得过于激动，他的神经是健全的，但语言是脆弱的。他精通吉本的作品，在学习吉本用词造句的技巧方面造诣很深，以致许多人不能完全相信如此激烈的批评会出自伦道夫之口。有一次，一位朋友在俱乐部说起话来没完没了，让人厌烦。伦道夫便摇铃把仆人叫来，他让仆人"听完那位先生的唠叨"，而他自己则走开了。

琼女士又举了个伦道夫行为傲慢的例子。他跟他的一位老朋友曾经争吵过，这位老朋友是他在伊顿上学时的同学，她写道："他们每次见面还得由我为他俩进行一番介绍。伦道夫先生摆出一副天真烂漫、让人啼笑皆非的架势说：'啊！对了，我相信，在伊顿时我确实认识你。'"

詹妮的热情弥补了她丈夫那令人寒心的冷淡。正是詹妮使伦道夫始终保持精神愉快、情绪饱满。反过来，伦道夫以他本阶级固有的美德和修养影响詹妮，为她创造了接近当时显要人物的捷径，使她在政治上迅速走向成熟，使她能提出一些中肯的具有建设性的、独特的政治见解。

伦道夫和詹妮结婚那年，迪斯雷利担任了首相。那时，他已经年满70岁，夫人已在他担任首相之前的一年离开了人世。首相很喜欢詹妮和伦道夫，经常去他俩家中做客。詹妮特别佩服首相能制服他所不喜欢的粗鲁人的才能。有一次，有位年轻妇女主动为首相扇扇子，首相连转身看她一眼也不愿意，而是转身朝詹妮问："这个小傻瓜是谁？"首相对詹妮总是和蔼可亲、和颜悦色。有位妇女将自己跟迪斯雷利首相以及跟格莱斯顿首相坐在一起时的感受进行了比较，她说："当我和格莱斯顿首相坐在一起，离开饭厅和首相告辞后，我感到格莱斯顿是英国最聪明的男人；当我和迪斯雷利首相坐在一起，起身告辞的时候，我感到我是最聪明的女人！"

而詹妮总是很喜欢和格莱斯顿首相一起用餐。

他办事果断，只要有人向他提出问题，他都能理智地答复。要么同意，要么反对，说话干脆，从不拖泥带水。但是如果有人故意挑剔（他还是静心地注意地听着），那么他有办法使对方马上处于狼狈不堪的境地。他那锐利的目光，像是要追根究底似的盯着对方,他那全力以赴的架势给下院议员们留下了极为深刻的印象。在下院他那老学究式的风度具有吸引力,在下院以外的场合,他那温文尔雅的气度同样具有吸引力。

在一次伦道夫夫妇举行的晚宴上,威尔士亲王注意到詹妮和这位首相眉来眼去,谈得津津有味,谈的时间还特别长。后来,王子问詹妮:"亲爱的,告诉我,你为伦道夫赢得了何种官职?"

事实上,伦道夫那时还没有当官的欲望,他的确对政治游戏毫无兴趣。他认为自己不过是拥护迪斯雷利的下院 50 名议员中的一名普通议员而已,他的一票或发言在下院是无足轻重的。与他对社交生活的狂热相比,议会政治似乎是太平静、太拘束,而且太呆板了。

社交界对詹妮来说也是最重要的。和其他初到这里的社会名流一样,詹妮也到王宫受到女王的召见。据说,女王对英美联姻持一种含糊不清的态度。

詹妮写道:"和女王初次见面我非常害怕。我跪下向女王请安,可女王把我搀扶起来。我走到她跟前,她亲吻我,这使我受宠若惊,不知所措,我也回吻她。这样一来,对其他王室成员我就不用再下跪了,稍微弯腰鞠躬便可。"

詹妮竟然受到女王如此破格的礼仪接待,使人难以理解,人们由此对詹妮肃然起敬。柯明斯·卡尔夫人的女仆对女王初次接见詹妮的场面有过一番评论:"女王怎么会那样抬举詹妮?谁也想不到一位女王的表现几乎跟一个卖苹果的老妇人差不多!"几年以后,每当詹妮回忆起女仆的这番评论,心里总是甜滋滋的。

女王的丈夫康索特亲王死后多年,女王的一个女儿(她已嫁给普鲁士的皇太子腓特烈)给丈夫写了封信。

妈妈极度地悲伤……总是哭个没完。她孤零零一人待在空荡荡的房间里，睡在空荡荡的床铺上。她睡觉时总是盖着爸爸的上衣，她把爸爸生前最爱穿的那件红色长外套和其他几件衣服放在床边挨着自己的身子……可怜的妈妈只得永远独自一人孤单单地上床睡觉，冷清清地独自起床。妈妈对爸爸的爱是那样的深，好像她昨天才嫁给爸爸一样……妈妈老是想着爸爸，身体越来越虚弱了……

女儿艾丽丝为母亲找来一位男仆。这位叫约翰·布朗的男仆是苏格兰人，头发蓬松，是典型的苏格兰高地人，爱抽烟斗，爱喝威士忌，说话粗鲁。转眼间，各式各样的流言蜚语从詹妮的社交圈里迅速传开，不胫而走：你知道吗？约翰·布朗在温莎和女王睡在一张床上。现在人们到处都在引用约翰·布朗的原话"女王和我"，你知道吗？

自从约翰·布朗把女王从一位刺客手中救出来后，谈论约翰·布朗与女王私通的传闻有增无减。一位漫画家把约翰·布朗在女王房间壁炉上放自己靴子的情景画成了漫画。还有一张画的是约翰·布朗倚靠在王位的宝座上，嘴里叼着烟斗，宝座下边，一只英国狮子在吼叫。傀儡喜剧中的主人翁潘趣把本来应该通报女王日常工作情况的报告单，故意篡改为通报约翰·布朗的日常工作情况报告单，演出了一场王宫内幕滑稽戏。一位批评家报道了女王和她的这位从前的小马夫猥亵时的情景：女王紧紧地搂住他，其热情和放肆的程度简直到了极点，超过了她对已故丈夫曾经表现出来的那种热情和任性。还有一件事在詹妮的同伴中广为流传：人们在约翰·布朗的房间发现了一封撕成碎片的信。这是女王的亲笔信，人们把碎片接合在一起看清了全部内容："……我太喜欢你了，简直到了无法用语言形容的地步，你太可爱了，太讨人喜欢了。我简直无法忍受你还没有理解我对你的……"信的末尾签上了"永远只爱你一个人，永远忠实于你的人儿"。后来人们把大部分素材收集整理汇编成了一本小册子，名为《约翰·布朗夫人》，这本小册子十分畅销，顿时被大家抢购一空。

许多年后，爱德华王子继承王位。他登基之后的第一件事就是把当年维多利亚女王摆在会议室的瓷质布朗塑像摔得粉碎。这位布朗不仅在王子小的时候打过他耳光，而且有一次王子去见他妈妈时，他竟让王子在外边足足等了两个小时。

8月初，随着伦敦上流社会的交际活动告一段落，詹妮的生活完全变了样。她已怀孕，她的生活突然变得安静多了。克拉丽塔写信对母亲说："我们的生活单调无聊，几乎所有的时间都待在家里。"詹妮的家现在在查尔斯街，这是个"非常优雅"的地方。据詹妮说，她现在有三套住宅，全在巴克利广场附近，有负责食宿的司务员，有马夫还有仆人。这是一条很有名气的街道，多萝西·内维尔女士[①]在这里住了长达38年之久，足以使这条街道享有盛名。这条街道现在成了交际活动的中心。1792年"花花公子"布鲁梅尔就住在离现在詹妮的新居不远的地方；布尔沃－利顿在查尔斯街也有一套住宅，这套住宅里有一个房间和庞贝公寓中的一个房间简直是一模一样。

"亲爱的妈妈，"詹妮写道，

　　既然我们已经住在这里了，我们就得照管好这个家。我很想

---

① 多萝西·内维尔（Dorothy Nevill，1826—1913），是第三代牛津伯爵的小女儿，作家、画家兼收藏家。与爱德华七世、狄更斯、王尔德等人都是好友。

9月份到巴黎和你住在一起，可在我分娩之前我最好还是留在伦敦……我们的意思是这里的设备条件目前来看好一些，有两间卧室，楼下还有会客厅，我们打算把会客厅也当餐厅使用……告诉你一个好消息，我们的厨房很高级，厨房里有瓷器、玻璃杯、盘子和亚麻布制品，所有这些东西都是非常昂贵的……我十分高兴终于有了个固定的安乐窝，而且那么漂亮，家具也很齐全……我和伦道夫结婚时，在婚姻财产协议书上没有提到这套住宅的所有权问题，现在已经明确了：一旦伦道夫有个三长两短，这套住宅便归我所有……

詹妮还写了一个要钱的便条："我确实希望爸爸给我寄2,000英镑，这是他许诺过的……当然，用不着马上全部汇来，可以在他方便的时候分期分批地汇出。"

詹妮在家过着平静的生活一定觉得很烦闷。她毕竟才21岁，几个月前她在极度兴奋与欢乐中度过，她以自己的美貌和才智博得了尊敬和爱慕，她的身价不断提高。1874年9月和10月是詹妮生活中最闲散、最沉寂的两个月。

在伦敦，晚会和舞会仍频频举行，可她已经无心与舞伴一起共享欢乐。夫妇俩来到布伦海姆宫以改换生活环境。这里有一部供参观者了解马尔巴罗家族的巨著，书皮是深红色的，书边有些陈旧。书中有第一代马尔巴罗1708年的亲笔题词，有绝大多数欧洲王室成员，国王、王后、皇帝以及他们的亲属的亲笔题词，还有英国历任首相，欧洲历史上著名的社会活动家、文学家和政治家的亲笔题词。詹妮·斯宾塞·丘吉尔的名字于1874年10月22日第一次正式写入这本书里。

11月的布伦海姆宫显得格外和平宁静，不过一年一度在这里举行的圣安德鲁舞会打破了布伦海姆宫和平宁静的气氛。詹妮的外甥孙女阿妮塔·莱斯利说,舞会进行得热闹异常,詹妮正跳着舞,突然她感到一阵疼痛,不得不离开舞厅。"……经过一个长得使人受不了的客厅,穿过一所'英国最大的'图书馆,接着又穿过世界上最长的一条走廊。这条走廊铺了深红色的地毯,足有四分之一英里长。这条走廊是通向詹妮卧室的……"按历史学家戴维·格林书中的记载:詹妮跟同伴们外出打猎,半路上突然觉得不舒服,急忙回宫。事实是星期二那天,她同丈夫以及同伴们一起外出打猎时突然病倒。伦道夫给他岳母的信中是这样写的:"星期六夜里,我们乘坐一匹小马拉的马车,一路上车颠簸得厉害。赶车的马夫又冒冒失失,粗心大意。我们让他们停车,他们又不愿意,结果在路上整整折磨了一个星期天。"

人们急忙把詹妮安置在一层的一个房间里,这房间正好在大厅的外边。金·琼斯曾经住在这个房间里。他又矮又胖,长着一副樱桃脸。他是第一代马尔巴罗的牧师,据曾经在这房间住过的客人介绍,自从琼斯牧师死后,他们常常在夜间被一道闪光惊醒,醒来后睁开眼睛就看见了这位牧师的幽灵,他弯着身子向他们祈祷。星期六那天晚上,这个小房间临时改成了女士们的休息间,她们跳舞累了之后来这里休息,床上放有羽毛围巾和天鹅绒披肩。

因为是星期天,无法乘火车到伦敦请助产士来接生,于是就请伍德斯托克的当地医生弗雷德里克·泰勒来接生。11月30日历史性的时刻来到了,詹妮分娩了。伦道夫写道:"詹妮经受了整整8小时的阵痛之后于凌晨1时30分生下一男孩,母子平安。可怜的詹妮受了很大的折磨,不过她很坚强,分娩时没有打麻药。孩子长得很好看,大家都说,虽然是早产,但这孩子长得真够结实。他那鹰钩鼻子、水汪汪的大眼睛、乌黑的头发真惹人喜爱。"

按传统习惯，父母沿用了英美双方祖父的姓氏给孩子取名为温斯顿·伦纳德·斯宾塞·丘吉尔。

詹妮分娩时在场的有詹妮的婆婆、伦道夫的婶母阿尔瑟、克莱门亭·卡姆登夫人，还有伦道夫的嫂嫂布兰福德夫人。孩子认卡姆登夫人为教母，伦道夫让伦纳德·杰罗姆当教父。因为是没有预料到的早产，在布伦海姆宫没有给初生婴儿准备好衣服，于是临时从当地的一位律师妻子那里借了一套婴儿服给温斯顿·丘吉尔穿上。这位律师的妻子怀孕尚未生产。

第二天一大早，伍德斯托克教堂的钟声响了，宣告了马尔巴罗公爵的继承人温斯顿·丘吉尔的诞生。按交由詹妮保管的合约规定，当詹妮生下的第一个孩子载入家谱时，要敲钟以示庆贺。于是第二天一大早，"愉快悦耳的钟声"便开始在伍德斯托克四周回荡。为使这件事显得更加正式，伦敦《泰晤士报》在醒目的位置报道：

> 伦道夫·丘吉尔夫人于 11 月 30 日在布伦海姆宫不足月生下一男孩。

《泰晤士报》的这一报道让人啼笑皆非，孩子长得健壮结实，看上去根本就不像是不足月生下来的。

这个年轻的家庭和父母一起在布伦海姆宫度过了圣诞节。公爵的牧师在布伦海姆宫教堂给孩子进行了洗礼。洗礼之后不久，他们便回到伦敦查尔斯街。

许多给温斯顿·丘吉尔写传记的人普遍认为丘吉尔的母亲不喜欢他，一直到他长大成人。这些说法似乎有一半是真实的。母子之间的亲密感情的确是在温斯顿的成年早期才发展起来，那时候他的确让人喜爱。但是詹妮一直在关心孩子，这也是事实，在她的许多书信和备忘录中可以找到充分的证据。伦道夫·丘吉尔夫人已经基本上适应了英国的生活方式，这种生活方式是最持久、最固定不变的，尤其在上层人士中更是如此。这种生活方式必然会造就出一大批"奶妈"。

奶妈是母亲的代理人，她在婴儿未满月之前就进入这个家庭。她负责给婴儿换洗尿布，轻轻擦去婴儿的眼泪；她爱抚婴儿，在婴儿面前具有权威，在孩子整个幼年期或更长一段时间内给予细心关照。她把自己的全部精力、全部心血都无私地奉献在孩子身上。当代的一位社会学家把这种奶妈制度称之为母性对自由的一种出卖，也就是为钱而卖身，这当然是不公平的，她付出的爱超过她挣来的钱。

温斯顿·丘吉尔在他的小说《萨夫罗拉》里对奶妈有如下描述：

> 她从婴儿一生下来开始就给婴儿以无私的奉献，不分白天黑夜地照顾婴儿。奶妈对婴儿的爱让人难以理解。也许这是世界上唯一无私的感情。母亲爱孩子是天性，年轻人爱自己的爱人也可以这么解释，狗喜欢主人是因为主人喂养他，人们忠实于自己的朋友是因为朋友在危急关头坚定地和他站在一起，这些都是可以理解的。然而，奶妈对婴儿的关照所赋予的爱是绝对无法理解的，甚至专门研究思想意识的机构也无法解释这种爱。人类的这种天性远远胜过纯粹的功利主义，这种天性的力量是无穷的。

温斯顿的奶妈伊丽莎白·安·埃弗里斯特太太 41 岁，是位寡妇。她体态丰满，待人诚恳。她爱穿黑色绸缎服，戴无边女帽。温斯顿后来写道："我的奶妈是我的知心朋友。正是埃弗里斯特太太照顾我，满足我的一切欲望。只要我心中有什么烦恼事，我总是毫无保留地向她诉说。"说到他母亲,他这样写道:"她像一颗晚上的星星赐予我光明。我真诚地爱着她,不过,这是隔着距离的爱。"奶妈在就寝之前总要来亲吻温斯顿,说声晚安,经常在晚餐之前给他穿睡衣。对温斯顿来说,她像一位"来自远方的仙女",她身上发出的一阵阵微光不时地抚爱着他,给他温暖。

在维多利亚时代,贵族们很难见到孩子们,甚至几乎连听都未曾听过,奶妈在孩子与父母之间筑起了一道天然的屏障。詹妮确实想从母亲早期应尽的义务中解脱出来,但是,跟她的社交伙伴相比,她跨越的障碍超过她们中的任何一个人。她因为很少过问家庭主妇应该料理的事而感到惭愧,她后来写道:"每当我想起这些就禁不住流下眼泪,恸哭一场。"

詹妮在尽力使自己成为一个英国人,她对自己的每一个行动都十分注意。她毕竟是最早一批和外国人结婚的美国女性之一,而且又是轰动当时社会的一桩国际联姻中的主角。

詹妮当时的一些活动情况在她自己的书信里并没有反映出来。她不仅是一个交际花,这方面可从当时和她住在一起的姐姐克拉丽塔那里得到证实,她还在社交生活中毫无节制,据克拉丽塔说,她妹妹一般在伦道夫不在场时对男人表现出过分的热情。很多晚会仅克拉丽塔和詹妮参加,每次都要引来各色各样的男人们的注意。

这段时间伦道夫上哪里去了呢?他肯定没有忙于下院的工作。这是他当下院议员的头一年,他仅发表过两次演说。是不是由于王子的好色行为,明显地追逐调戏詹妮而使伦道夫和詹妮之间的感情产生了裂痕呢?或者是不是詹妮已经察觉到伦道夫有寻花问柳的越轨行为并由此得了梅毒而嫌弃他了呢?

梅毒的症状表现为头痛、发烧,突然出现回归热,然后慢慢减退，身上长出许多令人讨厌的疹子。在生殖器上、手心里、脚底下都长粉刺疙瘩，嘴唇上也生疮，时隐时现，反反复复。外阴部的淋巴结肿大并且容易破裂。即使伦道夫没有向詹妮坦白他的病症，她也能从罗布森·鲁斯那里了解到实情。鲁斯不仅是伦道夫的私人医生，也是詹妮的私人医生。

伦道夫和詹妮之间在感情上可能出现裂痕还可以从另一个因素进行分析。人们从医学常识可知，如果夫妻双方的一方与第三者发生了性关系，那么夫妻之间的感情就会受到严重影响，夫妻对他们之间的性生活产生厌恶情绪。通过这一推理可以说明伦道夫的情况，也可以解释年方 21 岁的漂亮妻子的放荡行为。

杰罗姆夫妇分别从不同的地方来到查尔斯街看望外孙。伦纳德从纽约来，他的妻子从巴黎来。克拉丽塔曾经写信告诉她妈妈："婴儿长得太可爱了，他十分伶俐。我希望您能来看看他坐在板凳上弹钢琴的情景！"诚然，漂亮的杰罗姆夫人还有她自己的事，她要参加在巴黎罗马路举行的一个招待会，她所接触的多数是二三流的王室成员，退役的外交官，不受重视的艺术家和不出名的诗人，她不久便回到了他们中间。但是伦纳德·杰罗姆仍暂时留在伦敦。范妮·罗纳德离开了阿尔及尔的宫廷，在卡多根俱乐部举行了一个招待会，参加这个招待会的全是些显要人物：爱丁堡公爵拉手提琴，威尔士亲王弹钢琴，范妮唱《亲爱的，亲爱的阿瑟·沙利文先生》。

詹妮和范妮逐渐结成了至交。范妮能言善辩，是詹妮的好参谋，她经常给詹妮带来她所需要的温暖。范妮和詹妮的父亲还是远亲，这一来她俩的关系就更密切了。心情烦躁的詹妮希望范妮协助她处理一些婚姻以外的事。富于同情心的范妮高风亮节，堪称时代的楷模，协助詹妮做那些事是最合适的。

　　尽管伦道夫和詹妮在婚姻关系中出现了明显的紧张气氛,但他们表面上仍然保持着正常关系。他们带伦纳德观看自己喜爱的赛马会。克拉丽塔以欢快的心情给母亲写信:"伦道夫很高兴,他在赛马会中中彩,获奖200英镑,詹妮获奖20英镑。"伦纳德逗留期间,可能对詹妮一直有额外的资助。他写道:"詹妮的衣服和帽子应有尽有。"伦纳德第一次见到马尔巴罗公爵和公爵夫人,他没有提及对他俩的看法。

　　然而,公爵夫人和詹妮之间日益加深的紧张关系却有所反映,有关这方面的情况,克拉丽塔在给母亲的信中也提到了一些:"……我不知道该怎么对你说。伦道夫说公爵夫人非常嫉妒詹妮和我。她一直非常慈祥亲切,可有时说起话来辛辣尖刻,詹妮婚后的头一年,公爵夫人使这种紧张关系恶化到极点。布兰福德过去又是作诗,又是写散文,拼命反对伦道夫跟詹妮结婚,现在他一反常态,一个劲儿地巴结他的美国弟媳。他对他自己的妻子早就厌烦了。他的妻子阿尔巴塞·哈米尔顿夫人和英格兰的大贵族有一半的亲缘关系,她是个货真价实的滑稽女人,傻头傻脑,糊糊涂涂。她把肥皂块当成干酪招待客人。她把墨水瓶放在卧室的门上,她丈夫一开门,墨水就从她丈夫的头上往下流。如果说这位夫人嬉戏的本事大的话,那么她的智力感官是迟钝的。"

　　布兰福德中等身材,脸盘光滑,下巴粗大,样子一本正经,还是个法国问题专家、艺术品鉴赏家,对科学也有浓厚的兴趣。他是他所处时代的一位才华横溢的记者。他见了漂亮的女人便动心,他送了一个戒指给詹妮以博得她的好感。可詹妮并没有在意,她把布兰福德送给她的那个戒指给她婆婆看,这下可把她婆婆气得肺都快炸了。婆婆说布兰福德根本无权把那个戒指送给詹妮,那是他妻子的戒指。詹妮又把这件事跟伦道夫说了多次,伦道夫把这件事又传到了布兰福德耳中。布兰福德恼羞成怒,马上给他母亲写信,对他母亲竭尽了挖苦和侮辱之能事。现将部分内容摘抄如下:

> 你把你自己经常干的那些丑事、那些臭毛病、那种强烈的猜忌心转移到我身上,你这种嫁祸于人的伎俩是尽人皆知的……我怎么也想不到你竟会把自己的人格降低到如此混淆是非、颠倒黑白的地步。

为了平息这场风波,詹妮主动把戒指还给布兰福德,但是这件事已触犯家规。马尔巴罗公爵对此十分生气,他写信给伦道夫,措辞强硬,维护詹妮,指责后者"颠倒是非""不择手段""毁坏妻子和孩子的声誉",唆使哥哥给公爵夫人写那封"空前骇人听闻"的信。伦道夫也针锋相对地回复了父亲,为自己辩护的同时要求父亲收回那些措辞:"如果您不收回这些看法,那么我想我们之间今后再通信来往不只是没有意义,而且也不可能了。"

伦道夫过去和父母的关系一直很融洽,彼此深爱。伦道夫的回信对马尔巴罗公爵显然是沉重的打击,对公爵夫人的打击更沉重。她很清楚布兰福德为什么暴跳如雷、歇斯底里大发作。公爵夫妇对布兰福德的所作所为早就不满。布兰福德也早就想发泄心头的不快情绪。这次,他抓住机会大肆发泄,简直到了登峰造极的地步。而伦道夫的这封信给公爵夫人带来的心灵上的创伤是永远无法医治的。这件事随着时间的推移而逐渐平息,但是,事情已经发生,无法挽回,始终会成为一个敏感话题。公爵夫人把所有的过失都归咎于儿媳妇詹妮,对詹妮产生了敌对情绪,也许这是典型的婆婆的表现方式吧。公爵夫人常常是小心翼翼地掩饰对詹妮的这种敌对情绪,就像她小心翼翼地掩饰心灵的创伤一样,有时候甚至使人感觉已不复存在,但它是深埋在地里的一块还能燃烧的煤炭,时刻准备复燃。

第六章 王子

伦道夫和詹妮都卷入了威尔士亲王社交活动的旋涡。哪里有王子出现，哪里就有伦道夫和詹妮。一家报刊评论统计，在9个月当中王子看了30场戏、28场赛马会，还参加了40多场大型社交宴会。格莱斯顿首相曾力促女王让王子协助她参与君主权力范围内的有关活动，可是格莱斯顿首相的继承人迪斯雷利首相则继续鼓励女王不让王子参与那些活动。他说王子是一位"地地道道好寻欢作乐的花花公子"。

迪斯雷利曾主张让王子到爱尔兰待些时候，在那里可以打猎，过与外界隔绝的生活也许还能帮他学会一些行政管理业务。王子不愿去爱尔兰，他决定远涉重洋到印度旅行。他挑选了一批社交能力超过政治能力的人陪同他前往印度。女王和迪斯雷利都反对王子计划中的印度之行，也不同意他挑中的人选。由于王子一意孤行，迪斯雷利只好建议由下院拨出部分款项供王子作旅费。王子认为拨款太少，他唆使伦道夫给《泰晤士报》写信为他计划中的印度之行辩解。迪斯雷利认为伦道夫的论点荒唐可笑，于是他们展开了一场激烈的辩论。迪斯雷利在一封信中是这样写的："今晚我在索姆餐厅进餐……伦道夫·丘吉尔夫妇也在那里，我非常友好地向他俩打招呼，可伦道夫两眼直盯着我，看上去活像个魔王，这是为什么呢？"王子及其随员出发前往印度，詹妮和伦道夫没有跟王子去，部分原因大概是旅费有困难。伦道夫也许更多地从个人方面考虑，王子对詹妮的爱慕之心表现得越来越露骨了。

伦道夫不想使自己变成第二个艾尔斯福德伯爵——"爱运动的乔"。这位和王子一同前往印度的伯爵是赛马表演的冠军获得者，他的妻子是威尔士人，长得十分漂亮。王子长期以来一直和她眉来眼去，难免有一些越轨行为，可是"爱运动的乔"伯爵并没有因此而中断和王子的友谊关系。伦道夫没有屈服于王子的压力，伦道夫的这种态度足可以解释，为什么他在以后的一系列轰动社会的丑闻中表现得与众不同。

在王子、"爱运动的乔"伯爵以及其他随员前往印度之后，伦道夫的哥哥布兰福德便带上他的马住进了一个小客栈。这个客栈离艾尔斯福德伯爵夫人的住宅非常近。消息很快传到了印度，布兰福德和艾尔斯福德夫人的关系密切到了如此地步以致她已怀孕。（这时，布兰福德的妻子跟丈夫开了个比以往更滑稽的玩笑，平时在吃早餐时她给丈夫做好荷包蛋放在托盘里用银罩罩上，这回她故意端上一个空托盘，托盘里放着一个粉色洋娃娃，然后再用银罩罩上。）布兰福德和艾尔斯福德夫人通奸不但侵犯了乔伯爵的利益，而且也侵犯了王子的利益。王子认为，既然布兰福德已公开玷污了艾尔斯福德夫人的好声誉，布兰福德就应该跟自己的妻子离婚而跟艾尔斯福德夫人结婚。

伦道夫以出人意料的方式介入了这场纠纷。他是争吵双方的朋友，一般人都以为他会站在中间立场好言相劝以平息这场纠纷，可是与此相反，他威胁王子。他说如果王子不放弃支持乔伯爵，他就将公开发表王子写给艾尔斯福德夫人的几封情书。他还跑到威尔士王妃那里要求王妃出面做王子的工作，让王子不要公开布兰福德提出离婚诉讼这件令人不愉快的事。伦道夫还建议王妃给王子施加更大的压力以了结此事。后来，伦道夫就此事跟查尔斯·迪尔克先生提起过，他说："我抓住了王子的把柄。"

第六章 王子

伦道夫的父母都劝说伦道夫，认为他应该谨慎行事。王子答应了王妃的请求，给她看了伦道夫写的威胁信。伦道夫的举动激怒了王室成员。这时，伦道夫已来到荷兰，他收到了王子写的威胁信，信中提出要伦道夫公开道歉，否则就要与他在鹿特丹进行决斗。具有讽刺意味的是，王子的这封威胁信由诺利斯先生转交给伦道夫，诺利斯从印度回国途中取道荷兰，亲自把王子的信转给伦道夫。两年前在伦道夫的婚礼上，诺利斯先生是作为伦道夫最好的朋友来参加的。伦道夫拒绝与他未来的君主决斗，他说可以和王子所挑选的任何一个人决斗。与此同时，詹妮给伦道夫写信："你认为女王会召见迪斯雷利吗？如果她召见迪斯雷利，那么你将争取到他们中的一个人……而且你可以在殿下回来之前把他争取到你这边来（用一种手段），你觉得怎么样？"

有家族成员说："即使有着钢铁神经的詹妮也开始紧张了。"后来，维多利亚女王出面斡旋。她写信给王子："这事多么不光彩，多么使人烦恼……可怜的艾尔斯福德先生应该不会抛弃他的妻子。这事去年夏天我就已经知道了。"

伦道夫会晤了王室成员的密使，著名的哈廷顿先生，他后来成了得文郡的公爵。会晤时作陪的有史沫莱先生，他后来描述了对哈廷顿先生的印象："公爵有很多，哈廷顿先生是所有公爵中最了不起的一个。谁也不如他机敏，在正确判断人和事方面没有任何人能比过哈廷顿先生。"哈廷顿先生身材高大，长脸盘，高鼻梁。他是支配英国各大家族的大富豪之一，他把自己的一生都献给了公共服务事业。他在历届政府的内阁中担任的职务超过同时代的任何一个人，曾经三次拒绝出任首相。他没有任何野心，不接受任何贿赂，因此他是接受这项伤脑筋的任务、处理微妙关系的最理想人物。他自身的经历使他更适合这项工作,他本人同一位漂亮的公爵夫人一直保持了长达三十年的静悄悄的婚外情关系。

史沫莱说,哈廷顿在没有见到王子给艾尔斯福德夫人的信之前不愿跟任何一方接触,这样伦道夫便把信交给了哈廷顿。

哈廷顿问:"还有其他信件没有?"

伦道夫答:"没有了。"

哈廷顿又问:"你同意必要时由我全权负责处理这些信件吗?"

伦道夫答:"同意。"

哈廷顿先生走到炉火旁,把信件塞入炉火中全部烧成灰烬。他说:"我认为这件事没有继续争吵的必要。"他注视着伦道夫,又说:"你想说什么?采取什么行动完全有你的自由。我之所以这样做完全是考虑到你们双方的利益。"

史沫莱后来这样评论:"哈廷顿是我所知道唯一能这样做而不会产生任何不测后果的人,那是因为他是哈廷顿。"

关于这段插曲有不少小道消息四处传开。人们对伦道夫为什么在这场风波中扮演这种角色感到莫名其妙,不可思议。他如果出面斡旋完全可以使问题获得圆满解决,可是他不但不斡旋,反而火上加油,这是为什么呢?最有说服力的解释,似乎是伦道夫十分怨恨王子对詹妮怀有不可告人的野心。如果别的男人接近詹妮,伦道夫完全可以把他们赶走,不许他们"调戏"詹妮,可是王子是谁也赶不走的,伦道夫为此十分恼火。

王子也同样十分恼火。他让人们知道,凡是有伦道夫·丘吉尔夫妇在场的地方,他一概不去,很少有例外。有一次,伦道夫和詹妮参加了由菲茨威廉勋爵举办的舞会,当舞会进入高潮时,乐队突然停止伴奏,舞厅里顿时鸦雀无声。据说,王子马上就要进来,舞会主持人十分为难，只好请詹妮和伦道夫离开舞厅。他俩迅速穿过仆人的房间，走进通向后门楼梯的地下室。当王子到达时，也不知道为什么舞会的热闹场面顿时消失。

英国社交界过去对伦道夫·丘吉尔夫妇总是满腔热情、奉为上宾，现在大家都对他俩另眼相看、冷若冰霜，仅有一人例外，那就是约翰·德拉库尔夫人。一次，王子非难她说："我听说你还继续与伦道夫·丘吉尔夫妇保持接触。"后者回答："我不允许任何人替我选择朋友。"这位美国出生的曼彻斯特公爵夫人冷淡地说："我始终把友谊置于势利之上。"接着又微笑地补充道："王子殿下，我甚至不可能为了你而冷眼看待可怜的詹妮，我们曾经是朝夕相处的同学。"

温斯顿·丘吉尔在自传中写道："……父亲伦道夫蒙受了一位大人物对他的冷眼看待。社交界已不再向他微笑，强大的对手气急败坏地攻击他，他的机敏和自豪感已化为乌有，伦敦已使他感到厌倦。"詹妮对伦敦的一切也感到厌倦，她曾经对社交生活如醉如痴，现在变得一点兴趣也没有了。她写道："多数人通过一生的实践才逐步懂得拜金主义祸害无穷，很少有人能尽早吸取教训。这种现象引起我们深思，并从中受到启发。"

温斯顿认为父亲的这段遭遇并不是一件坏事，它使父亲吸取了不少教训，对父亲以后的生活起到了促进作用。"如果没有这段经历，那么他也许就要白白花费多年的时间应付各种琐碎的事情，并将付出高昂的代价去研究上流社会的这些愚蠢表演。如果没有这段经历，他也许永远不可能激发出广泛的同情心和勇气去维护各种民主正义事业。"毫无疑问，这段经历"改变了他的整个生活和性格，曾使他误入歧途，然而也振奋了他的精神，锻炼了他的性格，使他热爱生活，了解人生"。这段经历使他改变了原先那种"天真烂漫，单纯感情用事的"性格,"使他成了一个坚定而严肃的人,使他蔑视'上层社会',对于权势和地位采取势不两立的态度"。

詹妮也意识到今后自己对社会的影响,不能靠自己的美貌或人品,也不能靠丈夫的财产或朋友,而只能严格地靠自己的成就。这种认识对他们之间的婚姻生活产生了最大的凝聚力。能给詹妮带来欢乐的已不再是晚会、舞会或那些求爱的人,真正能给他俩带来欢乐的是他俩相亲相爱的感情。这种感情的需求是巨大的,力量是无穷的。在和王子的这场风波快要结束的时候,詹妮给伦道夫写了封信:"……如果我们不得不经历风险,你一定要让我跟你一起承担这些风险。只要有你在我身边,我什么也不怕……"

詹妮写道:"伦道夫现在最需要的是安慰和出去散散心。"詹妮自己又何尝不是这样呢?现在最了解伦道夫和詹妮心境的是詹妮的父亲伦纳德·杰罗姆,他向他俩发出了充满同情心的邀请信,让他俩来美国。他写道:"你们先走海路,然后通过陆路驱车到我这里来。来了之后,你们将会明白跟粗野汉子打架使我落得个什么样的结果。"

伦纳德·杰罗姆已经 58 岁,但仍精力充沛。他从英国购进马球,并把这种游戏带到纽约的杰罗姆公园进行推广。可他自己已不能做示范,因为凭一时冲动,他在马球场跟一个粗野汉子挑战时打了起来,结果背部扭伤。

詹妮和伦道夫先到加拿大,在来到纽约之前,他俩参观了尼亚加拉瀑布和新港。这一次,伦道夫的至交蒂里特跟他俩一同前往纽约。詹妮在谈到对新港的印象时写道:"虽然这里的生活跟考斯大不一样,都市的气息多于乡村的气息,然而这里是最令人向往的地方之一。这里的一切都具有巨大的魅力,朋友们给予我们的盛情款待以及他们对我们的友善态度使我们获得最大的满足。"

第六章 王子

在美国，1876 年是总统选举年，拉瑟福德·海斯差点当上总统。詹妮了解海斯的性格，她听说海斯的绰号叫"穿短裤子的维多利亚女王"。那一年，从美国西部传出了比这要荒唐得多的新闻，新闻内容千奇百怪无所不包，从卡斯特的最后据点①到无法无天的强盗们在来往频繁的公共马车上进行疯狂的抢劫。马克·吐温曾经写道："这个国家有非常丰富的金、银、铜、铅、煤、铁、汞……小偷、凶手、无赖、女士、儿童、律师、基督教徒、印第安人、中国人、西班牙人、赌徒、骗子、恶棍……"

纽约报纸报道的新闻新鲜活泼、无拘无束，极力渲染可怕的犯罪活动，诸如那些"嗜血的杀人魔王"肢解尸体，甚至有犯罪分子为了赎金而企图盗窃亚伯拉罕·林肯的骨头，中心公园成了流氓、歹徒的藏身之地。在那里，妇女儿童和所有无防御能力的人任凭流氓、恶棍的摆布，等等。在同一版面还登有广告，什么穿法国女人的胸衣能使丑姑娘变成美女，什么 8 美元可买一副人工假牙，还有什么出售 150 个精巧餐具，每个餐具上绘有各式各样的男女生殖器解剖图。

麦迪逊广场和第 42 街之间是百老汇大街，人们称这里为戏场区。这里有一排排戏院，有一所演出轻歌剧的屋顶花园俱乐部，还有一家首都歌剧院，是用大黄砖砌成。一般的车辆仍用马拉，不过在第三大道上已经有了一条高架铁路。詹妮的父亲过去常在第三大道上观看赛马表演。过去有一个渡口把纽约市区和曼哈顿岛连接在一起，现在已经在渡口上架起了一座桥梁，这座桥叫布鲁克林桥。

詹妮写道："我们还参观了避暑胜地萨拉托加。那里的漂亮女人

---

① Custer's Last Stand at Little Big Horn，小巨角河战役，发生在 1876 年蒙大拿州小比格霍河附近，美军和苏族印第安人之间的战争，被称作是"最惨烈的"美军与印第安人之间的战役。George Armstrong Custer 在这场战役中身亡。——译者注

和豪华住宅令男人们赞叹不已。"当时的《哈泼斯杂志》（*Harper's Magazine*）有篇报道："萨拉托加喷泉将永远成为财富、知识和时髦的源泉。"詹妮认为这些财富明显地落入了当地居民的腰包，他们发了大财。詹妮说："我们好不容易找到一家旅馆住下，旅馆住宿费贵得惊人。我让父亲向老板提抗议，老板回答：'这位先生和他的夫人要两间房，所以收费就多了呗。'"

费城更有趣。正好赶上纪念美国独立一百周年的活动，费城举办了一个展览会。展出的每样展品都具有一定的特色，从最伟大的蒸汽机到亚历山大·格雷姆·贝尔发明的电话，从自由女神的胳膊到乔治·华盛顿的假牙，还有喂婴儿用的自动奶瓶、叼小鸡的老鹰和新型自动排字机。

詹妮最感兴趣的地方是妇女分馆。那里有一位妇女正在开动一台6马力的蒸汽动力印刷机。她按一下发动机的开关，马上便印出一份8开纸的周刊，可以大胆地说，"整个生产过程没有一只男性的手参与"。

伦纳德·杰罗姆让他弟弟劳伦斯当伦道夫和詹妮的向导。他对弟弟说："看在上帝的分上，一定要让他俩能消愁解闷，生活过得愉快。"劳伦斯正是这样做了。他成了露天摊点上做买卖人的义务推销员，这位义务推销员不仅使这对青年夫妇不时地发出阵阵笑声，而且还吸引了一大群围观者。这些围观者成了热心的顾客，于是摊点上的东西一下子卖掉很多，这样一来劳伦斯甚至被吸纳为推销委员会的委员。能被吸纳到这个委员会当委员的一般必须是各个露天摊点上的老板，而且必须是鉴赏能力强、非常识货的老板。如果劳伦斯在英国做出以上举动，领着一对青年夫妇到各露天摊点游逛招来一大群围观者，那么他一定会被人们当成酒鬼或疯子。在英国，公共场合娱乐活动的参加者都是一些底层的人。

如果詹妮把自己不同年龄段在不同地方度过的生活进行一番比较的话，她会叹息不已。她的童年时代是在美国度过的，从12岁到21岁的青春妙龄期是在欧洲度过的。英美联姻时，詹妮正如鲜花怒放。几年以后，她曾回忆故乡之行给她留下的美好印象，她说："由于同胞们热情周到的安排，博学多才、广泛而又生动的介绍使我大受鼓舞，使我重新振作精神迎接新生活。"这些只不过是印象而已。设想一下，如果她从英国获得了出国签证，永远居留美国，情况将会有多大的差异啊。离别旧城市，来到发展中的新兴城市，会使人感到精神多么爽快啊；抛开死气沉沉的地方，走进一个热情奔放、笑语声声的地方，心情该多么舒畅啊。在美国，性格豪爽的父亲能满足詹妮的一切要求和全部愿望，父亲从不亏待她。

过去几年，詹妮在英国过的是神仙一般的生活。国王，王子，欧洲各国的豪门权贵、文人雅士纷至沓来，或跟她一起跳舞，或到她家做客。现在，这一切似乎都已成为过去，未来的社交活动将冷冷清清、黯然失色。在美国，詹妮感到自由自在，充满活力；返回英国，生活将变得乏味无聊，令人沮丧而且捉摸不定。可是除了回英国又没有别的选择，她不能让伦道夫留在她的国家。虽然也有英国人加入美国国籍，可伦道夫是下院的议员，再说他又没有别的谋生手艺或其他才能。

一想到即将返回英国，这对青年夫妇便心情沉重。但现在出现了转机，前途似乎要变得光明了，马尔巴罗公爵已经受命出任爱尔兰总督。马尔巴罗公爵过去一直拒绝接受这项使命，只是在迪斯雷利首相的再三劝说和催促下才接受的。迪斯雷利首相深深感到目前英国的社会环境对马尔巴罗家族十分不利，如果让他们改换一下环境，到爱尔兰的都柏林去，情况将会好得多。尤其伦道夫将陪同父亲前往都柏林，并在那里担任他父亲的私人秘书，只是不拿薪俸。这样一来，由艾尔斯福德事件引起的全部矛盾将获得最圆满的解决。

詹妮写道："我们得不到王室特别是伦敦社交界的欢迎，很乐于去爱尔兰。"詹妮渴望早点动身，她早就听说爱尔兰人热情奔放。那是一个语言丰富、土地肥沃、田野碧绿、神秘莫测、仿如仙境的国家。

1876年12月，他们踏上了爱尔兰的国土，受到了十分隆重而又热烈的欢迎。人们欢迎的是一位由英国王室任命的总督，仪仗队头戴钢盔，身披铁甲，旗手站在前头指挥奏乐。欢迎队伍穿着华丽，人山人海，他们挥动着鲜花和旗子。前来欢迎的每辆马车上都有骑士和马夫，马蹄声声，炮声震耳欲聋。詹妮不知道在她前进的路上还会不会突然又刮起一阵旋风，但她甘于冒风险。

第七章 婚姻

詹妮、伦道夫和温斯顿搬进了"小白楼"。这是一座带有绿色百叶窗和阳台的低矮建筑，它坐落在凤凰公园里，离总督居住的总督府仅有几分钟的步行路程。这个巨大的公园占地1,700英亩，曾是古代的决斗场和驯鹿场。它原是总督们狩猎的地方，后来才改建成都柏林的公共娱乐场所。

总督马尔巴罗公爵的前任是阿伯康公爵，人们称他为"帅老头"（Old Magnificent）。他可敬可爱，相貌堂堂，胡须上喷着香水，常给那些过路的妙龄女郎留下甜蜜的回忆，甚至令有些漂亮的小妞神魂颠倒。马尔巴罗取代阿伯康这件事令人十分尴尬，原因是布兰福德的妻子——她因艾尔斯福德丑闻而被抛弃——是阿伯康的女儿。

詹妮喜欢爱尔兰。她用一个23岁、享有特权的女子罗曼蒂克的眼睛来审视这绿色的岛国。在她眼中，这不是一块贫瘠多山的土地，而是一个美丽幽静的地方，它那绿色的草地上排列着许多石头围墙，就像"一只饱经风霜的手上凸起的青筋"。她看见的不是破烂不堪的土屋，而是中世纪为躲避外国侵略者所建造的尖尖的圆石塔，以及争奇斗艳的鲜花、海浪拍击的海岸和黑色煤泥旁堆放的鲜亮的燕麦。她看不到饥寒交迫的人们正挣扎在死亡线上，只看到身穿红色短裙、裸露双腿的爱尔兰女子骑在驴背上悠闲自得的样子。对詹妮来说，甚至这个地方的许多地名读起来都富有诗意，如伊尼世莫尔、蒂珀雷里、利默里克、布拉尼、马克吉利卡蒂和利克斯。

尽管她不久就会了解到爱尔兰的严酷现实，但此时此刻她却沉浸于欢乐之中。她的主要活动大多在室外：在基拉尼湖上和被称之为海湾的宽阔的河面上扬帆航行，在戈尔韦湾和康涅马拉河中垂钓鳟鱼，在韦斯特波特的斯莱戈勋爵狩猎场持枪猎鹬，在马克劳斯教堂附近打靶射击，在曲折的海岸形成的天然港湾里捕捞龙虾，在埃莫（伦道夫在这里住过好几周，与他的即将去世的伯母相伴）附近的波塔林顿勋爵家欢度周末，在野树林里和广阔的田野上骑马奔驰。詹妮酷爱骑马，她"只要发现一匹好马就千方百计想弄到手"，到手后便骑马纵情驰骋。有一次，她骑上了从牛津借来的一匹棕色母马，不仅越过了基尔代尔郡多数"危险的"围墙，而且在米斯的岸边和狭窄的转弯处都能回转自如，仿佛她"生来就具备这些天赋"。

经常骑马奔驰使她的旺盛精力得以宣泄，而且使她产生了一种自由感——一种摆脱婆婆监视的自由感，一种摆脱总督府里的繁文缛节的自由感，一种感到自己属于自己的自由感。

伦道夫偶尔和她结伴并驱。有一次，她正通过围墙上的入口时，突然笨重的大门一转，把她的坐骑给撞倒了。

> 很幸运，我摔下来时仍神志清醒，但看上去我好像已被马压碎。伦道夫这时正好赶了上来，他以为我被压死了。不一会儿，当他看到我安然无恙时心中万分激动，随手拿起我的酒壶喝了个底朝天。事后有好长一段时间，人们一直在开他的玩笑，说我从马上摔了下来而他却把威士忌喝了个够。

詹妮有一张照片，上面的她身穿一件黑色骑服，头戴一顶样子十分别致的黑丝帽。温斯顿2岁时随全家搬到爱尔兰，6岁时就随全家离开了爱尔兰，他成年后仍能记得这一形象。"她在爱尔兰给我留下的印象是身穿一件紧身骑装,上面经常点缀着许多泥点。"

阿伯农勋爵对她的回忆有所不同。阿伯农,即前埃德加·文森特爵士,是一位政治家和哲学家、前任驻柏林大使,他还是一位住在土耳其的国际银行家,许多人都认为他是英国的美男子之一。他写道:

> 我对初次见到她(詹妮)时的情景仍记忆犹新,那时我在都柏林的总督府里,她站在入口处的左边。房子尽头高台上站着总督,四周站着许多社会名流。然而他们的目光并没有朝向总督或他的夫人,而是注视着站在不远处的一位体态娇小、身着黑色服装的少妇。她的装束绚丽别致,略显透亮,十分得体,卓然超群。她头发上的星状钻石是她最喜爱的装饰物,但其光泽和她那双炯炯闪烁的明眸比起来就黯然失色多了。她的目光与其说像一位女人的倒不如说更像一头黑豹的,她的聪明才智自然是丛林世界难以望其项背的。她的勇气不比她丈夫的逊色——她是一位名副其实的贤妻良母,完全能够胜任抚养这位大公爵后代的义务。仪态万方、人品高尚使她艳名远扬,倍受尊崇。她讨人喜欢,她尽情享受生活乐趣,并衷心希望所有人都像她一样对生活充满信心,这样,以她为中心就形成一个对她忠心耿耿的集团。

后来,阿伯农勋爵和詹妮成了莫逆之交。

所有的爱尔兰男子都给她留下了深刻的印象,他们热情好客、精明强干,对生活和"活着高于一切"这一信条确信无疑。"我们住在那里的三年中,"她写道,"我从不记得碰到过一位真正迟钝的人,无论是大法官阁下还是我们熟悉的马车夫,他们都彬彬有礼,热情好客。"

伦道夫·丘吉尔大部分时间都在国会从政。詹妮按时给他写信："……温斯顿现在活泼爱动,这两天老发脾气,可以说动不动就大喊大叫。埃弗里斯特一直为他的衣服唠叨个没完,说他衣服太少,而且又破旧不堪,这是一件丢人的事……"全是诸如此类的话。

伦道夫在国会从政的头三年中总共才发表过一个半小时的演讲,他的演讲既不重要也不动人。1878年1月28日,他在从伦敦写给詹妮的信中说道:

> ……我敢肯定这场辩论将会充满着火药味,但究竟会发生什么事情我不得而知。我认为我能够作一次抨击政府的有分量的发言,然而老本廷克今天截住了我,把我臭骂了一顿。我当然得为我的前途考虑……事情现在非常难办……

那时似乎并无什么前途可言,但它的确成了在各种各样原则问题上让步的借口。马尔巴罗公爵终于说服伦道夫在一份给威尔士亲王的长长的正式道歉书上签了名,而女王和大法官给伦道夫准备了一封表示更多悔悟的道歉信,他也在上面签了名。

不过,这仍没有治愈他们之间的裂痕,为此詹妮很少和伦道夫一块儿去伦敦。她不愿受到冷落,也不愿受到嘲笑。但在1878年那个夏天,她确确实实接受了邀请,参加了为迪斯雷利(三年前他受封为毕康斯菲特伯爵)和索尔兹伯里勋爵举行的"光荣和平"宴会。索尔兹伯里刚从柏林开会回来,在那次会议上英国和俄国就达达尼尔海峡[①]问题达成了和平协议。詹妮陪伴着惠灵顿公爵夫人。"场面实在

[①] 达达尼尔海峡是土耳其西部连接爱琴海和马尔马拉海的要冲,也是亚洲与欧洲两大陆的分界线,是连接黑海及地中海的唯一航道。

太动人了,"她谈及这次宴会时说道,"毕康斯菲特伯爵看上去就像一个黑色的狮身人面兽,他站起身讲话时全场气氛热烈到了极点。正是在这次宴会上,他讥讽地用一个手指指着格莱斯顿先生宣布说,他(格莱斯顿)'为自己的华丽辞藻而沾沾自喜'。"

来自爱尔兰的、脾气暴躁的查尔斯·斯图尔特·帕内尔在伦道夫当选为国会议员的第二年也进入国会。他的初次演说像伦道夫的一样磕磕巴巴,显得十分紧张,不同之处在于他感情充沛,有坚强的信念,尤其在涉及爱尔兰自治权的问题上更是如此。"爱尔兰不是一块残缺不全的地理碎片,"他说道,"她是一个国家。"帕内尔在国会内逐渐把一小帮芬尼亚①追随者组织起来,否决所有的提案,除非他们自己的要求得到了满足。伦道夫有一次曾说"这帮芬尼亚分子太令人讨厌了",还称他们是"一支伟大的秘密无声部队"。他实际上过高地估计了他们的力量。

作为一种运动,芬尼亚主义首先出现在美国,它把革命输进了爱尔兰,但此时与其说它还在发展滋蔓,倒不如说它已成为一种象征。它举行的为数不多的起义均遭挫折,声势最浩大的一次发生在1867年,在离都柏林几英里的地方,结果导致960人被捕,这个运动差点夭折。还有一位爱尔兰人,即才华横溢的艾萨克·巴特,态度则比较温和,他是国会中公认的60位赞成爱尔兰自治法的领袖代表。他相信口才和理智的力量,帕内尔则相信武力。帕内尔把下议院看作是英国的机构,十分憎恨它;而巴特却热爱它。

伦道夫和詹妮对这两个人都很熟悉,但巴特是他们的好友,并且已开始影响他们在爱尔兰问题上的看法。其他的爱尔兰朋友,如菲茨

---

① 这里指19世纪50—60年代爱尔兰争取民族独立的反抗运动。——译者注

杰本大法官和詹姆斯·希利老议员也想方设法让丘吉尔一家为自治事业贡献其力量。

这些爱尔兰的领导者们认为詹妮是一位有头脑的人，一位可以在一起谈论重大事情的、了不起的人。这让她印象深刻。大凡经验丰富、年岁较大而且智慧超人的男子，都很容易只把她看成是一个富于魅力的女人，见面吻手以后便弃而不顾。由于这些领导者们不这样看，加之她感到能够和他们唇枪舌剑展开辩论，所以即使她丈夫不在场，她的独立感也日益增强。

尽管丘吉尔一家对自治法的态度并未改变，但伦道夫对这个重大问题了如指掌，这使他对爱尔兰问题深怀同情，并想以此作为他飞黄腾达的跳板。伦道夫在早期的一次讲话中，为回击一位嘲弄过马尔巴罗公爵一世的爱尔兰议员，曾以牙还牙地称都柏林为"一个煽动性的首都"，现在他公开道歉说："从那时起我学会了如何更好地了解爱尔兰。"后来他在家乡伍德斯托克选区发表了一篇富有鼓动性的讲话，把两个民族间危机的真正原因归咎于英国政府几十年来治国无策和对爱尔兰问题熟视无睹。"政府对许多重大的急需处理的问题从不过问，"他警告说，"只要这些问题被忽视，政府必将要面对来自爱尔兰的抵制。"

这一史无前例的批评出自一位保守党贵族之口，在新闻界引起了轩然大波，报刊社论骂伦道夫背叛了自己的祖国和阶级。迪斯雷利显然不赞同伦道夫在伍德斯托克发表的讲话，他在给马尔巴罗公爵的信中写道，爱尔兰自治运动的星火在他看来似乎是一种"不亚于瘟疫和饥荒的灾难性的"威胁。一位朋友要马尔巴罗解释清楚伦道夫这一轰动一时的讲话。"我唯一能为伦道夫找到的借口，"公爵回信说，"是他肯定疯了，或者当地的香槟酒或红葡萄酒喝多了。我只能说他所有的这些信口开河全是他自作主张。"

但是，詹妮却相信她的丈夫。她和伦道夫确确实实已失去了初恋的激情，他们的婚姻所以能够继续维持是因为同王子的冲突给他们带来了社交上的难堪，然而他们之间长久的相互尊重是保持整体感的一个更重要的因素。伦道夫深知妻子意志刚强，精力充沛，精明聪颖；詹妮也清楚地意识到伦道夫具有潜在的智慧和激情，只不过时隐时现罢了。假如伦道夫没有得到詹妮的全力支持，他在这段政治生涯飘忽不定的时期肯定抵挡不住其父的压力和其母的哀求。

1877年，由于土豆歉收，爱尔兰出现了饥荒，整整两年，人们饥肠辘辘，惊恐万状，倾家荡产。由于官方救援物资严重不足，公爵夫人成立了一个"救灾基金会"，其主要目的是向老弱病残提供基本的生活必需品，其资金至少可以帮助几户人家使之不进济贫院，并给学校提供粮食和衣物。詹妮和伦道夫双双投入到抗灾活动中，他们四处奔波，走遍全国，从沼泽地带到崇山峻岭都留下了他们的足迹。人们上天无路入地无门，南部爱尔兰的情景尤为凄惨，这些都使他们触目惊心。"我们在四处奔波中有机会亲眼看见农民的贫困，他们贫困得令人心碎，他们活着……与其说像人倒不如说更像动物。"詹妮写道。

他们发现人们拥挤在一间只有稻草和毯子的草屋里，除了土豆蘸食盐，什么也吃不上，一年中只能吃上两次肉，一次在复活节，一次在圣诞节。也无法养猪，因为没有烂菜叶子喂它们——人们能吃上烂菜叶也是一种奢侈。丘吉尔夫妇几乎一同跑遍了爱尔兰的每一郡县，所见所闻对他们产生了深远的影响。

这次经历对詹妮尤其具有特殊的意义。她第一次把自己同大众的命运联系起来。和社会地位相同的其他人相比，她和伦道夫的花费确实有限,他们经济上仍不太宽裕,有时不得不缩减开支。之前,她从未见到过饥饿的恐怖,没见过孩子们衣不遮体的惨相,没见过由于缺煤而挤在一起靠体温取暖的家庭。如今目睹的惨状使她震惊,使她伤心。她永远也不会忘记,也不会让伦道夫忘记这种他们新发现的惨景。

然而,她的儿子也要求她的关心。"……温斯顿刚才还和我待在一起,"她在给伦道夫的信中写道,"他太逗人爱了。'我就是不让妈妈走——如果她走,我就赶上火车跳进去。'他对我说。我已告诉埃弗里斯特太太,如果明天天气好就带他出去坐车玩玩。"

温斯顿叫埃弗里斯特太太"伍姆"(Woom)或"伍莫妮"(Woomany),她常常带他去看童话剧,教他识字,把他领进了"算术的迷宫"。温斯顿在《我的早年生活》中写道:

> 这些复杂的运算使我的日常生活笼罩着越来越浓的阴影,它们剥夺了孩子想在托儿所或幼儿园做有趣的游戏的权利。它们破坏了他的快乐幸福生活……我母亲并不强迫我,但她让我明白她赞成这种做法,她总是站在家庭教师一边。

由于英国的传统习惯,詹妮对温斯顿的教育只能像监工一样站在一定的距离外进行监督。孩子们只能在早餐、午餐和上床就寝前与父母稍有接触。在那个时代,保姆给孩子们灌输一种紧张感,她们反复强调说所有的孩子在父母面前必须有最佳的表现,因此父母常被视为喜怒无常的特殊人物。如果有的孩子行为举止不佳,哪怕抽泣或突然笑了一下,就会立即受罚,或者被送到幼儿园,甚至不给甜食吃。那个时代的贵族阶层的孩子们发现,只有在保姆面前他们才能真正感到无拘无束。

詹妮并不十分遵循英国上层社会父母的这种做法，伦道夫却极力仿效。她对儿子体贴入微，关怀备至，但伦道夫似乎决意同儿子保持一定的距离。他这样做的部分原因也是因为这是英国上层社会做父亲的标准。伦道夫·丘吉尔直到去世都对温斯顿采取或多或少的矜持态度，这是一种有意的冷漠。不幸的婚姻毫无疑问使孩子们成了怨恨发泄的对象，假如温斯顿是詹妮婚前已孕的孩子，伦道夫也许会更感到内疚而饱受折磨。假如没有结婚，也没有儿子，伦道夫的疾病也许永远是个秘密，他也不会在众人面前丢人现眼。即使在家里，据说伦道夫也不怎么喜欢孩子。不管何种原因，伦道夫·丘吉尔不喜欢儿子这一事实有目共睹。

婚姻虽然没有破裂，但已支离破碎。因此，詹妮只要同俊美而又风趣的男子一块儿骑马游玩，她都感到其乐无穷。福斯特上校就是最常陪她游玩的男子之一，他当时是总督的骑兵长官。詹妮谈及他时只写道，他是一位"骑马好手，我们在一起打猎并度过了许多美好的日子"。

骑马狩猎似乎消耗了詹妮越来越多的时间，但主要是为了骑马，她尤其憎恶杀戮生灵。在爱尔兰这段闹哄哄的日子里，詹妮仍设法同丈夫家的人保持着一种和睦关系。从他们初次相见时起，她和马尔巴罗公爵一直相互尊重。公爵夫人则显然把詹妮当成维持公爵地位所必需的许多重要的娱乐活动中的宝贵人物。詹妮也为公爵夫人的"救灾基金会"作出了很大贡献，公爵夫人为此曾受到维多利亚女王的赞誉。但最重要的是，詹妮和伦道夫之间平淡如水的关系加强了伦道夫同其母亲的感情，公爵夫人对这种状况感到十分惬意。

1879年4月15日，伦道夫从伦敦给母亲写信道："我谨写此信衷心祝福您明天将再次到来的生日，您也许记得，明天也是我和詹妮的结婚纪念日。结婚5年了，我首次感觉到我是一个相当体面的人物。"

其实，体面的重要性就是维持他的婚姻完好无损的压力之一，也是他为什么对许多关于詹妮的流言蜚语听而不闻的原因。

伦道夫远在国会从政期间，詹妮接待了来访的36岁的奥地利皇后伊丽莎白。伊丽莎白曾被公认为是欧洲最漂亮的公主。她是一个行为古怪的人，在公开场合中总拿一把大扇子遮住面，有一段时间她只以血和奶为食。她年轻时曾有一次身穿飘扬着的黑色衣服，头朝下脚朝上倒挂在吊架上迎接她的希腊老师。她父亲曾对她说："倘若你我不是出生在皇宫，我们一定会在马戏团里扮演角色。"来到爱尔兰后，她就把她的闺房改成了体育活动室，她的骑装十分紧身以至于每次从马上摔下来时不得不先解开衣扣方能站起。

伊丽莎白同弗朗西斯·约瑟夫国王结婚时刚16岁。国王把梅毒传给了她，而她又把这种病遗传给他们唯一的儿子鲁道夫。此事败露后，国王对她有求必应，对她所有离奇古怪的想法无不迎合，甚至他的女总管都要让她来挑选。伦道夫百般顺从詹妮或许也是出于内疚，她的生活尽管有些不检点，但她却一直左右着伦道夫。

伦道夫去伦敦的次数越来越多，住的时间越来越长。他住在伦敦期间给詹妮写信就不如给他母亲写信多。他写给母亲的信语调充满柔情，而给詹妮的信中却只有政治色彩。

即使伦道夫回到爱尔兰，他和詹妮各自独骑独游的次数同他们结伴共行的次数几乎相等。温斯顿·丘吉尔在回忆录中写道："她和我父亲经常一块儿骑马出去打猎，有时候不是这个就是那个，到该回来时却好长时间不回来，为此家里常常担惊受怕。"

第七章 婚姻

年轻的伦道夫·丘吉尔夫妇多年的至交之一是约翰·斯特兰奇·约瑟林中校,詹妮第一天到布伦海姆宫,在客人登记簿上签名时就结识了他。斯特兰奇·约瑟林是罗登伯爵三世的第三个儿子,他出生在都柏林,就读于哈罗公学,他和妻子在海岸附近拥有 8,900 英亩的地产。

1879 年夏天,詹妮再次怀孕,她的次子于 1880 年 2 月 4 日出生在都柏林。伦道夫·丘吉尔夫妇请斯特兰奇·约瑟林做教父,于是他们给这男孩取名为约翰·斯特兰奇·斯宾塞·丘吉尔。

第八章 助夫

19世纪80年代，英国妇女几乎无法权可言。妻子只要仍待在丈夫的屋檐下，在法律上就得屈从于丈夫。直到1889年，一个患有梅毒的男子仍有权要求同妻子发生性关系，即使强迫她也不能被控告犯有强奸罪。对那个时代的所有上层社会妇女来讲，最大的耻辱莫过于离婚。然而，外界感到奇怪的是，这个国家却由一个妇人统治着，而且维多利亚时代标志着英国大男子主义的最后阶段。譬如，早在1857年，不列颠婚姻法就已生效，但世人普遍不遵守它，因为离婚的名声非常不好听。女王邀请负心男子参加宫廷活动时从不愧疚，然而她——直到1887年前——从未邀请过任何胆大妄为敢提出离婚的女子，无论这个女子有多么充分而正当的理由。已婚妇女财产法两年后才通过，在这之前，丈夫有权要求获取妻子的全部收入并可恣意挥霍——即使她已不和他同食宿，即使他们的孩子饿得瘦骨嶙峋。

一般认为，私生活就是私人的事情，即便用不成文的社会习俗来衡量也不是丑闻。离婚则意味着丑闻，而丑闻就会破坏大众心目中的社会形象。"我们想方设法，"沃里克夫人说，"绝不让外界知道每六个丑闻中的五个。"一旦有人似乎有可能向法院起诉离婚，来自四面八方的社会压力就会迫使夫妻双方避免走最后这一步。如果是社会名流，这种压力常常来自最高层。

此外，还有其他因素。詹妮并非不熟悉妥协的婚姻，她自己的生母早就知道丈夫对她明目张胆的不忠，但毕竟没想到过离婚。这种情况在丘吉尔家所在的伦敦社会屡见不鲜，比比皆是，婚姻在爱情不复存在后仅仅为了社会的运转而存在。况且，即使詹妮不把伦道夫当作一个丈夫来尊敬，她还的确尊敬他的其他品质——勇气、魅力、智慧和潜力。詹妮那时只有26岁，她对伦道夫有一种眷恋之情。如果她那时离丈夫而去，那将意味着她在丈夫最需要帮助的时刻抛弃了他。

伦道夫同样也不会提出离婚。他仍以其独特的方式爱着詹妮，另外也没有任何流言蜚语说他同其他女子有暧昧关系。他离不开詹妮，她是他生活中的避风港、力量的源泉、善良的忠告者。他的身体一直较虚弱，而且梅毒病不断复发，致使他在心理上有种不安全感。除此之外，离婚将会使伦道夫所期望的政治前途严重受损。

1880年3月，詹妮和伦道夫以及两个孩子、一个保姆、一个厨师、几个用人一起搬到了一个十分理想的地方——圣詹姆斯区29号。那是一条很有名气的小街，它位于一个地势较高、环境幽雅的地区，在晴朗的早晨从这里可观望到远处萨里山的景致。社会名流大都住在此处。圣詹姆斯宫和马尔巴罗宅邸就在蓓尔美尔街的另一边；拐角处是城市里两个最有名的俱乐部：一个是以巨大凸窗而闻名的怀特俱乐部，一个是布德尔俱乐部。

英国的俱乐部对英国绅士而言与其说是家，倒不如说是城堡。如果有人偶然睡觉打鼾，他不是被掉在脚旁的重东西惊醒就是被一位招待喊醒："椅子上那位先生摇铃要什么东西吗？"所有的俱乐部都各具特色。布德尔俱乐部有条规定，如用银币付账，必须首先把银币投入开水中，然后才能扔到一个皮袋子里以确保卫生。在外交家常聚会的圣詹姆斯俱乐部，奈特利勋爵根本不收银币，他告诉招待："请收金币。"喀里多尼亚俱乐部的鼻烟盒大有讲究；奥尔良俱乐部的布丁经济实惠；图尔夫俱乐部专门为运动员而开，并给新富和旧地主提供了聚会的场所；伊锡宁自命是社会名流的俱乐部。所有俱乐部都有藏书丰富的图书馆、名酒佳肴、纸张笔墨。这里注重保护隐私，伦敦一些最重要的交谈会都在这里进行。

在圣詹姆斯区的尽头有一条死胡同与绿色公园邻接，这里有一座漂亮的宅邸，它就是皮特和伯克时代著名的内政大臣斯宾塞勋爵的家。丘吉尔的邻居是斯塔福德·诺思科特爵士，他在迪斯雷利1876年入选参议院后取代了迪斯雷利任众议院领袖。诺思科特是一位有尊严、有耐心的人，还带有一点顽皮的幽默感。他对他那个时代动荡不安的局势过于宽容，因此很难保住党领袖的职位。后来，伦道夫勋爵就把诺思科特当成自己政治攻击的对象，结果获得了成功。他们一定是一对令人感兴趣的邻居。

1880年4月，英国举行了大选。在这之前的几十年中，英国发生了极大的变化。人口从2,700万猛增到3,500万，自由选举法使更多人获得了选举权。迪斯雷利政府成功地同俄国解决了达达尼尔海峡问题，但随后就遭到一系列严重的挫折，尤其在不光彩的阿富汗和祖鲁战争中（拿破仑三世之子在祖鲁战争中战死）[①]。由于廉价小麦从美洲涌入，政府在农业方面也遇到了严重的问题。保守党似乎在各个方面都陷入困境，甚至在伍德斯托克家乡的选举也不再是十拿九稳的了，因此伦道夫急急忙忙赶到那里以争取选票。

"这里的前景从一开始就让人十分担忧，"他给母亲写信道，"我看我得更频繁地参加这届会议。由于我不怎么参加会议，所以受到他们的严厉指责。"

温斯顿·丘吉尔在《我的早年生活》中描述了他对选举的看法。

[①] 1879年，大英帝国与南非的祖鲁王国之间爆发的大规模军事战争。——译者注

第八章 助夫

1880年,我们都被格莱斯顿先生赶下了台。格莱斯顿先生是个非常危险的人物,他到处煽阴风点鬼火,蛊惑人心,从而使人们投了保守党的反对票,罢免了我祖父的爱尔兰总督职务……

虽然仅获得60票,伦道夫却获得了胜利。"纵然开始时有很多有利条件,"他的儿子温斯顿后来写道,"他获得了31票,形势仍然不明朗……党的威信一落千丈,丧失殆尽……国家陷入严峻的暴力危险之中,在这种形势下谁还有工夫去注意一个名不见经传的年轻贵族?尽管如此,他盼望已久的时刻终于到了……"

1880年夏天,温斯顿已经6岁,他是个惹人烦恼的孩子。詹妮给母亲写信说他是个"十分难管的孩子"。这或许是孩子得不到父母的钟爱而心灰意冷的表现。伦道夫·丘吉尔正专心搞政治,而詹妮面临的重任是如何在3年的销声匿迹后重新进入伦敦社交场,温斯顿和胞弟杰克基本上由保姆埃弗里斯特太太照顾。

詹妮偶尔也照料一下孩子,尤其当埃弗里斯特太太生病或度假时。有这样一个晚上,温斯顿睡不着,詹妮就一直和他玩"海盗和印第安人"的游戏,最后弄得她精疲力竭。

假期快要到了,但由于国会直到9月份才能休会,詹妮就把温斯顿和杰克送到了怀特岛上的文特诺尔,让他们在那里度过8月。埃弗里斯特太太有个姐姐住在那里,她的姐夫是个监狱长,他给温斯顿讲了各种各样惊心动魄的越狱故事,还带他长途跋涉到俯瞰大海的悬崖上去。一天,温斯顿写道:"我们看见了一艘巨大无比的船扬帆航行在离海岸只有一二英里的地方。""那是一艘军用运输船,"监狱长告诉他,"它正载着士兵从战场上回来。"就在那时海面上突然起了风暴,温斯顿后来才知道那艘船倾覆了,300名官兵葬身鱼腹。有人告诉他,后来有潜水员潜到水中去寻找尸体,"我永远不会忘记那一幕——有一些潜水员看到鱼正在吃那些可怜的士兵的尸体时,吓得都晕了过去……"

温斯顿那时写了或许称得上是他的第一封信:"我亲爱的妈妈,我很高兴你要来看我们。我今天痛痛快快地在海里洗了个澡。问爸爸好。你的温斯顿。"

他从文特诺尔回来不久,父母就准备送他到学校读书。

> 我这一次要离开家好几个星期以便在老师的指导下念书、写字。新学期已经开始了,但我仍需待上七个星期方能回家过圣诞节……我来到这个世界上没人同我打过招呼,这次离家同样也没人和我商量……

圣乔治是一所专门为上流社会办的名牌学校,它专门为同样由上流社会办的名牌学校伊顿公学输送学生。

> 11月的一个阴暗的下午,我们来到了这所学校。我们和校长一起喝茶时,我母亲非常随便地同他交谈了起来。我却全神贯注,唯恐碰倒了茶杯造成"一个不好的开端"。一想到我就要被单独留在这群陌生人中间,吃住在这个空旷、瘆人、令人生畏的地方,我就感到一阵阵心酸。我毕竟只有7岁,过去在幼儿园玩玩具玩得十分开心。我的玩具棒极了:我有一个真的蒸汽机、一盏魔术灯笼,还有一支将近一千人的庞大部队。但现在只能读书做功课了。

第八章 助夫

温斯顿很快就了解到圣乔治是一所经常用鞭子抽打学生的学校。"校方一个月里有两到三次把学生集合到图书馆里。"他回忆道。

> 然后让两个学生头头把一个或几个捣乱的学生强拉硬拖到隔壁的房间用鞭子抽打,直到他们浑身出血为止,与此同时,其他学生坐在地上胆战心惊地听着他们尖声喊叫。我太恨这所学校了,我在那里两年多的生活充满了忧虑。

有一次,温斯顿因为从食品室里拿了一点糖,结果挨了一顿鞭子。后来,据说他发现了校长的草帽,就把它踢了个稀巴烂。弗吉尼亚·伍尔夫的《罗杰·弗赖伊传》曾含糊其词地描述了圣乔治学校的情况。她在这本书中描写了一位憎恨红头发的虐待狂校长鞭打学生的情景。但长着红头发的温斯顿只字未提这位校长的虐待行为,他只给父母写信说:"我在学校生活得非常好。"

在以后的几年里詹妮的生活充满另一种不同的忧虑。生活在伦敦是其中的部分原因,他们的房租非常贵,温斯顿的学费非常贵,一切东西都非常贵,他们似乎总是入不敷出。"钱"对于詹妮来说,成了一个"可恨"的话题。

幸运的是詹妮很会"用便宜的东西"来布置她的家,她具有装饰家的眼光和收藏家的天赋。早在爱尔兰居住的几年中,她就跑遍了都柏林所有的古玩店,购买了许多上等古式家具。布兰福德曾称她的收藏是"詹妮的舞台道具"。她客厅里的丝绸镶板是她买的最贵重的东西——但没过多久,潮湿的伦敦大雾就把它们给损坏了。

杰罗姆夫人已离开巴黎到纽约同丈夫住在一起了,詹妮给他们写信。

……我们钱的问题和其他人完全一样,尽管爸爸慷慨解囊"赞助",我似乎仍感到手头拮据。

伦道夫搞政治需要很多的钱,像参加会议诸如此类的事都需花钱,这次要在伍德斯托克举行的盛大宴会就会花去很多很多的钱……光租房这一项就得花 120 英镑……但是这对伦道夫来说是十分重要的,由于索尔兹伯里和众多社会头面人物都参加,这次宴会必须办好。你们不知道我们怎样的勤俭节约。我只买了一件冬装,是在伍德斯托克花了 25 先令买的,我的女仆给改了改——这是一件深红色薄法兰绒的衣服。

附:伦道夫向你们问好——顺便提一下,你们是否能把一桶美国苹果给我寄到圣詹姆斯区?我特别想吃。

这时的詹妮·丘吉尔具有许多闪光的品质,她美丽迷人、风趣聪颖,然而她对他人产生的积极影响基本上是在社交方面,而且主要局限于男人。她已突破了限制维多利亚社会一般妇女思想和行为的呆板的小框框。她的谈话内容不仅仅限于她那个时代女人的烦琐小事,她几乎无所不晓,无所不谈。但令人费解的是,她虽然已 27 岁,然而她既不是一位有成就的妻子也不是一位有成就的母亲。1881 年是她生活发生彻底改变的转折点,对伦道夫来说也是如此。这对夫妻似乎突然意识到政治上的成功将会影响许多其他方面——他们的自尊、社会地位,尤其是他们的婚姻。他们为政治共同付出的热情以及由此而产生的回报,将会带来一种新的生活方式,供他们一同探讨和安排。詹妮对书面语颇有造诣,因此可以帮助丈夫准备讲稿——她可以读讲稿,听讲稿,提出修改意见,甚至还起草一些讲稿。伦道夫也同样信赖詹妮对人们的看法和直觉判断。

伦道夫·丘吉尔这位唯党命是从、沉默寡言的后座议员顷刻间变成了一位敢作敢为、冷言冷语、得意扬扬、不顾后果的勇士。这位似乎对什么都漠不关心的社会文盲突然间变成了一位坚持原则、有胆有识的政治风云人物。

然而要规划好这一新发现的前途，他仍感到力不从心。在外交事务方面他只有一丁点儿经历，在政治历史方面，除了爱尔兰问题之外，他几乎一无所知。就是做个演说家，他似乎都没有成功的希望。他的嗓子喉音太重，常产生一种"离奇古怪的滚动声音，仿佛他的嘴小舌头大，不成比例"。（温斯顿·丘吉尔后来继承了其父的嗓音和讲话方式。）还有一件令人十分困窘的事，伦道夫在强调某一点时不是挥动胳膊而是摇头晃脑。他的体态也不雅观，他长得纤细瘦小，中等身材偏矮，一副时髦的象牙小胡子还算好看，但似乎和他的脸不成比例。

然而，那时常迸发的满腔愤怒使他的演讲铿锵有力，使人们忘记了那张脸、那体态和那喉音。他在孩提时就已具备这种愤怒，正像沙恩·莱斯利所描写的那样，他有一次曾"在众目睽睽之下拿起一把银勺子又掰又踩，又咬又摔"。这种愤怒何时何地发泄，无人能预料得到。他的敌人猜不到，他的朋友也猜不到他会说些什么或下一步会做些什么，也不知道他的论断是玄虚的还是混乱的，是以信念为依据的还是以自我牺牲为依据的。

有一次抨击一本政府小册子时，伦道夫将小册子扔到议会的地板上，在保守党党员的长时间大声喝彩声中把小册子在脚底下踩来踩去。那次演讲之后，詹妮在一封给姐姐的信中写道："大家……都涌来向我表示祝贺，这使我感到仿佛这件事是我做的。"

他演讲时幽默中带刺，措辞严谨贴切，思想方式愤世嫉俗而闪闪发光，并具有使人心服口服的魔力。在帕丁顿的一次政治集会上，听众中有一位妇女提出了一个问题，在人群中引起了一阵骚动。丘吉尔要大家安静，然后说道："先生们，当一个女人和你争论时，唯一的回答是——保持沉默。"听众赞同地哄然大笑。他不久就在自己周围聚集了一小帮志同道合的同党，他和另外三人在议会里组成了一个小组，不久就有了个"第四党"的绰号。

亨利·德拉蒙德·沃尔夫爵士比伦道夫年长15岁，一直与他们家是好友，他是这四人中最善于诡辩、最镇定自如的活动家。詹妮结婚前在考斯遇见过他，后来她把他描写成一位"最好的朋友……他的皮肤白里透红，令女孩们妒忌，他的眼镜后面隐藏着喜悦的眼光……这似乎是阴差阳错的天赐，他的玩笑挽救了许多尴尬场面"。正是沃尔夫的热情给这伙人的聚会增加了合家欢的气氛。

另一位叫约翰·埃尔登·戈斯特，他是一位态度严肃认真、爱精打细算的人，大约50岁。他当了14年国会议员，是迪斯雷利的密友。詹妮在《回忆录》中曾谈到过他，说他似乎总是板着面孔，但"他能使自己举止文雅"。

32岁的阿瑟·詹姆斯·鲍尔弗是第四党中一位摇摆不定的成员，他时进时出，见政治形势而使舵。鲍尔弗是他的叔父索尔兹伯里的秘书，他会把伦道夫的一举一动全面及时地通报给他。鲍尔弗似乎不需要任何人的扶持，他是同时代风云人物中最纯正的保守党员。26岁那年，鲍尔弗像伦道夫一样从家族控制的一个选区被选入议会。

后来，人们说，他参加第四党并坐在议会前排的原因之一，是他有足够的地方可以把腿伸开。鲍尔弗是个身高6英尺的细高个，他坐着时似乎总驼着背。《笨拙》幽默周刊的亨利·露西在描写这一姿势时说，鲍尔弗仿佛正在努力发现"他最终能不能坐在双肩上"。温斯顿·丘吉尔在以后的日子里称鲍尔弗是"活着的最勇敢的人。我敢说即使你拿手枪对准他的脸，他也不会害怕"。然而，国会中一些爱尔兰议员却叫他"鲍尔弗小姐"，甚至叫他"克拉拉"（克拉拉是常见的妇女的名字）。因为他确实有股子女人气质。

詹妮特别羡慕鲍尔弗的音乐才华，他们两人经常在一起演奏贝多芬和舒曼的钢琴二重奏。她仍保留着他在议会上写给她的这张便条：

> 我坐在这倒霉的座位上浑身上下都感到不自在：当你在听瓦格纳的不谐和音时，我却在听爱尔兰人咕哝咕哝的牢骚声——两者都发出铜管乐器的音响，其他方面则无多大相同之处！我现在坐在紧挨着——实际上我可以坐在紧挨着你的地方！我是个多么悲伤的牺牲品。

她和鲍尔弗、戈斯特情趣相同，都对音乐颇感兴趣，他们三人经常一同去听音乐会，尤其爱听"星期一流行音乐会"。"那些看见过我们三人同行漫步的时髦轻薄的朋友常同我打情骂俏，取笑我那'奇怪'的同伴，"詹妮写道，"一个留着胡须，戴着眼镜，一副正人君子样子；另一个则留着长发，脚蹬鞋罩，是标准的美男子。"

詹妮实际上是第四党中的第五位成员。"第四党的许多纲领计划制定时我都在场，"詹妮说，"我们称斯塔福德·诺思科特爵士的极端保守主义心腹是'山羊'，过去经常拿他们打趣逗乐，好不开心！这帮人的垮台真是太棒了。"

全国大选后的第 6 个月，即 1880 年 8 月，自由党觉察到第四党自从大选以来一共发表了 247 次演讲，提出了 73 个问题，因此，他们严肃地指责第四党"故意妨碍议事"。

第一张关于第四党的漫画真实地描绘了伦道夫的特征，尤其突出了他那双大眼睛。伦道夫仰望天空，他的三个迷惑不解的同伴悄声说道："我们不知道他在把我们领向何处？"国会评论家露西描写这伙人的心境是"年轻人的心境，顽童的心境，他们玩耍政治，忘乎所以时就乱揪那些达官显贵的胡子……"

议员们总会料到伦道夫会玩些别出心裁、令人意想不到的鬼花招。除了他之外，还会有谁胆大包天，在众议院前的斜坡上骑自行车锻炼身体；除了他之外，还会有谁跟人家打赌说他能在议会子夜钟声敲响时沿威斯敏斯特桥跑个来回，而且还真的这样做了；除了伦道夫之外，还会有谁在议会休息厅告诉另一个保守党党员说："你最好参加我的组织。坐在老山羊（诺思科特）身后你是什么乐趣也不会有的。"

伦道夫这位花花公子的礼服总不系扣，看上去无可挑剔但有些轻浮，他能用最动人的含蓄方式提出问题，每次都能唤起格莱斯顿首相的激情。格莱斯顿是位优秀的演说家和辩论家，他能最后推翻迪斯雷利政府主要归功于他的雄辩口才。然而他非常易怒，尽管他能迅速恢复平静，最终回答问题。格莱斯顿刚回答完一个问题，另一位第四党成员就又提出一个问题，就这样周而复始没完没了。

格莱斯顿在土耳其、希腊、塞浦路斯和南非有许多十分棘手的问题，这些问题也是下个世纪温斯顿·丘吉尔政府所头痛的问题。但是第四党攻击的主要目标是爱尔兰问题。爱尔兰的动荡不安愈演愈烈，格莱斯顿政府对此似乎束手无策。第四党认为高压政策不是消除爱尔兰动乱的必要手段，适当的教育和增加社会福利才是万全之策。这一概念实际上是第四党"托利主义民主"之中心要点。

第八章 助夫

查尔斯·斯图尔特·帕内尔不久就被吸引到了伦道夫的轨道上。帕内尔坚定不移地认为，爱尔兰事业将会深深地触动伦道夫，而他的其他保守党同道则不如他。帕内尔现在和伦道夫成了战友，因此他敏锐地估计到他会鼓动一些自由党党员同他走一条路。帕内尔的倒戈将会使第四党的力量倍增，因为格莱斯顿在议会中的多数自由党议员立场并不坚定。而且，第四党会给议会中的爱尔兰帮提供所急需的势力。帕内尔个人在议会中有37位拥护者，而提议休会需要40个人支持，现在加上第四党，爱尔兰帮就有了它所必需的40人。

议会的前排座位是议会注意的焦点、议员们觊觎的位置，伦道夫没用多久就占据了一席之地。亨利·露西这样评价伦道夫："这位年轻时髦的议员所展示的心胸几乎比任何人都崇高开阔，他对国家事务兢兢业业，一丝不苟，工作起来通宵达旦，对于性情孤独的首相毫不怜悯，而且公开抨击……"

伦道夫渐渐用更激烈的言辞攻击他的长辈格莱斯顿。他在演讲中称格莱斯顿政府是"革命的顽童、教堂的盗贼、不法之徒的朋友、忠臣的敌人……"

"有一次，"詹妮写道，

> 我坐在议会听伦道夫言辞激烈地抨击他（格莱斯顿），他毫不相让，反唇相讥。时间已经很晚了，伦道夫和我急急忙忙赶回家中，换了衣服就去斯宾塞宅邸参加晚宴。我进去后碰上的第一个人就是格莱斯顿先生，他立即走过来说道："我希望伦道夫勋爵费了这么大劲后不要太累了。"

格莱斯顿举行的晚宴上要朗读莎士比亚和麦考利的作品。那个时代典型的绅士风度仍是格莱斯顿型的：忠于职守，尽职尽责，对佃户以诚相见从不苛刻，对慈善事业慷慨解囊从不留名，而且每个星期日都到教堂做礼拜从不耽搁。

詹妮有时坐在众议院的女听众席上，紧挨着"潇洒尊贵"的格莱斯顿夫人。如遇到特别的辩论时，这块小小的听众席常坐有50名妇女，她们拥挤在"毫不贪色的英国立法家们抛给她们的这一又小又暗的笼子里"。众议员中的女听众席——当时人们叫它"议会的笼子"——有三排座位，詹妮详细描写了前排妇女是如何坐在那里的。

> 她们被夹在那里，膝盖顶着格栅，脖子伸向前方，如果她们希望听到些东西就必须侧耳聆听……第二排的人经第一排的人同意后方能一睹下面议员的尊容，其余的人只好求助于自己的想象力，或者干脆退到后面一间小房子里聊天品茶……除了自己公开发表演讲之外，没有什么事比听自己的丈夫或儿子发表演说更令人紧张不安了。然而，如果听的次数多了，尤其在自己的亲人比较自信时，这种严峻考验感毫无疑问会渐渐消失。在这一方面，我敢说我比较走运，尽管伦道夫经过几年的锻炼仍在站起演讲前有些紧张。

詹妮毫无恐惧，她生性坚强刚毅。到1881年春天，她已帮助伦道夫战胜了恐惧，获得了前所未有的自信心。他从詹妮身上获取的这一点比其他任何东西都更有价值，正是这种自信心使伦道夫产生了一种容易兴奋的气质和政治吸引力，从而加快了他青云直上的速度。

在一封给母亲的信中，詹妮写道：

第八章 助夫

伦道夫已经成了一颗灿烂辉煌的、受人赞誉的明珠。有人告诉我他已在议会中为自己树起了威望,你们听到这一消息肯定高兴……当这届政府下台后(他们说用不了多久),我幻想着他和其好友亨利·德拉蒙德·沃尔夫爵士能谋到一个重要的职位……

迪斯雷利发表自己的预言时从不留余地。他告诉伦道夫的一位自由党朋友亨利·詹姆斯爵士说,保守党不久就会大举反攻,重新掌权。"一旦掌权,"迪斯雷利说,"他(伦道夫)要什么他们就得给他什么,而且用不了多长时间,他说什么他们就得同意什么。"

迪斯雷利早先是伦道夫帮的顾问,他曾经告诉他们说:"我十分同情你们,因为我本人以前也从来不受人们的尊敬。"这位前首相尽管受封了毕康菲尔德勋爵称号,当了上参议院议员,他仍是保守党的挂名领袖。第四党遇到重大问题时常求教于他;一旦他们与自己的保守党领导们发生纠纷时,他就及时站出来调解。他像以前一样仍懒洋洋地坐在众议院里,长长的礼服大衣遮盖着交叉的双腿,身体瘫软在座位上,双臂交织着放在胸前,耷拉着脑袋,仿佛就要睡着似的,实际上他敏锐地了解发生的一切事情。

迪斯雷利于 1881 年 4 月末去世。年轻的温斯顿后来回忆道:

我每天都焦虑地关注着他的病痛。因为大家都说他的逝世将会是我们国家的重大损失,再没有人能阻止格莱斯顿先生的独断专横、我行我素的恶行。我知道毕康菲尔德勋爵快不行了,这一天终于来到了,那天,我碰见的所有人都神色悲哀,四处奔走,因为——他们说——一位热爱我们的祖国、敢于蔑视俄国人的、伟大的、杰出的政治家由于激进分子对他忘恩负义而死于心肌梗死。

迪斯雷利去世后，伦道夫变得更加雄猛狂妄。他对格莱斯顿发动了更加猛烈的人身攻击，而且常常辛辣尖刻。他的一位朋友对他说："最近不定哪一天你肯定会置格莱斯顿于死地。""嗬，绝对不会！"伦道夫回答说，"他肯定比我活得长。我经常跟我妻子说他一定会给她写一封十分动人的信，建议把我葬在威斯敏斯特大教堂。只有名人才能葬在威斯敏斯特大教堂。"

与此同时，从詹妮的姐姐克拉丽塔那儿也传来喜讯，她已订婚，不久就要举行婚礼。莫尔顿·弗雷温出身于萨塞克斯一个古老的家族，是公认的英格兰最优秀的绅士和骑马能手之一。他是一位身材高大、自信心强的运动员，曾在科罗拉多州赶过一年牛群，在得克萨斯州野牛出没的荒野探过险，对那里的大人小孩都熟悉。"长着褐色眼睛的坏蛋并不可怕，"弗雷温曾写道，"但长着灰色或灰蓝色眼睛的，见到枪眼睛就变成深灰色的家伙——他们才是那种需要认真对付的人。"莫尔顿把自己描写成"像钉子一样细长而又坚硬"。他有一种能说会道的天赋，而且常常十分固执己见，非常容易地就进入了纽约伦纳德·杰罗姆的圈子里。"我命中注定的岳父伦纳德·杰罗姆是最善良和蔼的男人之一，他是我加入的那个才华横溢、志同道合的圈子中的核心人物。"莫尔顿对未来的岳母的看法相对来说差一点，他叫她"坐牛"，因为"她看上去像一个面孔瘦长尖削的印第安女人，而且在我求婚拜访时她从不站起来"。他对未来的妹妹詹妮总是小心翼翼地称其为"伦道夫夫人"。

詹妮认为弗雷温配不上她姐姐，而且公开表明了这一看法。克拉丽塔比她年长4岁，然而詹妮对什么事情都直言不讳，并毫无悔意。她觉得弗雷温既不能给她的姐姐带来所需的安全感，也不能给她的姐姐带来所需的稳定生活。莫尔顿曾是莉莉·兰特里求婚队伍中最积极主动的一位，后者在1881年首次主演了《她的堕落》，曾在英国上下引起轰动，名声大振。兰特里是位金发女郎，体态娇媚，令人神魂颠倒，无论她走到哪儿身后都跟着一大群人。（霍顿勋爵把詹妮介绍给莉莉·兰特里时曾说道："能介绍欧洲两位最漂亮的女子相识，我感到自豪。"）社会各阶层的妇女很快就留起了兰特里发结，争相购买兰特里鞋和兰特里女帽。有人看见莉莉和威尔士王子天黑之后仍在公园里骑马游玩；比利时国王早晨9点就来拜访她；奥地利皇太子送给她的鲜花不计其数。弗雷温送给莉莉一匹漂亮骏马，但是最后知趣地退出了与皇室家族的竞争。

弗雷温同兰特里之间发生的情场风波仅仅是詹妮反对弗雷温的一个因素。但詹妮在伦敦，克拉丽塔和弗雷温一块儿在纽约，婚礼将照样举行。

1881年，弗雷温和克拉丽塔在纽约的格雷斯教堂举行了婚礼。这对年轻夫妇的蜜月是在莫尔顿的松木房子里度过的。房子坐落在一个美丽的山丘上，俯视着怀俄明州的波德尔河。他们吃的全是鲜肉活鱼，这和克拉丽塔以前吃的美味佳肴完全不同。她的法国女用人仍跟着她。莫尔顿邀请詹妮来参观他们比格霍恩的新家。

> 我可以保证您的丈夫在这里会见到世界第一流的射击场，领略到世界上最美的生活。这是一个多么不协调的世纪：我们有一部电话能从这座房子与我们下游25英里处的商店和邮局通话，上周有许多印第安人——裸露身体而不知羞耻——通过它相互讲话。我从没见过那样的惊讶恐慌，真是荒唐可笑……

莫尔顿后来去伦敦看望了丘吉尔一家，他给妻子写信说，他对伦道夫那"无声的力量"十分钦佩，"……然而詹妮却是一位天使，她患有百日咳，孩子们也一样。伦道夫身体有病而且脾气相当暴躁，但她任劳任怨，把一切事处理得有条不紊"。弗雷温在另一封信中把詹妮同利奥尼做了比较后认为："詹妮不具备利奥尼那种深沉的性格。"

　　即将来临的悲剧考验使詹妮的性格变得更加坚强了。伦道夫的梅毒一直比较轻微，但现在突然加重了，头痛、高烧，伦道夫变得更加烦躁易怒。他的朋友认为这是一种潜在的歇斯底里，所以，詹妮一方面得安慰丈夫，一方面还得平抚迷惑不解的朋友们的骚动情绪。

　　伦道夫相继同自己一些最要好的朋友断绝了来往，甚至在爱尔兰问题上同戈斯特也分道扬镳了。这种情况最后发展到令人无法忍受的地步，哈廷顿勋爵再也按捺不住自己的愤怒，终于当众斥责伦道夫是位"卑鄙无耻、无法无天、满嘴谎言之徒"。伦道夫没有用惯于使用的轻蔑和嘲弄予以回敬，而是立即派出一个使者到哈廷顿那里要求他收回自己的话，否则就进行决斗。他的使者——奥谢上尉——比他的要求更奇特，他是众议员中一位爱尔兰籍议员，是帕内尔女管家的丈夫。哈廷顿为自己的话道了歉，因此这事就算完结了。然而，朋友们却把伦道夫的这种举动看成是他已濒临衰竭的另一个迹象。

　　由于病情恶化，伦道夫决意回布伦海姆宫多住些日子——重温往日的田园生活，重温孩提时的风景。现在公爵夫人重新得到了自己的儿子，因此就时时处处刁难詹妮。那年冬天，詹妮从布伦海姆宫给她母亲写信。

　　　　我已完全忘记了和爱我的人待在一起是种什么样的感觉。有时我多么希望能和一个情投意合的人谈话。伦道夫当然对我相当不错，他无论干什么总带着我去，但我怎么能总给他讲他母亲的不好，其实她十分疼爱他，而且愿为他做任何事情——事实是我就是不喜欢住在这里。这并不是因为这里的生活平淡无奇，对此我并不介意，受人摆布或寄人篱下才是我苦恼烦闷的原因。我不想隐瞒这一点，公爵夫人恨我，不为别的，就为我比她的女儿们也许长得漂亮一点，迷人一点。她对我的一言一行、一举一动，甚至连穿衣打扮都吹毛求疵。我们俩总是尽量客客气气，然而很像一座火山，随时都可能爆发……

1882年春天，詹妮在温布尔顿附近租了一个小别墅，她和伦道夫在那里住了几个月，远离公众，停止了一切政务活动。这是一幢漂亮的房子，房前有长长的绿色草坪，还有一个玫瑰花园。这段宁静安逸的生活再次密切了他们之间的感情，伦道夫的病又有了好转。

那年初夏，他恢复得差不多的时候，詹妮同伦道夫一起来到纽约，同詹妮家人住在了一起。她以前的信中早就流露出愿同家人共聚一堂的愿望，这是一种归根的愿望。伦纳德·杰罗姆在给一位朋友的信中这样评价他的女婿："……身体虚弱但性情暴躁……我觉得詹妮对他太合适了，他从她身上吸取了力量。我十分喜欢他们住在这里，我信任伦道夫。"

美国"优雅的80年代"是一个国泰民安、没有战事的年代。5年前，随着印第安最后一个苏族疯马酋长①的灭亡，随着联邦占领军的最后一个兵团撤出南方，战火纷飞的年代结束了。1881年，詹姆

---

① 苏族（Sioux），苏语为 Očhéthi Šakówįn，意为"七色火焰会议"，是北美印第安人中的一个民族。疯马 Chief Crazy Horse，著名酋长，曾在小巨角河战役中率领印第安人获胜。——译者注

斯·伽菲尔德遇刺身亡，切斯特·阿瑟就任新总统。如果那时的总统没给人们留下什么印象，也许是因为那个时代不需要伟大的领导者。

丘吉尔一家在美国住了两个月，刚好赶上曼哈顿的大街小巷都安装上了爱迪生发明的电灯。他们从而目睹了街道的夜景。纽约当时只有小小的褐色沙石或红砖建筑，大腹火炉，马车，街头艺人以及呆头呆脑、无处不在的印第安人。男人们身穿硬纸领衣服，牧师们斥责棒球是笨汉和"没教养的人"的运动。哈莱姆是一个幽静的郊区，布朗克斯还是个乡下小镇，摩天大楼只有十二层高。多数人每天工作12个小时，每周6天，平均周工资10美元。许多工人工作的时间更长，但工资更低。甚至一场小病都能使人倾家荡产，父亲一去世，孩子们就沦落成了沿街乞讨的孤儿。移民们拥挤在贫民窟，每个民族都有自己的居住区。纽约200万人口中就有50万人不会讲英语。城里有些地段暴力犯罪成灾，聚众打架斗殴不断，连警察都很少贸然去干涉——除非全体出动。发生在鲍里大街上的凶杀案既多又在意料之中，但是，如果有人在城里的富人居住区犯罪被抓获，他肯定会在附近警察局的后院遭到一顿痛打。

在阿斯特或范德比尔特名流圈子里，这样的事从不会进入他们的谈话中。小说家伊迪丝·华顿说他们之间的谈话"从不是理智的，也很少闪耀着光芒，但它总是轻松的，有时是诙谐的"。谈话的主题主要集中在"食品、美酒、骏马、游艇、交谊舞、婚姻以及新港的别墅"上面。

他们寻找新奇刺激的方法简直到了稀奇古怪的地步：在马背上进晚餐，让马吃鲜花喝香槟；为一条戴着价值15,000美元钻石脖圈的深褐色小狗举行宴会；把上等的黑珍珠放在牡蛎内后端上宴席；让猴子与客人在客厅餐桌旁交换座位；把整个管弦乐队雇来为新生婴儿演奏小夜曲。

但是，城里谈论最广泛的主题是威廉·巴克豪斯·阿斯特夫人和威廉·基萨姆·范德比尔特夫人之间的社交战。阿斯特夫人是位"身材高大、威严高傲、令人生畏的女人"，她一直是纽约上流社会唯一的主宰。范德比尔特夫人的争强好胜就像她丰满的体态一样显而易见。她不甘示弱，决心和阿斯特夫人决一雌雄。她花费了300万美元建造了一座法式城堡，而后宣布她要举办一次舞会以庆祝新宫殿的落成，与阿斯特夫人展开了一场社交战争，这场社交战争以范德比尔特夫人的胜利而告终。

丘吉尔一家没有参加范德比尔特的舞会，因为伦道夫急于要回英国，詹妮也一样。社交生活总是她生活的一部分，但它的诱惑力现在似乎使她生厌，只有政治才能使她心情振奋。阿斯特与范德比尔特之间的家仇根本比不了第四党疾风暴雨式的战斗。能够再次领略家人的坦率，沉浸在家人的爱恋之中使她心情舒畅，而且她非常喜欢美国那种自由自在的生气活力。也许她的心仍在美国，但她的精神和抱负却在英国。

就在詹妮和伦道夫离开美国前，爱尔兰的骚乱再次成了报刊的头版新闻。"我记得有一位记者来麦迪逊区拜访了我父亲并告诉了我一个新闻。我们大吃一惊，简直不能相信，然而第二天报纸证实了这一新闻……伯克先生……还有他的姐姐……我们非常熟悉。"托马斯·伯克是常设政务次长，丘吉尔家的老朋友，弗雷德里克·卡文迪什勋爵是格莱斯顿的亲密朋友，他们两人在凤凰公园被一个称之为爱尔兰隐形军的组织暗杀了。

翌年，詹妮在都柏林参观马术表演时，基尔麦海姆监狱的一位官员邀请她去看看那几个暗杀者。刚开始她对这个邀请不太重视，但后来得知几乎没有任何人能有这个机会,詹妮开始感兴趣了。牢房的景象令其心酸。正在她参观时,没想到监察主任来视察监狱了,因此詹妮被藏在一个阴冷的牢房里以避免不必要的解释。这是一间没有窗户的单人牢房,里面漆黑一片,詹妮确信自己看见了耗子那"闪闪发亮的小眼睛"。她差点要尖叫时门突然被打开了。后来,她每次想到监察主任如果在牢房里看见她时的表情就忍不住大笑,尤其想到他以前在某社交场合见过她。这次经历应该很适合在聚餐时成为很好的谈资,但是詹妮在暗杀犯被依法惩办后的三年多里没向任何人透露过此事,唯恐损害监狱长的名声。

第九章　左右

詹妮肯定从她父亲那儿得到了巨款赞助，因为1883年年初她和伦道夫搬进了康纳特广场2号一座较大的房子里。朋友们不久就称康纳特的家为"泰伯恩府"，这是因为它位于新泰伯恩区的方形斜坡上，一个新上层社会的住宅区。他们还没有能力挤进更为上流、更为高尚的社会圈子，这个圈子里大约有350户名门贵族，被一条看不见的线圈在梅菲尔和贝尔格莱维亚住宅区。小说家萨克雷把梅菲尔—贝尔格莱维亚描写成"那个苍白的、彬彬有礼的地区，那里的所有居民都显得古板正经、道貌岸然，所有的建筑都被淡淡地涂成了浅褐色"。

康纳特的房子面朝海德公园，从这里能看到大理石拱门和骑士桥角之间那一览无遗的景色。早在1724年，据估计有20万人观看了当时罪大恶极的杰克·谢泼德① 被绞死在绞刑架上。在同一地点，下层民众等不及刽子手来执行绞刑就放火烧死了绑在绞刑架上的、犯有谋杀丈夫罪的凯瑟琳·海斯。还是在这里，奥利弗·克伦威尔的尸体从威斯敏斯特大教堂的坟墓里被拖出后，被一伙人悬吊起来以祭奠查理一世国王，克伦威尔曾在1649年参与了国王死刑的执行。所有这一切都能通过前窗看到。丘吉尔一家刚搬进新居不久，地下室里就挖出了一个完整的墓穴。鉴于这些劣迹，人们普遍认为这座房子闹鬼。

康纳特广场的这座房子由于在英国首批使用电灯照明，更加使人感到好奇。伦道夫在家里是个因循守旧者，安装电灯毫无疑问是詹妮

---

① 杰克·谢泼德（Jack Sheppard，1702—1724），曾一年内四次越狱，丹尼尔·笛福写过关于他的书。

的主意。"电灯是个新生事物,所以许多人都流露出极大的好奇和莫大的兴趣,人们过去常常恳求我们让他们进屋瞧瞧。"詹妮说道,"我记得我们举行了一次晚宴,想炫耀一下我们的电灯。宴会期间,我们正在夸耀它的美妙动人之处时,电灯突然熄灭了。我们的客人们只好待在完全漆黑的房子里等着那些给打进地狱的油灯和蜡烛重新被挖掘出土。这次宴会简直是惨败。"

詹妮的特点就是这样,她总是勇于进取,追求新颖别致。她布置的家就是她的精神风貌的鲜明写照。正如一位评论家评述的那样,传统的维多利亚式的房屋如维多利亚时代女性的身体一般被裹得严严实实。窗帘有三层,边缘部分精致地镶着厚厚的褶皱;幽暗、沉闷、昂贵的墙纸配上幽暗、沉闷的褐色涂料,令人窒息。家具通常是红木的,显得笨重而臃肿。客厅里乱七八糟地陈放着硕大无比的挂钟、巨大的花瓶、剥制①的飞禽标本以及用玻璃圆盖罩着的蜡花。然而詹妮却创立了一种新的风格,令朋友惊奇不已。她用白色涂料粉刷墙壁,用普通的护墙板护墙,用优雅精美的法国和意大利家具装饰房间,用中国和日本的艺术品点缀房间,而且还装上了电灯。

伦道夫在政治上再次处于上升阶段,然而他的情绪忽高忽低,愈来愈像一个难于控制的摩天轮。有时候他显得精疲力竭,萎靡不振。"有一天晚上我从国会回来后心情焦躁,沮丧不堪。"他写道。

> 因为……在我看成是自己政友的人当中,我除了阴沉的神色外什么也看不到;想到自己起的好作用远不如坏作用大,我真想退出这场竞争。

---

① 剥制,剥取或削除外皮,加工制作。

第九章 左右

重新恢复自信后，伦道夫经常做些鲁莽的事。有一次，他把一位反对党议员称为"十足的笨蛋"——这种语言在众议院从没人使用过。报纸称他是"厚颜无耻的伦迪"①和"小兰登勋爵"②，并嘲弄他习惯搓自己海象般的小胡子的动作。然而他仍深孚众望，享有盛名。在公众集会上，他能使自己的演讲风格适合听众的口味，经常引经据典，夸夸其谈，诙谐而又尖刻，而且手臂不停地挥舞以加强语气。"再激烈点，给他们点颜色，伦迪。"人群里有时有人咆哮说。

同样，他在国会的影响力也达到了前所未有的程度。"不管众议院出现何种气氛，伦道夫勋爵都能应付自如，而且起着主导作用。"历史学家罗伯特·罗兹·詹姆斯说。

> 当（众议院）气氛轻快活跃时，他能让人捧腹大笑；当它轻率无礼时，没人能像他那样谈些滑稽而不相干的问题；当它团结一致决心已定时，他能用严肃的态度、适中的语言发表演讲；当它愤怒不已时，他能火上浇油使之变成一片愤怒的火海；当它渴望一位"能给他们制定策略"的领袖时，伦道夫·丘吉尔勋爵就以领导者自居。

当伦道夫的盛名引起过度自信时，詹妮就充当了一个平衡轮的角色。她给她母亲写信道："我非常害怕他被宠坏了……如果他这样做一定会失去一半才华，我一直提醒他注意这一点。"

19世纪80年代初，詹妮随同伦道夫走遍了全国，到处进行巡回

---

① 原文为 Cheeky Randy。Randy，英语指莽汉、叫花子，也是 Randolph 的昵称。

② 原文为 Random，在英文中的意思是随意乱说。

演说，但是每当她不得不和其他政客的妻子坐在一起好几个小时、她想谈政治别人却想谈女人的琐事时，她总是感到恼火。相比之下，在伯明翰市外的阿斯顿公园里，虽然一群自由党的狂热支持者朝他们扔土豆、椅子和石块，但这倒显得有点生气。还有一次，一个身高 6 英尺 4 英寸、胸宽 47 英寸、名叫弗雷德里克·古斯塔夫斯·伯纳比的上校从一群暴徒的脚下救了詹妮的命。她描述他也有一双可笑的眼睛，一副漆黑的小胡子。"他是一位柔声细语、友善和蔼的人，尽管他五大三粗、力大如牛。"然后她含糊其词地补充道，"我有理由证明我曾见过伯纳比上校好几次。"

伦道夫在政治上的东山再起使他们的社交生活也生机勃勃。"各种各样的请柬接踵而来，令我们应接不暇，"詹妮写道，"就连冷淡不可接近的上流世界如今也开始再次对我们绽开了笑脸。"

年轻的丘吉尔夫妇重新进入的这个上流世界，是一个拥有数百人的有亲缘关系的圈子。人们不可能挤进去，也不能靠钱进去，也不能闯进去——只能出生在这个圈子里。19 世纪 80 年代，只有极个别受到特殊优待的人——皇室成员，或有姻亲关系的人，或社会名流，或百万富翁——才有条件地被吸收进去。这一急促的变化是有一种动机的，就是希望增添新鲜血液。"过去，我们十分惧怕一个我们不了解的民族的社会影响。"多萝西·内维尔女士，伦敦最著名的女主人评论说，"但是，许多古老的家庭深谋远虑，娶了美国姑娘做新娘，从而无论在思想上还是在经济上都彻底恢复了生机。"她形容大多数美国新娘既聪明伶俐又活泼可爱，随后补充说："是美国姑娘征服了我们。"内维尔女士是位年迈但却充满活力的维多利亚式妇女，她的帽子奇特无比，她的智慧卓然超群。

内维尔女士十分喜欢丘吉尔夫妇，她和他们都曾住在查尔斯街上，相互为邻多年。她经常举办宴会，伦敦一些最活跃的名门贵族常在这里聚集一堂，詹妮和伦道夫也是她家的常客。1883年3月18日，丘吉尔夫妇为威尔士亲王和王妃举行了一次晚宴，邀请了许多客人，其中也包括内维尔女士。这次宴会标志着爱德华王子和伦道夫之间的隔阂已经彻底消除，两人重新和好了。出席这次宴会的还有格莱斯顿首相和夫人以及其他地位显赫的要人。"谈话进行得异常顺利，热烈活跃，大家畅所欲言，谈笑风生，根本没出现过冷场。"

毋庸置疑，詹妮在内维尔女士的大会客厅里曾做过苦口婆心的说服工作，这与爱德华王子最终决定同伦道夫勋爵重新言归于好有很大的关系。迪斯雷利去世前不久曾预言说，当伦道夫青云直上、官运亨通时，他和王子之间的关系就会和好如初。"王子总爱结交事业上的成功者。"他曾说。再说，维多利亚女王也希望他们之间能恢复正常关系，她向来很在意皇室成员和有可能成为未来首相的人之间的敌对不和。就在为王子和王妃举行晚宴的前四天，女王还曾在皇宫里召见过詹妮。

威尔士亲王对重新和伦道夫建立友谊感到十分满意，他对能和詹妮恢复关系更为满意，而且对此毫不掩饰。不久，爱德华王子就送给詹妮许多贵重的珠宝礼物，众所周知，他很少向一位他没有同其发生过关系的女子赠送如此的重礼。

王子在桑丁哈姆有一个巨大的乡间别墅，詹妮是那里的常客，但伦道夫不常去那儿。"人们一到这儿立即就有一种回到家里的感觉。"她写道。

> 生活在这里的确和生活在任何漂亮的乡间别墅一样。每天早上九点钟，大家在一张小圆桌上用早餐，餐厅的墙上装饰着西班

牙前国王赠送的西班牙挂毯,男人们一身猎装打扮,女人们则随心所欲,穿得五花八门:有的穿短裙长靴,有的穿做工精致的长袍睡衣。谁也不注意谁,谁也不在乎谁。中午前,除了威尔士亲王外,一个皇亲国戚也不会来,即使王子也不多停留,他用完早餐后就急急忙忙同其他人一块儿出去狩猎了。

男人们出门狩猎后,女人们就开始读书、看报、写字、弹钢琴。她们常常三五成群结成小集团,一般来说,这些小集团自始至终都不会有变动。

在乡间别墅里举行的宴会通常长达四天,客人们星期二来星期六离开。善于周旋的女主人在分配卧室时常常考虑到客人们之间的那种隐秘的联系,每一间卧室的门上镶有一个写着客人名字的铜框,这样来客就不会走错门而闹出笑话。

举行乡间别墅聚会需耗费大量的钱财,一些享有特权的朋友都支付不起这惊人的铺张奢侈。但有些腰缠万贯、家资雄厚的巨富对此毫不吝啬,他们在自己的庄园里不仅备有专门的套房供王室成员使用,而且每次聚会前都把房子装饰一新,并雇用一位特级厨师来准备宴席。"有些人为了举行一次这样的宴会,整整一年都得节衣缩食、省吃俭用,否则就得负债,这样的例子举不胜举。"沃里克夫人在《回忆录》中写道,"除了要负担客人们的宴席费用外,还需负担随从仆人们的食宿,有时随从人员多达400人。"

爱德华王子非常喜欢和那些玩一手好桥牌、会讲许多笑话、喜欢轻音乐而不喜欢古典音乐的人结伴消磨时光。沃里克夫人非常了解王子,她在评述他的嗜好时说道:"作为一个阶层,我们不喜欢会动脑筋的人。"沃里克夫人本人是一个例外,伦道夫·丘吉尔夫人是另一个例外。

威尔士亲王王妃有点耳聋，这并不妨碍她仍是一位精明强干、诡计多端的女人。她知道如何掩藏自己的聪明才智，就像她知道如何用一个宽宽的钻石圈掩藏她脖子上的伤疤一样，而且这种打扮很快就成了"亚历山德拉美人"流行式样。

（詹妮也有个非常显眼的记号，她的手腕上刺着一条蛇，但她戴着一副手镯，正好把它给遮了起来。皮肤上刺花纹在当时或多或少是一种流行的风尚——威尔士亲王就刺有一个，沙皇尼古拉二世也刺有一个。）

亚历山德拉王妃十分憎恨那些与她丈夫有关系的女人，但她从不憎恨詹妮，相反，她一直把她看成好朋友。她有时邀请詹妮到她房间里来做客，有时候她也会到詹妮的房间来看看詹妮，"表面上是来'看看你需要什么东西'，但实际上是来给你几句忠告，或者是来安慰你"。

在这风平浪静的生活里，伦道夫怎么也没料到会有噩耗传来。1883年7月初，他的父亲猝然与世长辞了。前一天晚上，伦道夫还同他共进了晚餐。马尔巴罗对伦道夫的影响一直比较稳定，伦道夫自己的保守观点也源于马尔巴罗，这同詹妮对伦道夫的影响构成了鲜明的对比。詹妮的影响以伦道夫的需要和脾气而定，有时给他加油，有时给他刹车。

伦道夫和詹妮一同回布伦海姆宫住了一段时间。伦道夫守丧期间重读了他父亲以前给他写的信。《大英名人辞典》（*Dictionary of National Biography*）里称马尔巴罗公爵是一位"思维敏捷、受人爱戴、勤劳朴素、关心公益的人"。詹妮在自己的回忆录中把这些描述得更加具体。

他一直对我很好。如果他给人留下的印象是冷淡缄默，那么他的本质的确充满了柔情慈爱。他的孩子们有点畏惧他，这是由于老式的教养方法造成的，然而他们都十分敬重他。

伦道夫同自己儿子的拘谨关系远远超过了他同其父亲的关系。数年后，温斯顿写道：

我宁愿做个泥瓦匠的助手，或者当个跑腿的，或者帮我的父亲布置杂货店的橱窗。这完全是真的，这也是很自然的，那样我会学到更多的东西。但是，我应该去想方设法了解我的父亲。如果我那样做了，我肯定会有无穷的乐趣。

一般人认为，伦道夫对儿子有点恨意。除此之外，他对温斯顿的潜力也没有多少信心，他认为他的儿子是个缺乏头脑的无能之辈。学校给温斯顿的评语好坏兼半，他的英语和历史成绩非常出色，但其他成绩相当差。他的老师抱怨说他学习不够刻苦，经常迟到，也没多大进取心。他在学校的表现从开始的"淘气"到最后成了"讨厌"。詹妮在给丈夫的一封信中写道："关于温斯顿的进步，我抱歉地说我一点也没看到。"她给伦纳德·杰罗姆的信中表达了同样的看法。杰罗姆回信说："任他自己发展吧。男孩子一旦发现自己的特长，很快会在那方面做出成就的。"

"我的老师们一开始就把我看成是一个学习差但又早熟的孩子，我经常阅读一些不适合我这个年龄的书籍，是年级里成绩最差的一个。"温斯顿回忆起这段日子时曾说道，"他们十分恼火，变着法强迫我学习。但我十分倔强执拗,如果我对所学的东西不感兴趣,我根本不想学或者说也学不好"。

对温斯顿而言,学校是一个令人憎恨、残暴横行的地方,然而,他不能也不愿意把其中的细节告诉他的父母。假如他要抱怨的话,父亲不仅不相信,而且肯定会呵斥他一顿!再说,低年级的学生为高年级的学生跑腿以及受体罚这种现象,在英国所有的私立学校都普遍存在。"每个学期我都计算着再过多少天、多少小时才能熬到放假,才能离开这令人憎恨的劳改监狱,回到家中去玩锡兵打仗的游戏。"

那时他只有9岁,他有1,500名锡兵,对他来说,玩锡兵打仗游戏是一种逃避孤独的方式。在这个虚构的世界里,他会别出心裁、花样翻新地指挥锡兵打仗,他自己一人控制着整个局势。他的锡兵大小都一样,被他组编成了一个英国步兵师和一个骑兵旅。

他摆好战场,指挥士兵们进行实战演习;他用豌豆和石子击毙许多敌人,组织人员攻打要塞,指挥骑兵冲锋陷阵、炸毁桥梁,最后用水陆坦克包围敌人。他的堂兄弟们经常在一旁惊讶地观看他指挥着"千军万马",但温斯顿不允许他们碰任何东西。如果有一件玩具坏了,他就让年岁小的孩子把它拿走。就这样,其他孩子们手里除了些残缺不堪的玩具外,还从他那里得到了一艘没有桅杆的船、一个剧院模型——里面的演员都已不能动,还有几本破烂不堪的儿童探险杂志。

跟在大孩子们屁股后面乱转的还有他3岁的弟弟杰克·丘吉尔。这弟兄俩经常各玩各的,这并不是由于年龄上的差距,而是由于性格的不同。温斯顿喜欢冒险,而且做什么事都能成功,因此他简直成了杰克心目中的偶像。他们之间的感情十分和睦,充满着友爱。

温斯顿通过假想的战斗发泄了一些胸中的郁闷,他的脾气秉性、待人处事的方法也表现了出来。他的堂兄弟们认为他"鬼点子特别多,自我意识特别强"。其他的人则认为他是个"小大人",他甚至教杰克使用豌豆枪。他的舞蹈老师维拉·穆尔小姐称他是"世界上最捣蛋的小男孩"。据当时还是个黄毛丫头的巴洛夫人回忆:那年,在一次宴会上,男仆进来告诉温斯顿:"少爷,你的保姆要你去一下。"温斯顿告诉男仆说:"告诉她说让她等着。"小女孩惊讶地问道:"你怎么能让你的保姆等你呢?"温斯顿回答说:"不管何事何人,都得等我。"

那一年是温斯顿向一个给予他很少的世界反抗和挑战的一年。如果有人认为他是个讨厌的、爱争论的孩子,实际上他是个受压抑、受折磨、受挫折、渴望获得关心的小男孩。他十分崇拜他的母亲。他很少能见到他的母亲,在他充满幻想的天地里,她是一位天使,一位完美无缺的仙女、公主。他把每次见面都当成一种荣誉,把每一次旅行都当成一种特殊的享受。那时詹妮很少给他讲自己的身世,1883年她已经29岁了,她写道:"我绝不让外界知道我的年龄,26岁已经是一个很大的年龄了!"妇女把30岁看成是一个令人难以忍受的岁数,对那些只热衷于谈情说爱、打情骂俏而对自己的孩子不管不问的妇女们尤为如此。

那年,詹妮的生活充实而繁忙,她要参加政治活动,陪伴威尔士亲王,照料生病的丈夫,料理家务,应付社交场合,还要抽时间同刚结识的情人花前月下、谈情说爱。

1883年夏天,查尔斯·金斯基伯爵骑着自己的褐色母马"佐顿"参加了利物浦一年一度的障碍赛马,人们对他没抱任何希望,但他出人意料地获得了那次比赛的桂冠,成了第一位取得该项比赛胜利的业余选手。所有的赛马俱乐部都为他设宴庆功,以他的名字做商标,他很快就成了社会上风靡一时的英雄。

这位相貌出众、大出风头的查尔斯·鲁道夫·费迪南德·安德列亚斯·金斯基只有25岁，比詹妮小4岁。从1881年开始，他一直是奥匈帝国驻伦敦使馆的外交随从人员。1883年年初，他被任命为宫廷大臣。他的父亲是费迪南德·金斯基亲王七世，1879年，他同奥地利皇后出访爱尔兰时，詹妮可能见过他。金斯基的母亲是一位列支敦士登公主，整个家史可追溯到遥远的欧洲世袭史中。

那时，伦敦最著名的宴会场所是考文园里的新俱乐部。在一次威尔士亲王参加的小型舞会上，金斯基伯爵充当东道主，其他的客人有布兰甘扎公爵（他后来做了葡萄牙国王）、希腊国王和奥地利的鲁道夫大公爵。金斯基也邀请詹妮参加，但没有任何记载说她的丈夫也出席了这次舞会。詹妮把那个晚上描述成"最欢快最活跃之夜……在茨冈舞曲的伴奏下我们一直跳到第二天凌晨，而后我们又别出心裁地玩了一会儿"。

她没有更多地描写那天晚上的情景，然而金斯基伯爵却进入了她的生活，占据了一席之地。他年轻有为，脾气暴躁，风流倜傥，感情充沛。在情感方面，他和詹妮可以说是天生的一对、地设的一双。

然而，詹妮并没有置自己的身份和孩子们于不顾，做出些有失体统的事。她常常对温斯顿有种负疚感，他的身体"非常虚弱"，他对圣乔治学校的抱怨愈来愈多。鉴于这种情况，她给他在布莱顿找了一所不怎么出名的、比较小的学校，这所学校离家庭医生罗布森·鲁斯住的地方很近。布莱顿的这所学校由两位心地善良的女校长管理，她们有自己的管理办法。詹妮还向伦道夫建议他们应带上温斯顿到奥地利的阿尔卑斯山度假。

他们全家来到了旅游胜地加斯顿，主要目的是想过一种简朴的生活。每天,除了爬山、温泉浴之外,别无其他事情可做,但这里却有一些有意思的人。"我们散步时经常碰到俾斯麦牵着一条大公狗在溜达,身后紧跟着两个侦探。"詹妮写道,"有一天,他走得非常慢,我们就打算超过他,没想到那两个侦探气势汹汹地朝我们狂奔而来,仿佛我们是不法之徒似的,这真让人气愤。"

一天下午,丘吉尔一家应邀同威廉一世皇帝陛下共进茶点。

> 皇帝年事虽高,但相貌堂堂,他的举止古板典雅,十分引人注目。他兴高采烈,趾高气扬,令在场的年轻人十分反感。他吃喝起来狼吞虎咽,我一直不明白他怎么能消化得了这么多食物,也不明白他这样进食,怎能养好病。他先吃些鸡蛋羹,接着一边大杯大杯地喝浓茶,一边吃罐装猪肉和各种各样的稀奇古怪的德国菜肴,最后还要吃些草莓、冰激凌和糖果。我们的谈话平庸乏味,没一点意思。

他们的度假快要结束时,布兰福德,即现在的马尔巴罗公爵八世也来到了这里,和他们一起登山游玩。父亲的去世使这弟兄俩的关系更密切了。

那年,布兰福德同妻子离了婚。尽管艾尔斯福德夫人在巴黎为他生了个孩子,然而他还是决定不娶她为妻。现在,布兰福德坚持要伦道夫和詹妮同他一起住在布伦海姆宫,说詹妮可以充当布伦海姆宫的女主人。詹妮犹犹豫豫拿不定主意。他们最终还是决定回去。由于伦道夫的抑郁症不断复发,布伦海姆对他有很强的吸引力,詹妮或许是想尝试做个家庭主妇究竟是什么滋味。

詹妮充当了布伦海姆宫的女主人之后,有一件事使她深感头痛,那就是需要熟记英国有名望的 200 个家姓以及他们的门第血统和封号头衔。再说，让每一个用人都各尽其职、不出差错同样也非常困难。譬如，当你认为需要生火时，你千万不能摇铃要男管家来。假如你这样做了，他就会沉着而有礼貌地告诉你："我这就去找男仆来。"

乔治·纳撒尔·寇松是他们家的常客之一，他是牛津大学的研究员，后来做了印度总督。寇松膀阔腰圆，身高 6 英尺有余，他的头非常小，再配上一张娃娃脸，显得十分不协调。他极力做出一副热诚亲切的样子，但常常弄巧成拙，适得其反。他的谈吐高雅、风趣，闪耀着智慧的光芒而又妙语横生。玛戈·阿斯奎斯认为他是"优秀的一代中一位出类拔萃、智力超群的人"。其他的人则说他是一位舞文弄墨的纨绔子弟，说他是一个高傲自大、冷酷无情、争强好胜、贪图虚荣、令人恶心的家伙。

一首广为流传的打油诗里这样说他：

> 我是一位上等人，
> 我的名字叫"寇松"。
> 我有油亮的头发粉红的脸，
> 布伦海姆宫里我把饭蹭。

寇松的到来，使钟情于詹妮的人又多了一个。她非常欣赏他的聪明才智和雄辩口才，然而，钟情于她的人实在太多，她根本顾不上考虑寇松。

第十章 "樱草"

1883年,第四党在一个不被常人注意的地方聚会,亨利·沃尔夫爵士提出了一个设想。在迪斯雷利逝世一周年纪念日时,沃尔夫胸前佩戴了一朵樱草花,樱草花是迪斯雷利生前最喜欢的花。那天在议会上他见许多人与他一样胸前佩戴樱草花,他大吃一惊。

为什么不组织一个樱草会(Primrose League)呢?

"我们干,马上就干。"伦道夫回答得很干脆。

那年冬天,协会经过周密的组织建立起来了。为协会规定独特的称呼、设计别致的徽章和装饰是件让人头痛的麻烦事,不过终于解决了。男会员称"爵士",女会员称"夫人",而活动的俱乐部称作"聚居地"。伦道夫请他母亲做了妇女理事会的会长,詹妮也成了协会中的"夫人"。"作为一个会员,我将尽全力促成其目标的实现。"詹妮说,"戴上会徽使我领教了许多人的嘲笑,但即使被嘲笑,我们也一定要坚持下去。"

樱草会是一个天才的创意,一个保守党的社会政治组织。通过它,保守党人聚在一起,不管他们来自哪个阶层,都可以共同讨论问题、听领导人发表演说、参加竞选工作。丘吉尔的批评家最初认为这个协会是"兰迪的另一个恶作剧",但不久它发展为拥有200万成员的团体,成为保守党的一个庞大的组成部分。樱草会成立所导致的最使人震惊的结果是妇女从此登上了政治舞台。19世纪80年代,英国妇女虽已读过《摩登的爱》(Morden Love),也跨进了新式的学院,有些人甚至开业行医,但她们还没有得到充分的自由,还没能使

第十章 "樱草"

众议院通过对1884年"选举法修正案"的修正案，没能让女性介入为男性独占的政治领域。这时期，英国妇女一般仍被视为她们那些盛气凌人的丈夫的"烟头与扇子"，她们唯夫之命是从。那些大男人把妻子同其宠马相提并论，用形容马的词来形容她们，这个词就是"不错"。

不难想象，促成樱草会妇女理事会成立的力量主要来自伦道夫夫人的说服力。她从自己切身的经历中懂得，对女人来说政治的刺激与魅力在于能使她摆脱烦琐的家务的束缚，从个人生活转入一个自己意想不到的全新领域，即联合各阶层、各种各样的人，为一个共同的事业而奋斗。作为第四党领导人中的第五把手，她发现从事政治并不难。

> 我成了许多"聚居地"的妇女分会的会长，忙于在全国各地举行协会分会成立仪式。在许多人的观念中，我的开幕词是很离奇的，庄重与快乐、严肃与琐碎融为一体——这篇稿子是为协会会员们写的——其间点缀以歌曲甚至朗诵，有时还有一些奇妙滑稽的道理。会议常在人们回心转意、决意登记加入时结束。
>
> 这里是各种人的奇异混杂之所，普通劳动者与众人皆知的巨头，农村妇女和杂货店老板娘，在这里平等地聚集一堂，在报名单上签名。政治，在这时，正如上帝之爱，公平地渗入每个人的心田。

伦道夫夫人曾提到这样一件事，有一个成员曾抱怨说协会里的有些娱乐活动虽对民众有吸引力，但过于粗俗。对此索尔兹伯里夫人进行了反驳。"粗俗？当然是有些粗俗。"索尔兹伯里夫人说道。接着妇女行政会议会长接过话来："但这正是我们的组织之所以能发展得这么迅速的原因。"

詹妮为自己的事业到各地樱草会发表演说，与此同时，她在丈夫主要的政治旅行时继续陪伴他。1884年年初的时候，伦道夫又一次在政治上倾注了满腔热情，在布莱克波尔，他做了一次言辞激烈的演说，这是他最为精彩的演说之一。

先生们，我们生活在一个广告的时代。豪乐威的丸药、科尔曼的芥末、郝尔曼的纯净茶叶之类的广告无处不在。广告的泛滥已经在商业上取得了很大的成功，以至于富有冒险精神的自由党人在政治上也采用了它。首相正是运用这种个人政治广告的能手。他的一言一行，无论是出于健康的目的，或者是为了消遣，或者出于对宗教的热忱，都用那些宏大而鲜亮的招贴画画了出来，展现于联合王国的每个男子、女子甚至孩子眼前。他为了娱乐而去砍树，我们也许可以不无裨益地指出他的娱乐就如他的政治一样，本质是有害的。每天下午，仿佛整个世界都被邀请来倾听那些山毛榉、榆树、橡树倒地的轰隆声。森林在悲叹，因为格莱斯顿先生可能已出汗了……

伦道夫和詹妮的演讲在语气与风格上如此接近，以至于他们那些很亲密的朋友为此纳闷。一个朋友在马尔巴罗公爵夫人面前非常有勇气地提到这种"夫人影响"的表现，公爵夫人很生气地冷冷答道："对伦道夫勋爵一生唯一真正的影响来自他母亲。"

的确，公爵夫人对伦道夫的影响与日俱增。自从公爵去世后，她就把自己的全部精力集中于提高二儿子的声誉与财产数量上了。"她把儿子当作偶像。"乔治·斯迈瑞回忆着,"在那些她熟识的朋友中,她常谈起她这个儿子。她一直记挂着他,她为他做了许多牺牲,对此她也从不在乎,因为这些都是为了她的孩子。她的生活中心就是这个儿子……"

作为回报,伦道夫经常去看望他的母亲,特别是在她搬到伦敦格尔夫纳居民区后去得更勤。当他出外旅行时,他写给母亲的信比写给妻子的篇幅更长,也更富有感情。但是他也很重视詹妮的判断与建议。詹妮与公爵夫人为争夺对伦道夫的控制而明争暗斗,一直持续到伦道夫去世。

不论詹妮做什么,总是做得非常出色。在她众多的社交"发明"中,有一个是"与政敌共进晚餐"。她第一次举办这样的宴会后,一个客人斯迈瑞这样描述了那场宴会:

> 人们都把这个宴会想象为一次冒险的经历,但实际上它非常成功。参加者们都很有修养,他们意识到自己在此时主要是要对女主人彬彬有礼,他们是伦道夫夫人的客人,这就够了。身为客人,他们彼此既非朋友亦非敌人,也不能有任何争斗。谈话进行得很融洽,当一个男人感到他在与一个平时从不与之搭话的妇女共进晚餐时,他是无法再来一番唇枪舌剑的。这是一次暂时的休战。在某种程度上,久积的憎恨感已经变得有些无力了。它们被暂且搁置在一旁。客人们都很了解,他们明白伦道夫夫人已做成一件看来不可思议的事,而且已控制了局面——这点只需环顾宴席就可意识到。一个社会斗争中的奇迹已经出现在他们面前了。

难题的另一部分在于消除客人们把晚餐当作某种政治意图的念

头。人们不得不承认,几乎不存在那种没有政治包含其中的讨论,或没有争论的宴会,人们的戒心依然存在。有一次宴会,自由党领导人之一、在格莱斯顿手下任贸易大臣的约瑟夫·张伯伦应邀参加,伦道夫在陈述统治印度的人选应具备的阶层和身份条件时说:"首先他应该来自统治阶层,出身于上层,才会懂得如何统治,起码他得是个绅士,然而现在,"他眼睛直视张伯伦,"你却从伯明翰——或上帝才知道在哪里——弄来一个人代替了绅士。"

站在对面的张伯伦是一个英俊男子,戴着一副平光眼镜,身着一套完美合体的礼服。他是一个靠个人奋斗成功的百万富翁,38岁时从商界隐退进入政界。作为伯明翰的一位敢于改革创新的市长,他取得了辉煌的政绩,40岁入选国会,公众昵称他为"令人迷恋的乔"。而此时面对伦道夫辛辣犀利的讽刺,张伯伦只冷冷一笑,简洁地指出现在该去同夫人们聊聊了。"乌云立刻消散了,"斯迈瑞说,"印度被抛到九霄云外,刚才还似斗鸡的两个人竟手挽手上了楼,好像方才那场暴风雨并未来临过。"

詹妮挖苦人更尖刻锋利。那是在一场狂热的政治危机中,一个来访的政界要人告诉她,他还未下决心第二天是否投伦道夫一票。"我将做一个大胆的勇士或者一个胆小的人。"他对她说。

"或者一只胆小的老鼠?"她反应非常快,脸上露出一丝不易觉察的微笑。

有人向詹妮报告他所听到的闲话,斯蒂芬太太对另一位太太说,她"希望小巧的伦道夫夫人在新的一年中能采取比过去一年更得体的反驳方式"。但尖刻的言辞已成为詹妮的一个有力武器,而且她时刻维护这个"武器的锋利,以备应用"。那年也恰是詹妮潜心作画的年头。有一次,在她的家庭宴会上,约瑟夫·张伯伦、威廉·哈考特爵士、查尔斯·迪尔克爵士三个人（皆是伦道夫的政敌）缠住詹妮，请求她为他们画肖像。"您在哪儿还能找到这么吸引人的模特儿？"他们戏谑地问。

"不可能，我不接受。"詹妮微笑着回答，"给你们画像我肯定画不好。"

他们很想知道这是为什么。

"我没有办法将你们的黑心肠画出来。"詹妮说着，仍面带微笑。

查尔斯·迪尔克是个有着辉煌政治前程而又天生有一副叫女人动心的英俊外表的男子。当考敏斯·卡尔夫人对里茜小姐提到她很想见见迪尔克时，里茜小姐幽默地回答："噢，他那里常有一叠候见的女士名单。"这一点儿不夸张。但迪尔克对詹妮却非常钟情，有一次甚至跪下来请求她做他的情妇，当然被詹妮拒绝了。后来，詹妮对罗斯伯里勋爵提起这件事时笑着说，跪在地上的迪尔克看上去非常滑稽可笑。罗斯伯里将这件趣事记入了他的秘密文件中。再后来，伦道夫也听说了这件事，自然会以此攻击他。之后不久，迪尔克转弯抹角地提及这件事时，虽未描述细节，但人们已听出自从伦道夫以此攻击他以来，他与伦道夫的关系就完全破裂了。

迪尔克后来因陷入"与一个暗娼关系暧昧，有越轨行为"的流言而断送了他的政治生涯。数年之后，詹妮在一篇已出版的随笔中写道："在英国有许多社会领导人本可以不顾流言生存下去，只要他们根据那句流传已久的古代谚语行事：'只许州官放火，不许百姓点灯。'"①

---

① 原文为"One may steal a horse while another may not look over the hedge."，字面意为"有的人可以偷马，有的人却不能看看篱笆里有些什么"。

她也许在暗示自己或威尔士亲王，或其他什么人。若说到伦道夫，无论怎么说，都几乎没有几个女人的名字（即使很疏远地）与他联系在一起。有位名叫格莱蒂·德·格雷的小姐可算是这屈指可数的几位中的一位，但她也是詹妮的好朋友，"一个具有端庄秀雅仪态的豪门小姐，具有善良的气质和适度的责任感"。她也很漂亮，有魅力，而且很迷人。她太易激动，也太易紧张和焦虑，以致布谷鸟的叫声也会使她感到不安。很难设想她能成为轻浮多变的伦道夫的"候补情人"。

伦道夫日益严重的梅毒给他带来的危险与厄运使他疏远了除他母亲以外的所有女人，但对他的议论仍很多，大量的议论源自这样一个事实：伦道夫多次到欧洲大陆进行短期旅行都没带上詹妮，而总是和某个男朋友一起去。此人并非他政治上的同道，也从不被正式邀请参加丘吉尔家族的宴会或晚会，他仅仅是伦道夫个人的朋友。人们议论伦道夫·丘吉尔是一个同性恋者。"伦道夫像个女人，而我则从不愿意装扮成女人模样。"索尔兹伯里勋爵曾对康斯坦斯·莱斯利夫人的一个朋友说过这话。"的确，"这个朋友补充道，"伦道夫很有女人腔，而且这在他的性格中也有所体现。"

这些情况似乎可以解释许多事情：他与詹妮婚姻的失败，她的另择新欢，她被粗暴地对待，等等。这也可以解释他与他儿子的关系相当冷漠疏远，而他与他的母亲关系过分亲密的两个事实。如果他是个同性恋者，当他与詹妮结婚时这种倾向是潜在的，因为他们的婚姻最初建立在肉体的爱欲上，触发这种心理倾向外显的因素就是他那复活了的梅毒症。

这段时间，詹妮正在听沃特夫人的课。这位夫人是一个著名艺术家的妻子。沃特夫人的学生有威尔士王妃、奥尔巴尼公爵夫人和其他各类王族。詹妮整日沉醉于一种创作冲动中，不久她找了"许多模特儿来，付费的、免费的都有，那些不成形的乱抹的画布有几英里长，并且还花了一大笔钱去购买颜料等"。温斯顿放假在家住时很喜欢看母亲作画，而且后来自己亲自尝试起来，当学校开设绘画课时，他也真的喜欢起画画来了。他的绘画成绩在同龄人中很突出，在他从学校写给母亲的信中，他说他已开始"画画，我已画了一些风景和建筑类的东西"。

不久，詹妮自己也当了模特儿，她的照片为"绝色美人"（Professional Beauties）系列照片中的一幅，这组模特儿是英格兰美女的精华，在全国各地商店中都有她们的照片陈列贩卖。"我的照片第一次在商店里展示，"詹妮说，"我几次被朋友们指责，她们告诉我应该去控告那个摄影师。"当然，她并没有这样做——捧场的人明显地抵消了想象中的声名狼藉。除了照片外，还有持久的宣传、访问接见及杂志上的文章和小传。一篇关于这些美人的韵文列举了她们的许多特点，对詹妮是这样描述的：

> 下一个是伦道夫·丘吉尔夫人，悦耳的音色使她成为今日的圣塞西利亚①……

"绝色美人"成了所有社交场合中备受青睐的人物。在宴会请帖上，女主人常常要附上一笔："欢迎光临，绝色美人将与您同在。"莉莉·兰特里是最著名的"绝色美人"之一，她的崇拜者如此迷恋她，有一次，她竟不得不求助于救护车来帮她离开拥挤的人群。"不管怎么说，我都不愿意变老。"兰特里小姐曾对沃威茨夫人这样说

---

① 原文为 Saint Cecilia，被认为是音乐和音乐家的守护神。

过。伦纳德·杰罗姆就非常赞同这个观点,在他的一次著名宴会上,当来到纽约的莉莉·兰特里做了自我介绍并介绍奥斯卡·王尔德之后,他向兰特里大献殷勤,兰特里亲昵地称他"伦纳德叔叔"。

伦纳德的大女儿克拉丽塔本来也有"绝色美人"所需的美貌与优雅,但因为她和她的法国女仆及莫尔顿·弗雷温隐居在遥远的怀俄明州比格霍恩的一幢木屋里,他们的客人除了熊与野牛外,只有很少的几个,如昆斯伯里勋爵和野牛比尔。

最近克拉丽塔生活得如何呢?这段时间里最严重的事恐怕要算克拉丽塔怀孕流产的事。他们住得太偏僻,最近的医生住在彻恩尼,距那里仍有200英里之远,坐马车得走四天。在去彻恩尼的路上,孩子流产了,被送回布鲁克林的绿林公墓他家的一块墓地里埋葬。克拉丽塔回纽约休养,莫尔顿留下来与他的宝贝牛做伴,直到岳父要求他去陪伴克拉丽塔时才离开。

现在詹妮的另一个妹妹利奥尼也宣布了婚约,她的未婚夫约翰·莱斯利是大不列颠格林纳达皇家禁卫军的中尉,他们是四年前或更早的时候在利奥尼去看望詹妮时认识的。他们的罗曼史并非皆大欢喜,甚至有些让人泄气——杰罗姆夫人一直想要一个法国籍的女婿,而莱斯利太太则一直盼着她唯一的儿子能带回一个英国姑娘。纽约斯塔茨堡的伊丽莎白·利文斯顿还帮了倒忙,她嫁给了一个英国社交名人乔治·本顿克,她告诉莱斯利先生,伦纳德·杰罗姆是一个用马车搬运垃圾的垃圾工。莱斯利太太的朋友则告诉她,杰罗姆夫人有四分之三的印第安血统。约翰·莱斯利爵士果断地对伦纳德·杰罗姆发出警告:他,莱斯利的房产是属于他自己的,没有必要遗赠给他的儿子。杰罗姆的回信很简单:"信收到了。"

婚礼举行得很奢华,结婚礼服是最高档的。著名的纽约波特主教在格雷斯教堂主持了仪式，许多社会名流应邀出席。一个记者嗅到了一种不太对劲的地方："莱斯利先生是丘吉尔勋爵非常亲密的朋友，年收入总额达3万英镑。杰罗姆小姐却独自拥有25万英镑的财产。"新闻界却未注意到莱斯利家的反对——新郎的姐妹们竟没有一个得到父母许可去电贺他们的婚事。

同时，伦敦的阔人们在他们展示"绝色美人"的橱窗上又增添了利奥尼和克拉丽塔的照片，《街谈巷议》评论说："尽管这两位小姐也很美，但在优雅的仪态上没有一个可与她们的姐妹詹妮相媲美的。"

杰罗姆姐妹们在利奥尼婚礼上的聚会很短暂，但这正是詹妮劝她的妹妹们搬到英国去的好机会。这样，她们可以离得更近一些，杰罗姆太太也该与她的孩子们共同消磨时光了。

只有伦纳德·杰罗姆留了下来，他把麦迪逊广场的房子出租了，年租金25,000美元。那里开了个联欢俱乐部，专门供人玩纸牌游戏和赌博，它以有一块专门记载从巴黎和伦敦传来的竞赛消息的大黑板为特色。杰罗姆搬到第五大道布莱斯威克旅馆，将它作为"赛马会"总部。这里同时也是杰罗姆的"马车俱乐部"议事地。他一直穿一件绿色闪光礼服——拆散了整整一束花分别插在每个扣眼里。

詹妮返回英国时，发现伦道夫的身体和性情变得更糟糕了。伦道夫精神上承受着巨大的痛苦，他的梅毒已经进入三期了。梅毒导致的臆想症会使病人对现实做出反常的弯曲和模仿，不久，病人的行动会变得疯疯癫癫，毫无意义。

伦道夫决定去印度或者埃及——绝不要詹妮陪伴，看来他是拼命想逃脱那些本无法逃脱的东西。

第十一章 辉煌

伦道夫在东方待了四个月,陪伴他的是托马斯·特拉福德——他最喜欢的旅伴。特拉福德曾应伦道夫的邀请参加过1876年在美国举办的丘吉尔家族宴会。以往伦道夫的多次短期旅行他也陪伴在侧。朋友们对伦道夫不推迟几个星期出发以便能和家人共度圣诞的行为感到非常奇怪。詹妮很想去印度,但未能如愿——她因为被孤独地留在家中感到十分痛苦。伦道夫走后不久的一天清晨,她遇到了巴克尔,这位《泰晤士报》编辑刚在杂志上登出自己写的一篇关于伦道夫个人生活的谴责性评论,所以当他看到詹妮时有些尴尬。他笑着走近詹妮,问她是否还愿意与他搭话,问她是否非常生他的气。

"生气?噢,不,一点也不。"她说,"已有十家出版社发行过指责伦道夫行为的刊物了,你只不过是小小地增加一点儿罢了。"

在那几个寒冷的冬月中,詹妮并不孤独。露西尔,这个温斯顿·丘吉尔小说《萨夫罗拉》中的女主人公形象,就是以他母亲为原型塑造的。

……她的生活节奏很快,整个冬季不断接到舞会、宴会等娱乐活动的请柬。外国亲王已然为她折服,这当然不仅因为她是欧洲最优雅秀美可爱的女子,而且更是由于她是一个出色的政坛风云人物,有政治铁腕。她的个人画展展室被来自各国的名流挤满,政治家、军人、文人、学者在这个"神圣场所"表示自己的崇拜……每个人都在与她谈论公共事业,谈公务,就连她的女仆

第十一章 辉煌

也为自己的哥哥——一个邮局小职员的晋升申请而向她求教。每个人都对她表示敬佩，直到这种敬佩像一种本来美味可口的饮料因饮用过多而乏味一样，不再有任何吸引力为止。

小说中露西尔的丈夫对她的注意却越来越少，她后来找了一个情人。

那段时间，詹妮常去威尔士亲王那里，她也更频繁地去拜访金斯基伯爵。金斯基因在英国大赛马中的胜利而成为名噪四方的传奇人物。每个男人都希望有幸请到他出席宴会，而那长长的候见名单上的女人们也盼着他为自己的闺房增添光彩。他绝非四肢发达、头脑简单，事实上他很聪明，他英俊迷人，是个年轻的、富有语言天才、极擅辞令且日趋成熟的外交官，还是个才华横溢的钢琴家。他的确是个谈笑风生、平易近人又颇具铁腕的男子。詹妮的姐夫莫尔顿·弗雷温称金斯基为"绝无仅有的澳洲才子"，在他的回忆录中还印入了金斯基的照片。詹妮的妹妹利奥尼让她的二儿子认金斯基为教父。在詹妮与金斯基的罗曼史成为伦敦的公开"秘密"之前，伦道夫·丘吉尔也为有这样一位朋友而自豪过。

两人的罗曼史终究是偷偷摸摸的，金斯基只能在伦道夫离开伦敦之后悄悄地来看她。这不仅仅由于她是一个有夫之妇，而且更重要的一点是她的丈夫伦道夫已成为大英帝国最重要的政治家之一了。

尽管金斯基对詹妮非常专注而钟情，但还没有做到一心一意。他一向招蜂引蝶，许多女人又愿者上钩。詹妮则公然利用她的那些焦虑的崇拜者们来激起金斯基的嫉妒。这些人中有一位名叫彼得·弗劳尔的非常英俊的骑手兼拳击家，利奥尼暗示金斯基说詹妮喜欢弗劳尔"尾随她"，利奥尼注意到金斯基迅速地去找她的姐姐寻求解释去了。

为使康纳特广场的那座大房子不至于过分冷冷清清，约翰·莱斯利在英国皇家禁卫军服役期间，詹妮将她的妹妹利奥尼接到了这里。克拉丽塔在萨塞克斯附近买到一幢房子，这是一所坐落在弗雷温房产旁边的漂亮石头房子布里德住宅，它始建于1350年，在近两百多年时间里仅作为猎场，只有看房人住过，至今仍存有用桶向上提水的古井和老式厕所。莫尔顿·弗雷温在他的牛身上所寄予的希望在旱灾中化为泡影，莫尔顿决定离开家，在未来的日子里，到世界各处去寻找那从未光顾过他的好运气。

杰罗姆姐妹除了在美貌、天赋、能力、性格上像三重奏一样和谐外，在婚姻问题上她们同样都经历着一番磨难与不幸，每个人都困于经济拮据，每个人都不能够或是不愿意改变她们的生活方式。她们仨不管到哪儿都是一起去，一个评论家这样称呼她们："美人、聪明人、好人"（顺序自然是詹妮、利奥尼、克拉丽塔）。也有人说克拉丽塔"头发金黄，漂亮迷人，但无头脑"，说詹妮是"灵光四射，聪明妩媚，社会开放型"，而利奥尼则是"最有个性的一个"。

三姐妹都非常喜爱音乐和戏剧。她们经常出没于范妮·罗纳德主持的音乐爱好者星期日沙龙。她们也常常出现在戏院。她们自己付不起包厢费，因此科温特园的经理哈卫·希金斯经常让她们坐在不同的包厢里免费看戏，在那儿，她们可以看戏又不会被别人发现。

伦纳德·杰罗姆的好运气好像全然遁去。每年他在詹妮身上支付10,000美元，这笔开销由他在麦迪逊区房子租金的一部分支付，同时他每年还得给生活奢侈浪费的利奥尼和约翰2,000美元。莫尔顿虽仍假意宣称每年要向克拉丽塔提供2,000美元的生活费，有时也真寄一些，但伦纳德同他的妻子商量说，他希望每年能给克拉丽塔2,000美元。在埃德伏特街，他为克拉丽塔租了套房子，离詹妮很近，利奥尼不久也搬到了附近。

杰罗姆家这三姐妹一向花钱大手大脚，好像钱会源源而来。詹妮倒的确很少购买珠宝，她仅有的几件珠宝中最喜欢的是常戴在额头上的一颗大钻石星，与迪斯雷利（Disraeli）小说《非凡的西奥多拉》（*The Divine Theodora*）中的女主人公所戴的出奇地相似。尽管詹妮和两个姐妹不怎么买珠宝，但她们很喜欢买衣服。利奥尼的丈夫只是个薪水不高的皇家禁卫军军官，但她却不在意，甚至乐意接受詹妮不愿再穿的伍尔斯的外套。①

继承父业、居住在巴黎的吉恩·伍尔斯是欧洲最杰出的服装设计大师。伍尔斯是个令人难忘的人，尤其是他显眼的络腮胡子与那永远挂在嘴边的微笑。在法兰西帝国国庆那几天，他一般不会见顾客，除了几个很受优待的人，如杰罗姆母女们。他惯于在每次设计服装前像画家一样把来人琢磨半天，直到灵感突发，那时他会很快在脑海中勾勒出衣服的轮廓，从焦急的助手那里选出颜色别有风格的特殊面料。他会让那些满怀希望的顾客摆好一个姿势以帮助他设计。这种服装设计收费很合理——一件衣服大约 500 美元。他曾很坦率地对一个顾客吐露实情，他之所以对自己设计的每件衣服都感兴趣，原因在于"每一次伍尔斯设计都必定是在为其他伍尔斯服装做广告，每件衣服都得有可做广告的价值"。女士们对伍尔斯的服装设计都非常赞赏，寄予厚望，希求得到一件珍奇的"孤品"服装。詹妮后来的大姑黛西，即普莱斯的公主，甚至有一件用真的紫罗兰做缘饰的外套。（这是一件有半透明饰带点缀的外套，饰带用淡蓝色绢绸系起一颗颗熠熠闪光的

---

① 原文为 Worth gowns，伍尔斯服装品牌创立于 19 世纪 50 年代，其创建者查尔斯·弗雷德克·伍尔斯被称为"高级时装之父"。

纯金饰片，仅这一点就足以使人们为它的新奇独特叹为观止了。）

詹妮结婚后十年，妇女服装时尚变化极大。巨大裙撑的流行度逐渐降温，接着在1878年后短暂地从妇女身上消失了，代替它的是一种紧身裙，这是一种可以明显地勾勒出妇女们丰满的臀部与大腿的裙子，做工非常复杂精细。用格莱斯顿的女儿玛丽日记上的话来说，长袍变得如此轻盈，仿佛一阵风吹过就会把整个女孩吹跑，而礼服又变得这么花样百出，让那些穿上这种衣服的人根本没有办法打网球——尤其是妇女们不得不用一只手扶住她们那华丽漂亮的帽子。那带裙撑的长裙，不知怎么，在1883年又重新流行起来了，而看上去更像一个驼峰。早期的裙撑腰垫从腰间突出来，就像一个搁板，看上去简直可以放上一杯水或一碗汤。细腰的风尚也回来了，为此妇女们不得束紧肋骨，以至于压迫肝脏，常导致一种叫"绿色病"（Green Sickness）的贫血症。沃德罗普医生在广告中说，紧身胸衣的特点是轻便结实，并已得到医疗认可，"可以使腹部变平，显得更体面……人的体态应该在完全没有外力作用下重新塑造"。裙架、衬裙裙环都已得到改进，消除了过去的那种"吱吱嘎嘎或叽叽咯咯"的烦人的声音，它还可以随女士们行走而前后优雅地摆动。詹妮是最早把这种衣料华贵、色彩鲜艳的宽松服穿出家门的女性之一，她的装束更加潇洒自然了。

那时，英国习俗对女性的要求还是很严格的，没人陪伴的单身女子仍然是不准到任何地方去的。而对于已婚女子，人们也无法想象她们会在伦敦单独上街去餐馆吃饭。同样，人们没有办法接受这种情况：不管是已婚的还是单身女子，在男人们透过私人俱乐部的大玻璃窗贪婪的注视下成群地走过。1882年，在一个名为"我们的自由和它的结果"的全国性专题大讨论中，妇女成为主题，玛丽·艾格尼丝·汉密尔顿说,有"一大帮四体不勤、无所事事的人却特别真诚地赞同那种认为妇女不该和男子一样拥有平等人权的观点"。

当然,这些基本上不会妨碍詹妮的。她已年近30,而且在很久以前就已经打破了这种陈规陋俗的制约。她桀骜不驯,就如同她无所顾忌地穿出时髦的衣服或按自己的意愿进行室内装潢一样,她在各方面坚持走自己的路。她虽不是什么绝无仅有的杰出人物,但她很少矫揉造作、装腔作势地说话或隐瞒自己的感情。"每当我想到杰出而令人尊敬的高贵女子时,在我的脑海中会立刻跃出伦道夫·丘吉尔女士,"后来沃威克夫人这样写道,"一个人简直无法设想可以举办一场没有她参加的晚会,她讨所有人的欢心,真的,男人女人都喜欢她。伦道夫太太像块妙不可言的宝石——每个侧面都在熠熠闪光,好像马上会放出火花。"编年史学家托马斯·埃斯科特——《双周评论》(*Fortnightly Review*)的编辑,曾提及:"除她以外,伦敦再也没有如此引人注目而且迷人的女主人了。"

现在无论詹妮走到哪儿,人们总是问她关于伦道夫的情况。而伦道夫寄给詹妮的信多半像教育小学生,字里行间很少有温情流露。他把苏伊士运河称为"脏水沟",但他对大象颇多赞赏。

伦道夫写给母亲的信倒有些令人感动的地方:"我的运气真是棒极了,我有机会杀死了一只老虎。"他告诉母亲关于骑象和其他的许多事。

詹妮写给伦道夫的信常常显示出任性:"你从不会在写给你母亲的信上提到我一句……"但在伦道夫整整四个月的旅行生活中,詹妮却努力使他了解家里的一切情况:"孩子活泼上进,我收到温斯顿的一封信。他这学期学习更加刻苦了,温斯顿的字也写得有点进步了……他的拼写也不错……"

伦道夫也常得到 10 岁的温斯顿的报告：关于圣诞晚会啦，他的集邮册快装满啦（但他父亲是否想到过要多给他寄些邮票呢？），他如何学跳舞啦（他自己又说："我非常喜欢跳舞。"），他还写过他的狗乔贝"现在很胖，我每天让他跑一圈来减肥"，等等。他也曾很羡慕地说过他爸爸能坐船横渡大西洋"真是好运气"，还提出过许多各式各样的问题："印度很有趣吗？""印度蚂蚁多吗？如果多的话，你可以和它们玩，你会很快乐……"

他的爸爸却几乎不给他回信。

詹妮仍然在英国纷繁的政治形势下继续给丈夫提建议。此时格莱斯顿的自由党政府因为一系列事件正处于严重危机时期：在苏丹战争中的惨败，爱尔兰一系列的爆炸事件，与俄国在阿富汗边界的摩擦，为在苏丹喀土穆作战的戈登将军增派援兵的失败，甚至还有女王发给首相的关于戈登失败阵亡的简短电报。对詹妮的描述，伦道夫回了一封这样的信："任何一个死于本纳内斯而骨灰又撒入恒河的印度兵，不管他生前做过多少恶，都会到上帝那儿不停地鸣冤。我认为格莱斯顿现在应该来这儿，这对他是最好的机会。"

在千奇百怪的仕途中，谁也想不到伦道夫四个月的隐逸反而增加了他在公众中的威望，刊登于《笨拙》杂志的一幅漫画是这样的：第四党成员沃尔夫和戈斯特正眼巴巴地望着大海喊叫着："他什么时候才回来呀？"

看起来格莱斯顿政府的确像不久就要垮台的样子。如果事情果然如此，那么索尔兹伯里将会成为下一任首相，伦道夫也必然会被委以重任。

作为英格兰最优秀的男子之一，索尔兹伯里勋爵曾两次主持过印度事务和外交，这次他很可能以首相的身份第三次显赫于政界。他很有政治铁腕,又颇多高见,思想深刻透彻,但行为不老练,不会给人以圆滑的感觉。他总认为,领导权应属于那种血统高贵、富有的、有理智的人。在说话的时候,他总是言辞刻薄,有时非常傲慢、目空一切,甚至让人感到有些厚颜无耻。总之,他不是个会斟酌词句的人。

索尔兹伯里是个身材魁梧的人,背微有些驼,头几乎全秃,但却有一脸很浓的络腮胡子。他很喜欢避开喧闹的街市隐居,喜欢在圣詹姆斯公园骑三轮脚踏车锻炼,他很讨厌打猎或练射击。他还较愿意常去看望女王,因为他觉得去女王宫殿的人太少,太冷清了。作为一个对科学有强烈兴趣的知识分子,索尔兹伯里自己装备了一个化学实验室;作为一个忧郁的、有狂热宗教信仰的人,每天早餐前他都要先进行礼拜仪式。

科佐恩称索尔兹伯里为"奇怪的、有力的、令人不解而又杰出的最高首脑中的妨碍议事者"。即使在最好的时间,人们也会感到很难与索尔兹伯里和睦相处。而此时他又处在最坏的心境里,他意识到了伦道夫此时的真实情况:成绩虽辉煌但已病入膏肓,不需对己负责而且也没法预言。

伦道夫旅行后第一次在议会露面就受到了保守党热烈而"兴高采烈"的欢迎,甚至格莱斯顿也走过来与他握手,斯塔福德·诺思科特爵士也这样做了——此前伦道夫勋爵一直要求他辞去保守党领导人的职务。当人们问起如果他组阁的话,他会给伦道夫勋爵什么职务的时候,诺思科特回答说:"我想该这样问,他会给我什么职务。"诺思科特十分巧妙地表达了自己的观点与处境。伦道夫不仅要求他辞职,还威胁说,如果索尔兹伯里成为首相的话,他会寄给第四党成员一个重要的邮件。"用这种不友好的方式对付别人,他从未取胜过,"其子温斯顿·丘吉尔曾这样描述当时的情况,"他的任何一个伟大的革新方案都因此而无法实施,他从未担任过任何公众职务,但他又的确受到公众们发自内心的热烈欢迎。"

温斯顿曾写信回家告诉父母说,在他乘车时曾遇到过一位绅士,他贬斥格莱斯顿没有一点理性,他以为"那个有卷曲络腮胡子的人(指伦道夫·丘吉尔)应该当首相"。杰罗姆也为伦道夫的回国写来了贺信。

然而伦道夫对于他的"政坛崛起"远非乐观。一次,一个朋友对他谈起,离开了他,索尔兹伯里是无法组成新政府的,伦道夫当即回答说:"他是可以组成内阁的,如果需要,他可以把他的卡莱顿俱乐部的伙计们拉进来。"

曾经,格莱斯顿在一次很关键的选举中失败后,伦道夫竟像个孩子一样跳上议会的长凳,在头顶上挥动他的蓝手帕,大叫着嘲笑自由党成员。但随着格莱斯顿政府的死期临近,丘吉尔却陷入深深的沮丧之中。"我几乎山穷水尽了。"他对自己的一个朋友感叹道。

> 在过去的五年中我经历了许多事,我一直在为社会发展不懈地斗争。我带头为大多数人与格莱斯顿先生抗争过。与反对党前座议员席成员的斗争大家也是记忆犹新的,而现在我想我将又要与索尔兹伯里勋爵相争了。我已经说过除非诺思科特离开众议院,否则我绝不会进入政府任职的。索尔兹伯里勋爵是不会让步的,所以我只能坚持到底了。

孩子气的欢乐与深深的忧郁频繁而突然地交替出现,是他的梅毒病已入膏肓的典型症状。保守党即将胜利的预兆越来越明显地出现在国家的各个角落,詹妮怀着极大的热情关注着丈夫重新崛起的可能性，她尽最大努力鼓励丈夫重新"站起来"。社会上传言，保守党一旦执政，就会起用伦道夫担任主管印度事务的国务大臣。这可能因为伦道夫回国不久在樱草会上关于印度问题的发言。

> 我们在印度的统治不过是大洋表面的一层浮油，看来平平静静、无风无浪，但在那广阔无边、深不可测的人性的海洋内部情况是不妙的。印度人心中恼怒我们，他们仍然眷恋那个失败的王国，他们没有丢掉这个被征服的民族的传统，他们对大英帝国夜郎自大似的蔑视依然存在，他们随时有可能奋起反抗……

仅回家一个月，伦道夫就觉得有再次度假的必要了，他决定这次去法国，和他的朋友亨利·詹姆斯同去。

或许因陷入政治的混乱与不安之中，更需要彼此的安慰与鼓励，此时詹妮与伦道夫的通信很频繁，而且字里行间透露出的感情更浓。"我心中的最最可爱的小伦……"小伦是詹妮流露爱意时对他的昵称。伦道夫的回信则是写："我最亲爱的詹妮……"

6月，伦道夫从法国回来后还没过几天，首相格莱斯顿由于一个并不太重要的预算修正案的问题，被议员们群起而攻之以致辞职。女王要索尔兹伯里勋爵组阁。许多人以为伦道夫会在要求诺思科特辞职和要求给第四党成员报酬的方面做些让步，但出乎人们的意料，他异常固执，一点也不松口。索尔兹伯里陷入困境，这触怒了女王，她打电话给索尔兹伯里，声称她不允许伦道夫在尚未进入内阁掌握权力时就如此发号施令、固执己见。甚至寡居的公爵夫人也介入此事，让儿子重新考虑过去的要求，加入新组建的索尔兹伯里内阁任职，伦道夫依然拒绝。

伦道夫的坚持赢得了最后的胜利,诺思科特被安置于上议院,第四党成员沃尔夫、戈斯特和鲍尔弗也都进入了政府。当维多利亚女王暗示索尔兹伯里她的意见并非不可超越之后,索尔兹伯里任命伦道夫为主管印度事务的国务大臣。

伦道夫作为下院议员(人们称之为"从伍德斯托克飞来的黄蜂")的任期将满,但伦道夫既无时间又无精力去争取选民。为确保伦道夫在议会上的交椅,詹妮单枪匹马地管起了丈夫争取连任的竞选活动。人们都明白,这是一次关键的选举。伦道夫·丘吉尔在这个非常时期的失败意味着自由党极大的胜利,这些自由党人正尽心策划一个精密计划来打击伦道夫。的确,在一个由某个家庭来决定谁可入选议会的城市里,马尔巴罗家族的支持具有决定性的意义,但在刚开始时詹妮连个口头支持也没得到。布兰福德取得公爵爵位不久,便在布伦海姆宫卖掉许多家藏珍宝,伦道夫为此和他激烈地争吵过,所以现任公爵对伦道夫参加竞选的事并不热心。尽管他允许詹妮留在布伦海姆,但她却不得不在贝尔旅馆附近安置她的委员会办事处。由于詹妮的抗辩使他发窘,最后他不得不大发慈悲,把自己的四轮马车借给詹妮,以帮助选民们去投票处。

"我们每天都在与朋友们和那些可能给我们帮助的下院议员交谈。"她写道。

> 我们感到自己责任重大,感到世间似乎所有的眼睛都在盯着我们。在忙乱中自我解嘲地狂欢,在选区领导的房间里嬉闹,集合我们的力量,收听每小时一次的竞选进展情况报告。我真感到自己像个与参谋们在一起的将军,在战事达到白热化的时候,掌管着战争全局。某甲是可疑的,某乙是顽固不化的,丙的妻子则

是个刻毒可恶的激进分子,她正拼命影响她那个本来我们以为非常可靠的丈夫,让他投别人的票,我们得马上去他那里,为未来的一场大辩论做好思想准备。

詹妮每日乘马车外出,每匹马都用印有"伦道夫竞选"的粉红色、灰色丝带装饰,显得很华贵,她乘着这辆车到过千万户选民家。

当时,伍德斯托克的樱草会仍处于萌芽阶段,没有任何女成员可与詹妮在"聚居地"做伴,所以她不得不到处寻找同伴。在这次政治竞选中,樱草会徽章第一次公之于世,选民人数上升得很快。詹妮说:"在远离中心的郊区我们被反对派纠缠,他们对着我们嘲笑挖苦、大喊大叫,但我们倒挺喜欢这样。"

在为詹妮开的欢迎会上,委员会成员作了些简单且有韵律的小诗,祝贺她的竞选业绩。有一首是这样写的。

> 走遍伍德斯托克大街小巷,
> 尽责又尽心,
> 五彩缤纷的小马车,
> 伴着那一丝甜甜的微笑
> 从人们心中掠过,
> 所有的男人都为之倾倒,
> 将心与选票一起献出——
>
> 我的上帝,那位可爱的"杨基"女士[①]

[①] 杨基(Yankee),美国佬。——译者注

> 不管头上艳阳高照,
>
> 还是乌云四起,
>
> 只是舞动"战旗"
>
> 冲向市区,
>
> 当选民见到她那漂亮的帽子
>
> 缀着朵朵鲜丽的玫瑰,
>
> 便都像战士
>
> 尾随护卫着女神。

伦道夫对詹妮的所作所为竟无动于衷。"如果你愿意在伍德斯托克待到星期五,我将非常高兴。"他在给詹妮的信中这样写道,"如果我胜利了,你会得到所有的荣誉。"

报界在公布竞选结果的一系列报道中,已发表了600条消息,这使他们既欣慰又满足。最后结果伦道夫得了127票,比5年前增加了一倍以上。

从布鲁克林来的丘吉尔夫人已经历了一段长长的、陌生复杂的路程,她现在正站在英国古老的山村中历史悠久的贝尔旅馆前,向热情的、拥挤着的人群表达自己对人们给予自己帮助的谢意。谁也料想不到,若干年后的一天,她的儿子温斯顿会在同一地点为自己的胜利而向公众致意。

"女子参政是我最大的愿望了。"詹妮回忆道。

> 一想到我已被选民们认可,我体验到了一个候选人获得成功的所有喜悦与满足。在返回伦敦的路上,我一直觉得自己做了件大事。当我看到街道两旁拥挤的人群向我投来的冷漠的目光,我

第十一章 辉煌

不由感到诧异吃惊……我常想，当一个新当选议员第一次走进下议院时，他一定感到很新奇；在发表演说时，自己在糊里糊涂地讲，听见人家鼓掌，一定很有趣。在议会里他会发现自己的真正水平——哎呀，不久他就会看到台下冷漠不在意的听众，因此也许他会真正意识到他是个不太精彩的演说家。

下面的一段是亨利·詹姆斯写给詹妮的便条。

请允许我向您表达我最诚挚、最衷心的祝贺，祝贺您的竞选成果，特别是您在竞选活动中所表现出的个人影响力，每个人都非常赞赏您。

但当我感到自己介入了一次收买人心的活动时，我的祝贺也只好忍痛舍弃了，您的游说车队应当就此停止活动，某些变化——别人告诉我的一些消息——关系到升降沉浮。人们也许会向您表示敬意，但丝毫没有诚意，根本谈不上。我觉得您可以向委员会得体地挥动您的手帕便行了。

尽管我直言不讳，但，我很高兴。

威尔士亲王也寄来了他的贺信，他因拜读伦道夫夫人的一些演讲词而改变了自己的观点，亲王对她的观点表示钦佩。詹妮在回信中这样写道："伦道夫夫人得知她竟有如此的好运气可以用她的言辞改变王子殿下在重大政治问题上的看法，真是感到了难以言状的无限满足。"

在那些日子里，女人们已同过去一样完全将注意力转向厨房和卧室，于是伦道夫·丘吉尔夫人所发动的这场政治战役自然会引起国际的关注。伦纳德·杰罗姆在写给妻子的信中说:"你根本想象不到詹妮是如何引得美利坚人民为之自豪,如何被他们所谈论的。"

伦道夫的软弱与詹妮的刚强形成鲜明对比,假如詹妮有一个像索尔兹伯里或格莱斯顿那样有魄力的丈夫,詹妮肯定会身不由己地成为一个陪衬,成为茶桌上的主妇,微笑着招呼客人,每月打扮好自己,收拾清洁房间,会像许多政治领导人的夫人一样成为丈夫装点门面的装饰品。正因为伦道夫的不足才刺激并造就出了一颗璀璨的明珠。詹妮得去许多本该由丈夫去的地方。让女人来从事政治活动,这对马尔巴罗家族这样因袭陈俗的贵族阶层来说,简直不可思议。

现在詹妮不仅是家庭主妇,而且已完全成为家庭主人。伦道夫外出旅行很频繁,而且时间都很长,詹妮无可依赖,所以变得刚强、自立了。詹妮不像其他妇女在丈夫出门时闭门谢客,她把朋友请到家中聚会,使家里充满生气。渐渐地,她可以自如地应付家里本该由丈夫决定的事,如财政问题、子女教育、确定自己未来生活的目标,等等。

詹妮在竞选活动中的成功吸引了她的好朋友、男爵夫人安吉拉·乔治娜·伯尔伯特科斯,她请求詹妮帮助她的丈夫求得一官半职,詹妮答应了。男爵夫人已经历了整个维多利亚女王时代,剑桥的公爵称她为"一个英国的特殊人物"。她继承了一大笔丰富的遗产,取得了显赫的地位,自己又有极高的理想,这一切促使她向威灵顿公爵和查尔斯·狄更斯请教该如何花费自己的巨款。她得到了答复,兴建了学校,盖起了取代贫民窟的现代化大厦,甚至在爱尔兰西南闹饥荒的年代,还给这一地区捐赠了大批的食物与衣服。

詹妮作为新任印度事务大臣的夫人到印度妇女红十字会任职。协会修建了门诊部,为穷人提供医疗,鼓励印度妇女从事医疗卫生事业。那时候,即使在英国,女医生也极为罕见。

伦道夫和他的秘书塞西尔·沃尔夫到苏格兰和爱尔兰度过了他那一年的第三个假期。他在给詹妮的信上提到印度红十字会,建议说:"你要是想有更多的公众赞助你的协会,你就得抓住巴克尔先生(《泰晤士报》编辑),逮住他,让他为你宣传。"詹妮真的逮住了巴克尔和其他一些人,这使协会财源滚滚。

詹妮一直参与樱草会的政策制订,樱草会此时办得非常成功。詹妮收到了她的朋友巴黎伯爵夫人的信,后者向詹妮请教在法国能否办一个类似的协会,其目的是恢复君主制。伯爵夫人是西班牙王后的姐姐、葡萄牙王后的母亲,着手创办了"白玫瑰协会",会徽是镀金的玫瑰——但它在褓襁中就夭折了。

对詹妮来说,最严酷、最困难的并不是樱草会的事,而是伦道夫的事。尽管他不断地休假、延长假期,但他的病使他身体更加虚弱。"我已感到精力不足,而且没什么见解,"伦道夫在1885年8月对他的一个朋友说道,"除了制造混乱外,我简直什么也干不成了。"这种混乱之一就是女王没有与他商量就派她的小儿子来印度,他打算以辞职来抗议。索尔兹伯里写信告诉女王说伦道夫不会真辞职。女王回信给索尔兹伯里勋爵,表示她希望"他能尽他最大努力来限制伦道夫勋爵的蛮干"。索尔兹伯里勋爵则警告伦道夫:"如果你出了一念之差——如果你一旦打破平静——以前的一切努力都将化为乌有。"

整日要照顾病中冲动敏感的丈夫,使詹妮很少有时间关心她的儿子们。5岁的杰克仍然由保姆照顾,11岁的温斯顿正是需要父母格外尽心引导教诲的时候。但詹妮关于孩子成长的理论是:在孩子心理承受范围内,可以最大限度地给他们压力,使之有责任感。乔治·斯迈瑞至今还记得温斯顿邀他和詹妮、杰克一起去划船的事。"他那时俨然是个司令员,"斯迈瑞在日记中写道,"他先在岸上指挥,又到水中下达命令,但没有人试图反驳他不很合理的命令。我坐在船上注视了温斯顿很久,尽管他驾船很不熟练,但我明白他为什么非要自己驾驶不可。尽管他的冒险有点不必要,但去打扰他更是绝无必要。"詹妮那时意识到让温斯顿在没有自己的干预、建议下去进行指挥的重要性。那年夏天,她把温斯顿送到了英格兰东海岸切斯特菲尔德·洛奇家里。在那里,温斯顿写了几封表示很不高兴的信回家,希望马上回家。"难道你不想我吗?"他写道,"这个人一点也不友好,又苛刻又生硬,我一点儿也打不起精神来,我每天数星星数月亮盼星期日,那时我也许就可以告诉你我的所有烦恼了。"

当温斯顿想在妈妈那"满满的日程表"里占一席之地,为得到妈妈的重视而奋斗时,他感到他与她的心贴得很近,他可以把一切告诉母亲。当他感到无法再在圣乔治学校待下去时,是她帮他转到另一个学校;当他恳求父母带他一起去欧洲大陆时,是她坚持带他;当他有什么特殊要求或想要些钱时,还是她应诺他。她经常给他写信,一有空就来看他,或带他回家。温斯顿感到了慈祥的母爱,他的父亲——对温斯顿来说——他是个名人,一个他可以向同学们炫耀的人,一个亲笔签名便可以当商品买卖的知名人物,但绝非自己可与之倾心交谈的人。

外祖父杰罗姆经常会想出办法使温斯顿振作起来。他是个性格开朗、不拘小节的人,爱与骄傲都溢于言表。杰罗姆在1885年夏末来过英国,正好来看女儿詹妮完成她的政治竞选游说。

每个人都意识到索尔兹伯里政府仅仅充当了大选前临时行使职权的角色。大选已在各选区展开,没有人能预言哪一派可能得胜。

伦道夫已无法在伍德斯托克区连任,所以他这次向一直以伯明翰为大本营的约翰·布莱克挑战。在《双周评论》的一篇署名文章中，伦道夫公开了自己对保守党领导人的不满。

> 保守党很不幸，它的领导人仅仅属于这样一个阶级：他们由一群贵族纨绔子弟、地主及只会阿谀奉承他们的拥护者组成。这个党的领导人整日为自己和自己的小集团的利益和兴趣而奔波，对普通公众的意见则几乎置若罔闻。他们整日被那群打着传递政治消息的幌子而实际只会逢迎拍马的小人所迷惑；对普通民众，保守党成员既畏惧又蔑视……

丘吉尔要为英国人民提供一个选择。他将自己的行为称为"保守派民主"（Tory Democracy）。（后来他给朋友解释说："就是支持保守党的民主。"）他提出的口号是"相信人民，人民就会同样相信你"。

伦道夫这样相信民众，以致再次放弃竞选游说，又把这事交给了詹妮。这次詹妮的婆婆公爵夫人也来了。在竞选期间，两个女人前所未有地亲近起来，每个人都很注意考虑对方的意见，修正自己的观点。这之后，公爵夫人一度把詹妮介绍给她的朋友们，强调说詹妮自涉猎政治领域以来成熟多了。

"在伯明翰，人们觉得女人迷恋于政治游说是史无前例的。"詹妮提到竞选期间她去一家工厂准备与正在吃午饭的工人们交谈的情景，"迎接我的是一张张愠怒的面孔，当我问为什么他们这样对待我时，一个在饭后休息的工人大声说，他们不喜欢被别人摆弄去投票。"

"但你们有我所渴望的东西，"她对他们说，又补充道，"如果我不来请求的话，怎么得到呢？"

"这理由打动了他们，当我离开时，他们很高兴。"

不是所有的冷面孔都可以变得友好。有一次，詹妮去拜访一家小酒店的主人，她先对老板娘表明身份，老板娘便去地下室叫丈夫："丘吉尔夫人想见你。"

"噢，告诉丘吉尔夫人走开——"

"在那时，"詹妮说，"我打了退堂鼓。"

她送了一束花给一位屠夫，在那里，她取得了很大的成功，他不仅给了她选票，还给了她半片羊肉。

令人不安的政治事件影响着温斯顿，他父亲正在进行一场生死攸关的竞选，他母亲每日为此奔波，甚至他的祖母、德高望重的公爵夫人也在按动人家的门铃争取选票。温斯顿在一个偶然的机会发现一个同学的父亲也是议会候选人。"假如我俩的爸爸都赢得胜利"，温斯顿写道，"我俩就去共进'胜利晚餐'。"

但没有胜利晚餐了。布莱克以773票击败了伦道夫·丘吉尔，伦道夫输得体面，他显出败不馁的绅士风度。"先生们，"他说，"一个承受不住失败打击的人不是真正的男子汉。"反对势力变得更强，以致在南帕丁顿保守党选区，丘吉尔原来的崇拜者也不再支持他。但他还未罢休，他果断决定第二天在那里竞选。

整个竞选结果是索尔兹伯里的保守党以249席对333席输给自由党而被迫下台。在格莱斯顿的自由党获胜重新登上执政党宝座之后的一天，在圣詹姆斯公园，伦道夫与对手自由党人约翰·莫利相遇并交谈起来。

"你看上去在想些什么。"莫利说。

"是的,我在想——我该好好想想了。噢!我们输了,而你们赢了。"

"是的,不过也许我们执政三个月,然后被迫解散,让你们执政六年。"

这次谈话后不久,一个朋友问伦道夫:"以后怎么办呢?"

"我将领导公众起来反抗五年,"伦道夫答道,"然后我做五年首相,之后我就会安心地离开人间。"伦道夫的预言比莫利的更富于幻想色彩。

第十二章 风波

温莎城堡，1885年11月30日

亲爱的伦道夫勋爵：

　　女王希望在下星期五，12月4日下午3点钟，亲自授予伦道夫·丘吉尔夫人印度王冠勋位勋章。

　　她能返回这里赴午宴吗？

　　1点10分从帕丁顿开出的火车是最方便的一次。如果伦道夫夫人告诉我乘哪次车来，我将派四轮马车接她。

您忠实的
亨利·庞桑比

詹妮接着收到了女王女官的便条，通知她届时的装束和礼仪。

伦道夫·丘吉尔夫人：

　　无边女帽，早礼服，灰手套。

　　接受勋章后，应像今日的绅士们那样吻女王的手。将为她准备一个房间。

对当时任何一个女人来说，被女王接见都是一生中的荣耀。向女王行屈膝礼和吻一次女王的手，被一些人看作是只有婚礼才能与之相比的又一重要时刻，是对其仪态风度的重要检验，任何一点尴尬都会成为一个耻辱的标志。

第十二章 风波

女王带着一个女儿和一名女官,在一间小屋里接见了詹妮。

她倚窗而立,头戴长长的白面纱,在光线的照耀下,形成了一个烁烁闪亮的光环。她语气亲切地问我一些话,我因紧张局促而诺诺作答。我记得我的天鹅绒礼服被黑玉厚密地装饰着,使别针难以别住。并非有意地,女王把(勋章的)别针直接扎到我身上,虽然我像斯巴达少年那样尽力隐藏起我的感觉,但我想自己还是动了一下,女王已经察觉到了她做得有点过分。最后,别针别好了,我行过屈膝礼便要辞别女王。我走到门口,女王陛下突然走上前来,微笑着说道:"哦,你把盒子忘了。"说着就拿起它递给我。这个自然的小举动确实和形式上的客套有点不同。后来和那位女官谈起此事时,我说我恐怕是很尴尬、很紧张的。她回答道:"你不必担心,我知道女王比你更感到不好意思。"

那别针是一枚用珍珠及绿松石之类的东西制成的,系在一条淡蓝色镶白边缎带上。第二天,詹妮收到了女王的那位女官写来的一封短信。

我亲爱的伦道夫夫人:

　　我想你昨天已安然到家,没有着凉。女王告诉我,她觉得你很端庄,事情办得很好。

　　永远相信我

你忠实的
简·伊利

维多利亚女王在她的日记中谈道:"伦道夫夫人(一位美国人)肤色黝黑,仪态端庄。"

在以后的几个月当中,伦道夫·丘吉尔夫妇常被女王请到温莎吃饭过夜。詹妮记得他们在一间小屋里进餐,四周墙壁上挂着皇室成员的肖像,耳语似的交谈近乎压抑般的沉寂。"我力求措辞谨慎。"她后来说。

你知道我讲起话来多爱唠叨,我生怕多说一句话,引起那种担心——"我们感到很不自在"……

当女王发话时,甚至连耳语也停息了。如果她对你表达议论,那么,全体陪伴者的倾听就是回答。

维多利亚女王对伦道夫的第一印象是"他和亲爱的利奥波德出奇地相似,这使我很吃惊"。他们都长着傲岸的髭须和突出的眼睛。利奥波德亲王在牛津大教堂的雕像与布伦海姆宫中斯托里刻的伦道夫大理石像十分接近。此外,她在与伦道夫的一次谈话后,在日记中写道:"我们留在走廊里一直谈到十点半……他说了些怪事,这在以后我还要提到。"这些怪事关系到政府在印度的所作所为以及他与哈廷顿勋爵强烈的对立情绪。女王认为,他(伦道夫)的脾气看来很坏,而且想要女王与他相一致。她还写道:"伦道夫勋爵看来身体很不好。"

那天晚上,詹妮用温莎城堡的信笺写信给她母亲说:"廷宴很庄重威严……我是个仅有的'怪女人'。"然而维多利亚女王明显地喜欢詹妮。"女王昨天晚上亲切极了,她跟我谈了一席话。"

翌年春天,11岁的温斯顿突患严重肺炎——其并发症差一点夺去他的生命。詹妮扑到她的儿子床边,鲁斯大夫向伦道夫报告说:"我们一直在为您的孩子竭尽全力。现在,他的体温是华氏103度,不过他的消化尚好……"据医生说,温斯顿的右肺已感染,左肺因过于劳累而受损。

看起来很严重,詹妮焦虑至极,整夜在温斯顿隔壁观察。詹妮觉得这是在暗示危机,她祈祷会有好的结果,保住左肺。

三天后,温斯顿不再昏迷了,烧也退了。"温斯顿已安静地睡了六小时。"危机过去了,但鲁斯告诫詹妮说:"我很担心(孩子的病)复发,要知道,我们并没有脱离险境。"他说,温斯顿要保持绝对安静,第一天,即使是埃弗里斯特太太也不许进病房,因为"激动和兴奋对他不利!"

詹妮的婆婆写来了慰问短信:"这短短几个钟头似乎使人老了许多,使人感到在这个世界上一个人的幸福多么岌岌可危……我真是感谢上帝保住了亲爱的孩子……"莫尔顿·弗雷温写道:"可怜、可爱的温尼,我希望他不会有什么麻烦的后遗症,他身体虚弱,需要时间恢复,你为他还有很多事情要做……"

然而1886年,詹妮不能把爱抚和关注集中到她儿子身上。那是个紧要的年头,它毁掉了她丈夫和她本人的所有希望。伦道夫所患的梅毒已处于晚期,詹妮总困扰于那无法摆脱的忧惧。鲁斯大夫对伦道夫并不抱太大的希望。也许是为了证实这一点,鲁斯保持着职业缄默,而伦道夫却同他保持着亲密友好的交往,这使鲁斯深受感动。

像平时一样,每当我意识到由于您的缘故,我得到了机遇、任用和一种仁慈的同情……我感到我不能为您和您的亲人多做些什么。我是带着深深的感激,几乎是痛苦的情感接受您的支票的！……我无意期望从您那里得到什么报酬，请您不要介意，因为我无法报答您的恩惠和多次提到我的名字而带给我的荣誉。

作为英国皇家外科学院（Royal College of Surgeons）的成员，罗布森·鲁斯在魁北克和爱丁堡的大学学习过，曾在奥斯曼大使馆做过内科大夫，在布莱顿的圣安特鲁家也做过孩子的内科医生。他的医学著作颇丰，著有《神经衰弱症》和《现代生活中的消耗与补救》。在后者中，鲁斯论述了强脑力劳动能力因人而异。

早年的培训、体质与气质是决定一个人能量负荷的主要因素，有些人能经受住巨大的精神压力而不受任何明显的伤害；而另一些人，因条件差，"脑力弱"，而在任何强脑力劳动面前都无能为力。

当然，事实上健康状况很糟的人什么脑力劳动也干不了。体弱多病而脑力工作却很强，这种情况纯属例外。

在这段时间里，伦道夫勋爵树立了自己理想的生活观念："整天躺在床上，看着书打盹，穿长袍进餐，然后再快速回到床上去。"然而，詹妮坚持不让他虚度下去。

格莱斯顿在以勉强多数当选为首相之际，迅速宣布他的自由党政府将提出一份地方自治法案，让爱尔兰成立自己的议会。下议院立即出现了颇具戏剧性的局面，楼梯到走廊，以及长凳的扶手上，甚至每个坐着的人的膝盖上，都挤满了议员。从英格兰大主教到印度王公都同时出现在拥挤的长廊中。弗兰克·哈里斯坐在詹妮的两个密友德·布勒特伊侯爵和赫伯特·冯·俾斯麦伯爵之间。

第十二章 风波

议会一开始就充满了对立情绪,格莱斯顿很疲惫,他开始慢吞吞地讲话。

> 我相信今天夜里有许多想要投我们反对票的人会怀着深深的内疚。我甚至坚信,事情的结果将在我们的意料之中,而不像你们所想象的——你们正在衰落,我们正在兴盛。爱尔兰在期待着,希望着,几乎是恳求着……

他一遍又一遍地重复着这样的话:"自由属于值得获得自由的人。"

会场振奋了片刻。赫·俾斯麦告诉哈里斯说,这是他所听到的最出色的演讲。

地方自治法案分裂了格莱斯顿的自由党,伦道夫视此为其终生难得的政治良机。"让他在帕内尔①支持者们的帮助下,战败(保守党)吧,然后让我们解散到全国各地,奔走呼号:'帝国在危急中。'"伦道夫曾向弗兰克·哈里斯问起许多帕内尔与奥谢夫人私通的细节——以便将其作为政治攻击的武器。他与帕内尔的友谊便在政治的权术之争中自动断绝了。野心是行动的动机,而首相宝座则是奋斗目标。

伦道夫私下里钦佩格莱斯顿,后来还称他为"前所未有的最聪明、最机敏、经验最丰富的议会中的雄辩家"。但当时,他近乎野蛮地攻击这位首相。他称爱尔兰地方自治法案为"有辱大不列颠王国荣誉的阴谋……极端卑鄙与恶毒……是为了急不可耐地满足一个老头子的野心"。温斯顿·丘吉尔在为他父亲作传时谈到那个演讲:"虽说其

---

① 帕内尔(Parnell,1946—1891),爱尔兰民族主义领袖。

谈吐卑下，但却深得人心。"

"当时一提起爱尔兰这一非常的名字，"批评家希德尼·史密斯说，"英国就好像一反平日的情怀与精明，行动起来就像暴君般残酷和白痴般愚蠢。"

为了一个民族的利益，格莱斯顿在政治飘摇中下台了。这个民族他还不曾相识——他只在爱尔兰做过一次短暂访问。当然，这个结果对他来说既有实用价值又有原则意义。

因为曼彻斯特一直是自由党的大本营，詹妮在那里找了一处新的淡黄色住宅作为活动总部，与伦道夫在那里进行了多次政治活动，包括政治演讲。有记者评论詹妮在公共场合的言谈举止与伦道夫如出一辙，伦敦社交界又一次怀疑伦道夫的讲稿是詹妮起草的，正如她为他的竞选奔波一样。人们还怀疑伦道夫在爱尔兰问题上态度的转变也有詹妮的因素。

很多事情证实，詹妮拥有一个作家兼出版家的非凡才干，她对伦道夫演讲所提供的帮助很可能比人们知道的还要多。如果在爱尔兰问题上她给他施加了压力，其（政治上的）抱负可能是其行动的动机。如果她的丈夫能够成为首相——她相信他能够做到——她知道必须迅速行动。现在她深深地卷入政治之中，她清楚地看到，地方自治问题煽起英国公众如此大的情绪，能很快地扼杀格莱斯顿政府。

伦道夫在这个问题上还被许多其他压力左右着，而且他有自己的打算、自己的时间表。他对妻子似乎还不够信任，否则他就会让她为他的竞选奔波，会征求妻子对政治问题的见解，这点猜测并非无稽之谈。既然丈夫不太信任她，那么还有谁、有什么能影响詹妮呢？

首先是鲍尔弗。阿瑟·鲍尔弗，一个高大、漂亮的男子，通体优雅，不拘于宫廷礼节。他不是个粗鲁男人，他与大多数人接触都很超脱。拉姆齐·麦克唐纳后来这样评价他:"他是个高瞻远瞩、阅历丰富的人。"温斯顿·丘吉尔评论说:"阿瑟并不置身于喧闹之中,而是在那表面滑行。"詹妮赞美他的才智、他的政治哲学和他那出众的魅力。詹妮很推崇鲍尔弗的才干,鲍尔弗是他叔叔索尔兹伯里勋爵的策略输送线。索尔兹伯里比旁人更清楚地意识到,爱尔兰问题将是他当选首相的关键。

除鲍尔弗之外,詹妮还与许多在此问题上反对格莱斯顿的可敬的政治家们很友好。其中就有约瑟夫·张伯伦,他曾说要让格莱斯顿政府下台,并感到他能因新建自由党统一组织——一个从自由党中分离出来的派别——而很快升迁。索尔兹伯里一向对格莱斯顿政府的可信度持怀疑态度,他曾对一个朋友说:"格莱斯顿先生既可恨又可爱。有人喜欢张伯伦先生吗?"张伯伦头脑冷静,反应机敏,他和詹妮相互赞赏彼此的长处。詹妮的活力对张伯伦的影响如此之大,以至于他也决定要去美国找个妻子。

还有德高望重的哈廷顿勋爵,为政府尽职尽责、不谋权位。哈廷顿因对自治法案的反对而与格莱斯顿分裂,导致了一场政治上的保守运动。况且,詹妮不仅敬重哈廷顿勋爵本人,而且是他妻子——一位全身心爱自己丈夫的女人——的好朋友。

詹妮对爱尔兰和爱尔兰人民的爱是炽烈的,而她对英格兰、对大英帝国、对她丈夫的政治前途的企望更大。在协理伦道夫在南帕丁顿进行的竞选活动中,詹妮发挥了引人注目的决定性作用。正如一位评论家所说,这位"美国妇人不是只蝴蝶,而是一颗彗星,到处闪耀着光辉,甚至影响着更大的行星的运行"。事情进展得很顺利,伦道夫为选区的情况报告而踌躇满志,他以超过三分之一的得票数为他扫清了当选之路。

温斯顿给母亲写了贺信，说："我为爸爸在南帕丁顿得到这么多支持而高兴，我认为这是个胜利。"他还想要她判断一下，能否在计划要参加的两三个星期内的公民选举中获胜。他在信的末尾说："我多想您来看我。"

然而，詹妮却一直抽不出时间。就像在樱草会的一次重要活动中一样，她成了全民选举中的一位重要角色，而她也是全身心投入的。伦道夫并不这样，他正与汤姆·特拉福德一起在挪威渔猎。看来，在他的心目中，钱的位置比选举结果要高得多。他写信给詹妮说："在我看来，我们一年要花掉 5,000 英镑。我们实在要节省了。我不明白怎么会用这么多钱。"（几个月前，他收到银行的信，确认了一笔 6 月期的 1,000 英镑贷款。这是他和詹妮都已在收据上签了字的。他的秘书还在那个月记下了一些赌马的开销，包括付给金斯基伯爵的 25 英镑。）

1886 年 6 月 27 日，格莱斯顿政府上台仅 4 个月，议会就被解散了。7 月大选，保守党和统一派[①]联合起来，在大选中恢复了优势。

伦道夫对这场胜利的把握既客观又敏锐，那么公众舆论怎样看待他的胜利呢？格莱斯顿给出了一种痛苦的解释："如果说我对某种情况耿耿于怀的话，那我承认我胸中存有一件大心事——那就是我预感到我的国家面临一个大危机……人们将要面临的是——伦道夫·丘吉尔的个人色彩。"维多利亚女王表达了类似的担心。女王在 7 月 25 日的日记中写道："索尔兹伯里勋爵四点钟又到我这儿来，谈到了所有的事。他担心伦道夫·丘吉尔勋爵会出任财政大臣和党的领袖，我不喜欢这样，他太狂放、古怪，健康状况也很坏……"

---

① 原文为 Unionist faction，统一派，主张北爱尔兰为英国的一部分。

第十二章 风波

伦道夫获得了两个职位。詹妮描述了伦道夫的母亲公爵夫人的反应。

> 我绝不会忘记,他成为下议院议长时,她那巨大的喜悦和快慰。我……总记得,她一讲起来就极为愉快。他达到了他的抱负的峰巅,而她是满意的。

伦道夫却不以为意。一位朋友问他:"你要在位多久?"伦道夫笑答:"6个月。"

"那以后呢?"朋友问。

伦道夫答:"到威斯敏斯特教堂去。"当时他37岁。

"看来,伦道夫勋爵已满足于他所达到的目标了,"一位朋友写信给保守党议员乔治·寇松说,"我希望他会明智地利用他的显赫地位。我必须承认对他将如何行使职权存有一丝忧虑。一位领导者需要有天使般的气质——而这一点,我担心伦道夫勋爵是不具备的。"伦道夫变得越来越神经质、感情用事、喜怒无常、脾气暴躁、狂妄无礼了。许久之后,詹妮写道:

> 个性拥有一种巨大的影响力,它并非大人物的特权。没有个性,毫无疑问就会一事无成。但是,从另一方面来说,个性只有和达到目的的能力相结合,才能收到完全满意的效果。

伦道夫的健康状况恶化了,即使他一直掌权,也不会干多久的。对于一位议会成员的工作职责,鲁斯医生写道:

......除了在威斯敏斯特[①]的职责,他必须走到他的选民中间,时时在他们面前表白自己,必须常常准备去听牢骚、建议,甚至命令。……作为一位阁员……从任职的第一天起就要将自己的日程安排烂熟于心,这样或许还能让他挤出几分钟去处理私人事宜。对公文的研究……将使他滞留到11点钟。除非有什么该他参加的议会会议,他的日常时间就是在他的办公室里。……除了分内的公务外,相当多的时间要准备议会上的发言和参加各种各样额外的议会辩论……如果在议会中有重要的法案讨论,他就必须始终参加辩论,并常常要讲出自己的意见,对各种问题的解答都要有周密的准备。……作为内阁会议和枢密院会议的参加者,还要出现在国宾舞会、音乐会、宴会以及所有能想象得到的会议上……要把这些形形色色的事务都堆在一个人的身上,那他的性格几乎肯定要随之而变化。一个内阁成员在职期间,其精力和体力都消耗极大,甚至消耗到极限,这是显而易见的。幸而他的工作多样化会对此有一定的补偿性。

许多人在开始其议会生涯时满以为他是在履行一种重大的使命;然而待一个会接着一个会开过之后,他就发现自己并没有靠近那个目标。

情绪好的时候,伦道夫总是快乐动人、讲究修饰、乐于交际的,然而,除对他亲密的朋友之外,他鄙弃任何谦恭之举。在传统社会的礼仪和习惯面前他我行我素,他的粗鲁变本加厉——在反对他的人中,年长的比年轻的多。有一次,詹妮不得不向一位女主人道歉,因

---

① 威斯敏斯特此处指代英国议会及政府。

第十二章 风波

为伦道夫百般挑剔这位女主人宴会上的饮食。如果在宴席上他不喜欢某个人,他就会拿起刀叉易桌而食。有些胆小的女主人因怕他发脾气而事先送来宾客名单让他过目。自然,上流社会是爱"社会名人"的,伦道夫·丘吉尔则是位傲慢的名人。

高超的烹饪也是社交宴会必不可少的。丘吉尔一家有一位天才的厨师,这也成了他们在社交界广为交游的媒介。

丘吉尔家的厨师罗莎·奥文登,在詹妮雇她为临时厨师之前,曾是抽雪茄的巴黎女伯爵家的漂亮厨房女仆。她有一手非凡的厨艺,承担了繁忙的厨务。很快,罗莎就让一套精选的伦敦脏话统治了厨房,并在丘吉尔家的朋友们中间流传开来。像詹妮一样,罗莎是位别具一格的完美主义者。"伦道夫·丘吉尔夫人需要的东西只有几样,而那几样东西都要最完美,只有完美的东西她才吃。她是我见过的最完美的女人之一,她总是要倾其钱囊买那几样东西。"

詹妮在宴会前定时和罗莎一起检查菜单。比如,霍发-威廉斯夫人不能吃海虾麦饼,因为"吃了常常要引起呕吐"。再如伦道夫,他"对一盘自己爱吃的法式麦蕈煎蛋的兴趣胜过一个内阁的议席"。威尔士亲王比较肥胖,以"摇摇欲坠的王子"而闻名,他所喜欢的盘中肴馔是用松露调配的清淡烤肉,"切制得像漆黑的小苹果,摆在由白色的条巾包好了的银盘子上"。

王子也喜欢罗莎,在那段时间里,他送给她胸针、手镯之类的小礼物以博得其欢心。几年以后,罗莎甚至成为卡文狄旅馆的主人,她为王子保留了一间体面的房间。也是在那段时间里,罗莎成为一些小说中的人物原型,其中有一部是伊夫林·沃[①]的作品,他总是记得她

[①] 伊夫林·沃(Evelyn Waugh, 1903—1966),全名阿瑟·伊夫林·圣约翰·沃,被誉为"英语文学史上最具摧毁力和最有成果的讽刺小说家"之一。

给他的命令:"把你的屁股从我的椅子上挪开。"

罗莎记得丘吉尔家的客厅就像是"社会的走马灯",然而他们夫妇的结合并非所谓"很幸福的一对"。她痛苦地看到她的女主人"被伦道夫勋爵冷遇",她吃惊地看到伦道夫"赌债高筑"。罗兹伯里曾转述伦道夫的话道:"我讨厌任何形式的赌博。"然而,在街谈巷议中,常有伦道夫不是和威尔士亲王就是和"一伙纨绔子弟"玩百家乐①的话题。罗莎对丘吉尔夫妇有如下评价:"他尽管是个非常聪明的人,可要是没她的话,他连半个男子汉都算不上。"

罗莎对温斯顿的最早记忆是,一次他在家度过一个短假,他好奇地走进繁忙的厨房,惊讶地看到有这么多人在干活。他问她,王子是不是来吃午饭,而她则把这个红头发的小家伙给轰了出去:"你是什么小鬼头?跑到这儿闲逛来啦?快滚开,紫铜色头发的家伙。"

那时的温斯顿还是个孤僻的孩子,朋友很少。他的兄弟杰克才6岁,因为太小了,就更难得和温斯顿一起玩了(虽然杰克曾告诉一位客人,他哥哥在教他恶作剧)。詹妮的妹妹利奥尼注意到温斯顿漫无目的地绕着房子游荡,她在给她父亲的信中提到这孩子是"捉摸不透"的。

温斯顿现在更健壮了,他从布莱顿学校给母亲写信:"星期一我们做了体育测验,我发现,除了我的体力恢复之外,我还获得了比以往更好的成绩……我的快乐是说不完的……"还有另外一些消息:他正在学《失乐园》,准备朗诵;他有了一份天文学讲义;他游泳能游到一个游泳池那么长——大约60英尺;他想学大提琴,暂时把钢琴放下;他还盘算着下次回家给杰克带来"一些有趣的玩意儿";再有

---

① 百家乐(Baccarat)是源起于法国的一种纸牌游戏,流行于欧洲各地赌场。20世纪叶汉先生将Baccarat从美国引入澳门,并起了一个具有东方色彩的名字——百家乐。

就是"我很难为情地说我是破了产的人,给点小零钱儿我也欢迎"。

他的母亲曾批评他的一些来信语言鄙俗,他回答说:"我打算在通信中运用我所掌握的小小词汇量中最好的言语。"

温斯顿后来写到了更重大的问题,这些问题是在1886年开始经历的。

> 我勉勉强强地度过了我12岁生日,当时,我进入了令人讨厌的不停考试的阶段,这一阶段花掉了我7年的功夫。这是我命中注定的。那些由最亲爱的考试委员们出的题目几乎毫无例外地是我极少能进行发挥的。我乐意考的科目有历史、诗歌,还有短论写作;考试委员们,则恰恰相反,偏爱的却是拉丁文和数学。当然他们说了算。总之,他们所出的两科试题几乎都是我所不能完满解答的。我乐于解答我喜欢的题目;他们却总是设法问些我不知道的。当我要欣然罗列我的知识时,他们却在想办法揭示我的无知。这种处理只有一个结果:我考试总考不好。

温斯顿继续争取他所爱好和留心的事情。在一封信里,他请求他的母亲放弃一次家宴,到布莱顿学校来看一次演出:"英国剧、法国剧、拉丁语和希腊语会话、诗文背诵、晚宴、舞会。下午4:30开始,晚上12:00结束。"他特别希望她看到他在剧中的演出,他正在努力排练,他还问她是否能弹奏钢琴,那样的话,老师允诺付双倍的出场费。他说,至少母亲能分到些赠品。"您的到来将让我非常愉快。"然后他又最后一次请求,"您知道我一直是您的宠儿,您心里一定不会拒绝我的。……"然而,家宴还是重要的,她无法取消。

温斯顿也给父亲写了一封带有悲伤和痛苦色彩的信:"您在布莱

顿时,星期天也不来看我。"

然而,儿子的问题比起他父亲的来,影响就小多了。首先,伦道夫在政治上表现出强硬的保守性。《泰晤士报》为社论加的编者按说,事实上,"在相当长的时期内使伦道夫有较大的改变是不可想象的"。

然而,国家财政是摆在伦道夫面前的一堆乱麻,所有的统计表都让他无法应付。他不得不和那些用表栏和数字形成的报告打交道,他曾经说:"我真没法弄清那些讨厌的小数点到底是什么意思。"在同样的内阁席位上,温斯顿·丘吉尔总有一天会遇上类似的麻烦。

伦道夫常为经济预算和自己的同僚争吵,并发现自己所持的见解日渐孤立。他向《纽约论坛报》驻英国特派记者乔治·斯麦勒略述了他的新财政建议。斯麦勒说:"你打破了所有惯例。"斯麦勒本人就是一个特别豪放不羁的人。伦道夫应道:"你是否知道,我之所以采纳某项建议,是因为有人曾经采纳过它。"越来越多的批评挑剔把他和同僚们隔离开来,甚至把他同他的一些朋友也对立起来了。

甚至连他最忠实的追随者,如路易斯·詹宁斯,一位出自斯托克波特望族的保守党人,也常常发现跟上伦道夫忽左忽右的策略是不可能的。詹宁斯曾兼任《纽约时报》和《泰晤士报》的印度版编辑,也是后来伦道夫遗嘱中允许整理出版其私人文件的共同执行人。詹宁斯曾将伦道夫的讲话编成一本书,伦道夫还将自己如何染上梅毒的秘事告诉了他。然而即使是詹宁斯也不能说服他审慎发挥政治才能,更不能劝他伺机而动。

由于伦道夫的自大和好斗,他很快就把自己挤到政治的角落里了。他对埃斯科特说:"没有人像我这样彻头彻尾地被孤立了。"乔治·寇松后来提到伦道夫勋爵说:"我曾经跟他很熟,关系也很亲密。但自从他变成了妄自尊大的人,他就开始挑剔下属,所有的人都难得见到他一星半点的文明举止了。"

伦道夫不但持续不断地同他的政治同伴们争吵,而且还公开并强硬地同他所在的政党首领、首相索尔兹伯里在许多对外政策问题上意见相左。索尔兹伯里想要英国同法国结盟对付俄国,而伦道夫则大声疾呼要同德国建立一个同盟。

1886年秋天,伦道夫与索尔兹伯里的冲突升级了。伦道夫却要被迫接受在其政党内部的孤立——他,几乎是单独地、自负地站在一边,而索尔兹伯里政府的全部人站在另一边。这种态势沉重地压迫着他。"我不能这样继续下去了。"他写信给国防大臣史密斯说,"不论是对外政策,还是对内政策或者是经济支出,我都丝毫没有影响力了。政府正在支离破碎,而我则和这种现象有关……"伦道夫坚持要在国防方面节约开支,他在信的末尾说:"没有什么能让我在这种情况下让步,如果我不得不做出让步的话,那么我将辞职。"温斯顿·丘吉尔后来在分析父亲的处境时写道:"毫无疑问,他过高地估计了自己的能力和肩上的责任。"

在此暴风雨般的过程中,詹妮失去了对丈夫的信任。他变得越来越自行其是,一事当前,狂热和想入非非削弱了他的智慧。他身体更衰弱了,抑郁和踌躇的性格也更突出了。詹妮曾说,正像爱和恨纠缠在一起,成功和失败也许也是纠缠在一起的吧。她和伦道夫的分歧从来没这么大。

詹妮后来写道:"夫妻间的苦难已司空见惯,而两人中最该受谴责的却获得了全部同情……"在这件事情上,种种关于伦道夫夫人及其男友们的流言四起,伦道夫勋爵则在流言中得到了同情。

随着政治压力的增大,伦道夫用混乱的头脑最终做出了一项决定。一天下午,女王邀请他到温莎城堡住一夜,情绪驱使他在康纳特广场略停了停。在去车站的途中，他见到了同伴、内阁成员乔治·汉密尔顿，他也是要去温莎的。伦道夫请汉密尔顿同坐一个车厢里。汉密尔顿后来记起，伦道夫几乎被一股鬼气罩住了，他说话时的快活，简直是兴致勃勃的样子，都是假装的。伦道夫告诉汉密尔顿他要辞职，并大声读了给索尔兹伯里的辞职信，在信中他详细叙说了与海军、国防部在一些预算项目上的争论。

廷宴之后，伦道夫被女王召见，他告诉女王说自己没有任何图谋。她注意到他的"阴郁"和"疲倦"。

詹妮后来写道：

> 我没有意识到伦道夫处心积虑所采取的重大步骤，那时我被接待来访之类的琐事缠住了——这些事情都是我们在外交部的安排下，在他们提供的场合进行的。底牌已经亮出来了。在他辞职的头一天夜里，我们和亨利·沃尔夫先生去看戏剧，伦道夫在晚会上当着宾客们的面把问题摆了出来，我记得他苦恼地说："哦，我要是你就不会担心，这种事绝不会发生。"我不懂他的意思，没多久他离开我们，去了《泰晤士报》编辑部公开这件事。伦道夫告诉他们，三天前已经给温莎写了信。在信中他辞去了他多年来在为之辛勤劳作的所有职务。如果他还有理智的话就会知道，这标志着他政治生命的终结。

伦道夫与《泰晤士报》编辑巴克尔在交谈中各执己见。巴克尔竭力说服伦道夫再写封信给索尔兹伯里，"让它过去吧"。而伦道夫则坚持要巴克尔以一篇最重要的社论来支持他，巴克尔拒绝了。伦道夫说："发表这样一条消息英国随便哪一家报纸都会求之不得的。"巴

第十二章 风波

克尔回答说:"你不能收买《泰晤士报》。"

在哈特弗雷德首相官邸,索尔兹伯里从邮差手中接到了伦道夫的辞职信。当时,索尔兹伯里正在举行舞会,他府上的宾客中有伦道夫的母亲和姐姐。信是在凌晨1:30到的,装在一只红色的公文递送箱里。索尔兹伯里不动声色地看了信,然后继续和泰克公爵交谈。他没有把信告诉任何人就匆匆睡觉了。马尔巴罗公爵的遗孀在首相官邸上过了夜。

次日早晨,索尔兹伯里被妻子喊醒,提醒他要为公爵夫人送行。他懒懒地回应道:"叫人先去拿《泰晤士报》,伦道夫已于午夜辞职,如果我猜得不错,今天早晨就会在《泰晤士报》上看到消息。"查尔斯·贝雷斯福德太太向莱斯利太太描述早晨的情景说:

> 爆炸性新闻轰响的情景,你自己去想象吧……范妮(马尔巴罗公爵的遗孀)……愤怒和屈辱的眼泪如泉涌……消息在伦敦悄然传播着……我和首相一起乘晚间列车旅行,他看上去和其他人一样,很惊讶,并声称他对此无言以对。是发火还是发疯?查尔斯说那必定是一个女人才做得出来(当然了)!

"当时,我正下来用早餐,"詹妮写道,

> 那要命的报纸在我手里,我发现他平静而且微笑着。"很让你吃了一惊吧。"他说。他没解释什么就走进去了,我感到沉重至极,支撑不住,太痛苦了,以至于不想问什么,甚至也不去劝说了。伦道夫的忠实部下摩尔先生(财政部的常任秘书)冲了进来,面色苍白,忧急交织,颤抖着声音对我说:"他把自己从梯

子的顶端抛到了底层，再也爬不上去了！"他证实了一个千真万确的预言。

詹妮所反映出来的是一种可怕的震惊，简直就像一位自己热爱着的人忽然死去了一样。她的一个梦想破灭了，那梦想就是有朝一日她要成为英国首相的夫人，为他统治一个帝国提供支持，那时她要成为世界上最重要的女性之一。为了这个梦想，她付出了多么辛勤的努力，忍受了多少苦难。可现在，那只是一场破碎的梦了，成为虚妄的东西了。他不但不和她商量他的决定，而且还故弄玄虚地玩了这样一场残酷的突然袭击。

社会舆论对伦道夫辞职的反应是痛苦和气愤的。《泰晤士报》的重要社论说：

> 伦道夫·丘吉尔勋爵在不久前还宣布说，他所属于的政府的全部基础在于维持党的团结……那么，在关系到政党存亡的关键时刻，他在非常核心的位置上制造分裂，我们就要问，关于那最高程度团结的责任到底是什么……

维也纳的《泰伯特报》（*Tagblatt*）说得更加轻蔑：

> 索尔兹伯里勋爵给了伦道夫勋爵以大量的恩惠，他要是再继续孤立下去，势必要成为无足轻重的人。伦道夫勋爵扮演了蛤蟆的角色，而自己却吹嘘得像头公牛。然而，也许他自己都吃惊，当他加入激进党的时候，就会发现他所得到的不过像一只蛤蟆，而不会像一头公牛的……他已不是做领导人的材料了……

第十二章 风波

维多利亚女王被激怒了。她在圣诞节前夕写信给一个朋友说道：

> 伦道夫勋爵的辞职把索尔兹伯里勋爵置于相当困难的境地，太突然了！我必须补充一点，对我和他的同事缺乏尊重使这件事的影响更恶劣。伦道夫勋爵星期一晚上还和我同桌就餐，告诉我议会的会期、程序，还在把为我准备的提要送给我看！可就在那天夜里，在城堡里，他写信给索尔兹伯里勋爵，辞去了他的职务！这是史无前例的！

多年后，温斯顿·丘吉尔在评价他父亲的举动时写道：伦道夫的行动"是极为深谋远虑的"，而无疑又是"在错误的时间做出的错误选择"。

> 如果他能把他的誓言与自尊抛开一段时间，也许后来对这两者都会有所弥补。而像他已做的那样，则是在他的敌人面前暴露了自己的无遮无拦、孤立无援、束手束脚；从这个意义上说，他不但毁了自己的政治前程，而且还留下了长期难以愈合的伤口。

雷金纳德·布雷特在《泰晤士报》公布消息后的第二天，访问了在康纳特广场的伦道夫。他发现伦道夫懒散地瘫在书房的沙发上，看起来"是完全趴下了"。伦道夫告诉布雷特，他已经"像一条瘟虫一样被人躲开了"，几乎没有一个人来访问他，"甚至那些欠我情的人也不来了"。布雷特注意到伦道夫不仅看上去病容满面，而且看来他对自己做的事情的正确性也产生怀疑了。

马尔巴罗公爵遗孀向索尔兹伯里提出了私人请求,索尔兹伯里与其说是坦率不如说是谦恭地给她写了信。

不要以为我放弃了希望,我希望伦道夫改变初衷,立即和他的同事们走到一起来。在他写下这些决定性的信件之前,正如您所劝告的那样,我和他长期保持了一致,而我也竭心尽力地说服他。就像您所说的,我担心的是,他是在怀疑我的情操,由此促使他产生了变化,而他对自己所产生的假想竟这样坚信不疑。他是非常可亲的,非常迷人的,工作非常可以信赖的,在他没有被任何猜疑的毒素毒害之前一直如此。然而,他属下的小人竟使他被猜疑所遮蔽,并使他看起来发了狂。将来无论发生什么事情都肯定不会使您如此引为荣耀的经历受到贬损和毁坏,也不会使他为国家所作的贡献失去价值。

作为改变目前处境的一个绝望的尝试,詹妮在此后不久就参加了一次宴会和舞会,设法找到了索尔兹伯里首相,和他谈起了这件事。"但他非常担忧,"詹妮给在爱尔兰的妹妹利奥尼写信说,"我和他谈起伦道夫的事是最为困难的了。我越来越意识到他们是决不会再走到一起去的了。"接着,她在信的末尾悲伤地说:"真是急死人,我非常伤心。"

37岁的伦道夫·斯宾塞·丘吉尔用一封短信戕杀了自己的政治生命。戈申勋爵受命继任财政部的职位。他是一位伦道夫的强硬的批评家,也是伦道夫家的常客,詹妮的一位老崇拜者。

1887年1月14日,在伦道夫辞职的几个星期后,詹妮收到了亚瑟·布里斯班寄来的一封信。布里斯班是纽约《太阳报》驻伦敦记者，他后来成为一名杰出的出版家。信是从伦敦的大都会旅馆写来的。

我的夫人：

我收到一篇文章，该文作者宣称，掌握了您本人与伦道夫勋爵分离期间的详细情形，要求我在星期六致电《太阳报》予以安排。

我再次申明，在没有尽一切努力证实其真实性的情况下，我是不愿意发表如此重要的报道的，我希望能见到伦道夫勋爵或者是您本人，以便按照您可能希望的说法，对这篇文章的可疑之处进行修正或者完全推翻。如果您能在明天中午我发出电讯之前约定时间，我将乐于去拜访您本人或者伦道夫勋爵。我将尽可能去看望您的父亲，杰罗姆先生，我曾经见过他，但不知道他是不是已经离开了兰厄姆。我所能告知的还有，今天我收到的一纸电文告诉我，有关这类故事的谣言风行起来了，把这篇文章交给我的目的就是想要得到证实。

相信我吧，我的夫人，非常忠实于你们。

詹妮把这封信给伦道夫看了，他立刻写了封信怒骂布里斯班。纵然对他的婚姻生活中的任何问题，他都没有向公众分辩的打算，特别是在那个时候。布里斯班回答说，他只是努力"把一位夫人兼同胞从充满着丑闻流言的出版物当中解救出来"。

"丑闻流言"随着伦道夫决定到地中海休假而增多了。他又不和他妻子在一起了——这一次同行的是哈里·蒂里特，"一个最亲切的伙伴"。有关他们分居或离婚的谣言更多地出现在公开的印刷品上。

美国的杂志《街谈巷议》抛出一篇最重要的文章，干脆宣布伦道夫辞职的真正原因是他承认和布鲁克夫人卷到了一起，詹妮正在同她丈夫闹离婚，并预言这个事件将引起比迪尔克事件更具爆炸性的丑闻。其他各式各样的站不住脚的谣言也都蜂拥而起。

在温斯顿·丘吉尔后来写的小说《萨夫罗拉》中，露西尔的丈夫打算退出领导岗位，她自问道："我不能做什么吗？我不能吗？我起到了我的作用吗？这就是我最好的生活吗？"然后，她带着断然的决心说："我是要做点什么的——可是，做什么呢？"

当一位议会代表来收回伦道夫出任财政大臣时所穿的礼服时，詹妮拒绝交出来，她说："为了我的儿子，我要留着它们。"

第十三章　赛马

"那些日子多么黑暗啊！"詹妮写道。

在这许多意外的情况面前，我徒劳地这样自我安慰：幸福不决定于环境而决定于个人。在实际生活中我时常发现理论安慰不了自己。生活的沉浮就像装在一只喷泉上的装饰球，借水的压力腾空而起，时上时下，一会儿升到顶端与阳光辉映，一会儿又跌到深凹处，接着又猛地升起。有时它升高到离群独立，然后又被抛落到地上。

伦道夫的看法截然不同。"离开冷酷、烦人的伦敦当然是非常愉快的。"他从巴勒莫写信给夫人说，"无论如何，我是不急于回家的——甚至庆幸离开了家。"以后的两个月他在地中海旅游，把詹妮抛在身后，让她去面对群魔乱舞的敌人，去应付社交界的虚伪，一切他都全然不顾了。

咱们还是别去描绘那凄惨、哀痛的夫人的处境了吧，詹妮可不是那样的。她的朋友和她丈夫的敌人一样多，伦敦社交界恨他而爱她的人有的是。她的朋友们围绕着她，而她的崇拜者则充当了为维护她家庭的完整而战斗的角色。很快她收到了比以前更多的邀请，她简直成了偶像，有报道说伦道夫很不幸地陷入困境，与这位豪侠般的美国姑娘结婚是他的幸运，为了使伦道夫出人头地以达到目的，詹妮操劳着，辛苦着。

她并不想依赖那些——她有自己的意志和勇气，她有能力应付虚伪的挑战。她只把她的悲哀留存在书信里，只向她的姐妹们显露出来，而一般的人就只知道她是个快乐、聪颖、可爱的女性。在政治上只要有一丝希望，她也决不放弃追求。

政治一直占据着伦道夫的头脑，尽管他竭力想用地中海的明媚阳光把它抹掉。"当一个政治家喋喋不休地谈论什么有幸摆脱了公众的烦恼，找到了宁静的私生活的时候，这往往说明他在政治生涯中遭遇了不幸。"多年后，温斯顿·丘吉尔回忆说。蒂里特写信给詹妮说，伦道夫陷入苦苦的盘算中，一沉默就是几个小时，不停地抽烟。"多么愚蠢的索尔兹伯里勋爵！就这么轻易地让我离开了。"伦道夫写道。索尔兹伯里勋爵与伦道夫在罗马见过面，伦道夫坦白："只有一个位子，那就是当首相。我喜欢做主，我愿意执政。"伦道夫的政治悲剧在于，当他有做首相的实力时，却没有机会；当机会到来了，却又没有了能力。

没过多长时间，伦道夫·丘吉尔辞职事件就被50周年大典，即为维多利亚女王登基50年而掀起的热浪所冲淡。詹妮觉得"那年的一切都属于'50周年'了"。

温斯顿想回家来分享这份乐趣，他在布莱顿的老师却不想让他走。她说，因为他的父母太忙不能和他在一起。然而野牛比尔把他的印第安人表演带到了伦敦，温斯顿极想会见他大姨夫莫尔顿的这位著名的朋友。"如果您不允许我回去，我将失望极了，"他写信给母亲说，"不仅是失望，而且是痛苦，这一切都是您答应过我的，我再也不相信您的承诺了。"他"在痛苦中"，有满腹的"喜怒哀乐"要向母亲诉说。"我必须回家，我感到非这样不可……我如此地爱您，亲爱的妈妈,而我也知道您也如此地爱我,不会忍心使我失望的。"他甚至要她写信给他的老师,并把底稿也封好寄去了。然后,他在信的末尾加上一句:"看在上帝的面上,请记住吧!!!"

她让他回来了。1887年6月21日,是难忘的一天,詹妮描述道:

> 伦敦从未这么拥挤过。人们从四面八方赶到威斯敏斯特教堂来观看那壮观隆重的仪式。那一天的天气格外好,正如所说的是"女王的天气"。我很少看到伦敦有如此欢腾的节日场面——碧蓝的天空,灿烂的阳光辉映着万头攒动的大街小巷和漫天遍地的游行队伍。作为一位前内阁大员的妻子,我在庆典中得到了个好座位。那宏大的场面给了我强烈的印象,豪华的制服和美丽的服饰都呈"暗淡的宗教色彩",夏日的骄阳穿过古老式样的彩色玻璃窗照得四壁生辉。女王,这位谱写着英国史上光辉篇章的人物,坐在众人中间,一个瘦小柔弱的身躯被巨大的人群簇拥着,成千上万双眼睛注视着她。

有白色花边的、四周镶有宝石的王冠,代替了那作为丧服戴了26年的黑色无檐帽,这使得女王年轻了许多。从夏威夷的埃姆女王到日本的皇太子,世界各地的皇族代表与政府要员皆云集于此。

绅士们戴上了三角帽,穿上了黑绒宫廷盛装,海军将军们身着蓝、白和金黄色套装制服,陆军将军们则穿上色彩鲜明的红制服,法官们头戴官帽,身穿官服。英格兰52个郡的行政长官都来了,所有主要城市的市长都来了,大不列颠帝国1,200万平方英里土地上的代表也都来了。一位《邮船月刊》(*Monthly Packet*)的作者说:"我想整个英格兰都是欢乐的。"

只有女王例外。詹妮写道:"一股激动的浪涛冲击着人群,而同时,无声的泪水一滴一滴落在女王十指交叉着的双手上。"后来,维多利亚在日记里对她的眼泪做了解释。

这一天到来了,我感到孤寂,尽管四周簇拥着许许多多亲爱的孩子们……今天,我登上宝座已经50年啦!上帝仁慈地支持着我走过了许多苦难和悲哀的岁月……我孤独地坐着。(哦,我那心爱的丈夫不在,而如此值得骄傲的一天应该是属于他的!)

温斯顿看到他的女王、野牛比尔同詹妮及威尔士亲王一起乘皇家快艇走了,在那里他遇见了一个年轻人,他就是后来大家都知道的乔治五世国王。他的姨夫约翰还带他到马戏团去看大力士和怪物"无骨奇观"。然而温斯顿显然在节日里表现得不大好,因而后来他感到不得不写封信给母亲道歉。

他要母亲送他一本赖德·哈格德(Rider Haggard)——他特别喜爱的作家——的书,并告诉她,他"非常"喜欢文学,欧几里得数学也学得"很好",并且"酷爱"收集蝴蝶。他还自豪地告诉她,他学会了从跳板顶端跳水的本领,罗宾汉也演得不错,然而他又沮丧地承认他的希腊文学得不好,而且补充说他是多么希望能有5个先令啊,"因为我成了彻底的破产者了"。他还问母亲是否让他和他的朋友加入她的樱草会分会。"我极希望能归入您的麾下。"他又进一步向他的父亲和母亲分别要求6份亲署文件。(他要用这些亲署文件做出一番辉煌的事业,因而他不断地要他的父母提供这类东西。)

詹妮和伦道夫决定,为准备哈罗公学夏天的入学考试,温斯顿必须要有一位指导老师。温斯顿知道了这件事,很快答复说,他很高兴进入哈罗公学，并将接受一位导师，但有一个条件，那就是"不干任何工作"，因为"那违背我的原则……在假日里我从未做任何工作，并且也不想从现在破这个例……即使一天只干一小时，也会在我愉快的心境里投下阴影"。他接着要母亲来看望他，因为他有三个星期没见到她了，"而我非常非常想见到您"。

由于对政治日益厌倦，百无聊赖，伦道夫又把他的注意力转向了赛马。詹妮高兴地参与了他的活动。伦道夫和杜拉温伯爵合伙买了马，杜拉温是索尔兹伯里政府中仅有的弃职阁员。（有流言说，他们共同分享的东西已超出了马的范围，詹妮也是其一。杜拉温公开表示崇拜詹妮，常常陪伴她。）

他们共有的马厩里有一匹出类拔萃的黑牝马，买下它花了300畿尼。詹妮把它描述为"一匹骑士风度的小家伙，带有一颗比其身躯更高贵的心灵"。它是五匹在唐卡斯特售卖的一岁多马崽中的一匹，伦道夫因为它是五匹中最便宜的才挑中的。詹妮读了一本瑞南著的题为《女修院院长》的法文书，就把书名作为这匹马的名字了，而一般人则戏称它为"母冤家"。这匹"女院长"很快就证明了自己是一匹能赚钱的好马，战胜了威尔士亲王的劲骑，觊觎着曼彻斯特杯（获胜者将获利11,000美元）。然而伦道夫夫妇都没有亲眼看到"女院长"夺得的辉煌胜利——它获得了埃普索姆勇士奖（Oaks at Epsom）（13,000美元），因为那时伦道夫正在进行渔猎旅行，而詹妮则在走访她的朋友。他们买"女院长"没花多少钱，它却回报了他们20倍。

伦道夫常常在比赛前几个小时，在他下赌注前精打细算一番。他有一次做梦，梦见张榜公布了赛马结果，第二天早晨他认定只有一匹马能高中榜首，就下了大赌注，结果赢了。这个梦不慎泄露之后，哈廷顿勋爵引用伦道夫的说法道："最好放弃政治，专心做梦。"

在所有的赛马场中，纽马尔克特是最好的一个。纽马尔克特是赛马的故乡，是赛马总会所在地。这里地处荒原，赛马成行成队，这里有最好的赛马师和他们训练出的最好的马。纽马尔克特的竞赛传统已延续两百多年，在这里关于动物的话题比关于人本身的话题更多、更吸引人。它不是贵妇人的去处，在那儿她们做不成衣裳。其实像詹妮这样对竞赛上瘾的女人是很少见的，女人们一般都在琢磨丝绒与羽饰的时装。

"清晨六七点钟，我们就动身去观赏那些飞奔的骏马，"詹妮写道，"这是一种最健康的、令人神往的生活。"那是他俩的一段美好时光。离开宴会和人群，离开政治纠纷和职位职责，享受乡间生活的宁静，每日围着他们心爱的马儿度日。赛马是这样的令人振奋，它使他们振作了起来，也许还把他们比以往更亲密地联结在一起了。伦道夫在纽马尔克特写信给他母亲说："愉快极了，新鲜极了。"他还告诉她，他和詹妮准备去考斯。

也许他们在考斯忆起了正是在这个港湾的一只游艇上他们的第一次见面，这次又博得了他们所遇到的贵宾——沙皇和皇后的赞赏，因为他们决定冬天一起去俄罗斯旅行。不过，这并不意味着浪漫的陈旧题材会在他们初遇的地方重演，因为他们决定带上两个以上的人跟他们同去。这是一个奇妙的家庭——汤姆·特拉福德和德·布勒特伊侯爵，这两人简直就像分别是专门为他或为她而来的。

像其他赞赏詹妮的人一样，德·布勒特伊侯爵是个很有名气的人。他比詹妮大6岁，精力充沛，慷慨大方，才华横溢，在普法战争期间曾任骑兵的名誉长官，他是国民议会的重要成员，恢复君主政体的强硬代表。他是法国一个显赫的外交官的儿子，布勒特伊家的一位祖先曾任俄国叶卡捷琳娜女沙皇时代的法国大使。假如君主政体在法国复辟，布勒特伊就会当上外交部部长。他是一位动人的演说家，非常讨公众喜欢，还是一位出众的骑师。

马塞尔·普鲁斯特（Marcel Proust）后来认识了布勒特伊，对他像对詹妮一样熟悉，以后又把他作为其名作《追忆似水年华》中"德·布勒特侯爵"的原型。书中描述布勒特的衣着："嵌珍珠的灰手套、迷人的帽子和白色的领带。"普鲁斯特后来回忆，这位侯爵透过他那单片眼镜，流露出来"一种神色，充满了友好的感情，一切都无可挑剔：宴会是令人满意的，节目有趣味，饮食好极了"。而这位可爱的布勒特还是位"自封的艺术鉴赏家，对一些本来无所知的事情，却喜欢做出自己掌握了专门知识的神态来发表些见解，他出面介绍的婚姻总是失败的，他欣赏的室内装饰物看起来是丑怪可怕的，他极力怂恿别人投资总是以大亏本而告终的"。

维多利亚女王对伦道夫夫妇所拟的俄国之行心感不安。1887年12月7日，她写信给索尔兹伯里勋爵说："我认为，伦道夫勋爵只是在做一次私人旅行，不会从政府里带去任何片纸只字，也不会带回来什么，对此，外国政府和我国政府都应知道，这是很重要的……"

女王的担心传到了伦道夫那里，他写信给威尔士亲王反复说明此行不带政治内容。亲王把伦道夫的信转给女王，还加上了自己的见解。

> 我知道伦道夫勋爵的出访不带任何政治目的，因为在阿什里奇，在他出发的前一天，我见到了他……我知道他想在英国议会开会之前一直待在国外，以此回避会上的议论，虽然他完全支持索尔兹伯里勋爵的政府，而我自己为他竟不要求重新在政府任职而感到遗憾，因为尽管他毛病很多，判断有误还固执己见，但他

毕竟非常聪明，无疑是我们国家的人才……我的印象里，他会谨慎行事的，我预计不久就会听到他的消息。

女王的答复如下：

某位先生虽然是聪明的，很有把握的，可他违背所有道义原则，持有极为褊狭的见解，在外交事务中奉行危险的信条，他的行为是非常冲动的，完全靠不住的。对于你的高明见解，我本人是不能完全理解的……

请不要顺从于他，因为他确实不可靠，非常轻率，他的能力和才干被大大高估了。我认为他到俄国访问是危险的，他是完全靠不住的，莫瑞爵士同意我的看法。我绝不是出于任何个人原因对伦道夫勋爵抱有成见，但是我一定要说，经验告诉我，要正视事实。把这个话题先放下吧。

然而，王子却要他的妻子亚历山德拉王妃给伦道夫和詹妮写封介绍信，将他们介绍给她的姐姐，当今的沙皇皇后。在他们到达俄国的时候，那封信打开了厚重的帝国之门，俄国的上流社会竞相把丘吉尔一行围绕起来了，使他们看到这个国家只是星光灿烂，而不见卑微龌龊之人，詹妮被俄罗斯迷住了。

对我们来说，一切都是新鲜、诱人的。人民亲切可爱，殷勤好客，到处可见和蔼有礼的风范；似乎那些与俄国生活同义的残酷的暴政和专制，我们是看不到任何迹象的。对那里的风景，我的第一印象是失望。在柏林与圣彼得堡之间的田野，更确切地说

第十三章 赛马

是在俄国边境那边,是平平常常、没甚趣味的。那荒凉、阴郁、广漠的原野,被白雪覆盖的时候,会激起一种深深的忧郁的感觉。每年在那里生活上几个月,寒冷和空寂就足以把人葬送掉。我想象得出这种悲凉的环境应该就是形成俄国人性格的基础,这是在俄国所有的音乐和绘画中表现出来的。雪地列车爬进了圣彼得堡站,我们兴奋地走了出来,伸展开麻木、疲惫了的四肢。宽阔的街道使人舒畅兴奋,充满了生机和活力,电灯亮如白昼。我并不清楚自己希望看到的是什么,但这座城市现代的面貌还是令我失望。从外边看两旁相对的房子,它们那小巧的双扇窗还有更小的房门,很少像我梦中见到的辉煌。然而对我更有触动的是,那里的空地小到没有,街道窄得刚够容下人的身子……

　　乘雪橇和滑雪是我极喜爱的户外活动。舒舒服服地坐在雪橇里,身后有个赶橇人顺风驾驭,对此我从不厌倦。尽管朔风扑面,瑞雪炫目,但那雪橇无声的疾驰,是最令人振奋的。

她还称赞了赶橇人,他身着齐腰的卷毛外套,头戴镶金边的鲜艳的红蓝相间的八角帽,一路上向前伸着胳膊驾驭着。

詹妮给她的姐妹和儿子写去了长信,描述她在俄国的所见所闻。那些信成了她为一家杂志撰写关于俄国的文章的基础,后来又把其中一些东西发挥成一本书。

伦道夫·丘吉尔夫妇从圣彼得堡乘火车约一小时到达冬宫附近的车站,他们从车站穿过一系列小花园进入冬宫,受到沙皇和皇后的接见。皇后带詹妮把这座宫殿参观了一遍。

　　在那很多的房子当中,我记得有间大厅,可以同旧式的英国乡间别墅媲美，里面有舒适的扶手椅、写字台、棋牌和玩具。在那间房子里，主人告诉我，他们的陛下常在此就餐，甚至来了宾客也是这样；饭后，桌子就挪开了，他们就在那里消磨晚上多余的时光。我想起那拥有数百个房间的庞大建筑时就认为是不可思议的。然而，他们的情趣爱好简朴至极，沙皇尤其喜欢极小的房子，虽然它们与沙皇巍然的神情和威严的举止很不协调。他那深深的真诚和认真的风度，给我留下了深刻的印象。

伦道夫在会见沙皇时劝他不要关注任何英国的官方新闻机构，因为"在英格兰，没有任何官员会对报刊所说的那些无聊话感兴趣"。伦道夫后来这样叙述当时的情形："交谈先用法语开头，这使我大失所望，因为他本可以熟谙地用英语交谈的，有时他说话声音很低，简直是在咕噜着含糊地说话，结果我听不清楚，错过了他的一些话。"鲍尔弗曾把沙皇描述为"一个脾气好、面目和善然而漫不经心的大个子伙伴"，然而伦道夫发现，他的心计比预想的要多得多。

沙皇告诉他如下这番话：

> 关于黑海和达达尼尔海峡，如果你们希望和平并与俄国友好，就不要把自己掺和进来和我们作对，除了土耳其人和我们之外，我们不能容忍任何其他势力涉足达达尼尔；如果土耳其人离开了，那么依靠俄国人，也将是可以成功的。
>
> ……在你返回英国之前，你负有一个重大的使命——增进和改善俄国和英国间的交往。

伦道夫向威尔士亲王汇报了那些情况，并添上一句："我确实感

第十三章 赛马

到他们不但不要战争,而且还要努力**避免**它。"女王得知威尔士亲王通过这些书信与伦道夫联系,就抱怨她的儿子,说他写信给伦道夫勋爵是危险的,并建议他对伦道夫的支持越少越好。王子却依然对他母亲的指责置之不理。

与此同时,詹妮和伦道夫从公爵遗孀那里接到了扰人的消息:埃弗里斯特太太染上了白喉,公爵夫人已经把孩子们安排到布伦海姆宫去了。公爵夫人在信中说:"我希望你们不要为孩子们担心。"

> 要是你们听到我对待温斯顿很严格,阻止他外出,请不要介意,我是要他守规矩……我只是像对待自己的孩子一样待他,我不喜欢他出门……我确实认为他外出太多了。我对他去参加晚会持有异议。他是那么冲动……他是个可爱的孩子,但还需要严加管教。

温斯顿的来信也是悲凉的:"我感到非常痛苦——比在学校时还糟,不和您在一起是很寂寞的。我要长长地亲吻您,我亲爱的妈妈。我多么希望我和您一起站在那'桃红、葱绿和碧蓝的俄罗斯'的大地上。"

在温斯顿返校时,公爵夫人写信给伦道夫。

> 我不会因为他确实是个难对付的人而感到难过,并不是说他做了什么很调皮的事,只是说了些对杰克不利的脏话。我肯定哈罗(公学)会(对他)有所造就,因为我相信他太聪明了,令布莱顿的校长也奈何不了,他看来很好——杰克是个好男孩儿,没有一点麻烦。

在离开圣彼得堡之前，伦道夫夫妇又一次被邀请到冬宫，这次游览是和其他大约150名宾客一起乘坐一列专列进行的。在宫中，晚宴过后，主人又安排了三场用各种不同语言演出的短剧。詹妮写道："我被安排在第三排的一个座位上，然而在皇家亲眷们进来的时候，我又被请去坐在皇后的身后，她不时要转过身来，说些愉快的话。"

皇后长得和她妹妹亚历山德拉王妃很像，是一位身材优美、头部小巧的女人，"尽管不是那么漂亮"。她"不停地"向詹妮问起"关于英格兰的问题"，詹妮记得这位皇后就是从考斯来的那个健康、标致、带着一种可爱笑声的姑娘。詹妮注意到大部分出席者的帽子上都带有一些黑的、白的和橘红的羽毛作为夸耀荣誉的标志，"给整个场面带来一些粗鲁的感觉"。皇后接见室外有两位努比亚人，他们身穿白衣，头带穆斯林头巾，佩着短弯刀，使场面显得更加古怪。

新年招待会是上午11点在冬宫举行的，宫内的人全部出席了。身穿礼服的沙皇，由头戴豪华头饰、身穿由蓝天鹅绒和貂皮制成的长拖裙的皇后挽着胳膊，走在前列。后面是皇室成员，四位年轻的侍者各自跟在一个大公爵夫人后面提裙子。詹妮写道："我记得维拉狄米尔大公爵的年轻夫人，她穿的是一件黑貂皮镶边的银缎长裙。"

詹妮注意到，几乎所有的俄罗斯贵妇人都抽香烟，宴会当中总要留出一间会客室供她们抽烟，"以便进行下一项活动——使宴会那拘谨的形式松弛下来，人们好更自由地交谈……"她还注意到那些俄国人的旺盛食欲，他们喜欢生活美满、饮食精美和狂饮烈酒。

在俄国的上流社会看来，好酒贪杯并非一桩多么了不得的罪过。就是我们在冬宫的那天晚上，那里的主管军官、皇家禁卫军的陆军上校、负有当夜保卫沙皇安全职责的人，竟喝得酩酊大醉，在向我赠送礼品时重重地倒在我肩上。附近的人哄笑着把他支了起来，显然并不当回事。

她发现莫斯科比起圣彼得堡来，更加引人注目。

狭窄的街道上满是成群结队、身着五颜六色毛皮服装的人，市场上有冰冻的鱼和大块的奶油，货摊上有用经砍削过的木板做成的条案，还有成排支起来的肉类食物。在通往克里姆林宫的路上矗立着宫殿和教堂，所有这一切都是令人感兴趣的……

她还参观了一座博物馆，在那里，她发现了一个意大利式橱柜，这个橱柜在被卖掉前曾放在布伦海姆宫。

关于他们走访活动的报道填满了《莫斯科公报》（*Moscow Gazette*）等报纸，它们对伦道夫勋爵和夫人表达了高度的敬意。有报道说：他们访问了莫斯科地方行政长官杜各罗可夫亲王，和他一起观赏了歌剧，然后亲王设盛宴向他们表示敬意。杜各罗可夫是位80岁高龄的可爱老人，他身穿礼服显得非常笔挺。他当莫斯科的地方长官已有22年了，他总共在三位沙皇手下干了56年。

亲王下了一道命令，要所有的乞丐离开大街，伦道夫一行不受骚扰。丘吉尔夫妇在莫斯科所到之处还有两位侦探随后保驾。

我们首先想到的是派人在暗中监视我们；但从实际上看，是把我们同陌生的人们隔开，使我们不受任何干扰。

在离开之前，我们出席了在议会礼堂举行的"贵族舞会"。

多么美妙的情景！房间非常漂亮，音乐令人振奋……官员们迎接了我们，一齐用他们的马刺发出咔嗒声，并向我们行礼，然后二话没说，人们就握住我的腰在这巨大的房间里高速兜起圈来，我的脚几乎不曾着地。我被从一双手传到另一双手里，直到这种纯粹的身心耗费停止之前，我无法呼吸，头晕目眩的。

伦道夫夫妇启程回国之前，参加了俄国之行的最后一次盛会，有包括英国大使在内的600人出席。伦道夫勋爵写信给他母亲说："所有的筵席、欢迎会诸如此类的事情，在我看来都烦透了。然而，这些活动却使我愉快，我真不明白为什么会这样。"他们离开莫斯科那天，地方长官为他们送行，并送给詹妮一束兰花。然而在零下22度的气温下，还没等詹妮坐下，那花就枯萎了。

与此同时，不论是俄国男人还是俄国女人，都给詹妮留下了深刻的印象。

他们并不纵情于声色犬马，他们住在宽敞的府邸里，有很多时间自我教育，自主阅读，培养高尚的艺术情趣。他们说着多种语言，阅读广泛，他们生长在一个最有礼节的国度……然而尤其使我惊奇的是，那里的妇女们，其自然的气质和所受的教养竟如此协调，这促使她们为生活中的高尚使命而奋斗。她们看来毫无野心，还会表现出一种尽量隐退、不要引起注意和妒忌的倾向。但我依然怀疑她们的影响实际上是不小的，尽管不可能像英国或美国那样公开且无所顾忌。

萨克斯·柯伯格·葛莎公爵遗孀就是一位很有影响力的妇人，她是前任沙皇亚历山大二世的独女。她嫁给了爱丁堡公爵，并住在英格兰直到他死去。这位沙皇的女儿，每天用两个小时读她父亲的书信及世界秘闻，这已成了她生活的一部分。她和詹妮是好朋友，几年来詹妮一直给她写各种内容的信。

在回国途中，伦道夫夫妇在柏林停留了五天。当时金斯基伯爵也在那里，这未必不是一个巧合。1887年9月，金斯基伯爵已调任柏林大使馆。在此之前几个月，他被取消了在维也纳外交部的任命。1888年3月，他成了柏林大使馆秘书，不久后又将调任伦敦，因而詹妮和金斯基得以有时间短暂会面。

伦道夫写信给母亲，介绍了会见奥托·冯·俾斯麦亲王的情形，他注意到这位"老王爷看起来非常有生气"。1886年，奥托·冯·俾斯麦让儿子赫伯特·冯·俾斯麦——舒华森伯爵当上了国务大臣，使他有机会从事外交活动。关于和赫伯特·冯·俾斯麦的交谈，伦道夫写道："我们很自在地谈了好长时间，大喝了一通啤酒、香槟、红葡萄酒、雪利酒和白兰地！他是讨人喜欢的，那么坦白、诚实……"

詹妮记述了伯爵为他们夫妇举行的一次私人宴会："我记得在席间，他对格莱斯顿先生的问题做了一番争论，他确实是憎恶格莱斯顿的。"赫伯特伯爵引述他父亲的说法："格莱斯顿把英格兰拖到地狱最底层。"多年之后，他把对格莱斯顿的成见进一步扩展为反不列颠主义，转而支持俄国，做它的同盟者。不过在那个时候，俾斯麦父子还是大不列颠的朋友。

赫伯特·冯·俾斯麦身材魁梧，长着淡黄髭须、蓝蓝的眼睛。他和詹妮很快就被彼此吸引了，这种吸引多年后发展成为一种长期的风流艳事。她发觉自己在柏林被三个追求者——赫·俾斯麦、布勒特伊和金斯基伯爵热情地围绕着，这在詹妮的交往生活中是很典型的。俾斯麦追逐女人的名气可与金斯基和布勒特伊相媲美——他刚刚卷入一位流行歌手的离婚丑闻当中。这三个人为了争夺詹妮而争风吃醋是很自然的,然而伦道夫竟然与这三位都保持明显的友好关系,且这种友谊还保持了一生,这就显得很不自然了。事实简直是不言而喻的:詹妮可以拥有她的情人们,而伦道夫则拥有汤姆·特拉福德,或是亨利·蒂里特。

詹妮和伦道夫参观了柏林的宫殿、美术馆和博物馆。在一座美术馆里,他们看到了三幅曾在布伦海姆宫见到过的油画,其中之一是鲁本斯的名作《古罗马的酒神节》,曾覆盖了餐室的一面墙壁。

在歌剧院举行盛大演出的夜晚,伦道夫夫妇被引进一个小房间,那里站着由皇家成员、国务大臣和外交使节簇拥着的威廉皇帝。

> 这位皇帝,身上穿着极为挺括的漂亮礼服,用一些恰当的语言欢迎我们,还向我们谈及加斯登的茶会,甚至跟我们开开孩子们的玩笑。我和其他人在当时都约略想到这就是他最高级别的款待方式了。在那几个星期里,这位君王、贵族的最高统治者是不会做更多这类事情的。忽然,一扇边门开启,奥古斯塔皇后坐着小轮椅被推了进来,她穿着淡蓝的缎衣,腰缀宝石,头上戴着华丽的冠冕,她盛装的形象似乎略带忧郁。她用纯正的英语问了许多问题,称我为"丘吉尔夫人",然后又打听沙皇皇后——她知道我刚见过沙皇皇后。她最后问到"亲爱的维多利亚女王"。我由此得到结论,她是把我错当成维多利亚的宫女简了。她表示她快要听不见了,我只好大声地回答,而她好像还是没听清楚。这场问答游戏似的交谈是在恭敬地倾听着的大臣们面前进行的,我想不起自己当时感到多么的窘迫和不自在。

第十三章 赛马

在给利奥尼的信中，詹妮描述了这里的皇帝和皇后。

这两位只有一半是活着的，他们高龄的躯体被秩序控制着。皇后因癌肿已布满全胸而成了一个枯瘦干瘪的人，却还全身缀满宝石。她的头好像是被扎起来的。她不由自主地痉挛着，然后就被挪到病榻上去了！而皇帝还没允许开饭呢。

离开柏林后，伦道夫和詹妮在巴黎短暂停留，会见了布朗戈尔将军。他是个被称为"马背上的男子汉"的法国人，企图在法兰西恢复王权。伦道夫对布朗戈尔印象很深，而詹妮却不。他容貌漂亮，留有凶猛的髭须，很受富有的法国寡妇们的青睐。但詹妮意识到，他作为男人"却并不很自信"，后来他的作为证明詹妮的话是对的。1889年，法国公民投票时他还是个单身，在他本能地为自己扫除通向掌权者地位道路上的障碍时，却犹豫不决地浪费了时间，等他明白过来为时已晚。一位法国的批评家把他描绘得像"一颗掠空而过的彗星——有着一颗浮躁轻率的头，它连接着一条暴躁的尾巴"。

第十四章　情场

当伦道夫全家回到伦敦时，他忠实地向首相索尔兹伯里汇报了对俄国的考察结果。在前几年里，索尔兹伯里对伦道夫的意见还表示尊重，而现在当他向女王转达伦道夫的看法时，评语却十分尖刻："这样一个聪明人，把俄国方面的允诺说得如此轻描淡写，真是叫人感到奇怪。"

索尔兹伯里已经提升了他的侄子——阿瑟·鲍尔弗，以填补由于伦道夫离开而空缺的职位。这任命不仅仅出于裙带关系，鲍尔弗曾做过主管爱尔兰事务大臣，政绩突出。在他那颇具绅士风度的外表下，显示出一种坚忍不拔的决心。《笨拙》杂志的一位批评家亨利·露西写道："保守党已经明显地对伦道夫勋爵厌倦了，他们倒是愿意欢迎一位有前途的年轻人。他们觉得，至少他绝不会背叛他们。"

鲍尔弗还是被称为"精粹"（The Souls）的一个知识分子团体的中心人物。当时的英国上层社会已经分成了三个主要派系，只有少数人像詹妮一样，周旋于各种派别之间。第一个派系是"女王派"，也被称为宫廷派或廉洁的旧家族，他们由保守的贵族和世家所组成，生活很安定，带着具有阶级意识的许多形式和传统；第二个派系是最时髦的社团，他们以威尔士亲王为核心，通称为"马尔巴罗派"，也叫"派对派"或"爱赛派"；最后一个派系就是"精粹"派，他们用小型聚会来代替玩桥牌和赌纸牌，宁愿选择定期的聚会也不愿"讲讲各自的心里话"。

重视肉体而不太重视灵魂的沃里克夫人描述了"精粹"派的这种

活动方式。

这些被称为"精粹"的小圈子中的人们喜好文学和艺术,他们所热衷的与其说是灵魂,不如说是异端。他们既聪明又有抱负,还广闻博学,对伦敦社会产生了很大影响。我认为他们提供给我们的著作超过了我们所应该提供给他们的,这对我们来说倒是一件大好事。

知识界已经日益成为詹妮的天地。她生活中的大多数男人有着一流的智力学识,她能与他们用他们所特有的方式讨论问题,就像她能在新市场与他们谈赛马那样。她能与内维尔夫人探讨社会问题,与帕德雷夫斯基谈论音乐,和沃里克伯爵夫人品评服装,跟亨利·欧文爵士讨论戏剧。

她利用描述她俄国之行的文章和杂志,掀起了一个小小的文学波澜。后来,一位英国的报刊发行商很欣赏她的法语水平和她的文学风格,与她签订了将一本法文书翻译为英文的合同。她文学才华的真正显露是在19世纪末20世纪初,那时她以《盎格鲁－撒克逊评论》杂志的作家、剧作家、编辑和出版商的身份而为人所尽知。

"精粹"组织在巴彻勒俱乐部举行宴会,一位与会者这样描述当时的情形:"最高尚和最优秀的崇拜对象唯有那些最年轻、最漂亮和最高傲的伦敦夫人们……"威廉·哈考特爵士想要对这些"精粹"成员做一个总结,他说:"我所知道的'精粹'中的一些人是很漂亮的。"可以想象,一些女"精粹"确实不同于"所有那些有着情夫的女人",但主要的区别是她们的判断力,而不是她们的清心寡欲。

让每一位参加者在一个半小时的时间里写一篇戏仿作品,是这些

"精粹"们的娱乐之一。乔治·寇松仿作了埃德加·爱伦·坡的《钟声》一诗,他写道:

  诱人的钟声使我歌唱,
  伦敦的钟声,
  友谊的鸣响。
  她们的魅力多种多样,
  多么动人的狂想曲,
  她们的诱惑会得到报偿。
  柔和的曲线是那样的美妙,
  带着她们高贵的形象,
  拥有那娇娆肉感的漂亮,
  还有这激励行动的思想。

奥斯卡·王尔德则称寇松是一个"沉闷的庸人"。尽管寇松勤勉努力却未能做出辉煌成就,工作顺利但缺乏机智的诙谐,可是他作为印度总督后来仍被记载为成绩卓著,说他是一个最平凡的"精粹"似乎还有点可以商榷。

  詹妮可能参加了在克劳茨的珀西·温德姆爵士家举行的"精粹"们的聚会。例如,她可以平静地背靠着沙发,数着成串的讨好她的男人,包括他们的头头鲍尔弗和寇松。在那些她更感兴趣的男人中,有一位长得很帅,身高 6 英尺 4 英寸,他就是后来到柏林当大使的德·阿伯农勋爵。他刚从美国考察回来,赢得了一群善交际的夫人们的欢迎。他以具有语言学家、骑师和击剑手的能力而著称。他最近担任土耳其驻埃及总督的财政顾问。他滴酒不沾而且讨厌冰制食品,却喜欢谈起他那个身为伦敦警察头目的哥哥。

"精粹"的一个成员——玛戈·坦南特（后来成为首相的阿斯奎斯的妻子）是这样描写阿伯农的："他的脸庞比他的身高更引人注目，他那漂亮的面容真让人难以忘怀。"

詹妮的另一位比较忠实的追随者是亨利·约翰·科凯恩·卡斯特，他的"精粹"伙伴们管他叫哈里。他的侄子——罗纳德·斯托尔斯爵士数年后给伊顿公学一位教授当助手，这位教授先后教过罗斯伯里、寇松和卡斯特，那位教授还在他们三人中挑选卡斯特作为未来的首相。卡斯特不仅对女人们来说有着"难以抗拒的迷人诱惑力"，而且在所有这些"精粹"中是最英明而充满热情的。他是一个敏感的诗人、运动员、学者和爱挑剔的批评家，是一个轻率放纵的人，还是布朗洛男爵爵位的继承人。

卡斯特写了许多情诗，其中的大部分未曾公开出版。他的每一位女朋友都觉得他的每一首诗都是为自己而写的。他为詹妮写了那首《让人倾倒的画像》。

> 美丽的脸庞，
> 难道你在痛心，你还忧伤？
> 人间的爱情令人心旷神怡，
> 你的爱呵，使你像美丽的鲜花怒放。
> 上帝怎能对你铁石心肠？
> 更不要说男子汉——
> 爱这双动人的明眸吧，
> 不然难免绝望。

不要这般小肚鸡肠,
吝惜在奔跑中他那未加冕的皇冠,
失去爱情和理想,
会虚度这人生的好时光。

卡斯特曾举办了大约有 20 多人参加的宴会,其中包括鲍尔弗,或许还有詹妮。人们聚精会神地交谈,以致楼上燃起了大火都没有察觉,宴会和谈话仍在继续。幸好救火队同大火搏斗,仆人们送来浴巾,宴会上的客人们才免遭从水龙带中喷出的水的袭击而成为落汤鸡,但这些小小的毛巾却不能使这些"精粹"免受各种责难的袭击。马洛克写下的讽刺诗就是这种攻击的一种代表。

你们高谈阔论,
什么信任、虔诚和纯洁,
夸夸其谈,不着边际,
我们也梦见了它们,我们会适时歌唱。

翻来覆去一句话,
"再见吧,我的梦想。"
呵,文化艺术的儿女们,
忘却你们的把戏和台词吧,哪怕只一会儿;
可怜可怜我们吧,时光一刻千金,
别让光阴白白吞食了我们的五脏六腑。

批评突然袭来,詹妮的那些"精粹"朋友生活在一个抽象的世界中,一个知识分子的世界里。他们无所事事,与伦敦实际生活全然脱节。尽管詹妮可以轻易地穿梭于社会各阶层之间,也曾深入到工人阶层中去,但她对他们生活状况的认识还是十分肤浅的。时代在变化,在英国群众中存在着不安定和令人担忧的倾向,诗人和作家马修·阿诺德担心英国"处在无政府状态的边缘"。当伦敦码头工人要求每小时薪酬增加六便士的时候,大多数雇主则认为这是一笔"增长幅度过大的薪金"。詹妮的大多数朋友主张劳动者的薪金水平必须原封不动,因为他们认为"你给他们的越多,他们胃口的也越大"。于是,码头工人携带长矛短枪在伦敦街头游行,他们当场戳破一部分粮袋,里面那些劣质粮食就是他们用来糊口的,这一幕使他们赢得了社会公众的同情。

在这一时期,当一个五口之家的年收入低于 55 英镑(275 美元)时,就进入了贫困线。几乎有 1,600 万英国工人(包括邮递员和警察)年收入低于 50 英镑,白领阶层的大多数人(大约有 300 万人)平均年收入仅为 75 英镑。农夫仍然使用大小镰刀,从早上五点一直干到天黑。在室内工作的雇工依旧睡在没有窗户的地下室里或没有新鲜空气的小阁楼上,那些年纪太大而不能工作的人,几乎不可避免地都要在贫民窟里了此残生。

如果说詹妮对这些情况了解得不多,那么伦道夫对此就知道得更少了。他们只知道在英格兰有 115 位拥有超过 5 万英亩土地的人,这些地主中的一半人年收入为 5 万英镑。55 位拥有 10 万英亩土地的人中,半数年收入为 10 万英镑。在大不列颠的 4,500 万人中,有 2,500 位拥有 3,000 英亩以上土地的地主。

伦道夫曾谈到"保守主义民主",并批评贵族政府近亲繁殖的统治。詹妮支持他的观点,他们二人之间的吸引力不是减弱了而是增强了。詹妮是一个势利的人，她的生活中总是需要有某种依靠。她和伦道夫在选择朋友时越来越多地以智力、天才和成就以及魅力为基础，而不是以社会阶层为依据。

伦道夫勋爵作为下议院的成员之一，还是帕丁顿的可靠议席席位的代表，尽管他经常缺席而且不太显眼。他厌恶在政治的深渊中潜游，不过，有许多人仍然希望他能重新在政界抛头露面。就他本人来说，似乎讨厌政治上的钩心斗角，而且他发现自己在很多问题上与索尔兹伯里政府观点不一致。对于再次进入内阁，他当时已不抱奢望。首相的职位已是破灭的梦，那么，印度总督的职位怎样呢？他了解印度，而且在那里有许多朋友，若获得此职会使他的名字和他家族的名望重放光彩，而且可以设法结束他日益加剧的经济上的困境。索尔兹伯里听到关于伦道夫的这种对个人前程的期望后，写信给女王这样说：

> 我知道他（伦道夫）已经告诉了他的两位朋友，他最称心如意的职位是印度总督。当然，这是不可能的。给他冠以轻率鲁莽的帽子似乎有些太武断，但是他的要求的确有点出格。据说他现在的经济状况很糟。

索尔兹伯里所说的丘吉尔一家的"经济状况"是符合实际的。他们的俄国之行花了很多钱，这次旅行之所以成行是因为从银行借了不少钱。伦道夫甚至不得不从他妹妹柯纳丽亚的丈夫那里借钱。

无论他的心情和性格怎样恶化，无论他的前景如何惨淡，伦道夫仍然保持着他对事物的正确判断能力。他本可以借其名望进入一些公司的董事会，这样能得到相当优厚的报酬，而且他的许多朋友都这样做了,但他却没有这样做,他的尊贵、他的准则、他的传统是永远不会改变的。

他们一家依靠麦迪逊广场房子的租金和经常从詹妮父亲那里得到的"小费"生活。在所有杰罗姆的女儿中,詹妮是从他父亲那里得到钱与爱最多的一个。从他父亲的来信内容上看,显然他并不知道伦道夫所患的致命的疾病。他客观地评估了他另外的两个女婿的前途——约翰·莱斯利通向体面的社会地位的道路很宽敞,莫尔顿·弗雷温的则是阴云密布的绝望之路。但他认为伦道夫取得政治成就的前景是比较有把握的。因此,他时刻在经济上照顾詹妮和伦道夫,远比对其他人更为尽心。这不仅因为他与詹妮是父女关系,还因为他认为丘吉尔家族的前程远大于他人。

那年,杰罗姆来看詹妮一家,像他经常做的那样,他十分仔细地去了解他的外孙温斯顿的一切。温斯顿被杰罗姆夫人形容为"一只顽皮的、黄色的小哈巴狗"。不过,杰罗姆夫人更喜欢杰克,她觉得杰克显得要文静得多、礼貌得多,看起来会更有出息。

温斯顿那年13岁,他正在努力为通过安排在1888年3月的哈罗公学的入学考试而准备。"您将听到好消息。"他给妈妈这样写道,"我正在学习美国地理。等我回家,要请妈妈考考我。"

布莱顿中学的夏洛蒂·汤姆森小姐陪同他参加了哈罗公学的考试,她后来写信告诉詹妮,由于"神经高度紧张",温斯顿在考试后遭到"疾病的严重侵袭"。

在温斯顿·丘吉尔的回忆录中,他记得在他的拉丁语考卷上一道题都没答上来。"我把我的名字写在这页的最上边。"

我记下了题号"I",再三考虑之后,我用括号括上了(I)。

但后来我仍然想不出与之关联的既恰当又准确的内容来。突然不知从什么地方飞来特别的墨水渍并形成几个污点。我就这样尴尬地凝视了整整两个小时。后来，慈祥的监考人把我的卷子拿到了校长的桌子上，一些微小的迹象表明，韦尔登先生的结论是：我有资格进哈罗公学。

作为校长，韦尔登对考试成绩的评估有着相当大的自由度。当温斯顿的拉丁语考试碰壁的时候，他的算术成绩则是"最好的"。当时，34岁的牧师韦尔登刚担任校长一职，但他并非缺乏经验，不会没有注意到这个英国最重要人物之一的儿子——温斯顿·丘吉尔，说不定温斯顿的老子有一天还会当上首相呢。实际上，在这次考试之前，韦尔登就收到一封马尔巴罗家族的信，告诉了他温斯顿的请求。韦尔登回信说他很高兴为伦道夫·丘吉尔勋爵的儿子在哈罗公学安排一处房子。

温斯顿给妈妈写信说："我已经通过了考试，但与我所期望的成绩还差得很远。"

温斯顿·丘吉尔后来喜欢夸大他的"笨学生"形象，大概是想使自己最终的发迹显得更加不凡。但是他并不是真的迟钝，像大多数男孩子一样，温斯顿在一些课程上学得挺好，而在另外一些课程上则学得较差。他在布莱顿中学从不喜欢上拉丁语和希腊语课，却在英语课和圣经课上赢得过奖品，而且他在历史课的学习上也显示出超众的才能。韦尔登写信给詹妮，告诉她温斯顿并非"在所有方面都顽皮任性、让人烦恼"，"我认为他并不懒散，只是他的干劲不大稳定。他做功课为了做得好总是做到很晚"。这位校长把温斯顿描述为"在许多方面都是一个最值得注意的孩子……就他的能力而言，他应该处在他所在年级的上游,而他现在却位居下游"。

后来,这位校长又写信给詹妮,告诉她温斯顿显然很"邋遢"。他接着说:"如果他不能克服这些缺点……他在公立中学不会取得成功。"而且,"温斯顿马虎健忘,粗枝大叶,不遵守时间且反复无常,在所有这些方面的不好表现确实变得相当严重,这就是我写信要告诉您的。他回家的时候,我请您要继续严肃地同他谈谈这些问题……他太不守规矩,我真不知道该怎样办才好"。

詹妮给温斯顿的信通常着重进行正面教育,但也并不全是这样,她知道该对温斯顿何时激励、何时赞许,就像她明白何时需要对他非常严厉一样。她知道教育这两个儿子不仅需要母亲,孩子的父亲也必须起一定的作用。而伦道夫对他们则很不关心,温斯顿在写给父亲的信中常常不是恳求就是致歉。"我已把信写得很长了,而且还占用了您的许多时间,"他曾抱歉地写道,接着又说,"您认为您能在什么时候看看我?"

若干年后,温斯顿同美国作家兼编辑弗兰克·哈里斯谈到他父亲时说:"他对我讲的话从不留心听并加以考虑。我和他不大可能存在什么友谊,为此我感到非常痛苦。他是那样的自私,他认为这个世界上除了他,别的什么都不存在了。"而后他又温和地说:"我母亲则什么事都想着我。"

詹妮试图帮助温斯顿,使之思维清晰、行为规范,却从不窒息他的心灵。沃里克夫人特别提到詹妮的教育"是一种典型的美国式教育,当温斯顿提一些问题并同她辩论的时候,她从不会去挫伤他的积极性"。当温斯顿在学校里受到不公正对待时,他乞求他母亲到哈罗公学来并为此同韦尔登争辩。"您一定要为我辩护,要是您不这样做,就没有别人替我说公道话了。妈妈,您说过要我相信你,把什么事都对您讲，所以现在我寻求您的帮助。"

他没有别的可求助的人了。他深爱埃弗里斯特太太，但她却出身低微且未受过教育。作为一个孩子，他应该可以完全信任她，但他做不到，因为他是一个满脑子新观念正在成长的孩子。他的祖母和外祖母都是生硬、严厉的人。他很喜欢他的美国外祖父，却很少能见到他。看到自己的父亲就更不容易了。他的姨妈们也是可爱且有趣的，但都奔忙于她们各自的亲朋之中。他的母亲是他唯一能经常接触的亲人，可是她与儿子总是保持一定的距离，而且也并非都能如他所愿。然而他懂得如何唤起她内疚的同情心，他知道在哪些地方能坚持自己的意见。他特别深信她对他的爱，这不仅仅是母爱，还有她从丈夫那里逐渐转移到亲生儿子身上来的真诚之爱。

詹妮来到哈罗公学，为儿子向严厉的校长辩解。但她对温斯顿仍然保持着严厉的态度。她认为他信写得太俚语化，便提醒他注意表达的精确，更要讲究语言运用；当儿子的成绩报告单差劲时，她便给他写了这样一封信（这样的信本该由父亲来写），说："亲爱的，你知道我很不愿意看到你的缺点，但现在我无法视而不见了。"她说，如果他只是学习方法不当，她愿意原谅他。

> 你使我很伤心。我曾对你寄予厚望，也为你感到骄傲，然而现在这一切都过去了。我唯一的安慰是你的品行还是好的，你还是一个对妈妈充满深情的儿子。可是你功课不佳有损于你的聪明才智，你要是今后好好定一个学习计划，而且下决心做下去，那么我相信你想做什么事都会成功。

轻率是他最大的敌人，他已经大了，能够明白这样做的严重性，能认识到他在明年或后年的所作所为可以影响到他的一生。"不要再那样了，认真地自我反省一下，亡羊补牢，犹为未晚，现在努力还来得及。你知道我总是会尽我所能给你这个最亲爱的孩子以帮助的。"

温斯顿的回答表示有所悔悟："我的妈妈，您在信中很严厉地批评了我。"他承认他已经相当"懒惰"，表示"今后要尽最大努力学好功课"。

伦道夫更牵挂的倒是他的那些马。这个时期他给詹妮的信中表现出对她行踪的关注，但是却很少提到夫妇俩一起去过什么地方。不久，他到了法国的塔贝斯，在那里成了德·布勒特伊侯爵家的客人。他在给詹妮的信中说："这里宁静舒适，美丽的环境，壮丽的山峦，没有什么让人操心的事。"他谈及来这里旅游的人中间："有一位巴黎女演员和同她做伴的两位男子———一位是她当初的情人，而现在只是她的朋友；另一位年轻男子，则是她现在的情人。这三个人居然一同旅行，这便是法国人！"

伦道夫的话看来不仅仅是单纯的闲聊，他至少是想拐弯抹角地暗示在他生活中类似的人或事。詹妮从不炫耀她与德·布勒特伊或其他人的关系，然而她也不躲闪回避。只要伦道夫出远门（他常常这样），便总有男士来陪伴詹妮。在各种报刊中，在社交界的闲谈中，在许多家信中，所有这些男士的名字都与詹妮的名字紧密相连。而这些消息不胫而走，全都从各个渠道传入了伦道夫耳中。

那么为什么伦道夫能久居于布勒特伊处呢？也许是他曾经邀请布勒特伊加入横穿俄国的旅行的缘故吧。奇怪的是纵使这些人与詹妮的关系已十分明显，他仍然喜欢德·布勒特伊、金斯基、威尔士亲王和赫伯特·冯·俾斯麦等，而这些人也对伦道夫感兴趣，并真诚地赞美他的品德，这使他显得比这些人更高尚。伦道夫的确曾与他们中的一些人偶然争吵过，他与他们之间的冲突也有时见诸报端。威尔士亲王曾作为伦道夫与金斯基伯爵的一次激烈辩论中的调解人。伦道夫威胁要揍亲王那个年仅23岁的儿子，因为这位年轻人竟公然过分热情地追求詹妮，威尔士亲王再一次进行了调解，亲王打发他的儿子去了马耳他。詹妮的外甥沙恩·莱斯利记得，有一天晚上，伦道夫把48岁的威尔士亲王也从家里赶了出来，因为他过分地向詹妮献殷勤。

不过，所有这些争吵很快就平息了，伦道夫早就对戴绿帽子的事听之任之。只有当那些流言蜚语过分嚣张到难以忍受的时候，或者他那绷紧的神经快被撕断的时候，他的愤怒才会爆发出来。更重要的是，他想在余生的最后岁月中维护他的婚姻，维护那合乎社会体统的名声。他对诽谤已极度厌倦，他筋疲力尽，无力面对离婚，同时还要时刻关注许多人对其世袭遗产的虎视眈眈。

他曾有过一位柏拉图式的女朋友，此人后来也成为詹妮最亲密的朋友之一，她就是珀尔·玛丽－特蕾萨·理查兹。她的父亲是定居在英国的美国商人。珀尔比詹妮小12岁，但是她们都爱好音乐，并都知道对方婚姻中的不幸。她1887年结婚，1890年生子离婚。后来，以约翰·奥利弗·霍布斯为笔名成为一个出色的小说家。

伦道夫的哥哥也想要一个更加柏拉图式的女朋友。1888年，伦道夫的哥哥布兰福德访问了纽约。伦纳德·杰罗姆为他牵线，介绍了一位脾性好又很富有的寡妇，名叫莉莉·哈默斯利的来做他未来的新娘。她因为在剧院包厢后面的墙上和天花板上挂满兰花而声名狼藉。杰罗姆在给他妻子的信中写道："我希望婚礼很快举行。毫无疑问，她已经相当富裕。"

纽约的新闻界迎接布兰福德的是毁誉交加，一家传播小道消息的杂志写道："老马尔巴罗征服敌军，小马尔巴罗却在征服高级妓女；

第十四章 情场

前人在战场上取胜,今人在青楼中逞威。"另一家杂志则提到布兰福德带来的35件行李,说"老马尔巴罗阁下留给儿子的一切都是干干净净的,只有儿子的名声除外"。

布兰福德不只是去参加一醉方休的聚会和猎取新娘,他还遇到了托马斯·阿尔瓦·爱迪生,并一起讨论了在布伦海姆宫建立科学实验室的计划。爱迪生写信给摩尔顿说:"我认为这位英国公爵是一个头戴王冠的蠢材,而此人却知道许多关于我在明年秋天以前不打算去发明的一些事。"

当月月底,杰罗姆报告:"布兰福德终于结婚了,今天凌晨一点钟,我同他一起到市政厅的市长办公室,并参加了他们的结婚典礼。我替他给公爵夫人发了电报,自己又给詹妮发了一份。"

马尔巴罗的这位新公爵夫人引起了许多批评。斯奈特里认为公爵显然是被"她的各种媚态和巨额财富迷住了"。另一家杂志注意到体重大约160磅的莉莉公爵夫人是"一位相貌平平、衣着拙劣并长有唇髭的女人,不过脸蛋长得还算令人愉快"。此家杂志还指出,她拥有大约500万美元的个人财产和每年15万美元的收入,"她用现金在购买诺曼底血统"。另一篇报道声称:她的长毛垂耳狗吃的是炖鸡丁、奶油和蛋白杏仁饼,睡的是丝绸床单和上等毛毯。

新闻界还注意到,公爵的第一位妻子是维多利亚女王的教女。女王仍然对这件太不像话的离婚事件表示愤慨,所以莉莉公爵夫人根本休想被皇家接见。《社会杂志》(*Society Magazine*)接着说:"女王同意接纳美国女人入宫之日,就是宫廷大臣们的痛心之时。""这位可怜的公爵已被很多请愿书所包围。"在谈到"我们的美国嫂嫂对英国婚姻市场的成功袭击"时,《社会杂志》进一步评论道:"据说,美利坚合众国是由被解雇的女仆和失业了的技工建立的,是由穷困潦倒的没落英国贵族支撑的。"

多萝西·内维尔夫人说:"我非常喜欢美国,但只有两件东西我希望永远留在美国别往外国送,即他们的姑娘和龙虾肉罐头。"

无论如何,布兰福德不再抱怨了,他妻子的钱足以供他修整布伦海姆宫,他可以把宫殿的顶层翻修成一间巨大的实验室,能在里面进行化学和冶金实验。伦道夫这样向母亲描述这种全新的变化:

噢,我在这里所看到的一切,都没给我留下很深的印象。电灯和暖气稳妥地安置在马厩里,毫无疑问,马厩面貌大有改观。虽然他们把大把的钱花在客厅里,但我仍看不出有多少改进;即使有,也不多。他们可能才刚刚开始布置。我对这里已感到心烦。莉莉公爵夫人同布兰福德整天形影不离,她张口闭口讲的也是布兰福德,她向他谄媚,吹捧他,使他心满意足。他确信自己是一个发慈行善的天才……我实在弄不明白这里的那些无规律活动。昨天,我们上午11点吃早餐,下午3点吃午餐,晚上9点吃晚餐,实在令人厌倦之极。我觉得莉莉公爵夫人身体不太好,她脸上的胡须变得越来越浓密……

可是,为了让莉莉公爵夫人能轻易地适应英国的社会生活,詹妮迅速地行动起来。在以后的许多年中,詹妮成了这位美国新娘和英国当地人之间的桥梁。她清楚地知道,一个新来的人要进入当地的上流社会,必须施展出全部功夫。为招待科尼利厄斯·范德比尔特夫人的来访,詹妮和威尔士亲王夫妇简单地安排了一次小型午餐会。而对于莉莉公爵夫人来说,事情就没有那么简单了,詹妮必须全力相助,公爵夫人脸上才能有光。詹妮比其他人更明白,不管一位美国女子的父

第十四章 情场

亲是个地主还是个马路清洁工,这对大多数英国人都区别不大,只要这位美国女子是一个欢快、漂亮、聪明和富有的人便行。就莉莉公爵夫人来说,她的金钱必须要弥补她其他方面的种种明显缺陷。詹妮设法说服莉莉节制饮食减掉了20磅,并帮她去掉了脸上过浓的须毛。此外,詹妮还动员了五位妯娌来帮助这位新嫂子,这五位贵妇是:温伯恩夫人、德拉姆齐夫人、马奇班克斯夫人、寇松夫人和罗克斯伯勒伯爵夫人,她们一起出动去说服各自的朋友让她们接受马尔巴罗的新公爵夫人。

不久,家庭中的其他问题牵扯了詹妮的精力——从她父亲那里来的消息令人沮丧,他已经被迫关闭了杰罗姆公园,这表明了美国杰克夜总会的境况恶化。他还徒劳地为建立一个新的赛马场而四处集资。杰罗姆已经年过70,尽管他还常被人称为"登徒子",但他的来信中已经显示出心灰意懒、筋疲力尽。他向妻子抱怨他刚刚付清了这年的"讨厌账单"——4,551.90美元的税款,他还给利奥尼寄了100英镑。他感到非给利奥尼写封信不可。

> 我认为你必须放弃到新港的旅游。那里确实很迷人,但开销过大。这是我第一次以花费太多为理由拒绝了女儿的要求。我还要看看我的经济情况到底如何,才能决定是否可以多给你一些帮助。

利奥尼和约翰·莱斯利做出了一个戏剧性的决定。约翰从皇家禁卫军中辞职,他们迁往巴黎,以便约翰能在朱利恩艺术院中研究艺术。然而约翰·莱斯利在绘画方面没有取得像他婚姻那样的成功。数年之后,利奥尼给丈夫的信仍然满怀深情,她说:"我越是想你,你好像就越值得崇拜。我在心里把你全身吻遍。"

克拉丽塔和浪游四方的莫尔顿在婚姻中也保持着持久的爱情。伦纳德·杰罗姆特别喜爱莫尔顿·弗雷温。"你与他相爱我毫不奇怪，"杰罗姆对克拉丽塔说，"我自己也很喜欢他。"说到莫尔顿的运气不佳，杰罗姆写道："这没有什么。按照一般的说法，在学会怎样发家或怎样理财之前，人总要失败一两次的。"

莫尔顿现在有了新希望。伦道夫已经推荐他做萨拉·琼爵士的财政顾问，帮助后者摆脱在印度的海得拉巴土邦（State of Hyderabad）所处的困境。年老的琼已经把他的穆斯林臣民同英国联系起来，他的儿子曾和伦道夫一起猎过老虎。萨拉爵士身躯高大，也很有吸引力，极为聪明，且有抱负。但是他太贪杯了，海得拉巴土邦君主已经免了他的首相职位，并把他流放了。弗雷温不得不拼命调解萨拉爵士与土邦君主之间的矛盾，努力改善这个邦和他自己的经济状况。

他同萨拉爵士一起回到开罗，这时弗雷温的首要任务之一，就是为萨拉爵士找一位土耳其姑娘做新娘。当萨拉爵士想到英国去看一场大型的赛马会时，莫尔顿让利奥尼把在离古德伍德不远的曼宁枢机主教的大屋子租了下来，在那里举行了一场令人愉快的晚会。与会的客人中有会讲乌尔都语的马尔巴罗公爵、詹妮和金斯基伯爵。金斯基带来了一个匈牙利乐队，乐队不协调的音符使两位印度人匆匆离开了这个晚会。

虽然萨拉爵士吻了土邦君主的长筒靴，但他也没能恢复首相的职务，所以莫尔顿依然囊中空空。他来到美国，打算大肆鼓吹在加拿大的一个天然港口建设新城镇的计划，莫尔顿已说服金斯基伯爵投资于此项工程。

莫尔顿的第一封家信就带来了有关劳伦斯·杰罗姆的不幸消息。

第十四章 情场

"亲爱的、慈祥的拉里叔叔……正在迅速地垮下去,每个人都感到一位伟大的朋友将要离开这个世界。"当劳伦斯去世时,《纽约论坛报》说:"劳伦斯·杰罗姆走向另一个世界,一位最可爱的人物离我们而去了。"伦纳德·杰罗姆因最亲密的兄弟逝世,肝胆欲裂,痛苦万分。那两位已婚并住得很近的姊妹也蒙受了失去亲人的巨大不幸。他们不仅具有相同的血缘,而且还有着相似的性格。

劳伦斯被安葬于布鲁克林公墓的家族墓地里,巨大的墓穴俯瞰着大海。附近安息着詹妮 7 岁的妹妹——卡米尔。

劳伦斯撇下了他的妻子——乖戾的凯瑟琳·霍尔和两个儿子。当布朗克斯的高级市政官墨菲在劳伦斯死后重新命名杰罗姆大街时,凯瑟琳定购了一些新的标记,并雇佣一群工人把所有写着"墨菲"的路标重新换成写着"杰罗姆"的路标——后来路标也就一直是这个样子了。大儿子洛费尔·杰罗姆曾经参过军,因在同印第安人的战争中表现出色而获得国会荣誉勋章。二儿子威廉·特拉弗斯·杰罗姆后来则作为一位纽约区的律师表现得异常突出,甚至有人提到他不久将有当总统的可能。詹妮想告诉特拉弗斯,她希望她的儿子能成为英国首相,而威廉·特拉弗斯·杰罗姆成为美国总统。

莫尔顿·弗雷温的美国之行又延期不归,这次旅行也很典型,他到世界各地旅行大都如此——他几乎总是一人独行。克拉丽塔特别妒忌莫尔顿与他过去的情人莉莉·兰特里同乘一条船去美国。据报道有人看到莉莉在纽约露过面。

可是,美丽的克拉丽塔已经征服了詹妮的一个追求者——塞尔维亚的国王米兰。米兰国王体格健壮、一双黑眼睛略微凸出,有着一头墨黑的头发和一把浓密的大胡子。那时一家报纸把他描述为"有着许多缺点和若干长处的人"。他的长处是有智慧并容易相处。詹妮鼓励他的求爱行为,目的是用来激起金斯基的嫉妒,因为他和米兰是关系很密切的朋友。

虽然詹妮喜欢米兰,但她却把他说成"在我所遇到的人中最粗鲁无礼的一个"。在詹妮的许多小型宴会中,有一次米兰国王谈到早年他做过牧羊人,赤着脚,衣衫褴褛,而且常常挨饿,并与野兽搏斗。"他是这样激动,以致忘记了自己已并非处在他本国的荒野中,他开始用他的手扒饭吃,撕开他盘中的肉。"詹妮还对和他在安菲特龙的一座私人房间里共进正餐记忆犹新,他定购了许多兰花,布满了那个房间。米兰国王和他的王后已脱离了关系,为此,维多利亚女王并不欢迎他。"他的生活充满了悲哀。"詹妮写道。

就詹妮而言,米兰国王与欧内斯特·卡斯尔和威廉·沃尔多夫·阿斯特属于同一类人——她所钦佩的能够帮助她的一些精干的男人。可是她并不爱他们,她所需要的是力量与敏感、身体和头脑完美结合的人。

"就我个人而言,我觉得我的交往再怎么广泛也不过分,"詹妮写道,"我认为我错过了结识更多的令人愉快且有趣的人的机会,所以绝不能再丧失与人交往的机会。朋友是另一类人,时间可以考验友谊。"

米兰国王也许想要得到更多的友谊,于是把他的注意力集中到了克拉丽塔身上。一个有利条件是金斯基不会因克拉丽塔而同他竞争;另一个有利条件是詹妮的丈夫偶然露面,而克拉丽塔的丈夫则远在另一个大陆。另外,白肤金发碧眼的克拉丽塔可能比詹妮对他更具有吸引力。

为了克拉丽塔,米兰国王天天带着一箱栀子花出现在她家门前的石阶上,还常常给她的孩子们带上些礼物。在尚存的礼物中,有一件

第十四章 情场

精美的玳瑁八音盒,上面有一只能跳会唱的小金鸟。在塞尔维亚,米兰一姓的意思是"小鸟",但是很难说他像小鸟;克拉丽塔曾谈到过他那些"不可抗拒的手段"。

当时,詹妮已经疏远了与另一位有异国情调的求爱者——波斯王的关系。波斯王听说詹妮美丽动人,便非常想在宫廷舞会上与她相识并向她致以敬意。她受到了邀请,然而她并没有全然符合国王的心愿——她还不够丰满。

克拉丽塔自己常常感到,她越来越依赖于詹妮的影响和金钱。随着她的债主日益增多,她还向母亲要了些钱。她母亲趁机警告了她。

伦纳德·杰罗姆再次登上了金融舞台。数年前,他能随手拿出数百万美元,而后来他想筹集400美元来建一条赛马场里的新跑道,也已成为当地的一个笑料。但到最后,他又能回答道:"不,我还没有筹集到400美元,但已经筹集了4,000万美元。"他已经会见了约翰·莫里斯,还劝他建一个新的赛马场,人们将称这个赛马场为"莫里斯公园赛马场"。《论坛报》后来把此事描述为"一种漫无边际的事业……这个赛马场似乎没有边界,马厩可能有数英里长。这个赛马场将会招来全美国的赛马赌徒"。

1888年冬天,杰罗姆异常激动地向他的妻子提议。

你和克拉丽塔到巴黎去一趟,怎么样?那样你们就能同利奥尼和杰克在一起。我将乘法国航运公司的船赶来,并与你共度圣诞节,住上一周或两周。另外,我将负担所有的额外费用,无论你在巴黎居住三个月的花销会多么大……为了共度圣诞节,詹妮和伦道夫也可能赶来拜访我们。这个计划非常迷人,切合实际,令人陶醉,你说呢?

听到这个消息,莫尔顿马上给妻子写信,催促她接受父亲的提议离开伦敦。为了妥善保存,他让她把他的牛头和雄鹰的标本及其他战利品送到詹妮家。

当他们同意此行后,伦纳德写信给在巴黎的利奥尼,告诉她有关情况并与她协商:"不要都住在一个地方,以前你曾这样做了几次,结果还不错,但那还不是很精明的行为。"他提到詹妮和伦道夫也希望来,他接着说:"告诉我你们计划如何安排住宿,你们怎样在巴黎游玩。在所有这些事情中,最重要的是能让年轻人享受到世间的欢乐,但不要太过分放纵。兹附上一百英镑的汇票。"

这三位杰罗姆姐妹一起住在克莱贝大街,而且组成了一个家庭——姥姥克拉拉,妹妹利奥尼和她的四个男孩,姐姐克拉丽塔和她的两个男孩和一个女孩。老二詹妮偶尔也带着她的两个男孩从国外回来。这三姐妹操着流利的法语,拥有能弹出优美乐曲的钢琴演奏技巧和非凡的魅力,她们活跃在巴黎的上流社会中。她们过着快乐的生活——上剧院、参加舞会和聚餐会,但很少在她们的那套房子中进餐。德·布勒特伊侯爵经常出席他们的聚会,当然,金斯基伯爵也是如此;威尔士亲王也在方便的时候前来拜访。

在那个时候,威尔士亲王,即爱德华王子,已成了一个短粗矮胖的人,他的紧身衣裤使他臃肿的腰身更加显眼。他在饮酒上有所节制,但却没有减少饭量。一个评论家把他叫作"土豆",强调他的脑袋像一个该要下锅的大土豆。他那双肥硕的手,他那特大号的鼻子、耳朵以及硕大的灰眼睛,很难不让人留下土豆的印象。可是,他仍然是一位令人难忘的人,他那满脸的胡须和带有德国口音的英语使他具有欧洲大陆的风格,他仍过着声色犬马的生活并保持着时髦的风度。

人们称他是"衣领和衣袖",因为他比其他英国人更容易把亚麻内衣显露出来。据说,严重的肾炎已经减弱了他与女人们嬉戏的兴趣,而这种病情从外表上还很难看出来。

杰罗姆姐妹的两位新崇拜者,特别专注于克拉丽塔和詹妮。其中一位是著名的法国风琴演奏家维多尔,另一位是亚历山大·艾菲尔。艾菲尔陪同克拉丽塔登上了他为巴黎博览会建筑的铁塔(他那"令人震惊的建筑物"),并上到了最高层。他对她说,她是世界上第一位达到过这样高度的女性。维多尔常在圣叙尔皮斯的放有管风琴的楼厢内为杰罗姆三姐妹中的每一位举行私人演奏会。

经常承担陪同义务的是金斯基伯爵的朋友——年已60岁的莫里斯·德·赫希男爵。他是一位曾在巴尔干半岛的铁路上投入了大量资金的金融家和慈善家。此时正有谣传,说他是奥地利皇帝的私生子。赫希除了在爱丽舍宫有一套极为迷人的房子外,还在匈牙利有庞大的房产,威尔士亲王常在那里打红腿鸡,杰罗姆三姐妹也常到那里做客。恰在一年之前,身为奥尔良派财务主管人的德·布勒特伊侯爵来找过赫希,希望他能资助一个运动。赫希一手拽着他那拿破仑式的胡须,一手签写了一张支票。布勒特伊说:"我的双膝战栗了,那可是600万法郎啊。"赫希经常参加杰罗姆家的聚会,詹妮说他是"我所遇到过的最透彻地懂得如何享受生活的少数巨富之一"。

第十五章　故我

1888年11月初,丘吉尔一家回到了伦敦,伦道夫把"硝酸盐大王"约翰·诺思上校介绍给詹妮,并说诺思善于同财神爷打交道,同他交往有助于积累财富。诺思上校的矿山在智利,他在伦敦也拥有庞大的房产,可以铺张地款待客人。然而,他是一个粗俗、狂放且爱炫耀的人。他告诉詹妮他花了8,000英镑买了一幅画,詹妮问他画家的名字叫什么,诺思竟把画家的名字忘了,而且连那幅画的标题也不记得了,但他却知道那幅画"长12英尺,宽8英尺"。

伦道夫筹划了一系列到美国南部的旅行,丘吉尔家里则安排了一些把诺思奉为上宾的聚会。《街谈巷议》报道说,那位受欢迎的诺思上校"采纳了伦道夫勋爵的一些可行的小方案,使勋爵得到一笔相当可观的收入"。如果真是这样的话,伦道夫的发财梦大约不会落空了。

伦道夫的另一位朋友是前任美国驻意大利公使——威廉·沃尔多夫·阿斯特,他也是这个世界上最富有的人之一,人们不太礼貌地把他称作"富有的威利"。在那些年里,八卦记者们始终爱把他的名字与詹妮的名字联系在一起。据说,阿斯特和詹妮甚至约定,在他们各自的配偶死后他们要结婚。阿斯特是个潇洒的男子,一双蓝色的大眼睛,长着浅黄色的胡须,体格强健,带有不可抗拒的魅力,这种魅力因他的8,000万美元财产而锦上添花。人们称呼他为"围墙里的阿斯特",因为他让人把他在泰晤士河畔的300英亩克莱夫顿庄园筑起了围墙,高墙上布满了玻璃碴,不仅在窗户上装了栅栏,而且竟然在他的海弗城堡使用了吊桥，以阻止人们随便进入。这座围墙也束缚了他的思想。

阿斯特醉心于日程表，时间对他来说比别人更重要。对于周末的客人，阿斯特会安排一个日程表以避免可能出现的差错。在他写信时，若有一位客人想到花园散步，一位神色紧张的用人就会慌忙跑上前来，战战兢兢地提醒客人：这位夫人可能忘记了现在是阿斯特先生的写信时间，如果他知道了您没有按日程表行事，他会不高兴的。这位气愤的客人便告诉用人，她不愿再待在这里，让用人传唤她的马车夫。这位结结巴巴的用人忙对她说：不到日程表上所规定的阿斯特先生让客人们离开的时间，他是绝对不敢这样做的。

这样一位拘于形式的人很难与詹妮随心所欲的习惯相协调。她也不喜欢他对已离开了的美国发表的见解。在他竞选议员失败后，他曾有这样一句名言："美国是一些人谋生的好地方，然而有着可靠收入、无须为生计操劳而去旅行的人们在那里若逗留一周以上，便实在令人费解……因为美国不适合绅士居住。"

对詹妮来说，阿斯特的权势和金钱是吸引她的两股主要力量。她把阿斯特介绍到也为权势和金钱所吸引的威尔士亲王的圈子里。詹妮和阿斯特毕竟是朋友，而且他们一直保持着友谊。也可能是巧合，当阿斯特1892年买了《蓓尔美街报》的时候，他为哈里·卡斯特提供了一个编辑的职位，而当他买到《观察家报》（*The Observer*）时，他说他此举主要是为了让该报的编辑詹姆斯·加文继续有用武之地。除了卡斯特外，加文也是詹妮的俘虏之一，詹妮影响了卡斯特的多少选择实在不得而知。

对丘吉尔家来说，突然有了一个意想不到的机会，希望隐约呈现并日趋清晰。伯明翰那伟大的老人——约翰·布赖特在1889年3月去世,一个伯明翰代表团邀请伦道夫参加对布赖特所在议席的竞选。伦道夫虽稳操帕丁顿的议席,但在伯明翰这样一个自由党要塞的中心若能取得胜利,将非同小可。这意味着他向政治生命的复活刚迈开了第一步,一下子就被推到了保守党的最前列,首相的职位又一次近在眼前。更令人欣喜的是,伦道夫的朋友们保证,万一他失去伯明翰的席位,一定替他在别处找一个可靠的席位。

詹妮很兴奋,机遇无处不在。当然,伦道夫常常犯病,但她总是在全力帮助他。她不能代他说话,但却能替他写更多的信,比以往更多地为他出谋划策。她了解当时一些最重要的人物;她已走遍全欧各国,会见了许多皇族和当权者,她了解大陆外交的种种复杂之处;她在整个英国展开政治竞选活动,熟悉这个国家所面临的各种重大问题。她是丈夫的左右手,是他的感觉神经,是他强有力的支持者与顾问。伦道夫毕竟才 40 岁,他的病情有时是稳定的,也许这足以坚持到他当上首相。詹妮聚集了全家最亲密的朋友,迫使伦道夫挑起候选人资格的担子。甚至诺思上校也从芝加哥发来电报:"一定要竞选伯明翰议员。"

伦道夫被难能可贵的机遇所鼓动,他让路易斯·詹宁斯为他写一份给南帕丁顿选民的告别演说,还要写一份在伯明翰参加竞选的演讲。

"您什么时候要这些演讲稿?"詹宁斯问道。

"今天下午。"伦道夫回答。

当詹宁斯忙于写演讲稿并安排其他有关事项时,伦道夫却陷入了约瑟夫·张伯伦带来的压力之中。他们以前是朋友,而现在却成了竞选对手。张伯伦现在仍是伯明翰的头儿,在他任市长的三年中,清理了贫民窟,极大地改善了城市的供水状况和煤气供应。作为一名下议院议员，他同格莱斯顿因为国内的法律问题而彻底决裂，并放弃了以贸易大臣身份入阁的机会。鲍尔弗还谈到他"从未与我们彻底联合，我们没与他形成有机的统一体"。鲍尔弗比张伯伦小12岁，他还评论道："乔与我之间的不同是年轻与年老的区别，而我属于老年人一边。"

张伯伦是一位很有理智和自制力、很少自我欺骗的人，他清楚如果伦道夫参加在伯明翰的竞选活动，将会出现很多麻烦。也许他个人也喜欢伦道夫，但他不想提高其他任何一个人在伯明翰的政治声望。

原来曾经坚定而狂暴的伦道夫，在精神上变得怯懦而温顺，并在第二个回合后，屈服于张伯伦的压力。"一切都完了，"伦道夫对他的支持者们说，"我不能夺取这个席位了。"而以后的另一个时代的英国，约瑟夫·张伯伦的儿子内维尔却不得不向伦道夫的儿子温斯顿·丘吉尔表示忠诚。

"这对他在伯明翰的朋友和支持者们是一个很大的打击。不管怎样，他们面对张伯伦野心勃勃的竞争势头曾为伦道夫全力拼搏过。"詹妮在她的回忆录中吐露道。

> 我曾经参与令人难以忘怀的1885年的政治竞选，现在看来似乎是白浪费时间和精力的艰苦工作，我对此感到很生气。那天，伦道夫从下议院回来，告诉我他的压力很大，他已让步。我指责他第一次在他的生活道路上打起了白旗。他却说："我决定尊重党的领导人的意见。""难道这些领导人不是你的政敌吗？"我喊着，争辩着，然而却无济于事。即使他是对的，也没有人为此感谢他，一个可以显示他实力和才能的大好机会就这样被错过了。

鲍尔弗在给索尔兹伯里的信中谈到此时的情形：

> 他（张伯伦）甚至说，虽然伦道夫于1885年奋力争夺那个席位，但保守党在伯明翰这个主要选区仍然感到力不从心。那时，保守党远比现在组织得好，在马尔巴罗公爵夫人和伦道夫夫人的指挥下，有一个很有效的"樱草会"，为全国争夺最白热化的选区提供了极有效的服务。但伦道夫认为这一切都已经完结，而那些保守党组织的一切实际活动也就毫无价值。

伯明翰事件是标志伦道夫没落的一个里程碑，他因而遭到更多的攻击和侮辱。他的支持者们付出了那样艰苦的努力，他却失去了这样一个大好机会——他的追随者们觉得被他出卖了。"自从伦道夫离开政府之后，我们与索尔兹伯里勋爵和其夫人的关系就变得越来越紧张。"詹妮说。

> 表面上我们情绪并不低落，正像我们仍然被邀请参加在阿灵顿大街举行的政治聚会一样，但真正的友善已消失得无影无踪了。我们共同的朋友的确想使我们重归于好，我们甚至被邀请参加宴会，尽管伦道夫并不十分情愿，但他还是被说服并接受了邀请。这次大型宴会很不成功，远没有达到朋友们所期望的目的。索尔兹伯里勋爵和夫人除了一句干巴巴的问候外，没有与伦道夫多说一句话。伦道夫对此极为愤恨，他也后悔来到这里。我倒认为这些都无所谓。

第十五章 故我

此后不久,詹妮收到索尔兹伯里夫人一封非常友好的邀请信,希望詹妮能参加一个由张伯伦和伦道夫勋爵唱主角的花园晚会,詹妮对此事有如下描述:

> 保守党人的团结是崇高的,我们多么期望能建立一条稳固的阵线啊。然后,伦道夫最终还是断然拒绝加入进来。没有什么理由能够说服他,他坚持要我履行诺言,我驱车前往那座具有历史意义的伊丽莎白时代的房子,那是英国首相向往的理想官邸,但我根本感觉不到有什么值得羡慕的。我永远不会忘记当我在大家面前为伦道夫的缺席而进行无力辩解时的那些木然的表情和不祥的沉默。

伦道夫同保守党疏远到了一定程度,以至于当他在下议院演讲时,需要喝一杯水,都没有一个人肯动一动为他服务。他感到没有人在听他的演讲,就反复重复他的要求,可是人们都无动于衷。一阵持续的沉默之后,一位年轻的保守党议员出去为他要了一杯水并递给他,伦道夫一本正经地说:"但愿这不是你和你所在党的一种妥协。"

罗伯特·罗兹·詹姆斯写道:"许多目睹此事的人不能不回忆起第四党全盛时期的一个快活的夜晚。那天,伦道夫在演讲中需要一杯水,当戈斯特离开去拿水之后,他快乐地喊道:'记住,戈斯特,白兰地和矿泉水。'"

伦道夫失去了他最后一个忠实的朋友——詹宁斯,伦道夫在没有通知詹宁斯的情况下突然改变他对一个议案的立场,而此时詹宁斯还以为伦道夫仍坚持原先的立场,因而还在为他准备演讲稿。詹宁斯认为这是"来自背后的一击"。

1889年，詹妮在巴黎待了很长时间，在此期间，她拜访了她的母亲、两位姐妹和金斯基伯爵。她还是美国人费迪南德·比肖夫谢姆夫人的大众文学沙龙的常客。她后来写道："在那里，我首先遇到了布尔热先生，他还没有结婚。"保罗·布尔热主要写一些关于知识界和贵族阶层的作品，他还是一位写通俗文学作品的重要作家。他与詹妮建立了深厚的友谊，在以后的许多年中，这种友谊日趋密切。他们的通信内容广泛，在一封布尔热写给詹妮的信中，他说："人一旦生活到一定的阶段，便对生活知道得太多了，于是渴望去做的事也就越多，这是难以用语言来表达的。你还记得屠格涅夫对生活所做的精辟总结吗？他说：生活是一件残酷的事情。"

当时詹妮36岁，正在寻求更年轻的男子并追求更多的刺激，她从不想当伪君子，所以什么也阻挡不了她这样我行我素。据《街谈巷议》报道，一个男仆在都柏林总督府举行的舞会上看到詹妮在跳高踢大腿的"康康舞"。"她突然把腿踢得有壁炉那么高，其裸露的皮肤让人瘆得慌。"这家杂志写道，"这是她所做的许多荒唐事之一，往往会引发丑闻。"

此时，伦道夫也有他自己的生活方式和亲密朋友。1890年秋天，他和哈里·蒂里特租了一条宽敞的游艇在尼罗河玩了几个月。他在给詹妮的信上说："时间悄悄地流失……在尼罗河上的生活是惬意的。"这是一种能享受"美食、猪火腿、香槟酒、比尔森啤酒、侯爵牌巧克力、成熟的香蕉和新鲜的枣椰，以及许多法国小说"的生活。

"这几个月对他的政治命运是有决定意义的。"罗伯特·罗兹·詹姆斯写道。在他奇特的政治生涯中，伦道夫的政治命运同查尔斯·斯图尔特·帕内尔和他在下议院中的一批核心议员们的力量是维系在一起的，他们共同保持着力量的平衡。面对这种现实，索尔兹伯里需要在他的党内搞好团结，而这就意味着要慎重对待大家喜欢的伦道夫·丘吉尔。

年仅 10 岁的杰克写信给他的父亲，谈到在《图画》杂志上的一个故事："据说，您很热情，每一个人都愿意听您的话。您又要当大官了，这个官只有您才配当。这些话到底是什么意思？我不懂。"这说明伦道夫的病在家里一直是个秘密，而在社会公众的眼里，他获得政治权力并青云直上是顺乎自然的。但是，伦道夫的政治权力最后随着帕内尔的倒台而彻底地坍塌了。

1887 年，《泰晤士报》对帕内尔的攻击，帕内尔挺了过来。此报那时猜测他曾写了一封信赞成在凤凰公园的谋杀。帕内尔否认写过这样一封信，用了两年时间才重新赢得了公众的信任。到 1890 年，帕内尔情妇的丈夫，海军上校奥谢以妻子与人通奸为由申诉离婚，并指名说帕内尔是同谋之一。帕内尔和基蒂·奥谢已经共同生活了 10 年，他们不断遭到基蒂丈夫的勒索。这位海军上校最后提出可以用 20,000 英镑为交换以求离婚。帕内尔无法筹集这么多钱来买通他，于是这位海军上校便提出了诉讼。

帕内尔拒绝为自己辩解，也拒绝辞去地方自治派的领袖一职。这样他的党和他所在地区的人们便分裂成相互对立的两派。"不要把我扔到狼群中。"这位"被废黜的爱尔兰国王"向他那爱尔兰人议会党团发出请求。詹姆斯·乔伊斯后来写道："爱尔兰人没有把他扔到英格兰的狼群中，而是把他撕成了碎片。"甚至连格莱斯顿也被迫转而反对起帕内尔了，尽管他曾说过：据他所知他前任的 11 位首相都当过奸夫。

帕内尔与基蒂·奥谢第二年结婚，他亦于同年去世，终年 45 岁。

此丑闻阻碍了议会顺利地通过地方自治议案，一拖拖了好多年。格莱斯顿悲伤地说："五年期间，我耐心并艰难地推着这块巨石向山上爬，可现在它又一次滚落谷底，而我却已经 81 岁了。"

随着帕内尔的失败和爱尔兰集团在议会中的崩溃，索尔兹伯里认为已没有必要考虑伦道夫·丘吉尔在保守党中未来的影响。伦道夫也认清了所发生的一切，他从埃及给詹妮写信道：

我决定和政治断绝关系，并打算为了孩子和我们自己赚点钱。希望你在这事上别为我操心，也别和我争辩并反对我。我的生命之路很可能已经走过了三分之二以上，我不想再在四处碰壁中度过我的余生。我认为我已经犯了许多大错误，没有报酬、没有恩惠，也没有什么纪念或感激——什么都没有，只是遭到了恶意、怨恨和谩骂。我感到很累，对一切都厌倦了，我不准备把我的政治生涯继续下去……啊，又快要回家了，我是多么愉快。我现在有充裕的时间，我责备自己为什么离开你这么久……

关于这些，罗斯伯里勋爵写道：

那封信的确富于悲剧色彩，它暴露了他那颗破碎的心。当他坦率地倾吐出他那伤感之情时，他的身心都开始垮下来。……在所有关于伦道夫生活悲剧的书面材料中，没有一件像他自己的这封信写得如此哀伤了。

第十五章 故我

大约在 1891 年,伦道夫勋爵全文抄下了约翰·德莱顿①的著名诗章。

> 让那人幸福,让他独自幸福,
> 他内心安稳,
> 今天唯他能公开宣布:
> "哪怕你明天身处困境,
> 但今天我生活过。
> 是阴天还是晴空,
> 是美丽还是秽污,
> 我已享受了欢乐,
> 不幸的命运也属于我。
> 以前没有人能到过天国,
> 但是我曾去过,我曾去过,
> 我曾有过那一动人的时刻。"

伦道夫把他各种各样的错误和失望以及所受的伤害,都压到詹妮的生活中。当然他也给詹妮以"时间",他为她打开了一个新世界的大门,他的名字和头衔为她实现最美好的愿望并成为当时最迷人的人物开辟了道路。但是,他只给詹妮入门的机会,而那些朋友却都是她自己交上的,她能长久地保持友谊而他却不能。当伦道夫处于重要的政治位置上时,她能为他提供驾驭政治机构的有力帮助。而今他从埃及的来信表达了真情,他感到自己只身处于巨大的空虚苦闷之中,他

---

① 约翰·德莱顿(John Dryden,1631—1700),英国诗人、剧作家、文学评论家,是英国戏剧史上戏剧评论的鼻祖人物。

投向詹妮以求精神上的支持。詹妮在回信中竭力用欢乐的调子来鼓励伦道夫振作起来。她告诉他一个关于杰克的好消息：10 岁的杰克在爱尔街小学上学，他是一个模范学生，在班里学习成绩总是名列前茅，只是他的一只眼睛视力不佳。杰克在给父亲的信中说："我盼望能和您一起去埃及，去周游整个世界，我盼望看看世界上许多从未看见过的事情。"

也有关于温斯顿的好消息。他已给他母亲写信，说他"学习成绩很出色"，并且"很努力"。他还告诉她有个赢得国际象棋比赛胜利的好机会，"我还画了一些风景画，画大桥和其他"。另外，他还通过了志愿步枪队士官的考试。

温斯顿和弟弟用 1,500 名锡兵布列成阵，相互对抗，准备进行一场战争——他已经开始关注军队生活。这时，伦道夫走进房间，看到了这令人印象深刻的一幕。

> 最后，他问我是否喜欢参军，我认为能指挥一支队伍是光荣的，所以我立即回答"是"。很快我被我的话骗了。多年来，我都认为，我父亲以他的经验和才能已经觉察到我的军事才干，但是后来他告诉我，他的结论是我还不够聪明，不能做律师。

此后，对温斯顿进行的培养教育，是以争取进入桑德赫斯特学院为方向的。詹妮曾去过哈罗公学，她向伦道夫报告说，韦尔登校长认为温斯顿的学习已竭尽全力，已有可能通过桑德赫斯特学院的秋季入学考试。詹妮这样描述温斯顿："看上去脸色有些苍白，但像我一直期待的那样，很有教养并充满了信心。"

第十五章 故我

那年秋季,温斯顿通过了入学考试。在评论这次考试时,他认为母亲可能愿意让他选一些容易的课程,他选的是"美国国内战争"这门课程,然后加上了他惯用的注脚:"一笔汇款总不会都白花掉。"

不久,詹妮又写信给她的丈夫。

> 我相信在你听到温斯顿通过入学考试的消息后,一定很高兴。最重要的是,在哈罗公学的四个男孩中,只有一个孩子通过了这次入学考试……我觉得你应该送给他一把枪作为礼物。他一直想要支"砰砰"作响的枪,应该给他点鼓励。

1891年2月,伦道夫从埃及回来了,除了多了一把胡子外,没有什么别的变化。他的寂寞和他对家乡与家庭的思念似乎已消失在了航海途中,他与詹妮的关系并没有什么改善。

温斯顿写信给父亲,恳求他来哈罗看看。"您从来没来看过我,这里的一切事情对您来说都是新奇的。"他甚至告诉父亲从贝克街只坐一个半小时的快车就可到这里。"如果您不来看我,我会极度失望的。"他最终还是极度地失望了。

即使伦道夫改变要同家庭更加亲密的想法,也不会动摇他寻求金钱的打算。"金子"是具有魔力的词,而最有魅力的地方是盛产黄金的南非。不多时,他便宣布打算4月底去南非,这次旅行约需时9个月。《每日画报》(Daily Graphic)已经同意付给他2,000畿尼(10,000多美元),但要用20篇每篇4,000字的文章作为回报。他的好朋友罗斯柴尔德勋爵借给他5,000英镑,并让他手下最优秀的一位采矿工程师随他一同前往。这位名叫珀金斯的采矿工程师将会帮助他搜寻金矿。

伦道夫最初打算带他的连襟莫尔顿一起去。莫尔顿·弗雷温发明了一部新式的金矿石破碎机,他已经获得了此机器的专利,这部机器将会给他制造未来的财富,丘吉尔一家在这专利中也有股份。《西部信使日报》(Western Daily Mercury)对弗雷温的这项发明提出了恰如其分的严厉指责:"可以看出他是一个卓越的兼职金属工作者,因此渴求尽量多地碾碎本已缺乏的金矿石。"然而伦道夫对破碎机重新考虑后写信给莫尔顿说,他不能再继续投资这个机器了。

> 我的旅行将花尽我可以动用的全部资金……我重新考虑后的意见是:你我二人最好不要一起去南非……我们在有关生意的问题上将不会有一致的意见……我们也许会争论甚至分手,必须避免这样的结局。

詹妮已经知道弗雷温在资金上的困难,她拒绝收回她和伦道夫已给莫尔顿投进金矿石破碎机的任何资金。莫尔顿写信给伦道夫:"詹妮说,她要把这第二张支票还给克拉丽塔,她的心肠真好,但如果她拒绝还钱给她,那将伤害我的感情。"

然而,伦道夫对于收回那笔钱,却很坚持:"我有许多账要结算,在我离开之前要支付欠款,所以我相当地缺钱,赛马也没有什么好处……如果您能付给我200英镑,我将感激不尽……"

伦道夫在为即将启程做最后的准备,此时伦纳德·杰罗姆来到英国。这是他最后一次访英,他的生活丰富而充实,他有最美丽的女人爱着他,他有最高明的智囊在倾听他的意见,美国的整整一代人由于他而感到精神上十分富足。他那种卓越的才能和创造力,已成为美国发展的重要组成部分。但他的健康状况开始衰退,他的夫人极力主张雇一个用人。"用人已经毫无用处，"杰罗姆回答，"他只能是一个累赘。六七十年来我已习惯于自己穿鞋袜，若让别人来做这一切，我会不适应的。"

现在，他已经 73 岁，他感到疲倦、气馁，在他的家族中，他正走向死亡。他的侄子尤金·杰罗姆从纽约给莫尔顿写了一封信说："你若看到他已变得无法自理和那般衰老，你一定会感到震惊。我从他的医生那里获悉，他再也不可能站起来了。"

伦纳德住进了奥尔福德街的克拉丽塔家。这条街朝着公园巷，从克拉丽塔住宅的窗户向外可以看到绿树和格罗夫纳教堂。杰罗姆坐在一张铺着天鹅绒的大黑椅子上由他的妻子照料，由他的女儿们护理，他众多的外孙儿女们注视着他。人们告诉这些孩子，他们的这位美国外祖父患的是"奔马痨"。

利奥尼一月份写信给她的婆婆："那是个融冰化雪的日子，我们都希望能平安如意地度过一天。如果爸爸的健康状况允许，詹妮想到马赛去与伦道夫见面，但是我不相信她能够分身。"

伦纳德的健康状况趋于恶化，全家决定把他送到有着海边湿润空气的布莱顿。他和妻子待在里昂邸宅中，他的女儿们几乎整天都在那里。据沙恩·莱斯利的记述，杰罗姆生命的最后日子是靠香槟和牡蛎维持的。他死在一张黄铜制的大床上，他的妻子和他的女儿们环绕着他。他所说的最后一句话是："我已把所有的一切给了你们，把它传下去。"

在伦纳德·杰罗姆的所有女儿中，詹妮和爸爸关系最为密切。他把钱，把整个身心都倾注在这个女儿身上。她从父亲身上得到的鼓励、勇气和创造力最多，她将会把所有这些传给她的孩子们。

也是在那个时刻，詹妮开始感到孤独和筋疲力尽。她现在需要伦道夫胜过伦道夫对她的需要,这种情况在他们的婚姻生活中只出现过少数几次。可是,她之所需却已不是伦道夫之所需了。

葬礼是在格罗夫纳教堂举行的。出席葬礼的有美国公使罗伯特·林肯(林肯总统的儿子)、德国大使等大约30位朋友。《纽约每日论坛》刊登了大字标题:"伦纳德·杰罗姆逝世"。《纽约先驱报》写道:"伦纳德·杰罗姆亡故,使英国社会各界都感到淡淡的哀愁。"

莫尔顿·弗雷温把伦纳德的遗体运回美国,在纽约布鲁克林区绿林公墓中的家族墓地安葬了他。

伦纳德·杰罗姆遗留下的是欠款,而不是财产。在他的财物中,有一副他在出入拿破仑的帝国宫廷期间为他妻子买的钻石项圈。然而,莫尔顿却劝说他的岳母和其他遗产继承人,把这副项圈和其他传家宝一起卖掉,所得的钱用来投资他的金矿石破碎机,他说这种机器会给家里的每个人带来数百万英镑。他写信告诉克拉丽塔:"当我回来的时候,我将为你建一条大游船,并让你休假一年!"

杰罗姆的死没有阻止伦道夫在下个月的航行,但是詹妮不会再是孤独的。她有她的儿子们、姐妹们以及朋友们。当她的丈夫越来越成为她生活中的幽灵时,她会到其他地方寻求生活的真谛。

第十六章　教子

1891 年，父亲去世后的几个月对詹妮来说是郁闷难熬的。"我觉得我好像是生活在一种可怕的氛围中，到处是葬礼、坟墓！"她写信给伦道夫说，"这对我的影响太大了——浓重的阴影使我沮丧得什么也不愿说，我越来越忧郁了……"

"这里的天气又潮湿又寒冷，"在另一封信中她写道，"我一直在驱赶着悲哀……我总是这样对自己说，生活对于忧郁来说实在太短促了。"

她同时还惦记着温斯顿，他 16 岁了，非常需要一个可以作为行动榜样的人能和他一起散步、骑马和谈心。在这年的晚些时候，詹妮写信给伦道夫谈起了温斯顿："他确实正在长大，由一个女人来教养稍稍有些不合适了……他看来是需要一个成年男子……"这时，温斯顿的父亲远在外地，不能对他有任何影响，而金斯基伯爵则就在他身边，可以充当这个角色。在侄子克拉里王子的印象中，金斯基是一个有吸引力而又和蔼亲切、聪明漂亮的男子，是那种男孩子很快就会把他当作英雄的人。他显著的特点是绝对的无所畏惧，他在生活中多次表现出这样的精神，无论是打猎、赛马，甚至在战争中都是这样。对于一个全部冒险只是在想象中经历过和用 1,500 个玩具士兵打仗的孩子来说，金斯基是生活中的超级偶像。金斯基还带他去动物园，去看消防队训练，或者参加晚会。温斯顿高兴地讲述，餐馆服务生的头儿说已经没有空桌了，"可是金斯基伯爵用德语对他讲了几句，于是一切都解决了"。金斯基甚至认为温斯顿已经到了可以享用香槟酒的年龄。

温斯顿和金斯基伯爵之间已建立了一种亲密的友谊。"金斯基本来可以成为温斯顿多么好的继父啊,"温斯顿的表弟沙恩·莱斯利这么评论说,他也认识金斯基,"金斯基本来能给予温斯顿迫切需要的许多东西"。如果金斯基再早些和温斯顿在一起,原本能给他注入一种以前就应具备的自信,一种更鲜明的男子气质。詹妮可以教训、影响她的儿子,但是她无法使他的软弱转变为钢铁般的坚强。得不到父爱的温斯顿因此要从他母亲那里得到很多,甚至在给她的信中,他虽即将成年,但所要的东西还有点孩子气,似乎他仍是一个希望她亲吻的小孩子。他是离不开妈妈的孩子,詹妮清楚这一点,也为此忧虑,她可以满足他很多很多,但无法给他男子气概。

詹妮,她的母亲,她的姐妹们,还有所有的孩子们在班斯特德丘吉尔家族的家乡度过 1891 年的夏天。这其中的一段时间,金斯基住在乡下的一处和丘吉尔家邻近的房子里。詹妮姐妹们的丈夫们则在各个地方:约翰·莱斯利和他的家人在爱尔兰,莫尔顿·弗雷温在美国去澳洲的途中,伦道夫在南非。

温斯顿和杰克,还有来看望他们的表兄弟沙恩·莱斯利和休·弗雷温,加上园丁的儿子,他们一块儿干活,建造了一所简陋的土木结构的有两间屋子的房子,他们称之为"大堡"。他们还挖了一条壕沟,在里面灌满水,还有一座平时可以拉起、放下的吊桥和一个用没成熟的苹果当子弹的弹弓(有一只苹果打中了一头奶牛)。还未满 17 岁的温斯顿成了训练士兵和组织战斗的将军。

男孩子们对他们饲养的雏鸡也很爱护。温斯顿给父亲写信:"我们的母鸡已经孵出一窝四只小鸡,还下了十八个蛋。"他还有两只母鸡正在孵化鸡蛋,可是那只豚鼠死了,和那两只捉来的野兔命运相

第十六章 教子

同。詹妮在给伦道夫的信中又补充了一些班斯特德的新闻。她说："孩子们都很高兴。金斯基已经带他们出去玩了，去打靶，我已打算给温斯顿买支枪。"

伦道夫写给家里的信变长了，也更频繁了。他是个不中用且令人失望的人。在给温斯顿的一封信中，他尽量使他的南非冒险听起来愉快而富有趣味，把它描绘成"一种地道的吉卜赛生活"，包括在帐篷里的床垫上睡觉，在露天洗澡、穿衣，围着篝火吃东西，猎射各种野兽的比赛，找寻金矿，坐在"蜘蛛"里——一种由八匹骡子拉的四轮车——旅行，一天可以走50英里。最后，他还父亲般地（他很少像父亲）加了一句脚注："照顾好自己，不要给妈妈找麻烦。"

可实际上，温斯顿正使詹妮不得安宁。詹妮在一封信中这样形容他："他正处在'讨厌的'年龄——易受刺激，令人厌倦。他常常显得暴躁至极，我真担心他血气方刚失去控制。"

韦尔登在哈罗写信告诉詹妮，他觉得温斯顿应该在假期时到国外去，提高语言方面的技巧并和一个法国人的家庭一起生活。温斯顿强烈反对这个建议，于是詹妮写信给伦道夫："我打算尽量找一个年轻的女家庭教师（不漂亮的）……只是陪他聊天和读书……如果找不到我就只好把他送走。"最后她的确请来一个从剑桥来的年轻人（相当不错），他8月底来教了温斯顿几个星期。

还有，詹妮对他们日渐减少的财源十分忧虑，那些经常在他们非常需要钱时立功的赛马也表现不佳。这还不算，她还不得不花200英镑买饲料、马具，雇驯马手，等等。"我觉得最好花自己的钱，力所能及地把一切都安排好，若不够即使向银行贷款也不要欠像斯莱特这种人的债。"她还要花15英镑从一个叫什么比利的人那里为杰克买一匹小驹。"那个人说我得交钱他才给马。"不论怎样，杰克终于还是得到了他的马驹。费用不够，偶尔使詹妮困窘，但很少难倒她。她给丈夫写信说她能维持到 11 月。"我已经被迫付了一些账目，一笔大账，当然，孩子们的学费和家庭教师教课费也必须付……"紧接着，她说，"考虑到钱，恐怕你肯定觉得我们前景不妙……可是我们不能绝望……"在最近的一次晚会上，每个人都要祈愿，詹妮又替他祈愿道："我希望你能赚一大笔钱。"

尽管詹妮不富裕，但总算还有年收入，而克拉丽塔却似乎有永远还不清的债。"你母亲难道不能接济你吗？"莫尔顿信中说，"……你母亲看来只想着伦道夫和詹妮一家将来的日子怎么过，而我们走运还是倒霉都好像和她没关系！"

杰罗姆夫人实际上很快就变成了一个吝啬的孤老太婆。她的外孙子、外孙女记忆中的她，是一个忧郁、寡言、寂寞的女人，她越来越像他们在图画书中见到的印第安妇人。

尽管这位外祖母克拉拉·杰罗姆一直有她自己的积蓄，但除了应付她女儿克拉丽塔的一些紧急开支外，她把大部分都留给自己。最后她住在坦布里奇的韦尔斯的一处廉价公寓里，俭省到这种程度：甚至在冬天最冷的时候，也不愿在壁炉里生火。她很久以前就不再和她曾密切联系的社交界来往了。真正令人伤心的是这个女人——她从来没有能够和她丈夫说同一种语言，也没有和丈夫生活在同一个天地里——现在对她的儿孙们的生活也没什么能力管了。詹妮信任的是她的姐妹们，而不是她的母亲，但是母亲对詹妮还是挚爱的。

夏季结束了，詹妮写信告诉丈夫，孩子们放假了。"他们一个个高兴得像国王，又是骑马，又是打猎。"温斯顿"高兴得发疯……我知道杰克跟着温斯顿猛冲猛撞，常常筋疲力尽……他们年龄上的差异现在开始显现出来……如果没有孩子们，我会很无聊……"她的孤独

第十六章 教子

感更强烈了，因为金斯基去奥地利狩猎旅行了。

这期间，伦道夫在非洲的确也进行了很多射击活动，但是他更多的进攻是在《图画》上，他的文章抨击所有的人，所有的传统、习俗，很快激起了部分公众的反对。詹妮这样引用索尔兹伯里的话："从什么时候开始伦道夫变成一份廉价报纸的记者了？"阿瑟·鲍尔弗向詹妮抱怨说，伦道夫关于土地法的批评文章使得他和伦道夫"在议会中的共同朋友十分难堪"。

对他的文章，詹妮本人也提出一些评论。"它对我来讲很有意思。"她提到其中的一篇，"也许对一般的公众不合适。令我如此惊奇的是你的文章写得如此精粹。"另一次她谈道："我恐怕人们认为你的文字单调乏味——可是我认为你写得生动，富有文采。"

讽刺者们每日写文章攻击伦道夫，把他说成一个"捻狮子胡子的人"。在保守党的年会上，一些代表诋毁他，编辑们也反戈嘲弄他，快乐剧院也对他讽刺得厉害，以致国务大臣禁止了其中一首戏谑伦道夫的歌曲。"人们都被逗乐了。"詹妮写道。

公爵夫人很不高兴。她告诉儿子，一份叫作《幽默家》（*Funny Folks*）的娱乐报纸，"每星期都有一篇有关'兰迪暴跳如雷'的愚蠢的东西"。另外她还给他寄去一些《蓓尔美》（*Pall Mall*）的恶毒评论，"我觉得完全是扯谎，你也清楚这一点"。她还使他注意，一些人赞扬了他最初在《图画》上的文字，可是"人们嘲笑你的植物学知识"。公爵夫人并不赞赏《图画》的专栏，因为"他们只考虑报纸的销路"。

公爵夫人最大的愿望就是让伦道夫回来。"我必须在你身边。不管怎样，你的名字现在并不受一些人的欢迎。"有一个晚会，索尔兹伯里一家参加了，她也去了，可是公爵夫人表示"我从来没接近他们"。她对索氏的怨隙是很深的。"我害怕你会掉进他们设的圈套里，我意识到你必须跳出来，击败你的对手。上帝保佑……我盼望你快回来吧，最亲爱的，什么也不要想。"

温斯顿也为他父亲受到的攻击感到不安。"这些报纸太恶毒、太卑鄙了。……您不能想象您引起了他们怎么样的暴怒和肆虐。所有的报纸只会胡说八道。天哪！我不愿这些恶狗的狂吠烦扰您……"可是还有别的事情更令温斯顿不安，他说他认识哈罗的一个少年，暑假期间去了金伯利，"他对我说，那里的人说你的样子看起来像生病了"。

在一封信中，温斯顿画了一幅画，一个人端着来复枪，对着一只狮子，标题是《我想象中的您》。在另一个《不要把我的忘了》的标题下，他画了一只羚羊头，然后他向他的父亲解释，他并不要他带一只活羚羊回家，只是要一只制成标本的羚羊头放在他的房间里。在另一封信中，他说："妈妈搞到一张很大的南非地图，她在上面画出了您的路线。我多么希望您把我带去，那样我该多快活呀！"然后，他用大写印刷体写道："您找到金矿了吗？您猎获狮子了吗？"

詹妮则要伦道夫回答另一些问题：在马绍纳兰真的会发生战争吗？他们的一个朋友在被子弹打碎脑壳前已经被部族人搞得肢体不全，这是真的吗？他能告诉她更多的荷兰议会的情况吗？对于他写的关于部落人的文章，她评论说"那些部落人都是野兽！"并认为这是他写得最好的文章。

她还转述了一些她能收集到的政治新闻。格莱斯顿已经告诉他们共同的一个朋友，决定重新参加下一届的大选；新闻界因为鲍尔弗提出的一些议案而正开始把焦点集中在他身上，整个爱尔兰在帕内尔同奥谢夫人的丑闻之后似乎没有什么"行动"，她谈到的每个人好像"对政府都如此容忍"；哈廷顿勋爵对自己向女王的报告十分自得，

第十六章 教子

他说政府所做的一切都是"对奥谢夫人表示感谢"。

在南非某地，一个记者采访伦道夫："您认为作为一位成功的英国政治家，最需要的品质是什么？"

"敏锐。"他回答说。

他写得最有趣的家信还是给他母亲的。詹妮抱怨说："我对你这时期的经历相当不清楚，你的信也没提过狮子。"随后她又说："从上一次接到你的信，仿佛已经过了许多年了。"詹妮抱怨伦道夫很少提到她，即使在他给母亲最长的一些信中也是如此。

尽管偶尔能同野兽遭遇，也不时有希望发现金矿的激动，但这几个月单调的吉卜赛生活，对伦道夫来说还是枯燥难挨的。"这里非常令人厌恶。"他曾在给他母亲的信中说，咖啡十分低劣，饮水满是尘土，吃的是"小猪崽"，肉还要定量，苍蝇无处不在。

詹妮的心情好像一点也没变好。"伦敦完全没有快乐的气氛，几乎什么也进行不下去——甚至歌剧都演不好。"

她已经搬进了她婆婆在格罗夫纳广场的住处，以便节省一些花销，她还把他们在康纳特的房子租了出去。这时的詹妮处于一种为难的境况中。她和婆婆恢复了一种平静的友好关系，但是她们都有一种不大和谐的感觉，一种由来已久的隔阂。"我明白寄人篱下就没有多少选择的自由，可我还是觉得太难熬了，"詹妮在信中向伦道夫倾诉，"你快回来吧，我会很高兴的。"在另一封信中她表示："我一直都是孤独的，情绪也很低落。"伦道夫已经花去了他带走的大部分钱，还借了钱支撑他的南非之旅。当然，不论出于负罪感还是怜悯心，他的确寄给她一颗钻石作为她不幸的回报，她让人把它制成了一枚饰针，而后又做成了一枚戒指。"它非常可人，"她告诉他，"人们都非常羡慕……我以前从未梦想能得到它。"

音乐是能使詹妮得到消遣的一种活动。她和利奥尼安排了一次"朝圣旅行",去拜罗伊特参加瓦格纳①音乐节。为了使瓦格纳的作品为大众熟悉,詹妮聘请了一位著名的德国音乐家和一位瓦格纳歌手来演奏歌唱,她还组织了一系列关于瓦格纳的讲演,可是专家的英语水平有限,方音又很重,以致在会上出现了一些意想不到的欢闹音符。

只有6个人最终完成了拜罗伊特之行,包括詹妮的姊妹们和格雷夫人。詹妮此后为《回响》在伦敦的首场演出做好了安排,后来在为作曲家瓦格纳的儿子西格弗雷·瓦格纳接风的小型宴会上,来宾要选出他们最欣赏的两位作曲家。"我是唯一不提瓦格纳的人,"詹妮说,"这既是因为抵触情绪,也因为我的确这么想,我欣赏巴赫和贝多芬。"在全屋十分尴尬的气氛中,西格弗雷·瓦格纳微笑着赞同说:"如果是我父亲,他也会推崇他们。"

音乐家伊格纳西·帕德雷夫斯基是詹妮个人的骄傲。沙恩·莱斯利记得曾经和他母亲利奥尼、姨母詹妮,还有"帕迪"(他们都这样称呼帕德雷夫斯基)同坐在一个车厢里,他们都很兴奋地期望他在伦敦演出成功。

詹妮安排了帕德雷夫斯基在伦敦的首场演出。

> 我邀请了为数不多的经过挑选的人来和他会面,我清楚他们有能力欣赏和评判他。不用说,他们对他无限景仰和崇拜。过了一些天,他在圣詹姆斯宫街举行了他的第一场音乐会。人并不很多,在我身后是两位音乐评论家,在纸上记着笔记。"这小子没什么。"一个说。"他能行。"另一个说,"要是他不去演奏肖

---

① 瓦格纳(Wagner,1813—1883),出生于德国莱比锡,浪漫主义作曲家。

邦就行。他演奏肖邦完全反传统。"

詹妮多么希望让他们知道肖邦的朋友斯蒂芬·海勒曾告诉她,这位伟大的音乐家从不以同一种方式演奏他的作品两次。"第二年帕德雷夫斯基在巴黎和其他地方取得巨大成功后回到伦敦,在那里他受到激动而热情的听众们的热烈欢迎,崇拜者们狂呼着拥上舞台吻他的手!"

沙恩·莱斯利说,帕德雷夫斯基特别喜欢和詹妮一同演奏,帕德雷夫斯基像爱好音乐一般地爱上了杰罗姆三姐妹,并告诉她们说无论什么时候她们的孩子结婚,他都会很高兴来为婚礼演奏。

詹妮还在俄国驻伦敦大使馆会见了阿贝·李斯特。

> 我坐在这位伟大人物的旁边,他的富有力度、个性鲜明的脸经常被人用刷子画成画或用凿子凿成雕像。他的视力这么糟糕,吃芦笋老拿倒了个儿,我只好提醒他……午宴后,尽管他的手指患风痛病,他还是被请求演奏……我从来没听过他这么好的表演。
>
> 安东·鲁宾斯坦,我清楚地记得他,他的大手在钢琴上轻盈跳动,长发四下抛甩,汗水满面淋漓。他的演奏富有技巧,当表演达到高潮,用最强音演奏时,他激情奔放,弹完了无数奇妙的音符,紧张到好像达到乐器的极限,这时琴弦木然一响,戛然而止。

几个月前,詹妮的婆婆就要求詹妮为一个和她关系密切的慈善团体——"帕丁顿娱乐中心"承办一场音乐会。"这会很麻烦,很令人操心，"詹妮告诉伦道夫，"不过我想我非干不可。"

很快她就为它奔忙起来了。威尔士王妃向她表示要提供帮助；著名导演亨利·欧文爵士把他的莱希姆剧院供她使用；艺术家朱利·斯托里专门设计了三个活人扮演的场景——一个威尼斯人，一个法国人，另一个形象是活动的。随着报上一则小启事的刊出，詹妮开始收到"雪片般飞来的邮件，这些令人厌烦的人都要扮演角色或者配音"。在威尔士亲王答应资助这次演出后，伦敦许多漂亮的妇女为了能在这些场景中抛头露面而竞争。"殿下考虑得十分周到，很值得赞扬。"詹妮写道，"一定能成功。对成功的信心是最重要的。"

演出的确非常成功。数以千计的人包围了剧院，舞台被鲜花和赞扬声淹没了。"帕丁顿人看来对演出很满意。"詹妮这样记述了那个晚上。

> 当时真是太可怕了，两个原先说一定出演的琴师没有到，我不得不顶替他们中的一个……谢天谢地，总算过去了……
>
> 就我个人而言，我从来没有过那种在大庭广众之中表演的紧张感，不论是协奏曲还是独奏。那会是什么样的音乐演奏家呢？优秀的，拙劣的，或是一般的，当他们碰到了演奏起来很困难的乐段时，他们都不感觉紧张得弦儿要断吗？那只有听天由命了……对我来讲，我好像是在一个噩梦里，我几乎到了想从钢琴旁跳开，冲下舞台这种程度。当时，啊呀！第四次，好极了！鬼使神差，这些小节我弹得很出色，而且终于能够把这些乐段正确地结束了。看来汉斯·比洛也出现过这类事，他演奏的是贝多芬的奏鸣曲，他绝望了，不得不听其自然。

第十六章 教子

伦道夫在南非一拖再拖的逗留引起了恶意的流言。一家杂志的记者评论说："有这样一位可爱的妻子，以及如此众多的留在英格兰的政治和社会的诱惑力"，"可是他却在英格兰外待了这么久……我真诚地希望丘吉尔的家庭没发生什么变故"。与此同时，詹妮在新闻界和越来越多的男子的名字联系起来，尽管他们当中的许多人和她并无瓜葛。

詹妮和威尔士亲王以前在巴黎经常到赫斯男爵家做客，现在亲王邀请他们参观在他的匈牙利领地圣约翰森举行的国际性狩猎比赛。这对詹妮来说是个机会，可以摆脱是非之地，离开令人压抑的她的婆婆在格罗夫纳广场的房子。

"生活在圣约翰森是单纯而健康的。"她写道。

早饭后不久，一列敞篷四轮马车出现了，马匹套在漂亮的马具里，驭手穿着模仿匈牙利15世纪时的蓝上装，海赛式靴子和耀眼的像皇冠似的高帽子。于是来宾们坐上车去集合地，那里有一个600人组成的鼓手队在恭候。人们排成队，开始在军号声中前进，行进了几英里，经过沙子覆盖的、只剩短庄稼茬的平地，人们看见了硕大的野兔，还有满地跑的山鹑、狍子、雄黑琴鸡和鹧鸪。不论天气怎样，午宴都在露天举行。

詹妮时常谈起一个猎手："当肥大的山鹑飞过他的时候，他攒足全身力气，冲它们大声喊：'感谢上帝，站住！啊哈，等我一下！'"那天猎获的山鹑总数达到了3,000。

在回家途中路经巴黎时，詹妮经历了一次令人不快但动人心悸的事件。她当时正站在餐车旁，火车停在加雷德诺尔一个交通繁忙的拱道里。

　　我突然间听到一声枪响,紧跟着又是连续的短促几声,一个人手捂着臀部,脸上显出痛苦的表情,从拱道中的一根柱子后面跑过我身边,更确切地说,是颠过来的。他身后紧跟着一个举着左轮手枪的人,又在射击,这一回离我这么近,我惊慌地躲向一旁,这时我瞅见那个受害者摔在地上,凶手还在继续朝他开枪。在最初枪响时四处逃散的一大群人,这会儿涌向出事地点。我呢,因为害怕那家伙亡命夺路,我可能成为他那野蛮枪口的又一殉难者,尽管有很厚的皮大衣和各式各样的累赘,我还是拖着它们以最快速度向平台下快跑。可是真倒霉,我甩掉了皮手袋,那正好是一只貂皮的、用貂尾装饰的手袋,里面有我的皮夹和证件。还没等我把它拾起来,一个人猛扑过去,一把抓起,然后急速地跑向通往车站外的转动玻璃门。我一边追过去一边喊,眼看他消失在一扇门里,可是又像哑剧中的小丑一样随着另一扇门转回来了。他很镇静、坦然,挥动着一根手杖,可是皮手袋不见了。我一边诧异地向他怒目而视,一边查寻,发现皮手袋上的一支貂尾从他的上衣中露了出来,他还竭力想把它遮住。正在这时,宣布火车启动的铃声响起来了。没时间费口舌了,只有拼一下。我冲向那个家伙,抓住了皮手袋的貂尾,然后跳上火车,丢下那个贼——他嘴张得好大,当我们缓缓驶出车站了他还傻愣着。至于那个不幸被枪杀的人,我后来听说刺客在被制服之前七次向他开枪,还想用左轮手枪的枪柄击打他的头部,没想到他要杀死他的意念这么强。一位乘客的腿也挨了一颗子弹。不论怎么说这也是野蛮、狂躁和混乱的一幕。我根据登载这次流血事件的

第十六章　教子

报道得知,这两个人都是美国人,凶手追踪他的猎物已有一年多,最后在他离开法国去美国的时候得手了。审讯表明,犯罪的动机是恋爱和金钱问题。

回到伦敦后,詹妮明显心烦意乱,因为得知布勒特伊侯爵定了一位叫嘉娜小姐的美国籍继承人,而且就要结婚。结婚典礼在法国南部一个城市举行。詹妮没有参加。她写信给伦道夫谈及侯爵的婚姻时,弦外有音地评论:"但愿布勒特伊的妻子不再令他失望。"布勒特伊带着新娘在美国游玩了一趟回来,写给詹妮一封莫名其妙的信:"我一天比一天感到高兴,我永远不会忘记,是你促使我这样,遗憾的是我再也见不到你了,请重新相信我对你的感情……"这封信不知怎么落入伦道夫的手中,在他的遗稿中被人发现。

詹妮眼下又搬回她在康纳特广场的家,她的男性朋友几乎一个没少。约翰·斯特兰奇·约瑟林——"讨人喜欢的斯特兰奇"已经从爱尔兰回来,而且来拜访过了。最近驾到的希腊王子带她去听音乐会。威尔士亲王,"没有带王妃"便来品茶,她和威尔士亲王去菲茨威廉共度周末。一天晚上,她和金斯基出去后,第二天温斯顿意外地遇见他们在一起吃早饭。乔治·寇松带她去进晚餐。她又花一个晚上和阿瑟·鲍尔弗在一起。"阿·鲍向你祝福",她写信给伦道夫。

千方百计收集传闻的《街谈巷议》杂志报道:"上流社会因为伦道夫夫人喜好这种从别的女人们手中抢夺男人的充满刺激的运动,还为她发明了一个新名字,使她赢得'詹·斯耐彻夫人'的美誉。"[①]

周围的快乐很快被痛苦代替了。"原来我'想象'中的这些痛苦,

---

① 原文为 Lady Jane Snatcher,英文意为"抢夺者"。

现在真的开始了，痛苦实在太多了。"她向伦道夫诉苦。大夫们检查出她的直肠部位有一个正在变大的肿块。"大约有一只小鸡蛋大小的肿块。他们无法断定它是否还会生长。"医生说如果继续生长，就必须切除，就要做一连串的手术。

  他说的什么我记不起来了——可是我不想被神经质和沮丧所控制。感谢上帝的恩典，大夫做完了手术。我今天就可以下床看孩子们，克拉丽塔出去了……给我介绍一些好书，好吗？我感觉比实际要好，尽管大夫割伤了某个部位。

詹妮身上的疾病并未使伦道夫加快他的归程。他同样也未参加他妹妹萨拉的婚礼（詹妮曾为她做媒）。他只有找到金子才肯回来。

伦道夫从金伯利和约翰内斯堡旅行到贝专纳和马绍纳兰。令人泄气的是金子还像彩虹一样挂在天空，他写信给索尔兹伯里首相和鲍尔弗要求委任他去补驻巴黎大使的空缺。鲍尔弗当然迫于詹妮的压力，请求他叔叔给予伦道夫这个职位："这可以使他从环球旅行中跳出来，在这些不顾一切的激烈竞选的日子里，他很危险，应该把他放到一个地方，在那里他不会得到显赫的权力。"可是索尔兹伯里仍断然拒绝。

"从那时起我变得令人可怕的消沉，"詹妮听到拒绝的消息时在信中写道，"我没有向任何人吐露这件事，甚至对你母亲。你可以告诉她什么时间到家……这件事太令人痛心了，你仅有的要求被拒绝了！"

伦道夫对事情的结果也很难过。11月，鲍尔弗当选为议会议长，伦道夫写信给詹妮：

第十六章 教子

于是阿瑟·鲍尔弗真的成了议长——托利民主主义,这个名副其实的官样文章,算完蛋了。好了,这些我听得多了。我一直静候着局势的扭转,可是并没好转,也不会及时好转。

随着温斯顿长大,詹妮的烦恼在1891年冬天也增加了。他就要迎来17岁生日,他仿佛已进入了迷惑、优柔的年龄。"一天一天,我真的觉得当军人意思不大了,"他写信给妈妈,"我想教堂对我更合适。"于是他决定在一所英国教堂里进行坚信礼。"或许这会使他变得坚定。"詹妮写信给她的丈夫。不过,她加上了她的猜想:"温斯顿要受坚信礼①,只是因为这能使他逃避其他工作!"她非常了解她的儿子,他对教堂的兴趣会渐渐冷淡下来。(像成年人一样,他喜欢引用迪斯雷利的话:"所有睿智的人都有同一种虔诚。")

温斯顿有一种固执的思想方式,使本来没有的危机变成想象中可怕的灾难。"最近两星期我为温斯顿操的心真没法对你说。他一连来了好几封信诘责我,诅咒他的运气,还有所有的人。"詹妮写信给伦道夫。这次的危机是因为韦尔登校长重新建议他要为桑德赫斯特学院所承认的法语考试做更好的准备。对于要他去和一个法国家庭过圣诞假期这件事,温斯顿也激烈反对:"我恳求您不要把我送到那样一个下贱、肮脏、古板、毫无人情的法国'家庭'里。"詹妮做了让步,劝说韦尔登去请一位哈罗的法语教师而温斯顿不再去与巴黎人同住。温斯顿这时又从另一方面提出异议。

---

① 坚信礼(Confirmation),基督教仪式,一般在13岁时受坚信礼。孩子只有在受坚信礼后,才能成为正式教徒。——译者注

> 亲爱的妈妈,如果您容许他用欺骗的手段使我失去我的圣诞节,我会认为那是很不善良且不近人情的……请您不要逼迫我……妈妈,不要对我不好,让我不高兴……我已经打定主意在 27 日以前坚决不到国外去。

詹妮的回答也很坚决:"亲爱的,你可以完全相信我的决定是最好的,我明确告诉你,事情要由我决定而不是你。"

温斯顿在巴黎享受的乐趣比他想象的要多得多。布勒特伊侯爵邀请他吃午饭,赫斯男爵带他参观了一回太平间,然后又去瞧法国人喜欢的一项娱乐活动。"我觉得很有趣。"温斯顿写道,但没有提那天他很失望地瞅见只有三具尸体在太平间——"真没劲。"

埃弗里斯特太太按照她的习惯寄给他长长的、充满关心和疼爱的信。有一封信中她说她要把他的粗呢大衣寄去,还有"几件很漂亮的法兰绒睡衣"和他的新套装。"温尼,亲爱的,一定要试一试,穿上这专门在外出时穿的棕色新套装,这不是每天都能穿的,求你穿上它。亲爱的,我希望你不要感冒,小心,也不要被雨淋着。"

在另一封信中,她绘声绘色地讲述她在康纳特广场的圣诞晚宴,那是在家人协助下举办的。

> 晚饭后他们都唱起了歌,然后我们进了厨房,他们把餐桌推到一边,于是就没命地跳起舞来。爱德尼吹着口哨,我敲打着梳子,就像我们以前在幼儿园的快乐日子里经常干的那样……我们为你们的妈妈和爸爸的健康和幸福祝酒,温斯顿先生和杰克先生,你也许可以肯定我是多么兴奋地想见到你们。

第十六章 教子

她接着说："高兴起来吧！亲爱的！高兴起来，你应该感到满意了。只要你好好想一想会讲法语该有多么好，你就知道你有许多值得庆幸的事情……"

詹妮让杰克在伦敦的日子和她在一起。"杰克的假期太短了，我必须让他和我在一起。"她写信给伦道夫。杰克是个用功的孩子，在学校里一直干得挺好，不过他对哈罗的羡慕又显露出来了。

伦道夫终于要带着金子回返了。"宾夕法尼亚"人珀金斯，代理罗斯柴尔德的美国工程师，已经勘查出金矿矿脉的走向，还把兰德金矿的钻井在这一地区所能达到的深度和方向做了界定。在这条消息引起价格上涨之前，罗斯柴尔德已经给伦道夫贷款 5,000 英镑购买兰德股份。即使伦道夫为偿还债务卖掉他股份的五分之二，在最近三年中他持有的股份总额仍然有 70,000 英镑之多。

埃斯米·霍华德说，当她在那里看见伦道夫的时候，他的变化太令人吃惊。就在发现金矿之前，"他就像知道自己已经完了"。后来，温切斯特勋爵看见伦道夫在马绍纳兰乘一只小船过河，船上满载着香槟酒。

"爸爸昨日早上到的，看起来精神挺好，可是胡子很吓人。" 1892 年 1 月 9 日，杰克给在巴黎的哥哥写信说。他和母亲差 6 分钟没有赶上去码头的火车，只好等两个小时坐下一趟车。《环球报》(*Globe*) 特别提到："伦·丘吉尔夫人快速地奔向港口。"

伦道夫的胡子看起来的确"恐怖"，詹妮写信给温斯顿："我想我不得不给他点好处让他把胡子剃掉。"可是伦道夫的邋遢胡子依然如此。沙恩·莱斯利后来写道：

那时，在一个小孩看来，伦道夫是一个从南部非洲回来的一身尘土、满面胡子的猎人……

伦道夫的确给温斯顿写了一封颇有道理的信，但从笔迹上可以看出严重的手颤。温斯顿要求父亲到巴黎来看望他，要么给他多放一个星期的假，让他可以回家听听关于狮子、老虎和金子的故事。伦道夫回信说，温斯顿回学校为准备桑德赫斯特考试重新学习是非常非常重要的。"你当了军人之后，会有许多星期去娱乐和无所事事，你的性格也会倾向于这些东西。"

伦道夫在答复温斯顿的一封要钱的信时，显得过于刻薄了："就算你是个百万富翁，你也不能这么过分……要是你不多加小心……破产法庭上会见到你。"

伦道夫还把他的讽刺扩大到詹妮身上，克拉丽塔肯定亲眼见过他们之间冲突的场面，因为她在给丈夫的一大堆信件中详细描述过。莫尔顿回信说：

> ……你一定吓坏了。这本身就足以使你生病了……对可爱的詹，我很难过，很难过。在所有人当中，她一定是在这些情况下最能忍耐的人。他真是个万分可恶的东西……我为可爱的詹妮的不幸深感难过；这些不幸不像我们可以甩掉的；他简直是个棘手的人，一个根本不通人情的人。不过，这会使他对所犯过的错有所认识，也许这样会使他痛苦一些，但也可能使他的性格有所好转。

甚至詹妮的母亲现在也害怕这种情况。"我刚刚看见伦道夫在公园里，"她急急忙忙地给利奥尼写信，"他精神上陷入一种疯狂的状

第十六章 教子

态……你要明白，我有多么担心。伦道夫就要出城去了……可是詹妮先离开了，和克拉丽塔一起往法国南部长期旅行去了。"

在当时英国的上流社会中，家庭的不和以及不愉快的事通常对子女是百般掩饰、回避的。温斯顿对他家里接连不断的经济和生活上的麻烦毫无所知，还继续写信要钱，要他爸爸来看他。他已经成为一名出色的击剑手，他可以"快速迅猛地进攻对手，使其措手不及"。这些技术使他成为学校的击剑冠军，这是他的经历中为数不多的取得胜利的一回，可是他父亲的祝贺十分简短："我只希望击剑不会过分转移你对军事课的兴趣。"因为他说他那天必须去看赛马，无法来看他儿子如何为赢得全校击剑公开赛的桂冠而奋力拼搏。温斯顿击败了许多"高大而令人畏惧的"对手，又一次赢得了冠军。

也就在这时候，他的文章第一次变成了铅字——在一封寄给哈罗公学校刊的未署真名的信中，他号召更多的学生参加体育运动，署名是"小朱尼亚斯"。

温斯顿没有通过桑德赫斯特的最后入学考试。他的私人教师认为这是一次使人高兴的尝试，他宽慰温斯顿说6个月之内还会有另一次机会。可是伦道夫颇不以为意，写信告诉他母亲："如果他再考不上，我就要考虑让他从商。"

杰克似乎对一切事情都尽心尽责，沉着平静，而温斯顿则不然。他当然也很受长辈喜爱，不过他也很孤独。他写信给他的爸爸："我一下午都在等你……也许你会在我眼前走来。你以前来过这儿一回，可我一直住在这里三年了。"詹妮努力弥补伦道夫亏欠儿子们的爱，即使在法国，她还惦记着给杰克寄一箱红橘子，还有一大盒礼物祝贺他的12岁生日。她还写信说，当得知他被哈罗公学录取时，她有多么高兴。1892年，杰克和温斯顿在哈罗又重聚了，而且住一个房间。

许多不知道伦道夫病情的人依然认为他具有潜在的政治力量。索尔兹伯里请他吃晚饭："我们非常高兴见到你。"阿瑟·鲍尔弗邀伦道夫和他一起坐在议会的表示尊贵的前排，他说："大家都愿意你如此，而且大部分都是你们的人，阿·詹·鲍。"党派领袖们也邀请他列席制定策略的会议，约瑟夫·张伯伦的态度好像是最友好的。甚至新闻界也采取一种友善的调子，各界又纷纷请他公开讲话。可是伦道夫呢，他曾向一个密友私下吐露："我对政治越来越不感兴趣。"

1892年7月的大选中，格莱斯顿的自由党以议会中40票的差额击败索尔兹伯里的保守党内阁，伦道夫尽管表面上对政治冷淡，但对此显然还是很高兴的。伦道夫永远不会宽恕索尔兹伯里，因为他那么爽快地接受了他的辞职，而且拒绝派他去当印度总督或巴黎大使。至于保守党，伦道夫说它已经"排挤攻击我5年了"。

他的健康状况又下降了。他告诉罗斯伯里他浑身很难受，而且经常晕眩。詹妮已从法国返回，不过她也病了。鲁斯医生写信给伦道夫说："她的情况有多种最坏的可能性。""我觉得我的责任是建议夫人尽快去看基斯大夫。"

詹妮对此很不在意。她和朋友去苏格兰进行短期观光，而伦道夫则和新马厩中的马守在一起。可是詹妮的病痛突然加重了，她去找基斯大夫做进一步检查。

托马斯·基斯大夫高高的个子，是个绅士派人物，长着大胡子，一头长发，还有一双很深沉的眼睛和一副动人的嗓音。他不仅成为詹妮的医生，而且后来也参与了伦道夫治疗的最后阶段。他是位杰出的外科医生，毕业于波士顿和爱丁堡，是位生殖系统方面的专家，以电疗子宫肿瘤而著名。他对詹妮的检查表明，在她的右腹股沟接近子宫的地方有肿块,还有腹膜炎和蜂窝组织炎。这样的情况,一般很少再做手术,手术也是很危险的。基斯指出,不管怎么说,还是有好转的希望的。"为了避免急性发作的危险,休息是绝对必要的……在行动方面,她必须以不感到十分疼痛为限度。""我们将不得不面对焦急得可怕的岁月。"基斯在纽卡斯尔写信给伦道夫,"贵夫人的体面支撑着她,可是痛苦实在太多了。"

詹妮写信给她丈夫说:"他说我要是不想做手术的话,我必须保持平静。""他的意思是不要有精神上的压力,避免身体疲劳。我很郁闷,十分想念你。"

清楚詹妮全部痛苦和愁闷的伦道夫突然意识到詹妮也许会死去。尽管他们的婚姻生活有巨大的波澜,但是他一直清楚她在那里,他确信当他真正需要她的时候她总是在这个地方。这种感觉支持他摆脱了一系列难以克服的危机。可是一旦她去了,世上除了他母亲就没有别人了,一切也就都空虚了。不论他是多么以自我为中心,这次是该跳出自爱自怜的圈子,该关心关心他妻子了。他一定已经被眼前的现实情景深深感动了:她撇开她所有的情人,仍然要她丈夫在身边。

詹妮的病也使伦道夫重新成为一位父亲。他急忙赶回伦敦,给儿子们写信:

> 你们亲爱的妈妈昨天病得很重,我们害怕极了。不过,感谢上帝,今天有了一些好转,大夫们给了希望。今天晚上我还要去城里。我会让你们随时了解你们亲爱的妈妈好转的消息。

因为温斯顿正忙于准备重新参加桑德赫斯特学院的考试,伦道夫又补充道:"要是你妈妈想到你将在考试中表现得很出色,她会多么高兴啊。"然后是一句亲切的充满父爱的话语:"请代我吻杰克。"

温斯顿立刻回信:"知道妈妈病得这么厉害我太难过了。我希望她早些好转,也希望您能每天让我们了解她的情况。给她写信不知好不好?"

这是个灾难和死亡的时期。布兰福德,这位第八代马尔巴罗公爵,在1892年他48岁的时候意外地去世了,这对伦道夫是个很大的打击,也加深了他自己身体的衰弱程度。灾祸接踵而至,在布兰福德去世后不久,他收到他哥哥遗孀的一张苦苦哀求的便笺。她说,前些时候,布兰福德曾为《双周》(*Fortnightly*)撰写了一篇关于"生活的艺术"的文章。"我非常想把它要回来。""我不能让它发表,您去见见弗兰克·哈里斯先生,把文章索回,出多少钱都行。"

布兰福德之所以给《双周》写这篇文章,是为了让弗兰克·哈里斯发表他的情妇科琳·甘贝尔夫人写的一篇枯燥的文章。这位穿粗呢子裤的夫人是位异教徒,她已决定当女演员。根据布兰福德的意愿,他已为甘贝尔夫人准备了一笔20,000英镑的款项,"以证明我的友谊和尊敬"。布兰福德的文章里谈的尽是私人关系方面的事,其中他写道,在其他所有东西当中,他认为女人是唯一一种在生活中值得征服的。

伦道夫请来了哈里斯。哈里斯说:

当他穿过房间来和我握手的时候,我被他的相貌惊呆了。几年的光景使他变成了另外一个人,从一个青年变成了一个老年人。(伦道夫当时43岁。)他面容憔悴;头发发灰,头顶的头发很稀疏;他浓密的胡子也是灰黑的,他完全变了。他强打精神,增加了几分尊严,可是往日孩子般的笑容已经无影无踪了。

第十六章 教子

伦道夫要求哈里斯不要发表他哥哥的文章。哈里斯不同意,可是伦道夫答道:"你不能拒绝一位老朋友最后的请求。"哈里斯回忆说:"当我握住他的手,注视他的时候,我心里很难过:深深的皱纹刻在他脸上,一双悲伤的眼睛下面有许多明显的肉泡——这也许真是他最后的请求了!"

"就按你说的办。"哈里斯答应了。

哈里斯告别前,告诉伦道夫要保养好身体。伦道夫回答说:"上帝这回掷的骰子恐怕对我不利。"

伦道夫出现了头晕、手掌麻木、心悸、听力下降的症状,而且用清晰的语言表达意思越来越困难了。他的信件,开始还能清楚、简洁地表达,现在却想到哪儿说到哪儿,而且笔迹也是颤抖的。他的行为越来越乖僻,令人难以捉摸。一次,他邀请他的老朋友兼政敌约瑟夫·张伯伦共进相当融洽的一次晚宴;可是过后,在同一星期的另一次晚宴上,他并无什么特别的理由,就冲张伯伦大喊大叫,命令侍者立一瓶花在他们俩中间。

他对家庭的态度同样是不可捉摸的。当他的儿子们在班斯特德为一些家庭观众业余演出戏剧时,伦道夫冷冰冰地说:"我要保持严厉的沉默。"可是过后,他可能又要显示他是多么温和。1892年年底,孩子们正放寒假,一家人在班斯特德度周末。温斯顿用双管猎枪射击草地上的一只野兔,枪声让伦道夫吓了一跳。

"他一直很生气,烦躁不安。"温斯顿后来写道。

他立刻明白我很难过,于是想办法让我安静下来。随后,我们进行了一次亲密的谈话,那是我们值得夸耀的三四次亲密谈话中的一次。他解释说,老年人对待年轻人不总是很关心,他们把精力专注在自己的事情上,经常可能由于突然的烦恼而讲话暴躁。

伦道夫以一种平和的、父亲式的,几乎是挚爱的语调告诉温斯顿说,他是多么高兴他喜欢打猎,他愿意让儿子在他们的小片地产上打松鸡。

随后,他继续以最得体、最令人愉快的态度谈起关于学校和参加军队的事,还有以后的成年人生活。我入迷地倾听着,他平时的冷漠沉默突然消失了,我对他的柔情、亲近和理解感到很惊奇。最后他说:"不要忘了我的境遇一直很不顺利,我的每个举动都得不到公正的评价,每句话都被人曲解……体谅体谅我吧。"

也许詹妮更能体谅他。她当时病得很厉害,康复得很缓慢。现在她比以前更深刻地理解她丈夫的情绪和内心世界,他的身心痛苦还有死神的近在咫尺,这些都是多么的可怕,真是吉凶未卜。在她最危险的时候,她希望能陪着她的人是他。她38岁了,虽丰韵依然,但青春已一去不返了。她当初结识的年轻人也不再年轻,而且其中大多数人都结婚了,尽管她丈夫只剩下她嫁给的那个男人的部分,但他毕竟仍然是她的丈夫。

金斯基伯爵也无法安慰她,因为他已被弗朗茨·斐迪南大公这位奥匈帝国的皇太子召去,陪同他去印度和锡兰旅行,这是环球旅行的一部分。他们二人建立了牢固的友谊,皇太子在未来的旅行中还要金斯基做伴。

詹妮,不论怎样讲,的确得到了一个预料之外的同情——婆婆公

第十六章 教子

爵夫人的安慰。她们的矛盾已不十分明显，尽管积蓄的怨恨还很多，但这并不妨碍公爵夫人在伦道夫无论什么时候离开时都向詹妮提供在格罗夫纳广场 50 号的住房，也没有妨碍詹妮接受它。考虑到詹妮的病和伦道夫越来越坏的健康状况，公爵夫人建议他俩都搬进来和她一起住，因为"这样可能会更方便、更舒服，也更经济一些"。于是他们就搬进来了。

詹妮的身体刚刚有些好转，温斯顿又开始出事儿了。1893 年 1 月下旬，她得到消息，温斯顿在桑德赫斯特的考试中再次名落孙山。他写信说他"沮丧极了"。伦道夫要韦尔登为他的儿子做一个长远规划。韦尔登又委托给一位"辅导老师"沃尔特·詹姆斯上尉。温斯顿后来写信说，在这样一位老师的鼓动下，"只要不是天生的白痴，谁都不会进不了军队"。

可是温斯顿还没开始准备应考，却发生了一件几乎使他丧命的严重的意外事故。丘吉尔家已经离开了班斯特德，只有伦道夫的妹妹柯纳丽亚，即温伯恩夫人没走，并已经把她在波茅斯的上等房产借给詹妮和孩子们住。这处地产有 50 英亩的松树林，边缘是沙滩、悬崖和平坦的海滨。温斯顿和他 12 岁的弟弟、14 岁的表弟在互相追逐，温斯顿发现自己被堵在桥中间，于是他爬上桥栏杆，想跳上附近一株枞树的树顶。他没有抓住树，从将近 30 英尺的高处摔在地上，三天之后他才重新恢复知觉，又过了两个月他才回到学校。

伦道夫已经去都柏林重会朋友，这时，詹妮在报纸上登声明唤他回家。温斯顿的伤包括肾脏破裂，当给他缝合时他感到"我几乎去阴界转了一圈"。基斯大夫带来的哈利街的专家告诉詹妮，她的儿子"除了做些恢复体力的体操外，不要再有过重的学习任务了"。这太合温斯顿的意了，他被送到公爵夫人在格罗夫纳广场的家，显而易见，这让他感到了快乐。詹妮给她儿子以特别的照顾，而且使他保持着对议会中的政治事务的极大热情。

  我母亲把她听到的事情全塞进我脑袋里，什么爱德华·马奇班克斯先生啦，后来是特威德英斯勋爵，格莱斯顿先生的主要助手，和父亲的妹妹范妮结婚了。我们以一种自己独有的态度，对自由党在被排挤很久之后的重新上台感到满意。至少我们听到一些他们的希望和恐惧。在那段时间，政治在我眼里似乎变得重要而生动了，它为有权威性的智慧和威望的政治家们所主导着。

  这些人生活的世界是雄奇的。这是一个遵守最高原则的世界，每一件小事在人们共同协商下都显得很有意义；尽管决斗场上行为是残忍的，但即使子弹上膛，他们仍不失温文尔雅的风度，并互相尊敬。

詹妮宴请这些"有权威、有智慧的政治家们"中的许多人共进晚餐，当他们谈到"热烈的话题的时候"，温斯顿敬畏地倾听着。在这些客人当中，有三位是未来的首相——罗斯伯里、鲍尔弗和阿斯奎斯——他们以不同的方式影响着温斯顿所选择的前途。詹妮鼓励温斯顿不要光听，还要提问题，甚至有礼貌地争论。

  "当时，在詹妮·丘吉尔对她儿子们的教育背后，人们看不到什么是确定的、重要的东西。"沃里克夫人说。

  他们没有意识到她正在培养他们的品质，这些看似平常的程序要在若干年后才显示出来它的成果。她总是找机会鼓励她的孩子们表达自己的想法……

第十六章 教子

  我现在想起他（温斯顿）的那副样子还会开心地笑起来，他还是一个男孩子，却经常对像哈廷顿勋爵这样的政治家的观点大发议论。

  詹妮不仅使这些最重要的政界人物聚集在她的家中，占用她的时间，鼓励温斯顿参加讨论，她还详细地解说所有错综复杂的、令他如此着迷的政治斗争，其中还加进她自己对两个政党的政治领袖的评价。政治生活的道路被描绘得如此鲜明、令人激动，它已包围在温斯顿身边，足以让他按此塑造自己的生活方向。
  温斯顿一旦被允许出去，詹妮就鼓励他参观下议院，旁听议案的审议，观察这些他在私下谈话中谈到的伟大人物在公共场所如何扮演他们的角色。一种情况明显触动了他，政敌即使在最激烈的议会冲突中也不允许伤害他们亲近的社会关系。温斯顿记得他父亲和威廉·哈考特爵士在议会中的一回有分寸的交锋。

  威廉爵士在他的回答中似乎过于愤怒和太不客观了，只过了一会儿，他向我坐的地方走来，这使我有些吃惊，他笑容满面地作自我介绍，然后询问我对这一切怎么看。

  弗兰克·哈里斯曾经向温斯顿问起他的父亲："你难道从来没和你父亲谈论过政治吗？"
  "我试过，"温斯顿告诉他，"他只不屑地瞽瞽我，却不答话。"
  "他难道看不出你有自己的见解吗？"
  "他认为只有他有，其他人不值得考虑。"
  "你不喜欢他吗？"哈里斯继续问。

"我还能怎么样?作为一个孩子我已做了足够的准备,可是他不这么想。他像对待傻瓜一样对待我,无论我什么时候问他什么,他都冲我大喊大叫。母亲给了我一切,而父亲什么都没给我!"

1893年年初,温斯顿可能看出他父亲受到健康状况的影响,随着时间的流逝,他觉得父亲的演讲不再精彩了。他父亲以前成功过,然而总体而言他已无法把握自己。亨利·露西告诉他一段令人伤心的情节:

> 就在那个时刻,他用了兴奋剂,为了使他脆弱的身体"恢复活力",在他要讲话的那个小时中坚持下来。可是有人行使质询权,整整讨论了一个小时,而伦道夫勋爵一直坐着,吐出阵阵烟雾。这个小时一过,药剂的兴奋作用也就完了。这真是个衰弱不堪的人,他拖着弓曲的身体,不时发出含混不清的语音,最终还是站在讲台旁——一个痛苦的场景,然而代表们沉思着渐渐退去了。曾经回荡着"丘吉尔在这里"的大厅里,当他坐下的时候,几乎已经空了。

由于詹妮的恳求,自由党议员爱德华·卡森在哈罗请温斯顿吃了一顿晚餐,最后还向他解释自由党如何对付上议院对《自治法案》的抵制。卡森还邀请温斯顿和他一起在众议院参加宴会。温斯顿写信给他的父亲说:"要是你觉得我不去为好,请打电报告诉我。"

杰克从学校写信给詹妮,说韦尔登告诉他:"如果温尼头三年像我那么用功,他的头发早就白了。"当她去哈罗参观时,得知杰克是学校中最小的男孩子。温斯顿呢,仍然不是个庄重的学生,詹姆斯上尉抱怨说,他"大大咧咧""心不在焉",而且"他要教给他的教师们许多东西，而不是努力从他们那里学习什么……"此外，温斯顿还搞了其他一些玩意儿。18岁时，他已是个漂亮的小伙子了，红扑扑的脸庞，一股咄咄逼人的气势，还有一头引人注目的红色短发。他已赢得了梅布尔·洛夫的青睐——梅布尔是一位歌剧院的女演员，她寄给他一些照片，还有短信——这让他的哈罗朋友们十分嫉妒。

终于，在温斯顿第三次努力下，他勉强通过了桑德赫斯特学院的入学考试。但因为他的分数不够高，得不到一个步兵候补生的资格，于是他被分配当骑兵。

温斯顿写给他父亲一封充满勃勃朝气的信，讲述他成功地考入桑德赫斯特的过程，可是他得到的却是尖刻的训斥。

> 你的表现第一个不体面的地方就是丢掉了步兵资格，这个失败已经证明了你的邋里邋遢、不知思考的冒失鬼的学习方法完全一团糟，而你却还总是在你的每个学校炫耀它。我就从来没有听到过关于你的一个真正令人满意的学习报告，在那些你已有的所有优势中，那些你愚蠢地自认为具有的所有本事中，在那些已经使你生活舒服和令人满意的所有结果中……这就是最重要的结果。

伦道夫接着说，如果温斯顿还是像他以前那样干，"你会成为一个地道的社会上的废人、数以百计的公立学校的落选生之一，你会变成一个粗俗的、痛苦的、无用的东西"。

反省他自己的挫折和失败是多么不是滋味！他早已请求剑桥公爵为温斯顿在他的第六十步兵团中保留一个位置，可是现在却要去请求作罢，面对此种窘境，是多么令人难堪啊！不过他的一部分怨恨也有实际缘由，骑兵部队意味着一年就是200英镑的费用，而且还要加上买几匹马和一串马球的钱。

伦道夫用"你妈妈也向你们问好"来结束他对温斯顿的这顿怒骂。这是一封十分严厉的信，温斯顿永远也不会忘记它带给他的创伤。

伦道夫还把他关于温斯顿的看法写信告诉自己的母亲公爵夫人。

我以前经常告诉您，可是您怎么也不相信我说的，他的聪明就那么一点儿，对于安排给他的工作的有关知识和理解力也少得可怜。他的伟大天才就是夸夸其谈，自吹自擂，并使人相信他。不管是在哈罗还是伊顿的整个结果都证明，他完全不是一个好学生和一个尽责的人。他不能要求我更多了。

正像温斯顿从不清楚他父亲在13岁时是否进过哈罗或伊顿公学，伦道夫这时也好像不知道他儿子从未到过伊顿。

詹妮对治愈她丈夫并不抱多少幻想，可是她的确考虑过基辛根的矿泉浴或许可以放松一下他那紧张的神经，给他一些必要的休息。不过最主要的，她想让他离开伦敦，他在伦敦的所作所为使他的形象在公共社会事务中越来越令人难过。

1893年夏天，詹妮为她的儿子们安排了一次去瑞士的徒步旅行，有一个伊顿的私人教师伴随。温斯顿在信中提到马特合恩峰："虽然教堂墓地里有许多坟墓，但人们仍要去攀登它，对此我一点也不奇怪。"

在基辛根，詹妮和伦道夫会见了当时已经下台的奥托·冯·俾斯麦亲王。"他走进我们的房间——幸好是在一楼——落座后，我们开

第十六章 教子

始交谈。"伦道夫写信给他母亲说。

> 我已经让人给詹妮带个口信,她去了考汉斯看望一位朋友,这样我有大约一刻钟的时间和亲王交谈……他78岁——他后来告诉我的——可是他看起来比格莱斯顿先生年轻得多……他给我的印象是他非常紧张,也许这是会见一个完全陌生人的缘故,以前他从没和我会过面。总的说来,他很和善、知礼,好像非常想要使谈话得体。你可以想象,我尽了最大努力让他满意,因为我认为这样一位年迈的亲王亲自拜访我们是很大的荣耀……在深谈中他说,如果是像格莱斯顿这样的一个人来治理"我的国家",他会非常害怕和焦虑。这时,詹妮回来了,他和她谈了一会儿,他告诉我们说他的儿子赫伯特和其新婚妻子那天下午要到此地,要和他们一起住一些日子,他希望我们去看看他们。

奥托·冯·俾斯麦亲王和王妃、詹妮和伦道夫、赫伯特伯爵和他的新婚妻子,在一起吃了晚饭。这位新伯爵夫人是端庄、外表娇弱的前格拉斯·本斯王妃,她和丈夫离了婚,引得满城风雨之后,就和赫伯特伯爵双双私奔了。社会上的污名很难抹掉,他们的婚姻有一段时间不被柏林民事法庭承认。詹妮详细地描述了晚宴的情景:

> 他住的"老城堡"有图画般的红色屋顶,是平旷单调的巴伐利亚风景的一个别有情趣的标志,我们和他在那里共进了晚餐……席上,我坐在亲王的一边,伦道夫坐在另一边,主人的随身伙伴——一只大猎狗卧在我们中间的地上。谈话热烈而富有生气。俾斯麦说一口标准的英语,不过说得很慢;他经常停下来,

为了想出一个合适表达的词语。

亲王的家人都对他怀着敬畏的心情,很尊重他,注意听他讲的每一句话。看上去很虚弱的老王妃没有插多少话。饭后,我们换到房间的另一个地方,然后围坐在堆满书籍和报纸的长桌旁。桌上有许多带插图的报纸,上面尽是讽刺俾斯麦的漫画,在回答一个问题时,他让我确信他对此一点也不在意。可是过后,赫伯特伯爵否认了这一点,他说他父亲实际上十分敏感,易受伤害,不喜欢被当作漫画对象。

说到乡下和他每日的长距离散步,俾斯麦说他热爱大自然,只是他看见的整个生活让他害怕。当一个人意识到生活意味着什么时,那么他会完全相信有一只"天眼"能够洞察秋毫。"你们曾经坐在草地上仔细端详过吗?身边咫尺之内有众多的生命足以使你惊骇。"他说道。当我们打算离开时,他高大的猎狗盯着我的眼睛,目露凶光,一直未变。我有些害怕,以为它要向我扑来,亲王安慰我:"它在看你的眼睛,因为它从没见过这样的眼睛。"

丘吉尔一家在基辛根的两个月里,温斯顿开始了在桑德赫斯特的生活,詹妮和他一直保持着密切的联系。对温斯顿来说,开始的时候,每件事情都很顺利,再往后就变得"不很好受,束手束脚,毫无意义和单调无味……一个人几乎每个星期都能感到自己在变老"。毕竟他取得了使他父亲满意的步兵学校学生的资格,他的成绩还不错。他说:"这表明我能把重要的东西很快学到手。"

伦道夫好像仍旧怀疑温斯顿,于是非常集中地指责儿子信中的内容及文法。几乎出于报复,温斯顿让他母亲知道他是多么幸福,因为

第十六章 教子

他能够"毫无隐瞒,而不再吞吞吐吐含糊其词"地给她写信。他紧接着说:"您尽快回来吧,我非常想念您……再见,最最亲爱的妈咪。我多么爱您,允许您亲爱的儿子吻您。"这样表达感情对于一个马上19岁的年轻人来说似乎过分了。这种激动与其说属于一个远离母亲的孤独的大男孩,不如说属于一位渴望情人的年轻人。就他的父亲经常对他的指责来看,可以说,温斯顿对爱的渴望反映了一种仍在继续的需求。

杰克也同样需要和他哥哥一样的东西。詹妮没有和伦道夫一起回伦敦,而是去巴黎看望了利奥尼。杰克一再问他父亲:"妈妈什么时候回家?"他还克制着怨气说:"我猜想您是太忙了,一学期也不能来看我一天。甚至礼拜日也这样。"

伦道夫答应他会去,可稍后杰克写信给他妈妈:"爸爸又改变了主意,没有来看我,尽管他寄给我一英镑,但我还是宁愿他来一趟。"

伦道夫终于去看望了在哈罗的杰克,他带去他挂满勋章的朋友罗伯特勋爵,三个人和韦尔登一起吃了晚饭。("这是多大的荣耀啊,"温斯顿给他母亲写信道,"我从来不能记起以前有更小的孩子这样。")

詹妮这时打电报向伦道夫要钱,以便她能在巴黎多住一些时候,伦道夫只是简单地回答说他们的银行已透支。詹妮回家了,杰克的信正等着她,他告诉她,他父亲没来看望他,并说明他需要"一点儿钱"、一顶新的丝织帽子,还有他讨厌穿温尼那令人生畏的"破"大衣。

可是詹妮最关心的还是温斯顿。在过去的一年中,她不断提醒伦道夫,温斯顿需要成为一个男子汉,应该从父亲的教导中有所受益，他应该和温斯顿结成伙伴。她的努力终于有了效果。温斯顿以一名有修养的军校学生的身份提高了他在父亲心目中的位置，在搞清了儿子的真实情况后，伦道夫向母亲公爵夫人透露说："他已变得机灵多了。"在随后的几个月中，温斯顿和他父亲的关系达到了最好的状态，虽然谈话很少，也仍然没有触动感情的表示，不过他们的联系更密切了。

伦道夫开始让儿子去剧院，去看一些赛马，还有一些政务也让他参与。他甚至给了温斯顿两箱他最喜欢的雪茄烟，不过建议他："抽烟要控制，饮酒也要控制，要尽量早睡。"温斯顿回答说："我会接受您的建议，不过雪茄除外，我认为我不会经常地一天能抽一两支——那是很少有的。"

他写道，桑德赫斯特要举行一个舞会，"如果母亲在家，我要请她来的"。两个孩子都为他们母亲的美丽、天资、社会地位和与众不同的品格而骄傲。沙恩·莱斯利说："她好像一点儿也不招别的女人喜欢。""我认为他的儿子们和我都把她当作比吸引我们、令我们羡慕的任何女演员都美丽得多的重要人物。"

但是温斯顿还没有对他母亲敬畏到这种程度，他还是会对她表示不满。公爵夫人解雇了埃弗里斯特太太，温斯顿写信抗议说，她"在我的心中和家联系得最紧密……她是一位已经忠诚地侍候您将近20年的老太太——她比世界上任何人都更爱我和杰克"。她管他们吃，管他们穿，照顾他们，亲吻他们，和他们一起玩、一起哭，为保护他们挺身而出，她爱他们。在某种感觉上，他们更像她的小宝贝，而不是詹妮的。

公爵夫人把埃弗里斯特太太看作是她和她的孙子们之间的障碍，所以从来不喜欢她。趁詹妮和伦道夫和她住在一起，她就用家里住

第十六章 教子

不下为理由打发了埃弗里斯特太太。温斯顿说这是"残酷而自私的"。他写信给妈妈:"我知道实际上您也没办法,既然公爵夫人有调换每一个她不会再用的仆人的权力。"不过,"您完全可以向公爵夫人解释,在埃弗里斯特太太有一个好去处之前不能把她打发走"。他不是在要求母亲,他只是在坚持自己的看法。他说,如果他没见到埃弗里斯特太太被安排好,他要直接找他父亲。

当然,詹妮也并不能做什么。她和伦道夫只是勉强被允许住在公爵夫人这里。她试图帮埃弗里斯特太太找个地方住,另外继续给她汇一张数额不大的支票。最后,他们终于在艾克色斯的毕肖普找到了一个地方,这是"一个与世隔绝的地方"。

埃弗里斯特太太离开她的孩子们,离开了活泼的丘吉尔家的生活,她非常不高兴。伊丽莎白·安·埃弗里斯特在她很短的余生中与温斯顿和杰克保持着联系,写了许多母亲般的信,只要她能办到就去看他们。(在哈罗,当他们的父母不能来时,她去看望过他们。杰克的儿子佩里格林坚持说,在车站迎接她、吻她,陪着她走过校园的是杰克,而不是温斯顿。他的一个同班同学评论说:"我希望我也有勇气陪我妈妈这样。")

埃弗里斯特太太住在艾克色斯,而他们的父母又经常外出,不是旅行就是社交,于是温斯顿和杰克仍然是家里的主人,他们在周末或放短假时去艾克色斯玩。丘吉尔的家族很大,结合十分紧密,姑姑婶子们是依靠,老人们是中心,一大群兄弟姐妹之间充满友爱。他们在布伦海姆、爱尔兰、巴黎,还有城里乡下好多较近的亲戚那里总是受欢迎的。

在表现了亲切的父子之情后,伦道夫又离开儿子去赛马。这些马正在创造光辉的一年。实际上,在此之前的四年里,伦道夫和他的伙伴丹罗温勋爵，已经进入了大英赛马场上最大赢家的行列。詹妮代替他去桑德赫斯特，她寄给温斯顿的信变长了。很快，她不得不更多地照顾自己的丈夫，没什么时间当母亲了。

"1894年的春天，对我们所有人来说都很明白，我父亲的病已十分严重了。"温斯顿·丘吉尔写道。

他依然坚持着他的政治事业。几乎每个星期，他都在一些重要场合发表一次演讲。谁都能清清楚楚地看见这些努力的成果越来越小。字斟句酌的报告从三段减为两段，再往后是一段多。《泰晤士报》上说，有一回大厅里人都没满。

1894年3月，伦道夫在安排向议会发表演说前，他的朋友约翰·莫利和阿瑟·鲍尔弗谈论他的演说问题。莫利后来说："他对我说伦道夫要进行一次长达两小时的演讲。"

"说些什么呢？"莫利问。

"天知道。"鲍尔弗说。

当伦道夫走上来真正开始讲话时，他的脸色显得过于苍老，手也打战，他的演讲如此混乱不清，以致第一句话就已让人不知所云了。议员们于是往过厅里逃避。为了阻止人流的冲击，会议主持人大喊："秩序，遵守秩序！"一个朋友把这次演说描述成一个睁睁的噩梦。伦道夫脸上显出可怕的、疯狂的神情，他甚至叫喊起来："你们这些该死的蠢货！你们在损害保守党，你们正在把下议院变成地狱。"可是制造地狱的却是他，阿瑟·鲍尔弗坐在他旁边，他头部低垂，双手痛苦而羞惭地捂着脸。

"这里没有遮掩，没有藏身之处，"他亲爱的朋友罗斯伯里写

第十六章 教子

道,"他在大庭广众下无地自容、气息微弱。"

罗斯伯里于 1894 年 3 月取代格莱斯顿出任首相。女王冷淡地接受了那位高傲的老鹰的辞职——她从来不喜欢格莱斯顿,富有口才的罗斯伯里才更合她的口味,甚至格莱斯顿也有一回把他称作政治家中最聪明的人。罗斯伯里拥有鲜明的不怒自威的语音,他对敌人的威胁与他对朋友的魅力一样,都是无法抗拒的。他微笑时轻松诙谐,沉默时像岩石一般。他能以同样的水平谈论希腊诗人或赛马(他的马后来三次赢得德比大赛)。他除了野心以外似乎什么都有。不过,罗斯伯里是在自由党的运气处在低谷时掌权的,这是一个时代的结束,而他却不是开创新纪元的人。

伦道夫是罗斯伯里的一块心病。罗斯伯里写道:"为什么不记着你们的同情却老是记着那些倒霉的日子。"他乞求詹妮设法让伦道夫从下议院中退出来,阻止他演说,不要再出现在公共场合。詹妮尽了力。

沙恩·莱斯利说:"我认为任何一位妻子充当的角色都无法和伟大的詹妮相比。""她有惊人的力量,她有克丽奥佩特拉女王的精神①,她永远充满信心。"她有许多次确实也几乎达到了这种程度。为了保持她的心理平衡,詹妮经常和利奥尼去巴黎旅行,克拉丽塔也经常去那里。

伦道夫在公共场合的举动完全不可预料。在一次晚宴上,卡那温勋爵曾写道,他刚坐在伦道夫旁边,伦道夫的谈话"错乱疯狂得就像我曾经从垂死者的嘴里听来的"。弗兰克·哈里斯参加另一次亨利·汤普森爵士的宴会时,坐在伦道夫的对面。哈里斯几个月前刚见

---

① 克丽奥佩特拉(Cleopatra),即"埃及艳后",古埃及托勒密王朝最后一任女法老。——译者注

过伦道夫,可是现在他的状况更糟了:他的脸拉得很长,皮肤没有光泽,两眼中闪着仇恨、激愤和恐惧的光,"这是那些已明显地几近疯癫的人的可怕的恐惧"。他还说:

> 在用下一道菜的整个过程中,伦道夫勋爵没有说一句话。当松鸡轮着传时,侍者注意到它不方便切开,于是他没有传给伦道夫,整个儿把它放到了橱子里。伦道夫立刻伸出手指点着,好似受伤一般尖声叫着:"咿——咿——咿——咿——"
>
> "怎么啦,伦道夫勋爵?"主人十分关心而焦虑地问。
>
> "咿——咿——咿——咿!"他还尖叫着,一边用手指着侍者身后,"我要那个咿——咿——咿——咿!来点儿那个!"
>
> "会把它拿过来的。"亨利爵士说,"你喜欢它我很高兴。"松鸡拿过来了,伦道夫自己动手,开始大啃大嚼。突然他停下来,放下他的餐刀和叉子,直盯着桌旁的每一张脸,显然他怀疑人们在注意他的古怪行为。很清楚,他精神失常了。从那时起,我只能喝酒,不能吃什么。伦道夫·丘吉尔疯了!像莫泊桑一样疯了!

5月27日这一天,威尔福德·斯凯温·布兰特在格罗夫纳广场拜访了丘吉尔,后来他描述当时的情况说:

> 他变成了一个可怜的人,我认为疾病和麻痹影响他的讲演,听他讲话是很痛苦的。他尽了极大的努力使自己表达清楚,可仍是含糊不清。他谈到他在布拉福德的选举前景,还有保守党人企图推迟罗斯伯里政府出现的愿望。

第十六章 教子

　　说到埃及，伦道夫说："你知道我的意见不会改变，可是我口舌不灵。"他把他的朋友布兰特送到门口，试图谈一些关于埃及的事，可是他克制不住，流出了眼泪。"我知道要说什么，可是真该死，我说不出来。"

　　伦道夫仍然在为他最亲密的朋友、56 岁就被癌症夺去了生命的路易斯·詹宁斯悲痛。詹宁斯是他在议会中的一贯支持者，他是《纽约先驱报》（New York Herald）伦敦版的一名编辑，也是《纽约时报》坚持不懈揭露特威德集团（Tweed Ring exposé）的编辑，还是三卷本的小说《费城人》的作者，也为自己赢得了荣誉。根据他的意愿，伦道夫已经把詹宁斯立为他的遗稿保管人之一，而且即使在詹宁斯死后也永远不改变这个意愿。

第十七章　黑雾

大夫们决定让伦道夫和詹妮做一次周游世界的旅行,他们考虑到他大概需要一位医生一起去,最后同意基斯大夫陪同。伦道夫已经卖掉了他在康纳特广场的房子,还卖掉了一些黄金股以便付账单,并为这次旅行准备资金。他还把他的阿比斯的股份以 40,000 美元卖给了丹罗温勋爵。

伦道夫跌落到他一生中的低谷,但他仍没有失去贵族的印记,一种舒适尊贵的风度。他有过愉快、活跃、风流的生活,但是他也留下了作为一个有过零星闪光记录的狂暴政治家的痕迹。他秉性专横自大,向来粗鲁无礼,目中无人,树敌如此之多,无人能比。他试图显示——如果他愿意——体面文雅和讨人喜欢的天赋。就在临行前,在为他的一些老朋友而设的晚宴上,他表现出体面的举动。他说话很少,很关切地考虑客人们是否舒适。不过"有人注意到当他注视四周时,他的手紧张地敲着桌子"。

"甚至现在我也不能真正断定我是希望用餐呢还是离开,"罗斯伯里勋爵后来写道,"这完全是痛苦的,谁也不想错过和他的告别。想到这个我就不能不难过。"

伦道夫在临行前答应为巴黎一家刊物撰写一系列描述他的世界旅行的文章,然而这些文章他一直没动笔。

这不是詹妮想要的旅行——整整一年离开她喜欢的世界,整整一年要和几乎疯了的丈夫在一起。另外,她已经向金斯基伯爵摊牌了,他不能,也不愿失去她整整一年。他已经等了很久了,现在他们全然

第十七章 黑雾

分开一年的生活是他无法忍受的。她若是打算离开伦道夫这样一个实际上已疯了的人,世上的人是都能理解的。金斯基已经提出申请调动到布鲁塞尔使馆,并已得到批准。从那里,他们可以调迁到世界上任何一个国家的使馆,一个新的天地,属于他们的天地。可是詹妮拒绝了。伦道夫是她曾经爱过的人,是她的丈夫,他现在要不久于人世,他需要她,因为他再没有别人了。她现在不能离开他。

1894年6月27日,他们乘威远号开始了世界之旅。他们的儿子和一些老朋友来为他们送行,在他们中间有首相罗斯伯里、戈斯登先生和热纳夫人。

温斯顿·丘吉尔后来写道:"我正在绘制一张有公路的地图时……一位骑车的邮差给我带来学院管理处的命令,要我立刻准备去伦敦。"

父亲第二天就要出发登上旅程了。向学院提交的一份普通的、请求批准我因特殊原因离校的申请被拒绝了,按照常规必定如此。我又打电报给主管军事的国务大臣……好在没有耽搁,我被送上去伦敦的路。

第二天早上我们驾车去车站——我母亲,我的弟弟还有我。尽管刮掉了四年前去南非旅行时就已长起的大胡子,他看上去还是十分憔悴,满脸的愁苦。他拍着我的膝头,很简单,那是一种最合适的传递感情的手势。

利奥尼后来和弗兰克·哈里斯谈到伦道夫。

当我姐姐带伦道夫去做最后一次旅行时,他已完全精神失常，我们大家都清楚。除了詹妮，谁也不会相信她会和他一起去，可是詹妮什么也不怕，她十分坚强。不过，从她的话中可以知道，她和他一起一定有过十分危险的时候。因为有一次她告诉我，在舱房中他抽出一把顶上子弹的左轮手枪胁迫她，她立刻从他手中夺下枪，一把把他推回到他自己的铺上，然后出了房间反锁上门，离开了。詹妮是我认识的最勇敢的女性。

哈里斯说詹妮曾告诉他："当他实际上处于十分癫狂和暴躁的时候，事情当然很糟糕，不过只要他劲头一过又如此虚弱和痴呆，我就不会再与他计较了。"

也许她的措辞实际上并不十分刺耳，不过即便她言辞激烈，人们出于同情心也能理解她。他疯了，她清楚这一点，可是她还是和他在一起——没有人强迫她。这个决定是她的，这个勇气也是她的。不过这是最后的恐惧了。

丘吉尔夫妇到达纽约时，詹妮的堂弟威廉·特拉弗斯·杰罗姆，当时是纽约一名地方法院的助理律师，第一次来迎接她。杰罗姆问她："我是称您詹妮姑妈呢还是詹妮堂姐？"她回答说："你为什么不干脆叫我詹妮。这会使你觉得老成些，也会让我觉得年轻些。"

也许在纽约令詹妮感到时光荏苒的是斯坦福德·怀特设计的麦迪逊广场花园，它在麦迪逊街和第 26 街上，从杰罗姆的旧房子一直延伸到街那边。更新的建筑是与广场只隔三个街区的城市居民保险公司的总部，它遮住了人们的视线，使人注意不到麦迪逊广场正从一个居民区向商业中心转变。

这座城市天气炎热，丘吉尔夫妇只停留了两天。也许他们急着上路是因为他们无法应付社会上各种邀请的压力。一家地方报纸报

第十七章 黑雾

道说：

> 那个十年以前或十一年以前来拜访伦纳德·杰罗姆先生一家的，快乐、机灵、活泼、赢得广泛声望的年轻勋爵的气派已消失殆尽。他十分好动，紧张而易怒，行走无力，脚步不稳，像一个漫无目的的人。他的牙齿紧顶着闭紧的嘴唇显然是努力不让它们哆嗦。他语调十分激动，这一切都表明了一种很痛苦的紧张情绪，以及精神上受到刺激。

昌西·迪普，他们所见的为数不多的几个人之一，把他的私人火车交给丘吉尔夫妇等人使用，以便他们去巴港旅行。经历了纽约的尘嚣与热气之后，巴港简直就是个充满新鲜海风的天堂，在那里可以愉快地开车、登山。但詹妮的看法是："据我所知，那里的生活就是新港的翻版，包括接连不断的时装、宴会、跳舞，恐怖中的恐怖是不能玩牌。"

随后，丘吉尔夫妇一行人等乘火车横穿加拿大。

> 平均算来，我们的火车每半小时停一次，伴随着许多口哨声、响铃声，还有火车司机和居民们的相互祝福。一个小木屋一站，一个平台就是一个俱乐部，那些可怜的人每天的快乐就是火车的到来……在大草原上的生活尽管很可能是单调平凡的，不过，和平以及能与大自然亲密接触，也是一种补偿……在班夫，我们让车停靠在侧线，在那里待了两天，我们真没白去。我们还是第一次望见了落基山，领略了它的伟岸。我们无法拒绝"野性的呼唤"，驾着很不舒服的一种四轮马车和"小坐板"整

天到处跑。

在一次出游中,詹妮坚持要下车去碰碰"胡鬼"①试试运气。这是些神秘的、天然的大石碑,一半土,一半石头,差不多高达 70 英尺,形体很像坐在底座上的一个人的半身塑像。印第安人带着极大的迷惑和惶恐看待他们。

在穿越加拿大的旅途中,他们看到了熊熊燃烧的森林大火。

> 那个时候,我们时常在四周着火的树林中穿行,这真是一幅令人悲伤惋惜的图景,我们脚下虽是鲜绿的植物和五颜六色的鲜花织成的地毯,然而多少英里的黑漆漆的树桩,不长叶子的树干,扭曲变形的枝杈痛苦地挺出覆盖着雪的地面……在某些地方,我们看到树林的大火在沿着铁轨向车站蔓延,可是却没有人想办法去扑救。

在维多利亚的一家旅馆内,她发现一架很棒的钢琴,她经常会弹奏一些曲子,使得聚在一起听琴的老夫人们眉开眼笑。

他们在一个有风的阴天到达了旧金山,那里"好像从一处延伸到四面八方的"无数的电车道让他们感到很惊奇。他们带着一名侦探参观了唐人街,发现神庙、鸦片馆和赌博场所的气氛十分污浊,地方狭小得令人窒息。"这些鸦片吸食者躺在光光的木板上,这是一种如此不舒坦的姿势,但他们究竟是怎样从这种有害的行为中获得快感的,我觉得完全不可思议。"

---

① 胡鬼(Hoodoos),北美西部的一种天然岩石柱,通常形状奇特。

第十七章 黑雾

蒙特雷的花园让詹妮很惊讶。

> 我在各种各样华丽的乔木、灌木和花草中流连忘返，到处鲜花盛开，这是我在别的地方从未见过的盛况……在林中走了几英里后，太平洋突然进入了视野，可以看到许多海豹在岩石上嬉戏，有一对还兴奋地相互打斗。我们仔细望了好久——它们常常跃进海里，不过很快又爬上来，还要打几个滚儿。我建议看到最后，可是司机告诉我们，它们这样的玩法也许要持续几个小时。在我们回去的路上，经过著名的大松柏林（Cypress Grove），一个充满了神秘和诱惑力的使人欣喜的地方，这些古老的树年代如此久远，经历了多少代人，已无从考究。他们多瘤的树干扭曲着挺向大海，墨绿的顶端覆盖着可能使它们窒息的长长的、苍白的、毛茸茸的苔毛。

司机向她介绍几处建筑，并很严肃地说它们始建于1850年，已是非常古老了，詹妮听了不由得笑了。

丘吉尔夫妇一行人来到日本。他们被这个国家迷住了，特别是横滨的戏院，那里的戏有十四或十五幕，往往要演一整天，有的时候甚至是两天。

伦道夫偶尔会发疯，差不多要把整个商店的东西都买下来。詹妮总是耐心而平静地劝解，然后取消所有的订货单。她描述了由于他们是欧洲人而偶尔引发的一些趣事。

> 迎接我们的小巧的姑娘们怀着极大的好奇心在我身边转来转去，我还没来得及制止她们，一个人已经戴上了我的手套，另一

个抓走了我的帽子……又一个则扛着我的太阳伞神气十足地走来走去。

詹妮还谈到了小村庄的农妇。

结了婚的人很容易凭她们修剪过的眉毛和变黑的牙齿辨认出来,她们容忍这种陋习是为了对她们的丈夫保持忠贞。不过,可以想象得出,这种做法对丈夫们来说可能效果适得其反。她们中有相当多的女孩子,亮光光的头发涂着山茶油,很硬挺,还用木梳、小朵菊花和珊瑚珠装饰,要是你看她们一眼,她们涂满胭脂的脸就会突然笑起来。

他们游览了大半个日本。

我愿意永远在山脉中,那里有变幻的山影、深不可测的峡谷、湍急的溪流和瀑布,那里到处可以窥见远处的海的朦胧面容。满山的植被大大激发了我的兴致和欢悦,它们全都如此新鲜和吸引人;在我们的旅程中,我辨认出55种农作物和灌木。

在横滨,伦道夫的病突然又恶化了,基斯大夫报告说"左臂有间歇性麻木"。大夫和詹妮要送伦道夫回英国,可是他坚持要继续旅行。

詹妮给孩子们的信中对他们父亲的情况只字未提,不过温斯顿此时已是一个有自己头脑的20岁的小伙子了。"我劝说基斯大夫告诉我爸爸的准确情况……他什么都说了,还给我看了医疗报告书。我没有告诉任何人……我有多么焦急就不用说了。"并不美妙的现实对温斯顿是个震动。"梅毒"这个词对他心理的影响似乎在很大程度上可以解释温斯顿以后的生活方向:他个人和女人们的关系,以及他对他母亲生活的同情。

温斯顿从那以后写信更频繁了,詹妮从他的信中发现了以前出现过的脆弱和顾虑。他想亲自去那里帮助照料他的父亲,他想要詹妮把所有的事情都托付给他。

我亲爱的妈妈,您写信的时候请让我确切了解您到底在想什么……您告诉过我,写信给您可以随便谈论各种话题。

我害怕过分的担忧会拖垮您——持续不断的焦虑加上旅途的劳累会让您扫兴,导致您对所见到的新奇景物索然无味。如果我是您,我会尽量看事情好的方面……总之一句话,您要自己保重。

她尽了很大努力接受他的意见,她的信中极力对她看到的一切进行绘声绘色的描述。"你的信真使我快乐。"她颇为兴奋地写道。

我们在广州只待了一天,乘一艘有一位英国船长的大轮船游了珠江。当我上船时,我发现在大厅里有一捆一捆的来复枪,还附有给乘客的使用说明——如果需要用的话。这些枪一点儿也没使我感到安全,我早已听说这些河轮可能会被强盗袭击。在香港,由于战争和中国人的抵抗,以及由此产生的混乱状态,有人建议我们不要去广州。不过我们考虑,我们只在那里花一天时间，安全还是没问题的。在河口，因为前方横着许多水雷，而中国向导对它们的位置又十分摸不准，轮船不得不抛锚。那是一个可爱的、充满月光的夜晚，我记得从附近堡垒发出的照在我们身上的光柱映出幽灵般的影子，它还照亮了古怪的船只和硕大而粗陋的挂着横帆的中国大帆船，它们在近旁游荡着。

……街道上尽是敞开的店铺、旗幡、中国灯笼和粗俗浓丽的招牌。川流不息的人群造成一种很狂热的场面。当我们走过的时候，他们对我们怒目而视，叫我们"洋鬼子"；他们向我们当中的一个人吐口水，还打了另一个。很幸运，被打的人没有还手，否则的话，我们也许早被剁成肉饼了。商店很吸引人，伦道夫给我买了一只很时髦的碧玉手镯。据说这个玉镯能辟邪。

去刑场的参观不是很吸引人。前几天有八个人被斩首，地上还有血迹。有人问我们是否愿意看一看已经放进缸里的人头，我们很客气地谢绝了。

他们接着去了新加坡，那里热得"像个蒸笼，一个人在这种衰弱无力的情况下肯定会觉得什么事情也干不成"。

柔佛①的苏丹为他们举行了豪华的午宴，还带他们参观了他的王宫。在一间屋子中，桌子和椅子是用玻璃制成的，装饰有缀着玻璃纽扣的明蓝色天鹅绒。

午宴之后，苏丹，这位聪明而谦恭的老人，请来了他的妻子来见我们。她是一位很漂亮的大约25岁的切尔斯克人，是土耳

---

① 柔佛，马来半岛历史上的封建王国。

第十七章 黑雾

其苏丹送来的礼物。她出奇的胖，我们被告知她每天要被喂食两个小时，因为苏丹喜欢大块头儿。她的服饰也特别极了，简单地说是——一件丝织的马来围裙、一件带钻石纽扣的短上衣、绕在她脖子上的一串钻石和一颗蓝宝石。在她短短的黑色卷发上面，戴着一顶插着一只鹰的羽毛和一支宝光闪闪的翎毛的天鹅绒格兰古尼帽子，盖住了一只耳朵。我猜想，苏丹认为她已经被看得够多了，突然打个严厉的手势指向门口，她惊恐地瞥了他一眼，然后一转身挪动她的胖小脚飞快地逃走了。

詹妮和基斯大夫又一次试图劝说伦道夫结束旅行回英国去。天气热得更厉害了，他们怕他挨不过太长的时光了。他以前在英国内阁中对于把缅甸吞并进大英帝国的版图起了最重要的作用，而且"他本可以干下去"。大海显得十分肆虐和炎热，船里到处是甲虫、蚂蚁和老鼠。

詹妮写信给克拉丽塔说："自从我们离开英格兰，我还没遇上几个人能谈谈心的。"

  真没法儿说我是多么渴望社交活动，老是一个人待着是很难从胡思乱想中解脱的。最糟糕的是，因为他喜欢去会见一些人，这让我感到害怕。他完全不适合社交……你永远搞不准他会干什么。在新加坡总督官邸他重病了两天，他和生人在一起很害怕。从那时起，他变得安静多了，有时也相当可怜，不过基斯认为这是个坏兆头……

这是一个坏兆头，于是他们在行李中加进了一口打铅条的棺材。

在仰光，詹妮生活中最重要的一部分光明消失了。她收到查尔斯·金斯基伯爵打来的电报。他已然放弃了对她没完没了的等待，匆匆与别人订婚并准备马上结婚。詹妮给克拉丽塔写信谈到这个："我真恨！我要是回去，我在世界上就一个朋友也没有了，而且我现在太老了，不能再做什么了。"当时，她并不欣赏她的朋友奥斯卡·王尔德的一句箴言："女人总想一切永远如故，结果破坏了一切浪漫史。"

伦道夫的病情又恶化了，已经到了最后阶段，他脚步蹒跚，双脚往外撇，咚咚地跺着地。病痛扩散到全身，已无法治愈。他小便失禁，下肢的关节已肿大成团，疼痛使骨头变了形，大脑几乎没有思维。对伦道夫来说，梅毒的病菌好像完全无选择性——它们侵害到他的每个部位。詹妮写道："你无法想象，这是多么可怕和令人绝望的情形。"

温斯顿给她寄来一封快乐的信，讲述他在帝国戏院第一次对公众讲话的经历。有好几百人从附近的、妇女们喜欢散步的地方挨挨挤挤地奔到舞台下，那是为隔开帝国戏院的酒吧而搭起的。于是温斯顿跳上这个破旧的建筑对人群大声说："今晚你们已经看到我们聚集在这里，下面要看你们在即将到来的选举中击败那些管理这些破烂东西的人。"阿伯康韦伯爵夫人也在那里，她转述的温斯顿的话是："帝国的夫人们！我支持自由党！"

以此为标题，《威斯敏斯特公报》（*Westminster Gazette*）发表了温斯顿的言论。"是我率领暴乱者的——而且还对人群发表了演说。"温斯顿在信中还附寄了一张剪报以作证明。

在乌斯特的汉德利普庄园，温斯顿作为汉德利普勋爵的客人在当地的狩猎会上庆祝了他的 20 岁生日。第二天早晨在邮局，他接到一封带来他父亲即将去世的消息的信。

第十七章　黑雾

"飞机从半空中坠落总是比一辆马车在大街上翻倒要可怕得多，"沙恩·莱斯利说，"伦道夫是像流星一样从天空陨落的。"

伦道夫·丘吉尔的精神和肉体被折磨得太久了，这消息没有引起任何惊讶。他的家人和朋友们许多年来一直眼睁睁看着他一步步走向人生终点——只是广大公众对他身上发生的事情全然不知。对他们来讲，他是一个神秘的名字。《大英名人辞典》将会这样描述伦道夫·丘吉尔勋爵：

> 他的人格征服了群众，人们钦佩他的勇气，他的智慧和光彩照人的胆识打击了高傲的头盔，不论是敌人的还是朋友的。此外，在他乖僻的无礼行为和粗鲁的过激言辞后面，此时还发现了他那份相当理智的力量和真正笃实的信念。

这悲哀的一小群人正好在圣诞节前夕回到了伦敦。温斯顿瞧见他父亲"在精力和身体上都十分虚弱，什么也不能干，像个很小的孩童"。在整整一个月中，伦道夫徘徊在人世和彼岸之间。克拉丽塔写信给莱斯利讲述这惨痛的最后日子，伦道夫如何痛苦地呻吟和尖叫，"他们给他注射的吗啡剂量不是让他活动五分钟，而是二十分钟的剂量，然后他松弛下来，进入持续四个小时的睡眠。詹妮一直守在他身边……她一直没吃没睡……"

很久之前希望就破灭了。活下去的希望，美满婚姻的希望，成为英国首相、动摇全世界的希望，这些已成了一个拖延的痛苦，一个长久迷失的天赋，一个没有实践的愿望。

后来，在小说《萨夫罗拉》中，伦道夫的儿子温斯顿·丘吉尔让其主人公在临终之前对他妻子说：

> 你——你会不会忘记？……不要让自己悲伤。人们记得我是什么样子我并不在意。如果我真的做了什么可以使世人更幸福、更快乐、更满意的事情，就让他们记住这些事迹。如果我真的说过一个思想，它，超越了我们个人生活的荣辱沉浮，可以使生命更有光辉，使死亡不过于黯淡，那么就让他们说："他做过这个，或者他做过那个。"忘掉这个人；也许，记得他的工作。

理查德·丹普尔爵士记得一位年老的保守党成员这样评价伦道夫："他使人民相信我们。"他全部的引人注目的政治生涯持续不到6年，煊赫一时的荣耀什么也没留下。12年前去世的丹特·加布里埃尔·罗塞蒂曾在下面的诗中对如伦道夫·丘吉尔这样的人作过总结：

> 我的名字是"也许会成为——"；
> 我也叫"不会再有、为时已晚、永别了"。

新闻界在显著的位置刊登伦道夫的每日病情公告。来访者很多。1895年1月23日这一天，他完全处于昏迷状态。第二天凌晨，温斯顿从附近他睡觉的房子里被叫出来。"我在黑暗中穿过格罗夫纳广场，然后在雪地里跑过去。"1月24日6点15分，伦道夫在昏睡中死去，时年45岁。70年之后，也是在同一天，温斯顿·丘吉尔也去世了。

莫尔顿·弗雷温写信给利奥尼。

> 可怜的伦就这样完了，可亲爱的宝贝儿詹却非常让我挂念。我希望我能听到她很爽快地摆脱悲伤，希望若干天之后她的生活

第十七章 黑雾

充满微笑……爱情和幸运……噢！扔掉那件苦行衣吧——那个倒霉的家伙——永远扔掉……他的确有很多地方不错，但他总是疯疯癫癫的。……

索尔兹伯里勋爵给马尔巴罗公爵夫人寄来一封信函，她悲切地回了信。在短短的18个月中，她已失去了两个儿子。

亲爱的索尔兹伯里勋爵：我感谢您的极富悲伤之心的同情。可是，这太迟了，太迟了。许多年以前，有一天，当我怀着极大的悲痛去见您，请求您作为一个父亲来帮助我——因为我亲爱的孩子失去了父亲。他只剩下了我，可是我无能为力，尽管我愿意把我的生命献给他。我去见您——如果您救助了我，给予我同情，我一定会跪在您的脚下。他不曾晓得我做的这些，但我很失望，我清楚他误入歧路很久，犯了一个致命的错误；尽管如此，我清楚他全部真正的智慧，真正的善良，还有他为他的党已经做的和能够做的一切……您对他的心肠太狠了。我猜想他曾使您难堪，惴惴不安的焦虑困扰着您，可这一切都是命运所为。

从那个时候起，他心如刀割。但他从没有叹息，即使对我，日复一日，年复一年，即使他被拖垮，独处康纳特广场，痛悔不能自已。保守党的喉舌对他恶言相向，他曾为之效力的保守党也指责他、诬蔑他，可他依然没有叹息。他们对我讲，夺去他生命的疾病是由于过度的辛劳和超出极限的精神压力。现在他去了，只剩下我一个人为他和公爵悲伤……

一切都过去了。我亲爱的孩子已归入他世，啊，现在他似乎被人理解、被人重视了，可是太晚了，这简直是尖刻的嘲弄。

他们没有把伦道夫葬在马尔巴罗家在布伦海姆的地下坟墓，而是葬在布莱顿附近的一所小教堂后面的一处不大的公墓里。日后他的妻子和儿子们也葬在那里。

沙恩·莱斯利描述他姨夫的葬礼说：

我本该去上学了，可是我要在威斯敏斯特教堂参加葬礼。它无比的庄严神圣，巨大的屋檐在冰冷的空中伸在我们的头顶上，这很像北极地区的大教堂。我听到了悲哀的唱诗班和法勒教长的声音，接着是送葬曲缓缓地流入我们颤抖的心灵中。我看到了一些只在《笨拙》杂志的漫画中认识的议会英雄们。阿瑟·鲍尔弗走过教堂的侧廊，还有大灰熊"黑米迦勒"希克斯·比奇，两个人都已成为驻爱尔兰的外交官；曾担任过那个职务的杰出的英国政治家显出一种奇怪的表情。外形像个巨人的威廉·哈考特爵士和罗斯伯里勋爵跟在后面。在玛格丽特家的街道上有旗子组成的半堵墙；在议会广场，我们这些人上了马车并被指示向一个有预言家风度的灰胡须的绅士鞠躬，那人也向我们回礼。他是索尔兹伯里勋爵，他肯定是把我们错当成伦道夫的儿女们了，谁都知道他是一个分辨不出老鹰和手锯的人。面容憔悴的亨利·欧文爵士也走过来。据说，伦道夫年轻时请教过欧文如何把"哈姆雷特"演得完美，伦道夫自己就像哈姆雷特一样结束了生命。有四名上尉负责埋葬。送葬队伍经过了帕丁顿，韦尔登这位忠实的随从也跟着。从那里走进布伦海姆宫的黑影中，走进没完没了的涅槃之路。只要这些政治家能意识到，那么这正是在消耗他们为期不久的飘摇的生命。

第十七章 黑雾

这是我第一次听到的死亡消息。我的脑子全乱了,我不相信大人们会死。我一直相信这样的厄运只会落在异教徒、海盗和女王的敌人们的头上……这是我第一次参加葬礼。作为教子对死去的教父,我自己认为我目睹的肯定是世界上最严峻的悲哀。我变得很容易受比我年长的人们的伤心事的影响。在低沉的耳语中,他们提起伦道夫最后的仁慈和疯癫。我在我的第一篇日记上记录了这桩大事:1895年1月24日,"姨夫伦道夫成为天堂中的圣人"。

詹妮形单影只地躺在床上,脸色苍白,眼睛血红,她发疯的丈夫的死也许对她在一定程度上是如释重负。

就在两个星期前,1月7日,查尔斯·安德列亚斯·金斯基伯爵和伊丽莎白·沃尔夫·朱·格雷切特伯爵夫人,一个比詹妮年轻20岁的可爱妇人结了婚。金斯基结婚之后,詹妮写给利奥尼一封信。

如果世上真有什么苦涩的话,毫无疑问已经离开了我。我和他已经十分和气地分了手,可说句实话,那是很强烈的失落感。亲爱的,不要因此为我担心什么……即使你的同情和怜悯对我也没什么作用。没人能帮我什么。他没有什么出色的表现,我也不能从他身上找到令我羡慕的东西,我对他的关心就像对那些喜欢吸鸦片和酗酒的人一样,尽管他们也许并不喜欢……

如此看来,希望对她来说似乎也破灭了。她毫无保留地把自己献给了自己的世界。她已把她最美好的东西献给了一个丈夫,一个不能接受这些的丈夫,于是她在别人中间展示她的智慧、她的机敏、她的精力、她的想象力，还施与她的爱。查尔斯·金斯基曾是她生活中浪漫的一幕，其他许多男子不过只是配角。他不会忘记她曾给予他的爱，她也不会原谅他的离弃。这是一种专注的、炽热的爱情，一种从涓涓细流汇聚而成的深沉的爱情。如果不是因为金斯基，也许她本来可以为她的儿子们做更多的事。

现在她 40 岁了，还剩下些什么呢？狂热的追求者都已自结伉俪，儿子们在学校里，房子空空荡荡。

"你为什么总是身着黑色？"这是契诃夫的《海鸥》中麦德韦德金所问的问题。

"我是在为我的生活而悲伤。"

浓重的黑雾弥散在詹妮的四周。她还不知道整个世界才刚刚为她张开怀抱。

JENNIE

(美)拉尔夫·G.马丁/著 陈所以 祝晓光/译 陈 慧/校

活出极致

丘吉尔的硬核母亲詹妮

（下卷）

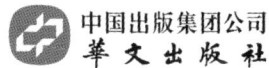

中国出版集团公司
华文出版社

詹妮在 1895 年

詹妮扮演西奥多拉女皇

威尔士亲王的第一辆机动车，詹妮坐在左边（1898年6月）

海德公园

1895年的巴黎

保罗·布尔热,法国作家,詹妮的爱恋者之一

查尔斯·金斯基亲王

罗斯伯里勋爵

布尔战争中的温斯顿

温斯顿在南非

年轻的政治家温斯顿·丘吉尔

爱德华·马什

维多利亚女王的葬礼

57岁的爱德华国王

爱德华七世加冕礼

爱丽丝·凯佩尔夫人

马尔巴罗公爵夫人：康苏埃洛

珀尔·克雷吉

黛西·普莱斯王妃

克莱门亭·侯西亚

古妮（格文德兰·伯蒂）

帕特·坎贝尔夫人

布尔战争中的乔治·康沃利斯-韦斯特

乔治·康沃利斯-韦斯特(詹妮的第二任丈夫)

乔治·萧伯纳

蒙塔古·波齐(詹妮的第三任丈夫)

詹妮和杰克在"缅因号"医疗船上

詹妮和杰克的儿子佩里格林

在南非德班港的"缅因号"医疗船

以"伦道夫·丘吉尔夫人"命名的大炮

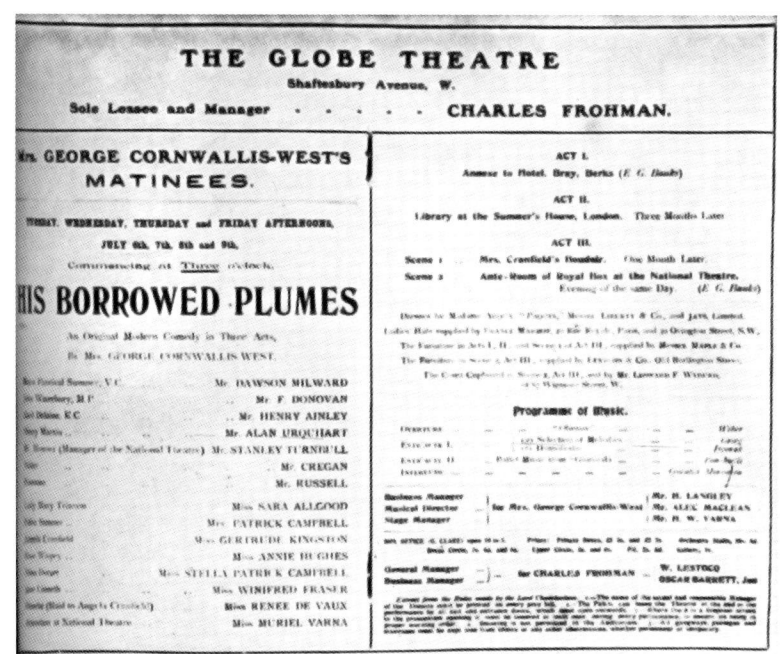

詹妮的第一出戏剧演出单

詹妮与乔治·康沃利斯-韦斯特结婚时的照片

詹妮的《时尚芭莎》杂志照(1914年)

詹妮的《时尚芭莎》杂志照(1915年)

詹妮在1920年

詹妮的葬礼

目录

第十八章　雾散……001

第十九章　巴黎……015

第二十章　知己……025

第二十一章　丑闻……037

第二十二章　错过……049

第二十三章　择师……062

第二十四章　慈母……081

第二十五章　"严父"……094

第二十六章　母子……107

第二十七章　恋情……128

第二十八章　文坛……136

第二十九章　创业……148

第 三 十 章　情场……161

第三十一章　"缅因"……174

第三十二章　医院……190

第三十三章　良缘……207

第三十四章　女王……220

第三十五章　狂欢……235

第三十六章　庄园……254

第三十七章　文才……278

第三十八章　破镜……289

第三十九章　奇峰……307

第 四 十 章　玉殒……329

第十八章　雾散

对詹妮来说，1895年是她痛苦和凄惨的开端。丈夫病魔缠身，变得癫狂不已，最后死于梅毒。仅在几周前，她的情人不愿再等待下去，而同别人结了婚。她的儿子温斯顿和杰克都遇到了许多问题，需要她竭尽全力去帮助他们。

她感到心力交瘁，有点支撑不住了。

这有什么奇怪呢？为使丈夫避开家中的烦恼，她带着癫狂的丈夫进行了一次长达一年之久的环球旅行。梅毒的后期是如此漫长而痛苦。詹妮的姐姐克拉丽塔在写给丈夫的信中这样描述伦道夫·丘吉尔勋爵那可怕的呻吟："他像野兽一样嚎叫。"

伦道夫死于伦敦他母亲的家中。他的母亲是已故马尔巴罗公爵的遗孀。她和女儿们从未让詹妮单独和伦道夫待过片刻。"……詹妮的一言一行都要受到她们的批评和指责……这简直是一种折磨……如果这件事不是很快结束，詹妮自己不久也会发疯。"

当詹妮的妹妹利奥尼告诉她，医生认为伦道夫不会活过当天时，詹妮悲痛欲绝，接着便近乎歇斯底里地"大笑起来"。

"……可怜的小詹妮，"克拉丽塔在给丈夫的信中写道，"每当我想到詹妮的未来，我就感到不寒而栗……"

"男人靠自己行动的伟大来证明自己是正确的，"《古兰经》写道，"而女人则是通过自己众多的幻想。"对丈夫的死，她没有什么幻想，这是一种解脱，也是一件幸事。对丈夫的哀悼，她能做的都做了，并且很多年前，她就开始过苦行僧式的生活了。

对于保住财产，詹妮更没有什么幻想。伦道夫·亨利·斯宾塞·丘吉尔勋爵留下总值 75,971 英镑（379,855 美元）的遗产，但大部分需用来还债，剩下的部分多半是为他们的两个儿子准备的抚养基金。按伦道夫勋爵的遗言和遗嘱，给詹妮只留下 500 英镑（2,500 美元）的微薄财产，此外，"还有马、车、金银餐具、亚麻、瓷器、料器、书籍、画、照片、家具和其他家产"。

克拉丽塔对她的丈夫说，更为糟糕的是，伦道夫死在其母之前，而这位公爵夫人打算把钱分给她所喜欢的人，"她不愿意和她不喜欢的詹妮亲近，也不愿意帮助她从来不喜欢的这两个男孩"。

对詹妮而言，最大的打击是她所热恋的人查尔斯·鲁道夫·安德列亚斯·金斯基伯爵突然与别的女人结婚，这彻底打破了詹妮的幻想，毁掉了她的前程。詹妮曾写道，金斯基对她来说简直就像"鸦片"。出身贵族家庭的年轻奥地利外交官金斯基格外英俊潇洒，单凭其一表人才就足以轻而易举地征服一个女子。他是一位才华横溢的青年，写过有关国际外交的书籍，富有音乐才能，钢琴弹得悦耳动听。他魅力过人，既有古雅的风度，又有现代的智慧。他是一位引人注目的骑手，是名扬大英帝国全境的英雄，是第一个骑着自己的骏马夺得一年一度障碍赛马冠军的外国人。他曾和詹妮热恋过，他们曾不顾一切地、疯狂地相爱过。

他们的爱情是炽热的、强烈的，他们海誓山盟，要白首偕老。金斯基曾恳求詹妮同丈夫离异而与他结婚，但詹妮不忍心在丈夫最需要自己的时候抛弃他。很久以后，詹妮的外甥这样写道：对温斯顿来说，金斯基将会是一位多么了不起的继父啊！小温斯顿和他母亲的情人金斯基亲密无间，和睦相处。温斯顿非常敬慕金斯基，仅仅在他的生身之父逝世两周后，他给在哈罗公学的弟弟杰克的信中这样写道：

第十八章 雾散

> 我非常喜欢金斯基伯爵骑在宗顿涅（夺得冠军的骏马）身上的那张照片——非常非常喜欢……如果你能把它寄到我这里来，我会衷心感谢你。

金斯基本来可以等待詹妮，但迫于其父金斯基亲王的巨大压力，不得不屈从。金斯基亲王是奥地利大地主之一，其贵族世家可以追溯到几百年前。他竭力反对儿子同詹妮结合，因为詹妮不是贵族门第出身，也不是天主教徒，但最主要的还是詹妮当时已经 40 多岁，不可能再为他传宗接代了。金斯基亲王为儿子选中的人是年轻的伊丽莎白·沃尔夫－梅特尼女伯爵，她满足金斯基亲王要求的所有条件。金斯基亲王非常富有，他是儿子金斯基挥霍浪费的财源，每次父亲给了钱后，都被他很快花掉。由于家庭的压力，金斯基完全绝望了，不得不同意和伊丽莎白女伯爵结婚。

"我恨这桩婚事！"听到这个消息后，詹妮在给姐姐克拉丽塔的信中写道。至于金斯基伯爵，尽管他的婚姻在他和詹妮之间造成了一道深深的鸿沟，但他对詹妮的爱从未减弱。很多年后，当金斯基去世时，人们发现在他书桌上方悬挂的照片不是别人，而是詹妮。

现在最爱她的男人和别人结婚，而自己生活拮据，甚至连属于自己的房子都没有。然而，詹妮是一个具有很强的应变能力和康复能力的女性，她很快就变得朝气勃勃，充满活力，甚至出乎她自己的预料之外。正像她的朋友寇松夫人在给詹妮的信中所写的："你是唯一正处在浪尖上的人。"

她正处在浪尖上，这确实是真的。为此，她不得不依赖于她的两个最基本的特征——勇气和干劲，这两个特征使她得到无法压制的巨大力量。这种力量可以受挫或受阻，但绝对不会灭亡。

她内心深处，有一种对未知事物将要来临感到振奋的激情，一种冒险的精神。詹妮颇有点古埃及女王克丽奥佩特拉的品质。在她一生中，每当她遇到危机——这种危机往往是接踵而来的，她的决心便更强。她把这些品质传给了儿子温斯顿："永远不要屈服。"后来，在哈罗公学，温斯顿告诉孩子们："永远、永远、永远、永远，不管是全局还是细节，不管是大事还是小事，永远不要屈服，除非在荣誉和理智面前。"这些都是詹妮的说法。

当然，詹妮非常需要钱，但这并不能阻止她继续拼搏。她仍然可以每年从纽约麦迪逊广场出租的房子那里拿到10,000美元的房租。然而对于英国上层社会的一位带着两个孩子的妇女来说，这点收入实在是微不足道的。以前她是如何设法应付过来的，这一次她仍要设法维持下去。

她是一位鉴赏力极强的妇女。对她所看到的一切，不管是人们的穿着、书籍、家具，还是男人们，她都能够辨别出高低好坏。她的举止如此高雅，以至人们都认为她很有钱。然而，她从来就没有多少钱，令人惊奇的是，有钱没钱对于她竟也无关紧要。

除金钱之外，詹妮的未来还缺少什么呢？朋友？她可从来不缺朋友。1853年，托尔斯泰在他的日记中写道："获得幸福的方法像蜘蛛织网一样，把爱情之网投向四面八方，抓住一切能够抓到的东西。"编织爱情正是詹妮的最大才能。她出自本能地去从事这一切，把男人和女人都吸引到她的身旁，这是她在政治竞选、筹集基金、组织公众方面成功的原因之一。她不仅具有超人的魅力，在她身上还洋溢着极大的热情和真诚，凡接触过她的人都能体会到这一点。许多年之后，一位生活上多少受到詹妮影响的妇女也许还会闪耀着明眸说："我爱她。"

詹妮刚去世时，一家英国杂志试图详述詹妮全部的优秀品质。

> 美丽、智慧、财产和社会地位是人们羡慕的东西，但是在伦道夫那个时代的妇女中，没有比伦道夫·丘吉尔夫人的杰出才华更令人敬慕的了……没有突出的个性，想要比同辈人伟大是不可能的……但或许是磁力，或许是魅力，或许是毅力，或许是活力，或许是自负，或许是性情太温柔，或许是一颦一笑，莫不恰到好处。机智与之有关，辅之以深谋远虑；自信不可缺少，某种冷酷无情倒也有益处……

1895年，新纪元即将开始，时代要求人们具备以上所有这些品质。维多利亚女王已是风烛残年，种种丰功伟绩已日薄西山。贵族统治阶级已不能再主宰广泛的社会力量，巨大的社会财富正在创造自己的贵族，并占据了主导的地位。英国的贵族身份已经可以公开拍卖，而新生的贵族被一些人说成是"黄金教徒"。17世纪早期，即詹姆斯王年代，10,000英镑就可以买一个男爵称号。本杰明·迪斯雷利写道：18世纪年轻的皮特"创造了一个平民贵族并与族长寡头统治结合起来。他造就了一些二流的乡绅和富有牧场主式的贵族。他在伦巴第大街的小胡同偶然发现了他们，并在康希尔的账房抓住了他们"。

"世界上没有一个国家像英国那样爱财如命。"拉尔夫·沃尔多·爱默生谈到英国时写道。

"要说他们全部沉溺于物质主义之中、唯钱是图，这也是不公平的，"赫伯特·阿斯奎斯反驳道，"但是要让他们认识到在这种生产制度里，为占领世界市场他们付出的代价可能太高，这是很不容易的。而这种生产制度正在削弱、阻碍和扼杀这个国家的大批妇女和儿童。"

大英帝国拥有 1,200 万平方英里的土地,是当时世界上最强盛的国家。然而,在伦敦一个洗碟女仆一年的初始工资仅仅是 60 美元,且法律允许工厂女工一周工作六天,还要加三个夜班。更有甚者,因为女工平均要生十个孩子,这样童工便成了养家糊口的主要力量。在工业城市伯明翰,5 岁以下孩子的死亡率为 95.6‰。即使数年后,这个国家 1,200 万以上的人口仍处在饥寒交迫的边缘上,"被不断的贫困缠绕着"。人在英格兰仍然非常廉价。

尽管对正在迅速增长的中产阶级来说,这是黄金时代,但还很难回答这样一个问题:谁在统治英国呢?当然已不是那 150 家豪族。保守党的上流社会那从未衰退的传统已无法维持下去,他们的权力连同大不列颠的壮丽奢华也每况愈下。穿大衣护脚面的马车侍从、头戴帽徽腰缠白布略带孩子气的英国宫廷侍从也已一去不复返了。

维多利亚时代的功绩是显赫的。这个时期创建培育了许多英国公共机构——学校、专业服务机构、军事团体、政党——这使英国人产生一种安居乐业、至高无上的感觉。英国立宪政体给全世界做出了榜样。但这个世界正在发生变化。

新纪元也产生了新首相。已从政 61 年、德高望重的威廉·格莱斯顿在 85 岁时退位了,其后继者几乎是一个全然相反的人。阿奇博尔德·菲利普·普里姆罗斯·罗斯伯里勋爵是个政治迷,对他来说,所有事情都轻而易举。

罗斯伯里反复告诉在伊顿的朋友,他有三大抱负:娶一位女继承人,在德比大赛中夺冠,当上首相。他不仅娶了一位女继承人,而且还是罗斯柴尔德家族的;他的马不是一次,而是三次在德比大赛中夺魁；他不用竞争就坐上了首相的交椅——女王亲自挑选他担任这一职务。"世界上的一切事情他都可做到。"他的英国朋友、铁路巨头昌西·迪普打来的电报这样说。

19世纪90年代是追求享受的年代，罗斯伯里也是一个追求享受的人。首相政务的繁忙使他无法继续他的爱好——他把此比作"无缰绳骑马"。

"一生中有两大乐趣，"罗斯伯里说，"一个是理想的，另一个是现实的。理想的乐趣是当一个人接过皇上交给的官玺的时候，现实的乐趣是把官玺交回的时候。"詹妮了解罗斯伯里的这一切，因为多年来，他们彼此交往密切。他们在政治、骑马、文学和新思想方面都有同样的爱好。

"流行思想，"理查德·列加林对这个世纪末狂欢的10年进行了研究，他写道，"人们深信……他们不仅从一种社会制度向另一种社会制度过渡，从一种道德向另一种道德转化，从一种宗教向多种宗教或不信教发展……我们新发现的自由看来仅表现在被遗弃的荒谬的合唱里。"

优雅的80年代已变成了胡闹的90年代。这时，人们蔑视旧观念的思想在不断增强，故意向旧传统和一些陈规戒律挑战，一步一步变得高傲自大。人们更加追求享受，更加注重感情，更加善于交际。在社会的每一个角落，从商业到政治，到社会关系，人人都在拼命追求权力。人们认为什么事情都可能发生，常规已变成一种禁锢，要想以自己的方式生存下去，就得打破这种束缚。

"当今，没有新事物就没有一切。"赫德·特福尔在《新小说》这篇文章中写道。各种杂志都刊满了关于新事物的文章：新现实主义、新逸乐、新精神、新妇女。

很久以前，新事物还不甚时髦时，詹妮就是一位新型女性。她对诸如"微生物种植"之类稀奇古怪的时尚倒毫无兴趣，例如，在午后茶点时，把试管内"一种可爱的紫霍乱"毒菌摆列在桌上。但她是最早摆脱钢甲紧身胸衣的女性之一，她的家庭也是伦敦第一批使用电照明设备的。

但更有意义的是，詹妮最相信萧伯纳所推荐的新型女性。

> ……除非你在世界上做些事情，否则你就不会和男人们有真正交往；除非你爱别人或被别人爱，否则你就不会和男人们有密切关系；你只有和各种各样的人进行各种交往，办理事务，操纵政治，谈论宗教，给予并接受憎恶、爱情和友谊，才会获得人生的意义……

作为一名"新女性"，"詹妮最不适合做主教的妻子或基督教女青年会会长"，她的外甥写道，"她已意识到维多利亚时代的那种谦逊是没有用的"。

至于伪善，也是如此。对詹妮和威尔士亲王之间的罗曼史，英国上流社会已尽人皆知。尽管爱情高峰已过，但他们之间仍是藕断丝连，随时都可能死灰复燃。当然，威尔士亲王还有其他很多很多情人，公众称他为"风月老手"一点也不过分。和其他情妇的关系结束后，王子便很快割断与她们的感情；但对詹妮，情况却大不相同。她不像其他妇女，总是迎合王子，詹妮对任何问题都有独特的见解，而且畅所欲言。王子并不是个学识渊博的人，但他尊重有知识的人，特别是有知识的女性，她们能鼓舞他、激励他。

1895年，阿尔伯特·爱德华，即威尔士亲王已经54岁，但他身

第十八章 雾散

体魁梧、健壮，一脸的富贵相。看样子他是个笨嘴笨舌的人：凸出的眼睛、厚厚的嘴唇、讲究的山羊胡子，人们经常看见他叼着大雪茄。拉迪亚德·吉卜林把他叫作"肥胖的酒色之徒"。他那营养过剩的身体常常衣着华丽，他仍然精力充沛，神态和蔼可亲，不乏一定的魅力和鉴赏力。

他喜欢过分的炫耀、早晨的狩猎、开玩笑、娇媚的脚踝和发号施令。他器重詹妮的判断力，所以詹妮对他产生了深远的影响。他知道他得依赖她。如果他想安排一次小型私人宴会，他常常让她审核客人名单，决定菜谱。詹妮熟悉他最喜欢的食物，也了解他的特殊朋友。她知道他喜欢什么样的音乐，她了解他的急躁和厌烦，她也知道当他要发火的瞬间该怎么办。反过来，他对詹妮慷慨大方，他对詹妮的感情从不掩饰，如痴如醉。

当然，在詹妮的丈夫临死前，没有人再比这位王子更加焦虑的了。王子常去看望她，花费个把小时来安慰她。

从前，王子与詹妮通信总是小心谨慎的。因为王子毕竟是未来的国王，而且詹妮的丈夫还有可能当未来的首相。王子已被公众指控为通奸，自然不得不格外小心。由于王子与詹妮的风流事，詹妮的丈夫几乎到了与王子决斗的地步，宫廷不得不把伦道夫·丘吉尔流放到爱尔兰去。但伦道夫死后，王子公开把詹妮称作"我的心肝宝贝"，并署名"属于你的阿尔伯特·爱德华"或简称"阿·爱"。

威尔士王妃亚历山德拉有点耳聋，但眼明心亮，她对丈夫的无数婚外艳遇了如指掌。她甚至知道丈夫在伦敦饭店有一套私人密室，里面装有自控设备，其中的床和长沙发能自动藏到墙壁中去。在索哈区，一家叫克特内尔的餐厅自豪地把二楼的一间屋子称作"爱德华室"。詹妮的挚友沃里克伯爵夫人弗朗西斯也是王子的长期情妇，她是这样描述王妃的："在她内心深处有准确的判断，而这种判断常常用肯定无疑的措辞来表达。"

不管是出于精明、屈从或是其他某种原因，王妃和其丈夫的一些情妇都保持着亲密的关系，特别是和詹妮的交情尤其深厚。每次宴会后，王妃常邀詹妮到她的房间促膝谈心，詹妮还经常出席王妃举办的私人社交晚会。这两个女人彼此喜欢，相互信任。"她一直是我可靠的、亲爱的朋友。"亚历山德拉这样描绘詹妮。她们俩都很幽默，同时又都具有慷慨大方、感情冲动、憎恶虚伪和傲慢的天性，但亚历山德拉毕竟是在丹麦宫廷单纯的环境中长大的，在那里甚至有人教她怎样织补袜子。同时，亚历山德拉和詹妮都是慈祥的母亲，因此她们的话题一定会涉及孩子们。她们的儿子有很多相同之处，两个大一点的男孩脾气急躁，而两个小一点的则恬静、温顺。

那时温斯顿20岁了，但仍是个"妈妈保护下的孩子"。在以后的许多年里，直到他结婚，他给母亲的信息是热情洋溢，几乎有点浪漫色彩。孩子和母亲的亲密是可以理解的，因为对温斯顿来说，父亲是一个遥远陌生的人。"如果我略显出一点友谊，爸爸立刻就会生气，"温斯顿在《我的早年生活》中写道，"有一次我提出帮助父亲的私人秘书写些书信，父亲立刻变得冷若冰霜。"

温斯顿非常清楚父亲是当时最重要的人物之一，但他还知道父亲是死于政治上的失宠。哪一个勇敢的年轻人不是做梦也想为自己的父亲辩白，同时也是为自己辩白？哪一个雄心勃勃的年轻人不希望在自己的事业上赶上甚至超过自己亲生父亲的声望？

温斯顿对父亲钦佩、羡慕且又非常孝顺。他能熟记父亲的一些演讲词，模仿父亲讲话时把手揿到嘴唇上的姿势。后来，他撰写了两卷父亲的传记。温斯顿就读于桑德赫斯特军事学院时，他一生最大的愿望是毕业后能参加骑兵团。"骑马是我在桑德赫斯特时最大的乐趣，"他后来写道，"骑在马背上的每一分钟都没有白过，年轻人常常因为自己拥有马匹而毁灭，或通过赌马毁灭，但从来没有因为骑马而毁灭的，除非是从马背上摔下，把脖子折断了，但这样死也死得很痛快。"

温斯顿母亲的崇拜者之一——约翰·帕尔默·布拉巴宗上校指挥着驻扎在桑德赫斯特附近奥尔德肖特的第四轻骑兵团。温斯顿在骑兵团食堂和他一起吃过几次饭，在这里他被"灿烂的光辉、丰盛的食物、隆重的仪式和不严明的纪律搞得不知所措"。

"几个月后，母亲告诉我布拉巴宗上校急于让我到他的兵团里去，但父亲说：'不。'……"因为很久以前伦道夫勋爵就决定让温斯顿到步兵团。父亲死后，温斯顿马上让妈妈和布拉巴宗联系。

布拉巴宗的一切都受到男人的羡慕、女人的青睐。詹妮喜欢他，不仅因为他身体魁梧——6英尺高，有结实的颚，身材匀称，有精心修饰的胡子和炯炯有神的灰眼睛——而且还因为他和蔼可亲、心地善良、机智敏捷。威尔士亲王喜欢他，因为他在赛马方面知识渊博，还是打猎场上的能手、战场上的猛将。还有，王子是个要求服装完美无缺的花花公子，《名利场》杂志称赞布拉巴宗"……在穿衣打扮、举止风度上都可与当代英俊的布鲁梅尔相媲美"。女人把他称作"美丽的'布瓦'（Bwab）"，因为他长得英俊潇洒，而且又不能发 r 的音。①关于"布瓦"最著名的故事之一是说，在一次战斗中，他把敌人的重火力吸引到自己身边，并拒绝隐蔽，他说他相信有人"在我身上洒下了圣水，所以我要让你们看一看，我的胆量一直特别大"。

---

① 布拉巴宗，英文名 Brabazon，有字母"r"。

詹妮与布拉巴宗之间的风流事持续很短，但他们始终保持着牢固的相互信赖的友谊，布拉巴宗对她忠心耿耿。在丈夫死后一周内，詹妮给他发了一封电报，布拉巴宗这样回复：

这是我请您马上去做的。我已见到雷金纳德·吉普斯爵士，并给公爵的私人秘书菲茨乔治写了信——您必须立刻给公爵（剑桥的）写信，他的地址是：德·加勒坎内王子旅馆。

……我要说的是孩子总是急于到骑兵团里去，但由于某种原因，伦道夫之前给他在步兵团报了名。近来，公爵完全在兜圈子，既支持温斯顿，又不忍拂您的心愿，又担心温斯顿加入我的骑兵团……您可以说现在第四轻骑兵团还有空缺，您很担心温斯顿在伦敦虚度时光，而我自己也了解这孩子，喜欢他，也很想得到他。您还应该补充说——这也是实情——温斯顿比任何想参加骑兵团的候补者都强得多，并希望公爵能把温斯顿分配到第四轻骑兵团，从而实现伦道夫最后的愿望。

事实上，被批准到骑兵团的人比现有的空缺多得多，这就是问题的难点。但我肯定，如果您给公爵写信，他会亲自处理此事，一切都会安排妥当……

詹妮按布拉巴宗说的去做了，几天之后，剑桥公爵回信道：

我马上给国防大臣写信，只要有可能就加以安排。

此致亲爱的伦道夫夫人

你忠实的

乔治

第十八章 雾散

不到两周，温斯顿就被命令到奥尔德肖特第四轻骑兵团报到，2月20日他接到任职令。几年之后，他写道："孤独的树木如果充分生长，会长得根深叶茂。一个失去父爱的孩子常常会得到发展，如果他能顺利度过青春期的危险的话，那么独立性和思想的活力在以后的生活中足以弥补早年的严重损失。"

但温斯顿不是一棵孤独的树。在他一生中的这个转折点，他依靠自己的母亲认识了布拉巴宗和剑桥公爵，以后，他也会一次又一次地求助于母亲。他深深懂得，母亲知道应该拜访谁，该采取什么步骤。温斯顿自己也承认，母亲的能量和智慧看来无穷无尽。

> 我母亲随时都可以给我提供帮助和建议……不久她就成为我热心的合作者，用她的影响和无穷的精力，帮助我修订计划，保护我的兴趣……我们共同研究各项条款，更像姐姐和弟弟，而不像母亲和儿子。至少对我来说是这样。我和母亲这样相处，直到她去世。

温斯顿这样写道：她不仅是我的母亲和合作者，很长时间以来，她还是我唯一的知己，唯一能倾吐孤独、寂寞的人，我唯一爱戴的人，我唯一最信任的人。当需要果断的时候，她还是我的决策人。

在维多利亚时期的英国，人们严格遵守守丧的习俗，守丧时间两年。在第一年，外衣完全由编织成的黑色绉绸覆盖；在第二年，黑绸仅用在外衣的装饰边上。只有在两年之后，寡妇才能出面参加社交活动。比如维多利亚女王，尽管她丈夫在35年前就去世了，可是女王为哀悼她的康索特亲王仍旧穿着黑色丧服，她给英国树立了极端的榜样。但寡妇的丧服对詹妮不起什么作用——至少时间不会太长。1895年2月，詹妮要到巴黎去，在那里完全允许年轻漂亮的寡妇穿着女式长灯笼裤，在布洛涅森林里骑自行车。

当时，伦敦天气很冷，泰晤士河的冰层可支撑一头牛。一个月内狂风呼啸，大雪纷飞，雷雨交加，而詹妮渴望巴黎的天气会好一些。

第十九章　巴黎

对于巴黎，詹妮简直就像对自己家那样熟悉。

她出生在美国，她的举止风度却像英国人，也有一些像法国人。巴黎对于她，远超过她的法国祖先胡格诺派①于1699年在这里注册的家族纹章的意义。在她自己的令人神往的回忆里，在这个城市生活的记忆占据了很大一部分。

詹妮在路易·拿破仑和尤金妮亚皇后那仙境般的宫廷中长大，美丽颀长的皇后对詹妮来说比亲生母亲还亲，皇后的祖父也有过许多美国朋友。在巴黎，詹妮16岁时，已出落得像朵鲜花，亭亭玉立，引起众多男人的注目和追求。到1870年普法战争开始时，詹妮和母亲、姐妹在敌人包围巴黎之前，赶上最后一班火车离开了巴黎。

巴黎还是詹妮和伦道夫勋爵最后定情的地方，也是在这里，他们急急忙忙在英国使馆举行了简单的婚礼。在他们漫长、不幸的婚姻中，詹妮曾几次独自来到这里。巴黎总是她寻求自由的地方。

当她乘马车经过香榭丽舍大街时，巴黎的很多景象无疑都刻在她的脑海中。特别是沿香榭丽舍大街两边的景象既可使她缅怀往事，又可给她增添力量。

"如果你从凯旋门向杜伊勒里鸟瞰，你会看到断断续续的、华丽夺目的四轮马车车顶和带花边的阳伞，还有那西落的太阳照在灯泡和玻璃窗户上，照在漆过的铠甲和擦亮的马具上，宛如成千上万面镜子

---

① 胡格诺派（Huguenot），是基督教新教加尔文教派在法国的称谓。原意为"日内瓦宗教改革的追随者"。

在闪光。"

香榭丽舍大街是一条布满藤蔓的林荫大道,马拉的小型公共马车上层的年轻男人都俯下身来仔细端详下面四轮敞篷马车里的年轻妇女。一位坐在狗拖车上的年轻侯爵在自豪地向婀娜多姿的行人炫耀自己;一位打扮入时的中年妇女坐在双人座的四轮敞篷马车内挥舞着鞭子,在她身边的垫子上,一条狮子狗静静地卧着;不远处,一位臃肿的红脸妇女坐在运货车上,车内胡萝卜堆得老高——她身边也有一条狗,这条狗高大、凶恶,用铁链拴着;在绿树成行的宽阔的人行道上,时髦的妇女故意炫耀她们那绷紧胸衣的身材,她们长长的外衣几乎拖地,然而当她们出现在印度土邦主、纽约百万富翁、埃及帕夏及海地大富翁和穿着法兰绒衬衫、戴着狩猎帽、身穿灯笼裤的英国旅游者之间时,"简直就像被淹没在阿富汗的大山或叙利亚的沙漠之中"。香榭丽舍大街是这座城市最繁华的地方。

詹妮乘车向前,她清楚巴黎热闹的场面还未达到高潮。再过几周,情况将大不相同。冬天像个大滑冰场的巴黎,2月份仍是"人造花"的季节。詹妮刚到巴黎时,正赶上乐蓬马歇著名的每年一度的饰带大展销,大商店内人造的帕马紫罗兰显得特别娇艳、引人注目。而几周之后,巴黎春天百货商店将把成千上万束真正的紫罗兰交给购买者,而且杜伊勒里的古老栗树会像过去一样第一个开出春花。无论对巴黎还是对詹妮自己,她都盼望着新春的到来。

"美国人为了社交上的胜利或铁路流动股金,才到伦敦;为了学习艺术,才到罗马;为了学习音乐和节约,才到柏林;而为了享受,才到巴黎来。"说出这话的人是理查德·哈丁·戴维斯——一位英俊潇洒、喜欢冒险的前线记者。那时他31岁,住在巴黎,写了本关于巴黎的书,后来他这样评论詹妮和她儿子:"就像我不记得伦道夫夫人作为温斯顿的母亲是否够老一样，我也不记得温斯顿作为儿子是否够年轻。"

戴维斯和詹妮是居住在巴黎的美国侨民。在这个城市，美国人有着稳固的社会传统：继联邦俱乐部之后，最高级的赛马俱乐部的创办人是美国人；尤金妮亚皇后的两个宫廷侍女是美国人；巴黎一些时髦的沙龙从过去到现在一直由美国人主持着。

詹妮刚到法国不久，《纽约先驱报》的法文版就刊登了一篇关于克莱尔·福特男爵设宴招待曼彻斯特公爵夫人的故事。《先驱报》引用了这位德国男爵和公爵夫人间的一段对话：

"最后，我真能离开那些美国人了。"男爵宣称，"真的，他们很是缠人，无处不在，想摆脱他们很不容易。你简直想不到跟你这位英国人谈话是多么轻松自在，英国人和美国人的举止风度有着明显的差别。"

曼彻斯特公爵夫人笑了笑，答道："男爵，可能你是对的，但作为一个美国人，我生来就看不出这一点。"

原来这位英国的公爵夫人本来也是美国人，就是从前纽约的康苏埃洛·伊兹那格，她是詹妮最要好的朋友之一。这两位女人在那篇文章中都表现得很愉快。

美国移民是一个特殊的族群。詹妮知道他们当中哪些属于哪种类型，有很多美国人很快就变成了法国生活中的一部分，如洛伊·福勒[①]是一位来自伊利诺伊州的矮小丰满的女性，她在发现某些色和光

---

① 洛伊·福勒（Loie Fuller, 1862—1928），美国舞蹈家，现代舞蹈和舞台灯光技术先驱。

的结合会给她跳舞时的蜿蜒蠕动带来种种神秘的色彩之后，便一举变成了法国的著名人士。福勒小姐住在贝热尔街的一套小型公寓内，这套房子太小了，以至于为节约空间，她在墙上画了几把椅子，因而名扬全国。1895年初春，她当上了剧团团长，上演了带有法美两国风味的哑剧《莎乐美》①。这场演出彻底失败，福勒小姐又回去从事舞蹈表演。后来，她的法国和美国朋友们曾为她举办过一次宴会，这次宴会估计詹妮也参加了。

詹妮一家的朋友威廉·基萨姆·范德比尔特刚离了婚，也住在城内，他们相处甚好。该家族庞大财产的奠基人科莫多·范德比尔特既是詹妮的父亲——无与伦比的伦纳德·杰罗姆的朋友，也是其做生意的合伙人，从此以后，这两个家族关系就非常亲密。威廉·范德比尔特在香榭丽舍大街豪华的公寓里面装了设备齐全的弹子房。范德比尔特夫人带着她亭亭玉立、美丽迷人的19岁女儿康苏埃洛首先登门拜访詹妮。康苏埃洛的未婚夫早就选好了，他就是詹妮的侄子"萨尼"，21岁的马尔巴罗公爵。

"我强迫女儿嫁给了马尔巴罗公爵。"很多年后，范德比尔特夫人说，"对女儿我有至高无上的权力，当我发号施令的时候，没有人辩解。因此，我没有乞求，而是命令她嫁给马尔巴罗公爵。"母亲和女儿没有在巴黎待太久，因为温思罗普·拉瑟福德这位美国求婚者使她们特别心烦。公爵的应婚使范德比尔特花掉巴特尔克里克铁路公司250万美元的股份，加上一年10万美元的生活费，嫁妆共1,500万美元。

据说，詹妮在这桩婚事中起了重要作用，但她在给儿子杰克的信

---

① 王尔德的戏剧，*Salomé*。——译者注

中，却表达了当时对这次订婚的惊讶。除此之外，这桩婚姻已证明是不幸的、没有爱情的，因而如果詹妮策划了这件事，康苏埃洛就不会再是她的亲密朋友了。

詹妮到达巴黎时，当时的社会新闻涉及有关卡斯泰拉内伯爵和他那年轻的、刚到法国的美国新娘的消息。詹妮了解德·卡斯泰拉内伯爵的整个家族，尤其是他的叔叔，潇洒英俊的德·萨根王子，他是詹妮父亲最信任的朋友，也是在詹妮身上引起浪漫感觉的第一个成年人。伯爵的新娘是安娜·古尔德，她是已故世界著名金融家杰伊·古尔德的女儿。婚礼办得比较奢侈豪华。婚礼的头天晚上，50个花商干了整个通宵，婚礼上安排了成车的兰花、玫瑰花和百合花。每个客人都得到一个纯银的带金边的心型盒子，里面装有一块结婚蛋糕。8万盏威尼斯式的灯，由80个演员在湖边演出灯火辉煌的芭蕾舞，草地上铺着15公里长的地毯，以保证代表"法国最高贵血统"的250位客人的脚不被露水打湿。有200名音乐家的管弦乐队，有80个穿着猩红色服装的男仆，还有十分壮观的烟火。

同年春天，詹妮的另外两个男友乔治·寇松和贝奇·丘纳德爵士开始了美国之旅——去迎接他们的新娘。一家美国报纸以社论的形式抗议道：有161,653,000美元，以美国新娘的形式流进了欧洲。一家杂志进一步指出：设立美国女继承人出国保护税这个想法不错。

巴黎《先驱报》报道，针对美国这种侵略行径的一种抵制力量正在增长。还说，一批年长有威望的欧洲已婚妇女正在越来越抵制未婚美国女士，不管她们的推荐信是怎样赞美后者的。然而，报纸上常常载满了种种征婚广告。

虽然詹妮在旅馆里孤独、寂寞，但她没有登广告去寻找伴侣。她依然美丽动人，风华不减当年。后来，她的儿子温斯顿这样描写母亲："40岁时，她依然年轻、漂亮、迷人。"但她的外甥沙恩·莱斯利描写得更为生动形象。

> 我记得伦道夫死后的那一周，我看望她时的情景：她面色虽然憔悴，但她的美丽丝毫未减。我清楚地记得，她躺在床上，脸色苍白，乌黑的头发披散在身上，简直是奇迹。这是我一生中第一次感觉到女人是多么漂亮动人啊。

詹妮的美是属于巴黎人所欣赏的那种微黑丰满而不臃肿的类型。那种欣赏有时是以奇特的形式直接显示出来的。例如，一天清晨，在旅馆的客房里，詹妮突然醒来，看到一位非常肥胖的法国人慢慢地朝她的睡床走来。这个男人已设法住进同詹妮的房间相连接的房间，中间有一个相通的暗门。他不声不响地把门闩弄掉，走进了詹妮的房间。他慢慢凑近，企图实现他盼望已久的肉体享受。詹妮盯着他，直到他几乎碰到她的时候，突然使出浑身气力朝他那吃得过胖的肚子打过去。这个人气喘吁吁地向后跟跄了几步，从暗门溜掉了，速度比刚才进来时快得多。以后，詹妮说起这个故事时，她解释道：她不相信尖声喊叫有什么用处，不论是在旅馆里还是在异国他乡。

詹妮打算在巴黎长期待下去，不久她找到一个比旅馆更能长久居住下去的、但不适合隐居的住处。她的新家坐落在巴黎幽静的绿树成行的克莱贝大街。克莱贝大街从繁忙的香榭丽舍大街末端的凯旋门向外伸展，从詹妮住的那条街上可以看到埃菲尔铁塔，也可望见凯旋门（当时在巴黎有要拆掉埃菲尔铁塔的说法，因为此塔好像对想自杀的人有巨大的吸引力）。弯曲的塞纳河离詹妮的住处只有几街区远。最近，刚完成自由女神塑像的雕刻家巴索尔迪正在为这个地区完成乔治·华盛顿和拉斐特的铜像。

克莱贝大街有很多灰色大厦，这些大厦均有贵族的标志，大门、内院各具特色，都是贵族的住宅。被流放的西班牙女王曾在这条大街生活了30多年。34号是一栋宏伟壮观的七层楼房，滴水兽装饰着窗户，大部分窗子都有小阳台。房间内部被詹妮装饰成自己喜欢的样子。对于装饰她既有热情、又有才华，她从不遵循老规矩，而总是适应自己的品位。她喜欢颜色鲜艳的窗帘，讨厌笨重的家具，喜欢在墙壁上挂满油画。即使搬进一座寒冷、刻板的房子里，她也很快会将其变成温暖、舒适的家。

詹妮的妹妹利奥尼·莱斯利和她的三个儿子是第一批到这里来的客人。她们的大姐克拉丽塔在坦布里奇韦尔斯照顾生病的母亲。克拉丽塔嫁给了莫尔顿·弗雷温（他被那些时运不济的金融伙伴们叫作"终结者"）。从肯尼亚到加拿大，他的诸多计划方案尽皆失败。莫尔顿经常外出，他的婚姻与其说是直接交往，倒不如说是通信联系，克拉丽塔在给他的信中处处流露出孤独和渴望。

利奥尼，詹妮把她称作"傲慢的小妹"，她皮肤黝黑，赶不上克拉丽塔漂亮，但比克拉丽塔聪明得多，很有才气。她的丈夫约翰·莱斯利和弗雷温一样，也认为离开家到外面去一阵子很有必要，但人们经常在赛马场而不是在天涯海角发现他。他的三个儿子很少见到他，尤其是对小儿子西摩来说，父亲就像陌生人一样。詹妮经常讲起约翰·莱斯利第一次拜访克莱贝大街她的家并在那里过夜时的情景：第二天早晨，7岁的西摩打开了母亲的寝室，他很惊奇地发现约翰·莱斯利和母亲睡在一起，便问道："妈妈，这位先生是谁？"

这三姐妹的关系非常亲密，简直是一种精神上的一致。每个人不仅知道其他二人的思想和感觉，而且还知道她们未来的思想和感觉。她们相互倾吐各自心灵深处的秘密，共同分享有限的存款，对相互的外甥、外甥女，她们更像母亲而不像姨妈。她们互相爱护，相互体贴，当外来麻烦威胁到她们其中一人时，她们就组成坚强的堡垒来对抗。

如果说詹妮把自身的负担卸给利奥尼让其多承担一些的话，那不只因为利奥尼更聪明、更能干，还因为在某种程度上，她们二人更加协调一致、情趣相投，甚至喜欢同样类型的男人。

当然詹妮有一段时间很沮丧，但在巴黎不久便快活起来，这是因为巴黎有她的很多朋友，也有一些情人。如威尔士亲王——阿尔伯特·爱德华王子，他比他的快艇"英国号"稍早一点到巴黎，他要用这艘快艇参加地中海赛船比赛。

威尔士亲王在巴黎时，常出其不意地走访美国使馆。大使正在喝茶，侍从突然高声喊道："威尔士亲王殿下到。"大使大吃一惊，茶杯摔到地上，他立刻起来叫道："天啊！"王子有着惊人的模仿力，后来他模仿了这个场面：走进屋内，宣布自己的到来，然后跳起来，茶杯摔到地上，并说："天啊！"

亚历山德拉王妃留在了伦敦。这很正常，在巴黎，王子更喜欢自由自在，王子已能很内行地去躲避他的侍从。

在巴黎还有另外两个男人：德·布勒特伊侯爵和保罗·布尔热。他们也把自己的妻子留在家中而去拜访詹妮。在他们结婚前詹妮就认识他们，如果詹妮愿意，他们当中哪个人都愿娶她为妻。在詹妮看来，生活就像在同一中心的圆圈内运行，对她来说常是这样。"爱她的人从来不想让她跑掉。"

亨利·查尔斯·约瑟夫·勒·特内利·布勒特伊是法国议员，一位德高望重的外交家，如果恢复君主制度，他将成为法国的外交大臣。他的祖先曾是俄国凯瑟琳皇后宫廷的法国大使,这是布勒特伊1887年陪同詹妮及其丈夫到俄国旅行的原因之一,但他与詹妮的风流韵事使得这次旅行提前结束。他与一位美国姑娘马赛利特·加纳结了婚,詹妮对此感到十分恼火,因此暂时中断了与他的联系。后来布勒特伊给詹妮写信说:"我最大的缺憾就是不能再见到你。"

詹妮和布勒特伊有很多相同之处。他们都是了不起的骑手、侃侃而谈的演说家;詹妮美丽漂亮,他也非常英俊潇洒;两人都喜欢有创造力的人。后来,法国大作家马塞尔·普鲁斯特在《追忆似水年华》一书中把布勒特伊作为"布勒特"的原型,普鲁斯特说"布勒特"仅拜访那些有声望的知识分子。布勒特伊很依恋詹妮,此外,詹妮还是社交界的一股清风。威尔士亲王是布勒特伊的一位好朋友,他很高兴地把他叫作"支柱",詹妮也有着同样的打破故步自封的精神。

保罗·布尔热则是另一种类型的人物,但同样杰出,同样深深地爱着詹妮。很多年前,在巴黎的一个美国朋友费迪南德·比肖夫谢姆女士的文学沙龙里,詹妮曾见过他。当詹妮经过深思熟虑打算把他写进自传时,他还未"结婚"。

布尔热仅比詹妮大一点,是法国著名的小说家之一。那年6月,他入选法兰西学院,接过伏尔泰曾坐过的交椅。评论家把布尔热看作是具有微妙想象力的诗人、有敏锐心理分析能力的作家和具有各种最精微的鉴赏能力的批评家。他在去世以前出版了50多部小说,他的文笔雅致,含蓄蕴藉,从不叫嚣直露。妇女们特别钦佩他对女性感情的细腻分析,他善于探索和描绘女性内心深处微妙的奥秘。布尔热刚从美国游历回来,他和马克·吐温——此人詹妮也认识——在《北美评论》打开了文学笔战。布尔热把美国妇女称作"真正堕落的罗马人",讽刺和嘲笑了那些想把城市公共场所的裸体塑像覆盖住的巴尔的摩和费城的女士们。他写的美国故事一定逗乐了詹妮。

布尔热英俊潇洒，头发粗浓蓬松，胡子给人的印象深刻，举止高雅、风度优美。著名的美国小说家亨利·詹姆斯在他的日记中曾说道，当时布尔热的婚姻进展得并不顺利，在巴黎不可能待下去了。

布尔热与詹妮的通讯联系时间长且内容丰富。他曾经这样写信给詹妮："当一个人到达人生某点时，他觉得懂的很多很多，想做的也很多很多，但他已不能表达他所要说的话。屠格涅夫对此曾这样总结：'生活本是一种残酷的事！'"

那个春天，在巴黎，生活的残酷毫不留情地落在詹妮头上。当她拿起巴黎《先驱报》时，注意到在布里斯托尔旅馆的两个新旅客：查尔斯·金斯基伯爵和他的新娘刚度完蜜月回来。

如果说詹妮痛苦不堪，那么当金斯基听到詹妮也在巴黎时，当然也同样如此。他的婚姻没有爱情，但是，他的出身、他的信仰，还有他的父亲，使金斯基无法离婚。他婚姻的裂痕很快就尽人皆知了。

至于詹妮和金斯基，这两个不幸的情人该怎么办呢？他要想方设法去见她吗？可能。詹妮愿意去见他吗？她是个独特的女人，她的自尊心不仅仅是受到了挫伤，而是彻底毁灭了。只要詹妮爱上一个男人，她就会爱他到死。她太倔强了，以至于好多年都拒绝与金斯基见面。当然这种情况也是会改变的。

第二十章 知己

在儿子温斯顿的成长过程中，詹妮起了最重要的作用。詹妮给儿子灌输了勇气、精神和魄力，詹妮通过经常的交谈和通信，帮助儿子形成自己的思想，她还把儿子介绍给那些能帮助他决定未来的人。她在各个领域内支持儿子，保护他的兴趣，增强他的雄心——除了以上所有这些，在儿子一生的关键时刻，詹妮还充当了唯一的、真正的温斯顿父亲的角色，充当帮助他发展聪明才智方面的一个重要的男性人物。

后来，民主党总统候选人阿德莱·史蒂文森，一个才华横溢、能言善辩的演说家问温斯顿·丘吉尔，是谁影响他，使他形成了闻名于世的丘吉尔演讲风格。丘吉尔回答："是一位美国政治家启发了我……教我怎样使用嗓音的每一个音符。"令史蒂文森感到惊讶的是，丘吉尔接着引用了60年前布克·科克伦演讲中很长的一段，并说："他是我的榜样。"

1895年3月的一天晚上，利奥尼邀请布克·科克伦到克莱贝大街34号赴宴。利奥尼之所以邀请他到詹妮家来，因为他是她们的姐夫莫尔顿·弗雷温的好友。一些浪漫主义作家可能会说詹妮和布克·科克伦的相遇是命中注定的。他们或许会问，这两个不同寻常的人，以前从未见过面，在同一时间，因同一原因，恰好在巴黎相遇，但这有什么好奇怪的呢？在布克·科克伦变成鳏夫前仅一个月，詹妮已成为寡妇。科克伦的妻子像詹妮的丈夫一样，病了好长时间后才逝世。科克伦和詹妮都是到巴黎来改变一下环境，调节一下情绪的，两人都相信他们的生活已达到痛苦不堪的地步。他们二人和奄奄一息、没有生气的人生活的时间太长了，他们要重新获得爱情和生活的时机已经成熟。很少有人像他们一样开诚布公，水到渠成。

"生要振奋，死要痛快。"这是布克·科克伦生活的座右铭，没有其他座右铭比这更适合于詹妮。

那个月上旬签发给威廉·布克·科克伦的护照很简单地介绍了他。

> 年龄：41岁；身高：5英尺11英寸；宽额，灰色眼睛微凸，高高的鼻梁，浓密的胡子，圆下巴，深棕色的头发，肤色黝黑，圆脸盘。

用"雄狮般"这个词去描述他最合适不过了，尤其是他正在讲话时，像一头欲一跃而起的雄狮。他最引人注目的身体特点是那大得惊人的头，长长的黑发摇摆起来像飘拂的鬃毛。他身材高大，肩膀宽阔，是一个威严的人，眼睛深陷，眼距较宽，强壮的额部，沉思的眉毛向外倾斜。他并不英俊，但西奥多·罗斯福的女儿艾丽斯·罗斯福·朗沃斯深情地把他称为"巨魔"。他动作高雅，充满活力，浑身上下都流露出一种内在的魅力和力量。"当他走进房间，就像有人打开了电灯一样。"爱尔兰伟大的政治家霍勒斯·普伦基特爵士这样评论道。

科克伦和詹妮有很多相似之处。他们同样才华横溢，对别人的伤害从不计较；他们都慷慨大方，善于把他们的时间、金钱、力量，以及最重要的精神鼓舞给予别人。他们都智慧无穷，热情似火，精力充沛。

第二十章 知己

科克伦的嗓音似乎有魔力,"低沉的雷声蕴含着琵琶样的优美"。他嗓音含有爱尔兰人欢笑时的轻快和活泼,有时用力太强嗓音变得有些颤动。作为一个演说家,尽管他有才华,随时准备进行尖锐的反驳,但他从不在谈话时处支配地位。可是一旦当他想反驳时,他能迅速地给对方以致命的一击。

"当我年轻时,我曾认为卡莱尔是当时最伟大的演说家,"印度前总督里彭侯爵写道,"继而是格莱斯顿,但我敢肯定,在演讲能力、智慧和表达技巧上,他们二人谁也赶不上美国政治家布克·科克伦。"

詹妮也认识这些当时最伟大的演说家,他们参加她举办的晚会,跟她挤在一起就餐,格莱斯顿首相也在其中。受过演讲艺术训练的詹妮,此时却始终是不声不响地为客人倒茶的、彬彬有礼的女主人。假如她果断地插进自己的观点,也不会有人感到不愉快。

詹妮和布克有很多话要谈。

当时的时事是这样的:因朝鲜问题,日本在和中国交战;古巴人正在反抗西班牙人的统治;在布鲁克林,当局调动了3,000人的军队去镇压因有轨电车工人罢工而引起的骚乱;在夏威夷,前任女王利留卡拉妮①的党徒恢复君主制的阴谋遭到失败;美国最高法院的提前征收所得税的决定违反了宪法;还有奇怪的阿尔弗雷德·德雷福斯②事件引起人们的争议。作为一名律师,科克伦对德雷福斯事件特别感兴趣。在法国秘密军事法庭上被判有叛国罪的德雷福斯上尉,公开受到

---

① 利留卡拉妮(Queen Liliuokalani of Hawaii,1838—1917),夏威夷王国最后一位君主和唯一一位女王。

② 阿尔弗雷德·德雷福斯(Alfred Dreyfus,1859—1935),法国炮兵军官,法国历史上著名冤案"德雷福斯案件"的受害者。身为犹太人的德雷福斯在1894年12月22日被军事法庭判决为间谍罪,引起了世界范围的广泛关注和反犹太运动浪潮。直到1916年才得以平反。

羞辱，在5,000名士兵面前被摘掉军衔，送到"魔鬼"岛单独禁闭。如果德雷福斯被证明清白无罪，那么几届法国政府都会垮台。

晚会席间闲谈涉及的都是轻松的话题：预定的汽车赛（Horseless Carriages）（预计时速16英里）；一位作曲家和一位著名的交际家在巴黎剧院的一次彩排中因观点不同而引起的决斗；在沃尔斯利夫人举办的舞会上，客人们穿的服装是按18世纪画作上的样式制作的；由霍尼博尔小姐在夜莺巷足球场组织的女子足球俱乐部的开场赛。

詹妮和科克伦或许还谈到了爱尔兰。当伦道夫给他在爱尔兰任总督的父亲当秘书时，詹妮曾在那里生活过3年多。詹妮留恋爱尔兰，她的小儿子杰克就出生在那里。

布克·科克伦出生在被他称作"爱尔兰人口最多的"斯利沟县。17岁时他孤身一人从爱尔兰移居到美国，在纽约一家商店里当职员，教过法语和拉丁语，后来当上一所公立学校的校长，他还当过很短时间的记者，靠晚上攻读还获得了律师头衔。他的第一个妻子在分娩时去世了，他的第二个妻子是一位百万富商的女儿，而他本人这时已是一个颇有成就的律师。

詹妮和科克伦还有个共同爱好，他们二人生来就迷恋骑马。布克小时候住在农场，他几乎是下摇篮就上马鞍的。他的父亲有同样的爱好，当小布克仅5岁时，父亲在一次越野赛马中因折断脖子而死去。同样，詹妮也是因父亲的影响爱上骑马的，因为伦纳德·杰罗姆是"美国赛马之父"，主要负责美国上流社会的正规赛马安排。事实上，科克伦经常参加在杰罗姆公园举行的赛马会。

他们都对纽约记忆深刻。詹妮对麦迪逊大街她父亲那座豪华舒适的住宅仍记忆犹新，那里有他父亲的私人剧院，杰罗姆亲自饰演年轻的歌唱家。他曾在舞台上装扮成一个女演员，大摇大摆地来回走动。

对詹妮来说，纽约还意味着许多高雅的舞厅，甚至当她还是一个少女时，就曾梦想与威尔士亲王跳舞作乐。

布克·科克伦在麦迪逊大街也有一套住宅，离詹妮的老家很近。他甚至能说出有轨电车车库尽头邻里的变化：新饭店代替了旧公寓大厦，优雅的高等住宅区已向北移动了一些。

他们能连续几个通宵谈论詹妮的姐夫莫尔顿·弗雷温，称他是"杰出的贫民"。作为总统和王子的朋友，弗雷温在财政方面有着别人从未打破过的失败记录，但他仍是一个不屈不挠的乐观主义者和空想家。他想法无穷，曾预言了巴拿马运河和圣劳伦斯航线的开通。詹妮和布克都在弗雷温的一些计划中没少亏本。

詹妮和布克在政治见解方面也同样一致。詹妮不仅懂得从事密谋策划时的错综复杂情况，而且当其他上层妇女没有陪同者甚至不敢上街的时候，她已经单独处理了几件有关丈夫政治竞选方面的事情。美国一家报纸把詹妮誉为英国三位"聪明的妇女政治家"之一。

她对美国的政治，特别是纽约的政治，尤为熟悉。她最喜欢的堂弟威廉·特拉弗斯·杰罗姆，作为地方检察官助理，已就职于莱克斯诺委员会，专门调查纽约市政治上的腐败和贪污受贿方面的案件。他的工作削弱了由坦慕尼协会（即纽约民主党组织）所控制的力量。1895年，杰罗姆帮助一名有改革精神的市长竞选成功。而他自己当上了州检察总长，成为杰出的州长候选人，人们甚至谈论他可以去竞选总统。

科克伦和坦慕尼协会[①]的联系大都有双重目的。他和他们斗争，

[①] 美国坦慕尼协会（Tammany Hall），也称哥伦比亚团（the Columbian Order），1789年建立，最初是一个全国性的爱国慈善团体，专门维护民主机构，尤其反对联邦党的上流社会理论；后来则成为纽约一地的政治机构，并且成为民主党的政治机器。19世纪曾卷入过操控选举丑闻，备受争议，1934年垮台。

又和他们联合，忽而又站在他们的对立面。在腐败的特威德掌权时期，一切东西都可拍卖，物价上涨，科克伦和他们斗争过。19世纪70年代初期，一个高大魁梧、内心宽宏大量、号称"诚实的约翰"的名叫凯利的人，接替了特威德，并重新组织了坦慕尼协会。凯利决定充实后备成员，以便以后的工作更加顺利，他说服科克伦参加了新坦慕尼协会。但坦慕尼协会西部的领导人乔治·华盛顿·普伦基特对科克伦的信仰始终抱有怀疑态度。

当理查德·克罗克接替"诚实的约翰"当上坦慕尼协会领导人时，科克伦和坦慕尼派的联系逐渐变弱了。克罗克是个文质彬彬、说话温柔、脸色沮丧、结实矮胖的人，他相信"官职属于得胜者"。经过很短时间，克罗克在第五大道就拥有一幢大楼，在英国拥有巨额财产，还有一个价值25万美元的培育赛马的畜牧场、一条价值1万美元的纯种斗牛犬。

克罗克曾帮助科克伦在几届国会任职，但后来他认为科克伦太独断，1895年他反对科克伦担任美国联邦参议员。《费城报》编辑查尔斯·埃默里·史密斯以社论的形式对其原因进行猜测："布克·科克伦从来不能使自己的原则灵活一点，这可能是克罗克不赏识甚至不理解他的原因。"

科克伦在连任三届国会议员期间是个非常有影响力的人物，纵然他在政党的选择上没有错，但他在投票赞成若干基本原则的问题上，犯下了不可饶恕的错误。

那天晚上，在克莱贝大街34号，布克坐在詹妮身边进餐时，他所说的一切并不能像在公共演讲台上听他演讲那样激起詹妮那么多的激情。或许他政治生涯中最好的演讲是1892年在芝加哥召开的民主党全国会议上的发言。

第二十章 知己

当时,对科克伦来说,听众就像一堵带白点的黑墙。起初,科克伦感到自己像惊涛骇浪中的一名游泳者,他用温柔、圆润、不是愤怒而是伤感的语调开始演讲。

"我已说过,我坚信克利夫兰先生是一位受人爱戴的人。"他拖着长音,人群中爆发出一阵热烈的掌声。科克伦直挺挺地站在那里,表情多变的脸上露出一丝微笑。当欢呼声平静下来的时候,他接着说道:"依我看,他是一个超乎寻常受欢迎的人。"观众又一次欢呼。过了一会儿,他呷了一口水,结束了他的演讲:"一位每年除一天外都受欢迎的人。而那一天就是……"他有意识地停了停,"……那就是选举这一天。"

他完全抓住了听众的注意力。从那时起,大部分听众忽而激动,忽而平静,像夏天的麦田被一阵风吹过。他们被他那悦耳动听的语言不知不觉地迷住了,当科克伦演讲结束时,他们面面相觑,就像刚从栩栩如生的梦中醒来的人一样。

"演讲最严峻的考验是获得来自敌对观众的掌声,"钱普·克拉克议员说道,"当我听到威廉·布克·科克伦讲的一切都和我的意见不一致时,我的手掌拍得几乎起了泡。"只有在雷鸣般的掌声过后,代表们才想起他们精疲力竭、饥饿难忍、口干舌燥,然而,他们仍然拥护他们后来正式提名的格罗弗·克利夫兰。

1895年3月,没有人知道在克莱贝大街34号晚餐间,布克究竟向詹妮透露了多少自己的经历,但那天晚上仅是以后诸多晚上聚会的开始。他们彼此互相吸引,既敏感又迅速。时间选择得非常恰当,交谈的方式正确无误。在那个夏天,他们有足够的自由去做任何想做的事,也都知道他们想要的是什么。

很多年前,当詹妮在巴黎鲁马布夫大街租了一套公寓时,她发现在床头画着一条大蛇，上面写道：

> J'enlace et jamais l'en lasse.
> 把你和我缠在一起，我将永不懒散。①

在吉卜赛人的语言中，"詹妮"一词是旋转木马的意思，当时对詹妮来说，生活正是如此。那年春天，詹妮和布克一起在巴黎度过了部分愉快的时光，对他们来说，巴黎简直就是一块自然栖息地。他们在巴黎度过了青春年华，二人讲法语像英语一样流利。他们知道一起去的最好的地方，他们还清楚到哪里去散步能低声谈话——沿着圣苏皮斯广场耶稣堂附近的平静大街走下去，就到了圣路易斯岛绿树成行的码头。他们知道通宵在煤气灯下的大街上行走并迎来黎明是什么滋味——太阳升起时，塞纳河几乎是风平浪静，缥缈的薄雾，甚至给巴黎埃菲尔铁塔上的钢架添上一层潮湿。

他们到布洛涅森林里骑马、骑自行车。詹妮酷爱骑车。当时，每个人，甚至身材肥胖的威尔士亲王都在学习骑车。妇女们使用的是轻便自行车——身穿裙裤，每条裤腿由交叉的饰带和织品组成。甚至维多利亚女王也被舞台上伴随着音乐演出的骑车女郎吸引住了。

那里还有詹妮和布克都喜欢的剧场。詹妮是个不成功的剧作家，而布克则是一个不成功的演员。年轻时他曾扮演过几个角色，16岁时，他的第一次演讲就涉及话剧的道德影响问题。

每个巴黎新剧上演都是社会上的一件大事，幕间休息时，人们会品头论足，大声喧嚷。每个人看来都想议论一番，几乎没有时间去品

---

① 原文为法语，出自 Shane Leslie 的诗 *Long Shadows*。——译者注

尝由一种饮料制作的冰冻糖果的滋味，而妇女们则用一把钳子夹着吃，以防弄脏她们的羊皮手套。

当时，在巴黎最流行的剧目之一叫作《艰苦的岁月》，是关于一个叫珍妮的女人婚外的风流故事。另一部由"基普"（特·帕提尔伯爵夫人的笔名）创作的不太成功的剧本《夏娃小姐》，主要讲的是一位几次偷情的上流社会女士和其被蒙在鼓里的丈夫的故事。还有一个比较流行的剧目是《拉德娜公主》，由一个叫埃德蒙·罗斯坦的年轻剧作家所创作，它能激起观众一种悲哀的、奢侈的、梦一般的幻想。尽管大家认为这个剧目轻浮无礼，但萨拉·伯恩哈特[①]却担任了主演。流言蜚语说，当时 51 岁的"神选的萨拉"把自己的钱投资给这个剧目，是因为被她叫作"我的诗人"的 27 岁的剧作家"有赖于她的帮助"。

巴黎有很多音乐会，詹妮和布克都喜欢音乐。帕德雷夫斯基[②]刚从美国旅行回来，这次旅行非常成功，他把所有细节都一一向詹妮作了汇报。帕德雷夫斯基非常感激詹妮，正是詹妮在他还未为人所知时，安排了他在伦敦的首次演出。詹妮亲切地把他叫作"帕迪"，他们一起演过二重唱。在巴黎，他的音乐会结束时，人们振奋、欢呼。巴黎《先驱报》这样报道："即使李斯特也收不到观众给予帕德雷夫斯基先生那样热烈的祝贺。"

安巴萨夜总会有另外一种音乐。在这里，伊韦特唱民歌。伊韦特·吉尔贝是巴黎风行一时的人物，后来，图卢兹－洛特雷克在一

[①] 萨拉·伯恩哈特（Sarah Bernhardt，1844—1923），法国舞台剧和电影女演员，被认为是当时"世界上最著名的女演员"以及圣女贞德后最有名的法国女人。

[②] 帕德雷夫斯基（Paderewski，1860—1941），波兰钢琴家、作曲家、政治家、外交家，1919 年曾出任波兰总理。

幅油画上画了她，使她永远不朽于人间。她的歌曲有极大的挑逗性，与其说精微，不如说具有嘲弄色彩。一些人听了这些歌曲，产生了一种受凌辱的感觉，但他们仍然听下去，仍然爱着她，因为尽管她动作鲁莽、放肆，但衣着时髦，高雅无比。她所唱的一首民歌是关于一个儿子在情人的要求下，竟把自己的亲生母亲杀死的故事。他的手里拿着母亲的心，心突然从他手中脱落，并说道："亲爱的儿子，不要把心滑掉，免得砸伤你自己……"

安巴萨夜总会被装点得像屋顶花园，满地铺着砾石，长凳和煤气灯排列成行。在后面有包厢，人们既可在里面吃饭，也可听歌曲。在"死鼠"和"黑猫"这两个夜总会里，人们的心境则大不相同。"黑猫"有很多木制的笨重的宽面桌子、巨大的壁炉，室内处处皆是"黑猫"——活灵活现地雕刻在木头上，连煤气喷嘴也被铸成猫头样，火焰从它们嘴里喷射出来。这些猫的雕像像跳华尔兹舞一样轻快，它们在红瓦屋顶上竞相角逐，在茫茫的海洋上空争相奔跑。当地诗人在业余剧院的楼上阴暗处朗诵诗句，真是一派富于浪漫色彩的景象。

阿提斯提德·布吕昂，另一位巴黎人在罗彻阿特大街那个小小的咖啡馆内朗诵的是另一种类型的诗。布吕昂喜欢把自己比作当代的弗朗索瓦·维庸，一位人民诗人。布吕昂常穿着棕色的天鹅绒衣服，内套红衬衫，头戴阔边帽，脚踩长筒皮靴。那可怜的地方仅有三张桌子，客人们必须知道特殊的敲门方法才准许进去。布吕昂用一种狂妄自大的风格来朗诵，他的手深深地插进口袋里，长发在不停地摇动。他还坚决要求亲吻妇女——特别是漂亮的女人——她们临走时，他还要向她们告别。

巴黎的春天是人们狂欢的季节，到处是小丑、糖果、五颜六色的气球和坐在马车上的号手、美女、游行队伍，美女们身穿白袍、秀发

第二十章 知己

上涂着香粉、头戴王冠、手拿节杖。这时,学生们唱歌,手挽手游行,所有大街几乎都交通堵塞。

詹妮和布克都喜欢美味佳肴,他们从来不吝惜金钱。那时和现在一样,阿让特餐厅的独特名菜是压鸭——把鸭肉小心翼翼地从骨架上切下,然后当着客人的面,把骨架放进一个大银制压榨机内压碎,酱油里掺上骨汁,吃起来特别美味可口。

詹妮和布克很可能还常参加埃米尔·施特劳斯夫人举行的招待会。这位夫人更为人所知的名字是热纳维耶,她是大作曲家乔治·比才的遗孀。热纳维耶的沙龙以有巴黎最杰出、最迷人的人在这里进行才华横溢的谈话为特色。热纳维耶重复得最多的话是:"妇女的胸膛不是用来挂勋章的。"这句话令这位夫人名声远扬。

詹妮很可能还和布克一起去观看了第十四届女画家作品展,这样的展览每年举办一次。她本人也开始更经常、更严肃地作画了。她还常应其他画家的要求去做模特儿。她一定还告诉了布克她在法国画家埃贝尔的画室里做模特儿时,突然闻到一股难以忍受的臭气。埃贝尔闯进楼下的工作室,发现一个同事的尸体,"他已死在这里两周了!"

在春天开始的时候,巴黎的天气一直明媚可爱,但在伦敦,寒冷助长了流行性感冒的传播。詹妮在给儿子杰克的信中说:"早点睡觉,照顾好你自己……"报纸上报道已有 34 人死亡,有 1,200 名伦敦警察和很多议员,其中包括首相罗斯伯里也已经染上感冒。

詹妮的母亲病了,克拉丽塔在那里照顾她。温斯顿看望过她,并给母亲写信说:外婆"看上去脸色苍白,憔悴不堪……她对您在香榭丽舍大街'装饰最华丽'的房子有点挑剔,然而语调很和蔼——或者说根本就没有恶意"。他还写道,他希望休几天假,在复活节时到巴黎去,"您一定要留点小牛肉款待我"。他告诉母亲他要给她寄三包她最喜欢的"皇家美人"牌香烟。杰克也打算在复活节去看望母亲,母亲给他写信说:"……记住带上你的灯笼裤……因为你肯定要骑自行车……还有一双运动鞋……我要为你定做一件外套……"

1895年3月底,詹妮母亲的病情突然加重,姐妹俩做了些准备就赶到母亲身边。詹妮打算先去,利奥尼给克拉丽塔写信,请她转告母亲,詹妮有要事要来。"有了詹妮一切问题就都解决了。"利奥尼写道,并说詹妮"有实际经验,肯定会派上大用场的"。

天气变坏了,狂风扫过英吉利海峡。母亲的病情危急,两个姐妹仓促离家到达英国。几天之后,巴黎《先驱报》的上流社会专栏特别提到,布克·科克伦也到英格兰去了。

第二十一章 丑闻

詹妮的父亲把自己的魄力、想象力和对生活的挚爱都传给了她。她很敬慕她的父亲。然而,她的母亲是一个冷若冰霜、极端严谨的人。"这些年来,可怜的妈妈几乎没有得到一点欢乐。"她的姐姐克拉丽塔这样写道。她的姐姐取名是随其母的,姐姐也最疼爱母亲。

克拉丽塔的女儿克莱尔·谢里登回忆说:"外婆已上了年纪,为了不打扰她,我们不得不保持安静。"克莱尔·谢里登后来成为著名的雕塑家。"在她生命最后的日子里,她变得很像印第安女人,头上裹着一块围巾,坐在那里一坐就是几小时,毫无表情、目不转睛地盯着炉火。她那刚毅的性格和具有自我献身精神的形象正在逐渐消失。她的一生是无私的。"

但是,生活并非真正是无私的,伦纳德·杰罗姆与许多女人鬼混过,因为从他妻子那儿得不到他所需要的那种爱和生活。那时离婚又是不可能的,克拉拉只好带着女儿们移居欧洲,而伦纳德·杰罗姆则继续留在纽约。

克拉拉·杰罗姆的人生目标是在上层社会享有威望,假如她有足够的钱,她宁愿花钱去买;假如她是一个寡妇,她也愿嫁给它。因此,她最后的希望全都寄托在她的女儿们身上,她要让她的女儿们同上层社会联姻,以她们在上层社会的成功来获得安慰。但遗憾的是,她没有成功。她对她的三个女婿都大失所望:伦道夫使她惊恐;莫尔顿·弗雷温为了他那计划不周的冒险事业,把她家的珠宝滥用一空;约翰·莱斯利和他的家庭常以倨傲的态度对待她。她只能坐在坦布里奇韦尔斯一间特别廉价的公寓里，毫无表情地饮茶，周围尽是乱七八糟的生活垃圾。直到生命末日到来的那一刻，她还在精打细算。

1895年4月4日，詹妮给她的儿子杰克写信道："杰克，你那可怜的外祖母明天（星期五）就要下葬了。"

> 11点钟，你一定要在夏灵路口与我们碰头。向韦尔登先生（哈罗公学校长）请假，请他批准你来。你的姨母利奥尼星期天要回巴黎去。如有可能，星期二我把你接过来。你如果没有黑手套，请在哈罗买一副。我已替你定做了一个花圈，千万别晚了——11点钟，火车很准时，温斯顿已在这里。

詹妮装不出那种她从来没有感受过的感情，她与她的母亲长期分居异地，她们之间缺乏心灵沟通。她们有不同的社会准则、不同的见识和不同的梦想。

克拉拉·杰罗姆的遗嘱指定她三分之二的财产留给克拉丽塔，三分之一留给利奥尼。这对克拉丽塔来说意味着一年将得到1,600英镑（8,000美元）的收入，对利奥尼来说是800英镑（4,000美元）。

那时，莫尔顿又在从事另一项损失惨重的叫作"电工区"（Electrozone）的冒险事业，他希望能有机会得到更多资金。他催促妻子到美国去，想法在其父母遗留的财产中多争来一些，他还答应将从澳大利亚去美国，6月份在美国与她见面。

她们姐妹三人已经决定要把母亲的遗体运回美国去，埋葬在布鲁克林的绿林家族墓地中，她们的父亲也埋葬在那里。现在她们同意将这次美国之行延期到6月份克拉丽塔见到莫尔顿之后。

伦敦报界对克拉拉·杰罗姆的故去只发表了并不引人注目的消

息。第一版刊登的是著名的奥斯卡·王尔德事件①，丑闻是由奥斯卡·王尔德控告昆斯伯里侯爵诽谤而引起的，因为后者说王尔德曾引诱其儿子参与了同性恋活动。

詹妮发现她自己处于一种尴尬境地。她与奥斯卡·王尔德和侯爵的律师爱德华·卡森都是好朋友。卡森是一位来自都柏林的才华横溢但脾气暴躁的下院议员，他以非凡的勇气和坚定的决心闻名。根据詹妮的建议，卡森曾到哈罗与温斯顿吃过午饭并谈到了温斯顿的前程。他还邀请温斯顿去观看议会的活动，并与之一同用餐。卡森也许是最早与温斯顿谈论政治的人之一。

这个众所周知的案件中的原告奥斯卡·王尔德是詹妮家庭舞会和宴会上的常客。事实上，在有名望的伦敦大家族举行的宴会上，他没有不去光顾的，他毕竟很有名气、富有，常从剧院老板那里得到大量的酬金，受到知识界的奉承和新闻界的采访。可以说他雄心勃勃地成为整个一代人仿效的榜样，甚至连足球队长们都留着王尔德式的长发。"我已成了我们这个时代的文学和艺术的象征。"王尔德写道，"很少有人在他们的一生中有过这样的地位，并能得到大家的公认。"

他很欣赏詹妮举办的宴会，因为他曾在美国生活过一年，真心喜欢美国女人。他认为美国女人"漂亮、迷人——在过于实际、平庸的浩瀚沙漠中，这是一块超脱空灵的小小的绿洲"。

詹妮并不完全同意对于美国女人的这种概括，但王尔德很尊重她。王尔德曾这样说过："人生的主要职责是使生活尽可能变得虚假些。至于第二个职责是什么，至今还没有人发现。"他就是遵循这样

---

① 1895年，昆斯伯里侯爵发现儿子与王尔德交往四年，因此指控王尔德引诱其子。王尔德上诉，告其毁坏名誉，结果王尔德上诉失败，被判有罪。

的原则来生活的。在这次官司中,他"尽可能装得一切都是虚假的"。一位《纽约先驱报》记者在描述开庭第一天的情景时写道:在法庭的被告席上,站着的是一位可能成为议院议员的贵族,这在伦敦中央刑事法庭的历史上还是第一次。"从法律的角度来说,站在被告席上的确实是一位侯爵。然而很显然,在几天的诉讼结束前,他的起诉者,即那位下颚宽厚、阔肩膀的、懒洋洋的、不雅观地靠在证人席前面的人,才是真正需要在公众面前为自己辩护的人。"

"他使人想起了一个硕大的玩偶,一个夸张得十分荒谬的玩偶,是摄政时期一个相当笨拙的花花公子。"理查德·列加林这样写道。王尔德有一张宽松的脸庞、厚厚的嘴唇,他那弯曲的头发几乎滑到脸上,很像假发。"他那全部的恶劣品质都在他脸上表现出来。"另外一位作者这样描述。他的眼睛傲慢无礼,却很富于幽默感,他利用精致的自我意识来调节他那坚定的声音。

卡森"用他那尖刻的无所顾忌的发问,像一把水果刀直刺中心",把王尔德那些措辞巧妙的遁词击得粉碎。这些发问逼得王尔德透露其父亲在都柏林是一个酗酒的眼科医生,其母亲则是诗人,她很想要一个女孩,为了寻求安慰,她把奥斯卡当作女孩子来打扮和抚养。

这就是卡森在英国法庭上所受理的一件轰动一时的案件。法庭上还宣读了王尔德给昆斯伯里20岁的儿子阿尔弗雷德·道格拉斯勋爵的一封信。

亲爱的孩子——你写的十四行诗真可爱,它是一个奇迹:对于音乐之声,你的玫瑰叶的嘴唇不亚于疯狂的接吻。你那纤细的金色的灵魂常在激情和诗歌之间徘徊。我知道阿波罗疯狂地爱着的那个海辛瑟斯,他就是你在古希腊时的化身。你为什

第二十一章 丑闻

么独自一人住在伦敦？你什么时候去看索尔兹伯里？到那里去吧，哥特式暗淡的色彩可以冷却你的双手。至于你什么时候到这里来由你决定。这里很不错，就缺少你了。但先到索尔兹伯里那里去。永远爱着你。

你的忠实的

奥斯卡

王尔德"笨拙地站在证人席上，在他身前，双手紧张地握着一副鹿皮手套，还不时用手或手绢揩额"。

陪审团的裁决对昆斯伯里勋爵极为有利。之后，根据刑法修正案第二款，宣判王尔德犯有在男性之间行为猥亵下流的罪行，但没有对有同样同性恋行为的年轻人阿尔弗雷德·道格拉斯提出任何起诉，也没有对威尔士亲王的一个朋友阿瑟·萨默塞特提出任何起诉——远在6年前，在一次警察大搜捕时竟发现他在同性恋妓院里。唯一不同的是，王尔德已经迫使公众注意社会的一个阴暗面，而不是小心谨慎地将此事保守成秘密。

王尔德说："我一生中有两个重大转折点，一是我的父亲把我送到牛津大学，二是社会把我送进监狱。"那时，他的两部剧本正在伦敦上演，行政当局很快把伦敦所有广告牌上他的名字全都覆盖了。剧本被查禁，他所著的书在图书馆的目录中被删除。但是，对他最大的侮辱来自他的兄弟。他的兄弟告诉乔治·萧伯纳："奥斯卡不是坏人，不论在任何地方，把女人交给他，你都可以放心。"

詹妮的感觉正像整个英国的感觉一样，认为这场官司既好玩又叫人害怕。这场审判的含义已远远超出了她的想象，就在那时，她自己的儿子温斯顿也陷入了一种即将被起诉的困境，他也陷进了奥斯卡·王尔德式的不道德行为中。温斯顿丑闻直到一年后的1896年春天才为公众所知。但是，这件丑闻却被说成是小节问题，它恰恰发生在王尔德事件之前。

对温斯顿提出起诉的是一位名叫艾伦·卡梅伦·布鲁斯－普赖斯的牛津大学的毕业生，他是夜总会的成员。他的儿子艾伦·乔治·卡梅伦·布鲁斯在桑德赫斯特学院与温斯顿是同学，后来也加入了温斯顿所在的骑兵团，即第四轻骑兵团。早在1895年3月，6名第四轻骑兵团的中尉军官邀请布鲁斯去尼姆罗德夜总会吃饭，温斯顿·丘吉尔扮演了低级军官发言人的角色，他明确告诉布鲁斯先生，邀请他去吃饭的目的是让他知道，骑兵团不想再要他了，主要借口是布鲁斯每年500英镑（2,500美元）的津贴不够在骑兵团"挥霍"。说来也奇怪，温斯顿自己的津贴一年还不到300英镑呢。

据说，这些年轻人宣称他们已开除了霍奇（布鲁斯的前任），他们还准备开除布鲁斯。接着，这些年轻人又说，假如布鲁斯还不选择一个体面的退路的话，他不久很可能要有一个不光彩的结局。

原来"津贴明显不足"的霍奇也曾被他们从床上拖到喂马的饲料槽中，又被用力地推到槽架底下，然后拉到另一头，接着又拖到外面。他浑身湿透，被打得鼻青脸肿，他的睡衣被撕成了碎片。第二天晚上，他们还用同样的方法折磨他，霍奇不久就辞职，离开了骑兵团。

尽管受此威胁，布鲁斯还是决定继续留在骑兵团。为此，一场联合起来反对他的活动便付诸实施。不久，他被指控强行闯入军士的食堂，随后他被迫辞职。

布鲁斯强烈否认这些起诉，但他还是辞职离开了骑兵团。几乎有一年多时间，没有他的任何消息。原来在这段时间里他的父亲正与一位新来的中尉协商谈判，这位中尉取代了他，并购买了布鲁斯的骑兵装备。

也就是在1896年2月给这位中尉伊恩·霍格的信中，布鲁斯的父亲提出了指控并导致了这场丑闻。

温斯顿和他的母亲在与他们的朋友和律师商量之后，提出了一份书面控诉书。

索赔控诉书

致高等法院

1896年2月15日

原告：温斯顿·斯宾塞·丘吉尔

被告：布鲁斯－普赖斯

1. 原告系陆军中尉，在皇家第四轻骑兵团供职。

2. 在1896年2月11日（或在2月11日前后），被告欺诈和蓄意给上述骑兵团的霍格中尉写信，告知有关原告在其供职期间的下述情况：

"他真正的过错就是，他在桑德赫斯特与丘吉尔一起学习。他们一直是在射击、击剑、骑马方面竞争的对手，并在无意之中，他对丘吉尔先生的情况知道得太多了。

"例如，有一名字开头字母是C的人，由于与丘吉尔先生共同犯有奥斯卡·王尔德式的粗俗下流的行为，当众受到军事法庭一位副官的严厉批评。

"至今，我还没弄清E连队到底对丘吉尔先生做了些什么。一旦我弄清了，我就要到国防部去申诉。"

3. 被告的用意或他的言论可以理解为：原告卑鄙无耻，不配与骑兵团军官们以及任何正直高尚的人交往，也不配在皇家军队中任职。他犯有与同性发生粗俗下流不体面的行为罪。这个事情已在一个臭名昭彰的事件中被揭露于光天化日之下。若上述情况属实，则原告犯有刑事罪，根据1885年刑事修正案，应受到起诉。

4. 如上所述，原告的声望、名誉都受到了极大损害，他在皇家军队中的供职和作为一个军官的地位也受到损害，受到不该遭受到的憎恨和轻视。

原告要求被告赔偿20,000英镑的损失。

原告的律师刘易斯于1896年2月21日受理此案。

一个月内花费了500英镑，此案就了结了。布鲁斯－普赖斯撤回了他的指控。"我毫无保留地撤回所有有关诋毁你人格的非难……为此我特表示歉意。"

布拉巴宗上校立即写信告诉温斯顿，他为此案如此了结表示"极大的宽慰"，对此案没有进行审判而感到高兴。

虽然你在此案中已经出色地获得了成功，事实也该如此，但是还有一个问题，你应该明白，千好万好不如原本就清清白白好。不管一双手原来多么干净，一个人如果不想弄脏自己却又用手去碰沥青，那又怎么可能呢？况且，当今世风日下，处处可疑，我们总会发现一些心术不正、鬼鬼祟祟的人，或者会发现一些装聋作哑的好心朋友，他们哼哼哈哈，对坏事佯装不见，明哲保身——也许几年后，所有的人包括你自己在内，对这件令人讨厌的事早忘得无影无踪了。

第二十一章 丑闻

第二周，布拉巴宗又写信告知温斯顿，他与雷德弗斯·布勒爵士讨论了这件事，他非常满意。"我们考虑要把此事永远保密下去。奇怪的是布勒告诉我，在他桌子上，他发现了兰德斯通写给布·普（布鲁斯－普赖斯）先生的一封信，谢绝重新审理这次障碍赛马事件，否则不想与他再有任何更多的联系。他还威胁说，要把此事带到议会上去。"

这桩障碍赛马事件是另外一件丑闻，温斯顿同样卷了进去。此事也发生在1895年3月。

詹妮的母亲逝世前不久，温斯顿参加了第四轻骑兵团的中尉优胜杯障碍赛马的比赛，为此他使用了一个假名"斯宾塞先生"，这大概因为他已答应母亲不去参加这次比赛。结果，以6∶1的赌注取胜的马是"休尔富特"。一年以后，在布鲁斯丑闻爆发的同时，全国运动委员会告发了这次比赛中的作弊行为。经过调查，宣布这次比赛的结果无效，根据国家运动委员会的规定，凡参加这次比赛的马匹全部取消其今后比赛的资格。

正当布拉巴宗上校写信告诉温斯顿这个事件要"永远保密下去"时，他对此抱有很大的希望，但这太不现实了。由亨利·拉布谢尔所拥有并编辑出版的周刊《真理》又把布鲁斯事件捅了出来。拉布谢尔是来自北安普敦的一位议员，他要求由军队来对此案进行一次全面调查，并亲自将此案向下院提出，要求进行辩论。除了重新摆出布鲁斯案件的所有细节外，拉布谢尔还把此案与障碍赛丑闻联系在一起。他发现一些中尉同时卷入了这两个案件中。

拉布谢尔宣称，为了获得大量的赌注，参加这次障碍赛马比赛的中尉们，在关键时刻用一匹优良的骏马暗中换掉了"休尔富特"。

军队对布鲁斯案件进行了调查,并把责任统统推给了布鲁斯,说布鲁斯本不是一个合适的骑兵。但军队不同意重新审理赛马案件。拉布谢尔在他的杂志里和议会中同时施加压力。温斯顿对此非常忧虑,他催促母亲:"……您一定要按我的意见去做,不要管骑兵团怎么看——他们除军事外,对其他事一无所知,他们从不关心不是他们朋友的人的见解。我把此事全交给您处理——在我不在场的情况下,我亲爱的妈妈,您一定要当好我这个年轻人名誉的保护人。"一周后,在他的第二封信中,温斯顿再次提到是拉布谢尔的文章把事件搞糟了,他说:"所以如果有可能,您一定要封住他的嘴。"

詹妮早已做了一些必要的接触,布拉巴宗在这件事中是她的知己和得力的同盟者。能够做出最后决定的人是陆军总司令约瑟夫·沃尔斯利子爵,他经常在詹妮家吃饭;还有陆军大臣兰斯多恩侯爵也常在詹妮家做客,奥尔德肖特的指挥官雷德弗斯·布勒爵士是詹妮和布拉巴宗的亲密朋友;在下院保护军队地位的陆军部次官威廉·圣约翰·布罗德里克是丘吉尔家的一位老朋友。詹妮一定会同这些人保持接触,不是她自己本人就是通过布拉巴宗。她还有可能去拜访过拉布谢尔,并提醒他,他曾是她丈夫的好朋友。

拉布谢尔描述了不断增长的压力。

……公众一定还记得,那位从事阴谋的、在开除布鲁斯先生事件中起了带头作用的年轻军官,出身于一个有权势的家庭。在他背后的所有的权势都被用来阻挠重新审理这个案件,这一点已由我自己的实际经验所证实。

但是不久,拉布谢尔还是放弃了他的进攻。

第二十一章　丑闻

从温斯顿给他母亲的信中可以看出,他对那次障碍赛马丑闻比对同性恋的官司更为关心。可是,詹妮则有可能对被指控的同性恋事件更为忧虑。

詹妮与她丈夫婚姻生活的破裂是在发现她丈夫患有梅毒以后开始的。自那以后,她又去寻找别的男子,而伦道夫勋爵却没有去寻找别的女人。看来,他十分怨恨女人,认为是女人给他带来了梅毒,毁了他辉煌的政治前途。他不断与男性朋友一起去进行长途旅游,也出现一些有关他不断失去男子气概的议论。

温斯顿和杰克与他们的父亲从未有过亲密的关系,而父子关系对于鼓励年轻人发展男子气概是有重要作用的。据说,在詹妮那个时代,她比其他任何女人都更多地介入了男子的领域,但是再能干的妇女也不能代替父亲对儿子产生影响。詹妮很坚强,但她的儿子们所需要的远远超过坚强、力量和爱戴。

父子之间的关系是任何东西都不能替代的,它几乎是一种精神上的遗传,它是一种独特的给予与获得的关系。母子之间的感情通常是宽厚和温柔的,也可以说是包罗一切的,但是父子之间的感情却更加坚实和丰富。温斯顿和杰克却从未得到过这种感情。

在19世纪的英国上流社会里,这种缺乏父子感情的事并非个例,这也许就是同性恋和性虐待狂在英国男校蔓延的部分原因。在所有公立学校,年轻些的"低年级学生"随时都向老资格的男生提供服务。假如他们没能给予及时、舒适的服务,他们将遭到残酷的虐待。詹妮的外甥沙恩·莱斯利回忆起一位男生受虐待的情景时说,一天晚上,一位学生被逼得试图爬到厕所管道上去自杀,或吞服他认为可以致命的毒物去自杀。

詹妮所关心的是,虽然温斯顿已快21岁,但他对年轻的女性只显示出轻微的兴趣。也许温斯顿对他父亲所患的梅毒有相当的了解，这就压抑了他对女人的兴趣。"我仍有奢望，我将永远有这种奢望。"后来在温斯顿的小说《萨夫罗拉》中的主人公说道，"我不懂得爱，或者说如果知道爱，那也不过是我的烦恼和绝望。"

温斯顿所显示出的真诚的爱仅仅是对他母亲的，他不断给母亲去信——至少每周一次，许多年都是这样——而其他年轻人则用同样多情的、浪漫的话语给他所钟情的年轻姑娘写信。许多母亲都为拥有儿子并经常得到他们独占式的爱而感到满意，但詹妮不是这样。当然，她也想得到儿子的爱，但她更想把自己的儿子变成独立自主的人。

温斯顿去世之前，在他办公桌上仍放有一个铜铸的手，那是他母亲的手的铸模。从某种意义上说，他的手几乎是这个铸模的复制品。

温斯顿最需要的是得到一位强有力的男子的支持，这一点没有人比詹妮更了解。奥斯卡·王尔德丑闻在詹妮的头脑中仍记忆犹新，当她1895年4月回到巴黎时，恐怕还在深深地考虑这种事。

第二十二章　错过

"你们可怜的妈妈真是太不幸了，你和温尼将来不能不保护和关心她，并使她幸福……"父亲去世后，杰克收到了他和温斯顿童年时代的保姆埃弗里斯特太太寄来的慰问信。

除了保护和关心以外，詹妮更需要的是一位男子永恒的爱。在巴黎，她好像在布克·科克伦身上找到了这种爱。如果说"有事可做，有人可爱，有什么可以希冀"构成了人一生的幸福的话，那么詹妮与布克·科克伦在巴黎一定是很幸福的。独特的人并不需要去适应任何模式，而需要根据他们自己的性格来塑造他们的生活。可惜不论何时何地，真正这样想的人太少了，真正我行我素的人则更少得可怜。

对詹妮和布克来说，巴黎是一个为应酬社交而极为忙碌的世界，在那里，除了他们已经参加的宴会外，总是还有其他的宴会、其他的舞会、其他的剧院和其他的夜总会。"那里的生活充满了生气。"詹妮的外甥回忆说。他把他的姨妈看得"很独特，有点神秘……有些东西比我们觉得应该羡慕的漂亮的女演员还美好……"

布克·科克伦同她情意相投，詹妮充满了生活的乐趣，热衷于追求快乐和刺激。詹妮正需要巴黎这样的地方。

詹妮在巴黎的住所自然是一个社交中心，来来往往的人络绎不绝。美国新闻机构报道说，大西洋沿岸的热度是前所未有的，在荫凉处高达华氏96度。还报道说，一位士兵从纽约骑自行车到芝加哥，用了13天7小时45分钟。值得一提的是，纽约州参议院通过了一项对妇女有利的决议。

来自英国的消息称，英国首相罗斯伯里已赢得一场障碍赛马比赛，但也输了一场。他的马在第二年比赛中赢得了德比大奖。但是，罗斯伯里也辞去了首相职务。

朋友们也从世界其他地方带来了消息。革命风暴已席卷整个古巴，暴动者已占领了一些城镇；日本人战胜了中国人，还宣告成立了一个朝鲜王国；埃德加·文森特爵士从南非来，带来了那里不断增长的摩擦的消息；给詹妮写优美的爱情诗歌的卡斯特，现在是《蓓尔美街报》（*Pall Mall Gazette*）的编辑，从亚美尼亚回来，带来了许多有关那里发生骚乱和暴行的消息。

克莱贝大街34号的一切都安排得井然有序，这是伦道夫公爵的男管家沃尔登的功劳。他主管着一小群法国仆役，由詹妮的侍女金特里任助手。布克不久就适应了这里多种多样的活动，几乎完全被詹妮的姐妹们接受为家庭中的一员。

她们三姐妹计划护送母亲的遗体去布鲁克林埋葬。纽约一家报纸刊登了她们的计划，报道说"她们三姐妹的这次跨洋旅程是在布克·科克伦的照料下进行的"。但詹妮却又决定不去美国了，原因是有人歪曲了她们和布克之间的关系。

詹妮成年时期的大半时间是在英国度过的，她所有的最亲近的朋友也都住在那里，她的儿子们也属于英国。她吸收了英国的文化、风度、知识，还有空气。确实她还保留着美国人的特性，当一匹美国赛马夺得德比奖时，她仍会自豪地挥舞着美国国旗为其喝彩。在伦敦，她已成了美国人社会的主要中心，似乎比更换美国大使还重要。但如今与美国一样，英国已成了她血肉的一部分。如果她放弃了它，那将打乱了她生活的整个机体。布克的根已深深扎在美国，这里谈不上妥协，但是，他们两个人中间总得有一个要做出让步。

第二十二章 错过

这可能就是他们爱情终结的根本原因：他们两个人都妄自尊大，不肯让步。他们都是不寻常的人物，个性都非常强，他们发现他们自己也在互相竞争。爱情有时是强烈的、暴风式的，充满了狂热，但婚姻需要长期的了解。如果在十年以前，他们的疑虑、问题，等等，全会随着感情的加深而烟消云散，但现在经过坎坷生活的磨炼，他们变得成熟、坚强了。他们学会了怎样看待人生，怎样深思熟虑。为了一辈子生活的幸福，他们把过去和将来的婚姻进行了仔细的思考，发现双方所需要的对象都是软弱些的人。他们都适合同没有竞争性的、容易控制的对手结婚。布克和詹妮同时都觉得对方胜过了自己。

在他们的爱情问题上，利奥尼同时是布克和詹妮的知己，他们俩也同时向她暗示了这类问题。布克告诉利奥尼，詹妮精力充沛，他对她产生了厌烦情绪。而詹妮告诉利奥尼与布克单独在一起就会觉得乏味，他需要的是宴请一桌朋友来"炫耀"一下自己。

遗憾的是，他们都不能正视来自对方的挑战。实际上他们也对分手深感遗憾，但在表面上却看不出有什么明显破裂的痕迹，直到布克再婚前，他还经常去伦敦，目的当然不仅是看望他的姐姐和外甥女。反过来说，詹妮也需要从布克那里得到各种劝告和帮助。事实上，即使他们都再婚以后，他们也从未间断过会面和书信来往，当然他们的书信跟从前相比变得慎重了。但不论何时，只要詹妮需要布克，他从未让她失望过。

詹妮的姐妹们和布克去美国后，她便去了南部一个虽小却颇受上流社会看重的城镇艾克斯莱班。据说，那里含有硫化物的矿泉水能使旅客们在大病初愈后重生。然而对詹妮来说，这意味着在古罗马古迹中、在花园里独自散步、游泳、休息，与此同时，开始深深地反思。她感到前程越来越渺茫。

她不断收到儿子们的来信。温斯顿去参加在纽马克特举行的赛马比赛时写信告诉詹妮:"王子与其他人都向您问好。"有一次,温斯顿在政府大厦用午餐,"王子也在那里用膳并看到了我,我与罗伯茨勋爵进行了长时间的谈话,他那时刚被任命为陆军元帅。每个人都问起了您……"还有一天,约克公爵和夫人(后来成为国王乔治五世和王后玛丽)到骑兵团观看野外演习,温斯顿应邀参加他们的宴会。"上校也参加了这次宴会,每件事情都安排得井井有条。我被邀请,深感荣幸。我与康诺特公爵就选举问题进行了一次长谈。在场的每个人都问候了您。"

接着她收到一封令人伤心的信,孩子们童年时的保姆埃弗里斯特太太因患腹膜炎离开了人世。"我们想尽了一切办法抢救她,但没能奏效。"温斯顿写道。

> 我的保姆走完了她的人生里程,太不幸了。她的去世令人震惊,但愿她没有忍受那么多的痛苦。
>
> 星期一晚上她看到我时还很高兴,我想我的到来会使她临终前得到安慰。她临终前的遗言是关于杰克的……请给韦尔登发个电报,让他转告杰克一定来参加她的葬礼——因为杰克很想参加她的葬礼。
>
> ……我亲爱的妈妈……我的情绪很低落。我发现我从来没有像现在这样体会到可怜的伍姆(埃弗里斯特太太)给了我多少关怀。我真不知道,假若没有您我可怎么办。

温斯顿不仅需要母亲在感情上的慰藉("……我多么希望能自己躲到信封的一个角落里,当您一打开信封时,我就能与您拥抱"),而且需要她在理智上给予帮助。他同母亲详细地谈论了政治和人际关系问题,温斯顿认为,索尔兹伯里首相的新政府"太强大、太英明,他们很像那类在'保护法'问题上闹分裂的政府那样。他们好比一艘配有大马力发动机的巨船,需要谨慎地驾驶,因为任何碰撞都意味着毁灭"。

索尔兹伯里第三次就职首相时已65岁,他身体肥胖,双肩比以往更加弯曲,卷曲的络腮胡子已成灰白。他是一个阴沉忧郁、让人难以猜透的人,但他有一个机灵、聪明的头脑。索尔兹伯里不信任伦道夫公爵,而对詹妮却相当赏识。温斯顿在詹妮举行的宴会上见到过索尔兹伯里。

每当詹妮和温斯顿谈论政治时,他们对所熟识的那些人谈得津津有味,而很少去谈论那些不太了解的人名和抽象的政治理论。在给她儿子的信中,这位具有丰富政治经验的女性,从来没有向自己还不到选举年龄的儿子表现出居高临下的恩赐态度。詹妮在平等的基础上很谨慎地与温斯顿保持着通信联系,她很尊重儿子出人意料的成熟。但是,一旦发现他有过错或无知时,她会毫不含糊地进行批评。詹妮坚信,温斯顿很有政治前途。每当她在信中读到他在军队的生活时,总是感到兴奋不已。"我认为那不是我的职业,"在以后的日子里,温斯顿评论说,"那是一场很好玩的游戏——政治游戏——但真正投入这场游戏就需要一个好手。"他全靠他的母亲去寻找这位"好手"。

她的两个儿子在性情、个性、能力、需求等方面有着极大的差异。不到16岁的杰克中等身材、不爱说话,但身材将来有可能超过温斯顿。杰克常把温斯顿当作偶像来崇拜,他认为温斯顿很了不起,而他自己则不行。杰克有可能成为一名好骑手,但温斯顿的性格更开朗,更喜欢冒险,精力也更充沛。杰克具有他母亲那种优雅的举止和魅力，还具有他母亲那种音乐才能，而温斯顿则缺乏音乐细胞。杰克在班里年龄最小，但他在哈罗公学各门功课都很出色。校长韦尔登牧师写信告诉詹妮有关他的情况时说："他在你们家族中的举止堪称第一，没有人能与他相比。我想，您对他的人格也非常满意。"

杰克在学习上对自己要求非常严格，为了取得优异成绩，非常刻苦，特别是英语和历史，成绩更为突出，且从未受过任何处罚。他是一个可爱的孩子，对他的母亲非常敬慕。詹妮就像喜欢温斯顿那样也非常喜欢杰克，只是方式有所不同，因为他们的需求不同。很明显，她非常挂念杰克，对他更充满母爱，更关心他的身体。她称呼杰克"亲爱的小兔子"，经常劝他早点睡觉，及时纠正他在拼写方面的错误。在信中她经常这样说："我非常想念你，非常喜爱你，我的孩子。"

詹妮最担心的是，他缺乏魄力和管理能力，在这方面他不像温斯顿。詹妮叫杰克做什么他就做什么，从不争辩。当詹妮需要做什么事情时，常让杰克去做而不去找温斯顿，后来的若干年更是这样：詹妮经常照料温斯顿，而杰克又经常来照料他的母亲。

詹妮把自己生命中的大部分时光都留给了自己，但对她的两个儿子不论给予什么，总是全力以赴，全神贯注。她想让他们知道，她是深深爱着他们的。她的言行也曾多次证实了这一点。她认为已经把自己坚强的本质给予了他们，至于其他方面他们是可以谅解的。

"杰克和温斯顿千方百计来帮助他们的母亲，为了工作甚至放弃读大学的机会，他们非常疼爱他们的妈妈。"詹妮的妹妹利奥尼谈自己的孩子时说，"我为我的孩子做了一切，也给予了一切，他们对我却从不关心。"

杰克和温斯顿在巴黎与他们的母亲一起度过了复活节。1895 年 8

月，杰克陪同他的母亲去瑞士旅行。温斯顿由于练骑术过多而身体不适，没能陪他母亲去。

从瑞士回来后，詹妮又去怀特岛参加在考斯举行的赛艇会。她从未错过这类活动，因为这类活动既充满交际性又能使人感到轻松愉快。赛艇也是詹妮父亲的爱好，他把这种爱好传给了女儿们。

今年赛艇会的主要竞争对手是威尔士亲王和他德国的侄子凯撒·威廉二世。威尔士亲王很讨厌他的侄子，亚历山德拉王妃更是憎恶他。即使这样，这场活动还是进行得很顺利。

会后，詹妮到皇家游艇中队的草坪上去散步，这是世界上最时髦的游艇俱乐部。一到那里，她立即被上流社会的朋友们围得水泄不通。贵妇们的服装式样已向吉布森姑娘型发展（Gibson Girl figure）——一种胸部带有宽褶、下摆宽大、腰部比以前瘦小的漂亮裙子。这种裙子对詹妮非常合适，它的羊腿袖松紧程度恰到好处，高耸紧缩的领口把脖子大部分都遮住了，走路时裙裾又开始在地板上拖曳。

虽然许多妇女已开始留蓬松式发型，但詹妮还保留着贴头小面包状卷发。在她的"小面包状卷发时期"，曾有一位高贵的绅士对詹妮的臀部加以赞美，但马上意识到失言而感到非常窘迫，但詹妮对此并不在意。那时，妇女阔花边帽也非常流行。这种帽子用针固定在头发上，好像总在飘动一样。为此，每当妇女们溜冰时，一定要告诫她们跌倒时要注意姿势——"如背朝下容易使帽针扎进头部"。

1895年8月，在考斯举行的赛艇会为期一周，似乎每个参加的人都身着白色的服装：男人们穿着白裤、白鞋；詹妮和她的姐妹们穿着白色的水手服装，头戴亚历山德拉王妃亲自做的时髦的水手帽。

在那些比较活泼的客人中，有一位就是詹妮在美国的表妹基蒂·莫特，她是詹妮母亲的侄女。基蒂与她的百万富翁丈夫是乘一艘三桅杆豪华式尤托韦纳号纵帆船到这里来的。詹妮发现有一件事使基蒂非常沮丧，原来她丈夫的钢铁厂是专门生产盥洗室设备的，其丈夫的名字便都以纹章的形式装饰在各种大小便器上。

詹妮和利奥尼走到一位含羞的少女身边。"她们看到我呆呆地站在一边，有些茫然不知所措。因为我不认识这里任何人。她们走过来以一种欢乐、友好的方式与我交谈，使我这担惊受怕的一天变成了在我迄今为止的生活中可以称得上非常高兴的一天。"这位少女后来成了塞莫尼塔公爵夫人，她把詹妮和利奥尼看作是她最亲密的朋友。

詹妮并没有把她的全部时间与利奥尼和她的朋友们消耗在考斯。威尔士亲王先离开了考斯，他带着明显的嫉妒，并以开玩笑的形式写信告诉詹妮，他听到了一些议论，说她经常由休·沃伦德陪伴着。这位王子想知道"你下一个被爱的受害者是谁……"

休·沃伦德年仅27岁，是一位英俊潇洒的掷弹卫队军官，他经常出现在詹妮的生活中。甚至她的两个儿子也意识到了他们之间的这种感情，在他们的书信中提到了休·沃伦德的事。温斯顿写信给母亲说，"代问忠实的沃伦德好"。他如果想得到母亲更多的信，便得这样写。

詹妮的外甥常说起，他的姨母对年轻男子来说似乎有一种特殊的吸引力。他想起一位曾向詹妮求了13次婚的男子，但她总是婉言谢绝。这位男子可能就是沃伦德。

为期一周的考斯赛艇会结束了，詹妮回伦敦集中精力忙家务。这年夏天，温斯顿写信给她："我是多么期待有朝一日您能有一座自己的小房子啊！到那时，我才会真正感觉到房子就是咱们自己的家……"詹妮与杰克在瑞士时，温斯顿也曾写信给她："我再一次希望能有座自己的房子，再一次能够按一下自己门前的门铃真是太令人高兴了……"

詹妮也是这样想的，那种让她感到自由自在、安逸的、无目的的漫游生活，最初对于她是一种必不可少的滋补剂。但到了现在，她所需要的却是一个家，这不仅是为了她的儿子们，也是为了她自己。她很快发现，她所需要的不是伦敦西区的贵族住宅区，而是牛津大街对面一个安静可爱的住所——大坎伯兰区35A号。在这里能眺望大理石拱门，离海德公园也不远。这是一座附有一所大型图书馆的乔治王朝时期的七层建筑。克拉丽塔后来卖掉了自己在俄国大使馆对过紫河姆街区的豪宅，也在詹妮的正对面街上购买了一套小住所，房号为37号。利奥尼也很快搬到附近的10号住处。人们传说在4号房住着一个自杀身亡的男管家的幽灵，据说这幽灵还会用一种可怕的方式敲门，詹妮搬到这个区时，4号已换了10个主人了。令生活更富有朝气的是，另一家邻居是著名的澳大利亚女高音歌唱家内利·梅尔巴（原主人是梅仑·波特）。内利和詹妮已成为好朋友，她们俩经常在一起演奏钢琴二重奏，甚至还在一起唱歌。但是给大坎伯兰区带来社会声誉的却是詹妮和她的姐妹们，以至于大坎伯兰区开始以"小杰罗姆街"而著称。

大部分生活在伦敦且在社交方面起重要作用的美国人都住在离海德公园一英里左右的地方，住在公园对面是比较幸运的，过去詹妮就住在离公园不远的康纳特广场。离公园几个街区的美国人则正在搬进更为雅致壮丽的大厦中。威廉·沃尔多夫·阿斯特很快就要租用兰茨唐尼斯住宅，这曾是英国上流社会较为豪华的一个活动场所，大厅里摆满了古典雕像，看门人则戴着高高的帽子。还有富丽堂皇的多彻斯特住宅，里面有辉煌壮观的楼梯，在许多玻璃柜里面收藏着莎士比亚的著作，院内有华丽的红砖砌的马车道，但它很快成了美国大使馆。

10月3日，詹妮写信告诉克拉丽塔："我要去米托斯几天"，"然后再去伦敦照看一下孩子们所称的'更大坎伯兰区的35A'。我希望11月底前能搬进去住，但你知道要把每一件事情都做得井井有条需要多少时间。我们准备把房子油漆一遍，还要安装电灯、修理热水管道等，你能想象我们再一次团聚在我们'自己'的家中的情景吗？孩子们一想到'去按自己家的门铃时'都高兴不已。他们再也想不到别的更高兴的事了……"

　　这时，温斯顿正在考虑着其他事情。

亲爱的妈妈：

　　我敢说您读到这封信时一定会大吃一惊，我已决定与我们团里一位中尉、我的好朋友一块儿去美国和西印度群岛……我们要去纽约，在那里住些日子后，再乘船去西印度群岛，去哈瓦那。在那里，所有古巴政府军都已集结，准备到农村去镇压仍在蔓延的暴乱。随后经过牙买加和海地再回到纽约、回到家……

　　我希望您不要责怪我去这些地方——我认为这次旅程对我一定有很大的帮助，因为我有一个很好的伴侣，他是一位资历较深的中尉。

　　詹妮对此非常担心，试图阻止他的这个计划。

　　你知道，只要你去做你认为感兴趣和高兴的事情，我就很高兴——即便要我做出牺牲也是如此。我是多么期待着我们团聚，能见到你啊！请记住，我只要你和杰克想着我。我知道你

第二十二章 错过

并没有把所有的事都讲清楚，但我懂得你的意思——当然，亲爱的孩子，我知道你很想去旅游，我并不想给你的计划泼冷水——但我想，旅游的花费要比你所设想的高得多，纽约的费用更是昂贵得可怕。

她在信中一再强调："我一定要了解更多有关你朋友的情况，他叫什么名字？不仅如此，我想你在对人做出判断方面还不是一个好法官。所以，我一定要弄清楚你这位朋友的情况。"温斯顿的这位朋友名叫里吉·巴纳斯，他也是与布鲁斯案件和赛马丑闻有牵连的一个年轻人。

詹妮还加了几句带着母爱的批评话："我想考虑考虑旅游费用要比说'我已决定去'这样的话好得多，或者说要聪明得多——考虑后再同我商量。我想生活的经验早晚会使你明白，做什么事都应当老练，这是很重要的。"

在信的末尾，詹妮突然放弃了想成为一位细心和专门约束孩子的妈妈的念头。她写道："又及，我同男士俱乐部讨论了你的计划，他们准备提供帮助，写封信同牙买加政府取得联系，并给你提供一次旅游的机会……要不要我给你买票的钱，作为送给你的生日礼物？"

温斯顿最先联系的他母亲的朋友是皇家派驻马德里的大使，也是詹妮最早的崇拜者之一亨利·德拉蒙德·沃尔夫爵士，詹妮结婚前在考斯认识了他，后来成为最好的朋友，"……他的肤色白里透红，使姑娘们都嫉妒，眼镜片后面的一双眼睛充满欢乐，他真是上苍的恩赐，或者是天使误入人间。常常他讲一个笑话就能使人摆脱窘迫的场面"。也是这位沃尔夫提议建立了社会政治组织——"樱草会"。在这个组织内，保守党人不论其社会地位如何都能够聚在一起共同磋商和工作。后来这个组织变成了一个几乎有200万成员的工作联盟，詹妮是缔造这个组织的最初的12个小组成员之一。沃尔夫愤世嫉俗、语言尖刻，但镇定自若。他是一个热心人，很喜欢詹妮，温斯顿写信给他后，他立即回信。

> 来信昨日收悉，我立即去拜访了外交大臣（特塔安公爵），并转达了你要去古巴的意愿。
> 　　他说愿帮助你请国防大臣写封信，并把这封信亲自转交给他的私人好友马丁内斯·坎波斯元帅。

坎波斯曾任国防大臣、首相，现任西班牙军队最高统帅。沃尔夫还询问了詹妮的情况，并请转达对她的关切，紧接着寄来一封国防大臣给坎波斯元帅的官方信件，"我希望这封信能给你带来你想得到的便利"。

温斯顿也得到了布拉巴宗上校的允许，并带他去见那时已成为陆军总司令的沃尔斯利勋爵，他也是詹妮的一个朋友。温斯顿写信告诉他母亲："他很赞成，甚至暗示我最好不必提出请求就离开。"沃尔斯利还把温斯顿领到情报部，提供他旅行所需的地图和背景材料。"我们需要搜集各种各样的情报和统计数字，特别是新子弹的功能——穿透性、攻击力。这使我们的使命具有官方性质，对将来的工作必有所帮助。"

赴古巴人员名单已定，温斯顿突然有点后悔。"您什么时候来伦敦？"他问詹妮，"请给我发个电报好让我知道，在我们离开之前，我想再见见您。"他还说计划要带许多哈瓦那雪茄烟回来，"其中一部分'可存在'大坎伯兰区35A号的地窖里"。信末，他又写道："渴望见到您。"

只有对她,他才肯全部暴露自己;也只有对她,才肯展现他的巨大抱负;只有在她面前,他才坦率、不害羞。詹妮批评温斯顿过分自负,但她相信他。在她有生之年,她要发掘这样一位人才,为他打开未来的大门,并随时准备为他扫除前进道路上的一切障碍。

第二十三章 择师

一个能向自己刚刚拒绝的情人求助,来照顾自己儿子的女人是非常了不起的。詹妮没有犹豫,也没有必要犹豫。他们之间的爱丰富了双方,且这种共同的感情会使互相之间的关系更加丰富。

布克没有自己的儿子,他唯一的儿子夭折了。这对布克·科克伦这样的人来说是一个极大的不幸,因为他有很多东西想传给后代。现在,詹妮送给布克一个临时的儿子,而对温斯顿而言则找到了一个父亲。

对布克来说,温斯顿看起来很像一个双面人。一方面,他像布克年轻时那样聪明,有勇气,有抱负;另一方面,除了这些品质以外,还有超人的自信,这无疑能使布克经常想起詹妮。

对温斯顿来说,布克是他的楷模,他不仅像他的父亲,而且是一位富有智慧和经验的人,是一个杰出的演说家,一个有鉴赏能力和风度的人,温斯顿自己也想成为这样的人。布克远远超过了詹妮希望温斯顿效法的榜样的水平。

温斯顿到达纽约时,布克驱车到码头接他,把他带到自己家中。布克在第五大道763号有一套"备有家具及各种方便设施"的宽敞公寓,公寓内配有柔软的长背椅子,图书室宽大丰富。温斯顿一进屋,布克便拿出最好的白兰地、最精美的食品、最长的雪茄烟让温斯顿品尝。对温斯顿来说,在乡下他母亲的英国朋友家中度周末是一回事,而如今住进了一套富丽堂皇、有进取心的美国杰出人物的家中又是一回事。"科克伦是我见到的最可爱的主人,也是最能引起我兴趣的

第二十三章 择师

人。"温斯顿立即给母亲写信说。

"我从没见过与他相像的人,他无与伦比。"他后来又说道,"他的言谈中肯、精辟、辞藻丰富、知识深广,超过了我所听到过的任何谈话。"

这些评价出自这样一个年轻人的口,他曾经同英国第一流的才智之士接触过,像格莱斯顿、索尔兹伯里、罗斯伯里、张伯伦、鲍尔弗,还有他的父亲伦道夫。布克·科克伦不仅有才智,而且是一位雄辩家。他能虚心听取别人的意见,与温斯顿在一起的这段时间里,他的这一特点表现得很突出,不管这位年轻人说什么,他都认真听,并且尊重他。

几乎每天晚上,他们都交谈到深夜,布克不仅展示了他那丰富的经验、渊博的知识,还教温斯顿怎样使用语言。"人们想听的是真理——真理是振奋人心的——要说事实真相。"

布克告诫温斯顿,对人不要油滑,不要装腔作势,不要恶语伤人或自私自利。他们还谈论了各自对上一世纪伟大的英国雄辩家埃德蒙·伯克的敬慕。"伯克驾驭英语好比驾驭一匹马。"科克伦说,"他朴素、直率、善于雄辩,措辞富于光彩,即便以显得冷漠的方式与客人谈话,他也能以令人信服的话语深深吸引来访者……我是多么希望能听到他的讲话啊!"

温斯顿很愿意听科克伦讲话,他经常劝科克伦朗读演说词。温斯顿印象最深的是科克伦那旺盛的精力、诗人般的想象力以及火一般热烈却毫不疯狂的激情。他从未忘记科克伦的名言。许多年后他告诉一位美国读者:

> 记得1895年我初次到这里时,我还是你们的大律师、雄辩

家布克·科克伦先生的客人，那时我只是个年轻的骑兵团中尉，但他把头脑里所有的知识和演说家的艺术都倾吐给了我。他的一些话在我脑海里已经深深地扎下了根。他说："大地是一位慷慨的母亲，如果她所有的子孙们愿意公正公平地去开垦她的土地，她将为他们提供足够的食物。"在英国演讲台上，我曾不断地重复这些话。我妻子强烈要求我给这些话放个假，许多年来我按照她的话做了。但是今天我们重新回味这些话便感到更有意义和力量，因为对人类来说，或灾或福的抉择还从来没有如此鲜明地摆在我们面前过。

另外还有一句布克·科克伦常说的话，我已记不清原话，大意是："在一种以法律为主导，充满民主、宽恕、自由的社会里，各种各样的邪恶还会出现。但不要给它们喘气的机会，它们就会被清除。"

甚至在密苏里州的富尔顿发表的具有历史意义的关于铁幕的演讲中，温斯顿·丘吉尔还在重复着科克伦的这些话。

我经常引用五十年前从一位朋友、一位伟大的美籍爱尔兰裔演说家——布克·科克伦那里学来的话："大地是一位慷慨的母亲，如果她所有的子孙们愿意公正公平地去开垦她的土地，她将为他们提供足够的食物。"

半个世纪以来，他能把这些原话记得一清二楚，这真了不起。这师徒二人都有着极强的记忆力。布克给温斯顿解释他是怎样准备他的演说词的：认真详细地研究主题，通过博览群书把知识牢固地记在脑

第二十三章 择师

中;把一些深奥费解的问题,尽量用通俗易懂的语言、深入浅出的例子加以阐明;要坚信你演说时的措辞一定会鼓舞人心。温斯顿虚心地聆听并消化了这些教导,才真正掌握了演说的技巧。这也是他第一次从一位专家那里学习演说的技巧。

温斯顿所学到的不仅仅是技巧和光彩的辞藻,而且是演说的气魄。他本来就具备这方面的天赋,现在更加脱颖而出,发扬光大。

詹妮读了温斯顿从纽约发来的热情洋溢的信后兴奋不已。"我与科克伦先生从经济学讨论到游艇比赛,几乎无所不谈。"在接下来的信中,他说,"我们已成为真正的朋友了。"在詹妮的一生中,没有其他任何人能把自己的一切赐予她的儿子,而布克·科克伦做到了这一点。

这是温斯顿初次到母亲的故乡来,他有很多事情要做,有很多东西要看。布克为他安排了一个计划周密的旅程。"近几天,我们为计划宴会的每一道菜忙到深夜3点……"温斯顿信中说,"昨天晚上,我们举行了盛大的宴会,参加者都是在司法部门工作的审判员,他们非常有趣。其中一人是联邦最高法院的法官,他正在审理一件轰动一时的案件……"

温斯顿把这一情况更为详细地告诉了杰克。

> 这里正在审理一件轰动一时的刑事案件——有人开枪打死了诱奸他妹妹的家伙。一天晚上,我在宴会桌上认识了那位法官,他建议我去旁听这个案件。我去了并坐在他旁边的椅子上,这样奇异的经历,我想在英国是不可能有的。他与我一起讨论了所有的证据,努力使自己得到社会的认同——毕竟,一个脸色苍白可怜的人正在为他的生命奋斗着。亲爱的杰克,这是一

个伟大的国家,它不仅美丽,富于浪漫色彩,而且讲究实利,每件事情都注重实践,根据事实去判断。如在法院,没有人穿官袍、戴假发,没有穿着制服的传达员,只有许多身着黑色外套和粗花呢衣服的人……但他们同样能判决绞死犯人,这毕竟是一个伟大的奇迹……

温斯顿在美国对所见所闻所做的一切都表现出孩子气的兴奋,对此詹妮一定笑得很开心。她曾经反对温斯顿去古巴,因为她担心儿子不必要地暴露在战场上。她甚至曾经对温斯顿喜爱纽约也表示怀疑。到美国后如果让他住在詹妮上了年纪而且平庸的表姐家中,他的乐趣一定会受到极大的限制。她让温斯顿去找布克·科克伦的决定改变了这次旅程的全部情况。

"科克伦先生在这里很有影响,他为我们弄到了参观港口、军事要塞和西点军校的机会——这是美国的桑德赫斯特军事学院。"温斯顿这样写信告诉杰克。他对母亲是这样写的:"在这里他们就像对待将军一样对待我。"

他们还参加了赛马比赛、乘拖船旅行和参观消防大队。

一天晚上,科克伦让消防队长与我们在一起,我们向四五个消防站发出了警报,这肯定会使你感兴趣的。听到警报声,马匹立即进入车辕中——套上马具——人们披着衣服从寝室的一个洞口滑落下来,仅用5.5秒钟的时间,救火车便沿着大街向出事地点飞奔了。真是奇迹,假如不是亲眼看到,真不敢相信。

美国人是多么了不起啊!他们的好客出乎我的意料,他们

第二十三章 择师

让你觉得就像在自己的家中一样随便自在,这是我以前从未经历过的。

这是他母亲的祖国,他母亲的人民,他母亲的遗产,所以说这也是他的一部分。"我是两个世界的孩子。"他后来说道。但尽管如此,当他写到新世界时仍然感到惊奇,也仍然有所批评。他注意到高架铁路给人们带来了舒适和便利,确实"了不起",但使用纸币美元"令人讨厌",美国新闻业的本质是用"粗俗的语言剥夺真理"。美国的粗俗并非完全是一件坏事情,正如他给杰克解释的那样。

我想提醒你,粗俗是力量的象征,美国人是最粗野最强大的年轻民族——就像在衰弱的但教养良好的女士们和绅士们之间的一个吵吵嚷嚷的健康的小孩一样……

美国是一个强健的年轻民族——他能践踏你的一切文质彬彬的情感,能干出最骇人听闻的不良行为——他们既不尊重年龄也不尊重传统,但他们带着一种耐心的、饱满的精神到处为事业而奔忙,这也许能使世界上一些较古老的民族羡慕。当然,这里也有可爱的人,像世界上其他国家一样,也有一些最文雅、最有教养的人……

科克伦公寓周围许多楼房内部俗不可耐的装饰就是1895年冬天一些粗俗行为的见证。其中一座大厦内有一个"显然比美国联邦最高法院还大"的接待厅,接着,莉莉安·罗素身穿式样新颖的白哔叽骑装露了面,她骑着一辆车身镀金、车把镶着大粒珍珠的自行车,车把上还有用钻石和绿宝石交织而成的她的姓名的首字母,轮毂和辐条上也都缀有宝石。

现在又出现了一种不断增长的与粗俗相应的不拘礼节的现象。年轻人遗弃了礼服大衣，用柔软的、上面缝着可以拆开的上过浆的袖口和领子的衬衣来取代"硬胸衬衣"，身穿"令人讨厌"的拖地6英寸的新式防雨裙衫的年轻姑娘们随处可见。

温斯顿几乎没有时间详细地观察这些，他和里吉·巴纳斯很快就要取道佛罗里达去古巴。他们在船上将要住进一间私人包租的官舱中，这是布克·科克伦安排的。温斯顿后来写信给布克说："我希望在英国再重新开始我们的讨论，我对你的好意永远报答不完。"

温斯顿在新大陆，而詹妮同时作为新大陆和旧大陆的一员突然发现，她对美国又有了新的认识。1895年12月，格罗弗·克利夫兰总统向国会递交了国情咨文，这对大不列颠来说几乎是最后通牒。国情咨文是有关委内瑞拉和不列颠所属的圭亚那边界问题的。美国对委内瑞拉的经济很感兴趣，而委内瑞拉政府向圭亚那提出大片的领土要求，谈判毫无进展地拖延着。克利夫兰总统通知国会，他要指定一个美国专门委员会去确定边界，并把这个决定强加给大不列颠。如果有必要，将在门罗主义的名义下，以战争方式来解决这个问题。

"逗弄狮子尾巴"是那时一种普遍的政治策略，特别是在第二年将进行总统选举时。只要股票下跌，侵略主义便抬头，英美爆发战争不但很有可能，而且是一个很值得接受的想法。

不难想象，詹妮和她在英国的美国朋友们会做出什么样的反应。一些人已向农村和欧洲大陆迁移，或者闭门谢客，减少社交。但是，詹妮以她独特的方式，在幕后鼓励她的亲密朋友们开展了一场秘密运动，他们的目的是劝说政府官员和有名望的编辑，通过政治宣传来取代用战争对话，力图使战争的阴影尽快消失。这场运动包括小型宴会、私人舞会，看起来是一些随便而简短的会见，但是这些活动效果很显著。

詹妮和其他美国妇女有着强大的影响力。在这次危机中，英国联络官是殖民大臣约瑟夫·张伦伦，他的妻子也是詹妮集团的一员，大臣本人对詹妮也言听计从，他对詹妮的爱心由来已久。外交大臣乔治·寇松曾从青年时代起就认识詹妮，他也娶了一位美国妻子，他也想激起别人的兴趣来听取他在这个问题上发表的意见。那时，不管是官方的还是非官方的，大门对这些有影响力的妇女来说都是敞开着的。与往常一样，詹妮的话，威尔士亲王会仔细听取。

一位在英国的美国将军返回美国后告诉新闻界，伦道夫·丘吉尔夫人是十位杰出美国妇女的积极领导人。

> 她们是真正的美国女儿，她们正在为阻止这两个姐妹国家之间的战争而默默地、卖力地工作着。这些妇女为阻止这场战争所做的工作，是其他美国妇女所做工作量总和的一千倍，她们有极大的国际仲裁力量……这十位杰出的妇女处于今日控制英国权力的中心，她们所施加的大规模的影响，对扭转局面起到决定性的作用。

詹妮的活动并没有逃过英国人的注意。"假如战争谈判很困难，"一位英国记者写道，"伦道夫·丘吉尔夫人就会像几年前为她丈夫竞选首相那样开始到处发表演说，她的讲话很快就会使局面得到改善。她的讲话条理清楚、简洁明了……很有说服力的。"

波士顿一家报纸用大字标题登出"丘吉尔夫人是美国'最佳'大使"的文章。

说詹妮在这个紧要关头能使整个局面平静下来，对她的影响的评价可能是过高了些，但她在这个问题上的紧锣密鼓的活动，确实起到很重要的作用。

一场战争的威胁刚刚消除，另一场战争又开始逼近。这场战争的背景在南非的德兰士瓦。塞西尔·罗德斯是英属好望角一带英国殖民地的总督，詹妮对此人十分熟悉。塞西尔·罗德斯命令利德·詹姆森博士组织一支武装部队，准备与德兰士瓦进行反英叛乱的荷兰人的后代——布尔人作战。利德决定先发制人，在布尔人暴动之前，便将他那支小小的部队投入了战斗。这次袭击以失败告终，利德的袭击者们被布尔人俘获，这次事件使英国在国际上成了笑柄。但所有这些还只是一场悲惨战争的前奏，这场战争正在慢慢地酝酿中，而詹妮和她的儿子们则注定在其中起重要作用。

詹妮眼前所关心的是发生在古巴的战争和温斯顿在那里的情况。在温斯顿离开以前，她曾写信告诉杰克说，这次古巴之行"是愚蠢的"。后来事实证明她是对的，但那是出于其他方面的原因。从经验和兴奋而言，温斯顿是有所得的，在他的人生道路上，几乎每一个行为——即便是错误的——在他成长过程中都有命中注定的目的。不管怎样，古巴之战的一些方面使他非常失望。

这场战争的显著特征是：阵亡人数很少，毫无疑问，双方都消耗了大量的弹药。真相是出人意料的：这仅仅是一场荒谬可笑的小小武器杀伤力试验。你也知道，据说，击毙一个士兵要用200发子弹，如果按照古巴战争实况，则差不多需要200,000发子弹才能接近目标。

第二十三章 择师

同时,温斯顿写信告诉母亲一些战斗情节:"我们在猛烈的炮火中冲过一片旷野。"那一天是他21岁生日,"我第一次听到那愤怒的炮火声、子弹刺入肉体时的惨叫声和子弹在空中发出的嘘嘘声"。他还保留着一发子弹,这发子弹曾击中一位离他很近的西班牙士兵并使之毙命。

1895年12月中旬,温斯顿终于回到了纽约,詹妮才如释重负。他又一次住在布克的公寓中,这时,科克伦已去伦敦与詹妮在一起。科克伦一直在为事业而奋斗,而这富有浪漫色彩的追求也是他的事业之一。布克已与温斯顿建立了牢固的友谊,他感到他一定能赢得詹妮的欢心。他确实有可能做到这一点,温斯顿在他的回忆录中写道:他21岁以后,他的母亲"再也不行使那种父母应尽的管教义务了"。但事实表明并非如此。他在古巴的越轨行为使詹妮感到,要管教他变得越来越困难了。温斯顿需要布克,而詹妮也是如此。但在目前这种情况下,她怎能回美国去呢?她可以为美国而奋斗——事实上她也这样做了,但回美国去,这座桥对她来说太长了。

温斯顿回到英国,报界激起了对这位参与了西班牙反对古巴民族主义者之战的年轻中尉的极大愤慨。温斯顿声明,他从未参战,仅仅是观战,但不管怎样,他给公众留下一个消极的印象。詹妮认为温斯顿的"古巴之行是愚蠢的",这一直觉证明是对的。

詹妮从她的朋友,驻西班牙大使亨利·德拉蒙德·沃尔夫处得到了一些消息,后者转给她一封温斯顿寄给特塔安公爵和马丁内斯·坎波斯元帅的信的复印件,从信中得知,他们都互相称教名。温斯顿仅在21岁时就觉得可以与这些成熟的领导人平起平坐,为此,他写信告诉母亲,"我的成熟太不合理"。在某种意义上说,他一直显得比他的年龄老练得多。布克在英国等待着温斯顿回来,他们现在有更充足的时间来加深关系。眼见这种关系在不断加深,詹妮觉得有理由做进一步的考虑。谁最需要他?他的儿子还是她自己?不管是谁都要付出代价。但是这种代价合理吗?她自己需要布克,温斯顿同样需要他。他们都希望布克留在伦敦。

温斯顿为《星期六评论》(*Saturday Review*)杂志写了一篇文章,谈他在古巴的经历,并为之插图。詹妮把这篇文章的复印件送给了她最有影响的朋友们,在解决委内瑞拉危机中起决定性作用的约瑟夫·张伯伦立即回信说:"这是我所见到的关于西班牙所面临的问题的最简短报道,同我的结论正好相吻合。"

温斯顿很想知道布克·科克伦的反应。科克伦已于2月底回到了纽约。"鉴于古巴正处于战争状态,我对美国的行动很感兴趣……我很想知道你对整个问题的看法……"他写信给科克伦,"当然,我并不想出卖你……我希望美国不要迫使西班牙放弃古巴……请一定写信告诉我你的想法。"

像大部分英国人和美国人那样,在古巴问题上,科克伦不完全同意温斯顿的想法。的确,科克伦在纽约的一次群众大会上发表演说,抗议西班牙在古巴的统治。也许,他的辩论影响了温斯顿,后者改变了在此问题上的看法。他们的通信并非仅限于古巴问题,还包括整个世界的形势。温斯顿还推荐了一些书籍,布克给他寄去了他的一些演讲稿,其中一篇讲的是爱尔兰地方自治问题。在此问题上,他们俩的观点存在分歧。

科克伦极力主张爱尔兰地方自治,温斯顿则确信:

> 文明世界(不会)像你建议的那样迫使我们立即解决这个问题。他们能够坚持正义吗?是土耳其放弃亚美尼亚城,还是

西班牙同意让古巴自治了？还有，美国肯答应南部联邦独立吗？还有，你可能原则上赞成地方自治，但我反对你所提出的这一具体的自治计划。谁要是重蹈格莱斯顿的覆辙，必是一个鲁莽的人。

最后我得说，当我读你的演讲稿时，我认为爱尔兰没有白白遭受痛苦——她的灾难为你提供了一篇演讲的好素材。请一定给我回信……

科克伦立即回信。

……你拥有条理清楚、富有吸引力的惊人的表达才能，你一定能很好掌握这两门学科（社会学和政治经济学）的知识，并一定能派上大用场。我坚信你只要有机会就必能在社会生活中占主导地位。我总认为，真正的能力在于去造就和发现自己的机会。当我阅读你对我演讲稿的批评时，我对你那有力的语言、广博的见识留下了很深的印象。我对你的前程抱有很大的希望……

这评价对 21 岁的温斯顿来说确实顺理成章。温斯顿给布克的信中还提到，"妈妈病得很厉害，现已去了蒙特卡洛"。科克伦答复，他马上就要到欧洲去，在去巴黎途中，他将在伦敦短暂停留。在巴黎，他想见见在那里度假的杰克，当然还要去蒙特卡洛。这是那年他的第三次欧洲之行。

詹妮决定去蒙特卡洛，是想暂时换换环境，当然还有健康上的原因——既是心理上的，也是身体上的。临行前，她请朋友们多多照顾温斯顿。那时他在奥尔德肖特学习通信专业，常受邀去参加各种各样的宴会。

类似聚会的价值对温斯顿前程的影响是难以估量的。伦敦政界的杰出人物是一个组织严密的小集团，你要么加入要么脱离。一旦加入这个集团，潜在的影响是巨大的。进去不仅意味着打开重重必经之门，受到热烈欢迎，还意味着点燃雪茄、斟上白兰地及接受理解的微笑，这常常标志着成事与不成事之间的巨大差异。

詹妮已确信，温斯顿在伦敦期间参加了所有重要宴会。她在1896年夏天回到家时，再次使大坎伯兰区的住宅成为一个社交中心。"在这个充满生气的夏天，我的母亲经常把文艺界的领袖人物和两党的政治家们邀来做客。还有一些非常可爱的人物。"

她的两个儿子现在经常回家，他们为自己成为社交旋涡的一部分而非常高兴。温斯顿知道它的价值，但杰克只知道快活、取乐。在大坎伯兰区住所举行的各种活动都令人如醉如痴：舞会、宴会、演奏会、小组讨论等皆如此。在沙恩·莱斯利的记忆中，他母亲和两个姨母的住所都具有公寓那样的特点。

> 仆人成群，他们似乎都在渴望到海边去好好度一次假，男仆们常愁云满面，厨师们所做的蛋奶酥刚拿到楼梯上便已碎成像薄煎饼似的东西，但王族们还是称赞不已，为此厨师们略有喜色，不然他们简直想自杀了。川流不息的女仆们也像她们的女主人一样雄心勃勃，但在"杰罗姆小姐们"出来参加重要宴会以前，她们经常是眼泪汪汪。一位男仆对周围的轻浮现象深有感触，后来，为了保持他的坚定信仰，他只好逃离那个地方，去英国教会中任圣职。

第二十三章 择师

所有这些都需要花钱,大笔的钱。詹妮的钱囊总感到拮据,她的冲动和好大喜功的念头总是超过预算。尽管这样,她也无法改变自己的生活方式,也无法放弃她所喜爱的书籍、音乐和生活。

在杰罗姆三姐妹中,并非仅詹妮一人存在着类似的问题。利奥尼可以依靠她丈夫家中的大量金钱接济,但克拉丽塔不同,她经常无钱去买急用的物品。"为了买肉、买烛台,她经常到大街对过她妹妹家去借 5 英镑。"

"我们的经济确实很紧张!"有其母必有其子,温斯顿在给她母亲的信中说,"要是我不是傻得浪费了很多钱的话,我现在应该有一笔钱。"

确实很难想象,詹妮怎样在经济拮据中应付得如此自如。她所有的收入就是她父亲在纽约的房产,每年 1 万美元的租金,她妈妈什么也没有给她留下,她丈夫大部分的钱都成为儿子的委托金,仅新房屋的维修费就远远超出了她的支付能力。她一定是一个能向银行和信用机构贷款的很了不起的魔术师。她还从朋友那里借来了一些私人贷款,这些私人贷款最终都作为礼物而一笔勾销了。

对钱的急需使詹妮特别热衷于设计种种暴发致富的计划。她又一次在姐夫莫尔顿那里投资了。"莫尔顿刚刚启程去寻求发家致富的门路,这是他的第 500 次梦想发财之行了。"如果钱财在自己家族内部被糟蹋了,那只好算了;但要是被别人骗去了,那就要另当别论了。干后一种勾当的人是詹姆斯·亨利·克鲁克香克,他是由最大赞助人——备受尊敬的卡多根勋爵的儿子介绍给这三姐妹的。克鲁克香克从詹妮及其姐妹和朋友那里筹集了 4,000 英镑,并保证一定会成倍地赚回来。但是,他把这些钱全部挥霍掉了。对詹妮来说,这损失太惨重了。

伦敦上流社会里几乎没有小秘密，但人们对詹妮的财政状况却知之不多。也许这是因为关于詹妮即将结婚的谣传众多，把人们的注意力吸引过去了。詹妮在给沃里克伯爵夫人的信中写道：

……亲爱的戴西，我不想同任何人结婚。除非是一个完美无瑕的、每年收入 40,000 英镑的可心人想跟我结婚，或许我还会考虑考虑……

有一个人很想同她结婚，他也许并非完人，但每年有 40 万英镑的收入，何况他与詹妮相识多年了。正如一家美国杂志所评论的那样："老纽约人还能记得，阿斯特先生在伦道夫夫人结婚前就非常爱慕她。"《纽约时报》在头版做了以下报道：

新近伦敦发来了一篇有关上流社会最有趣的消息的电报，伦道夫·丘吉尔夫人与威廉·沃尔多夫·阿斯特定婚了。这篇报道并没有引起强烈反响，因为阿斯特先生对伦道夫·丘吉尔夫人的关注早已昭然若揭了，有关闲话、流言早已纷纷扬扬。纽约的一些知名人士从伦敦的朋友那里收到信件，其中不断有关于这种联姻可能性的暗示，宣布订婚将无疑被上流社会所热情接受。丘吉尔夫人是已故伦纳德·杰罗姆的女儿，阿斯特是约翰·雅各布·阿斯特二世的儿子。虽然他们久住英国，但他们毕竟是美国人。几年前，如没有发生不幸的家庭不和，也许，阿斯特先生永远不会决定定居英国。丘吉尔夫人是克拉伦斯·格雷·丁斯莫尔夫人、戴维·汤普森夫人和乔丹·莫特夫人的表妹,她是一位最有魅力的女性。尽管她是一位美国妇女,但在过去英国政坛上曾是一位重要人物,她已故丈夫的升迁,也主要靠她的影响。

人们通常称为"富有的威利"的这个人,以在美国有一大笔钱而闻名——2亿美元,年收入为600万美元。一位法国人在访问美国时这样描写他:"此人只有两臂、两腿,其享受能力是有限的,可是他会沿着百老汇大街或纽约第五大道散步,一面走一面伸出手臂说:'我的!我的!全是我的!'"

由于其金钱和财产众多,阿斯特先生成为一个孤独和被人憎恨的人,特别是在美国。他移居英国后,把英国说成是"绅士们居住的地方"。阿斯特在评论美国时则说:"富裕游人如果在美国待上一周以上,就很难叫人理解了。"

在英国,他买下了克利瓦登,那是座非常宏伟而可爱的乡村庄园,能眺望泰晤士河。这所意大利式宫殿装备了精致的嵌板,铺有富丽堂皇的花毯,还配有大陆最好的厨师。"这个地方真是壮丽辉煌,"詹妮从克利瓦登给她儿子杰克写信说,"阿斯特先生雅兴盎然。"

除了阿斯特的金钱和雅兴外,詹妮还在他身上发现了很多值得赏识的东西。他是一位眼睛蔚蓝、具有坚强性格和勇气的英俊男子,他有一流的头脑,对历史和语言有广泛的兴趣,曾任驻意大利大使,还写过两本小说。

毫无疑问,阿斯特想同詹妮结婚,他以冷若冰霜出名,正因为如此,他需要她的温暖。令他伤心的是有人称他为美国的叛徒,但詹妮的名望可提高他的威望。詹妮进入他的家庭,对于他所渴望的能进入英国上流社会并为其完全接受,将是无价之宝。

阿斯特的父亲为他挑选第一个妻子的时候，没有问他是否愿意。现在，他想选择他自己所喜欢的妻子——他所发现的最可爱最漂亮的女人。詹妮是一个能够打破缄默、照亮黑暗、填补任何空寂的女性。

对詹妮来说，这是一件意想不到的具有极大诱惑力的事情，她只要说声"是的"，她就将成为世界上最富有的女人，所有那些琐屑的债务和堆积如山的账单都将永远消失。只要是她那创造性的想象所达到的范围之内的事情——写作，绘画，办出版社，支持年轻作家、音乐家、艺术家，各种运动，建立自家的剧院，等等，她全部能办到。她父亲曾做到过这些，对于她，这些也都有可能实现，她可以成为当时主要的文学和政治沙龙的女主人。她有能力使自己和丈夫成为英国主要的政治力量，也有能力把克利瓦登 300 英亩周围铺上碎玻璃的围墙拆掉，并把它建成全欧洲的社交中心。这种机遇和趋势几乎对所有别的女人都有不可抗拒的吸引力，的确，她承认这是机遇。然而她并不真正爱阿斯特，所以她极力否认报界有关她婚姻方面的报道。

正当谣传达到高峰时，威尔士亲王计划在苏格兰举行一次留客人在别墅小住的聚会。他发现客人名单上有威廉·沃尔多夫·阿斯特的名字，就立即把他从名单上划掉。"不要阿斯特先生，"这位好嫉妒的王子气愤地说，"他太烦人了。"

这位王子还是经常看到詹妮，当这位王子的栗色马"波斯莫"在德比赢得那场障碍比赛时，他们都在德比。"那是一场极受欢迎的胜利，观众们极力为它喝彩。"詹妮给杰克写信说。在另一封信中，詹妮的姐夫莫尔顿又说道："当骑手把'波斯莫'牵进赛场时，王子同他握了手，拍拍他的肩膀。一个赛马赌徒大声呼喊：'为血红的荣冠，三呼万岁！'"

那一年，王子的胜利给考斯增添了欢乐，含羞草的香味似乎比以

第二十三章 择师

往任何一年都香。对詹妮来说,值得自豪的是,那些崇拜她的男人极力想要比以往更有吸引力。"您一定玩得很痛快!"温斯顿在信中说。他说他的朋友"比诺"斯特塞(爱德华·斯特塞爵士)"看到您在那里一直兴高采烈——直到全部赛艇出发"。

考斯游艇比赛结束后,威尔士亲王成了在迪普登举行的周末晚会上的贵宾,詹妮为温斯顿也弄到了一张请柬,这对一位中尉来说是一种莫大的荣誉。在客人当中,有他的指挥官布拉巴宗上校。"我意识到了,我一定要举止规矩、行为检点、准时到达;温和、冷静、谨慎;适当显示一下我所有的才能。"温斯顿说。遗憾的是他乘坐了一列晚点的火车,比预定的时间晚到了许多。他想不被人发现悄悄溜到宴会桌上,过后再表示歉意。

> 我到达迪普登时发现,所有客人都已在客厅里,如果我不来,看起来这次宴会的人数刚好是13。这些天来,皇室成员忌讳13的偏见已众所周知。王子断然拒绝进入宴会厅,也不允许再重新安排宴会桌。他照例8:30到达这里,现在已经8:48。在这间宽敞的客厅里,站着一群杰出的高贵的但脾气最怪的人。再就是我,一个被邀请来作为特别宠爱和赞美的年轻人……
>
> "温斯顿,他们在骑兵团没教过你要准时吗?"王子厉声问道。然后又犀利地瞪了正在怒视我的布拉巴宗上校一眼。这是一个糟透了的时刻!

他的母亲并没有想把他从这一窘境中解救出来。但她为了温斯顿,还是不断地插话谈论一些比较重要的事。第九枪骑兵团很快就要去南非,这个团还要增补中尉军官,温斯顿想去。

> 亲爱的妈妈，您想象不到，我是多想航行几天到能够冒险和使人激动的地方去啊——到能够获得经验和学到有益的东西的地方去——但我不愿去令人厌烦的印度，在那里我同样会失去和平的乐趣和作战的机会……我简直不能相信，您有那么多有影响的朋友，怎么还不能批准我到那里去？您真该想尽一切办法来帮助我……

温斯顿指的是詹妮已经尽了力想帮助他，但收效不大。他想让她母亲再多想些办法。那年夏天早些时候，詹妮想从陆军总司令沃尔斯利勋爵、陆军大臣兰斯多恩勋爵那里得到帮助，但毫无结果。兰斯多恩信中说他"尚不敢断定温斯顿此时离开英国是否明智，可以想象，有人试图对他的行为进行颠倒黑白的污蔑"。他建议温斯顿暂时不要离开英国。

《真理》杂志在 5 月已经刊登了仍处于酝酿状态的障碍赛马丑闻和布鲁斯案件，到 6 月，下院将讨论这些对第四轻骑兵团军官的控告。

詹妮接受了兰斯多恩的劝告，停止了想把温斯顿调到南非的一切努力。温斯顿只能屈从于这个决定，他写信告诉布克·科克伦："我决定 9 月 11 日启程去印度，希望不久我们将再次会面——如有可能，想在年内见到你。到印度后不久，我可能取道日本回英国去，所以很有可能在纽约再一次与你一起吃牡蛎和玉米片。请寄给我你的演讲的剪报来。"

估计温斯顿大约已经到了印度的时候，詹妮写信说道："……亲爱的孩子……照顾好你自己，要经常读《圣经》，想着妈妈……"

第二十四章 慈母

在随后的两年中，詹妮都不得安宁——整天忙碌奔波，犹如浮萍。她有了自己的家，屋里装饰优美华丽，她把它当作朋友们的社交中心，热闹非凡。她在社会各阶层都有朋友，遍布全英国，为了拜访这些朋友，她花去了大部分的时间。威尔士亲王在桑丁哈姆有一座乡下别墅，她在那里与亲王花费的时间也日益增多。在财力所及时，她还常去法国或者摩洛哥的蒙特卡洛旅行——甚至财力不及时也是如此。所有这些全是社交性的，费时甚多，但生活空虚。虽然温斯顿在印度，但母子间关系很密切，似乎填补了内心的一部分空虚。他们定期通信表明双方都互相思念，邮船每星期一次，他们的信件很少丢失。他们的信通常是长篇累牍，互诉衷情，而且无话不谈。

温斯顿很快就适应了在印度所能享受到的舒适生活。他与里吉·巴纳斯和另一军官一起租了一栋豪华的别墅，温斯顿把它描写为"红白相映的大盖瓦顶，宽敞的阳台，由白色的灰泥圆柱支撑着，圆柱上缠满了九重葛①"。周围的地面"光滑如盘，热如烤箱"。温斯顿拥有 2 英亩土地，他种上了 250 棵玫瑰。"我们盖了一栋大粮库，瓦顶、泥墙，里面还包括一个能饲养 30 匹马的马厩。有三位司膳人员，他们之间的关系很融洽……我们不受世事的干扰，一心一意地投身于人生的欢乐之中……"

这种欢乐就是每星期玩三次马球，捕捉蝴蝶（"我的花园里到处是蝴蝶"），每天早晨剪三大盆花。

---

① 九重葛是一种植物，属茉莉科，常绿蔓千古藤本。

詹妮劝告他:"我希望你多用些时间看书","好好想想,当你从事政治活动或者感到知识缺乏时,你会对自己浪费时光感到多么后悔"。

温斯顿对自己缺乏知识已有所察觉。他告诉杰克:"你能享受自由教育,能欣赏古典著作,我真羡慕你。"温斯顿在他的回忆录中写道:"我突然有了求知欲。我开始感到自己在许多大的思想领域中,连一点最模糊的知识都没有。"

詹妮热情地贡献自己的力量。她给温斯顿寄了8卷吉本的《罗马帝国衰亡史》,该书曾极大地影响过她丈夫的思想和生活方式,对温斯顿也产生了同样的影响。

> 该书的故事和风格马上吸引了我。印度白天时间长,阳光明媚,从停止驯马到天黑结束玩马球,整个这段时间,我都在贪婪地阅读吉本的书。我从头至尾把它看了一遍,感到欣喜若狂,真是爱不释手。

詹妮还给他寄了12卷麦考莱(Macaulay)的作品——8卷历史、4卷杂文。温斯顿把读麦考莱的著作形容为登上了"辉煌的传奇文学的航船,乘风破浪,全速前进"。他形容吉本"威严无比,令人难忘",形容麦考莱"干脆爽快,令人信服。两人都有着迷人的魅力……"吉本与麦考莱的合力,对温斯顿的写作和演讲风格产生了深远的影响。他说,读了他们的书,"使我有了恰当地选词、造句的本能,写文章就如同把硬币放到投币口里去一样顺当"。

詹妮又给他寄去一套精选的藏书,大部分是历史和哲学书籍——柏拉图的《理想国》,亚里士多德的《政治学》,达尔文的《物种起源》，马尔萨斯的《人口论》，帕斯卡的《书翰集》，亚当·斯密的《国富论》，和一整套27卷的《年鉴》。"我学习《年鉴》的方法是先把自己对某个问题的见解写在纸上，然后再去看《年鉴》里的争论——只注意总原则。"

詹妮很乐意在儿子的成长发展中扮演至关重要的角色。应儿子的请求她给他寄去了关于"近百年议会详细历史（辩论、分裂、政党、派系）"的一套书。每本书、每封信都成为母子之间讨论和交换意见的论坛。当然，在此过程中詹妮和温斯顿一样都绞尽脑汁。后来的一位评论家说，詹妮一定是"过分地相信了她儿子的消化能力"，因为她给他寄了赖基（Lecky）的著作《论理性主义的兴起及影响》，这本书"甚至对于受过良好教育的人也不易读懂"。但詹妮了解儿子的智力潜能。后来，温斯顿本人把他的头脑描绘为"一个空洞、渴望求知的头脑，有非常强壮的牙齿，进多少，吃多少"。

早些时候，温斯顿也给母亲寄过一本书，书名《素描》（*Making Sketches*），"我对这本书非常感兴趣，我相信您会更感兴趣，因为书中描述的场景您一定会打开看到"。

同时，詹妮仍保留着母亲保护儿子的天性，提醒他小心"喝的东西"。但是她特别关心她在印度的赛马。温斯顿的美国婶母——莉莉公爵夫人，伦道夫的哥哥马尔巴罗公爵的遗孀，已送给了他一台打字机、一匹战马，后又送他一匹赛马驹。"我想认认真真地同你谈一谈你的赛马驹。"母亲写道。

> 据我所知，它可能已经死了，但如果不是，我希望你答应我把它卖掉。我与王子谈了很久……他恳求我告诉你，你不应该去赛马，因为在印度赛马并不是一件好事——赛马并不公

正,名声最好的人也会因赛马被搞得身败名裂。所有的人都知道——除了你——在印度,赛马是排在保持手部干净之后的第二个不可能的事。布拉巴宗上校告诉王子,他真希望你没有这匹马,如果你不卖掉它的话,你会后悔的……

但是温斯顿不同意。"当我看到和我一起住的人以及我所尊重的人拥有马驹时——我必须承认我不明白您为什么希望剥夺我的乐趣,而别人却能合理、体面地享受这种乐趣——或者您为什么不相信我有抵抗诱惑、反击不端行为的能力……"但作为一个孝顺儿子,温斯顿接着说:"……如果您仍希望我处理掉这匹马——您考虑了我的信里所写的之后——我会按您说的去做……但是……我恳求您别要求我……"

詹妮回信说:"……在下一封信里,你要告诉我,已经把马驹卖掉了。你不知道此事多么令我担忧……"

后来,温斯顿采取了另一种巧妙的方式。"告诉殿下——如果再提在印度赛马之事——我打算为印度的赛马做出好榜样,就像他为英国的赛马所做的那样——尽可能地公平比赛。"

或许,詹妮不想赢得这场意志的比赛,她后来给杰克写信说:"关于温斯顿的马驹的事,我已作了让步——我希望赢得比赛之后,他会把它卖掉——如它能赢该多好啊!"她就此事交换意见的目的是提醒温斯顿别忘掉最近与他有关的丑闻。多亏了她在部队和政府中有地位的朋友们,这次丑闻没有对他产生重大影响。但类似的事不能再发生,如果他以后想在公众生活中做什么事情,必须小心谨慎,不能有任何过失。詹妮虽没有直接提及这件事,但她的批评一针见血。

温斯顿惟妙惟肖地描写了他在印度的日常生活。

第二十四章 慈母

每天凌晨，天还没亮，一个黑黝黝的人把我唤醒。此人一只黏糊糊的手灵巧地托着下巴，另一只手拿着一把明晃晃的剃刀正在刮涂满了肥皂沫的胡须。6点钟全团排好了队，我们骑马来到一片宽广的平原，在此操练和演习一个半小时。然后回到别墅洗澡，在食堂吃早饭。9点钟，打扫马厩，整理房间，一直到10点半左右，天气还不十分热就回到了别墅……11点之后，所有白人回到各自的宿舍。下午1点半，天气酷热，我们急急忙忙跑去吃午饭，然后回去睡觉，一直到5点。这时，兵营开始热闹起来，这正是玩马球的时候，我们生活一天就等着这个时候。那时，我已习惯于玩马球，只要我排得上队……我一玩就是8节，有时更多，10节到12节。

当夜影笼罩球场时，我们就汗流浃背、疲惫不堪地回去洗热水澡。休息一会儿8点半吃晚饭，饭后去听乐队的音乐和满满地装在玻璃杯里的冰块的叮当声。那些有幸被上级军官抓住的人，就会在月光下坐着吸烟，玩一种流行的无聊的"惠斯特"游戏，直到晚上10点半或11点——这时发出了最后的"熄灯"信号。这就是在印度的漫长、漫长的一天……

"这里的生活单调无味，令人厌烦，"温斯顿又给母亲写信说，"……这是个让人憎恶的地方，不宜长期居住。你得到了享受，却失去了同伴。我遇不到几个值得与之谈话的人……"

他一有机会就写信要求母亲来印度。"亲爱的妈妈，我很希望您能出来走一走，看一看……"温斯顿也邀请了布克·科克伦："您想象不出这个国家是多么有趣……您必须到这儿来——哪怕是仓促的短暂的访问……"

温斯顿与科克伦的信讨论的内容很广泛。例如，温斯顿不赞成威廉·詹宁斯·布赖恩的彻底改革货币的要求。"即使你向我证明目前的制度非常糟糕——我的意见也不会改变……得了消化不良的人可能会恳求上帝换个新肚肠，但是，新换了之后他会感到更加不适……布赖恩的所作所为恰像一个醉汉用撬棍校对天文钟一样……"他还向科克伦祝贺威廉·麦金利当选为总统，并与之讨论了在美国总统选举中所花的费用，说这样的花销在英国少得多。然后他接着写道："您的政府是为了神……而我们的政府至少是为了人。"他的话的确恰如其分，"如同把硬币放进投币口"。

在温斯顿给母亲的信中，他同样抨击了英国的政治家们。

> 保守党（Tory Party）领导人中有两个政客我最看不起、最憎恶——鲍尔弗先生和乔治·寇松。前者软弱无能、懒懒散散、无精打采、玩世不恭，是一个不值得怀念的保守党挂名首脑；后者是个政治宠儿，自吹自擂、自高自大，由于不该得到的成功而目中无人，他是牛津身居高位的扒手的典型。

这封信一定使詹妮大吃一惊，因为鲍尔弗和寇松不但是她尊敬的老朋友，而且对她这位愤世嫉俗的儿子的提升会起到不可估量的作用。不过，对任何人、任何事，詹妮都教育她的儿子坦率发表自己的见解，现在她也不会出尔反尔。

詹妮倒希望杰克能够有一点他哥哥那种直率坦白的性格。在提到杰克时，温斯顿说："他从不发表明确的意见，很难弄清他的真实想法。"早些时候，詹妮曾向杰克提及步兵团任职的可能性，她与该团交往甚多，她认为尽管杰克的一只眼视力不佳，也会被接受的。见杰克犹豫不决，她说："你不愿去军队，我也不想干涉你。"一年后，杰克改变了主意，詹妮说："亲爱的孩子，我不想说任何令人讨厌的话，但你必须记住，你的好恶以及对职业的选择如此优柔寡断，这种脾性对你是个障碍——以前我从未听你表示过真正希望参军的愿望。……祝福你，孩子，不要烦恼，我相信你一切都会顺利的。"

杰克又改变了主意，又想去做律师，但仍然犹豫不决。只有一件事他主意已定，那就是绝不回哈罗。

詹妮去哈罗拜访韦尔登校长，她还写信告诉温斯顿说杰克已经成熟了，不必再住寄宿学校——甚至韦尔登也这样认为。

> 我一直比较忙，在给杰克准备东西。我去拜访了韦尔登，就杰克的前途与他谈了很长时间。我坚决反对他参军，我负担不起他进入时髦的骑兵团的费用，而且无论如何他都会感到困惑和不幸。此外，那是一种乏味的职业。我认为他从事司法工作会有所作为的，他有能力、有常识、有风度，靠毅力和影响他应该能成功。他憎恨这个都市，本学期他打算离开哈罗，去法国或德国待一年多，然后跟导师学习6个月的希腊语，再去牛津。他似乎喜欢这个建议，同时他要和我一块儿去布伦海姆宫过圣诞节。

温斯顿也向他弟弟提出了这个问题，他告诉杰克：

> 如果你不愿参军，我不会轻易地敦促你这样做的……如果开始时你就不喜欢，你在军队里会一事无成……但难道干律师

这一行不也是如此吗？难道不需要花费更大的气力？如果你把当律师（正像你提出的那样）想象成"工作轻松，不费脑筋并且有许多人帮助你"，很显然，到头来你会是个"没人问津的律师"。你知道，人们请律师，或者请医生，他们并不要求什么态度大方，影响广泛，他们所需要的是能替他们打赢官司或治好病人……不要想入非非，胸无大志，你最近的信中对于律师这一行的看法显然不切实际。

杰克，我认为你很有才能……但我相信，除非你满腔热忱、尽心竭力地开始工作，不然，你的能力绝不会得到发挥……

温斯顿伤感地观察到，对于他们的母亲来说，"命运多么奇异地发生了颠倒——我当了兵，而杰克上了大学"。

正如詹妮告诉温斯顿的那样，杰克要同她一起在布伦海姆宫过圣诞节。布伦海姆宫是马尔巴罗祖先的家，在那里过圣诞节是家族的传统。虽然詹妮和婆婆保持友好只不过是出于礼节，但礼节也不能忽视。詹妮告诉温斯顿："我们私下里说，她（马尔巴罗公爵的遗孀弗朗西斯）并没有对我表示些许高兴，我们也没有说过话，我并不介意，或许这也无妨。我们完全可以显得像朋友，私下里当然是不可能的。"

老公爵遗孀常为儿子伦道夫悲伤，她怨恨詹妮不像她那样伤心。她对儿媳的憎恨甚至波及孙子们头上，特别是对温斯顿。因此，去年当19岁的康苏埃洛·范德比尔特成为马尔巴罗第九代公爵夫人时，老公爵的遗孀就告诉她："你的第一个任务是生个孩子，但必须是男孩，因为让那个自命不凡的小温斯顿成为公爵将是不能令人忍受的。你怀孕了吗？"

第二十四章 慈母

很快，康苏埃洛和詹妮变得相互喜爱，除了老公爵夫人之外，詹妮和马尔巴罗家族中的其他人关系都非常融洽，甚至伦道夫的姐妹们也是她的好朋友。提起她的大姑姐范妮·特威德茅斯夫人，詹妮说："毫无例外，我所遇见的人中，她是最高尚的……她的同情和忠告对所有与她接触的人都是力量，是灯塔。"

假如与伦道夫的姐妹们没有这样的亲密关系，詹妮也会保持与马尔巴罗家族的联系。她自己在英国社会中的地位已非常牢固，已无须寻找结盟者，但为了自己的儿子们，她确实想要保持这种联系。毫无疑问，布伦海姆宫和历史悠久的马尔巴罗的族号在大不列颠帝国具有崇高的威望和影响。

公爵夫人莉莉，马尔巴罗公爵九世的母亲，同詹妮的关系也很密切，不只是因为公爵夫人也是美国人并守了寡，还因为在早年是詹妮努力把她引荐进英国上流社会的。公爵夫人现在与威廉·贝雷斯福德勋爵结了婚。他们是在迪普登老家结的婚，那是1896年的冬天，彼时詹妮很想享受一下乡下幽静的生活，所以她也去了那儿。当时，社会上到处流传着关于温斯顿的丑闻，关于詹妮与阿斯特订了婚的流言也不胫而走，再加上克鲁克香克的诈骗案，纵然詹妮有钢铁一般的神经也难以忍受，她要到乡间休息一下。

那年冬天，温斯顿比较走运，他发现了一件让詹妮高兴的事——一个浪漫事件。这位年轻小姐的名字叫帕梅拉·普洛登。温斯顿给母亲写信说："这是我所遇到的最漂亮的姑娘——无人可比。"

以前，温斯顿经常给母亲说，没有人比母亲更漂亮，此时，得知儿子如此迷恋另一个女性的美貌，詹妮会多少有点嫉妒的。温斯顿22岁生日时，詹妮写信说，"我真希望能吻你……"她给他寄去了50英镑的支票，没有提到帕梅拉。

詹妮见过帕梅拉,认识她父亲,特雷弗·约翰·奇特利-普洛登爵士,他当时是英国驻海得拉巴的总督。帕梅拉的确很漂亮,足以成为众多男子钟情的目标,但并没有任何迹象表明她多么热衷于温斯顿。詹妮知道帕梅拉配得上温斯顿,但不知道温斯顿能否对付得了帕梅拉。

不过,温斯顿对帕梅拉的感情还没有达到明显不可控制的地步,不会因此而改变他的主要目标。他决心参加在埃及的吉青纳的部队,这支部队正沿尼罗河北上去征服苏丹。"如果明年开始远征,而我还没去那里,我将永远不能原谅自己,那一定是我自己的过错……请您尽最大的努力帮助我。"温斯顿给母亲写信说。

詹妮直接给吉青纳写了信,她对他非常熟悉。较早些时候她对温斯顿解释说:

> 我打算给你拍电报,要你马上向国防部申请要求准许你去埃及……被接受的机会非常渺茫,因为竞争很激烈——吉青纳爵士会利用他个人的影响力,但可能性也并不大。尽管如此,我还要为你试一试。如果成功了,你应该知道而且必须记住,这就意味着你签了字,在埃及部队要服役两年——如果你不愿干了,也不能退伍——另外,如果失败了,也不能为此而心绪不宁或者厌烦,像你在印度的工作那样。生活不总是让人称心如意的,但为此尽了最大的力量便是幸福的唯一途径——当然,国防部不会理睬你的申请,然后一旦你提出了申请,我马上就给吉青纳写信,如果他同意要你,很可能就准许你去了。这对你是否是件好事,我打心眼里怀疑——但天意会使你如愿以偿的。

第二十四章 慈母

在她儿子们生活的每个紧要关头，詹妮都给他们写这样的信。她就是用这种方式来培养他们的观点，对他们的态度给予指导，提供分析问题的方法。温斯顿很需要有人来调动他那年轻人的热情，消除他的空想，帮助他进行抉择。

对许多英国人来说，霍雷肖·赫伯特·吉青纳勋爵正成为整个大英帝国扩张概念的化身。这位新任的指挥官（埃及陆军总司令）是个复杂的人，是个坚决自我约束、决不容忍对工作拖拖拉拉、决不原谅失败的人，又是一个不肯耐心听取批评和反对意见的人。玛戈·阿斯奎斯曾这样描写他："……他既不十分愚蠢，也不十分聪明，但他从不让步。"

吉青纳喜欢别出心裁，他身强力壮，沉默寡言，做事从来都不慌不忙。但温斯顿·丘吉尔后来说吉青纳"天不怕，地不怕，很少同情人"。有记者这样描写吉青纳："身高6英尺，肌肉结实，骨骼粗大，但主要是生龙活虎，晒得黑黝黝的，留着八字胡，而且考虑周到细致，什么人都不会放过。"

"我不知道何时才能收到指挥官的信。"詹妮给温斯顿的信中说。

> 但我要打电报，如果他接受，你还需贿赂一下你的上校——但我想你到3月底才能加入他们的队伍。无论如何，收到信后，询问一下，看看你还需要多少钱，马上给我回信——如果你被接纳的话——因为我得给你筹集点钱，但不是马上就能弄到的。

但一星期后，詹妮写信说，她开始感到形势"十分令人怀疑，据说吉青纳不收 27 岁以下的人……"

1 月 7 日，温斯顿回信说："好吧，亲爱的妈妈，我希望我们能在开罗见面，但从您的沉默中我开始担心这已成为不可能。大概是因为指挥官已在栋古拉了，您的信一定被耽搁了。"

温斯顿猜对了，吉青纳的确已在栋古拉，这里是他上溯尼罗河的第一站。詹妮最后是在 11 月 30 日才收到他的信，此信是从前线部队司令部写来的。

亲爱的伦道夫夫人：

我将记下您儿子的名字作为特殊的服役人员。如他希望在埃及部队服役，他应该通过他的上校把申请书递交到开罗埃及陆军副长官手里。不过，目前在骑兵中没有空缺，但我将把他的名字记在名单上。

温斯顿感到这意味着仍有希望。"要为去埃及而坚持不懈地努力。我不在乎等待，我永远不相信您会有什么不能及时办成的事。"他又接着说，"您会明白，如果我能去埃及，如果事情办成了，我坚持当兵也是值得的。……我恳求您尽一切努力给我找个空缺。"

温斯顿坚持想当兵，这件事要是让詹妮知道了，她会生气的，因为她已经告诫过温斯顿。

在和平时期，很少有人提到什么将军的。若是退了伍，则什么荣耀也得不到。一个中等的议会议员就能闻名全国，比起军队里一个真正聪明的人来，成功的机会要多得多。

第二十四章 慈母

早些时候，她还更明确地指出："我盼着我们能再次生活在一起，我的政治雄心都寄托在你身上。"

她越来越有意无意地把儿子和她的雄心壮志编织在一起。他们母子俩的力量、决心联合在一起，一切事情都会畅通无阻、势不可挡。以前，她没有能够使她的丈夫成为英国的首相，但现在，她的儿子却有了新的机会。在她丈夫辞去英国财政大臣的职务后，她拒绝交出她丈夫的官服，这绝不是无聊的怪念头。她说过："我要为我的儿子留着。"

现在真相大白了。她怎么能与布克·科克伦结婚并一块儿去美国呢？在英国，儿子需要她。她不能放弃儿子的雄心壮志，因为他的雄心壮志也就是她的。

第二十五章 "严父"

1897年年初,詹妮返回巴黎,主要是为了替杰克在凡尔赛安个家。杰克在此地要居住一年学习法语。对詹妮始终不渝的布克·科克伦也调整了他的计划,以便能同时待在巴黎。詹妮还与布勒特伊夫妇共进午餐,因为她和布勒特伊夫人都是美国人。在巴黎还有一个男子倾慕着詹妮,那就是塞西尔·罗德斯,当时英国的罗德西亚省就是以他的名字命名的。

塞西尔·罗德斯因故被迫辞去了好望角殖民地的总督职务,但在南非他仍是英国的大人物,而且是世界上最富有、最有权势的人物之一。他总是喜欢赤手空拳地去会见当地叛军的领导人,并劝他们放下武器。

塞西尔·罗德斯的兄弟希望罗德斯和詹妮结婚。"罗德斯上校告诉我,他哥哥希望与詹妮而不是其他任何别的女人结婚——如果你愿意嫁给他的话!"

塞西尔·罗德斯热衷于宝石、权力、奉承,不喜欢体育、交际,以及一般富人们的娱乐。他还蔑视大部分女人——例外的寥寥无几,詹妮便是其中之一。但詹妮对罗德斯并不感兴趣:"他不具备一个明智者的思想——你可以认为他是一个强者,决心坚定,意志顽强,但他智力薄弱。"

詹妮不打算在多雨、泥泞的巴黎逗留太久,很快就去了蒙特卡洛。德·布勒特伊侯爵告诉她只要杰克有空来他家做客,他会非常高兴;而布克也答应离开巴黎之前陪杰克玩几天。詹妮给儿子写信说,

第二十五章 "严父"

"亲爱的孩子,我真不愿离开你。我睡前给你写这封信,以便明天你就可以收到,让你知道你妈妈多么想你……晚安,亲爱的杰克,要努力学习,不要抑郁不乐。愿生活愉快……光阴似箭……"

而在温斯顿透支了支票,受到了银行警告之后,詹妮对他的批评用语也相当尖刻。

> 我必须说我认为你太不像话了——你依靠我生活,我尽一切可能多给你钱,甚至超出了我的支付能力,但你的所作所为,真是我家的奇耻大辱。我手头非常拮据,而且此事又是在极不适宜的时间内发生的,使我无地自容……我已为你付了钱,但在科克斯我已告诉他们,今后类似的事情与我毫无关系,因为你的事你必须自己负责。至于你的狂言和要回家待一个月的计划,是完全不可能的,这不只是钱的问题,而且关系到你的名誉。旁人会说你将一事无成,他们也有充分的理由这样说。你出门只有6个月,而且很可能会被调往埃及,在印度需要你做的事情还很多。我承认对你已失去了信心,看来你缺乏实际的生活目标。现在你都22岁了,还没有认识到一个男子汉要成功意味着工作,而且是拼命工作……我多说也无济于事——以前我们曾谈过这些事——这并不是什么令人愉快的事。我只能再重复一遍,我再也帮不了你了。如果你有志气,还算得上是个男子汉,就应该尽量削减费用,量入为出地生活。在目前的情况下你只能为自己感到羞耻——我没有心思再多写了。

像这样严厉的训诫通常是父亲的事。詹妮当一当像杰克这样顺从的儿子的代理父亲，是比较容易的，但温斯顿也有詹妮那种固执己见、专横跋扈的性格，他非常冷静地做了答复。首先，他讨论了许多与此无关的事，然后提到了透支的账目，却反过来责怪银行一番。这样一来，詹妮再也无法保持她的严厉姿态了，她只好回信说，"对于自己的事你真是个出类拔萃的孩子"。

  关于你的透支账目，你从未提过，现在又突然向我解释。你手头拮据时，只要告诉我，或许我就不会那么生气。我相信你不怎么懂得怎样在银行里立个户头……亲爱的，这是我们争吵的唯一问题。我确实希望你尽量改过自新——但愿你知道我没有多少钱，要想多弄点钱也是不太可能的，我已经尽了最大努力筹款子，我向你郑重宣布，除非出现奇迹，我看破产就在眼前。

然后她详细列出了她的收入和消费情况。

  每年总收入 2,700 英镑，其中 800 英镑花到你们两个孩子身上，400 英镑用于房租和马夫，这样就剩下 1,500 英镑用于其他事情——纳税、用人、马匹、食物、衣服、旅行——现在不得不动用借贷来的需付利息的钱。我真为未来担忧。亲爱的，我现在把这一切都告诉了你，目的是让你明白我帮助你是不可能了——将来你必须自力更生。

两星期后，她又强调了此事。

> ……亲爱的,昨晚我彻夜不眠,考虑着你,我多么想帮助你——只要有钱,就会帮你。我为你,为你的高尚而坚韧的品质而自豪。我确信只要你活着,将来定能名扬于天下。但我知道,要达到这一步,你必须具有严肃的素质,不计较吃亏和自我牺牲。我觉得我是在向你说教,你会讨厌我的信——但你知道我并不是有意那样做……

詹妮怎么能责备温斯顿花钱似流水?她自己不也是如此吗?她自己的梦想就是有朝一日在蒙特卡洛发一笔横财。报纸上曾大肆宣传过一个美国人,他几乎输光,破产多次,但最后终于赢了15万美元。詹妮对这些报纸上的故事相当神往。

这次詹妮在蒙特卡洛却没有这样的运气,但确实有人拜访过她。"王子从尼斯回来了,并与我一同进餐,"她给温斯顿的信中说,"我把你要回国的想法告诉了他。他恳求我告诉你,他非常反对你这样做,并认为你应抓住这大好时机去前线,去了解一下这个国家的一些情况。"她给杰克写信说:"王子告诉我,他已向女王禀告过温斯顿的情况了。"

关于她的两个儿子,还有其他的消息。布克详述了他在巴黎与杰克的讨论和活动。布拉巴宗告诉她,他专程去赛马俱乐部开了个会,成功地把温斯顿吸收为会员。"比姆巴什"(Bimbash)斯图尔特是吉青纳和詹妮两个人共同的朋友,他告诉她吉青纳想让温斯顿填补第一个空缺。

但是,温斯顿有了更为紧急而且令人振奋的计划。4月21日,他给母亲写信说:"恐怕这封信有点出乎您的意外。"由于土耳其向希腊宣战,温斯顿想再次去担任战地记者。但到底去哪个国家,他拿不定主意。

> 亲爱的妈妈,这必须靠您帮忙……如您能给我弄到去土耳其的安全许可证,我就去土耳其。如能弄到去希腊的,就去希腊……我突然想起,埃德加·文森特爵士能在君士坦丁堡为我办点事,并能让我与一些将军的参谋们取得联系,等等,就像在古巴那样。还有,您认识希腊国王,当然能帮我在他的司令部里安排点事情做……当然几乎每家报社在那里都有了一名记者,但您定会找一家适合我的刊物,对此我深信不疑……我把这件事托付给您,希望我到达布林迪西时,就发现整个事情都已办妥……

> ……亲爱的妈妈,如果您不想让我去,我就不去。

但与往常一样,温斯顿拿出了他那有分寸的最后的恳求,此法几乎总是奏效:"我知道在这件事情上,您不会阻拦我。"詹妮认为这是"一个狂妄的计划",但她仍与外交部的朋友进行了磋商,并写信告诉了杰克:"很幸运,当温斯顿回国时,战争已临近结束。"当她通知温斯顿时,战争几乎已"像一颗潮湿的烟火"。

布克·科克伦回到伦敦,继续与温斯顿通信。在返美前,温斯顿写信说:"我一直盼望能见到您,听听您雄辩成功的消息,我非常想听,等得都不耐烦了。"

詹妮经常告诉杰克有关温斯顿的情况。温斯顿回国后不久,她写信给杰克说:"你可以想象我和温斯顿一直在进行什么样的谈话,他看起来精神很好,比以前文雅多了。"她还通知杰克,她给他寄了几本《每日画报》(*Daily Graphic*),还给他寄了上骑马课和舞蹈课要用的钱。一旦布勒特伊找到一位音乐教师,就马上跟他联系。她接着说:"现在政治学非常有趣,你必须精通。"她希望杰克尽快参加伦敦的政治活动。

1897年,马仍是伦敦景象中不可缺少的一部分。孩子们继续跑来跑去拾马粪作为肥料卖。对大部分人来说,双人双座出租马车的铃声比罕见的汽车喇叭的嘟嘟声更富于浪漫色彩。但《年鉴》(Annual Register)科学部分说:"在重要的科学问题中,对四轮车的机械推进力的新发展一直占据着突出的地位。在英国,使用此类车辆或汽车是有法律限制的,那就是不允许此类车辆每小时超过4英里……"坦布里奇韦尔斯市的市长展出了一批汽车。一位评论家说:"这种新发明受到了普遍的嘲弄。此外,法律要求在马路上要有一个拿着红旗的人走在机动车辆的前面为之开路。"

直到1898年,当威尔士亲王乘坐第一辆汽车时,这些新的机械怪物才得到社会的承认。有一张照片显示爱德华王子和另外三人共同乘坐一辆汽车,其中之一就是詹妮。这位王子宣布:"汽车将成为每个英国绅士的必需品。"

自行车仍是非常流行的。詹妮是位自行车爱好者,她买了一辆送给杰克:"我花8英镑给你买了一辆非常好的自行车。"她还说:"我已迷上了高尔夫球,我喜欢……我现在谢绝打扑克牌了,当然玩扑克也是一件好事情,6便士的比齐克牌游戏现在是我的菜!"

1897年是维多利亚女王登基60周年的钻石大庆年。在从白金汉宫到圣保罗教堂的庆祝游行中,女王保持着尊严,带着一把小阳伞。这天大雾茫茫,冷风飕飕,大有山雨欲来之势。但正当女王陛下离开皇宫时,太阳破云而出,万里晴空,风和日丽,出现了众所周知的"庆典时的晴朗天气"。

女王看起来老了，身体虚弱，仍穿着一身黑衣服，但在软帽子上插着几根彩色羽毛。她坐在由8匹米色马拉着的敞篷四轮马车里，沿途路灯柱上插满了鲜花。女王在日记中写道："我相信，没有人曾像我这样受到如此热烈的欢迎。每张脸上都充满了无比的喜悦。"

詹妮的外甥沙恩·莱斯利描写了这个场面："游行的队伍走得越慢，越显得声势浩大。在将来的某部电影里，女王本人有可能扮演她自己。"莱斯利记得，他无意中曾听到有人说："想象一下看见了一个小巧的夫人，她的祖父拥有过整个美洲！"圣保罗教堂的圆屋顶被强大的探照灯照得灯火辉煌，各条大街饰满了彩灯。参加游行的有从整个大英帝国精心挑选出来的军队，有骑着白色战马的陆军元帅罗伯茨，有12位殖民地首脑，还有德国皇帝以及各国的当权者。

一个目击者回忆说："在白金汉宫的花园里搭了个大帐篷来招待客人们。"

但是很显然，客人们的通风问题被忽视了。结果是帐篷里挤满了人，温度升高，许多人几乎都要晕倒了。里吉·布雷特（后来叫伊谢尔勋爵）当时是政府房产管理局的大臣，因此大家向他求助。他说很显然需要流通一下空气，如果在每块帐篷的顶端挖几个窗户，这问题就迎刃而解了。但似乎没有一个人能在帆布上挖洞，所以他决心亲自动手。他身穿朝服，腰挎短剑。他抽出短剑用它穿透帆布帐篷的侧面。突然传来一声刺耳的尖叫，吓了他一跳。原来一位女仆正站在背面，从缝隙向里看呢。很幸运她没有受伤。

几星期后，每季度一次的舞会在皮卡迪利大街的德文郡戏院举行。这不仅仅是一次舞会,而且是一种壮观的炫耀。客人们都是英国的知名人士,包括威尔士亲王和王妃,以及其他皇室成员。詹妮写道:"每个人的特征和爱好在那里都代表着当今的才智、美丽和时髦。"每位客人都被要求打扮成一位历史名人,《街谈巷议》报道说:"在场的人都说这是一个奇观……在现代人的记忆里,没有一次能与之相媲美。"

詹妮描述了这狂热的想法和为之制作服装所进行的准备工作。

> 这次舞会的准备极其神秘,到处都在窃窃私语。一位金发碧眼的贵妇人悄悄地对十来个人说,她要扮演塞浦路斯或阿斯巴西亚的皇后,或者费勒德贡德,或者彼脱拉克斯·劳拉。人们为了寻找灵感,翻遍了各种历史书籍,研究了各种旧照片和图画。他们对以前从未听说过的那些历史名人,如今都烂熟于心……在开舞会的这天晚上,兴奋达到了白热化的程度。伦敦和巴黎的各种各样的发型都在这次舞会上出现了。他们忙得不亦乐乎,以至于有些可怜的受害者实际上一大早就锁上了门,以一种僵硬的姿势一坐就是一整天或者……"姿势优美地走着"。

威尔士亲王扮成耶路撒冷的圣约翰修道院的院长出现在舞台上,胸前挂着令人炫目的钻石十字架,精心制作的绉领和其短短的颈项正好相称。亚历山德拉王妃扮成玛格丽特·德·瓦卢瓦,并由女贵族陪伴着。

德文郡公爵扮成查理五世皇帝,公爵夫人扮成齐诺比亚,即帕耳迷拉的皇后,"无数金色的星星、珠宝、孔雀羽毛,各种各样的宝石,一个高耸的花冠,上面带有两只引人注目的角,还有一颗可爱的梨形珍珠低低地悬挂在她那可爱的、光滑的额头上,五颜六色的装饰令人眼花缭乱"。

在舞厅一头凸出的戏台上,公爵和公爵夫人"接见了长长的一排队伍,人们走过去,有的向他们鞠躬,有的行屈膝礼,有的行额手礼,都根据他们各自所扮演的角色而定"。

普莱斯王妃扮演舍巴的皇后示巴女王。她身穿一件蓝色的丝绸长外衣,饰满了钻石和绿松石,"看起来像在紫红色和金色花瓶里的一朵百合花。有一群身穿东方国家服装的随从围着她,有些人把脸涂得黑黝黝的"。

化妆成被祭祀的牺牲者之一的是王妃的弟弟乔治·康沃利斯-韦斯特,他不久要与詹妮去共度一段有意义的生活。那天晚上,他很早就离开了,痛骂设计者把他的服装搞成了"五彩缤纷的被卷"。

曾经爱过詹妮父亲的女人,范妮·罗纳德夫人,扮演音乐女神,因为她以前在纽约舞会上表演过这个角色。但这次照亮她头饰的是电灯而不再是汽灯。

詹妮带点幸灾乐祸的态度说起某位浑身戴满了无价珠宝的女士,实际上已到了濒临倾家荡产的地步。但她特别欣赏特威德茅斯夫人扮演的伊丽莎白女王,"周围有 8 个身材高大的禁卫军护卫着她"。她还对那位著名的从男爵评论了一番,该从男爵几个星期以来"一直在钻研拿破仑的角色,他的脸型和身材十分像拿破仑。但使他沮丧的是,在大厅里他发现另一位扮演者奥斯特利茨,也扮成了拿破仑,而且比从男爵更加惟妙惟肖、活灵活现。对这两位拿破仑而言,这确实是一场滑铁卢战役式的较量"。

詹妮装扮成罗马女皇西奥多拉。这是非常有趣的选择,因为在此以前，"神圣的西奥多拉"曾是迪斯雷利的小说《罗塞一世》里的女主人公，她前额上戴着一个钻石星，刚好同詹妮曾经戴过的一样。这种类似绝不是一种巧合，因为迪斯雷利也曾是詹妮的朋友和爱慕者。西奥多拉女皇同钻石星一样是多面的，她本是驯兽人的女儿，曾经当过女演员、舞女和名妓，最后成了6世纪贾斯丁尼安皇帝一世的情妇和妻子。贾斯丁尼安是个精力相当充沛的人，但意志薄弱，也不十分聪明。西奥多拉拥有他所缺乏的许多美德，除了专横的意志和敏锐的眼光外，她还有卓越的智慧、超人的美貌。正像吉本在他的《罗马帝国衰亡史》中所说："爱情或者奉承都会颂扬她，油画和诗歌都不能描绘她那无比优美的体型。"吉本还说："西奥多拉的深谋远虑受到贾斯丁尼安本人的赞赏，他制定法律应归功于他最可敬的夫人的贤明劝告。这位夫人本是神作为礼物赠送给贾斯丁尼安的。她的勇敢在人民的骚动和法院的恫吓面前最明显地表露出来。"

贾斯丁尼安把西奥多拉册封为罗马帝国的皇后，与他自己有同等的统治权，各省的省长都必须发誓效忠于她。贾斯丁尼安和西奥多拉同是整个罗马帝国的统治者。她显然是一位极不平凡的人，"天生就出类拔萃"。

詹妮的服装同她扮演的那位女性一样艳丽夺目。她身着一件刺绣的拜占庭式长衣，显然是根据拉温那教堂建筑上的嵌花式肖像仿制的。华丽的圆形图案上缀着珠宝，多层艳丽夺目的饰带缠绕在外衣上。一顶皇冠环绕前额，皇冠中心和她的鬓角上悬着梨形珍珠，薄膜似的罩纱从皇冠上垂下，胳膊上还有绢纱和金光闪闪的宝石。颈上戴着许多珍珠项链，乌黑发亮的长发从肩上飘垂到腰部。一只手捧着一束巨大的百合花，另一只手托着象征权力的金色宝球。

她的服饰在新闻界引起了颇多的评论，温斯顿后来向她索要"几张身穿西奥多拉服饰的照片——我要把它放在我的桌子上"。

她的外甥评论说:"她无需用衣着来打扮成西奥多拉,她自己就是西奥多拉。"

不过,并不是一切都风平浪静。詹妮后来写道:"在舞会将要结束时,有两位青年人因某位夫人而争斗起来。两个人都怒气冲冲,他们决定到花园里去决一雌雄,各自拔出武器动起手来。两位决斗者使用的武器并不一样。其中一位是十字军斗士,手执一柄长剑;另一位是路易十五的大臣,只拿着锐利的短剑。不出所料,后者失败了,他的长丝袜被划开了好大一个口子。"

詹妮没有提及那位受伤的大臣就是她的儿子杰克。在决斗中,温斯顿充当了他弟弟的助手。

性情温和、一向稳重的杰克成了决斗者,而他精力旺盛的哥哥却当了他的助手,这是一件非常稀奇的事。杰克当时只有17岁,他发现自己处于非常惹人注目的地位,又有他那精神抖擞的哥哥在一旁观战,这对他肯定是一件非常了不起的事。在杰克的一生中,这种时候并不多。

大概由于缺少调温设备,天气太热,所以无法跳舞,而且穿着这样笨重的服饰,也难以做到舞姿翩翩。亚尔培亲王戴着一副有脸罩的沉重的甲胄,暑热迫使他不得不赶快打开甲胄以便自由地呼吸。詹妮的妹妹利奥尼也来了,也戴着头盔,还带着剑和盾,她装扮的是她最喜爱的瓦格纳的人物——布鲁恩希尔德。

很幸运,吃晚饭的帐篷就搭在池塘周围,这里比较凉爽,而且有彩色电灯照明。电灯吊在树枝上,"恰像真的珠宝一般"。后来,德文郡宫和它那神奇的大理石楼梯被拆掉了,由汽车展览馆取而代之,这次历史性的舞会已变成了一个逝去了的世界的一部分。

第二十五章 "严父"

舞会结束后的一周内,温斯顿首次发表了当众演说,他在保守党支持者们的樱草会的一次集会上讲了话。他的母亲是该会的创始人之一,而且现在仍是它的一位活跃成员。他下决心从这里开始他的首次政治活动。"我用一种淘气的眼光模模糊糊地看到了未来的前景。最后我们选择了巴斯。"

事先,他同母亲曾详细地讨论过如何演说的细节。他讲的主题是关于工人们的补偿法案,该法案当时正在议会中讨论。新闻界对这次演讲的评论对他非常有利,有杂志称之为"首次吉祥演出"。

后来,詹妮在她家里举行了一次大型聚会。客人中的一些人温斯顿要么不是十分了解,要么不十分喜欢。例如,阿瑟·詹姆斯·鲍尔弗。

但这次聚会对温斯顿十分重要,因为他很需要得到鲍尔弗的帮助。鲍尔弗40多岁,身材高大,长得英俊,是索尔兹伯里首相的侄子。詹妮确信他会接首相的班。他有一种若无其事的风度,但据说他有"最敏锐的头脑,已专心研究当今的政治"。鲍尔弗是个腰缠万贯的单身汉,他的血统如同他的眼睛一样蓝。他十分爱慕詹妮的美貌,并且喜欢音乐。早年当他们在一起从事政治活动时,就结下了深厚的友谊,但在他们之间并没有任何浪漫关系的迹象。

有一天,天气晴朗,温斯顿正和母亲在古德伍德观看赛马,这时传来了帕坦族人在印度边境造反的消息。报纸还透露布拉德将率领三个旅的远征军去平息叛乱。温斯顿马上给将军打电报,提醒他所许下的诺言,随即吻别了母亲,说了声再见,跑去赶下班去印度的船。

也是在另一次类似的聚会上,詹妮花了很多时间与"老劳森"讨论英国的政治形势——爱德华·劳森是《每日电讯报》(*Daily Telegraph*)的老板。因此,当温斯顿给母亲写信说,宾登·布拉德将军已建议他"作为新闻记者"随军前去，詹妮马上打电报给劳森。劳森又马上回电表示同意，并"告诉他寄一些生动的、有说服力的通讯来"。

温斯顿给母亲写信说："我对我的幸运充满信心。"

詹妮复信说："我相信你的幸运就像相信我自己的一样。"然后她给杰克写了信，这时杰克已返回法国："你们两个不在身边，我感到非常寂寞。"

第二十六章　母子

"照顾好妈妈,"温斯顿写信给弟弟说,"要常给她写信。我害怕她会为我担心,如果她在这里肯定会的。"

温斯顿在给詹妮的信中没有谈战争可怕的细节,这又一次表明了詹妮在他生活中所担任的多重角色。她不仅是他想保护的母亲,她还是他最亲密的朋友,一个他可以向她倾诉自己全部经历的朋友。她与他分享着对行动的热爱,她通过给温斯顿的书信与之共同生活。她分享着他对语言的热爱,并且充当着他的忠实听众,所以她能想象出他要做的一切。

"这是一场没有宽恕的战争。他们杀害或肢解任何一个被他们抓住的人,我们也毫不犹豫地干掉他们的伤员。"早些时候,他写信告诉母亲。

在一次可怕的溃退中,伤员被丢在后面,那些野兽抓住了他们。那两个军官几乎同时被击中时,我正在他们近旁。我朝那人开了枪,他想砍死可怜的休斯,他距我只有30码。他逃走了,但过一会儿又来了。一个叫贝休恩的副官和我把一个受伤的印度兵拖了一段距离……我裤子上现在还沾着那人的鲜血……这是件可怕的差使……之后我用一个伤兵丢下的来复枪从近处有效地朝他们打了40枪。我不敢肯定,但我认为击中了4人,不管怎样,他们倒下了。

在后来的一封信里,他似乎总结了完成这些行动的态度:"亲爱的妈妈,对一位哲学家来说,子弹不值一提。而我是那么自负。我相信,对这样富有诗意的结尾,上帝也不能创造出像我创造的如此有力的东西来。"

詹妮把温斯顿的信全寄给了杰克,但每封信都提醒他,"别忘了马上寄回来"。她在一封给杰克的信里曾写道:"从开战以来,我每天收到他一封电报,你可以想象这使我感到多么欣慰,这样我就可以知道他一切都好了。"

温斯顿每次把写给《每日电讯报》专栏的文章寄给母亲时,总带着类似的说明:"请您自己斟酌编辑吧,我太累了,不想再写了,马上寄走。""请原谅我字迹潦草——请相信我是爱您的!"……

> 亲爱的温斯顿:
>
> ……你可以想象我是多么想念你。如果战争尽快结束,并且我知道你平安地回到了班加罗尔,我心里会多么高兴,你如果设法到达那里,我会为你万分高兴的……可是想起你正在遭受磨难,我同情你,宝贝……
>
> ……我给明托勋爵读了你寄给《每日电讯报》的文章。他认为好极了,但他请求我不要签上你的名字。他说这很不寻常,并且会给你惹麻烦的。昨天,我发表了第一篇题为《印度前线》的文章——作者:一位年轻军官。编辑打电话说他们每栏付5英镑……我给王子写了信,告诉他注意你的文章,我还通知了其他许多人。你会得到许多奖赏,我要你做个有出息的孩子……

温斯顿对酬金数额不满,更不满的是专栏上没有他的名字。

第二十六章 母子

"……可怜的温尼，"詹妮给杰克的信中写道，"他认为自己的文章不出色，但它们是出色的！"

尽管温斯顿很失望，但他还是同意了母亲的建议，把他的专栏文章汇编成小册子。"也许您会把它们编成一本书，"他写道，"它一定能畅销，那会对我有好处。"

温斯顿从未停止对别人赏识的追求。

> 我骑着我的灰马沿着战线行走，那里的其他人都隐蔽地趴着。
>
> 也许这样很愚蠢，但我下大赌注，要赢得观众，你的行为越勇敢，就越高尚、越好。没有顶层楼座上的观众，事情就不同了……我们所追求的毕竟是质量而不是数量。我倒愿意回去时戴着勋章参加某个大规模的宴会或其他盛大集会……

在这种公开陈述的背后，当只有他母亲是他的听众时，他会说："因为我从来没有一个朋友可交谈，在这里我时常感到有些孤独……"

还有一次他劝她："如果我想做什么事，您一定要把它公布于众，包括我所做的'不寻常'的事情。"

显然，詹妮对温斯顿喜欢自我炫耀非常关注，这期间她曾给他写信，与他交流。

> 我的宝贝孩子，你已经做得非常出色了，我现在和过去一样为你而骄傲。但是要谦虚些，原谅我的这个劝告，也许你不需要。你的所有勇敢事迹肯定会传开的，人们会知道的，让它

从别人那里而不是从你那里传出去。在这种情况下,人人都倾向于谈论自己,但你要克制住,让他们把事情扯出来。

其实,温斯顿也完全没必要提醒詹妮"你应找人为我做些事",因为她一直都在这样做。布拉巴宗上校曾写信告诉她,说宾登·布拉德爵士对"我们的年轻军官评价极高"。同时,布拉德还告诉詹妮:"如果有机会,你可让我来照顾他。"

詹妮没有忘记寄出她的那些温斯顿称之为"淘气的'西奥多拉'"的照片。她还请温斯顿给金凯德·史密斯一张,此人是温斯顿班里的一个英俊的上尉,詹妮过去一直与他有书信来往。温斯顿知道他们的来往,也许是出于一种嫉妒心,他比较反感金凯德·史密斯的马球表演,说他"没有年轻人的闯劲"。

那年11月,温斯顿23岁,母亲打电报祝贺他。"我知道你不会忘记的。"温斯顿答道。詹妮过去就写过:"……如果你不去埃及……明年我就去和你住在一起……我们会过得很愉快……"

后来,温斯顿告诉他母亲,她的信对他意味着什么。

"……您的信是我本周的中心事项。如果我知道我的信能带给您一半的欢乐,那我就要写一整天。"

"……当邮件来了却没有您的信时,我处于极度的失望与气愤之中,以致谁也不能接近我。为了发泄,我生气地打开墨水,乱写乱画。"

在边境战争结束后,温斯顿写信告诉母亲说,他已经受了"整整十次"炮火的袭击,并且认为这"为今后的政治生活打好了基础"。

……您应注意政治形势。尽管我在这里什么也不知道,什

第二十六章 母子

么也听不到，但我觉得很显然，一个非常明确地反对上次普选决定的行动已经开始了。这些为数众多的补缺选举，如果我在英国，可能已给了我进去的机会。然而我在这里的经验要比其他任何东西都更有价值、更有意义。当然如果帕丁顿区出现了空缺，您应为我介入，我就乘下班船回去。即使我不能准时回去，他们也能选我。我想索尔兹伯里勋爵退职的事，现在只是几个月的问题了。在这之后可能会发生彻底的变化。

温斯顿仍催促他母亲，让她重新努力把他调到埃及去。"这里的生活的确不够轰轰烈烈，对我没有吸引力。我想振作起来做点事，我受不了懒散的、墨守成规的生活……"他要她"敦促王子给吉青纳写信"。后来，温斯顿又建议母亲代表他重新向驻埃及总司令直接提出个人申请："要趁热打铁，在墨汁未干时做。"

詹妮还有其他事要为温斯顿做。首先，她需要为他的那本书《马拉坎德野战军纪实》找个出版商。

> 阿瑟·鲍尔弗……一直对你很好。我把你那本书的情况全告诉他了，他打算介绍一位优秀的出版商给我，还帮我做一些其他的事情。你只要把手稿寄给我，我让人为你做好一切。阿瑟·鲍尔弗说他还没有读你的信，但他过去听到过对这些信的赞誉之辞。那些日后对你可能有用的人都已读过你的信，他们都很欣赏。

现在很容易看出詹妮正在为儿子做一切事情——给人写信，说服王子，紧逼鲍尔弗，安排与显要人物的私下密谈等。当然，这不仅仅是为了儿子。她的重点不久就会有所变动，但此时詹妮的生活与未来温斯顿的生活和前途已融为一体，更重要的是她喜欢为儿子的事奔波。当她说服人们完成她深信不疑的事情时，她有多么得意！这是一件激动人心的事，一种挑战，一种对作用和反作用的感受，并且更重要的，这会获得确确实实的有成效的满足！在她的人生旅途中，当社交季的行程一度显得单调、烦人的时候，她可以使自己的活动奔向一个较具体的目标。当然，再没有比温斯顿的未来离她的心更近的目标了。

这也许是因为对温斯顿幼年生活有一种内疚感，并为此力求补偿的一种方式。在温斯顿年幼时，从某种程度上说，她没有照顾好他，起先是为了丈夫的事业，然后是由于他的疾病。在那些日子里，她留给温斯顿和杰克的只是做其他事剩下的时间，而这一点时间远远不够。然而不知怎的，她的孩子们从未对这期间的冷落抱怨过；恰恰相反，它只是加深了他们对她的爱戴。温斯顿后来写道，孩提时，他爱他的母亲像爱"一位美丽的公主，一位拥有无限财富和力量的光辉灿烂的人物……她像晚上的星星一样为我照耀着。我深深地在远处爱着她"。现在他们长大了，母子之间的距离也就缩短了。但是现在詹妮不得不根据温斯顿和杰克的需要来决定怎样把自己的时间分给他俩。

温斯顿并不耻于公开自己的需求。她早就发现了他的潜在能力并且帮助他确定目标。他知道自己往哪里走，应走什么路，他也知道母亲为帮助他到达那里所起的作用。他从母亲那里要求一切，并且他都得到了。

杰克的要求不同，但在某种意义上他的要求更强烈。杰克敬慕母亲，崇拜哥哥，认识到与他们相比自己的缺点。他没有他们那种可炫

第二十六章 母子

耀的智慧、魄力及抱负,詹妮对他的态度更富有母爱和保护性。杰克留住巴黎期间,詹妮给他的信里流露出对他耳部感染,以及对他的拼写、阅读习惯的关心。甚至还关心到他的服装:"我把纸样寄给你,你可选择,然后寄给我你的尺寸。"如果他有那种未被发现的潜能的话,这时他还不知道那是什么能力。他刚18岁,还没有确定自己需要什么或往哪里走。(詹妮曾想让杰克进外交部工作,"如果他能通过考试——但我担心他不够聪明"。)

对詹妮来说,杰克是个好孩子,很可爱,他再现了詹妮宽厚、文静的一面。她知道他需要她,跟过去她丈夫需要她和如今温斯顿需要她一样。杰克还没有要求过任何东西,她该为他做些什么呢?

杰克已完成巴黎的学业,现在的问题是下一步怎么办。他给詹妮写了封长信。

我记得在哈罗公学时,曾有一两个男孩为将来考虑,不得不马上改变自己的计划,但我认为您也不可能轻易找到一个年年改变计划的人!大白天我一直在想"将要"做什么。您知道,我一贯非常憎恶成为"财政界的人",结果可能一事无成。我曾经"将要"参军、进商界、当律师、到外交部搞外交,而现在我又要改变计划进商界了。您每次都告诉我还有许多时间,但我没有了,我快18岁了,应该确定下来了。

这样改变计划不全是我的过错,我的身心都是为军队而设的,您却要我放弃,认为它开销太大,挣钱不多,"没有奔头",还因为那样会使您孤独。我担心的是考虑的不少,选中的不多。

我开始想到牛津去,到温斯顿没去过的地方,或者在律师界埋头苦干,但现在您想让我老死在金融界那旧煤气灯下。骑兵军官的生活对我更有吸引力，如果有必要并且如果您愿意让我干的话，我就干。

您信里没有告诉我有关您"严重经济危机"的情况，是美国方面出了什么事呢，还是在英国弄得一团糟？弗农勋爵在一年前曾向我预言，说您今后两年内不是再婚就是遇上危机！

……对您的来信我唯一赞同的部分就是期望我们今后能有更多的时间在一起……如果您能想象出我是多么盼望能回到坎伯兰区，回到家里和您在一起的话，您就会明白我唯一的期望就是使您高兴并且做您希望我做的事。

对杰克来说，这是他写的一封很出色的信。他在前几年就已经成熟了，但由于他的优柔寡断和失意，一定是在心里闷了好久之后才写出来的。牛津吸引他的原因之一是"温斯顿没有去过的地方"，这多么说明问题！他不想与温斯顿本人或温斯顿的形象竞争。

这封信更深刻的意义在于它既坦率又亲密的语气。在大部分英国上层家庭中两代人之间存在着言不尽意的分歧，但这种分歧表面上显得既得体又合宜。关于什么事不能做和什么话不能讲，都有许多不成文的规定。令人出乎意料的是儿子写信告诉母亲，弗农勋爵的预言"您今后两年内不是再婚就是遇上危机！"他能够这么说，正是詹妮长期鼓励儿子们准确地说出他们所想所感的结果。

杰克跟母亲几乎无话不谈——温斯顿也一样——因为他们都明白他们之间爱的契约是不可分割的。"我多么想回到您身边，"杰克写道，"我唯一的期望就是使您高兴并且做您期望我做的事。"

收到儿子这个宣言后，詹妮防御性地答复：

第二十六章 母子

你的上封信使我感到痛苦，可是我亲爱的孩子，有一点你可以确信：你的幸福高于我需要的其他一切。为了保证它，我愿做出任何必要的牺牲……

1897 年 12 月，詹妮和杰克像往常一样被邀到布伦海姆宫过圣诞节。丘吉尔家族决定为资助慈善事业上演业余短剧，演出对全体公众开放。"全牛津的人都来了，"詹妮写信给温斯顿，"……花 10 先令看一场丘吉尔家人扮演滑稽角色的短剧！"

短剧名为《闲散时刻》。杰克的角色叫作李汤多，詹妮扮演的朱比利·朱尼斯太太是一家报纸的记者，马尔巴罗公爵扮演另一个主角。

这次家庭戏剧演出好像是被广泛地报道了，因为温斯顿曾给母亲写道："我读了有关布伦海姆宫戏剧演出的报道，笑得合不拢嘴，印度报纸全部认真地报道了。这太好了！演出成功使我非常高兴。"

杰克把与母亲讨论自己未来的事全部描述给了温斯顿，而温斯顿也把杰克重新对军队感兴趣的情况写信告诉了母亲。

我觉得让他进商界的想法会妨碍他去牛津。如果真是那样，我会感到很遗憾。我希望您能设法让他去那里，他在给我的信中有段时间流露出他想接受大学教育的迫切愿望。我几乎还没有听到过他能这样坚决地表明意见。还有，我认为他的思想特点是多沉思而少创造。如果是这样，他需要燃料和知识才能继续工作。而大学教育可以提供这些。我希望您能为他选一所大学。如果缺钱，我可以再借 500 英镑，等他成年后还给我。我觉得他已下定了决心，也许书写会成为经济来源。别忘了就此事写信给我，说些好听的，告诉我您喜欢哪部分。我喜欢赞扬。

温斯顿还提到了杰克参军的打算，詹妮答道：

你那么随便地谈起了杰克参军的事，但你知道他的眼睛永远也通不过健康检查。除此以外，我怎么能给他足够的补助？大家都认为我为他制定的计划是最好的。他得去德国待一年，学习簿记和德语，这些东西今天大有用武之地。他现在同意这样做了。他已参加了牛津义勇骑兵队，并将在奥尔德肖特训练一个月，还有10天就要去柏林了。这会使他自立的，除了各种需求，我还给了他一套漂亮的制服。至于我怎么付钱，我不知道！

然后温斯顿给杰克写道："因为你没有表达明确的意见，所以这事全怪你。如果你早点决定好你想要的，并且坚持下去，没人能阻止你。事实上，你很可能每年挣5,000英镑，还能在赫灵汉姆玩马球，而我作为报界的雇用文人还得为那点微薄的收入而奋斗。我会成为一个向你讨钱的沉重包袱。"

金钱问题已变得日益严重。早些时候，温斯顿给母亲写道："亲爱的妈妈，不要为钱发愁。即使最坏的事情发生，您还可以出租房子。不管怎样令人厌烦，您总能找到很多愿意接收您的地方，而您仍是世上最可爱的女性。"

但詹妮确实为钱发愁，因为在1898年她就必须筹集17,000英镑，她需要"买下她在各个保险公司的全部债券"，并且还要还清一些紧急债务。她贷款的保证金是她和温斯顿的人寿保险单，现在她要求温斯顿至少要保证支付这些人寿保险单上的保险费，每年达700英镑，这还支付不了贷款的利息。温斯顿给母亲写信解释：

……关于此事，很坦率地说——毫无疑问，我们俩，您和我都同样欠缺考虑——挥霍浪费，奢侈铺张。我们俩都知道什么东西好，并且想拥有。支付的事都留给了将来。与您的挥霍相比，我的规模较小，在此事上我不想称赞自己，因为您一直守着家并且还要在伦敦保持一席之地。然而我们很快就要山穷水尽了，除非我们的财产和安排发生相当大的变化……

我理解您所有的挥霍行为甚于您对我的理解。您可以花200英镑买件舞会服装，而这对于我来说，就是自取灭亡的行为；正如我花100英镑购买一匹打马球用的种马，在您看来是蓄意自杀一样。但我仍觉得您该买那件衣服，我也该拥有那匹马。令人深感窘迫的是我们太穷了。

关于这笔贷款，温斯顿给杰克写信时提到："我看她必须要得到那笔钱。的确，除非她得到那些钱，否则她不能继续给我补助，也不能支付你的教育费用。"

阿瑟·鲍尔弗还遵守着他对詹妮的诺言，把文学代理人瓦特推荐给了她："我想，你会发现他对你要做的工作是非常宝贵的。如果他认为此计划可行的话，为温斯顿考虑，在销售上我会坚持建议把版权给你，而不是像其他任何安排，利润各半或金额总付等。瓦特定会成为个好顾问。"

短期内，瓦特就与很有名望的朗文公司拟定了一项合同。"我收到你的书后，便立刻带着它去找瓦特。"詹妮给温斯顿写道，还告诉温斯顿另一位作家也在为此计划准备书目，"我认为你不必在意，因为我想你的会先出版"。次日早晨，她又写了一封。

  我于今天上午收到瓦特先生的来信,我已把它抄给了你。我们跳舞一直跳到凌晨3点,我现在仍非常困倦,一切都干得很漂亮。为了能今天寄走,我只能在早饭前写好这封信。
  ……我打算把这个给卡斯尔先生和劳森先生看看,他们不用打电话就来了。我觉得毫无疑问再不能比这更好了,因为鲍尔弗先生告诉我说,瓦特很擅长做生意。这真是太好了,你的第一本书将由朗文这么好的公司来出版,并且费用由他们负担。

温斯顿之前就告诉过他母亲:"与此有关的全部经济问题,我将让您全权负责。在讲条件时,不要迟疑不安或故作谦虚,'有付出就有回报'嘛。像我过去从约翰逊博士那里引用过的一句话:'如果不为钱,除傻瓜外没人写作。'"

还是在这封信里,他写道:"我希望这本书使您愉快。毕竟,我最渴望的是您的掌声,而不是其他任何人的。"

当然,来自皇室的称赞也一样令人高兴。"王子给我看了你的信,"詹妮给温斯顿写道,"他对此很满意。"

威尔士亲王还给温斯顿写了信。

  请接受我对你第四封信的深切谢意。我带着极大的兴趣读完了它,像过去我读登在《每日电讯报》上你的其他文章一样。你真幸运,能参加西北前线的战斗。我唯一遗憾的是你不能继续和宾登·布拉德爵士在一起。他申请要你加入他的部队而没被允许,这好像真有点过分……你母亲和杰克本周要与我们在一起,她告诉我说你将出一本记述你们近期战役的书,我盼着

第二十六章 母子

读到它。你很有写作才能……

温斯顿仍希望接到调他到埃及的命令,以便能参加那里即将开始的战斗。"您应为我调往埃及活动活动。"他请求詹妮。几天后,他又写道:"我多么期望能激起您对埃及的兴趣!我知道靠您的影响,您能办得到。这是个进取的年代,而我们应该尽最大的努力猛干。"

"我在10天前给驻埃及总司令写了信。"詹妮答道,"上帝保佑你,我的宝贝。别大惊小怪,如若可能,我们会把你弄到那里的。我自己可能到开罗住一段时间。如我去了,我也许会在较近的住处说服总司令,那样成功的机会更大些。"

她还给罗伯茨勋爵寄了一份温斯顿书信的部分摘要。罗伯茨答复说:"温斯顿的字写得真棒!他若回来,我要与他好好谈谈前线的问题。"其实罗伯茨勋爵早先就曾劝过詹妮:"我非常愿意帮助你的儿子,但我给洛克哈特上将写信也没用,因为乔治·怀特爵士握着大权,而他拒不同意温斯顿参加布拉德将军的部队,原因是在马拉坎德战役时他就曾在他手下服过役。我肯定他不会同意温斯顿到蒂拉战场去。"

詹妮在早些时候给温斯顿的信中写道:

我收到我苏格兰朋友卡里尔·拉姆斯登从开罗寄来的一封信。他说在外出路上曾听到盖恩·格塔克和许多军人谈起你,说你是最"有希望的年轻人",但是你写得那么好,以致不能留在军队里而埋没你的才能,并且在那里你的著作早晚会给你带来麻烦。当然到现在为止,你一直做得很谨慎。

詹妮所提到的"苏格兰朋友"拉姆斯登上校给她的印象很深刻，两人一直保持着密切的书信来往。卡里尔·约翰·拉姆斯登比詹妮小14岁，是个喜欢在女人中厮混的军官。他长得很帅，以至给他赢得了"美男子拉姆斯登"的雅号。他和炮兵连在马耳他与克里特岛度过了令人厌烦的一年后，他又受命到尼罗河重归他的团参加吉青纳指挥的战役。詹妮决定在开罗与他会面。

詹妮一旦决定了去埃及，便马上打电报给温斯顿。当然，他认为这次母亲只是为他才去埃及的，是为他的事去催促吉青纳的，他给詹妮写信表达了感激之情："我向您保证，您能去埃及，我非常感激……我希望您能成功，我极其肯定您能，您的才能、机智和美丽能克服全部障碍。"

与拉姆斯登同住在开罗的大陆宾馆时，詹妮和吉青纳保持着连续不断的书信往来。"我记下了你儿子的名字，"吉青纳终于答道，"我希望以后在苏丹雇佣他。"詹妮对此消息感到满意。之后，她和拉姆斯登乘戴哈贝雅号游船沿尼罗河做了短期旅行。不久，拉姆斯登上校接到要他到维地哈尔发回归部队的命令。詹妮返回塞德港准备乘船回伦敦，在那里她接到通知，她的船要推迟几天，所以她就匆匆返回开罗。正好拉姆斯登还未离开。

他没有离开，但并不是一个人。詹妮没有敲门就走进他的房间，在那里她发现拉姆斯登正在拥抱部队总司令的妻子——马克斯韦尔夫人。詹妮愤怒地大声叫骂，声势之大全宾馆的人都听到了。

发生这件事的消息传到了威尔士亲王那里。"你最好守在老朋友身边，这也比你到尼罗河去旅游好！老朋友是最好的！"他取笑似的写道。

詹妮在伦敦给王子草拟了一封回信，还大声地读给妹妹利奥尼

第二十六章 母子

听:"非常感谢您的同情。殿下自然很清楚被达德利夫人遗弃后是怎么一种滋味!"利奥尼请求姐姐不要发这封信,因为她害怕王子以后不再搭理詹妮。但詹妮回答说她不在乎。利奥尼说,如果那样,她自己到邮局也有事,她顺便去寄这封信。利奥尼到邮局去了,但她根本没有寄走那封信,而詹妮根本不知晓此事。

然而,当王子听说詹妮对他的信感到不快后,便写信说:"我亲爱的朋友,如果我的信使你痛苦了,我请你原谅。我不知道事情会有这么严重。"

显然王子急于得到谅解,因为在紧接着的一个礼拜他便要她在她家里安排一场宴会,并且不久就向她表示谢意:"对昨晚那丰盛的宴会,我应写信向你表示谢意……我认为这场宴会非常成功。"也许是为了进一步平息她的怒气,他接着写道:"我为温斯顿的书感到高兴——写得非常好而且很有意思。"

在这封信之后,王子又给温斯顿写了一封信。

> 对你那本书的成功,我情不自禁地要写几句话祝贺你!我怀着极大的兴趣读完了它,觉得书中的描写和语言都很出色。大家都在读它,关于它我听到的只是赞赏……你今后有很多时间,在当议员前你当然应留在军队里。

王子的赞扬无疑是真诚的,因为后来他还给他的母亲维多利亚女王送了一本书,并且说"这么年轻的人写出一本书,这显示了非凡的才能"。

温斯顿很坦率地要听听母亲对此书的反应:"多给我写些有关此书的事,不要多虑。不要说您认为它怎么样,而要说我喜欢您怎样……"

读完校样后，詹妮想振作一下温斯顿的精神："我认为这本书好极了，非常有意思并且写得很好。它为你增了光，并且应获得巨大的成功。不过，没人能下结论，我要审慎地支持它。"

她的审慎而机智的支持包括写信给伦敦《泰晤士报》的编辑巴克尔，她丈夫的朋友、《星期六评论》的编辑弗兰克·哈里斯及《每日新闻》的副编辑亨利·诺曼，"请他们在你的书出版后给予好评。你的书约在两周内出版，朗文的效率一直那么高"。

"给您添了许多麻烦，我应好好谢谢您。"温斯顿回信说，"但我最感激的是对我事业的兴趣和称赞所带给我的鼓励……"

书刚一出版，詹妮就给她的那些重要朋友各送了一本，尤其军界的朋友，因为他们能扩大它的影响。大部分评论家都很热情，正像《雅典娜》里一篇文章所指出的："《马拉坎德野战军纪实》（朗文出版）每页只需做小小的补正，它的第二版就会成为军事名著。"

该书可能需要补正，因为温斯顿曾请詹妮说服他的姨夫莫尔顿为他修订书的内容，后来发现这是个错误。弗雷温的校对本错误百出，使追求尽善尽美的温斯顿阅读时感到莫大的苦恼。他明白如果让母亲做此事，那就好多了。他马上通知她："我告诉他们，如果第二版出来了，就送给您修订。"

他还说要寄给她一篇短篇小说，"我想要您签名后卖给一家杂志社。我认为《蓓尔美》杂志会喜欢它并且给我好价钱。若少于20英镑，您就别卖它，因为那是个很动听的故事。没有好价钱，千万别卖"。

几个月后，他告诉她说自己正在写的一本关于"政治传奇"的小说，需要"彻底改写和进一步完善，但我希望在大约4周内把手稿寄给您"。尽管他觉得手稿有个主要缺点，但"您应该就小说里那位妇女给我些指导，她是我的主要困难"。

1898 年春季，温斯顿还有 3 个月的暑假。他写信告诉詹妮他计划中途在开罗停留，然后再去伦敦。伊夫林·伍德爵士说如果他真的被批准休假，他要亲自"想法让我到前线去"。温斯顿还给当时身为将军的伊恩·汉密尔顿爵士写信。爵士正在回家途中，他带着温斯顿捎给詹妮的第一部小说的手稿。"在家里见到大家时，请说我的好话。如果您去拜访我母亲（她住在大坎伯兰区 35A 号寓所），就请您告诉她有关我的消息和您给过我的许多关心，为此她会非常感激您的，定会乐意见您。"

次日，温斯顿写信告诉母亲，他已请汉密尔顿将军去拜访她。"他一直对我很好。如果他去拜访您，您能对他友好，我会非常感激您的。他是个优秀的战士，终有一天会成为高级统帅。"在接下来的信中，温斯顿要求妈妈对汉密尔顿将军"热情点"，并希望詹妮发表她的旅行感想录。"许多人旅行过，但没几个人观察到什么，而这少数人中又只有少数能表达自己的思想和感受。"

他告诉詹妮他要在 7 月回家，希望她为他做几件事：请布拉德爵士参加宴会；安排至少两次出色的公共集会，他已经为演讲准备好了材料；举办一两次晚宴，多请一些人物，因为他想认识一些人物，好参加社会活动……

1898 年，詹妮的收入减少到只有 900 英镑——包括她给温斯顿和杰克的补贴。她把情况告诉温斯顿时，他答道："您信中所谈的形势令人震惊，靠这点微薄的收入对您来讲当然是不可能生活在伦敦的。我不喜欢您结婚的想法，不过，那当然是个解决问题的办法。"

显然他的感情是矛盾的：他对母亲再婚的任何可能性都有戒备

心。像在早些时候给她写的信中所说的那样:"我也不得不考虑您再婚的可能性,也许是同某个我不喜欢的人,或者会相处不好而出现麻烦。它可能会减少您对我的感情。"但是目前他不得不承认他们缺钱花。

与此同时,詹妮正忙着安排杰克的前程。她请教老朋友,同时也是她经济上的知己欧内斯特·凯西尔,他答应为杰克在金融界谋个职位。凯西尔是个卓越的人物。伦敦《泰晤士报》把他描写成"腰缠万贯、慷慨大方、影响深远……在近20年的杰出人物中具有无可争辩的地位"。

具有犹太人血统的欧内斯特·凯西尔比詹妮大几岁,是个未再婚过的鳏夫。他为许多项目筹集过资金,如埃及的阿斯旺大坝、伦敦的中心地铁、美国的艾奇逊、托皮卡和圣塔菲[①]铁路,还有阿根廷的经济机构等。他对许多慈善机构的慷慨支持、对各种良马和登山运动的热爱以及他与威尔士亲王的密切关系,都广为人知。

与此同时,温斯顿的职业日益受到威尔士亲王的影响。王子的性格正在明显地变化着。人们都认为他是个追求享乐、不能胜任职务的人,但他很可能过去就是那种人。他的一个叫马吉·钱多斯·波尔的朋友曾带他见过一个汉堡人,这位老妇人有着超人的洞察力,她似乎知道有关他的不为人知的事情。她预言他不能继承王位,维多利亚女王将长寿到他故世之后。有些朋友断定王子已开始相信这个预言,很可能因为这个才导致了他决定过一种追求享乐的生活。

但此时,他对大不列颠在世界上的地位却日益关注,并且开始召集在外交事务中有丰富经验的人到自己身边。他有一种本能:选择恰

[①] 艾奇逊、托皮卡和圣塔菲,简称"圣塔菲铁路"或 AT&SF,1959年特许成立,是美国历史上曾经存在的一家大型一级铁路公司。

第二十六章 母子

当的人来搜集准确的情报。他对自己要相信的、想培养成为有敏锐辨别力的人非常谨慎。尽管有这些变化，但他仍喜欢漂亮女人，并且像奥斯卡·王尔德说的那样，他"除了女人的诱惑外，什么都能抵制得住"。

王子一直善良、敏锐地注意着年轻温斯顿的成长。甚至在一次演讲时，他对温斯顿的《马拉坎德野战军纪实》这本书做了友好的评论。他还让当时军队的人事行政参谋主任伊夫林·伍德知道他本人同意安排温斯顿到吉青纳部队。然而，尽管有王子的努力，伍德仍不得不通告詹妮。

亲爱的詹妮：

驻埃及总司令拒绝接纳丘吉尔先生。为了将来我们能取得一致意见，我将把互通的信件抄给你看看。我于明日前来拜访，或是9点回家时顺便或是约10点上班时路过。

你亲爱的
伊夫林·伍德

伍德将军还附上给吉青纳电报的一份抄件："王子本人请我要求您接纳丘吉尔。我坚决推荐丘吉尔，他对您和军队都很有价值。"

在此之前，吉青纳曾给伍德发电说："不要认为丘吉尔没有机会。"当时的首相索尔兹伯里勋爵也感到他不能干涉。"这事完全由吉青纳掌握着，"他劝温斯顿，"他也许认为改变当初的决定为时已晚。我为此感到非常遗憾，像伊夫林·伍德爵士所说的一样，'我只能做这些了'。"

温斯顿这时给一家刊物写了篇文章，请詹妮设法把它"登在7月号上，以便我到达时能读到。此外，《前线政策的实质》一文下礼拜到您那里，伦敦的联合服务期刊知道全部情况，但我需要由某位优秀学者标点过并加以修订的校样"。

随着在布拉德福德举行的公共集会的临近，温斯顿对詹妮的要求更加明确。"我需要一个至少有2,000人参加的真正的大集会。"他写道，"让他们进来，我肯定能把他们吸引住。"詹妮过去曾多次陪丈夫出席在布拉德福德举行的政治集会，所以她对那里很熟悉。温斯顿对这些安排及他受到的欢迎相当满意。

7月15日，他从布拉德福德给母亲写信道：

> 这次演讲非常成功。大厅不够大，但却挤得满满的。他们带着极大的兴趣听我讲了55分钟，在结束时，要求我"讲下去"的喊声响成一片……我得出的结论是：锻炼一下，我将在公共讲坛上表现出极大的感召力。我的口吃没有成为障碍，我的声音有足够的力量，而这是很重要的。我的看法和思想方法使大家高兴。

詹妮收到霍尔丹寄来的一封贺信，他在《晨报》上读到了那篇演讲稿。"我认为那篇讲稿很好，基调博大，有创见有魄力。"霍尔丹写道，"我希望他能尽快进入议院，因为他的声音里有某种强有力的品质，这是我们大家所缺乏的，也是你们所不知道的。"

此时，为温斯顿调往埃及，詹妮过于频繁的活动已引起上层官员的极大不满。温斯顿本人这样描述那些不满情绪。

> 这家伙到底是谁？他是怎样设法参加那些不同战役的？为

第二十六章 母子

什么他既给报社写文章又当军官？一个下级军官为什么可以称赞或批评他的上级军官？将军们为什么宠爱他？为什么他能从团长那里得到那么多假期？看看那些从未从值勤和日常事务中解脱过的辛苦工作的人们吧！我们对此已经受够了。他很年轻，以后可能会好起来，但现在丘吉尔中尉需要的是长期遵守纪律和做好日常工作。

一些人在不断地辱骂他，一些高级或下级军官时常使用"猎取勋章者"和"自我吹捧者"等词语形容他。但所有这些都没能阻止詹妮。她和热纳夫人谨慎地建议伊夫林·伍德爵士，说也许还有别的办法来智胜赫伯特·吉青纳将军。在一次宴会中，伍德本人曾当着热纳夫人的面说，吉青纳在由国防部推荐的个别军官的选择和录用上，做得太过分了。吉青纳对他驻埃及的军队确实有绝对的权力，但若干属于远征军的部队完全受国防部统率，并且温斯顿已接到了由首相和威尔士亲王签署的认可书。

两周后，温斯顿便以"驻埃及部队第二十一枪骑兵团代理中尉"的身份上任了。

> 你应立刻到开罗阿贝西亚司令部报到。据说，你应自费前往。并且在即将来临的战斗中，或是其他原因，一旦你牺牲或受伤，英国军队财政管理机构将不负责任何费用。

詹妮奋斗两年的持久战终于胜利了，温斯顿后来写道："她要打的电话都打了，该做的事都做了，该请客的都请了……"现在当儿子去参加又一场战争时，她吻别了他。

第二十七章 恋情

现在温斯顿走了,杰克的事也解决了,詹妮便又开始较频繁地看望她的朋友们。他们对她很关心,爱护备至,常邀请她到他们的乡间别墅去度周末。

19世纪初,英国那些规模宏大的别墅都被贵族们当作一种减压设备。这些别墅成了人们享受宁静的安全港和世外桃源。一些社会评论家认为英国的乡间别墅是贵族们混日子的乐园,那里是那么安全舒适,以致消耗掉了英国上层阶级的精力,有些人甚至认为这种舒适的生活使英国领导人难以再有昔日那般伟大的成就。

在伦敦,贵族外出需要带仆人,离开时需留下名片,人们感到许多盛大集会是被迫参加的,往往认为自己是在舞台上,被许多好奇的旁观者苛刻地审视着。

在乡间别墅度周末没有这种感觉。这里远离城市生活,并且面积很大。属于德文郡公爵和夫人的查茨沃思别墅几乎能容纳500位客人。此外,这些客人都是仔细挑选后邀请来的,他们中大部分彼此相当熟悉,不需要社交场上的做作、勉强的礼貌或文雅的虚伪。

因为这些地方总能提供一种选择:在众人的大笑声中忘却自我,打几局桥牌,随便地聊聊天,或在林中散散步,演出业余戏剧,钢琴音乐会或是找个知己的女友、挑逗挑逗男人等。所以詹妮在这些乡间大别墅里得到了充分的休息。

客人中有数不清的幽会。对某些人来说,幽会能在孤独时带来宽慰,而给另外一些人带来了爱情。在社会的这一阶层,许多人的婚姻都是由父母和律师包办的，并且都是基于利害关系的，而且离婚通常是不可能的，因此"私通"事件之多并不令人惊奇。任何一个有心的女主人对谁与谁相好都非常清楚。

> ……每位客人的名字都清晰地写在一张名片上，丢进卧室门上一个小铜框里。卧室的布置问题常常使公爵夫人及同伴女主人显得忧虑不安。机智老练固然很必要，但同时也得小心谨慎。

"你在卧室里干什么都无关紧要，"著名女演员帕特里克·坎贝尔夫人曾讽刺性地说，"只要你不在大街上吓惊了马就行。"

新的桃色事件可能时有发生：餐桌两边四目的相遇，在手背上那意味深长的一捏，花园里出乎意外的急转身等。

那些周末在乡间发生的这类艳事中，曾有一次把沃里克夫人的一个密友、小说家埃莉诺·格林卷了进去。埃莉诺·格林正是在沃里克城堡的花园里发现自己意外地成了被追求目标。那热情的追求者不是别人，正是女主人的丈夫、早先的布鲁克勋爵。埃莉诺终于设法脱了身。随后，当为参加宴会化妆时，她把此事告诉了自己的丈夫。丈夫目瞪口呆地凝视她，说："啊，他！"然后笑着说："好一个老布鲁克。"边说边系好了领带。

在沃里克夫人收到詹妮寄来的一封有趣的短信时，她也同样泰然自若。那信上写着："告诉布鲁克，我对他抱有不良企图。"然而，被詹妮称为"戴西"的沃里克夫人也在觊觎詹妮生活圈里的一些男人：金斯基伯爵、威廉·沃尔多夫·阿斯特和威尔士亲王。但这对朋友一般不同时争夺同一个男人。

建有城垛和城楼的沃里克城堡从艾汶河岸的岩石上拔地而起,它从中世纪以来一直是沃里克家族的财产,内部装修约于 1604 年竣工,当时被人们描述成"王国中部地区最豪华的宅邸"。它有一条在坚固的岩石中开辟的道路,这条入口从门房弯弯曲曲通向外部庭院,里面坐落着一栋俯视艾汶河的大厅,长廊里排放着沃里克家族成员和皇室成员的画像,它们是由画家鲁本斯、范·代克、霍尔拜因和莱利等画的。戴西添了两幅自己的画像,其中一幅是约翰·辛格·萨金特画的。

1898 年 7 月上旬,戴西在沃里克城堡为威尔士亲王举行了一次聚会。戴西和往常一样邀请了詹妮,她把詹妮说成是"一颗闪烁的惊人的钻石——许多面都能闪光。她使男人快乐如同使女人愉快一样。你举行聚会从不会不邀请她"。

为王子而办的任何聚会都需要繁重的准备工作,而且必须雇用一个完整的乐队并要明确指出:"亲王不喜欢古典音乐,如果演奏此类音乐,他便起身离去。"使事情难办的是,王子总带着自己那帮随从仆人:两个勤务兵、两个侍从官、两个贴身男仆、一个男仆、两个王室侍从、为射击准备的两个装填手,还有一个穿着皇室特制服装的男仆站在桌旁侍候他进餐。王子对食物也很挑剔,他既是美食家也是食物品尝家,他喜欢吃美味佳肴并且吃的很多。"他的一顿早餐就足以使我们的圣诞大餐黯然失色。"

在沃里克夫人邀请的 7 月周末聚会的许多客人中,有一位名叫乔治·康沃利斯-韦斯特的年轻中尉。乔治个子高大,肤色浅黑,是个仅比温斯顿大两星期的英俊年轻人。他是北威尔士鲁森城堡之主威廉·康沃利斯-韦斯特的儿子。尽管他们家与皇室有姻亲关系,但他们却不富有。乔治母亲的年龄与詹妮的年龄相近,并且也分享着威尔士亲王的爱情。詹妮和玛利·康沃利斯－韦斯特两人都是有名的"绝色美人",她们的照片在全国各地销售。

玛利·康沃利斯－韦斯特有着比詹妮更注重实际的头脑,尤其在金钱问题上。她让自己的一个女儿嫁给了极富有的威斯敏斯特公爵。她的另一个长得极像乔治的女儿嫁给了普莱斯尊贵的汉斯·海因里希王子殿下。后来,这位王妃就其中的原因解释过。

> 从未有人告诉我,应嫁给有地位或有钱的人,但我认为这可能是一件不讲自明的事,因为就我们的地位和生活标准来看,我们是穷人。
>
> 在德国,每位新娘不管其地位如何,都陪送家具、亚麻织物等各种嫁妆……我家什么也不能提供,我家甚至不能提供与我地位相称的嫁妆。亨利知道这一切,他把西里西亚的生活描绘得令我眼花缭乱,什么我将有猎犬、珠宝、城堡、两个女侍,可以每年访问英国,天知道还有其他什么。这一切使人觉得很满意而且很浪漫。我当时没有清楚地认识到,我只是被买去的。

康沃利斯－韦斯特家族认为乔治是个很合适的继承人,并且他的双亲非常希望他能从不列颠最富有、最高贵的年轻女人中选择新娘。

苏格兰禁卫军第一营的一个军官约翰·范·德·魏尔把乔治说成是"漂亮的小伙子,智力稍差点"。但他有其他品质:他网球打得好,喜欢驾驶快艇,是超级神枪手、优秀的骑手,他还是威尔士亲王的教子。

正是由于后一种原因才使他有资格成为戴西·沃里克夫人为王子

举行的周末聚会上的客人。乔治后来曾说他接到邀请时大吃一惊。当时，他正在进行射击训练，而能获准离开"真是件闻所未闻的事"。

  换句话说，去拜见王子殿下的邀请几乎等于一道命令。我去找指挥官汉密尔顿上校，他准了我的假。对我来说，到沃里克的那次拜访是个极重大的事件，因为就是在那里我遇上了伦道夫·丘吉尔夫人。詹妮，她的朋友都一直这么称呼她，当时她已是43岁的女人了，仍然美丽动人，看起来简直像不到30岁，而她的妩媚、活泼、气质和她的美貌一样迷人。如此有吸引力的女人能注意到我，我承认感到不胜荣幸。她的确注意我了，并且我们几乎立刻成了朋友。

  乔治与詹妮乘船在艾汶河上游荡。这也许使詹妮想起了她与"美男子"拉姆斯登最近在尼罗河上的旅行。也可能是这一点大大满足了詹妮的虚荣心，因为她仍能吸引住一位如此年轻且有魅力的人，而且乔治与拉姆斯登一样英俊漂亮，甚至更年轻。

  显然乔治被弄得神魂颠倒了，他的经历主要是与那些较年轻、脆弱、大眼睛的女人调情。他是个不易激动的人，但他的回忆录表明他与詹妮在一起时，他觉得自己像是由一个著名舞台明星、一个活着的传奇人物陪伴着。她谁都认识，什么地方都到过，什么事情都经历过，而他只是个可怜的年轻中尉。

  乔治给詹妮写过上百封信，第一封信用心形图案装饰着，日期是1898年7月29日。他在这封信里写道："我昨天想了你一天，还做着你我生活在一起的白日梦……"而詹妮也同样神魂颠倒，被人如此完全地爱着真是了不起。

第二十七章 恋情

对詹妮来说，向朋友们坦承，希望他们能邀请她和乔治一同参加乡间周末聚会，朋友们也很乐意答应。使乔治和詹妮能更方便地恋爱的是，乔治所在的苏格兰禁卫军的那个营换防到了伦敦。詹妮是否插手过此事？这完全可能。

詹妮取消了自己大部分的社交约会，以便尽可能多地关心乔治。她在自己家里款待他，在某种程度上，他从未受过这样的款待。他在信里狂热谈论的是她穿的柔软精致的晨衣，而不是传统的鲸骨制成的睡衣。

"当然，魅力不会永存，"詹妮曾对一位朋友说，"但为何不享受自己能享受的，并且在下一位上场之前使大家都快乐呢？"

她给儿子们的信里谈起乔治，就像跟他们谈其他事情一样漫不经心。作为回报，温斯顿把有关前线的消息通过詹妮传给乔治。温斯顿与乔治很可能见过面，因为他们同龄，有共同的朋友，并且他们俩的母亲都彼此相当熟悉。

说詹妮这时对乔治是认真的未必准确。毕竟，乔治出生的那年恰恰是詹妮嫁给伦道夫·丘吉尔勋爵的那一年。我们不知道她确切的思想和感情，但她做了一件很说明问题的事：当时，她最亲密的朋友和最早的追求者之一乔治·纳撒尼尔·寇松刚被任命为印度总督并且正在招集参谋人员，詹妮写信向他推荐乔治。

在他们的浪漫生活进行到这个阶段时，他们动身去印度，这不大可能是乔治的想法，而很可能是詹妮的主意。是她想在不可避免的家庭苦难开始前，结束他们这段恋情呢，还是因为她想起了与"美男子"拉姆斯登那短暂的艳遇是在怎样羞辱的情况下结束的呢？也许她这次想控制住这段风流韵事，想用什么方法，并找个合适的时机了结此情。

然而寇松的答复既冷淡又迟缓。

> ……您推荐的年轻人康沃利斯－韦斯特，在沃里克看来他好像是个好小伙子，但我认为没有职位适合他，因为我想我只能从这里带走一名英军军官，而我却有50名申请者……

寇松没有答应詹妮的请求，除了确实有实际困难外，寇松可能有些嫉妒这位英俊的年轻人，因为他得到了寇松想得到但从未得到的东西。

寇松的拒绝似乎减轻了詹妮良心上的内疚感。她想结束这段韵事但却失败了，只要这种热情激烈的情爱还持续着，为什么她现在不该享受呢？除了她与金斯基伯爵的关系外，她很少如此快活过。至于乔治，这时被打发走将是件极痛苦的事。为什么他们不该享受彼此的爱情直到（像詹妮说的）"下一位上场"？

这年9月，詹妮和乔治到莫尔岛上杜瓦尔特城堡奥利弗·格思里家做客。格思里是詹妮妹夫约翰·莱斯利的妹妹。"这是我到过的最令人愉快的地方——太美了。"詹妮给温斯顿写道。

詹妮12岁的外甥沙恩·莱斯利也在那里，乔治常带他钓鱼。"我帮他拿着网和用作鱼饵的苍蝇。当我为他捕到破纪录的鱼时，他便给我一枚金币。"诚然，乔治对詹妮的感情几乎比得上他对钓鱼和打猎的迷恋程度。他给她的每封信，不管多么浪漫热烈，也都包括他对自己猎获的野鸡或钓上的鱼的详尽叙述，或是大谈特谈他新购置的猎枪射程或钓竿性能，等等。

在杜瓦尔特，有一天，乔治与另外两人到附近山上猎鹿去了。他们走后8小时，詹妮穿上轻便鞋到荒野地里去找他们。"他们让我陪詹妮去寻找，"沙恩·莱斯利写道，"我们迷了路，而詹妮摔折了踝骨。我们只得往回爬，我几乎是背她回家的。"

踝骨实际上并未摔折，只是扭伤得很重。"想想这件事多么令我厌烦，"詹妮给杰克写道，"我扭伤了踝骨，脚几乎不能着地，受伤时离家有4英里远，我勉强蹒跚回家。可是今天脚肿得厉害，我只得派人请大夫来。"

威尔士亲王安慰她说："我希望你的踝骨快点好起来，但你应该非常小心。"但詹妮没有从莱斯利的两个老姑奶奶那里得到同情，而詹妮的外甥女给她下的结论是："追赶乔治—— 一心要找到他——打乱男人的野外活动……活该。"

第二十八章 文坛

温斯顿当时正随吉青纳的 2 万士兵驻扎在苏丹。他们在恩图曼附近等待着 6 万名狂热的穆斯林教徒的猛烈冲锋。

这些穆斯林教徒欢呼着真主、先知和圣哈里发,手持长矛、来复枪等武器潮水般地冲来,他们带着那种人们会认为在十字军东征后已销声匿迹的宗教狂热和暴怒。为对付他们,吉青纳投入了他的骆驼部队及现代火炮力量,然后命令英国第二十一枪骑兵团出击。这是历史上最后一次伟大骑兵的冲锋,温斯顿恰在其中。

恩图曼战役一结束,他立刻给母亲发电:"我安然无恙。"而拉姆斯登也给她拍了电报:"战斗激烈,令人宽慰,温斯顿很好。"

过后不久,温斯顿向母亲描述了这次战斗:

> 我用手枪打了 10 枪——全部必要——在我们打扫战场时,正好打完。我从未感到一点紧张,觉得跟我现在一样冷静。我拔出手枪在距他们 30 码的地方重新装弹,然后在我部队后面骑马小跑,敌人当时离我 100 码。很遗憾,我打死 5 人,另外 2 人不敢确定是否打死了。手枪是世界上最好的东西……穆斯林教徒们一点也不怕骑兵,直到你用马蹄翻他才会动。他们想砍马腿、马缰绳,他们猛砍乱刺,我们只能在 12 步远的射程里才开枪。他们什么也没碰着我,我杀死了那些惹急了我的人。我身体上和精神上均未遇到麻烦,这次战斗就结束了。

在讲到他的那些被枪打死或被刀砍死的朋友时,他接着说:"我想战争是可怕的,你不能虚饰它。新兵经历了一场战争……那里躺着7,000 具尸体……""亲爱的妈妈,在战斗前夕,我非常想您。"他后来写道,"……我一想起您读电报看伤亡名单时那颗忐忑不安的心,我就感到害怕。"

《每日邮报》优秀的特派记者乔治·沃林顿·斯蒂文思在观察了恩图曼战役及 24 岁的温斯顿·丘吉尔后,写了一篇题为《欧洲最年轻的人》的文章。

  论年龄,他是个孩子;论性格,他仍是个孩子;但是要论意志,论制定周密的计划、确定目标及达到目的所采用的方法,他已是成年人了……

  他正像他被熏陶的那样。从父亲那里,他得到了辨别能力及处理各种事情的宏伟气魄。在他的美国血统中,他又增添了敏捷、精明和玩世不恭的态度、个人雄心及善于自我宣扬的本领,庆幸的是,还添了点幽默感……这些品质几乎使他有可能随心所欲地成为一位受欢迎的伟大领导人、一个著名的记者或是大广告公司的创办人……

  ……他既雄心勃勃又精于算计,然而他并不冷酷。他具有一种奇特敏锐的内省力……他不用学习去当鼓动家,他天生就是个鼓动家,并且碰巧他也知道。

  ……他的骨髓里装着 20 世纪……

  谁能指明他将成为什么样的人?按他的升迁速度,在他 30 岁时国会几乎不会有他的位置,或者到 40 岁在英国也不会有他的位置。

此时，詹妮对温斯顿与吉青纳的持续不和感到不悦。总司令对伊夫林·伍德爵士派温斯顿到苏丹的做法大为光火，并且告诉人们说温斯顿"只是在利用"军队。温斯顿对吉青纳的评价也高不了多少。"他也许是位将军——但绝不是个绅士。"他对母亲说。

詹妮在给杰克的信里写道："当然，我想他只是对我才那样评论驻埃及总司令的，他不至于那么傻，对公众发表他的看法。从总司令的观点看，我敢说他是正确的。我从前希望温斯顿与他结成朋友，那才是剪掉敌人爪子的最好方法。"

温斯顿不久就要返回伦敦了，威尔士亲王邀请他"来看看我，并给我讲讲最近的战事和你将来的计划"。

> 我很能理解，对你来说，确定下怎么办可能很困难，但我不禁觉得议会及文学生活最适合你，因为在印度基地里单调的军旅生活对你不会有吸引力——尽管庆幸的是一些军官的确能忍受那种生活，否则我们就不会再有军队了。

其间，詹妮已安排了两场温斯顿要发言的政治聚会，一次在布拉德福德，一次在伯明翰。詹妮用邀请编辑共进午餐这种简单的办法，便成功地在《晨报》上发表了两封温斯顿写给编辑部的信，信里他陈述了自己对埃及的看法。

詹妮不但为温斯顿的事业辛苦奔波，而且还要忙着款待那些在伦敦的被温斯顿连续不断派来看望她的朋友。詹妮非常欢迎他们，并且毫无疑问也使他们着了迷。但是在1898年冬季，她有时对自己是否具有使人迷恋的能力表示怀疑。

她与乔治的浪漫事件确实是一种感情深厚的私恋，但她好像很忧郁，没精打采，担惊受怕。美貌能持续多久？这种爱情能维持多长时间？她最终能从生活中得到什么？

　　像往常一样，詹妮向她的朋友们请教，其中一位便是乔治·纳撒尼尔·寇松，他刚娶了美国最富有的女人之一玛丽·莱特为妻。不甚了解寇松的人把他比作德国巴洛克式的建筑物，"从远处看，也许很好"。但是詹妮知道他面孔的呆板、冷酷是因为他的背带太紧。她记得这位机智的年轻人那次在布伦海姆宫意外过夜时，曾借过她的睡衣，她想起此事就感到很可笑。

　　寇松将要动身去印度就任总督，在波特兰公爵及夫人为他举行的送别宴会上，詹妮坐在他旁边。后来她曾谈到那次谈话。

　　　　当时，我们不知不觉地谈到一个对我很重要的问题。在沮丧时，我惋惜自己当时的空虚生活。寇松勋爵尽量安慰我，说一个孤身女人是社会的一种天赐，我应该着眼于举行一系列乡间集会、宴会和舞会。过后，回想我们的谈话，我觉得自己在考虑那是否就是我今后半生的全部内容。我决定做点什么。在为此事慎重考虑了一段时间后，我最终决定创办一种评论性刊物。

　　这是个惊人的想法，既大胆勇敢又切合实际。为使自己的生活有个目标，詹妮需要为某件事努力工作。当时，她对文学刊物的组织、发行一无所知，但这个事实并没有阻止她。她对文学有种持久的兴趣，她对作家深表敬慕。她认识很多当时的文坛泰斗，把其中一些人当作自己的知己。她没有印刷和其他生产事务方面的知识，可她能找到这方面的专家。尽管出版界几乎完全是男人的世界，但詹妮能在他们中如鱼得水。

但她首先需要有个清晰的思路。

"我的思想非常模糊，但不久就渐渐明确起来。"她写道，"我请教了我在寇松家结识的朋友克雷吉夫人。"

实际上，詹妮认识珀尔·克雷吉已好几年了，但她们的关系一直处在客客气气的阶段。1898年2月前，克雷吉夫人给詹妮的信开头总带着"亲爱的伦道夫·丘吉尔夫人"等客气的称呼，后来变为"亲爱的詹妮（由于你一直坚持）"，而几个月以后，就变成"最亲爱的詹妮"了。不到一年，珀尔·克雷吉就成了詹妮最好的朋友。

从外表看，这似乎是一种奇怪的交往。詹妮基本上是个外向的人；而珀尔·克雷吉通常较内向、冷淡、神秘，像"宁静的深渊和沉寂的古潭"一样莫测高深。她自我评述道："我说话或行动不是考虑2次，而是要考虑20次。只要哪怕有一次我显得自然些，我就会觉得轻松，但这仍摆脱不掉我的拘谨：'我该说这个吗？''这样讲明智吗？''这对吗？''这会不会被人误解？''这会不会给人以不好的印象？'爱问这些没完没了的问题的习惯快烦死我了……见人会吓得我要死……"

然而，尽管珀尔·克雷吉比詹妮小十几岁，但这两位女性有许多共同的东西。她们都是从孩提时代起就被带到欧洲来的美国人，两人都喜欢音乐而且都是优秀的钢琴手，还有，两人都有过不幸的婚姻。和詹妮一样，珀尔·克雷吉夫人19岁结婚，几年后分居，1895年离婚。她有一个孩子，取名为约翰·丘吉尔·克雷吉。（是否因为她对詹妮的羡慕才选了那个名字？不得而知。）

除了这些共同点外，还有一点就是珀尔对詹妮的明显崇拜，这恐怕是因为詹妮的形象成了她自己想要的形象。她过去写过这样的话：

没有女人不喜欢被人爱慕。

生活中只有一种义务，那就是勇敢些。

生活并不是我们所发现的那样，而是我们所创造的那样……

人们说："得行乐时且行乐。"

如果我找到欢乐，我会紧抓不放的。

但它在哪里？当你找到它时，它得购买，得付出代价。

珀尔·克雷吉一定从詹妮身上看到了这样一位女性：她有勇气去爱、去及时行乐，更重要的是，对创造自己想要的生活，有着不可动摇的信念。詹妮的美貌容易使她得到这些品质，而珀尔没有那种美貌。格特鲁德·阿瑟顿把她说成"又矮又黑的女人，要不是那双非常漂亮的眼睛，她长得很普通"。但她那双有魅力的大眼睛总显得忧伤，紧闭的嘴唇、苍白优美的脸庞只是由于双颊上的酒窝才变得温和些。

她父亲约翰·摩根·理查兹，是杰罗姆家族的远亲。在药品专卖业发了财之后，他便把家从波士顿搬到了伦敦，珀尔当时还是孩子。理查兹是个有个性、有魅力的人，他喜欢书籍，他还写过一本有关英国的书。珀尔的母亲性情古怪，有点神经质，但是个有才智的女人，她还是个热情的和平倡导者。

珀尔在自己的第一本书上取了个笔名叫"约翰·奥利弗·霍布斯"。她选择约翰这个名字因为它是她的父亲和儿子的名字，选择奥利弗是因为好战的克伦威尔，而选择霍布斯是因为她喜欢这位哲学家的著作。她的第一部小说《情感与道德》在她24岁那年出版并且获得了巨大成功。该书主要是讽刺"时髦社会阶层"的，书中妙语横生,一些含蓄言辞非仔细研读不得其真意。她写道:"你与其爱上自己的妻子,不如去敷衍十戒。"

珀尔·克雷吉穿着"光滑的瓦托长裙,住在装有彩色玻璃灯罩的、家具过多的房间里"。因患有疲劳症或其他小病,她大部分时间是在床上度过的。她对于自己的能力、对于自己的雄心,既不谦虚也不隐瞒。也许和詹妮一样,她嫉妒男人享受自由的程度。她写过她最羡慕的就是这个事实:"如果一个男人想得到一件东西,他就去索取它。"另外,她觉得明智的女人只用去追求"哎呀呀"。关于"哎呀呀",她解释道:"只是谈话并且谈愉快的事情,不发表什么意见。这是一种避开世人的方法。没有人会察觉'哎呀呀'的女人比她的丈夫还聪明,这是保持婚姻幸福的方法之一。"

珀尔自己就很擅长"哎呀呀"。詹妮称她为"一位才华横溢的、机敏的健谈者。她可以用男子的气度控制自己,她常遇到自己非常喜欢的、较轻浮的同伴,但她从未讲得使人莫名其妙。她有种能说动人的技巧,从而使她们最好地展现自己。与我所见过的一些聪明女作家大不相同"。

珀尔·克雷吉对詹妮的敬慕之情似乎是无限的,而詹妮肯定觉得很得意。珀尔是位名人,她出过书,在刊物上发表过文章,并且还写过非常成功的剧本,显要人物也要迎合她。

詹妮也敬慕并且欣赏珀尔。在回顾《评论》的开创期时,她写道:

> 我经常问自己,如果没有珀尔·克雷吉的热情帮助和明智的建议,我怎么能成功。她是个同情心极强的女人,任何一个与她打过交道的人都知道她的无私精神,并且她那宝贵的时间

总由那些被她帮助的人来支配。

这是两位才女几乎不可避免地彼此吸引的原因。除了这些个人品质外,还有个基本事实:她们是伦敦文学界为数不多的女性中的两个。的确,她们是那些敢于在家庭之外为自己创造一种生活的寥寥无几的女性中的一员。尽管在"胡闹的 90 年代"女性自由权日益扩大,但那仍是个男人的世界。1897 年,费思富尔·贝格提出的、有 257,796 人签名支持的妇女选举权议案在下院仅到了二读[①]程序便被 71 张反对票击败。一个未婚母亲只有在她放弃自己孩子后才被允许去找工作谋生;而孩子的父亲仅靠支付 20 英镑现金便可以逃避法律责任,还可免除他到收养孩子的孤儿院去看望孩子的义务。更有甚者,1899 年的法律(雷金纳·克拉伦斯)竟包括:"妻子拒绝性交时,丈夫不能被认为犯有强奸罪,即便丈夫自知自己患有某种疾病,而妻子不知道。"

正像弗朗西斯·鲍尔·科布所写的那样,男人对待女人"都像对待未成年者一样"。在 1892 年 7 个政府部门雇用了一些"打字姑娘"后,事情发生了有重大意义的突破,但是试图取得某种职业资格的妇女常常听到,"你肯定不相信男人会对你们妇女抱有真正的信心"。

维多利亚时期的妇女被允许弹钢琴、歌唱、在台上表演或私下写诗等,但只有极少数妇女能够使自己在英国文学界出名——19 世纪早期虽有简·奥斯汀、勃朗特姐妹、伊丽莎白·巴雷特·勃朗宁、乔治·艾略特(玛利·安·伊文斯)及珀尔·克雷吉,但人们只认为她们是少有的人才。一位妇女要创办文学刊物并且要做出批评性的评

[①] "三读"程序的第二个程序。"三读"是立法机关的一种程序。以英国议会为首的西敏制议会的三读程序最为典型。

判,那定会使成千的俱乐部成员胆战心惊、咒骂不已。詹妮现在计划的季刊本身就很独特,她那种想集创办、编辑和生产于一身的轻率打算,简直令人不能容忍。

但詹妮从未被"不"打扰过,也不会对"别这样"买账。挑战是她生活的乐趣,这倒不是因为她不知道这项计划所带来的无休止的问题,也不是因为她不知道自己对此事既无知识又无经验,而是因为她明白她能得到自己需要的一切帮助。

詹妮在珀尔·克雷吉家多次举行的宴会上见过许多显要人物,其中有约翰·莱恩。当过铁路管理员的莱恩已成为大不列颠最有成就的出版商之一,他的"鲍利海"公司已出版了数量惊人的成功诗作及一些"大胆的小说",还出版了由英国一些最年轻、最有才华的作家所著的高水平的文学评论文章。这些青年作家开创了文学新风尚和新审美观。

莱恩的下一步计划便是创办一种文学季刊,季刊在整个英国文学史上一直盛衰交替、延续不断,但是到1898年为止,还没有一种刊物成功地道出90年代的现代气息。

黄色似乎是90年代的颜色。《黄色翠菊》是当时最流行的小说之一,而最流行的诗集之一则名为《黄色笔记》。为了靠这种趋向赚钱,约翰·莱恩给自己的文学季刊定名为《黄皮书》。"奥贝里·比尔兹利的女人在怪诞的黄色封面上第一次面向公众痴笑",产生了巨大的影响,人们过去从未见过类似的东西。"这是一件赤裸裸的、恬不知耻的新奇事,人们为之困惑,为之震惊,为之欣喜。"

奥贝里·比尔兹利是个矮小柔弱的年轻人,他有才华和巨大的精神力量。奥斯卡·王尔德描述他"瘦长尖削的脸,草绿色的头发"。莱恩曾因比尔兹利一直试图在封面设计中掺杂一些下流东西而大伤脑筋，为审查这些封面，他不得不花费大量的精力，甚至送交朋友们做进一步检查。尽管如此，仍有一期带着特别"放肆且不正当"的东西在未发现时就已付印了，莱恩只得取消了这一期的发行。比尔兹利跟王尔德一样，是个注定要失败的家伙。他宁愿在25岁患痨病而死，作为一个虔诚的天主教徒，他恳求朋友们销毁他那些"淫猥下流的图画"。

王尔德丑闻事件发生时，莱恩正在纽约。一家星期日报纸的标题写着：王尔德挟着他的《黄皮书》被捕。"它毁掉了《黄皮书》，也几乎毁掉了我。"莱恩说。人们朝他的窗口投石块，还有六位签约作家威胁说，除非莱恩禁止发行比尔兹利的作品并从目录中移除王尔德，否则他们不再让他出版他们的书。莱恩认输了：比尔兹利离开了。

勇敢并不是约翰·莱恩独特个性的一部分。创办像《黄皮书》这样一种时髦刊物是需要一定胆量的，但莱恩却使它以一种妥协的姿态出现。《黄皮书》的一位评论家写道："出版商约翰·莱恩并不反对冒险，除非他有充分理由感到自己通不过这个险境。"他开始越来越多地用较保险的、公认的有名作家的作品来替代较新的、大胆的作家们的作品，但是不到两年，《黄皮书》还是销声匿迹了。

个子矮小、像个花花公子的莱恩娶了一位波士顿姑娘为妻。她是个体态肥胖、被人说成"冷若冰霜"的富有女人。作为一个美国人，她不久就发现自己成了詹妮社交圈里的人，并且成为詹妮计划的一位早期支持者。

这在转变詹妮与温斯顿的关系上是个重大事件。此前，詹妮一直在为他做事，并且只要她活着，就会当他的开路先锋。但是此后，慢慢地詹妮和温斯顿的做法越来越像姐弟俩。当然，他不但帮助她，还以此维护自己的男子气概。

詹妮要到波特兰公爵和夫人的领地维尔贝克去度周末了，这时，温斯顿给她写道："我昨天与莱恩共进午餐，我将把我们这次涉及各方面的会谈结果告诉您。关于我已筹集的外来贷款的投资问题，我已写信告诉了凯西尔先生。"

两天后，温斯顿又写道：

约翰·莱恩先生昨天来看望我。午饭后，我们谈了许多问题。我们什么也没商定，但我一直认为您会感到满意的。下面说的便是所谈规划的情况或大致情况。

您得保证负责4期，比如，1,000英镑损失的可能性。这笔钱的350英镑将用在第一期上。这就是在此事中您的全部义务，并且如果刊物出现收支平衡（这当然不是我们所期望的），那么您不会有什么损失。如给予此项保证，莱恩将按规定的条件出版这个刊物，也就是按预先商定好的标准，如支付作者稿酬、印刷出版、广告宣传等。

为了帮助该刊物的出版，他愿按成本价做任何事情，在事业成功之后他才提取利润。如果成功了，您和他将分取利润。莱恩认为你们每人可获利约800英镑。然而哈姆斯沃思说，除非您至少从中得2,000英镑，否则就不值得去做。我持异议，我认为即使开头得800英镑，也可使您在家里过得满意，更不用说有左思右想和见解的乐趣及被人们普遍认为精通文学和艺术的喜悦了。我承认我认为1/2分利法不够好，您最好让莫尔顿（弗雷温）查问一下此事，或者让哈姆斯沃思查一下。我更倾向占总销售额的25%，即占所得每先令的三便士。

然而，这些毕竟是细节问题，下面是该计划的三个特点：

1. 一定数量的保证金。

2. 固定的生产条件。

3. 利润的分配办法。

按怎样的比例确定这几项，那是议价和合同条约的事，在此事上，您应该找个明智的代理人。

我认为莱恩有许多自己的委托人，他肯定有很多主意，他充满了热情。在我看来，他有一个主意不错。他在装帧上是个了不起的权威，他建议刊物每期出版时，都装订得像一本著名的旧书一样。单此一项就会吸引很多对装帧感兴趣的人。您应该跟他谈谈这一切，我留下他的地址，您应马上写信给他，早点安排一次会谈。他是个有绅士派头的家伙，可能乐意做许多事。

詹妮在1898年12月3日安排了与莱恩的第一次业务会谈。莱恩文件中的一个正式记录写道："伦道夫·丘吉尔夫人向莱恩先生致意，因她儿子昨晚到印度去了，不在家，她想今日上午11—12时去拜访先生，不知是否同意。"

莱恩可能认为他能控制住詹妮，还能使自己掌握这项计划的经营权和财政权，而詹妮也许认为莱恩会负责全部生产并向她汇报细节问题。但他们都错了。

到此时，詹妮才准确地确定下她想出的那种刊物：它将成为一种独特的、国际性的文学刊物，这种刊物将名副其实地具有国际性和文学性。她要征集大洋两岸最佳人才的作品。刊物的任何一方面都将是高质量的，包括内容、艺术、装帧及纸张等方面。该刊物看起来要像一本书，几乎和书一样贵。它将成为一种前所未有的刊物。这就是詹妮所喜欢的那种挑战。

第二十九章　创业

19世纪的最后一年给詹妮带来了新的开端。在一旁冷眼旁观的嫉妒的女人中,有不少人欣喜地认为詹妮这一年的活动会充实她们自己的生活。

温斯顿更分享了她对《评论》的兴奋。

> 您将得到一个职业,并从中感受生活的乐趣,这将弥补随着时间的推移,您在愚蠢的社交娱乐中不再闪耀光芒的遗憾,也会让您在后半生像以前一样在思想和审美领域处于雅致和优美的地位。它包罗万象,充满哲理且有利可图,如果您一年挣1,000英镑,我认为乌云很快就会消散,光明的前景指日可待。

一个熟识詹妮的人认为《评论》仅为进一步笼络她"文学上的青年朋友"的一种手段。乔治·康沃利斯－韦斯特完全被笼络住了,而那时乔治对体育比对诗文更感兴趣。詹妮对有这样一个可意的热情情人很满意,但《评论》引起的愈来愈强烈的新的刺激给了她特殊的欢愉。

她需要布克·科克伦和她共享这一欢愉,他那时在伦敦,因而两人常常会面。布克的成熟和智慧使乳臭未干的乔治相形见绌。詹妮能够和他谈财政方面的事情,如由在出版的头一年提供基金的6家捐助者组成辛迪加;能够和他谈关于杂志的内容——她渴望"美国的才子们为我写作……";能够和他谈关于希望和追求成功的愿望,谈她一

第二十九章 创业

生中想做的一些重要事情。

乔治颇为浪漫而富有情感，是个詹妮能够征服的年轻人；而布克坚硬得像栎木，是一个有个性、坚强且成熟的男人。"在我看来，你是一座凝聚着力量的堡垒。"他离开伦敦后，詹妮写信给他，并请他"为我寻求一个能写出美国味道文章的聪明人，还有，为我的杂志起一个名字"。

当乔治进入她的生活时，詹妮对布克的需求降低了吗？詹妮是有多种需求的女人，她需要不同的人来满足她的不同需求。乔治的热情适合她的一种需求，而布克的成熟、理智和敏感适合她的另一种需求。

然而，她和布克之间不能解决的矛盾是——她不自觉地存在控制欲。布克的离开和她的儿子们深深地困扰着她，尽管如此，詹妮仍感到布克是她所需要的人。她曾写信给他："当你回到家时，不要忘掉我……"

被詹妮和朋友们称为"玛吉"的杂志，已经成长起来，并占有了詹妮的全部精力。为"玛吉"起一个合适的名字迫在眉睫。詹妮曾请布克考虑过杂志的名称，此时她开始向更多人请教。一个建议是起名为《贵族之友》，还有一些名称更差。"考虑给杂志起一个合适的名字，竟像给赛马起名一样困难。"詹妮写道。

"我请您不要着急，"温斯顿理智地提醒，"一个坏的名称可以毁掉一种杂志。"他认为她应探寻一个可以表明"高雅、珍贵、庄严……带有古典和华贵意味……"的名称。

为了起一个雅致、华贵的名称，詹妮请教了一个高雅而热情的人——她以前的情人埃德加·文森特。他建议叫《盎格鲁－撒克逊》，詹妮很高兴："多么简洁啊！它显得有力、明确和完善。"可是不久，她听到其他地方的杂志已经有了相同的名称。珀尔·克雷吉在一次聚会上得知这一消息,提醒詹妮说,名称所有者"等到你们的通告一出来,就将提出赔偿要求……"詹妮简单地解决了这一问题:加了字——"评论",使其成为自己杂志的名字——《盎格鲁-撒克逊评论》。

与探索基本思想和风格相比较,名称的确是一个比较容易解决的问题。詹妮拜访了所有她最敬仰的有才能的名士,请教对杂志的看法和要求。她看问题很敏锐,接受能力强,对听到的每件事,总以自己的观念和想象来判断。"有时,在我得到许多互相矛盾的忠告和建议时,总有些迷惑不解。"

"不同的文章为什么不用不同的语言发表?"有人建议。"这要毁掉杂志的。"另外一个人说。"请记住,在第一期应有几篇惊人的文章——'关于爱情的新观点''皇家法庭秘闻'等。""志向应高远,在文学领域建立诗歌的标准。"

"为什么不从皇室桂冠诗人那里索要诗篇?""或者亨利·查普林关于复本位制①的文章?""目标应主要集中在《黄皮书》上!"这些是多么有趣呀!

缺少雅致的建议之一是:为了加强英国和美国的联盟,在杂志上刊印"血浓于水"的格言。詹妮将这建议告诉了温斯顿,他生气道,这是将它"降级到杂耍剧场中的酒馆地位","仅仅需要英国和美国的国旗便可成为哈姆斯沃思拥护帝制者的廉价产物……对于这样的劣

---

① 一般指双本位制,是一种以金银两种金属同时为本位货币的制度。

货，人民不会付一个铜板的……当我看到您的信的时候，我颤抖了"。詹妮于是取消了这一格言。最后，她要求杂志能使各地所有受教育的人读起来感兴趣，外表精致，内容有味而富有艺术性。

再者，一畿尼（约合5美元）一册太贵，这点限制了她，她做财政计划时很仔细，因而温斯顿要求她推迟合同，以等他回来。温斯顿认为他与约翰·莱恩打交道比她去好，他提议与莱恩签订的合同只能以一年为基础。他也想参与对杂志的投资，但他说："我不喜欢莱恩的12.5%毛利，这太高了！"

詹妮同意这一点，她写信给莱恩："我想知道并请你解释一下，根据什么提出这么大的百分率——自然，我只需要在我们之间求得公正……"

不久之后，她和莱恩说清了。她是主管，他只是在她手下工作。莱恩曾印制一纸合同，标明付款存入他自己的银行。詹妮立即拒绝，直率地说："我希望付款存入我的银行。"

詹妮采纳了莱恩提出的办季刊的建议，期刊的装订如温斯顿所提"一如某些著名的古籍"。她说服英国博物馆的西里尔·达文波特，为她从早年的期刊中选择最精美的装帧。然后她给莱恩写信表明她希望他对装帧"十分满意"，而装帧从来都是她自己选定的。

为了处理有关历史事件的文章，她拜访了阿瑟·斯特朗——上议院的图书管理专家，"他愿意为我效劳"。她还通过斯特朗的支持，任用了国家肖像展览馆的莱昂内尔·卡斯特，负责绘制插图。

这时，詹妮却开始怀疑起自己的能力来了。她有什么文学资格呢？她是在她生活的时代里受到很好教育的妇女，她的经验是丰富的，但她受到的教育和经验和那些她与之打交道的男人相比，还是略逊一筹。她是浅薄的文艺涉猎者，她的审美能力极强，而判断能力只靠直觉。她对编辑职业一无所知。塞西尔·罗德斯试图鼓舞她："不管怎样，要记住，妇女富于幻想而较男人更为细致，男人是粗暴和蛮横的。我认为你会有一个公正的机会的。"

在悲观的情绪影响下，詹妮一定给珀尔·克雷吉写去了表达自己不愉快的信，因为她收到了答复。

> 最亲爱的詹妮：把你自己称作没有教养的、缺乏文学修养的和衰老的，这是什么意思？用我们国家的一句戏言，你一定是"发疯了"。你有非凡的魅力，你对文艺的评论是杰出的。你自己早已很清楚，因而我这不能算是奉承你。

温斯顿知道她需要有经验的编辑助手，他自愿提供服务。"我知道我能以任何人不能做到也不愿做的方式帮助您。"他也看到一年挣 200 英镑的前景——"我们进行冒险成功的一个明显好处"。然而，温斯顿必须承认，他大概在资历和经验方面并不比詹妮强，而在开始阶段，需要一名有经验的人来帮忙。

"我已准备好我自己来做。"詹妮写信给莱恩说。但她也没有十足的把握，她认为她最需要的是有人能为她审阅手稿，并对选题思想提出建议。

她在珀尔·克雷吉的一次晚宴上找到了理想人选，他就是西德尼·洛——一个略微有些秃顶、留着浓密的胡须、目光敏锐的人。

才华横溢的西德尼·詹姆斯·马克·洛比詹妮小 3 岁，曾任《圣詹姆斯报》的编辑、《晨旗》的文学编辑，也是《英国历史词典》的作者，又与人合作编写过《英国政治史》。对詹妮尤为重要的是洛识别青年人才的敏锐观察力，他发现了许多青年作家，如拉迪亚德·吉卜林和詹姆斯·巴里等。

约翰·莱恩和西德尼·洛是完全不同的人。莱恩是精明务实的生意人，而洛说他主要关心的是"造词"。莱恩是书画、家具以至玻璃器皿的收藏家，洛则注意有才能的人——尤其是女人，越受赞扬的人就越能引起他的兴趣。作为文人和严肃的学者，洛对纷杂的上流社会非常喜爱，很少有人对上层社会的美丽、机智、有才艺的女人给予那么多赞赏。詹妮请他陪她参加了许多聚会。

洛的传记作者曾指出，詹妮对于洛有着"不可抗拒"的吸引力：她"不仅有文化传统，而且很有活力，她结合了漂亮、才华横溢和智慧……"詹妮完全迷住了洛。"她恳求他指点她，并希望他撰稿来支持她的《评论》，他慷慨地答应了。"洛在《评论》中，生动地体现了许多文学要旨，而詹妮是这些要旨的灵魂。

詹妮对每一个环节的要求都是很细致的。有人回想起，曾看到她"在众多的场合，手里总拿着一摞校样，总在讨论《盎格鲁－撒克逊评论》的版面形式……"她对工作缺陷的处理很严肃，往往是莱恩需要承受她的愤怒。

> 我很担心已完成的稿子——"received"一词又发生同样的错误……我以为你已经解决了……我把改过的校样退回给你，你可以看到，16～40行丢掉了。我不希望刊物因为劣质印刷给人们留下笑柄……

随着杂志出版工作的深入，詹妮对莱恩也越发严厉。她对他把他们两人的名字在刊头上印得"不引人注目"而不快，还对没有收到她要的内容介绍和样书而不高兴。她说："我认为你没有批准的权利，而我有。"最使她恼怒的是他计划5月去美国旅行——第一期计划在6月15日发行,"不幸的是此时他却不在……"

莱恩出走1个多月,洛有病,斯特朗又不能全天为杂志工作,这些使"玛吉"一开始就处在忙乱之中,全部重担都落在了詹妮身上。但她有决心,思维清晰,精力旺盛。

她不仅社会活动日程表排得很满,私人生活也很浪漫,她甚至抽时间参加音乐会。"你是一个天使,"珀尔·克雷吉对她讲,"你演奏得很美,我真为你骄傲。"詹妮还劝珀尔参加她和马德莫塞尔·马丽亚·詹诺瑟在王后大厅的另一次音乐会上的演奏,他们与皇家音乐学院管弦乐队演奏巴赫的降D调钢琴协奏曲,由沃尔特·帕鲁特指挥。詹诺瑟是德国皇帝宫廷钢琴演奏家,很受英国女王维多利亚的宠爱。每次宫廷演出,詹诺瑟都要跪在女王的脚下献上白色石楠花。演奏时,他的小提琴上也佩戴着吉祥物,以驱妖邪。一定是它起了作用,这次音乐会演出极为成功,受到热烈的欢迎。"这是我能记起来的唯一一次在公众面前愉快的演出。"詹妮写道。

珀尔·克雷吉在詹妮的生活和工作中越来越成为不可缺少的人。她不仅推荐小说和撰稿人("安纳托尔·法朗士怎样?"),给她找秘书("她聪明、勤奋……能够记住有关业务,是可以信赖的,不仅在女新闻工作者这一方面……"),还关心詹妮的身心状态("要注意和记住你是宝贵的……""你很漂亮……")。

她们之间的关系很快走上了新阶段。起初,珀尔是处处依靠詹妮,现在则互相帮助了。她们总是相互看望,交换思想,写便条沟通情况。

虽然《盎格鲁-撒克逊评论》的出版工作缠住了詹妮,她还是花许多时间考虑珀尔的戏剧演出的各项准备工作。一次在乡间度周末时，她给她写了一封长信解释为什么她认为某一男演员扮演主角是完美的。詹妮对戏剧的爱好是联结她和珀尔的又一纽带。她们之间的友谊基础和大多数人不同。珀尔·克雷吉对詹妮的要求很少，作为她的朋友，能占据她工作和生活中的一部分，她就非常满足了；而詹妮对珀尔的要求不厌其多，珀尔总是迅速地满足她。当詹妮请她一起在音乐会演出时，她只是因为很长时间没有演出才犹疑了，但她还是答应了，去和伦敦最好的一个教员——西格诺·比萨西亚学习了很多天。后者评论说"她是用思想在演出"。

珀尔·克雷吉似乎对自己的各方面都很用心，很少感情用事。她在离婚以后，除詹妮以外很少与人接触，这也是她不幸的部分原因。詹妮了解珀尔的问题，她的希求、她的忧郁、她的良好天资，她接受了她的情感依恋，回报以和平和爱戴。

随着工作压力的增加，詹妮无暇考虑她的个人生活。"玛吉"尚未付印，已成为卡通画家、讽刺作家、专栏作者、传闻散播者和社会上小丑注意的目标。他们的一些评论，有些是很有趣的，詹妮常被它们引得大笑。

纽约一本杂志驻伦敦的记者给出了友好的评论："兰迪（伦道夫的昵称）夫人确有一本优雅的杂志，因为她是如此优雅、才华横溢且机敏。她受过高深教育，观察力敏锐，对世界和社会的认识有与一般妇女不同的看法……兰迪夫人的认识能力只是受到地球的限制……"该记者后来报道：在下议院几乎每晚都能看到"忧郁的詹妮"在游说别人写文章和给予赞助。"浅薄的阿瑟·鲍尔弗特别懒，曾答应在第一期写一篇文章，据我最近了解，他没有及时完成。前议长皮尔子爵也曾答应写一篇关于非传统文艺的问题，威廉皇帝写快艇游航问题……H.R.H.（威尔士亲王）甚至被邀请写富有魅力的詹妮……"他指出怀特劳·里德——《纽约论坛报》发行人、前驻英大使，没有为他的《论坛报》而为《盎格鲁-撒克逊评论》写了一篇文章。

"我认为伦道夫夫人不把她的杂志称为'美国人'是一大错误。"美国记者继续说，"这一名称在阿瑟·鲍尔弗家中一次宴会上曾受到赞赏，并认为可被采用。如我以前所说'盎格鲁-撒克逊'在这个国家是不能成功的。"

从友好的评价中得到这一不好的预言，另一些评论则更甚，这些都使珀尔·克雷吉感到有必要提高詹妮的信心。

> 要把自己的工作公之于众，就必须接受来自各方的攻击，出版者受到责难是不足为奇的。他们痛恨受教育的力量……他们害怕智慧的光辉——正是（衣着入时的）群氓的愚蠢，激发了报界人士的力量。但时代已迅速变化了，群氓现正逐渐变为博学并喜好哲理，英国报刊界缺乏权势，而国家权势日益扩大。

此时，对温斯顿陆军的委任已解除，他已回到家中。他解释说："我生活得更自由了，作为一名作家挣的将更多些。"詹妮把他安排在《评论》工作，他们母子俩写了第一期的序言——他们的第一次文学合作。（第二段摘录的塞缪尔·约翰逊的话，温斯顿很喜欢，他曾在给他母亲的信中两次提到这段话。）

> 这另一个《评论》的出版说明可以从已大量出版发行的同类杂志中看到：一定可在其文字中寻找到解释。但还有几句话要对这新来者给以介绍，它进入拥挤的世界是如此之晚，虽然衣着雅致，仍唯恐被认为是粗野的入侵者。我想说一些关于它

的目标、它的抱负、它的性格的话,如果这些都值得赞美,好朋友而不是竞争者会帮助它顶住压力,并在它走向文学宝库的途中助一臂之力。

  杂志的首要目标都是商业性的。"除了傻瓜以外,"约翰逊博士讲,"写作谁不为了钱。"《盎格鲁－撒克逊评论》不想看轻它的文稿,或降低它努力的价值,否则它的金黄色锦缎不久就会褪色。但在生活的一般需求得到满足以后,评论,有时是评论者的兴趣,便可引向其他或者更高的理想方面去。我写这些为的是表明在前进中它并不是没有雄心大志的。

  以前,文艺界写成的东西很少,但却保留了其中的大部分,18世纪的小册子、杂文和论文——此外,还有私人信函,为了子孙后代的欢愉而妥善地保存着。现在,每天印刷品的生产不可计数,成吨的报纸、杂志和如山的定期刊物,从日出到日落不断地分发着,它们被印刷,被阅览,随后被遗忘,很少有保留。令人费解的是为什么当代普遍教育时代产生的作品不如那些教育较少年代的作品那样值得保存。当代的评论文学是杰出的,但多少富有健全的思想和尖锐的批评以及充满才智和学问的文章,只是昙花一现,今天被阅读,明天就被扔到垃圾堆中。安妮女王统治时最粗劣的杂文仍然存在,而维多利亚女王统治下的最优秀和最雅致的作品一如古代手稿那样难于找到。今天的报纸,明天就将付之一炬。杂志的寿命可能长一些,它们可能被放在写字台上一个月,而后较好的大多数杂志,至少是文艺杂志得到再延长一个月寿命的命运。很少有人考虑到未来,认识到自己的作品很快就会消灭,这会挫伤当代作家的信心。报纸和刊物越来越便宜,用最少的力量满足巨大的和逐步增长的公众阅读需要是当代的潮流。

　　我不认为《盎格鲁－撒克逊评论》会追逐这一潮流，而它却可产生一些有益的作用。这本书的价格可确保在购书者手中得到认真的对待，它将不会在匆忙阅读一遍后被扔到一边。它雅致的外观也能使它获得一个较好的命运，虽然有时受到意外的不恭，被放在写字台上，但总能被存到印刷品的英烈祠——图书馆中去。而且，它是有伙伴的，每隔3个月，就有一本性质相同、图案不同的另一册相随，直至一长排出现——它们之间相似而不同——不仅可以装饰书架、回忆起较早年代的装帧，还可把当代的才华以永久形式保存起来。

　　带着上述的愿望，我向世界发出了第一期杂志——一个冒险的先锋。它的名字即使在最困难的斗争中也支持着它，它将在任何时候都勤奋工作，以使名实相符——在这一名称下，公正的法律、崇高的目标、文明的影响和美好的语言将传播到最遥远的地方。

　　最后，在这简短的序言中，我愿意对所有帮助《盎格鲁－撒克逊评论》适应战斗生活的人——不仅是使它素质优异的赞助者，而且是像童话中教母一样的把他们的朝气、他们的知识和他们的智能献给它的人，表示我衷心的感谢。

　　詹妮举办了一次午宴介绍《盎格鲁－撒克逊评论》，它开始受到批评者和公众的监督。沃里克夫人称它为"一件杰出的事……它的内容几乎和其装帧一样好"。然而《星期六评论》说，一册售一畿尼是诈骗，它的封皮不是真皮的，也不是手工加工的。对此，詹妮说出版一册至少值100英镑。另一批评者认为它是"穿朝服和拖鞋的《黄皮书》……"纽约《世界》评论:"你付5美元买这本杂志,它可能不错。但你买《世界》,仅要一分钱就可以了。"《蓓尔美街报》则发表了出于爱护的有洞察力的评论。

　　为什么不努力保存一些当代最好的著作?伦道夫·丘吉尔夫人对这个问题做了肯定的回答,她实事求是地这样做了。她认识到——这是她冒险的突出特点——为了保证收到的文章得到尊重的对待,没有一种方法较购买者慷慨付款更好。如果物品很珍贵需付以高价,我们坚信,只有通过商业途径才能办到。确实,《盎格鲁-撒克逊评论》出版可望以物质形式和文学的素质在市场喊价。像解剖学家那样,让我们"从外到内"分析《评论》的特点——从装帧、纸张和印刷开始。

　　单说封面本身就很值钱,如果说值一畿尼无疑是夸大,但对喜爱它的人而言,没有人会把装帧如此精致的杂志扔到一边。它是用绿色小牛皮装订的,用金线细致加工,图案模仿詹姆斯一世国王制作的装帧设计。这位萨莉称之为"基督教世界中最有学问的愚者",在书籍装帧方面是一个专家,这从西里尔·达文波特的一篇关于本刊装帧的学识渊博的短文中就可看出……漂亮的装帧包裹着印成的文章,给人以视觉和触觉上的舒适愉快的感受。为了挑选撰稿人,伦道夫·丘吉尔夫人像选择《盎格鲁-撒克逊评论》的名称那样到英国乃至美国等地奔波。在美国的代表有怀特劳·里德先生、亨利·詹姆斯先生和伊丽莎白·罗宾斯小姐。然而最有趣的和编者渴望的那种引人入胜的文章来自罗斯伯里勋爵和阿尔杰农·史文朋先生。罗斯伯里勋爵赞赏生活,文中的主人公罗伯特·皮尔先生不仅帮助政治家,给他们以新的希望,还提供给前总理对英国首相的地位和身份表达自己观点的机会。这都是很值得一提的。史文朋先生"关于尼罗河战斗的一百周年纪念"的文章,显示了严肃的爱国主义思想,虽然不如在"巨浪和霹雳"抒情诗中那样丰满。鲁道夫·斯莱廷先生写他在苏丹的独特经历,德文郡公爵夫人提供了美丽的乔治亚娜公爵夫人的一些未出版的信件。同样,要对《盎格鲁－撒克逊评论》中7幅美丽的照相凹版插图给以赞扬。总之,这一文学期刊中前所未有的冒险好到无可挑剔。

"玛吉"起飞了!珀尔·克雷吉写道:"我非常高兴,衷心地祝贺你。"詹妮写给莱恩:"杂志取得很大成功,确实应该如此。"

艺术爱好者已变成专业人员。她创造了奇迹。虽然她得到许多忠告和技术帮助,但没有她的努力,杂志是不可能诞生的。它有自己的风格和创新,是刊物中的佼佼者。不管前途如何,它的诞生这一无可辩驳的事实,只能归功于詹妮。

詹妮并没有时间沉浸于成功的快乐中,第二期的出版正等待着她。

第三十章 情场

1899年的夏天,詹妮的两个儿子都在伦敦。杰克在伦敦金融区一家经纪人公司工作得很好;温斯顿则在追求"生活中更大的目标",放弃了他的新作《河流之战》,他在寻找政治机会。

机会竟意外地来到。温斯顿被邀请在奥德姆举行的保守党集会上讲话,在会议前两天,奥德姆的下院议员去世,温斯顿又被提名为保守党的候选人。

"一切都进行得很顺利——"他写信给他母亲,

> 由于出现一名保守党候选人,我们很可能得胜,星期一没有会,但星期二晚,我将作大型公开演讲,希望您能来参加……昨晚我在俱乐部的演讲引起了很大的激情,无疑,如果有人能取胜的话,那一定是我……祝杂志好运。

第二天,温斯顿又写信给他母亲,当地樱草会欲请她参加在保守党俱乐部举行的招待会。考虑到她到来后的住处安排,他继续道:"如果你带帕梅拉来,这里将没有你的女仆的住所,也没有她的住所。因此,你如一夜离开女仆感到不便的话,需要告诉帕梅拉没有招待房间,婉言向她说明一下。"

温斯顿的恋爱历程明显是不平坦的,他缺乏和女人交往的经验。他能愉快地交谈和写情书,但帕梅拉往往认为他是个不会充分表达感情的人。她比他的经验多。在温斯顿心中占主导地位的爱情和婚姻的模式无疑是他双亲的那种样子。他很清楚他双亲之间的关系，爱情早已死亡，他的父亲对他表示疏远，对他相当严厉。因而，温斯顿左右为难地、没有把握地开始了他的第一次求爱。虽然他邀请帕梅拉参加他充分期待的、对他的事业至关重要的这次会议，但当她谢绝时，他明显地感到宽慰。"你以后参加我是十分理解的，"他写道，"这可能是一个错误。"

詹妮很熟悉奥德姆，她曾在这里为丈夫竞选，在这选区中仍有她的许多朋友。现在，她以极大的热情来到这里。长期以来，她就一直规劝温斯顿离开陆军进入政界，此时他已做到了这点，因而她必须尽一切可能来帮助他，虽然她还有许多事要做。这对她来说也是一种乐趣，并且杂志在忙乱中诞生以后，这也是一个缓解疲劳的机会，来到这里又使她回忆起为伦道夫竞选时的那些愉快日子。

温斯顿自然认识到他母亲在奥德姆停留的政治意义。《奥德姆旗报》在 1899 年 6 月 27 日星期二宣告：

> 期待伦道夫·丘吉尔夫人参加今晚会议。
>
> 奥德姆保守党高兴地获悉伦道夫·丘吉尔夫人今晚将出席在皇家剧院举行的会议，在那里，温斯顿·丘吉尔和詹姆斯·莫德斯勒将发表第一次公开演讲，以支持他们的联合候选人。丘吉尔夫人——天才儿子的天才母亲自然对这次选举有极大的兴趣。她这次到奥德姆来无疑不仅为她故去的丈夫和她的儿子，也是为她自己，她将要受到最热诚的欢迎。选区中成千上万真诚的人将热情地接待伦道夫·丘吉尔夫人。

詹妮与温斯顿到处演讲：大厅里的群众会议、露天会议、家庭中

第三十章 情场

小的聚会,她向人们鞠躬、微笑,即席发表简短演说,显得很自豪。

在他的母亲到达奥德姆以前,温斯顿总是向她请教关于他的政治主张的问题,然后做出自己的选择。他声明他将不支持政府关于牧师农产品什一税议案,这是有利于英国教堂的牧师和教会学校的有争议的议案,从而使他在一项重要的问题上站在他自己党的对立面。

在美国的政治中,政党的路线时有交叉,他这样的决定是微不足道的小事。而在英国,下院议员——特别是候选人——应对党表示坚定的忠诚,正如伊约·詹宁斯爵士所论及的,英国政党成员"认识到他们获得官职的机遇有赖于维持党的团结……党的团结意味着……党员对他们领导的忠诚……'我们的人'必须团结在领导的周围,因为党的分裂有可能'使其他人乘虚而入'"。

工党议员因此嘲笑保守党的政府,他们自己的候选人都否定了他们。《曼彻斯特晚报》报道说,温斯顿"作为一位政治家,不能不受到限制"。

詹妮也无法摆脱这一困境,但在奥德姆选举那天,她组成了一支勇敢的队伍。"……她身着蓝色衣裤……坐着由一对佩戴缎带的马拉着的四轮马车,由饰以玫瑰花结的驭手驾驭……"她和温斯顿在一起,这时,他得知失败的消息。"伦道夫·丘吉尔夫人不无遗憾地静听了这一结果,当和她的儿子退出时,仍表现出自豪。"《奥德姆旗报》报道。

詹妮立即写信给她所有的政界朋友,着意说明温斯顿面对众多反对者得票仅略少于1,500票,因而他的失败,仅为较小的挫折,对大局无碍。她呼吁他们发表声明在将来支持他。他们的回答是迅速的。

阿瑟·鲍尔弗:"不必介意——事情会好起来的。小的逆转不会永远影响你的政治命运……"

阿斯奎斯："温斯顿在奥德姆的战斗给了他激励,或者(如你所提的)可以找到更有希望的选区……"

索尔兹伯里首相："温斯顿进行了一场辉煌的战斗……"

温斯顿回答索尔兹伯里："……借此机会对我在奥德姆未能取得成功表示歉意,谢谢您在最近写给我母亲的信中宽容的鼓舞……"

温斯顿从他母亲的回信中得到鼓舞,请求她安排"在星期四的6点或7点的政治宴请,因为议会的关系,他们都在城里"。他还向他母亲的密友约瑟夫·张伯伦以及殖民大臣进一步寻求忠告。

他是愿意与人为善的,同时也是惊人的直率。他的谈话实际上是政治教育。他了解竞选的各项细节、每一回合及其手法、两大政党活动中的各种力量、谁最雄心勃勃,该轮到他是斗士了……南非又开始成了热门话题。与克鲁格总统关于棘手的宗主国问题的会谈逐渐引起国内,甚至是国际的注意。读者一定认为我是希望采取强硬路线,而我记起张伯伦先生所讲:"吹冲锋号后,看一看后面有没有人跟随是没有用的。"后来,我们从一位笔直地坐在河边草坪椅子上的老者身旁走过。杰恩夫人说:"看!拉布谢尔(激进党领袖亨利)。"当他把头从他的这位恶毒的政治对手的方向扭开时,张伯伦先生评论说:"一包破布!"我被他的轻蔑和不悦所震惊,这种表情虽然迅速消失但很明确地在他的脸上出现过……

亨利·拉布谢尔不仅激烈反对议会中的张伯伦,而且作为《真理》杂志的编辑,他一直攻击温斯顿对同性恋和种族偏见问题的辩解。此人对他的政治信誉的损害也击中了温斯顿。

詹妮以前总是提醒他儿子注意言行,不要弄得臭名昭著。这时候轮到他关心她的活动了。詹妮曾去古德伍德参加每年的赛马,因而温斯顿给她写信。

> 我也恳求您不要去赌博或玩纸牌。您竟把生活乐趣放在这上面。这种世上无头脑的追求享乐的人所希冀的疯狂刺激毫无意义且不理智。对此我有些担心,我听说您去年在古德伍德玩牌和赌博,兴趣极浓,长此以往,恐怕会给我们大家带来最可怕的灾难。我们已感到剧烈的刺痛。原谅我说这些。这是我的恳求。

赌博是詹妮的恶习之一。她父亲在去世时是大赌徒之一,常涉足纽约股票市场、赛马场、纸牌场等处,她丈夫也有同样的爱好。威尔士亲王也喜好赌博。实际上,她熟悉的大多数男人都是赌徒,她可能从他们那里尝到了赌博的滋味。但赌博和她的个性也是相容的,它给她提供刺激和挑战。她的财政常常衰竭,而赌博时常可提供突然补偿的希望。本森曾回忆与詹妮玩纸牌的情况。"在一阵闹哄哄的场面下,"他写道,"她确实赢得了一先令。她贪婪地抓住它。'这是我的吗?'她问道,'可能有人为了我的钱要和我结婚了。'"

在古德伍德的一次周末,乔治与詹妮在一起,和他每周末差不多都和她在一起一样。这一周,他住在附近的营地,但几乎每天都给她写信。这是不平常的情书,他极热情详尽地向她讲述他的枪的质量,打了多少鸟或兽;那天他钓鱼时,为什么有那么大的风,等等。詹妮毫无兴趣,所有这些对她说来可能是不可忍受的。

显然,乔治仍然设法用某种程度的托词使他们的关系神秘化。某个周末,詹妮和他一起到驻地,有人看到他们在一起,乔治后来告诉同事,詹妮是他姐姐。"他们相信了我,"他对她说,"我希望能用妻子的称呼代替姐姐。"他们的恋情已持续一年之久,并无减退之意。乔治双亲原来试图无视这一局面,此时决定另图对策。一个周末,他们在鲁森城堡宴请威尔士亲王,同时也邀请了詹妮。

鲁森城堡的这个周末,对詹妮来说肯定是一次严峻的考验。康沃利斯－韦斯特一家一定很客气,但缺乏热情。乔治家中其他成员一定是一面仔细打量她,一面窃窃私语地议论她。威尔士亲王对她也不热情。詹妮尽管经受过比这更冷淡的接待,但可以说,这次的局面是难堪且不愉快的。总的来说,詹妮和乔治看来是一起被"击败"了。

詹妮于是答谢了这次"善意"的邀请。一个周末,她带乔治和温斯顿去布伦海姆宫。这是另一个社会承认的转折点,"萨尼"——马尔巴罗年轻的公爵一向深深地敬佩他的婶母——詹妮,而公爵夫人康苏埃洛认为詹妮是她最亲密的女友。然而只是因为詹妮的婆婆——老公爵夫人上月去世,这次拜访没有成功。

这位懒散的穿着长袍的老公爵夫人,总是拿着鸟笼子,牵着布伦海姆长毛垂耳狗走来走去。这位老妇很难相处,很讨人嫌。她对儿子伦道夫像偶像那样崇拜,而对媳妇总觉得不那么称心,对詹妮更不利的是她是美国人,比老公爵夫人的儿子能力更强,也比她的女儿们更漂亮、更有才华。尽管她们之间有种种不和,但这两位不平凡的互相妒忌的女人仍然互相尊重。

看着布伦海姆宫门前的巨树和美丽的庭院,詹妮限入愉快的回忆中。她19岁做新娘时第一次来到这里,城里的人打开丘吉尔家的马

第三十章 情场

车,把这对年轻人拉入宫中。她是多么充满自豪啊:装饰一新的湖岸、数英里长的停车场、数百间房屋、镀金的餐具、拘谨的仪态,还有她漂亮的、才华横溢的丈夫伦道夫勋爵——他会怎么看乔治呢?

在布伦海姆,看到温斯顿和乔治在一起,定能引起詹妮的沉思:同龄的两个年轻人,一个是她的儿子,一个是她的情人。毫无疑问,温斯顿更有才华、雄心勃勃,更为精力旺盛;但乔治更有吸引力。

似乎也可以说,温斯顿戒备乔治和她母亲的关系,而乔治妒忌温斯顿的才华。他们的关系很得体,但也很微妙,并不时互有诽谤。"我今天看到温斯顿在詹姆斯大街,"乔治写信给詹妮,"我这样说你不要告诉他,他看起来像持不同意见的青年牧师,拉绒的帽子戴在头的后部,穿着旧的严肃的黑上衣,系着黑领带。他是一个好人,但不修边幅……"而温斯顿对他母亲可能与乔治结婚一事,持强硬的保留态度。

然而在詹妮的思想中,这种可能性仍很模糊,更为急切的事是《盎格鲁-撒克逊评论》。詹妮的工作之一是给答应写稿的作者的文章撰写摘要。塞西尔·罗德斯的文章有些问题:"如果你答应的话,我可能在三周内回去看你……我将在船舱甲板上为你写些东西,但请不要宣布。"

乔治·萧伯纳写的一篇题为《威尔第的几句话》的文章很及时,但詹妮请他吃午餐时,他却打电报来:"一定不,是什么引起你对我众所周知的习惯的攻击的呢?"

詹妮回电说:"我根本不知道你的习惯,希望它不像你的仪表那样坏。"

然后,她收到了萧伯纳给她的信。

你是合乎情理的……但我能做什么呢？如果我拒绝这一常规的邀请，我了解这是对女主人的不敬。如果我做一般辩解使她深信我有其他约会不能前往，她将再次邀请我。而当我连续6次为我自己辩解时，她将认为我在嫌弃她。自然我也可以接受邀请，但我将忍受极度的不安和饥饿，我将得不到与她相会、与她交谈的更多乐趣，就像假如我们偶然同一天在萨沃相会共进午餐时那样。在午餐会上，我将吃不到什么东西，因为我不吃她提供给其他人的不幸死亡的动物。这些人约有一半会借机请我吃饭，而曾请过我而被我拒绝的另外一半人会因他们得不到我像答应你的邀请那样去参加他们的宴会而感到恼火。我将衣着严肃且小心行事，而这些和我的性格是完全不相容的。

因而当你说"请来和许多人一起午餐"时，我不得不做这样简单的事情，即断然回答："不！"但你如果提出一些使我高兴的事，我也将同样果断地回答："我愿意。"而与许多人——吃肉的人——一起午餐是不愉快的。此外，这将影响我早晨的工作。我不去看你，我不去参加你的午宴，我不愿参加你惯例的社交活动，除非你在最特殊的场合，完全排除了"许多其他人"——宴请时你会把他们的爱好强加给我——否则我不会见你的。如果我能在任何时候给你有价值的帮助，请你来找我。

在职业上与如此多的文学界名人相处，詹妮越来越感到高兴。以前，在聚会、宴会或茶话会上，她见过他们的大多数，而且非常熟悉其中一些人。但作为社交界的女人和对人有所需求的编辑，他们之间的差异是巨大的，其中主要一点是权势问题，以前她曾行使过社会方面和政治方面的权势，而文学方面的权势则是她首次拥有的。

第三十章 情场

一到周末，詹妮就从一个坚强的编辑变为一个温柔的女人。而一周中多数时间看不到她，也使乔治增强了和她结婚的决心。"詹妮和我曾多次讨论这一问题，"乔治写道，"而她总是说，我们之间年龄相差这样大，结婚是不可能的。"

然而，认识到一件事情是一回事，而在心中能否接受它是另一回事。詹妮已45岁，但她看起来年轻得多。她想保持年轻人的感情，而乔治可以帮助她做到这点，对她来说，她的精神似乎仍像他一样年轻。

此时，如乔治记叙的那样："人们开始谈论这事了。"大众所喜爱的杂志《女士》评论说："一名漂亮的美国妇女将与一名可作为她儿子的年轻男子结婚……"有些流言是卑鄙和恶毒的。温斯顿告诉母亲，他曾看到有的文章竟把这桩婚姻比作"洛本古拉（祖鲁人的国王）① 与一名白人妇女的婚姻"。

尽管如此，詹妮和乔治仍然决定宣布他们的婚约，时间定于考斯周——8月的第1周，地点为怀特岛。时间和地点的选择不像是一种巧合。1710年，杰罗姆首次从怀特岛出发驶向美国，更为重要的是詹妮首次与伦道夫·丘吉尔相遇并坠入情网就在怀特岛，而她答应他求婚的时间就是在考斯周。为什么她选择这一地点和这一时间重新宣布正式婚约？她是为缩短时间吗？这是她公然反抗社会的独特方法呢，还是一名浪漫主义者渴望返回到她曾熟悉的最强烈的感情中去呢？

《纽约时报》大字标题登载：

---

① 洛本古拉（Lobengula，约1836—1894），津巴布韦马塔贝勒王国国王，是反抗英殖民者的民族英雄。

> 丘吉尔夫人再婚
> 伦道夫遗孀与
> 康沃利斯－韦斯特中尉订婚
> 英国社会为之震动

英国社会不仅是震惊,更是激愤。像詹妮这样地位的妇女与一个青年人嬉戏,当然可以引起一些人的吃惊,但她却要与之结婚,则是彻头彻尾的丑恶可耻行为。她是英国英美协会的领导、皇家集团的一员、世界上一些重要人物的至交,她本可在与她同龄的许多有能力的人中选择一位丈夫,而她选择了谁呢——一个乳臭未干的年轻人,他平凡而无远见。

反对他们婚姻的压力立即加强了,最有力的是威尔士亲王。或者亲王为自己考虑多于为乔治着想。在他的生活中,詹妮是他最喜爱的情人之一,与他所依赖的很少几个人比较,他以许多特殊方式依赖她。他喜欢她能够帮助他安排宴请宾客的宴会,他从她那里得到同情、理解和信任。这不是说他担心詹妮同别人结婚——他也许宁可她结婚,结婚可使事情简单化,因为这可使他控制她,并给她一些在上流社会的保护。然而由爱情走向结婚则意味着她不再能为他提供方便,因此亲王极力反对她与乔治结婚。

当然,乔治也从他父亲和家庭其他成员以及朋友那里听到了不满。考虑到他们不赞成这一婚事,很有可能韦斯特上校会告诉他的儿子,不要指望将来得到他的收入,甚至他能提出剥夺乔治的继承权。指挥乔治的上司阿瑟·帕杰特上校也卷入进来,他要求"口头上了解在赴南非前乔治是订婚还是打消这一意念"。上校是詹妮的一位好友,也是威尔士亲王的好友。

第三十章 情场

对詹妮来说,整件事是不妙的,马尔巴罗公爵和夫人过去同样想制止她与他们的儿子结婚。然而乔治·韦斯特不是伦道夫勋爵,他是陷于爱情中的焦躁的青年,因而被联合反对他的压力所制服,他认输了。

婚约宣布后的第一天,《纽约时报》头版出现了下述新闻:

声称他们未订婚

伦道夫·丘吉尔夫人之子否认其母将

与青年康沃利斯－韦斯特结婚

怀特岛,8月4日——温斯顿·伦纳德·斯宾塞·丘吉尔中尉——伦道夫·丘吉尔夫人之子要求美联社声明,否认其母与乔治·康沃利斯－韦斯特中尉——亨利亲王的兄弟——的婚约。

此事继续成为他们的朋友广为议论的话题。自从宣布婚约报道以后,没有人看到伦道夫·丘吉尔夫人,也没有人看到康沃利斯－韦斯特中尉。

在否认其母将与乔治结婚以后,温斯顿是多么高兴啊!

詹妮立即去她最喜爱的法国艾克斯莱班海滨浴场度假了。当她浸泡在热水浴中时,詹妮想到许多事情。几个月以前,卡里尔·拉姆斯登回开罗前曾来告别。詹妮对她的两个儿子并不隐瞒,她写信给温斯顿:"我告诉他我不认为英国……会因他的不在更加寒冷。他的熔炉中的钢太多,不能很好地精炼……"她对杰克说:"像他这样追求享乐的人在想什么呢,我还要说,谁在乎呢。"

但她与乔治这场伤感的订婚是目前更为严重的事情,她不得不忧虑。

温斯顿立即回信:"我希望海滨疗养能使您好起来。这样恐怕您没有时间处理棘手事务。我愿和您一起去——不是空话,只是杂志不允许我这样做……"

乔治的父亲——韦斯特上校得知结婚计划受阻而仍未放弃,于是写信给温斯顿,断然宣称其子和温斯顿之母未来的婚姻是不合适的,他请求温斯顿支持他阻止这一关系。

虽然温斯顿和上校的意见非常一致,但他对母亲的忠诚仍是坚定的。他把上校的信交给詹妮并断言:"我不想被拖进(康沃利斯－韦斯特)家庭的纠纷中去。您做什么和想做什么,我都会想一切办法帮助您,但问题的各方面都是严峻的……美好的感情和乏味的实际是不相容的。"

9月3日,温斯顿从布伦海姆宫写信给他的母亲。

> 韦斯特上校又给我写了一封信,上面未写明"亲启"——您看完后一定要销毁,不要告诉任何人。我认为他的意思是一封"亲启"的信,所以我寄给您。信中没有更多的内容,我不认为需要回信。他只是说乔治和家庭和好了。请您自己考虑自己的幸福问题。

在信的结尾,温斯顿说:"您接到这封信后,请给我打电报说您爱我,并在随后的信件中更多地表现这种感情。"在附言中,他又写道:"总之,我不相信您将结婚。我认为家庭的压力将压垮乔治。"

事实证明温斯顿是正确的。家庭压力能够压垮乔治,因为他和詹妮的经济情况比他们之间的年龄差异更为严峻。他们没有钱,更糟糕的是得不到朋友们的支持。他们之间充满着爱情,这对詹妮来说就足够了,但对乔治也是这样吗?他没有詹妮那种性格。似乎这场浪漫恋情已经干枯,最后篇章已经完成,然而改变一切的新消息意外地来到了。两个月内大不列颠将与布尔人在南非交战。

第三十一章 "缅因"

在跨入新世纪之际,英国改变了"光荣孤立"的立场,采取了"殖民扩张"的外交政策,随即一个动荡的时期取代了和平的岁月。诗人兼批评家威尔弗雷德·伯勒特写道:

> 我预言在这个新的世纪,大英帝国将寿终正寝,一个更为糟糕的帝国可能取而代之,除此之外,别无他途。但我看不到这一天……我们在世界上行善已经一百年了,在未来的一百年,我们将做尽坏事,那时世界将不再承认我们。

在此两年前,拉迪亚德·吉卜林为庆祝维多利亚女王统治 60 周年写了一首著名的赞美诗,结尾是:

> 万军之主依然与我们同在,
> 以免我们忘情,以免我们忘情。

然而,1899 年秋,英国人的情绪不是悲观谦卑,而是危言耸听、沙文主义和战争。

詹姆森袭击德兰士瓦事件以及血腥而富有戏剧性的恩图曼战役似乎都刺激了整个民族的欲望。《每日邮报》的发行人,年轻的阿尔弗雷德·哈姆斯沃思勋爵评论说,他的读者最需要的,也是他的报纸供给读者最好的东西,都是"强烈的仇恨"。

德兰士瓦是毗邻英国好望角殖民地的三个共和国之一，位于南非的南部，曾一度被英国吞并，但在1861年，德兰士瓦的布尔人在马朱巴山击败了英军，宣布了独立。这些布尔人（布尔意为农民）是荷兰人的后裔，粗犷、性格坚强，早在詹姆森进袭的前三年，他们就严阵以待了。

1866年，金矿的发现很快使德兰士瓦成为非洲大陆最富有、工业最集中的国家。"外国人"——主要是英国人——蜂拥而来，因而造成了国际间的关系紧张。德兰士瓦总统克鲁格拒绝给予外国人选举权，好望角殖民政府的新任总督、詹妮的好朋友阿尔弗雷德·米尔纳爵士成为这些外国人的领袖，他上书殖民大臣约瑟夫·张伯伦说：

> 年复一年，成千上万的英国臣民身处奴隶地位。他们心怀愤懑，向女王陛下的政府发出微弱的呼救声。这凄惨的情景难道不是在动摇大不列颠的声望，危及大英帝国的尊严吗？

米尔纳与克鲁格几次谈判无效，他汇报说："解决南非政治纠纷唯一的方法是通过战争与德兰士瓦达成协议。"

不久，张伯伦和詹妮在周末都到查茨沃思做客。"在一次晚餐上，"詹妮回忆说，"我们谈论了形势，他坦诚地对我说，战争是不可避免的。"

约瑟夫·张伯伦是索尔兹伯里勋爵的保守党政府里一个举足轻重的人物，曾一度反对过帝国主义，从而不仅学会了用"帝国的方式思考"，而且还置身于高涨的帝国主义浪潮的峰巅。他戴着系有黑色丝带的单片眼镜，风度翩翩，人称"冲锋陷阵的乔"。布尔战争爆发后，就被称为"乔的战争"。

詹妮此时心乱如麻,双方都有她的朋友。就像 20 年前她的丈夫那样,她担心"如果英军凭着蛮力获胜,那么结果只能是德兰士瓦永远地脱离大不列颠"。

然而,温斯顿·丘吉尔有其崭新的看法:"帝国必须为'外国人'鸣冤。"他在 1897 年写道:"帝国的军队应使布尔人的狂妄收敛一点,别无其他折中办法。我们强大的军队必须击败德兰士瓦和自由邦的一切反对力量,与此同时赢得好望角的所有同情。为了我们的帝国和荣誉,为了我们的民族,我们一定要打败布尔人。"报纸大肆煽动这种沙文主义以唤起爱国狂热。后来历史学家恩索尔写道:"有人说是坏脾气引起了战争,这不无道理,尽管稍欠精确……如果布尔人误以为英国政府需要他们的鲜血而团结起来的话,那是因为他们听到了英国公众向政府这样的呼吁。"

1899 年 10 月上旬,克鲁格总统向大不列颠发出最后通牒:限三天之内撤走边境线上的英国军队,停止一切增援,否则战争不可避免。

布尔人有 5 万人的军队,是英军的两倍,况且,他们早已做好游击战的准备,而英军则仓促上阵。很快,总司令雷德弗斯·布勒勋爵随增援部队赶到,同船有《晨报》的随军记者温斯顿·丘吉尔。刚开始是詹妮联系的,最后的一些安排则是温斯顿做的。

与此同时,威尔士亲王并没有忘记乔治·韦斯特和詹妮的事情。"我的指挥官对我说,"乔治写道,"麦森勋爵想从旧部中找一位马术娴熟的军官做他的副官,我被提名了。事前我对此一无所知,因此感到出乎意料。回家见到威尔士亲王留下的字条这才恍然大悟。"

第三十一章 "缅因"

亲爱的乔治·韦斯特：

　　昨日在车站与雷德弗斯·布勒爵士道别时恰遇麦森勋爵。我向他特别举荐你。谨盼事情得以圆满解决。羡慕你逢此良机，随一支优秀的队伍出征。祝你好运，安然返乡。

您的忠实的
阿尔伯特·爱德华

　　威尔士亲王的手很长，他有许多能使其愿望尽快实现的朋友。他或许与乔治的双亲一样认为，强迫乔治离开，能使乔治与詹妮的热情冷却下来。差不多25年前，老马尔巴罗公爵夫妇对于伦道夫勋爵同詹妮的事也犯过同样的错误。

　　在分别前的日子里，詹妮尽力陪伴乔治。她取消了所有的约会，甚至谢绝了社交旺季的一次十分重要的社会活动，即乌弗顿勋爵夫妇为威尔士亲王举行的每年一度的乡间宅第晚会。

　　起初，乔治与詹妮不愿让人看见他们在一起，但现在，他们公开表现得如胶似漆，詹妮甚至还陪着乔治四处买东西。更有趣的是有人瞧见他们在看一出名叫《永葆青春》的戏。

　　布尔战争是所谓的"绅士战争"之一，上前线的军官可以带上自己喜爱的食品、饮料、枪支、战马以及衣物。福特南－梅森百货商店别出心裁地成立了"南非战争服务队"，其他著名商店纷纷仿效。"他们带来配有金银装饰的旅行提箱、珀迪与韦斯特－理查兹造的精美手枪；威风凛凛的猎马上坐着寇松街的戈登一类的人物。军官们还带来随身男仆、马夫、饲养员和专门服侍他们打猎的仆人。"在开拔前，威尔士亲王检阅了部队。"那是一个令人难忘的秋天的黎明，我们大约5点钟从切尔西的营房出发，向滑铁卢车站挺进。"

部队从南安普敦坐小船"努比亚号"起航，24小时后，伦敦一家报纸大幅标题登出"'努比亚号'全船覆没"。然而雾散后，人们发现船在离海岸不足半英里处蠕动。失真的新闻使詹妮的焦虑倍增。她懊悔自己数月前不该固执地拒绝乔治的求婚，假如他们已定了终身，事情大概是另一个样子。可是，现在乔治上了前线，他们的关系与处境蒙上了戏剧性的色彩。她预感不幸即将降临。

温斯顿竭力安慰她。他答应去南非找乔治，他说他想乔治可能会及时回国参加德比赛马大赛。

詹妮努力把思绪转到《盎格鲁－撒克逊评论》上，但她已失去了昔日的热情。她安排征集了第三期的稿子。第二期出版后也受到了好评。绿色的封面嵌有烫金装饰，内容丰富多彩，包罗万象，从德雷福斯事件到马尔巴罗宝石，无所不谈。

就在这时，布洛夫人拜访了詹妮。这位夫人原籍美国，丈夫是南非一家最富有的矿业辛迪加的经理。她说她有一个十分激动人心的计划，但需征得詹妮的同意才能实现，即在船上建立一所美国水上医院，医治在南非的伤员。

起初，詹妮有点犹豫不决，美国团体组织在英国还未有这样的先例。詹妮考虑问题有实际的一面，她预见到国际公事程序的烦琐与杂乱无章，同时，她也看到大多数美国人有亲布尔人的情绪，认为德兰士瓦这样一个小国在为独立反抗强大的英帝国。的确，即使在英国国内，也有一大批人在詹妮的朋友约翰·莫利的领导下反对这场战争。但是，当詹妮与另一位朋友威廉·加斯顿爵士商讨此事时，加斯顿爵士奉劝她把这一计划付诸实施。"相信我，"他说，"这项工作很伟大，你会流芳千古的。"

"好吧"，詹妮说，"我拿定主意了。"

第三十一章 "缅因"

詹妮对女人的作用与能力的判断与南丁格尔的结论大同小异。1899年10月25日，筹备医疗船的第一次工作会议在詹妮家举行。布洛夫人当选为名誉干事，范妮·罗纳德为财政负责人，科妮莉亚·阿黛夫人为副主席，詹妮任主席。

"一个庞大而具有影响力的委员会成立了。"詹妮这样写道。

> 大家都满腔热忱地工作，很快一切都就绪了。公众对这场战争有一个普遍的印象，即短暂又激烈。各类医院供不应求，因此，我们快马加鞭地忙碌着。当务之急是解决资金与船只。搞到一笔数目可观的钱并不困难，钱都来自美国。当然，这里无须否认我的同胞对这场战争是持反对态度的。他们同情布尔人，认为他们在为独立而战。但是，仁慈之心超越了政治观点。特别基金管理机构一成立，钱就源源而来。执行委员会通过了一项决议，具体表达了我们向公众的恳求：

> "有鉴于大不列颠陷入了影响盎格鲁-撒克逊人民在南非的权利与自由的战争，70,000人的军队在为争取权利和自由而备战；有鉴于大不列颠人民出于同情和道义，在古巴与菲律宾岛之战中曾给予美国人民物质上的支援，因此决定：

> "侨居在大不列颠的美国妇女在为战争的必要性哀叹的同时，应该竭尽全力号召在美国的同胞为在南非的伤病员与避难者提供资金以示帮助。建议迅速派出一艘可容纳200人的医疗船，载上全部配套的医疗设备与药品以及4名医生、5名护士和40名负责各种事务的官员和勤杂人员。

> "为使以上决议付诸行动，急需一笔30,000英镑的资金。"

为筹备基金，委员会举行了音乐会等各种各样的娱乐活动。一些大商行捐赠了大批医疗设备，以至于委员会为如何储存这些物资而为难。捐款与支票从几先令到一千英镑源源不断而来。然而，也有遭到拒绝的时候。詹妮发电报给纽约的一位百万富翁请求捐款，得到的答复是："对此计划一无所知。"詹妮回电："读报。"

一家英国报纸就美英两国在困境与危难之时亲如一家的强烈感情发表了评论。文章赞扬了"我们美国兄弟姐妹"的能力、方法和独立精神，以及他们"很强的幽默感"。在谈到侨居英国的美国妇女的慷慨与她们具有奉献精神的医疗工作时，文章评论说："值得注意的是她们成立了一个强有力的委员会，伦道夫·丘吉尔夫人为负责人。期望她们取得巨大的成绩。"

温斯顿后来写道，他的母亲"筹集了一笔款子，迷住了美国的一个百万富翁，弄到了一艘船"。

事实就是如此。詹妮想要一艘美国船。她的一位远房表哥西奥多·罗斯福，当时是纽约州州长，她给他打电话询问能否帮忙，遗憾的是他没有提出任何建议。就在这时，她发现了美国的百万富翁，45岁的伯纳德·内达尔·贝克，巴尔的摩的大西洋航运公司创建人，贝克毕生致力于造船业。1899年12月12日，在一次特地召开的董事会上，贝克报告说没有机会同全体董事商量，他对在德兰士瓦战争期间提供一艘运输船供英国政府使用负全责。

这是一个非同一般的礼物。贝克的公司不仅提供了船只还负担了船上全体工作人员的费用。这相当于每月赠送一个3,000～4,000英镑的礼物。

这艘船叫"缅因号"，与美西战争伊始时沉没于哈瓦那港的船同名。很遗憾，这是艘慢如老牛的旧船。怎样才能把它改装成一艘医疗船呢？詹妮请求军队和红十字会的专家帮忙，但他们也无能为力。没有先例，也没有现成的计划和程序，因此詹妮和同伴们只得再找人起草计划和制定程序。

下一步是找医生、外科医生和护士。詹妮希望他们多数是美国人。她记得怀特劳·里德夫人在美西战争中从其父创建的密尔斯护士学校里征集过人员。詹妮和里德一家很熟，怀特劳·里德为《评论》的第一期写过一篇文章。里德夫人愉快地接受了提供一支美国医疗队的任务。

詹妮的下一个目标是让"缅因号"成为正式的军队医疗船。她直接去找与她私人交往很长时间的国防大臣兰斯多恩勋爵和海军大臣戈申勋爵。"缅因号"被正式宣布为军队医疗船。与此同时，从第二救生队来了一位外科医生亨斯曼中校，从圣约翰救护队也来了一些人。

10月至11月，委员会几乎天天开会。英军在南非战场上的几次失利给不列颠蒙上了忧郁灰暗的色彩。但是，对于詹妮来说，这是她平生最光彩的时刻之一。她不断催促海陆两军司令部。"他们能为我们提供这个吗？他们能向我们保证那个吗？我们可不想听到拒绝的答复。"詹妮回忆当时的情形时说。

在第一次全体委员会议上，詹妮提醒他们：

> 就在两周前，这个计划尚在酝酿中。而今天我们有了一艘船，有了一个健全的机构，更为重要的是，我们有了15,000英镑，有数以百计的赠品，有在世界各地为我们工作的同胞。我们或许反对把诸多勇敢的士兵派到前线，批评指责谁都会，然而一位有才华的同胞写信给我说："信条与国籍有别，而伤员总是伤员。"的确，在这种时刻，我们只能这样认为：假如能减

轻伤员的痛苦，安慰众多心力交瘁的心灵，我们为何不能完成我们毕生最伟大的使命呢？"女权"一词用到这里恰到好处。我们不再需要别的，我们熟知英国与美国的友谊，这比任何语言都要有力。我们殷切地期望"缅因号"医疗船比多年来的挥舞旗帜和愉快的致礼都更能巩固这种友谊。

她最后决定去好望角。几天后，报纸登出了她的话。

"缅因号"总的来说是一艘美国妇女的船。我们不仅要救护伤员，而且要向全世界宣告，与他人相比，美国妇女会把工作做得更好。我乘"缅因号"去好望角，不是因为我有儿子在那里，他还在千里之外，而是因为我认为美国捐助者们的慷慨奉献应该在一个执行委员会的严格监督下开花结果。

我去好望角的另一个原因是因为我认为我能防止怀特劳夫人星期天派出的美国护士与英国官员之间的摩擦，假如有摩擦出现的话，我甘心花费时间为之效劳。

然而，这一行动的价值却挡不住人们的闲言碎语。很多人认为詹妮去南非是为了见儿子温斯顿和情人乔治·韦斯特。詹妮对这些不予理睬。

维多利亚女王在船上接见了全体美国工作人员，感谢他们的善意，"不远万里来到这里救护我的士兵"。两天后，詹妮受邀前往温莎宫"赴宴与就寝"，与女王进行了长时间有关战争与"缅因号"的谈话。女王说："我看这些外科医生都很年轻。"詹妮接着说："因此也更加精神饱满。"

第三十一章 "缅因"

不久,纽约的"缅因号"基金筹备集会发生了一场茶话会风波,女王的祝福为平息这场风波起了很大的作用。曾经使威尔士亲王、詹妮的父亲和姐夫莫尔顿·弗雷温以及其他人倾倒的莉莉·兰特里,一位著名的女演员,出现在纽约舞台上,詹妮请她帮忙。莉莉宣布在雪利举办一场"美国酒吧"风格的音乐茶话会,节目将风格各异、丰富多彩。她告诉报界这个节目是由纽约上层妇女社团赞助的,她将亲自到华尔街售票。

很快,谣言四起,说在音乐茶话会上,著名女演员与上层妇女将身穿短裙以女招待的身份出现。妇女教会禁酒协会组织人马进行了全力以赴的抵制活动,她们说:"那将出现一个低级下流的场面……将成为这个城市妇女名誉的污点……是对法律的践踏。"《纽约日报》也发表了社论,大标题是"正派、纯洁的妇女难道为了慈善就与兰特里夫人同流合污吗?"

政策研究会(Society for Political Study)更为愤慨,宣称:参加茶话会的400名妇女不是美国妇女的楷模而是无耻的贱妇。她们代表的是金钱与地位,但不代表智慧,我们俱乐部的妇女才是智慧的代表。

纽约社团(New York Society)的领导人威廉·贝克哈渥斯·阿斯特夫人公开宣布拒绝参加茶话会,并告诫她的朋友们也不要去。莉莉致电詹妮:"面对冷漠,怎么办?"

詹妮却胸有成竹,对付势利行为最好的办法是以毒攻毒。她向威尔士亲王呼吁,很快,通过恰当的渠道,亲王让对方知道:除非阿斯特夫人改变主意去参加茶话会,否则皇室不会欢迎她在英国的女儿。

那位阿斯特夫人该如何办呢?她是否会继续坚持她的特权与主张呢?她是否会降低身份与因那项可疑的计划而臭名昭著的女演员"同

流合污"呢？她会的，也的确这样做了，与她一起去的是浩浩荡荡的纽约社团其他领导成员组成的队伍。

茶话会取得了巨大的成功，为"缅因号"募捐了5,000美元。一个身材魁梧的人表演了健美操；莉莉·兰特里身穿花边貂皮长袍，朗诵了吉卜林的《心不在焉的乞丐》。一个着浅方格男式便装短上衣、红衬衫与淡紫色长裤的侦探"溜"了进来，看看到底有没有穿短裙的女招待。雅茅斯伯爵是业余男招待，天鹅绒领大衣外系着一条白围裙，他那种厚脸皮的样子，"简直要让华尔道夫的招待感到无地自容"。《泰晤士报》引用伯爵自己的话说，他扮演的角色"或许有点令人作呕，但这对于今后密切我与亲王之间的关系大有帮助"。

詹妮在伦敦的克拉里奇斯举行了最后的募捐晚会，她没有遇到上述的麻烦。亚瑟·沙利文爵士包下了旅馆的第一层楼，詹妮和她的朋友们把那里改为一处菊花玫瑰千姿百态开放、彩灯五光十色亮相的花园。英国皇家代表团在身穿红白相间制服的皇家禁卫军、鼓手和身穿格子花呢的苏格兰皇家禁卫军的护送下光临。晚会还邀请了《纽约的美女》等两出音乐喜剧的全体演员与管弦乐队。富有特色的女歌手布朗·波特夫人也出席了，她是亲王喜爱的演员之一。

布尔人伏击了英军的一辆脱轨的装甲火车，温斯顿恰在车上。伦道夫勋爵生前的贴身男仆沃尔登现在又在服侍主人的儿子，他给詹妮写了封信。

> 火车司机是最早的伤员之一，他对温斯顿先生说："我完了。"可先生说："振作一点，我还得靠你呢！"他扔掉手枪和双筒望远镜，帮助司机救起了20个伤员，把他们安置在煤水车上。司机说他见到了军队里最勇敢的绅士。

第三十一章 "缅因"

威尔士亲王发来了慰问电（保佑他安然无恙），来电的还有在祖鲁战争中失去了独生子的尤金妮亚皇后，以及乔治·韦斯特（我可怜的人儿，我理解你目前沉痛的心情，我多么想帮助你解脱痛苦啊！……）。但是，使詹妮感到最温暖的还是小儿子杰克的来电："不要惊恐，我到家里来陪伴您。"

詹妮得到这一消息时，正在外地度周末。她火速赶回伦敦，杰克果然在等她。几个月前，她与温斯顿的关系发生了重大的变化，目前她与杰克的关系也是如此。她现在需要的儿子是一个能依靠的强壮男子汉。

不久传来了好消息，温斯顿来了封信，他没有受伤，但被布尔人关在比勒陀利亚的一个俘虏营里了。"您完全不必焦虑，只是请您全力设法让他们释放我。"在给布克·科克伦的信里，温斯顿写道："我25岁了，一想到活不了多久了，就觉得可怕极了。"

詹妮拜访了所有有名气的朋友，请求他们利用各自的影响把她儿子从俘虏营里释放出来。毕竟，他不是军人，而是一个政府报纸的随军记者。

乔治也在酣战中。在一次战斗后，他打电报告诉詹妮自己安然无恙，并让她转告他的母亲。"这是一场激烈的战斗，感谢上帝没让我负伤。"在第二封信里，他讲述道：

这是在殖民地进行的最激烈的战斗——长达13小时的莫德尔河战役。可以告诉你，危险得实在是间不容发。

士兵从早晨起整整一天未进食，水也在午前就喝光了。天气酷热难忍，下午3点我中暑晕倒了。晚上醒来发现自己躺在医院里，到明天就 3 天了……我厌恶这场战争，6 天里进行三次大战斗，谁能受得了。我想大部分人与我有同感……您一定在为您的医疗船忙得不可开交。医疗船会取得成功的。殷切希望这期刊物也发行成功。

然而，詹妮每天并没有多少时间顾及《评论》杂志。在她为"缅因号"奔波忙碌时，西德尼·洛出色地接管了《评论》杂志的诸项工作。现在这艘老掉牙的船的改装工作在加速进行。《护理纪事与卫生世界》派来的人检查了改装后的船，认为"缅因号"是"有史以来建造得最完善、最舒适的医疗船"。

12 月中旬的一天，詹妮接到了《晨报》的一个电话。"好哇！好哇！"詹妮回忆，"我只听到几个不同的声音在重复这几个字，他们一个一个接过话筒向我表示他们真诚的祝贺。"

丘吉尔逃出俘虏营

这是《晨报》上登出的头条新闻。
温斯顿后来讲述了这段不平凡的经历。

> 机不可失，时不再来！我站在壁架上，双手抓住墙沿，用力向上爬。两次都在犹豫中松开了手，第三次下定决心爬了上去。墙上唬人的电网钩住了我的背心，我不得不用几秒钟摆脱电网。有两个哨兵在 15 码远的地方背对着这边聊天，其中一个在点烟，我最后瞥了他们一眼，脑海里至今还闪现着那哨兵手中的火光。然后，我弯下腰来到花园，躲到灌木丛里。我自由了！

第三十一章 "缅因"

布尔人悬赏 25 英镑缉拿温斯顿,在布告中这样描写:

> 该犯大约 5 英尺 8 英寸高,红褐色头发,蓄有小胡子,走路时有些驼背,不会讲荷兰语,谈话时间长了嗓子里有时发出格格声……鼻音重,不会发"s"音。

温斯顿逃出来了,但他离边境仍然有 300 英里远。他时走时跑,有时还要躲进沟壑里,有时扒上大车,最后全凭着运气,跌跌撞撞地来到了朋友家里。"感谢上帝,你来了。"那人说,"方圆 20 英里,这是唯一不会出卖你的地方,这儿都是英国人,会帮你越过边境的。"

詹妮一颗悬着的心总算放了下来,她为儿子欢欣自豪。现在,她为"缅因号"的启程定出了最后的计划,她准备在船上并列悬挂美国与英国国旗。维多利亚女王欣然同意,并答应让儿子康纳特公爵参加仪式时带来一面英国国旗。然而,麦金利总统不同意詹妮所说的"这样做不带有政治色彩"。美国人绝对倾向于布尔人,而且不到一年就要举行总统竞选了,麦金利拒绝以个人名义送来一面美国国旗,这使詹妮在仪式上感到十分尴尬。"在这种情况下,"她写道,"我以为最好的策略就是保持明智的沉默。"

康纳特公爵代表女王赠送了一面英国国旗,他向"广大美国女士"致谢。

"缅因号"是历史上第一艘并列悬挂英国国旗与星条旗的船只,我希望它是我们两国人民相互支援与热爱的标志。在此,我请求伦道夫·丘吉尔夫人代表与她一道工作的美国女士，在奔赴南非帮助我们的伤员这一光辉时刻，接受我们的国家与全体人民的敬礼！

詹妮也作了简短的发言，她说："……所有关注这项工作的人们都把它视为仁爱的劳动。我们期望'缅因号'起到的不仅仅是仁慈的作用，也期望我们的兄弟之爱不受国界限制而传遍世界各地。"

康纳特公爵在苏格兰禁卫乐队演奏的英国国歌声中，把英国国旗升到主桅，当星条旗在后桅升起时，乐曲又变为美国国歌，红十字旗升到前桅。"再加上英国海军部的运输旗插在舵柄上，有一种旗帜到处飘扬的感觉。这对于我们来说是一个伟大的时刻，我的喉咙哽住了。"詹妮这样说。

起航的那天，船上乱哄哄的，发生了一场小小的危机。三个男护士因亨斯曼中校要他们去服侍他的五位海员而一气之下离开了船。他们说他们伺候的是自己人与伤员而不是亨斯曼的人。亨斯曼在名义上是主管军官，但美国军医部的儒略·卡贝尔少校得到陆军大臣的特别批准，在船上担任美方的高级外科大夫。出发前，他宣布自己是"实际领导人，负责全盘工作"。权力之争使詹妮成为航海中缓和英美双方紧张关系必不可缺的中间人。

尽管船坞上的人们喜气洋洋，不断欢呼挥手，可是詹妮正如克拉丽塔事后在给利奥尼的信中所说，"看起来她闷闷不乐……"她刚刚接到一份电报。

伤。欲速归。转告母亲。乔治。

第三十一章 "缅因"

乔治还写了一封信,可詹妮接到信后一切已经晚了。在信中,他请求她推迟行期,等他回来,否则他们会错过见面的机会,而"那将太可怕了"。

"缅因号"离开船坞时,"浓雾弥漫,伸手不见五指"。詹妮站在甲板上聆听着岸上的欢呼声。也许她曾期望这是一个欢欣鼓舞的时刻,然而,此刻她的心里却满是凄凉。

第三十二章　医院

1899年圣诞节，"缅因号"驶入了狂风呼啸、浊浪排空的比斯开湾。詹妮虽几经环球航行的风浪，但这一次却糟糕至极。此时，距下个世纪的新年只有六天了。

"……桌面框根本不起作用，菜汤溅满你的衣裙，杯中的酒液喷得你满脸开花。"詹妮写道，"……我做梦都没想到色彩对人的折磨竟是如此残酷，那间我一向认为恬静、舒适、小巧可爱的绿色卧舱，如今却成为我饱受惨烈之苦的罪恶之源……汹涌的波涛夹杂着远处传来的'隆隆'炮声，'嗡嗡'地震击着舱板……记得我当时曾想，自己已陷身于茫茫无际的苦海中，一旦真的葬身海底，至少，我们会被看作是这场战争的牺牲者。"

她告诉利奥尼，怒吼的狂风常常使人难以为梦，于是，她不得不"整夜坐在安乐椅上挑灯夜读"。她嘱咐利奥尼"好好照顾杰克和乔治，把他们所说的一切都告诉我……"几乎与詹妮动身的同时，乔治·韦斯特业已离开非洲回国，此时此刻，他搭乘的轮船也许正在这浩渺的大洋中破浪行驶。遗憾的是，不知何日才能与他重逢。现在詹妮肩负着完成此次航行的重任，而其中所包含的重大意义使她义不容辞，正如温斯顿在信中所说的："在成千上万的饱经战争创伤的人的心目中，您的英明将永垂不朽。"

（1990年）1月2日，傍晚，"缅因号"停泊在加那利群岛的拉斯帕尔马斯港。这里花香四溢，暖风熏人，低矮的阳台掩映在婆娑摇曳的九重葛的树影之下。此情此景，不由得使詹妮联想起加利福尼

第三十二章 医院

亚的蒙特雷,"那装有绿色百叶窗的方形粉红色建筑、典型的热带植物以及濒临大海的地势,与眼前的景象何等相似"。然而,在詹妮看来,拉斯帕尔马斯的风光只不过是略为秀丽而已;而蒙特雷,在沿途17英里的旅程中,举目所见,那奇妙无比的花园,那久经风雨、俯瞰大海、优美绝伦的柏树林,其景色之美之壮观,简直可以说是举世无双。

温斯顿在信中高度赞扬了詹妮所从事的事业。

> 还有一件令您兴奋的消息,杰克已于本月5日从英国起身。在南非轻骑兵旅中,我为他谋取了一个中尉的职位。我深知此事关系重大,同时,我也知道,这恰恰是他所朝思暮想、梦寐以求的。我觉得,国难当头,每一个人都应挺身而出,报效国家。我深信,凯西尔对这一决定毫无异议,所以,也希望您不必挂念。

事实上,詹妮对此忧心如焚。杰克刚刚19岁,勉勉强强才到长胡子的年龄,而且,他的右眼视力很差,在枪林弹雨中,很可能遭受意外危险。加上他特别崇拜自己的哥哥,为了表现自己,他也极容易铤而走险,盲目蛮干。她在给克拉丽塔的信中说,"对我来说,这恰似火上浇油"。

从温斯顿那里传来的消息使詹妮更为焦虑,在这之前,布勒将军已任命他为南非轻骑兵中尉,同时继续保留了他的记者身份。一场规模宏大的战斗已经迫在眉睫,温斯顿说:"如果我能死里逃生,我打算一直跑回开普敦。"

这一句"如果我能死里逃生",深深地触动了詹妮敏感的神经。

眼下，她的两个儿子都已处在生死存亡的紧要关头。

不久，"缅因号"重新扬帆起航，在驶往开普敦的17天的航程里，甲板上忙忙碌碌，要做的事实在是太多了。开船的最后一刻，扔在甲板上的东西至今还杂乱无章地堆在那里无暇整理，舷梯上、船舱也乱七八糟，一片混乱。

船上的英美人之间还发生了一场持续不断的有关思想、方法、品格等的激烈争论。一些负责特殊病房的职员，禁止别人穿过自己的房间，或者会有人说："你最好不要踩脏我的地板。"詹妮也觉得，有些人的言行举止与其说是成熟老练的大夫，不如说像是自命不凡的实习生。"也许，我得改变主意，"她说，"我希望能够如愿以偿……"作为医院委员会的首脑和代表，詹妮拥有至高无上的权威，但她丝毫不想滥用权威，相反，她凭借自己诱人的魅力、幽默的机智和坚定的信念来带动大家，从而创造一种真诚、和谐的良好气氛。

由于英国中校和美国少校彼此嫉妒对方所拥有的特权，两人之间战火频起，争斗不断，为此詹妮经常要出面调停，平息事端。在船上，詹妮有两位得力的助手——一个是她的挚友，另一个则是专业医务人员。

这位专业医务人员名叫玛丽·尤吉尼亚·希尔伯特。在底特律，她曾分别主管过格雷斯医院和一所护士学校的护理工作，以后又担任过佐治亚州萨瓦那综合医院的护士长。希尔伯特身材颀长，神态尊贵，一头漂亮迷人的灰发从额角高高地卷起。她不仅嗓音纯正柔美、抑扬顿挫、富于节奏，而且思维敏捷，反应迅速。在日常护理中，为维护自身的特权，她和詹妮难免发生口角，但在最初，她俩的合作还是无可挑剔且卓有成效的。

詹妮的另一位助手是自己的同伴，秘书兼图书管理员爱丽诺·沃伦德。她勤于工作，日理万机。这位面色苍白、性情温顺的姑娘，是詹妮狂热的崇拜者休·沃伦德的姐姐。休和他的家庭考虑到应该让爱丽诺换一换环境，开一开眼界，便说服詹妮把她带在自己身边。詹妮亲切地称她为"顶好的姑娘……我们俩彼此心心相印，情投意合。她聪明机智，从而赢得全船上下的一致信赖……我觉得她实在能让人快乐无比"。

然而，詹妮却无心快乐，尽管1月9日她生日那天，"缅因号"特意彩旗高挂，装饰一新，以示祝贺。她已经46岁了，显然，这并不是一个她乐意接受的年龄。此时，她心目中的"意中人"也显得越发缥缈了，而这家水上医院所取得的巨大成就和经历的痛苦磨难也渐渐地消失在日常的吵吵闹闹中。日后，她时常记起那天夜晚凝视南十字星座时的沮丧情景，"在我看来，它的美只是徒有其表"。而这时，杰克即将与她在开普敦团聚的消息，无疑在她的忧愁中增添了一丝欢乐。

两周后，"缅因号"缓缓驶入开普敦湾。这时，一轮红日正穿破泰伯山顶上渐渐消散的云雾冉冉升起。望着海湾中樯桅如林和运输船紧张穿梭运送登陆部队和物资的情景，詹妮第一次感到战争迫在眉睫。

詹妮的老朋友、好望角总督阿尔弗雷德·米尔纳爵士在蒙特·纳尔逊旅馆举行盛大宴会，为她接风洗尘。当他们坐在一座景色秀丽的花园里品尝草莓时，詹妮脑海里浮现出的仍然是那满街熙熙攘攘的士兵。杰克尚未到达，但从温斯顿那里传来的战争消息却不容乐观：雷德弗斯·布勒将军的部队正在溃退。在此之前，批评家就送给他一个有趣的绰号——"开小差的布勒"。

对英国来说，黑暗的一周已经过去。在三次惨败中，数千名官兵捐躯沙场，其中就有罗伯茨的独生子，当时罗伯茨勋爵正奉命接替布勒担任该部司令长官。

"在世界上的每一条道路上，我们都昂首阔步。"这样的一个大英帝国竟被一帮没有受过任何训练的军队打败了。然而，维多利亚女王对阿瑟·鲍尔弗一番慷慨激昂的训诫，使英国士气大振："在这座房子里，决不允许任何人悲观丧气。对失败，我们丝毫不感兴趣，事实上，它根本不存在。"除印度军队外，所有英联邦的军队，包括来自英国及其领地的志愿人员正火速赶赴南非。

抵达开普敦的当天，詹妮接到了开普敦医务长官的一项指令。考虑到目前的战局，他觉得有必要调整以前的部署，因此，他命令"缅因号"直赴德班，运载那里的伤员回国。

倘若是另一个女人，听到这个消息后定会欣喜若狂，兴奋不已。这的确是一次回国与她朝思暮想的情人重温旧梦的大好机会，再说，这决定并非出自她本人，自己只是奉命行事，所以她的行为也就无可指责。

但詹妮对此却大发雷霆。"缅因号"是一所配备了先进医疗设备和技艺精湛的医务人员的海上救护医院，而不是一艘伤员运输船，它的使命是尽可能地接近前线和伤员，以表示各国之间的相互关心和帮助的良好意愿。而这项使命所包含的重大意义是任何个人的意愿所无法代替的。詹妮明确表示，到德班后，她将对长官的命令予以申诉。在"缅因号"驶往德班前，恰好杰克来了。"开往德班之前，没有时间写信了。"詹妮在给克拉丽塔的信中写道。

杰克头戴一顶一边翘起、一边垂下的漂亮阔边帽。在詹妮看来，他依然是一个不安分守己的家伙。尽管眼前这位英俊、潇洒的小伙子唇边已冒出几点淡淡的胡须，而且来复枪、左轮枪、刺刀一应俱全，

第三十二章 医院

全副武装，但仔细观察就会发现，他仍显得那么稚嫩和脆弱，对詹妮来说，这无疑是不祥之兆。杰克再三地解释自己为何参战。

……在世人眼里，我放弃自己长期以来孜孜以求的事业奔赴疆场，也许是个十足的傻瓜……在前进的道路上，恐怕我会屡遭挫折，几经磨难。但我坚信，我将矢志不渝，义无反顾。

出发之前，他们打电报给温斯顿，要他马上赶往德班与家人团聚，此前，温斯顿写信给自己的母亲："……在这个偌大的世界上，毕竟只剩下我们三个亲人了……"

詹妮向我们详细地描述了这次航程的经历。

在和煦的阳光下，我们就像一群蜥蜴慢慢爬出来。我举起望远镜，久久地凝视着离船三四英里远的海滨，只见远处山冈绿草如茵，沙滩明媚灿烂，村庄星罗棋布，点缀其间，景色如此秀丽迷人，简直使人难以相信这就是"野蛮的南非"。快到德班时，天气突变，狂风骤起，乌云翻滚，一道道霹雳在天边连连炸开。今生今世，我永远不会忘记这骤然而至、惊心动魄的暴风雨。刹那间，船舱里的气压表陡然下降，核桃般大小的冰雹劈头盖脸地向我们砸来。这时，风愈刮愈烈，狂暴的海风卷起后天篷，连同橡子、支架"呼"地刮进了波涛汹涌的大海。突然，一个排风扇被打得粉碎，飞迸的残渣碎片差点打伤蜷缩在甲板上的姐妹们。尽管如此，我们的船依然以10海里的时速乘风破浪，向前行驶。海上出现了一幅蔚为壮观的奇特景象，冰雹重重地砸在海面上，平地掀起了一英尺高的浪花。当冰雹随着滚滚的波涛上下起伏翻卷时，茫茫的大海顿时变得银光闪闪，璀璨夺目，这景象好几分钟后才渐渐消失。

坐在船舱内，一粒粒冰雹砸在窗户和天窗上，听起来就像一颗颗子弹"呼呼"响，声音之大，令人心惊肉跳。一扇窗子被打坏了，汹涌的海水夹带着冰雹蜂拥而入，灌得到处都是。这些雹子有点像玛瑙。由于（甲板上）冰雹覆盖，室内的温度急剧下降到华氏82度。记得当时有个苏格兰人，举着正在上升的温度表，大声地喊道："哎！快来看呀。"幸亏，没多久便雨过天晴，风平浪静，我们很快又能从船舱里钻出来，去看看这暴风雨后一片残败的景象。

船抵达德班，迎接她们的是本港的一位医务官员，他的意见与詹妮以前接到的命令如出一辙，即运载这里的伤员，急速回国。以后的几天里，詹妮凭着一张三寸不烂之舌，反复游说纳塔尔省总督、雷德弗斯·布勒爵士以及当地名声显赫的朋友，终于第三次挫败了将"缅因号"改为运输船的企图。

在德班，温斯顿正望眼欲穿，翘首以待。母子久别重逢，场面之激动感人可想而知。"我们曾远在7,000英里之外遥相期待，如今终于如愿以偿，又团聚在一起了。"杰克写道。詹妮和儿子们有两天的空余时间，在此期间，他们接受了纳塔尔省总督瓦尔特·哈特金森的邀请，到彼得马里茨堡做客。列车在蜿蜒曲折的铁路上飞速奔驰，穿过一座座景色各异、不断变化的山丘，一路上真是其乐无穷。在这两天里，母子三人置身于一个和平、宁静的环境中，他们总是力图不去想那即将发生的莱迪史密斯解围战血肉横飞的悲惨场面。然而，光阴如梭，孩子们很快就要离开、重返部队了，"与儿子们说'再见'实在是太难了……"

著名随军记者弗雷德里克·维列斯和英国"恐怖号"的舰长珀西·斯科特，碰巧与温斯顿哥俩在归队途中相遇。"温斯顿将弟弟介绍给我，"维列斯说，"他马上告诉我，早在哈罗公学时，他就亲耳聆听过我对学生们的演说。其中记得最清楚的是，我在银幕上曾放映过他母亲当年举枪射击的精彩画面。"

这个镜头是维列斯1894年在"中国皇后号"甲板上拍摄的。当时，詹妮和伦道夫正前往满洲里观光旅游。为了消磨时光，维列斯和几位日本官员竟独出心裁，用左轮手枪瞄准吊在船尾的空啤酒瓶练习射击。身为神枪手，詹妮自然也不会置身事外。

维列斯还告诉兄弟俩，有一次他在纽约麦迪逊广场的大学俱乐部演讲时，曾放映过这个画面。"使我大为惊讶的是，"维列斯回忆起当时的情景时说，"顿时，全场起立，掌声雷动，经久不息。过了好长时间，我才能继续演讲。"事后维列斯得知，这座大厦，包括这个俱乐部，都是詹妮的父亲为自己的后代修建的，以后又把它作为嫁妆送给了詹妮，现在的演讲大厅就是当年杰罗姆的私人剧院。当时一位观众说："伦道夫夫人曾多次在此登台献艺。"温斯顿和杰克深深地为这个美妙的故事所吸引了。

随后，话题转移到战争方面，他们争论的焦点集中在苏丹的吉青纳战役。温斯顿胸有成竹地说："我对我的观点确信无疑，因为，我已经将它整理成书。"

来自斯皮恩山方面的伤员正坐在摇摇晃晃的列车上，昼行夜宿，缓缓地向"缅因号"赶来。当第一列救护列车停靠在码头附近时，詹妮和同事们早已准备就绪。《德班中央日报》曾对此作了报道："伦道夫夫人主持了这场欢迎仪式，并亲自安排床位，慰问伤员，就像一位'温柔的天使'。"

詹妮这样评论一个战士代表:"脱去军装,他不过是一个大孩子,他需要严格正规的训练,而不是过分的宠爱。对这一点,恐怕我们大家都深有同感。"

詹妮也为伤员们代写书信,如果对方犹豫不决,不知怎样表达时,她总是在一旁提醒说:"你是不是还要向其他人问好呢?"一次,当她向一位伤员提出同样问题时,他面露愠色,答道:"不,除了家里人,再没有别人了。"

> 一位眼睛缠满绷带、胳臂受伤的名叫汤米的战士,满脸通红地要我在信后添上:"给我代笔的是一位心地非常善良的大姐。"

护士们都身穿简朴的白色工作服,包括一件长裙、一件上衣和一顶中间尖起的小帽,臂上佩戴一枚镶有"缅因号"图案和红十字的臂章。詹妮也是同样的装束,许多人叫她"詹妮护士"。

在首批到达的负伤军官中,有一位给詹妮带来了一封发自纳塔尔省奇伊夫林营地的信函。信的开头便是"亲爱的妈妈",显然这是温斯顿的口吻。"非常巧合的是,"他略带幽默地写道,"在第一批踏上'缅因号'甲板的伤员中,竟有您的儿子杰克,这信就是由他转交的。"

> 他会详细地告诉您这次小小战斗的经过以及其他方面的情况。在部队里杰克勇敢顽强,表现出色,受到了上司的高度赞扬。在这次大约十分钟的激战中,我们有十来个人伤亡,杰克

第三十二章 医院

由于伤势轻微，有关方面没有将他归入伤亡之内。医生说只要一个月，他就能完全康复，所以，我希望您一定要等他彻底复原后，才允许他重返前线。说真的，在这场竞赛中，过早地失去名列金榜的机会，实在令人讨厌，他为此闷闷不乐，也情有可原。但是，值得庆贺的是，在这一个月里，他完全可以摆脱眼前这残酷的现实。最近几天，将发生一次大规模的战斗，倘若他在场——虽然我不会挥手制止他，但是，每一声枪响都会使我万分焦虑。

后来，温斯顿又写道：

高兴的是我的弟弟杰克和我在一起。我期待已久能通过自己的言传身教向他展示战争的伟大和光荣。可是，这种喜悦很快就被吹得烟消云散。2月12日，我们奉命侦察铁路沿线以东方圆六七英里的地区，并占领了一座地域广阔、丛林密布的胡萨军事高地。在那里我们坚守了好几个小时。

撤下高地后，我们在前沿阵地上扬鞭催马，奔驰了大约一英里后才勒紧马缰，缓缓地登上了一条狭长的长满青草的斜坡。这时，我回头望了望，对同伴们说："我看离那帮家伙还是近了点。"话音未落，只听得"呼"的一声枪响，刹那间，约有二三百支毛瑟枪"嗒嗒……"炒豆般向我们射来。我们立刻翻身下马，卧在草丛里，举枪还击。此时，杰克恰好在我身边，突然他猛然跳起，跌跌撞撞地向后跑去，刚刚跑出一两码远，"呼"的一声，一颗子弹穿进了他的小腿。就这样，他的第一次战斗竟被一颗子弹结束了，万幸的是，这颗子弹没有击中他的头部。

在写给克拉丽塔姨妈的信中,杰克对这次事件的结局做了如下描述:

> 谢天谢地,幸亏没事,但在当时却疼痛难忍。撤退时,我重新爬上马背,大约走了一英里,温斯顿硬是把我塞进了一辆救护车。我的戎马生涯就这样闪电般地结束了。真倒霉!初次参战就被撂倒在枪口下。尽管如此,我却亲眼看见了一场惊心动魄的战争。当战斗进行时,只听得无数子弹"嗖嗖"地从我头顶上飞过,和我当年所想象的情景简直一模一样。
>
> 后来,我被直接送到"缅因号",直到它抵达开普敦,我才出来。

杰克对这场战争戏剧性的描述,更激发了詹妮想到战区参观的强烈愿望。她把这种想法告诉了温斯顿,温斯顿表示"一旦战火熄灭,就安排您到这里参观访问"。不久,温斯顿请了几天假,重新登上"缅因号"看望自己的母亲和弟弟。这次,帮助詹妮盛情款待自己孩子的是她的新朋友和保护人,本埠的战区指挥官,"恐怖号"舰长珀西·斯科特,这位被温斯顿称为"德班城内头号人物"的舰长大人,不仅是一位勇敢的水兵,也是一个机智的发明家。他的发明之一,就是设计了一种能将 4.7 英寸口径的海军大炮从地上抬起并用于前线作战的炮架。斯科特对温斯顿兄弟关怀备至,甚至有点过分。他带他们参观自己的巡洋舰,在两艘最大的舰只中,有一艘曾装备过一门由他命名为"伦道夫·丘吉尔夫人"的 4.7 英寸口径的大炮,该炮在运往前线之前，詹妮曾亲自操作，进行发射实验。

现在，"缅因号"上挤满了各种各样的伤员。"我们从早忙到晚，似乎没有片刻工夫坐下来读书、写信。不管是什么时候，在船上，特别是在一艘救护船上，要想独处是很难的。只有有了独处的机会，没有外界的干扰，人们才能全神贯注，安心工作。"

詹妮感到特别头疼的是，那些从其他医院转送到这儿来的伤病员，至今还穿着从战场上被抬回来时的衣服。他们破衣烂衫，形容凄惨。詹妮曾记述过从一艘拖轮上将伤员抬到"缅因号"时的情景："其中一位身上只有一条碎成布条的卡其长裤，而另一个则用一块手帕裹住自己腿上的伤口。"类似这种情况，可以说举不胜举。他们中的一些人就是这样，在几家医院之间被转来转去，直到来到这艘船上。

詹妮热切地期望到前线去参观，了解那里的医疗状况，以便掌握第一手情况。所以，等斯科特一回来，她便得到允许前往奇伊夫林营地，同行的有爱丽诺·沃伦德和亨斯曼中校。本来，斯科特要亲自为他们护卫，但到最后，终因军务紧急，改由他的一位舵手代替。

关于这次旅途，詹妮曾写道："满载着军官和其他乘客的列车向前线飞驰而去，尽管是夜里，但是一想到自己将要通过闻名遐迩、令人着迷的各种地方，我便立刻精神抖擞，睡意皆无。"

午夜时分，车上开始搜捕密探。

人们挨个接受盘查，甚至对每一个人的面孔都要细细察看。我蛮有趣味地看着两个人从分隔间里被拖出来押走——至于他俩命运如何，老天才会知道。

凌晨5点，车到弗雷尔，这时，我正睡意蒙眬。忽然，一阵"啪啪"的敲门声把我惊醒。有人问道："伦道夫·丘吉尔夫人在这儿吗?""是的。"我一边回答,一边急忙打开窗户,钻出头去,只见一位苏格兰高地联队的军官笑眯眯地站在月台上。"我猜您准要来,所以,想请您喝一杯咖啡,好吗?"他说,"如果您不介意的话,我那间小铁皮房子离这儿只有50码远。在以后很长时间内,除了这一杯咖啡,您不会得到任何东西了。"这正是我求之不得的,我赶忙起身。他提醒我还没穿鞋呢,同时瞥了一眼我那一头乱蓬蓬的头发说:"您最好戴一顶帽子。"我走出车厢时,天刚刚发亮,一条橘红色朝霞穿破淡淡的云雾,照出远山灰蒙蒙的轮廓。晨曦中,一辆马车慢悠悠地爬行着,三三两两的士兵、骑手走出帐篷,来回走动着。主人请我坐在阳台上的一只凳子上,递给我一杯香味扑鼻的咖啡。今天终于有人坐在对面听自己谈话,对他来说,是多么令人兴奋和激动呵!他的话说得那样匆忙、那么急促,以致有时显得语无伦次,但中间你根本没有插话的机会。一口气,他便把自己几个月来的全部经历和感受倾泻出来。对那些令人讨厌、乱七八糟的工作、责任和忧虑,他是如何愤怒;对投身战场、英勇杀敌,他是如何渴望。说到这儿,他停顿一下,又说:"尽管如此,这些脏活儿总得有人干吧,如此而已。"

列车继续向前方行驶,这时一名卫兵跑过来告诉她,这儿就是列车出事的地方,温斯顿就是在这里被俘的。如今那辆被枪弹打得千疮百孔、破烂不堪的火车残骸依然歪倒在路边,离它不远,是一堆插着十字架的孤坟。

最后,他们来到了奇伊夫林营地。在这里,詹妮看到了那些久经风雨、勇猛顽强的战士,而今大都变得蓬头垢面、衣衫褴褛、形容枯槁。战马一字排开,身上挂满了一条条的帆布,以防那嗡嗡乱飞、令人讨厌的蚊虫叮咬。她看到了土黄色的大炮、成行成队的四轮马车,还听到了那沉闷的"大汤姆"的隆隆炮声。同时,她也见到了那门以自己的名字命名的大炮,并愉快地接受了炮手们送给她的纪念品——一个炮弹壳。

在营地,詹妮暂时借住在将军的帐篷里。一次,她正在低头给孩子们写信,一位骑手飞马奔驰而来,大声喊道:"将军在吗?""当发现是我时,他立刻显得激动万分,军营里竟还有一个女人,而且还是在将军的帐篷里,这真是太有趣了。待我解释后,他说了几句笑话便走了。"

詹妮还抽空参观了马厩,在送往前线之前,这里圈养着两千多匹战马,其中数百匹还是刚刚从南美运来的。作为一个养马爱好者,詹妮不由得想象着它们在旅途中所经受的磨难:在颠簸摇晃的船上要关上好几天;随后,顶着火辣辣的阳光,被塞进敞篷卡车;出来时,四肢僵硬,浑身酸疼,头晕眼花;歇息两天后,便被赶往前线去喂布尔人的子弹。

詹妮回到医疗船后,士兵们不停向她打听战场的消息。"有情况吗?""莱迪史密斯——没事吧?""什么,他又回到了军营!噢,这个倒霉的布勒。"詹妮特地在一间病房里挂了一幅标有小三角旗的镶框大地图,以显示战局。每天,人们都会发现有几个布尔的小旗被粘住,他们的阵地被英国国旗占领。"港湾里,每当捷报传来,人们马上欢声雷动,灯火齐明。装在'恐怖号'甲板上的回光仪,立刻把喜讯传给湾内的每一只船,乐队尽情演奏,男人们唱哑了喉咙。末了,在一阵'劈劈啪啪'的鞭炮声过后,我们才上床睡觉,安然入梦。"

3月29日，詹妮和斯科特在"恐怖号"共进午餐时，传来了莱迪史密斯已经解围的消息。顿时，整个德班城如同发疯一般，游行人群中的欢呼声、口号声接连不断，震耳欲聋。在伦敦，人们纷纷拥向街头，高唱"女王的战士"歌曲。平日素不相识的人们，突然间变得异常亲密，他们围在一起，相互拥抱、泼水、举杯庆祝，鞭炮声声，响彻大地。罗伯特·勃朗宁的诗句，恰如其分地表达了当时的情景。

> 多么可恶，多么凄惨，多么疯狂，
> 噢，上帝，它又是多么的甜蜜！

"缅因号"运送伤员回国的这一天终于到来了。当全船上下为启程紧张忙碌时，詹妮、温斯顿和她过去的一位病人桑普船长，一同前往莱迪史密斯拜访布勒将军。一路上，只见马尸遍野、弹壳成堆，一座座新坟处处可见。他们穿过一个由沙袋堆成的小桥，就是在这里，当英军士兵成纵队向前奔袭时，遭到了来自对面三座小山包上的倾盆暴雨般的袭击。激战区内，尘土淤积，没及他们的脚踝，举目所望，一片焦土，满目凄凉。回城途中，他们三人坐在一辆装满手提箱的苏格兰骡车上，在詹妮看来，"真是出尽了洋相"。但是，没有人注意到这些，市民们一个个目光呆滞，神色茫然。

詹妮借了一匹从来没有上过嚼子的烈马，和温斯顿、桑普又一道向南非轻骑兵旅的营地奔去。"在那里，我们用空酒瓶和罐头盒喝茶，这时我感到疲惫不堪，什么也不想吃。如果在这夜半三更时回去，旅途之险，肯定会把我吓死。"第二天，她回到"缅因号"时，看到红十字列车上已挤满了伤员。

从在蒙特·纳尔逊旅馆的花园中品尝草莓到现在，詹妮长途跋

第三十二章 医院

涉,历经磨难。她也彻底看清了战争的真面目,那就是:尸横遍野,人们神情沮丧,一片废墟。

如今,乔治离她似乎愈来愈远了,他们之间真诚的爱也仿佛成为另一个世界的事。她没有给他写信,也没有工夫去想念他,然而,在她回到船上时,发现了乔治从他父亲那里寄来的一封信。

> 刚刚接到您的电报,您说打算在德班再待一个月——我已想到了这一点,也希望如此,您一回到德班,就马上投入工作并着手考虑回国事宜……和父亲在一起,我感到非常孤独,他从不放弃任何一个可以有助于度过目前经济难关的机会,他认为倘若我能娶一位有遗产的女人做妻子,眼前这点困难又算什么呢……

若是在其他时候,这封信很可能会使詹妮心神不安,可是现在不行,眼下"缅因号"正准备离开德班,她很快也会回国。当她们扬帆远航、驶向大海时,另外一些船只的乘务人员站在码头上向他们高声欢呼、挥手致意。

当"缅因号"抵达开普敦时,詹妮接到一道新的命令,要求抬下所有伤员,等待装运下一批,为此她大为惊愕。现在,船上铺位已满,所有的伤员都沉溺于归国回乡的梦中,一旦这个消息传开,不是将他们推向绝望的深渊吗?她匆忙上岸,面见医务长官,表示"缅因号"必须按预定方案于明日拂晓准时起航。"我准备打电报给国防大臣,以便得到他的首肯。"

当晚,国防大臣兰斯多恩爵士批准了她的请求,第二天凌晨,"缅因号"终于踏上了回国的征程。

天气晴朗，风和日丽，那些轻伤员围坐在甲板上谈未来，谈希望。他们唱呀唱呀，有时詹妮也与他们一起放声高歌。如今，这些人已经成为詹妮生活中的一部分，正像她写给威尔士亲王的信中所说的："'缅因号'完成这次重大使命，我感到非常满意。而这都与我有关。工作十分艰苦，思乡之情难遏，几次三番，我真想跳上一条邮轮，飞回我的故土，但值得庆幸的是，我能始终如一，没有妥协。"

在离开英国的4个月零1天里，詹妮一直神情抑郁。此时此刻，当"缅因号"缓缓停靠在南安普敦码头时，她站在甲板上，头戴一顶系有蓝色飘带、上面镶有英美两国国旗的白色草帽，身穿蓝哔叽礼服，胸前佩戴一枚"缅因号"徽章，领带上则是一枚红十字别针，显得神采飞扬，分外迷人。

朋友们热情地迎了上来，他们告诉詹妮，她看上去精神抖擞，身体好极了，比以前起码要年轻15岁。有人还送给她一束玫瑰花。

这时，她望见了乔治。

第三十三章 良缘

康沃利斯-韦斯特上校发现利奥尼发给乔治的一封电报,把詹妮到达南安普敦的时间告诉了乔治。上校便气冲冲地去责备利奥尼不该和詹妮站在一边,不该支持她"疯狂地迷恋上我的儿子"。

如果上校认为詹妮仅仅是迷上了乔治,那他就错了。她爱他,然而战争改变了她,使她变得甚至不知道自己究竟还需要什么。在有些人的头脑中,她总归是位有了点年纪的女人。詹妮喜欢的尤金妮亚皇后讲过这样一句话,女人过了 40 岁,便"开始消解,失去光彩,像乌云一样变暗"。路易十五的情妇爱米莉·夏特莱在《论幸福》中写道,女人变老了,就剩下三种快乐:赌牌,学习,在餐桌前狼吞虎咽。

可是,詹妮的生活不同。她 46 岁依然风韵犹存,卓越地与世界并驾齐驱。那些嫉妒她的人说她有一颗"男人的心",他们说,如果不是这样,她凭什么能一帆风顺闯进权力的禁地,先是涉足政界、出版界,现在又参与了战争。

詹妮拐弯抹角地施展她的政治影响力,先后为丈夫和儿子的竞选奔波。她一手经办的杂志的出版的确是一股不可低估的舆论力量。由她负责筹办组织的"缅因号"医疗船,最大限度地体现了行政效率和奉献宗旨,使她感受到从来没有过的勃勃生气。

在写给温斯顿的信中,詹妮说道:"我真不想离开医疗船。人们逐渐理解了我从事的工作……王子殿下和所有的人都以为我已经做了足够的工作,都以为我不再回去了。"她自己并不满足,她说她要回到"缅因号"上。5月26日,她告诉温斯顿:"我要第三次远航。"

这个决定自然对她个人生活有影响。她写给温斯顿的信流露出对嫁给乔治一事的新态度:"……总有许多事情阻拦我,我怀疑那一天是否还会到来……"

乔治的变化不亚于詹妮。从战场回来后,他就在父亲的家中调养。他的家庭一面娇惯这个家中独子,一面又不断向他施加压力。他们把乔治希望缔结的姻缘说成是"门不当,户不对",是"堕落"。上校宣称,"如果这桩亲事成了,我们全家就和我儿子断绝来往,这一点我已清清楚楚告诉他了"。面对这没完没了的说教,乔治感到十分愤怒。家里人总是要他挑选一位年轻的女继承人,这样能增加康沃利斯家族的财产。他父亲一针见血地指出,他们需要钱来重建鲁森城堡,让康沃利斯家族一代代传下去。

乔治对这一切索然无兴趣。他不再是乳臭未干、多愁善感的毛小子,"被人溺爱的小宝宝"。他对一度使他敬仰的父亲感到失望。他从来没有喜欢过母亲。母亲把爱给了许多男人,却很少去爱她的儿子。乔治对母亲的敌视是如此强烈,以至于他坚持死后也不埋在她的身边。他和两位姐姐关系融洽,但仅此而已,他几乎不相信任何人。

在很大程度上,因为亲历了战争,乔治成熟了。战争使他变得冷淡、沮丧。他看见成堆的尸体被埋掉,那种残酷的场面在他心中留下了沉重的创伤。这些阵亡者在灿烂的阳光下腐烂发臭,样子极其难看,直到他们被埋葬掉。

地上躺着一具典型的荷兰老兵的尸体,神态安详,就像国家美术馆收藏的伦勃朗笔下的《戴金盔的男子》。我第一次体会到我们是在和一个优秀的民族为敌,他们唯一的信念是保卫国家不受侵略。

詹妮的变化不等于她不喜欢乔治了,虽然因为和英国"恐怖号"舰长珀西·斯科特的友谊,她对他的热情有所减弱。斯科特舰长勇敢、潇洒,拥有成熟男人的智慧,詹妮看到了他们二人之间的悬殊,但是她爱上乔治一年多了,她不能轻而易举地说散就散。冷却的感情可以重新燃烧起来,乔治知道怎样讨女人的欢心。

乔治基本上康复了,他被派到皮布赖特去当新兵和后备役军人的射击教官。在皮布赖特期间,他和曼彻斯特公爵夫人康苏埃洛住在一起。康苏埃洛和詹妮脾气相投,一拍即合。另一位康苏埃洛,即马尔巴罗公爵夫人曾写道,那一套套不大正经的故事,詹妮讲起来,眉飞色舞,而这些故事多半是詹妮从曼彻斯特公爵夫人那儿听来的。

曼彻斯特公爵夫人本是康苏埃洛·伊兹那格家族中的人,父亲是古巴人,母亲是美国人。在迁到英国之前,他们先后住在路易斯安那州的一个棉花种植园和纽约。康苏埃洛的丈夫曼彻斯特公爵,死于1892年。除了丈夫的遗产,她还继承了兄弟的财产,价值超过200万美元,她慷慨地和姊妹们共享这些财产。

康苏埃洛身材窈窕,金发,眼睛又大又亮,脸上总浮现着天使一般的神情。然而,她又是一位与众不同的女人。在乘车去参加宫廷舞会的路上,她说胸衣紧得透不过气来,她想脱掉。说到做到,她当真把胸衣从前胸扯掉,让那些陪同的人目瞪口呆。

也许,康苏埃洛还是一位"美国式的女公爵"。从爱尔兰回来时,有人问她看见巧言石[①]了没有。"当然看见了。"她回答道。

[①] 巧言石(Blarney Stone),爱尔兰布拉尼城堡的一块石头,传说能够亲吻此石的,就会变得能言善辩。

那人笑着说:"是这么回事,人们说吻一下巧言石,嘴巴就变得乖巧了,可以给别人带一个吻回来。"

"我猜想可能是这样,"她说,"不过我不知这是否是真的,因为我只在巧言石上坐了坐。"

乔治在温莎康苏埃洛家时,詹妮也曾去那儿过周末。乔治每天早上租一匹小马,及时赶到皮布赖特参加队列,下午再回来。关于詹妮和乔治的婚事的消息源源不断,离奇古怪。这次婚事多次登报,经常自相矛盾,人们更愿意相信,那源源不断的捕风捉影多半不会假,无风不起浪嘛……

塞缪尔·约翰逊博士曾说:"我深信,婚姻应是幸福的。如果没有旁人干涉,由司法官根据性格和条件促成的婚姻,就更应该如此。"司法官要对詹妮和乔治的婚事说些什么,就不难预料了。

詹妮真的不知所措。她的信中充满了彷徨、疑惑和渴望。另外还有一些麻烦事:她的两个儿子仍在南非战场,她现在更清楚一粒子弹、一发炮弹会给人的身体造成什么样的危害。她的妹妹利奥尼不久后又要生产了。"她已有11年不曾生育了,分娩是不会太顺当的……她指望我帮帮她……"《盎格鲁-撒克逊评论》也需要詹妮尽心照顾,以免半途而废。詹妮只筹集到了第一年的资金,现在她不得不寻找更多的资金。

在写给乔治的信中,詹妮为自己的"来去匆匆,疲惫不堪"表示歉意,她和约翰·莱恩之间的摩擦愈演愈烈。早些时候,她抱怨莱恩新近发表的新书简介。

> 什么也没告诉我,书中用那么小的铅字印我的名字,我怀疑你是否眼里还有我。想一想,我既是所有人,又是编辑,你

第三十三章 良缘

不过是出版商,你胆子也太大了,你的举动太让我吃惊了。我的忍耐已耗尽……还有,汤普森先生应负责《盎格鲁－撒克逊评论》的所有款项,各项收支应由国家第二银行结算,这是你和汤普森先生同意了的。你这样出尔反尔,言而无信,以后我们还怎样相处?……

莱恩回信说:"……我不知道我的什么举动惊吓了你,或者我做了什么事让你大动肝火……"接着他详细讲了新书简介一事,以及他在美国、英国销售的优势。

詹妮生气了,因为莱恩大量发行《评论》,既不通知订户续订,又不告诉书商可以搞到后期刊物。他推荐的文章,詹妮三言两语就打发了,"我不喜欢"。

早期发行销售量没有达到预期的标准,特别是在美国。人们热衷于附庸风雅,对文学不感兴趣。如果没有布尔战争,如果不是和乔治的关系,詹妮就会去美国推销杂志。稍微观察一下就会发现,这类杂志生命很短,并不是有利可图的事业。像欧内斯特·凯西尔和布克·科克伦,虽然在《评论》上投资,却根本没打算赚钱,他们把这一部分钱看得很轻,詹妮了解这一点。

詹妮外出不在时,其他编辑,特别是西德尼·洛便包揽了一切。他曾把一期《评论》送给通俗杂志《环球》的主编。"我希望您能挤时间读一下,我对这本杂志很有兴趣,伦道夫勋爵夫人外出时,就由我负责……"但是,不论是洛还是任何其他的编辑,都没有詹妮那样善于从名家、名人那里挖掘稿件的本领。一旦詹妮决意要一篇稿子,很少有人能拒绝她。其中一个不能按时交稿的撰稿人就是她的儿子温斯顿,每次他都是深表歉意:"我没时间为您的《盎格鲁－撒克逊评论》写稿，三家美国报刊给我 300 英镑约稿，可我没时间。"

然而，温斯顿对自己不断向母亲提出要求却并不觉得难为情。

> 我差不多刚下决心，再次参加奥德姆的竞选。他们请求我别离开他们。
>
> 别忘了把有关我写的这场战争的书的评论寄给我。但愿您能意识到您为我作为作家和演讲家所做的周密安排有多么重要。

他又写道：

> 我想您已为我安排好了在美国演讲的时间，可能在 12 月、1 月或 2 月，我们也可以考虑秋天我回家时在英国举行演讲的事宜……

"你要我做的我都做了。"詹妮写道。她拜访了温斯顿的出版商——朗文，办妥了他出新书的各种账务问题。她还和美国演讲社的庞德上校进行磋商。美国演讲社久负盛名。（"我想他就是那个能帮你的人。"）詹妮还寄给温斯顿一大套有关他的著作的书评。（"这些会让你满意的。"）

然后，她接着写道：

> ……帕梅拉向我说起你想写一个剧本，我给你泼点儿冷水。说实话，这不行，人们不会接受任何有关战争的剧本……那不对人们的口味。即使内战已过去一年，也不能写，不能写这种东西……为何一定要写战争，还有许多其他的题材嘛……

第三十三章　良缘

詹妮说服了温斯顿，同时在为战场上的杰克担心。"发烧比子弹更可怕，别小看喝水等小事情"，希望战争早日结束，儿子能早返家园。

詹妮在给杰克的信中，避免提到乔治。两个儿子都不想她嫁给乔治，杰克尤其敏感。温斯顿前景可塑，帕梅拉对他也很有吸引力，温斯顿只是在某些重大事情上还需要母亲的帮助；而杰克事事离不开她，要不是母亲为他谋到一个职业，他就一直没活儿干。要说，只有参战一事是他自己的主张，这在某种意义上也是和哥哥相比的结果。他是个寻求安心度日的年轻人。

南非战事仍十分激烈，5月马弗京得到援助，一小支英国驻军坚守了216天，战胜了轰炸、饥饿和疾病。罗伯茨勋爵曾许诺5月18日冲破布尔人的包围，就在那一天，伦敦市长宣布围城已经解除。

马弗京成为英国顽强勇敢的象征。起初，当布尔人包围了驻军，要指挥官投降以避免流血，指挥官回答道："我们什么时候开始流血？"现在好了，粉碎了包围，伦敦沸腾了。人们挂着写有大字的标语牌，报告这一消息；演员中止了表演，唱起国歌；人们自觉汇成游行队伍，从四面八方拥入城市；陌生的人拥抱在一起，互相亲吻。战争的恐怖和压迫，此时此刻被欢乐淹没了。

但詹妮的个人生活仍毫无头绪，她心里一直在反复权衡到底嫁不嫁给乔治。这一点，可以在她给温斯顿的信中看出。

……从有利的一方面讲，在我不在家，在我感到艰难的时候，乔治对我一直是忠心耿耿的。再说，虽然现在不用，将来他也能在经济上帮我。无疑，直到你有了自己的家，才会安顿下来。在我拥有这幢房子的四年间,你在这里一共度过了三个月——我说这些是想让你知道,我不愿意因为改嫁而拆散这个家。

……孩子,你对我太重要了!不管现在还是将来,你都可以相信我——我为你感到自豪,我的心向着你,没有女人能像我这样理解你——帕梅拉一往情深,如果你也能那样爱她,那么,我猜想,你要娶她就只是个时间问题了。结婚,在一个相当安逸的环境里安放身心是多么惬意!我敢说,你也憎恶战争和它带来的恐怖。靠写作,你可以相当体面地生活,你的政治生涯是前途无量的;假如你娶了一位有丰厚财产的女继承人,恐怕就不会全身心地去工作——那样一来,可能你在美国有机会——然而我不希望你这么做,我不是贪图钱财的人,不论为自己还是为儿子,钱财越多越可怜!

终于,问题解决了,可爱的乔治不到黄河不死心,他说服了詹妮,宣布了他们订婚的消息。威尔士亲王曾和詹妮谈过此事,对她的婚事表示"遗憾",詹妮很气愤地把信撕了,又回了一封措辞尖刻的信,威尔士伤心地给她回了信。

我很荣幸,25年来一直能做你的朋友。那么,你为什么要写那样粗鲁的信?就因为我对你的婚事表示遗憾?我从来没有背后议论过你。你是一个深谙世故的人,我冒昧地说,你自己能决定自己的幸福。同时,我衷心希望,在你攻击那些没有向你将要做的事表示祝贺的朋友、祝福者之时,请你三思,但愿我们俩都错了。

第三十三章 良缘

乔治也感受到了压力。他的上司、詹妮的朋友汉密尔顿上校命令，如果他想和詹妮结婚，就必须离开军团。这种"蛮横"的干涉反而坚定了乔治的信念，一定要和詹妮结婚。他向亲王写信求助，后者建议他"在半年或一年内拿半薪，看能不能找点别的事做。期满后，再另作决议"。

詹妮不愿意就这样等着，她有自己的选择，那就是她必须拥有她想要的那个男人。为了他，她可以作出各种努力。她一鼓作气找到国防大臣兰斯多恩勋爵。兰斯多恩找到了乔治部队的总司令，争取到了总司令对詹妮和乔治的同情，兰斯多恩告诉詹妮"不经总司令点头和官方的同意，没有人能使韦斯特先生离开军团。在人们下手挤走他（韦斯特）之前，你不必为那些无影无踪的威胁多虑……作为老朋友，我真诚地祝你们幸福"。

乔治采纳了亲王的建议，申请半薪职务。拿定主意之后，他准备另觅谋生之路。

现在，詹妮最关心的事莫过于让两个儿子接受她的婚事。在给杰克的信中，她说："你们俩一字不吐，我真为难。"温斯顿能顺势而就，尽管不大热情。很早以前他就说过夺回比勒陀利亚他就退出战争，现在这已成事实，他同意回家参加母亲的婚礼。詹妮把婚期安排在 7 月底，等他回来后举行。

下一步，詹妮要说服杰克也回来，詹妮也请温斯顿写信去劝劝杰克。

詹妮自然想让杰克参加她的婚礼，她更想他回家，好就婚事取得一致意见。但是杰克很固执。母亲 6 月 23 日的信证实了他最担心的事。

听着，亲爱的儿子，我想过了，有许多原因使我觉得，一旦我们结了婚，你和温斯顿与我们住在一起不妥。你们要是知道我多么爱你们，就不难理解，我是多么不情愿做出这样的决定。每次想起这事，我就难受，但这是最好的办法。我想你和温斯顿住在一起，我可以尽力为你们布置、安排一切。不用说，在这儿，你们是最受欢迎的。你们可以把这儿当成自己的家，除了不能在这儿过夜之外。乔治在尽力帮我，把我的事安排得有条不紊，并增加了我的收入。我写信告诉温斯顿，我想给你俩每人一笔钱，使你们自立。当然这要等你到法定年龄才生效。在这期间，如果一切正常，我和乔治将在 7 月 28 日举行简朴的婚礼（但不是在登记处举行仪式）。有很多事等待着我们——我要去巴黎，然后去艾克斯，再回到这儿。上帝保佑你，亲爱的儿子……别不理我。不论过去还是将来我都和你在一起。

你的妈妈

信寄走后，詹妮一定意识到这不像是一个母亲该说的话，一个星期后，她又用迥然不同的语调写了一封信。

亲爱的杰克：

我的儿子，你不会在外面待很久吧？凯西尔时刻准备着去接你，还有你的"妈妈"张开双臂，等待着你。温斯顿考虑按时参加我的婚礼。如果顺利，婚礼很简单，不要那么大的声势，除了家里人，不设宴招待客人；当然也不是"偷偷摸摸"的，那样，我会感到脸红的。我内心希望这不会令你不愉快。我多么爱你们俩呀！想到这样会伤你们的心，我的幸福也变得黯淡无光了。你不会不愿意看到我幸福。什么也比不上乔治的善良和忠诚，我们会很幸福的。我愿为你做我所能做的一切。那些久经考验的朋友对我很好，他们送了许多可爱的礼物。他们都喜欢乔治，他们和好了……

在她结婚那天，詹妮又写信给杰克：

我的信，你只收到一封，我伤心极了。妈妈不会忘了你，我曾打电报告诉你和温斯顿，我要嫁给乔治，瞧，我现在就是他的新娘。如果你们在场，好好吻我，我也会吻你们的。我的吻会使你们坚信，我多么爱你和温斯顿。谁也不能把我们分开，我将一如既往地是你们最忠实的朋友，赴汤蹈火，在所不辞。请相信我！你认识乔治，也喜欢他，真让我高兴。他很活泼。婚礼的情况，下次写信告诉你。萨尼（她侄子，马尔巴罗公爵）把我交给新郎，丘吉尔一家待我很好，这儿的人都很好……希望你尽早载誉而归，我和温斯顿不愿你和我们分开。我给你设计了好几种计划，我要让你快快乐乐地生活。上帝保佑你，我的儿子……

《纽约时报》详细刊登了婚礼情况。

今早的圣保罗教堂附近的威顿区，一反往常的寂静气氛，异常热闹。不到9点，成群的人已等候在教堂门外，这种情景说明了公众对婚礼的兴趣和好奇心……教堂门一开，人群一下涌到门口，又推又挤。最后，还是警方来维持住了秩序。

　　负责把新娘交给新郎的马尔巴罗公爵身着灰色礼服，蓝色衬衣，前胸衣扣间佩戴一朵红花。他把新娘交给新郎后，就在自己的妻子身旁坐下。他的妻子是一位年轻的美国女人，是第一批到达的客人之一。她穿着灰色的衣裙，配着流行的包列罗短上衣，腰上系着一条有深浅两种玫瑰色图案的带子，头戴一顶黑色的无檐帽。最引人注目的来宾还有乔治亚娜·寇松夫人，萨拉·威尔逊夫人、温斯顿·丘吉尔——新娘的儿子。

　　伦道夫勋爵夫人的结婚礼服款式新颖。她看上去好像刚从巴黎来，而不是刚从南非草原归来……伦道夫勋爵夫人，像年轻的新娘一样，光彩迷人，频频向朋友们点头微笑。

　　……礼毕，新郎新娘即动身去布劳顿城堡，按照伦诺克斯夫人的安排，在那儿度蜜月……婚礼很热闹，天气也格外好。婚礼前一天下了大暴雨。可第二天，太阳出来了。

　　多萝西·内维尔夫人不久前为詹妮的《评论》投了一篇稿子，这次针对婚礼又发表了一番刻薄的评论。当这位 80 岁高龄的伦敦社会的女长老姗姗走在海德公园的孩子们中间时，有人问她在这儿干什么，她说：“你问这个？我是在闲逛的人中寻觅我未来的丈夫。”

　　一家刊载婚礼的报纸，把乔治描绘为"很像他姐姐普莱斯王妃，他是一位可爱的年轻人，网球打得很棒"。

　　黛西·普莱斯王妃很委婉地表明了自己的看法："除了年龄悬殊外，我们对这桩婚事很满意，并希望他们百年好合。"康沃利斯-韦斯特家没人出席婚礼，康沃利斯上校和夫人在婚礼前一天动身去爱尔兰了。

第三十三章 良缘

温斯顿是这样向弟弟描绘婚礼的:

  星期六,妈妈和乔治举行了婚礼。一切都顺利。从萨尼以下丘吉尔家族所有的人都紧密团结在一起,他们的赞同促成了婚事。婚礼妙极了!因为终于赢得了心上人,乔治看上去非常高兴。我们对此事的态度是清楚的,无须我再多说了。

  尽管他们的婚事遭到一些人的反对和公开指责,詹妮还是收到了许多来自世界各地的贺信。然而当她打开一张贺卡时,她一定颤抖了。这是从驻圣彼得堡的奥匈大使馆寄来的。卡片四周镶着黑边,上面有一短行法文:"Toujours en deuil"(永恒的哀悼)。

  贺卡是查尔斯·金斯基伯爵写的,它所代表的爱,即使最幸福的婚姻也无法加以抹杀。和金斯基这种关系是詹妮生活中的一段插曲,现在已告一段落,但没有就此终结。

第三十四章 女王

1900 年 7 月 30 日

布劳顿城堡

班伯里

亲爱的温斯顿：

　　……这是个供成双成对的人或新婚夫妻度蜜月最理想的地方。我们简直舒服极了，吃的、喝的，所有的一切都是上乘的，就连这幢建于 14 世纪的石顶老房子，虽经风雨剥蚀，凌乱不堪，但也显得那么招人喜爱。

　　亲爱的温斯顿，你对我和你母亲的婚事所采取的态度，真叫我不知怎样感谢你。我过去一直喜欢你、钦佩你，现在更是如此。我写信告诉我父亲，希望我们家的人都能像你一样。你和所有的丘吉尔家的人给予我们无限的同情和帮助，我希望像现在这样，永远做你真诚的朋友，绝不离间你和你母亲。假如我做了上帝不允许的事，那你就用这封信提醒我，它记载着我对你和你的亲人深厚的感情。我们明天 2 点 15 分到。如你明天能来，请预订三个人的午餐好吗？A demain（明天见），亲爱的朋友！

你忠实的朋友
乔治

　　不管怎么说，詹妮和乔治想要人们接受他们的婚事。虽然有一段时间他们并不期望康沃利斯-韦斯特家族的允诺,但他们确实想得到温斯顿和杰克的同意,哪怕是很勉强的同意。乔治写给温斯顿的信就是开端。

随着时间的推移,乔治越来越深刻地领悟到妻子丰富的个性。即使在蜜月里,詹妮装满事情的脑袋一刻也没闲过。事后,乔治笑眯眯地告诉沙恩·莱斯利,詹妮带去了一大堆有关《盎格鲁-撒克逊评论》的信稿,还带去一叠没还清的账单,说要清理清理。

"当然,我愿意帮她把一切都安排妥当,"乔治说道,"可是当她要我为伦道夫·丘吉尔勋爵在80年代买的一辆马车付款时,我觉得太过分了。"

詹妮抱怨她这一生净跟纠缠不清的钱打交道了,这可不是像她那样的女人应该做的。上流社会的寡妇,手头拮据,一方面要偿还不能再拖欠的账务,一方面还要学会应付其他的欠贷。按照常例,不论提出什么要求,新丈夫要竭力满足。乔治还算幸运,他父亲没有取消他的继承权,他还能从家中获得一定的补贴,自己也有点积蓄。詹妮在纽约的房产每年也能拿到一笔租金。这样,他们就有钱继续延长蜜月旅行了。他们又去了比利时、法国,最后几个星期是在苏格兰度过的。

温斯顿也让母亲的蜜月过得不安稳。他写道:"……我需要一套崭新的袜子、手帕等小东西。我给您寄去一个样品,相信您知道该订购些什么。"温斯顿明确表示,他给她的信纯属私人信件:"希望您明白,这些信仅供您一人阅读。如果其他什么人也读了,那我就不能像这样随心所欲写信了。这并不是说信中有什么秘密。"信的末尾他写道:"再见,亲爱的妈妈。"在给母亲婚后的第一封信里,他竟没有提到乔治。不过一个星期后,他用"代问乔治好"作为结束语。

温斯顿的堂兄萨尼在伦敦替他搞到一套公寓，于是他搬了进去。奥德姆正在筹划又一次竞选，温斯顿跃跃欲试。这次成功的可能性更大。

他给在苏格兰度蜜月的母亲写信，要她去联络几位朋友，如罗斯伯里勋爵和沃尔斯利勋爵，恳求他们主持他的演讲。罗斯伯里首先响应，在给他的感谢信中，温斯顿说："……要不，我会亲自给你写信，转念一想，这种请求还是由我母亲转达更好……"

这次竞选对温斯顿至关重要，他认为有必要让母亲缩短蜜月。"我希望在竞选的最后四五天里，您和乔治到这儿来（从苏格兰），住在曼彻斯特女王旅馆。您在这儿，事情就好办了。如果乔治也对竞选感兴趣，只要他愿意，未来的两个星期他有大量的机会观看或者投身到竞选活动中去……"

就在第二天，他的要求又升级了。

假如您能来并做一些工作，您就更能体会到您的重要性，我再次写信也就是这个意思。另一位候选人克里斯普先生的妻子也来了，她不知疲倦地四处奔走，安抚选民，使竞选活动按部就班地进行。我知道您的事情多，从享受生活乐趣的角度看，我不愿意您牺牲苏格兰的静谧来换取这里烟雾弥漫的喧哗，不过，竞选最终鹿死谁手，这样的事是值得您来亲眼看看的……他们（竞选委员会）多次问起，您是否能来。您要能多少帮帮我，别说我会有多高兴了……

詹妮来了，不过没和乔治一道来。她还邀请了约瑟夫·张伯伦来奥德姆替丘吉尔说几句有利的话。会议结束后，张伯伦写信给詹妮说:"我很高兴能为您儿子效力……他很能干,一定能成功——再说他还年轻,不必急于求成。"

在奥德姆,温斯顿大获全胜。他把这振奋人心的消息告诉了布克·科克伦。

布克像慈父一般为温斯顿感到骄傲,当然,这远远不能和詹妮激动的泪水相提并论。现在她的儿子像很久以前她所预言的一样,当真开始了政治生涯,历尽千辛万苦,终于赢得了胜利。她清楚地意识到,没有比政治道路更加变幻莫测的了,于是她不断给威尔士亲王写信,谈起温斯顿,又把亲王的回信转给儿子。她还为温斯顿组织小型午餐会或晚餐会,以便温斯顿在餐桌上进行政治活动。

温斯顿首次在伦敦的公开演讲安排在1900年10月30日。詹妮要了好多门票,送给有影响的朋友。"亲爱的妈妈,随信附去门票。别散发超出一打,地方有限,别人也可能随时闯来。"

詹妮接到纽约的演讲社社长庞德诱人的邀请函,詹妮曾和庞德就温斯顿旅行一事联系过。

> 难道您不希望更新一下您对纽约的印象?我建议您和儿子一同来,看看美国的听众是怎么欢迎他的。我想那将是您生活中难忘的一天,您在美国的朋友也一定会很高兴,不用说,您的光临将毫无疑问地为演讲增添光彩。

按说这样的盛情会打动詹妮的心。陪儿子一起去美国,分享他的成功,这是值得骄傲的事。她不是一位普通的美国人,她是一位热情豪放的美国人,她很得意能和儿子游览这个国家。

但是,她不能离开乔治。乔治现在比温斯顿更需要她,他的浪漫使他现在不得不面临严峻的经济挑战。他需要工作，可他资历浅薄。他会打猎、钓鱼、打网球、打桥牌，可这些本事没有一样能帮他赚钱，维持骄奢的生活。其实他更需要的不是钱，而是他那一家之主的尊严，要是他做不到这一点，那将来他只能是妻子膝下的一只漂亮的巴儿狗。詹妮看透了他的心思，把自己的忧虑吐露给她的挚友欧内斯特·凯西尔爵士，没过多久，凯西尔找机会和乔治谈了此事。凯西尔建议乔治借助某种技术知识去获利。他说伦敦中央铁路即将竣工，他在那儿有些股份。他主动为乔治和不列颠汤姆森－休斯顿公司的经理和承包人牵线。不久，乔治成为这家公司在格拉斯哥不拿薪水的职员。

婚后生活的开端是令人意想不到的。乔治在格拉斯哥附近上班，詹妮在伦敦，一头埋入她的《盎格鲁－撒克逊评论》中。他们周末聚在一起，或在詹妮伦敦的家里，或者在乡下。他们好像还在热恋中。

但是，《真理》杂志一则消息披露了詹妮现在的处境已不同于往昔："伦道夫·丘吉尔勋爵夫人的第二次婚姻使她失去了作为公爵儿子遗孀的优越地位，也失去了女王授予她的内阁大臣遗孀可以出入宫廷的特权。"

然而，她仍有权保留伦道夫·丘吉尔勋爵夫人这个称谓，与此同时，她的夫嫂，即马尔巴罗公爵八世的遗孀莉莉，即使已经改嫁，仍破例保留了爵位。就这个问题，詹妮收到乔治·寇松，即现任印度总督的一封信。

我简直不知道该怎样称呼您。我想您现在已不是伦道夫·丘吉尔勋爵夫人，也不是詹妮女士。我不能称您为韦斯特

第三十四章 女王

夫人——亲爱的韦斯特夫人——不，这绝对不行。另外，我不敢再冒失地用"詹妮"这个异想天开的昵称。记得18年前，我曾想这样称呼您，可我惨遭失败。提起往事，令人神伤，感叹不已。

詹妮没有让人们为难下去。她在《泰晤士报》上发表声明，有关消息不久就流传开来。

> 应伦道夫勋爵夫人的请求
> 本报特此声明
> 她现在的名称是
> 乔治·康沃利斯－韦斯特夫人

乔治·康沃利斯－韦斯特夫人的生活一点也不次于伦道夫·丘吉尔勋爵夫人，詹妮还是詹妮。一次，和一个朋友驾车外出时谈起她的婚事，詹妮说："你可能会觉得我太傻了。"她的朋友躲闪不语，詹妮又道："但是我觉得值得。我很开心。"詹妮的开心使乔治感到很新鲜，而且他很欣赏这一点。他们周末总有应接不暇的聚会，乔治写道：

> 另一个我们常去参加周末晚会的地方是赖各特小修院，当时租给罗尼·格雷维尔先生和夫人。他们举办的晚会总是非常有趣，因为他们拥有一支妙趣横生的队伍，还有一些爱德华王子圈子里的人。他们中最风趣的一个（不知是否别的来宾也这样看他），是格雷维尔夫人的父亲麦克伊万老先生，一个苏格兰

百万富翁,一位年老体弱、蓄着胡须的老绅士。他给人的印象就是他提倡的忘掉自我的主张。因为他,人们才有可能在这里花天酒地。我很喜欢这个小老头儿,经常和他去散步。一天,我对他说我经商的唯一动机,不是为了有事可做,而是想赚钱偿还以我的家产做抵押的借款。他停住脚步,歪着头打量着我,带一口浓厚的苏格兰腔说:"可敬的远大目标,年轻人。我希望'乙'(你)能成功,但我'怪译'(怀疑)'乙'(你)是否能成功。"

"为什么?"我追问道。

"有些人生来就是为了赚钱,他们赚钱就像是天经地义的事;有些人一辈子也学不会赚钱。'乙'(你)也许是后者吧!"

他接着说:"我一生勤奋,要成为富有者,对我来说是一件轻而易举、举手可得的事。我想不富也不行。金钱带给我的欢乐是,把欢乐分给别人。挣钱不一定非依靠艰辛的工作。"

我想起凯西尔曾说过的永远不肯到圣殿酒吧以东的人们,两位富翁的言谈是何其相似:我懂了,人要赚钱一定在娘胎里就有了赚钱的细胞。这话千真万确。

1900年6月,《盎格鲁-撒克逊评论》刊载了詹妮的朋友沃里克伯爵夫人的一篇文章。文章开头写道:"爱和痛苦是孪生姐妹。当下盛行这样一种看法……情人之间没有痛苦就谈不上爱……"但在那年,詹妮的痛苦是由杂志引起的,而不是由于爱。乔治,还有许多其他人都劝她和约翰·莱恩断绝关系。约翰·莱恩是《评论》的负责人之一,却不顾公务在身,转遍世界各地(除了英国)。他在美国迁延不归,大部分时间都在病中,伤寒、神经衰弱相继而来。当他和詹妮

第三十四章 女王

之间的事情到了非解决不可的地步时,他从意大利写来一封信。

> 詹金斯先生告诉我,你打算收回《评论》……我想知道为什么,并请求你,看在我病了不能回去的分上,如果确有严重分歧,请将此事提交公众裁决。
>
> 我希望你重新考虑你的决定。在我回去之前,不要急于行事——一个星期内,我一定赶回去。

然而,詹妮已拿定主意。在第二封信里,莱恩更务实地说:

> 仔细考虑了您对我发行《评论》表示不满的态度后,您要收回,我不会反对。但我建议您马上停止发行《评论》,或者到两年后即收场。我见到克里斯普先生后,就有了这种想法,他和我观点一致。他让我大胆告诉您我的真实想法。
>
> 前4期完稿时,我正在美国。要让多数订户续订,困难重重。只有在认定杂志不会延长到明年的情况下,人们才肯续订。这样一来,若干卷杂志就变得稀罕珍奇了,然后,把它们作为"有限版本"出售,同时暂停第八期,这是唯一能收回投资的方法。如果停止第八期,不论在英国还是美国,恐怕没人比我更适合处理这件事,我了解这儿的行情。让我重复一下那句古老的谚语,那就是:"走到河中不换马。"如果停了第八期,请您相信我一定能卖出一定数量的《评论》,起码能补偿您的损失……
>
> 我星期三回去。如果您有时间,愿意和我聊聊,我会去看您的。如果您停刊,我会派人把它买下,采用新的每季2/6的

新方法。随信附上两首西奥多·彼得斯的诗,很短,但很美。不管选用哪一首,付给他 21 英镑稿酬就行了。

詹妮立即动笔给莱恩回信。

  收到您本月 13 日的来信,内容详悉。我注意到您不反对我把《盎格鲁-撒克逊评论》从您手中收回。感谢您的建议,不过目前我尚有其他的想法。我只想说,您在第一个年终下的结论直到上封信才告诉我,真遗憾!如果您将掌握的《评论》股份总额交给约翰·麦克奎因先生,我将十分感谢。星期三,他将代表我去讨要。在这儿和在美国的其他账目,由耶特曼先生找您解决。

  我今天要出门,假日完了回来,所以不能去看您了,回头再和您联系。

您的朋友
詹妮·康沃利斯-韦斯特

1900 年 12 月发行的《盎格鲁-撒克逊评论》将约翰·莱恩的名字换成了乔治·康沃利斯-韦斯特夫人,詹妮作为新的发行人,出现在杂志上。她觉得把编辑伦道夫·斯宾塞·丘吉尔勋爵夫人的名字换成康沃利斯-韦斯特夫人,读者会困惑不解,于是她把两个名字都印上了,把韦斯特写在丘吉尔之下,并用括号括起来。

现在她周围有好几个编辑做她的帮手。除了西德尼·洛,还有威廉·厄尔·霍奇森,《国家评论》和《王国》的前任编辑;查尔斯·惠布利,一位杰出的政治作家。辛西娅·阿斯奎斯在日记中称惠布利是她的"文学导师",又说他是个"缺少幽默,缺少聪明才智的无聊之徒"。惠布利讲一口"纯正的、无懈可击的英语,完美得使人不敢把它写在纸上"。

有这样一支编辑队伍做后盾,詹妮便有更多的时间去弄钱、约稿。珀尔·克雷吉写信告诉她:"好吧,我将为3月出版的刊物提供一篇稿子。"在保存下来的作者名单上,詹妮在那些本来应该投稿而又没能按时寄稿的人名后面加上问号,这些人当中,有她的远房表弟西奥多·罗斯福、纽约州长宾登·布拉德爵士、H.H.阿斯奎斯、埃莉奥诺拉·杜塞和斯蒂芬·克兰等。

罗斯福借口说他一直忙于竞选美国副总统;斯蒂芬·克兰的文章《战争回忆》姗姗来迟。这位写过《红色英勇勋章》的杰出年轻作家,是刚好在他29岁去世前写完这篇文章的。他写道:"……战争既不是宏伟的,也不是肮脏的。战争就是生活,是一种我们无从逃避的生活的一种表现。"

克兰和妻子在萨塞克斯租下了布里德住宅。这所房子很大,挡风。就是在这儿,克拉丽塔·弗雷温坠入情网,并在几年前同其丈夫买下了这幢房子。布里德住宅建于1350年,是中世纪英格兰封建家族残留的遗迹。房子里面有一个小教堂,一个大厅;石头地板上铺上了麦秆,有专烧树枝的双面壁炉,有日光浴室、木板隔墙、外屋,还有闹鬼的故事。人们把鬼说得活灵活现,所以当克兰想搞晚会时,不得不用白兰地做诱饵,"好让当地的厨师晚上能为他帮忙"。

詹妮和她的姊妹们还记得,有一次,克兰举办了为期三天的晚会,邀请了60位客人,有亨利·詹姆斯、约瑟夫·康拉德、亨利·哈格德和赫·乔·威尔斯。威尔斯发明了一种游戏,在光滑的地面,踩在扫帚柄上赛跑。狂欢一直延续到黎明时分。

赫·乔·威尔斯在伍斯特公园的家成为另一处文人聚会地。詹妮的朋友们说，他们发现了近十年来最糟糕的一本小说——《艾琳·艾德斯莱》。他们聚在威尔斯家，大声朗读部分章节，他们所挑选的段落中，有女主人公第一次和丈夫吵嘴的片段。"艾琳，允许我这样亲切地唤你——"丈夫休爵士刚结束他的长篇大论又开始说，"你说话呀，老婆子，女人！别傻坐着！别让我沸腾的血液随着奔腾不羁的激情迸发出来，将我全身涂满鲜红的颜色！"休爵士怀疑妻子有情人，他的怀疑得到证实，于是他把她锁在房间里关了一年。年底，一个心腹女仆帮她逃跑，和情人一起远走高飞了。休爵士把艾琳的名字从遗嘱上一笔勾掉，"劝导的笔蘸上复仇的墨水，他把那个犯有重婚罪的、令人难以忍受的女人的名字划掉"。

这种文人天地的欢快气氛和那种正统的社交界截然不同，深受詹妮喜爱。詹妮特别喜欢会见一些美国作家，她总是兴高采烈地重复着她的朋友马克·吐温的一件轶事。在一次伦敦集会上，马克·吐温问科明斯-卡尔夫人："你是美国人，对吧？"卡尔夫人说她是英国血统，长在意大利。"哦，那就对了，"马克·吐温说，"正由于你复杂的背景，你看起来很像美国人。我们美国人都是杂种，我对你的崇高敬意就是我错把你当成了我的同胞。"

数月之后，马克·吐温把温斯顿介绍给美国的听众。

当英国介入南非战争时，她犯了罪，就像我们与菲律宾打仗有罪一样。丘吉尔先生，按父亲的血统是英国人，按母亲的血统他又是美国人。无疑这种融合造就了一个完美的人。英国、美国，我们是手足兄弟，现在我们又并肩犯罪，这种协调是多么完美，就像丘吉尔先生那样完美。现在我荣幸地把他介绍给你们。

巡回演讲到美国时,《纽约晚报》引用丘吉尔的话说:"我到这儿来,不是为了和什么人攀亲,我不准备结亲。我想把这一点说明。"等待他的是盛情邀请,西奥多·罗斯福请他共同进餐。温斯顿从波士顿写信给母亲。

我和布克·科克伦一起待在纽约,他不知疲倦地工作着,力求使这次演讲取得成功。他还在沃尔多夫举办了一次大型晚宴。

您要有时间,就给他写几个字,他待我像老朋友一样,当然,他对布尔人强烈的同情心除外。

在渥太华,温斯顿和他母亲的一位崇拜者加拿大总督明托伯爵共进圣诞晚餐。帕梅拉·普洛登也在那儿。几个月前,温斯顿发现帕梅拉被许配给了另外一个年轻人,他们之间的浪漫曲结束了。圣诞晚饭后,温斯顿在写给母亲的信中提到帕梅拉:"我们没有争吵,毋庸置疑,她是能和我一起共同幸福生活的唯一女性。"

巡回演讲并没有像温斯顿所期望的那样带来许多收益。他在1月中旬写道:"我决定2月2日回家。此次巡回演讲不像我希望的那样成功。我净得1,600英镑,虽然这笔钱数目已经不小了,但离我预期的差远了,只是一种不合时宜的辛苦费。"虽然欧内斯特·凯西尔一直把温斯顿的钱用于投资且十分成功,可温斯顿的经济处境仍然很窘迫,他认为有必要把这一点告诉詹妮,并希望妈妈给他提供生活费。

杰克还是那个不爱说话、招人喜爱的小伙子。刚开始,他和乔治待在同一个家里,气氛很尴尬;好在乔治事务缠身,经常出差。有一个儿子在家里对詹妮是一种安慰。

詹妮收到一封邀请函，请她和侄子萨尼，即马尔巴罗公爵一起到印度寇松家去做客。起先，她写信给杰克，叮咛他"我不在家时，你和乔治要自己照顾自己，别闹矛盾"。后来，可能是她记起了温斯顿在给乔治的信中说起杰克的一席话"……他还没有真正成熟，虽然在有些事上他显得很老练"。不管出于什么原因，詹妮决意留下来不去了。寇松写信表示很失望，并告诉詹妮他从缅甸搞到一只古老的缅甸银碗，打算将其作为结婚礼物寄给詹妮。

詹妮决定把杰克留在自己家里，这正是杰克想要的。很快，杰克在商业中心找到了事做，在给温斯顿的信中，他讲到了这一点。温斯顿在给母亲的信中说，杰克讲了"……他在股票交易上的一桩趣事，杰克笔调流畅、生动。如果他再练练，我担保他会比以前更有名气，另外还能增加他对生活的兴趣和他在银行的存款余额"。

温斯顿还要詹妮替他为那些曾经帮助他摆脱布尔战争的人们买些手表和首饰。"我相信在挑选物品方面，您比我更有眼力……"

这时，外面风传要解散议会，那将意味着又一次大选，意味着温斯顿在奥德姆的又一场竞选战斗。"我想我真的没有精力再去拼搏了……"詹妮打电报告诉温斯顿，但目前没有材料证实这一说法。

詹妮打电报说这些事的时候，可能没错，但是几天之内，形势急转直下。1901年1月22日下午6点30分，维多利亚女王与世长辞。听到这个噩耗，温斯顿马上写给母亲一封信。

女王死了。我们在温尼伯（加拿大一城市）听到了这不幸的消息。这座距任何一个英国主要城镇都有1,400英里远的城市，到处白雪皑皑。举城降半旗志哀，到处都是隆重、庄严的悼念场面。我非常想知道国王（即刚登位的阿尔伯特·爱德华，威尔士亲王）的情况。这会不会完全改变他的生活道路？他会不会把那些马卖掉？……他会不会变得一本正经了呢？……他会不会封凯佩尔为第一宫女？他还会不会继续和您友好往来？

我想写一封信，表示哀悼，同时表示祝贺，但我不知道该怎样措辞，也不知这样做是否礼貌。请您告诉我。我对此事过于热心，我觉得自己有些庸俗。我想结识一位皇帝、一位国王，爱德华七世——我真该死！要一个人回头是多么漫长的里程。他终于走远了，我为他高兴，我密切注视着他下一步怎么做。

又及：我在读《一个英国女人的情书》，所有的母亲都是这样吗？

1月中旬，维多利亚女王病情加重时，弗雷德里克·庞森比爵士写道："当威尔士亲王进宫探望女王时，她有一会儿脑子很清楚，并认出了他。女王伸出双臂，叫他的小名'伯蒂'，亲王一下抱住女王，情不自禁地放声痛哭。"还有一次女王清醒时，她让人把她的小白狗牵来，轻轻唤着小狗的名字。

沙恩·莱斯利回忆道："3点钟，教堂的丧钟敲响了。"

鸣炮向死者表示哀悼，不一会儿，一个小巧的灵柩出现了，上面放着节杖、皇冠。棺木由歪戴草帽的水手拉着，一群国王、皇帝跟在后面。残酷的命运——流放、废黜、暗杀在等待着他们。这些人类的国王和他们所迈着沉重步伐为之鞠躬表示悼念的那一小口袋骨灰相比，是多么的无足轻重。一群吊唁的外交官走过，就像一群衣着华丽的仆人。

罗伯茨勋爵足蹬大皮鞋，帽舌卷着，面容憔悴，眼含热泪走过来。和其他人肃穆的神态相比，王孙凯撒很紧张，急得团团转。他匆忙赶来参加葬礼。人们小声议论着，说他主动提出要亲自将祖母安放入棺，但女王在世的儿子们表示反对，还是他们把女王毕恭毕敬放入棺内……真不敢相信她的身体那么轻，好像天国的光环把她变成一把骨灰……

　　星期日入土前，女王依然被安放在圣乔治教堂供人们瞻仰凭吊。遗体周围堆满了鲜花，这种甜丝丝、令人作呕的气味闻起来很像笑气，不时有士兵被熏倒。

　　伦敦被浓雾和黑纱笼罩着。每一家店铺的窗户都戴着孝；女人，不论老少，都蒙上面纱；妓女们的丧服更动人，虽然女王在位时，一直拒绝承认她们的存在；那些来来往往扫大街的人给扫帚也戴上黑纱。老年人开始吹嘘他们已经历了三位君主。我的祖母打算伤心一辈子，好像天国的拱顶石塌落了。

　　阿尔伯特·爱德华，即威尔士亲王，登上王位，称爱德华七世。一个新的纪元开始了。

第三十五章 狂欢

亲爱的妈妈：

我附上一张 300 英镑的支票。在某种意义上，它应该属于您，因为如果不是您给我聪颖和才智，那我永远也不会挣到这些钱。

这封感人肺腑的信出自一个充满感激之情的儿子之手。

4 天后，1901 年 2 月 18 日，国王爱德华七世统治后三个星期，温斯顿·丘吉尔在议会首次发表演说。尽管他极力为战争辩护，但他仍然表达了对布尔人的尊敬。"如果我是一个布尔人——就战斗在沙场上——如果我是一个布尔人，我希望自己正在战场上战斗。"但他把这场战争看成是一种义务，并希望布尔人"绝不能对理智的呼声充耳不闻，拒绝一切提议，蔑视所有的条件"。

詹妮·康沃利斯－韦斯特像她以前经常听伦道夫·丘吉尔勋爵演讲那样，在走廊里专心致志地听着，面前演讲的是她 26 岁的儿子，像他父亲那样，他将手放到背后，神情有点紧张不安，但他比父亲讲得更坦白、更精辟、更有幽默感。

詹妮知道温斯顿要说什么，温斯顿练习演讲时，她一直是热心的听众和评论者。她自豪而又焦灼。她可能记起了许多年前和另一位同样焦灼的新议员的妻子坐在同一走廊里的情景，这位妻子当时也在逐字逐句地重述丈夫的话。

詹妮的一些朋友担心一年来的紧张活动会对她身体很有害，而且她看起来气色的确不太好。珀尔·克雷吉写信给她。

不要忘了保持安静。你看起来精神相当饱满,但你千万不可用脑过度。一味阅读一些乏味的书籍和报纸,这太费你的脑筋了。以后,你应该纵情去做自己喜欢的事。现在和随后的几个月,你不妨到大自然的怀抱里去轻松轻松……

你的新计划非常有趣。不过,温斯顿可能还会不断地麻烦你……

珀尔·克雷吉可能已把那封信发给了温斯顿。实际上,温斯顿常常占用母亲大量的时间,母亲也时常来帮助他。当然,她会给他物色一个新秘书;他想要一张适合自己墙壁面积大小的特制油画;她难道不能请波特兰公爵来主持这些会议吗?哪怕一次也好,而在这些会议上温斯顿是计划要演讲的;他还需要一位女主人来协助他在白修道院俱乐部每年举行的宴会上应酬宾客。"如果你愿意过来帮助我,请打电报给我。"

当然,温斯顿颇具慧眼,且思虑周到,她总想着尽力去帮助他。"我曾拜访过伊恩·汉密尔顿将军,他要特意去了解一下罗伯茨勋爵有关'缅因号'医疗船和它的支持者们的带有结论性的信件。我想,你可以认为此事大局已定。"

在接下来的日子里,他建议律师朗姆雷:

一方面,当我母亲的状况没有改变时,我意识到,对她来说为我或为弟弟考虑提供任何津贴都是困难的。另一方面,我感到在不影响我利益的条件下,想尽一切办法帮助她,是我的义务。因而我放弃了她和父亲一直想给我的一年500英镑的津贴，并且我还支付了 3,500 英镑的贷款，这是她建议为了我和弟弟的开支而借贷的，时间在 1897—1900 年间，每年 305 英镑。

这笔 1,100 英镑，也可作同样的处理，且对已定之处理方式无丝毫异议。

对于我兄弟的利益，如同对于我的利益一样，我所要求的不是法律上的那种理解，而是一种必要而清楚的解释。即：乔治·康沃利斯－韦斯特先生，在将来他的财产状况有所改善的某个时候，母亲将把自己的收入公平地分给她的孩子们；换句话说，她将回报我现在所持的态度。

詹妮在她短期度假时也很关心杰克。"……让沃尔登（她的仆役长）去佛洛利斯商店给你买一瓶洗发剂——要克尔·克莱顿洗发剂，记着让沃尔登付钱。你一定要用一小块海绵来使用它。哎！一定要这样做——否则你的头发就会掉光的。好可怜的孩子，啊，我是多么想念你啊。"

1901 年 8 月 10 日，詹妮·康沃利斯－韦斯特的签名第一次出现在布伦海姆的来客登记簿中，阿瑟·鲍尔弗那晚碰巧也在。鲍尔弗成为英国一种政治力量的领导人很长时间了，一年内将继任他的叔叔索尔兹伯里勋爵而成为英国首相。

鲍尔弗不是新登基的君主所希望的那种首相。他是一个清高而又坚韧的人，而爱德华七世则是一个热情而爽朗的人。爱德华的时代是一个"好心的老伯蒂"① 时代，他是"自查理二世以来的第一个仁爱的国王"。爱德华作为一个国王也很欣赏自己的宝座，而整个英国人

---

① "Good Old Bertie"，Bertie 为爱德华七世在宫廷中的昵称。

也与国王同乐。他们爱戴他，原因正如格兰维尔勋爵所说的，"因为他集英国人所遭到谴责的所有缺点于一身"。

爱德华59岁，身体有点肥胖，蓄着胡子，神态显得很快活。他是一个文雅而深于世故的人，喜欢盛大场面、"温柔的女人和乏味的香槟"。与总穿着素服并不常露面的忧郁的维多利亚女王相比，爱德华国王喜欢鲜艳的制服、奖章和装饰品以及各种礼仪场合。喧闹、豪华的宫廷舞会取代了那种古朴而又娴静的宫廷画室的接待方式；赛马、赛艇会和汽车取代了在公园中平静而小心的马车。

> 对他来说，生活的意义在于享受。
> 终于他掌握了女王的全部财产，
> 国王们私下的宝藏都应属于他。
> 别人在梦中享有，
> 他醒来后便据为己有。

欧洲仍然是一个国王的时代。爱德华的一位侄女是俄罗斯女皇，另一位是西班牙女王；他的女儿是挪威女王，德国皇帝是他的侄子，丹麦和希腊的国王则是他的姻亲。

在英国，爱德华执政时期是一个穷奢极侈的和平时代。布尔战争可能使不列颠雄狮威风大减，但不列颠英镑在世界上仍是最坚挺和受人敬仰的货币。尽管这样，英国有三分之一的人都懂得饥饿意味着什么——他们都在拼命地干活但所挣无几，生活在悲惨的贫民窟里。平均每个工人一星期只能挣一英镑。然而，普遍存在的公众的忧郁情绪荡然无存了，教育的普及使他们看到了一线希望；只有男性才有普选权的情况也要发生相应的改变。这是一个较少烦厌、较少虚假，而自由在增长的时代。对富人来说,"更多的钱花在衣服上,更多的食物被浪费掉,更多的马匹参加比赛,更多的不忠行为出现,更多的鸟类被猎杀,更多的游艇被派遣,而他们比以往任何时候更能通宵达旦地狂欢"。

在丹麦出生的王后,那个可爱、高雅的亚历山德拉,很快适应了宫廷新的烦琐礼节。在查茨沃思的宫廷舞会上,亚历山德拉和乔治的姐姐黛西一起把鞋脱掉,"以便看看这样对我们的身高有什么影响。王后简直是把鞋踢掉的,然后把每个人的鞋都试穿了一下,甚至穿上了威利·格林弗尔的旧舞鞋。我从来没有看到过她如此无拘无束、兴高采烈,但她的每一个举动都很优雅、适度"。

国王喜欢自己周围不拘礼节而诚实的朋友们,而不喜欢那些谄媚的朝臣。很久以前,他就原谅了詹妮,虽然他仍觉得詹妮的再婚是一个错误。他已经开始给她写信。在一封由考斯发给杰克的信里,詹妮写道:"我收到国王的一封信,一封自我结婚以来,国王写给我的最好的信……"

因而,詹妮又进入了宫廷那个小圈子,和她一起去的还有乔治。

  我妻子在伦敦结识了很多朋友,很快我就认识了他们,他们也对我很友好。我成了一个爱德华分子,这意味着我成为爱德华国王所联系的上层社会的那个特殊圈子中的一员,而一位近卫军年轻军官或乡绅的儿子在日常事务中不可能把这个圈子里的人视为知己。

乔治把这些称作"奇妙的日子"。

> 我整个星期都在努力工作,每个星期二我和詹妮都要到某个地方去……家庭的几个世纪以来的房地产仍然是完整无损的……税捐和生活费用很低;随意地花钱,很显然财富到处都是……我怀疑,在现代世界历史上的任何时期,是否有像爱德华国王统治时期那样如此地显示财富和奢侈……晚餐则更显得丰盛……香槟、红葡萄酒和陈年的白兰地是白天或晚上的必备品……女士们在晚宴上衣着华丽,身戴无数珠宝。这是一个声色犬马的时代。歌剧院几乎变成了珠宝展览,令人眼花缭乱……

这是一个自我陶醉的时代。不仅女士们百般打扮,趋向极端,而且处处讲究舒适和方便,其标准也被过分地抬高,一切都是穷奢极侈。每一座贵族庄园都仆役成群,且按森严的等级制度划分为"上等仆人"和"下等仆人"。上等仆人包括守门人、厨师、女佣头儿、仆役长、太太的女仆和管家,他们通常能享受舒服的待遇:可以挑选餐厅里的食品,可以坐起居室内的沙发和扶手靠椅,卧室里生有煤火。下等仆人则睡在地下室和阁楼里,或是睡在餐具室里的折叠床上。他们往往干很长时间的活,且睡得很少。十来岁的洗碗女仆经常洗涮到夜里1点钟,然后睡上几个小时就得起床来准备盛大的早餐。别人还未来得及注意,火就已被点着,发出"劈里啪啦"的声音;客人还没有醒来,窗帘就已经拉开,早餐已经端上来了;枯败的落叶被人扫走,花瓶里已插满了鲜花。仆人们总是这样默不作声、悄然无影。他们使英国贵族们过着一种纯净的生活,但法国人格兰蒙特评论道:"这种崇高的沉寂使我心烦意乱。那沉闷无声的走廊,和一向低弱的说话声音,使我不由得想起天主教式的喧嚣来。仆人们叫喊着,啪啪敲打着壶和煎锅，呼呼作响的门……"

维多利亚女王去世几个月后，俄罗斯大公爵麦克尔在基尔大厅里为爱德华国王举行了一次周末晚会。宾客身着"最深色的素服"来参加晚宴，又乘坐特别快车返回伦敦。这是在国王继位不久后的出访，因而火车在沿途主要车站都减速行驶，以便让人们能看到他们的新君主。"那是一个非常炎热的下午"，乔治写道：

> 我们大伙都汗水淋漓。当我们快到伦敦时，一位女士拿出一些香粉纸，先是朝鼻子上涂一点，一会儿又开始涂抹整个面部。国王问她用的是什么东西。国王看了以后，自己也拿了两页，开始在鼻子上擦粉，样子很滑稽。在走出尤斯顿车站之前，他洗掉了。

乔治与爱德华陛下玩了一局桥牌，并从陛下那儿赢了30英镑。"他从口袋里拿出一大卷钞票给了我，我一直认为国王是从来不带钱的，这件事证实，这种想法大错特错了。"

国王去的地方，詹妮和乔治通常也去：赛马、网球、桥牌、业余戏剧演出、长途散步、奢华的午餐、盛大的晚宴，无所不至。有一位主人有他自己的私人马戏团，在这个马戏团中，他充当领班。另一位主人则为那些累得走不动的女士们提供小马拉的小四轮马车。晚会总伴有音乐，配备有私人管弦乐队，气氛和谐的演唱会上常有著名歌唱家和音乐家出现。乔治记得一场由刚结婚的弗里兹·克莱斯勒举行的演唱会，新郎将新娘带进了会场，"他好像是单独为她演奏似的，对他来说，房间里就好似空无一人；而她也像是对他的演奏入了迷，眼睛微闭着，整个身体晃动着，像是要晕倒。"

当詹妮和乔治无暇应付太多的社会活动时,特威德茅斯勋爵和太太的乡间别墅为他们提供了理想的夏季休养地。一天晚上,前任首相罗斯伯里勋爵也来此做客。乔治写到这件事情时,曾生动地描绘过罗斯伯里的为人。罗斯伯里刚评述完一个奇妙的警句,这时另一位宾客,一个 17 岁的年轻人,说起他注意到罗斯伯里勋爵在晚餐前还在研究马可·奥勒留①。罗斯伯里用他那充满好奇的鳕鱼蓝的眼睛目不转睛地看着那个年轻人说:"在我的一生中,我喜欢女人气的女士,钦佩男子汉式的男子,但我从来不能容忍一个男孩子气的男孩。"

如果罗斯伯里稍微年轻一点,爱德华国王就会非常愿意让他做首相。鲍尔弗一向正确而冷峻,他对国王来说太理性了。与他相比,罗斯伯里和爱德华说一样的话,有许多共同的爱好。罗斯伯里与鲍尔弗相比智力并不低,但他知道什么时候才应该去展示它。

现在詹妮和温斯顿见面的机会越来越少,各自的行动方向截然相反。当詹妮为此而向他抱怨时,温斯顿回答道:

> 不,亲爱的妈妈,我没有忘记您。但我们俩都专注于自己的事业,目前又互不相关,我们相见的机会自然就少多了。这对于我们的感情不会有什么影响,我还是原来的样子。
>
> 您的可爱的儿子
温斯顿

温斯顿现在 28 岁了,詹妮认为,他该结婚、有自己的家了。但一旦他与年轻姑娘待在一起,他那种优雅的风度便全然消失。或许他

---

① 罗马皇帝(121—180),斯多葛学派哲学家。

能写十分浪漫的情书，但他很少有耐心和姑娘促膝交谈。他与帕梅拉的罗曼史终结以后，另外两个年轻姑娘拒绝了他的求婚：一个是富有的缪丽尔·威尔逊，另一个是美貌的美国女演员埃塞尔·巴里摩尔小姐。1902年7月13日，布伦海姆宫的来宾登记簿证实了巴里摩尔小姐曾长时间和詹妮及其家人待在一起。

温斯顿忙于写作，向詹妮征求研究方面的建议，借用她的私人秘书。他在给她的便条里经常以一个日期和一个问题结束，这个问题是："晚餐？"

爱德华国王的加冕礼由于布尔战争和国王必须做手术而不得不推迟。加冕礼最后定于1902年8月9日进行。

> 我们将会快乐，
>
> 喝着威士忌、葡萄酒和雪利酒。
>
> 让我们都快乐，
>
> 在这个加冕日。

在加冕日，威斯敏斯特教堂只接待皇家贵族、公爵和夫人、勋爵和夫人，以及一些地位稍低的人。然而，在国王的包厢里坐着一群美貌的女人，她们的爱宠非同一般。其中包括他现在的情妇乔治·凯佩尔太太，也包括詹妮和她现在的婆婆。詹妮和婆婆都戴着钻石冠冕，这都是她们"乞讨、借用或盗用来的"。有人听见国王的密友索沃拉尔侯爵评论道："那些人并不真正了解国王……"

爱丽丝·凯佩尔已取代了沃里克夫人而获得国王的宠爱。黛西·普莱斯在她的日记中倾诉道，她是在一次午餐上第一次遇到凯佩尔太太的。"在场的女士中，有三四个都有好几个情人，她们也不在乎别人在议论什么。在这些人中,爱丽丝是最迷人的。"

凯佩尔太太的丈夫是乔治·凯佩尔中校,他是阿尔波马勒伯爵的小儿子。这对夫妇有两个孩子,小索妮亚对爱德华的印象很深,一直记得很清楚。她称他"国王爷爷",尤其喜欢他那"和蔼、深沉的声音"和他那双"丰满而滑润的手"。

爱丽丝·凯佩尔和詹妮是好朋友,并且正是詹妮的妹夫约翰·莱斯利最早将爱丽丝·凯佩尔介绍给国王。她是一个可爱的女人,身材呈自然的沙漏形,一对大大的天蓝色的眼睛闪烁有神,一头淡栗色的头发使她显得更加美丽。她轻声细语,仪态优雅,在应答中表现得非常机智、灵敏。玛戈·阿斯奎斯谈到她时说:"她是一个时髦、勇敢、有人情味的女人,富有冒险精神,并且放荡不羁。尽管她一生中总去做她乐意做的事情,但她从来不树敌。"其原因之一是她从来不炫耀自己的影响。

詹妮的《盎格鲁-撒克逊评论》第八期追述了加冕仪式,弗雷德里克·格林伍德评论道:"女王去世了……顷刻间,我们就好像背向昔日的足迹,面向渺茫的未来行进着。"这期还发表了一篇关于"家庭的装饰艺术"的文章,这篇文章的署名是"伦道夫·丘吉尔夫人"而不是"乔治·康沃利斯-韦斯特太太"。

《评论》杂志后两期刊载了若干篇特写,评述了从美国独立战争到美国运动员,从英国国玺到鼻烟盒,从"音乐评论的谬误"到"当代引以为自豪的女性"等问题。或许,这即是《评论》杂志的魅力所在,也是它的重大失误之处:范围太广而漫无边际。

一篇题为《下一届政府》的文章是在詹妮已经认为这家刊物需要停刊之后才刊载的,当时她和乔治一起到苏格兰去度假了。这篇文章强烈指责前首相罗斯伯里勋爵——她的一个朋友,也是《评论》杂志第一期的撰稿人。詹妮给罗斯伯里写了一封道歉信,在信中她表达了自己是多么忧伤:像这样指责他的文章竟能在《评论》杂志上出现。她收到了一封独特的回信。

非常感激你给我写信……坦率地说,把政治带进《盎格鲁－撒克逊评论》中来,简直是一个莫大的错误。但是,和我比起来,你倒是一位更出色的鉴定人。

关于那篇文章,他说:"我并不认为我会读到它,我深信这一点。如果这样,就不会使我心烦。尽管如此,我还是向女编辑表达衷心而又深挚的谢意。"

《评论》杂志是难以击败的。在一个称为"印象与观点"的定期栏目里,刊载了一篇关于布尔战争的专题评论。

南非战争仍然在吃力地延续着。一个勇敢的人能预料当这一期或者下一期《盎格鲁－撒克逊评论》付印时,战争就会结束。虽然战火看起来像接近熄灭,但忽然又重新燃烧起来,战争不是为了胜利而是为了征服。我们从不同对手讲什么条件,只是要求他们无条件投降并放弃他们的领土。这样和平问题便无从谈起……在这样的环境下,斗争会是缓慢而无望的,我们并不为此而感到惊讶。

其中还有这样几句话:"无论做出什么样的努力,英国政府应负起最后的责任。即使再胆怯,我们也应有勇气向统帅进一言:'如果你们认为合适,就可以继续做下去:焚烧农场,饿死女人,荒芜土地,到处抢杀掠夺。但是,看在上帝的分上,这些最好对我们只字不提……'"关于布尔战争,这不仅是詹妮自己的感受,而且是所有的英国人越来越明确的一种看法。

到1902年5月,才最后签订了同布尔人的和平条约。

《盎格鲁-撒克逊评论》的前景仍不稳定。珀尔·克雷吉起初认为詹妮应当坚持,"这或许是异乎寻常的——但也比较有利——希望它会兴旺、繁荣和昌盛!"

然而,珀尔良好的愿望——繁荣昌盛的可能性似乎很小。两位女士谈论着各种各样的可能性。她们建议把《评论》改为月刊。"你认为《评论》月刊肯定比周刊要办得成功吗?"克雷吉写道,"你可以创办这样一个期刊。"詹妮提到她想买下《圣詹姆斯报》,克雷吉回答道:"《圣詹姆斯报》棒极了,价格也适宜……"她推荐《笨拙》杂志的一位编辑来做第一期的编辑,但《笨拙》杂志出版商阿格纽斯突然提升了那位编辑。"他们听说你要把他弄到《盎格鲁-撒克逊评论》来,阿格纽斯立刻就来了劲……"克雷吉还告诉詹妮,她的父亲,一位精明的商人,"对你的《评论》杂志计划极为赞赏……"

珀尔的父亲约翰·摩根·理查兹并不像詹妮常去借钱的那些人。尽管他们都喜欢她、崇拜她,但这并不意味着他们同意将钱用到不适当的地方去。他们尽量委婉地劝阻她。

詹妮的《评论》杂志出版了第十期,然后就很不情愿地、不声不响地停刊了。

詹妮努力振作起精神,国王爱德华也授予她新的皇家荣誉。他于1901年就曾晋封她为耶路撒冷的圣约翰夫人;而今,因她组织"缅因号"医疗船有功,国王授予她皇家红十字勋章。同时,他更加照顾温斯顿,1902年9月,温斯顿由巴尔的摩城堡给她母亲写过一封信。

第三十五章 狂欢

> 在这儿,国王一直待我很好,他整天忙于国务,仍抽出时间来看我。我感到轻松愉快,悠然自在,今天虽然我没有打中牡鹿,但悄悄地走近猎物也颇有乐趣。
>
> 国王来到印威库尔德时,您就会在星期三看到他,您可以告诉国王我曾给您写过信说我在这儿过得很快活,但您不必聊个没完。

《盎格鲁-撒克逊评论》的停刊对詹妮来说是一次大的波折。她不愿意失败,因此,她失去了某些旺盛的乐观精神。她感到疲惫不堪,希望能改变一下环境和心情。欧内斯特·凯西尔先生提议:可以和朋友乘坐他的快艇航行,从尼罗河上溯到阿斯旺去。可是乔治公务缠身,而詹妮也不愿意离开他。

她还要考虑杰克的问题。温斯顿已从埃及给她写了信:"我时常想起您和杰克,而且颇为惦记他。请您多多关照他,他有点难以驯服,而且孤独不幸。"詹妮并不需要温斯顿的警告提醒,杰克在证券交易所干得很红火。他是一个温和的讨人喜欢的年轻人,比起温斯顿来,更易于同女性接近,但是他对于结婚好像也还不大愿意考虑。詹妮和杰克时常一起去参加音乐会,出入剧院。

詹妮想把她的外甥女克莱尔从一个外地黄毛丫头变成伦敦社交界的新星,但在这方面遇到了很大困难。克莱尔是詹妮的姐姐克拉丽塔的女儿,是杰罗姆三姊妹膝下唯一的女孩。克莱尔有过一段悲惨凄凉的童年,她在法国一家女修道院受教育,又在爱尔兰她父亲的故居里度过了一段冷清孤寂的闲暇日子。温斯顿劝她"要养成一种冷静的通哲理的性格……毕竟这儿吃、穿、住不必多虑"。

克莱尔已16岁了，需要得到爱恋。在詹妮的指点下，她开始打扮自己，出落得像盛开的鲜花一般。

詹妮不再吓唬我，我渐渐地开始喜欢她了。谁都佩服她，她和颜悦色，总是十分快活。詹妮的忠告通常都很实际，妈妈的忠告则温情脉脉，而利奥尼姨妈的劝告却总是符合仁义道德的……我的二姨妈詹妮就成了我的第二个妈妈……

三姊妹依然一起住在大坎伯兰区的那片簇挤的房子里。詹妮每天一早就叫克莱尔从街道对面过来，吃过早饭读《泰晤士报》的社论。"在我梳头时，她不耐烦地说：我必须反复练习怎样梳头。"最重要的是，詹妮告诉她必须努力学会说话和微笑，无论什么时候在说起其他人时，不能让人看出厌烦。"要记住你还没有因自己的风趣而受到邀请，只得求助于聚会。"

詹妮一直在实践她所宣传的这些原则。她自己的这栋房子用于举办午餐会、举行私人晚会以及小型宴会都是再合适不过了，但是作为古典式的沙龙就显得有点不够宽敞。这样的一种沙龙需要她花更多的时间待在家里，这会把她限制在一种社会框框之中。她是个坐不下来的人，难以忍受这种限制。她乐意串门，乐意旅行。她主持花卉展销，在音乐会上演奏，写书和剧本，热衷于赛车。

詹妮是伦敦首批为自己家安上电灯的人，她和乔治还是她们圈子里首先购置小汽车的人。"尽管我们回家时，车速从不超过每小时25英里，但在我看来，这仍然是一个令人惊心的举动。"她这样写道。

驾驶一辆100多年前的汽车是相当不舒服的，也是很冒险的举动。那时，没有柏油马路，尽管女士们有薄绸围着头，厚厚的尘埃仍然弄白了她们的头发和睫毛；男人们则戴着风镜和护帽。汽车既无挡风玻璃又无侧门，人们都穿着长长的风衣和其他什么衣服来御寒。詹妮写信告诉杰克这样一次旅行的情形："我们坐汽车花了6个小时，行程156英里，简直太快了，结果我有些头疼。"

晚上行车时，勇敢的驾驶员拿着一把乙炔火炬，火焰时常熄灭。一天晚上，詹妮和乔治吃完晚饭回来，一把乙炔火炬突然冒起火焰来。乔治写道："幸运的是没把汽车点着了。"——接着另外一根又燃着了。

> 除了一只小小的手电筒，我们再没有别的什么东西了。詹妮向前面伸直了手臂，拿着手电筒朝道上射出微弱的光线。直到我们来到一个拐弯处，一切都很顺利。在这儿，我们本应当拐弯，但我们直接开到一个小河堤上。很幸运，我们走得很慢，但我永远也不会忘记当时的心情，那时，我看到妻子慢慢地摔了出去，而汽车依然向前行驶。当然，汽车没有侧门拦住她，幸而她没有受伤。我们继续前进，大约清晨2点才回到了家。

他们的婚姻是以出奇的成功开始的，康沃利斯-韦斯特的家庭也渐渐地适应了。乔治是个快活的人，他在商业界地位显赫，而且变得日益重要起来。他置身于达官显贵之间，在他们的圈子里，他的妻子是最美丽、最富有吸引力和最重要的女士之一。他对她唯一的批评是她对钱的那种态度。

在钱财问题上，她并没有明确的计划。对她来说，钱的价值已毫无意义，有价值的则是她用钱买来的东西，而不是她买

> 东西所花的数目。如果她看中了某件漂亮东西，她就必须把它弄到手，从不会想到就此罢手或考虑下是不是付得起钱。在我们共同生活的几年中，我们之间发生的几次较大的误会都只不过是因为钱的问题。她的奢侈是她唯一的缺点，这是她的性格，当然是可以理解的，也是可以原谅的。

但乔治自己也并不是一点不铺张，在他被选为公司顾问委员会成员后不久，他和凯西尔驾驶着汽车游玩归来后才去开会。在路上，他的汽车抛锚了，侥幸的是，他离一个车站很近，所以他租了一列专用列车，大约花了他从公司得到的全年收入的四分之一。

当然，詹妮玩得很开心，正如珀尔·克雷吉所写的，她"看上去美丽而快乐"。她是服装晚会上一颗引人注目的明星，这次服装晚会的主题是"英国上流社会绝色美人装扮成历史上的著名人物"。乔治的母亲打扮得像哈姆雷特，他的姐姐黛西则扮成罗密欧，萨拉·威尔逊夫人扮成邦妮王子查理。正如《纽约日报》所报道的："具有历史意义的是，晚会之所以成功是因为有乔治·康沃利斯－韦斯特夫人，即前伦道夫·丘吉尔夫人，像一位西班牙骑士一般大摇大摆地走了进来。她身着黑色丝绸紧身衣、马甲，下穿紧身裤，身披一件用金子点缀的黑色天鹅绒斗篷；佩带一把短剑，剑柄上有羽毛低垂着；一颗大宝石在她黑色阔边帽上闪烁，在她漂亮的鞋上有一对钻石扣，她还装上一副蜡制的、极为卷曲的黑色胡须，同凯撒的一模一样。"

对詹妮与乔治来说，那是一个相当自由自在的时刻。乔治对人们的热情及对有趣晚会的热衷，使得詹妮无比兴奋。甚至，珀尔·克雷吉也给詹妮写信道："我特别想让康沃利斯－韦斯特先生再来看我一次。"她从不叫他"乔治"。

第三十五章 狂欢

珀尔·克雷吉可能很妒忌乔治，因为他，詹妮给珀尔的时间相对减少了。珀尔有一种占有的天性，她非常喜爱詹妮，甚至当她去印度旅行时，还给詹妮写信："我最亲爱的詹妮：自从我出来观光，每时每刻我都在为你祝福……"三个月后，她又从巴黎写信："想你好苦……我每秒钟都在想念你……"甚至她把一部小说中的主角命名为"詹妮"，她非常喜爱这个名字，她说："我把任何一位美丽、迷人的女士都称为詹妮……"

从巴黎返回的时候，珀尔力劝詹妮和她一道组织一个社交和职业妇女俱乐部。"……你是唯一能够使它存在下去、能维持它的人……"对詹妮来说，一个新俱乐部并不是最令人激动不已的，但在她的一生中，这是一段她不必寻找刺激的时光——因此她就加入了。

她周围的世界也在寻找和平和安宁。法国对英国怀有敌意已经好几年了，正如詹妮的外甥沙恩·莱斯利描述的，是爱德华七世的勇气与魅力驱散了这两个民族间的嫌隙。在一次对法国的访问中，爱德华国王用法语签名，赞美了一位象征法国精神的演员，并做了许多颇受公众欢迎的亲善的表示。不久，无论他到哪儿去，无论参加什么集会，人们都会蜂拥而至，"爱德华万岁"的呼声此起彼伏，久久不散。"巴黎这座光明之城的居民几乎都已变成了保皇党员。"不久，英法之间签订了条约。

爱德华国王也许没有他母亲那样勤劳、那样有能力，但是他能更好地理解新世纪的民主力量。他建议首相鲍尔弗将食物税推给国会讨论，这样他可以利用已所剩无多的国王否决权。

那时，国内最主要的政治争端是自由贸易和贸易保护主义者的老问题。鲍尔弗的保守党支持贸易保护主义者，而自由党则站在自由贸易一边。温斯顿左右为难：他是一个主张自由贸易的保守党人。詹妮同样处在进退维谷的境地,在这个问题上,她保留自己的观点。

当温斯顿旅行时,詹妮十分关心他的政治活动。

你主张开放自由市场确实是很有益的。我相信这些人对你的工作非常满意。如果你使我失望,我就不知道我该做些什么。在我缺席的时候,他们就已感到困惑不安。

现在,温斯顿常常把自己政治活动的情况写信告诉她。

我寄给您几份裁剪下来的报纸,我敢说,它们会给您带来一些趣闻。

在奥德姆,我参加了8个小型会议,每次会议有200来人。会议期间,我受到了极好的照顾。从报纸的报道中,您可以看到这一点。当然,列席会议的还有贸易保护主义者和自由贸易者。毫无疑问,任何事务都会审慎地加以处理,但他们都一致承认:在那儿我是唯一一个有机会赢得保守党大选的人,因而他们考虑给我充分自由。我发现他们对工人阶级一位代表的思想极为推崇。他们常在报纸上读到他的名字,他们还认为这个人很清楚有关城市的种种事宜。我们必须在苏格兰会面,交换一下彼此的看法,我希望您的想法是会令人满意的。我的身体很好,但我需要过一个月清静、舒适、有规律的生活,还要每天锻炼。

他们后来没能在苏格兰见面,温斯顿写道:"……在苏格兰我没能去看望您,确实很抱歉。但到了秋天,我们又能常常见面了。在奥德姆，我还需要您常来帮忙，如果您有时间和兴趣的话。"

布克·科克伦对温斯顿的思想有很大影响。两人起初对布尔战争持不同态度，但后来温斯顿对布尔人逐渐表示同情。在自由贸易问题上，温斯顿和布克意见一致，他们在这个问题上交换了不少信件。1896年，布克同民主党的领导人在这个问题上发生争议，他倾向于共和党，拥护威廉·麦金利出任总统。

在这个问题上，温斯顿准备转向自由党。1904年5月底，他进入下议院，密切注视着政府方面的议席，然后又把目光转向反对派的议席，最后匆忙地转向自由派，同劳埃德·乔治并排而坐。这是一个他父亲曾经坐过的位置。

西摩·莱斯利记起了那天晚上同他的姨妈詹妮在图书馆相处的情景，她显得异常愤怒，告诉他说："你听说过吗？当温斯顿迈向自由党议席，并且站起来开始讲话时，那个可恶的阿瑟·鲍尔弗和他的党羽竟都站起来走出了议院！这位首相给了我们多大的侮辱啊……以后，我再也不会理他了……""

第三十六章　庄园

1904年，詹妮50岁了。有位英国作家把这位美国传奇女性一生的这一段称作"充满幻想的阶段……生活受到挫折的阶段，于是她转向宗教或桥牌，成了一个没有特色、不太引人注目也不再狂热的人……"

然而，詹妮在生活中所得到的已经足够，奢望也就少了。她那年轻英俊的丈夫仍是那样令人敬慕，事情总是办得惊人的漂亮。她的儿子们对乔治的理解比她原来所能期望的更多。她也开始跟新丈夫家里的人和好，虽然她只是勉强得到他们的承认，乔治的父亲仍跟她保持一定的距离。温斯顿则给了她很多鼓励。

> 我就您所说的一切想出了一个好主意，而且相信您全力以赴对您所关注的人表现出耐心是对的。我毫不怀疑，当爸爸（康沃利斯－韦斯特）百年之后，您会恢复您那像鹰一样的青春的……

詹妮感到平静而满足。她还有一件美妙的宝贝：优美的体态。一家传记期刊提到詹妮时说：

> 康沃利斯－韦斯特夫人既不瘦削也不丰满，既不年轻也不显老，用一句准确的话说，是"恰到好处"。她说话不拐弯抹角；握手时，不会显示出挑起肩膀猿猴般的滑稽，与那些她必

须对付的人物交谈时,她也不会假声假气。她曾因传播仁慈的精神和赋予人类在社会交往中的新现实主义精神而受到人们的赞扬。不是因为她养成了英国人所谓的"魅力",而是命运除了授予她面容和身段持久的美丽、举止风度的优雅外,又赋予她谦恭的天性。她从不触怒别人,她高贵而不傲慢,在她那高雅的风度里没有丝毫的优越感,而是通过无意的尊贵使人肃然起敬。人们在康沃利斯-韦斯特夫人身上根本觉察不到她有丝毫的冷淡,以致傲慢,这些东西按法国人的说法,已将英国人的彬彬有礼埋葬到伟大的社交技能中去了……

索尔兹伯里庄园并不富丽堂皇,但舒适、安静,是朋友和家人的避风港。它地处圣奥尔本斯附近,是13世纪一个古城堡所在地,尚有护城河环绕,还有壁上满是石雕的伊丽莎白官邸,也坐落于此。房屋有精雕的楼梯、华丽的火炉、带有嵌板的屋子、若干相连的小房和一间精心设计的用人住的边房。国王查理二世把它用作情人耐尔·格文的别墅。据说,她的鬼魂还常在这里出没。

在索尔兹伯里庄园里,詹妮变成了另一个人,比在伦敦轻松多了。她的住宅从来没有这么大的花园。她喜欢色彩,喜欢花儿,温斯顿帮助她确定要哪些不要哪些,把它们种在哪儿。他们俩还用了一天时间把浮萍从护城河里弄走。杰克更实际,建议对浴室进行改造。乔治监督着安了电灯,乔治这时甚至有了自己的雉鸡猎场。

詹妮不再像以前那样频繁地骑马,可她跟乔治一起打高尔夫球,她的球技越来越高超。他们结婚已有4年,生活甜蜜、宁静。

"乔治和詹妮使这小小的家庭变得很可爱。"黛西·普莱斯说,"它充满着美好的事情,而且花园也将很美丽。"詹妮简称为"索庄"的这座庄园,并不是一座小房子,其中明显值得回忆的事,就是国王爱德华的访问,詹妮作为东道主充分展现了她的"才智"。国王很胖,上楼不方便,于是詹妮只好在楼下没住人的地方给他准备了一套房间。她在嵌有壁画的房间里挂上绿绸,使得气氛亲切,还把衣帽室改为浴室。

黛西很妒忌詹妮跟爱德华七世不拘一格的亲密关系,她很可能对德国皇帝威廉二世访问她的普鲁士城堡也不满意,因为他在那里竟也多情地回忆起美丽聪明的伦道夫·丘吉尔夫人。此外,皇亲黛西的命运不佳,她和普莱斯王子的婚姻冷淡不幸。她在日记中说:"偶尔见到皇室成员是美好的,但很难与之生活在一起。"

黛西特别妒忌詹妮和路易斯·德·索沃拉尔侯爵之间的关系。作为国王爱德华的三个最亲密的朋友之一的索沃拉尔,常跟陛下一起应邀到各地访问。他是葡萄牙驻英大使,很少有人像他那样了解欧洲政治,据说,他"曾希望成为欧洲最大的政治家之一"。但索沃拉尔更愿意留在英国,"在那里他可以和所有漂亮女人调情说爱,所有最有教养的男人又都是他的朋友"。

索沃拉尔早就是詹妮的崇拜者之一。他是一个温和、聪慧和机敏的单身汉,有许多猥亵轶事。他总是穿着时髦,通常戴着洁白的手套,扣眼上插一朵小白花儿。他皮肤黝黑,留着时兴的小胡子,新闻界常把他比作"外交界的美男子"。一位女子曾说,他向女士们献殷勤就像对方是他的"女眷"一样。索沃拉尔和詹妮的关系很稳定。他好像已经销毁了他们之间的往来信件,但有一张纸条始终保留完好,上面写着:"永远忠于您的詹妮。"

索沃拉尔也成了温斯顿的好朋友,有时,温斯顿因某些问题跟国王有了分歧时,他就充当他的宫廷调解人,其中一个问题就是关于自由贸易的。

1904 年年末，詹妮从桑丁哈姆写给温斯顿一封信。

我最亲爱的温斯顿：

我读了你在格拉斯哥的讲话稿，读得是那样津津有味——我没有跟国王讨论，你听了会吃惊的。我认为你们的主席那样攻击阿瑟·鲍尔弗是件憾事。我知道听众对此很愤恨——至少各报已经说得明白。亨利·德·布勒特伊对我说，在法国他们把你当作有前途的人。在这里，我处在保护主义者的温床里，你也许在报上已看到了那次晚会的报道。我们要待到星期一。这里天气一直很好，很爽快，人也爽快，愉快极了。乔治射击很准，我们俩都受到青睐——所以一切顺利。下星期你将到哪去呢？索尔兹伯里庄园是你最好的去处，如果你愿意来的话。顺便说一句，自从我跟你一起吃了那些牡蛎之后，我病得很重——我去就医，而医生对我说我中毒了。我现在已不要紧了，我想去巴黎过圣诞节。你何不一同前往？布勒特伊一家会款待你的。再见。

你心爱的母亲

温斯顿现在常到索尔兹伯里庄园去。他在一棵老酸橙树下搭起一个避暑凉亭，于是他可以把天空和树叶当作自己的听众来练习演讲。他也已开始写他父亲的传记并一直鼓励詹妮回忆一些宁愿忘掉的事："……你们起初是怎样在查尔斯街开始的……然后，我想是在 1877 年，然后在爱尔兰……"

詹妮跟她第一个丈夫的许多家人仍保持着联系。在她跟伦道夫结婚的最初几年里，詹妮和伦道夫的姐姐范妮（特威德茅斯夫人）相互嫌恶却也能相互彬彬有礼。她们的关系渐渐变得融洽起来，詹妮称范妮是"我所遇到的人中最高尚的人"。

乔治和詹妮是特威德茅斯夫人所举办的舞会上的常客。乔治回忆道："詹妮很沮丧，几乎要哭出来。我问她为什么，她对我说，医生告诉范妮说她不出三个月就要死了……她危在旦夕，且没有人知道可怕的宣判正向她逼近……"

詹妮在近三年中也失去了一些别的朋友：塞西尔·罗德斯、赫希男爵、奥斯卡·王尔德。而今玛丽·莱特·寇松也病得很重。

玛丽·莱特·寇松和担任印度总督的丈夫寇松生活在印度，她给詹妮的很多信件中都表示盼望回到英国。终于，1905年，寇松勋爵和司令官霍雷肖·吉青纳闹翻后，玛丽和寇松返回英国。不久，玛丽·莱特·寇松就去世了，詹妮深感失去了一位个子高高、声音甜美、笑容可掬的高贵朋友。

那年，詹妮还遇上一件更伤心的事情。自她跟乔治结婚以来，她很少见到珀尔·克雷吉。珀尔总是到外地去：跟寇松夫妇到印度待了很久，春天又去访问了西班牙，跟她的儿子在威特岛待了一个漫长的夏天，而后又到美国做了一系列有关生命科学的演讲。旅行使她太疲惫了，而她也发现她无法完成这次旅行了。1906年2月，她写道："我想我是活不长了，我的内脏正常，可是全身疲弱不堪，脉搏常停止跳动。"她补充道："请不要以为我愿意长期患病，长期遭受恐惧，我愿在执行职责和工作中死去……"

珀尔对詹妮的最后请求是奇怪的：她想进宫廷朝觐。在维多利亚女王时代，她因离婚的污名被从宫中排挤出来。但她是清白的，她的前夫当时已经再婚。

第三十六章 庄园

向詹妮说明了宫中朝觐的家庭背景的同时,珀尔发现她的表弟海军上将考尔斯已同西奥多·罗斯福的妹妹结了婚。詹妮跟罗斯福总统是远亲,她和珀尔也可以认亲,但她们之间的关系远比表姐妹关系亲密得多。她们之间的关系很重要,因为珀尔的女朋友不多,她常说她永远不会真正理解女人们。

> 我母亲有一阵子很爱讲,我小时候有一天她把我一个人留在家里,让我跟洋娃娃们在一起的事,她把我托给这些不会说话的伙伴整整一小时。她回来时发现许多木偶已残缺不全,耷拉着脖子,而我正瞧着它们那摇摆着的尸体暗自发笑,那都是些女娃娃……

"詹妮"是珀尔·克雷吉的长篇小说《葡萄园》中的女主人公,是一个充满理想主义的、聪明的女人,她爱上了一个英俊但缺乏道德的男人。在小说中,那位即将死去的父亲对"詹妮"说:"我要是死了,你要照看好这支蜡烛。"早些时候,珀尔曾写过她自己的事,说医生"几年前告诉过我,说我会像蜡烛一样熄灭:我的心早就悲痛得要碎了……"1906年8月,珀尔·玛丽-特蕾萨·克雷吉与世长辞,手中握着一串念珠。

如果珀尔·克雷吉在小说里用那个英俊而不太道德的男人影射乔治·康沃利斯-韦斯特,那么现在她的描绘就不大准确了。乔治已经成熟,他虽仍喜欢打猎、钓鱼、骑摩托,并不断数算他的猎物,如鱼的重量,平均每小时走多少里等,但同时,他还经营了英国电气公共运输公司四年之久,身处领导层,收入可观。

1906年对乔治来说是不寻常的,他跟朋友创立了自己的经纪公司——"康沃利斯－韦斯特公司"。乔治利用詹妮广泛的社会关系，使其公司早在1905年已经赚了23,000英镑。1906年，他们"爆发"了，在钢铁公司和铜矿中掌握了大批股份。乔治比以往旅行更多了，他遇到的人中有一位有能力的工程师——当时他对政治不感兴趣——名叫赫伯特·胡佛。

对温斯顿来说，那年开始得更不寻常。1904年，他在自由贸易问题上从保守党转向自由党，布克·科克伦给他寄来一封信表示替他担忧。

然而温斯顿清楚地预见到能在自由党新政府中得到内阁职位，而且他完全有意接受这一职位。鲍尔弗已于1905年12月辞职，自由党领导人亨利·坎贝尔－班纳曼当了首相。身为一个领导过公众反对布尔战争的70岁高龄的老人，"坎－班"（坎贝尔－班纳曼）是一位"放荡到懒惰的人"，他喜欢法国小说，没有多少敌人，亲密的朋友就更少了，但他却是诚实基石的核心。他授予温斯顿国家殖民事务大臣之职。

温斯顿接受了这一职位，但是政府成员还得进行一次选举。温斯顿要为之奋斗并赢得胜利的选举在曼彻斯特举行，詹妮跟他一起到了曼彻斯特。反对保守党的理由之一就是保守党支持抬高煤价，所以詹妮对公众说："保守党给你们的是高价煤，而我给你们的是宝贵的温斯顿……"

詹妮对利奥尼写道："选举是非常紧张的——人们说它是千钧一发。女选民太可憎了，每天晚上她们都在制造障碍，高声尖叫，骂大街。她们绝望地把自己的目标毁掉。"有一次，詹妮对一群女选民说，她们应当放弃那些粗俗的见识。

数票时，詹妮在市政厅，随后又到"改革俱乐部"。"那里的场面是难以描绘的……我参加过多次选举，但从来没见过这样激动的场面……温斯顿两天前对我说，他认为将会有一次大换班……"

詹妮利用这一机会批评了利奥尼，后者因温斯顿改变保守党立场大发雷霆。

> 我对你所说的"背叛"感到好笑——我认为那是对温斯顿改变立场的一种讥讽。大人物改变主意的情况无疑是不足为奇的。你也许会引用迪齐（迪斯雷利）、格莱斯顿的话，最后还会引用并不是最不重要的张伯伦的话。至于阿瑟·鲍尔弗，他的决心已定，所以他是不会有丝毫变化的。

对温斯顿来说，这是一个重要时期：他父亲的传记已出版，且取得巨大的成功；内阁的职务正是他所期望的，而今他在曼彻斯特的胜利压倒了一切。詹妮立即开始她所喜欢的另一件事情：装饰在波尔顿大街为温斯顿租的那幢房子。"它将会是很招人喜欢的。"她自信地告诉利奥尼。

温斯顿也雇用了私人秘书，叫爱德华·马什，是在一次晚会上认识的利奥尼的朋友，利奥尼十分推崇他。爱德华·马什将成为温斯顿最知心的终生朋友。马什给利奥尼写信表达自己的感受：

> 很兴奋，我要告诉你，你的外甥要我为他当约6个月的私人秘书，这将是我所干的事中最有趣的了。但我担心我不是合适的人选，到头来说不定会一败涂地……我刚陪温斯顿吃了饭，他真好，他把他所预期得到的帮助说得很清楚，而我完全知道我干不了——太糟糕了！

几年来，马什也跟詹妮来往密切，他写到过有关她的情况。

在布伦海姆宫，我首次遇到伦道夫·丘吉尔夫人，她很快就成了我最好的朋友之一。她是一位难以置信的极其开朗的，既老于世故，又永远天真的女人。她时髦、奢侈（要打发她的生活，没有四十双鞋子是不行的），但她永远也不会丢弃热心、幽默、忠心、坚贞、毫不动摇及好战的勇气这些人类的优良品质。

尽管詹妮喜欢上了马什，可她对他做他儿子的秘书还持保留态度。这跟马什的资格毫无关系——他忠诚、笃实、热心、机敏、勤劳，可是他也有同性恋的毛病。的确，多年之后，马什成了爱德华·马什爵士——被公认为是英国同性恋大艺术团体的中心人物。虽然该团体从来没有出现过任何丑闻，可是詹妮却忘不了正是一个同性恋团体曾危害到温斯顿的军事生涯。一个类似的诽谤，可能对一位年轻政治家的政治生涯有致命的影响。

有着光辉灿烂开端的一年也有一些麻烦。最糟的要算乔治了，这个有前途的资本家，虽曾威震四方，却也陷入了困境。他被一个油嘴滑舌的律师骗了，给他留下了 8,000 英镑的债务。

温斯顿马上就给乔治写了一封保证信。

亲爱的乔治：

我现在给你寄去 3,000 英镑的支票，是为了偿还律师从你那儿夺去的钱，也因为我知道你从考克斯银行借了钱。这笔账完全是我们私人之间的事，钱可算作贷款，可在三个月之内的

第三十六章 庄园

任何时候我要时再还。同时你得付每年2.5%的利息，记入我在考克斯银行的账上。你可以写信给我，详细确认这一点。

乔治给温斯顿复信表达了感谢。乔治并非唯一的受害者。他向温斯顿提及了马尔巴罗公爵夫人康苏埃洛曾应詹妮的邀请来到索尔兹伯里庄园。

> 可怜的娇小的康苏埃洛……我真心地可怜她，多不幸啊！整个事情使我想起了霍迦斯的色情狂系列画（原文如此）《流行的婚姻》。接受我的忠告，如果你真的要结婚，一定要以感情为出发点，而不是为了别的任何动机。世上的任何财富都不能弥补婚姻中缺乏感情的憾事……
> 请务必尽快到这儿来，我相信你需要休息，或很快就会的。

那个星期之前，在一封标有"机密"的信中，温斯顿给她母亲写道：

> 萨尼肯定已跟康苏埃洛分手了，她住在伦敦，桑德兰宫。她父亲星期一要回巴黎去，我建议她您会非常乐意跟她一起待一段时间的。想到她一个人要孤单单地挨过这些暗淡的日子，我真有点受不了。如果她要派人去请您，我希望您把别的事情先放一放，到她那儿去。我知道在困难的时候您是一个可靠的靠山。

可是詹妮现在也需要为自己找一个靠山了。经济上的灾难使乔治变得急躁不安，容易激怒，越来越好跟别人争辩。他们争吵次数越来越多，通常是由乔治那恍惚的眼神引起的，这种眼神也许是他保护自我的一种方式，事后詹妮和乔治很快就为争吵感到后悔。

詹妮到戛纳去了，乔治写道："我非常担心，因为我发现你以为我要把你赶走。其实我没有赶你，我愿最先见到的是你而不是别人……"詹妮给杰克写道："请告诉沃尔登把我壁炉台上乔治的照片寄来。可以把相片从相框里取出来……"

有时外出，詹妮就住在乔治姐姐黛西那里，她在附近租了一套别墅。黛西对温斯顿恨了起来。詹妮和乔治结婚时，黛西曾写道："他俩的结合使温斯顿·丘吉尔跟我们成了姻亲，我们以某种复杂感情看待这种前景。我不能不坦率地说，我曾十分喜欢过他……"

由于社会是那样错综复杂，所以詹妮发现黛西不是同别人，而是要跟查尔斯·金斯基结婚也并不奇怪，黛西也曾是金斯基的妻子莉莉的好朋友，这也许使她确定了对詹妮的态度。

父亲去世之后，金斯基伯爵成了金斯基亲王。他放弃了外交事务，成了内务大臣和奥地利皇帝的侍从。他当过预备役少校，是奥地利皇族的世袭成员。当詹妮的朋友之一、才华出众的钢琴作曲家埃塞尔·史密斯想到维也纳学习和工作的时候，詹妮曾给金斯基写过信，请他帮忙。

"我但愿她能嫁给金斯基，"埃塞尔·史密斯后来说，"……他是那样可爱……"金斯基和他的妻子每年至少到英国来一次，看望尊贵的同胞，可以想见，他和詹妮很可能同时参加一些晚宴，但他们相互通信已不大可能了。然而，他们有共同的朋友，他们不可能不了解彼此的生活。吹毛求疵的黛西是多么乐于告诉詹妮有关金斯基的任何好消息啊——而詹妮又是多么小心翼翼不给她满意的回应啊。

第三十六章 庄园

詹妮又得到一个她过去情人的消息：布克·科克伦再婚了。《星期日世界》的头版标题是：

> 她，美丽人人美，
> 他，显赫又富有。

她是安妮·艾迪，英国驻菲律宾总督之女。她和布克、艾丽斯·罗斯福、尼古拉·朗沃斯一起到菲律宾进行过官方巡察旅行，这次旅行使两对夫妇喜结良缘。后来，在上流社会长期交往中，安妮·艾迪的妹妹也同詹妮的外甥沙恩·莱斯利结了婚，仪式是在布克·科克伦纽约的房子里举行的。

婚前不久，艾丽斯·罗斯福曾到英格兰旅行，在那儿认识了詹妮。詹妮邀她在索尔兹伯里庄园逗留。"我有一种感觉，"艾丽斯·罗斯福·朗沃斯回忆道，"她很孤独，她抓住了我，就仿佛我是一根救命的稻草。"

这正是乔治频繁旅行，温斯顿在殖民部忙得不可开交，而杰克一心想着股市恐慌的那个时期。克拉丽塔已迁到萨塞克斯的布里德住宅，利奥尼则在爱尔兰和伦敦轮换居住。"事实上，我到了伦敦，只有两个人是我总想见到的，一个是温斯顿，另一个就是你。"詹妮从索尔兹伯里庄园写给利奥尼的信中说，"两个都是令人失望的，一个是由于工作，另一个则是因为寻欢作乐。我可能要走，心里悲痛。我到殖民部去叫温斯顿，抓了他几分钟时间，而你所能给我的，就是在电话里说几句令人不愉快的话语。"她随后又补充说："你知道我爱你，只要你也需要我，你就会找到我的。"

很难想象詹妮是孤独的。她是那样的活跃，她有那么多朋友、那么多爱好，可是她确实感到孤独，而且只有丈夫和家人才能填补她的空虚。

三姐妹之间从来没有过任何裂痕，但是大坎伯兰区三家并邻而居所构成的天然封闭的圈子已不复存在了。克拉丽塔的丈夫莫尔顿·弗雷温那年周游了非洲，他计划在那里买下一片森林。后来，鲁珀特王子到加拿大旅行，打算在那儿建一座大的港城。两项计划都失败了。克拉丽塔常常一人独居，詹妮常到布里德住宅看望她。跟另外两位姐妹的完美且富有逻辑的思想相比，克拉丽塔几乎是超脱尘世的人，很容易心不在焉。她的外甥西摩·莱斯利回顾在学期末她向他问好的情景："噢，亲爱的，看到你从学校回来，真叫人高兴。我急着要听你的消息，把一切都告诉我吧，坐在沙发上，一字不漏地告诉我。"

"于是，"西摩说，"她继续开始写她的信。"

这是一个一直处于热恋中的女人，她给丈夫的情书展示了一个很少有人了解的女人的心。

克拉丽塔和詹妮一样花钱大手大脚。她常在不该花钱的时候花钱，翻修美丽的布里德住宅耗费了数千英镑。她建屏障，修花园，请美国人奥古斯塔斯·圣戈登斯搞室外雕塑，而她那酷爱艺术的女儿则用水泥在百合花水塘边塑造了好几只天鹅。克拉丽塔用钱最少的创新是建立一套通过拜访知名人士而植树的传统习惯——这些知名人士有：爱德华国王、拉迪亚德·吉卜林、克莱门修、罗马尼亚的玛丽王后以及她的外甥温斯顿。

温斯顿和他那可爱的表妹克莱尔是好朋友。几年以后，两人开始互相为对方作肖像——克莱尔为温斯顿塑像，而温斯顿则为克莱尔画油画像。1907年，温斯顿答应在尼日利亚为克莱尔的弟弟休·弗雷温找一个行政工作。弗雷温想在那儿生活一段时间。

第三十六章 庄园

那年下半年，温斯顿同艾迪·马什一起进行了一次为期四个月的全欧旅行，詹妮给马什写信说："亲爱的艾迪，上帝保佑……请好好照顾温斯顿——他对我来说太宝贵了。"

临行前，温斯顿曾请他母亲把他的房子租出去，给他的秘书找份工作，并照管好一些别的东西。"帮我安排好这些事情，全靠你了，妈妈。我根本没有这方面的经验或知识。"

她很高兴尽此义务。她就她要做的事情向他提出了建议，并告诉他："别担心。"

> ……我听到了某些人的议论，而艾迪也向我写信提到你熬通宵。要是不写演讲稿你会高兴的——我想政府将不得不使苏格兰货币实际上贬值——对此事，我听到的全是辱骂。我并不装作事事都知道——可是这所有的事业已经在爱尔兰进行而且所得将比希望的更多！我喜欢你在德兰士瓦的讲话，而且完全赞同……
>
> 务必读一读我在索尔兹伯里庄园写的那几章。那几章只消用你一个小时——如果已经看完——我希望你再继续读到第五章，就是有关你父亲和戈申以及财政部的那一章。既要写，就要写好，但我缺乏自信心——还有，对第四章做点记录，最好能在哪儿再弄点爱尔兰的资料——这一章太短了……
>
> ……我不愿想你要离开这么久——在离开之前我又不能再见你一面。但是你会喜欢它的，它会使你得到休息，换换脑筋……请注意弄到一本特里威廉的《加里波第》[①]，在旅途中读

[①] 加里波第（1807—1882），意大利民族解放运动领袖、军事家。

> 读——还有乔治·布罗德里克的回忆录……

詹妮要温斯顿读的那几章是她所写的回忆录中的一部分。"我在为该书而努力。"她说,"我的感情起伏不定,有时我想,这本书写出来一定很令人满意,但后来又觉得叫人非常泄气。"

温斯顿竭力鼓励她。

> 你有良机可以编写一部关于一位不平凡女子 30 年经历的书,一定要写出来,我恳求你多下些功夫,果断去掉任何可能伤人感情的东西。这一点很值得做。

她全都照办了。她的回忆录写到她跟乔治·韦斯特结婚之前,并彻底删去了一切有可能使人不愉快的内容,其基调既不是辩解,也没有什么揭露。正如她在前言中所说:"……也许有些人会觉得,回忆录没有把他们的美德写出来,而他们主要对这感兴趣。"

虽然温斯顿自己对批评很敏感,他母亲对他的某些批评的反应说明了他对她的作品持有不同意见:

> ……我们仍在苏格兰,如你所知……这里已很暖和,但我喜欢户外生活,我对钓鱼有了兴趣,我很喜欢(钓鱼)。我整个上午写作,写这本书。我已完成了几章。你对第五章提了些尖锐的意见,但我不介意,因为,我本应告诉你,第五章完全是初稿,仅是把一些记录凑在一起,由安宁小姐打了出来以便让你看。你看它的时候,我绝不会把这一章寄给《世纪》杂志。我已为第四章添加了许多内容,一直说到爱尔兰。《世纪》杂志

已得到了四章，我希望他们会使我稍稍安静一下……在德·波恩夫人的回忆录中，她写到了她同拿破仑的一番谈话，我已为你誊写了一份，因为我知道你对拿破仑有强烈兴趣。上帝保佑你，孩子。谢谢你读我的文章，我原谅你对心爱的母亲提出的"批评"。

面对母亲的这种反应，温斯顿作了圆滑的答复："您不要把我的批评看作是个人的。文学评价并不重要——它们既无偏见也不应带有个人的感情色彩，否则它们就没有什么价值了。"

几个月后，温斯顿收到杰克的一封信，内容让温斯顿吃惊。

> 我写信是想告诉你发生了一件奇妙的事情。古妮（格文德兰·伯蒂小姐）爱上我了。我早就爱上她了，可我总是试图把这种想法抛在脑后——因为我想我没什么可以奉献给她的——主要是因为我不敢想象她会爱我。
>
> ……你若在这儿就好了。你曾真正地爱过——自然你知道爱是怎样一回事。可是你还有其他事情要考虑。你的经历和你的未来已充实了你大半生。我希望能像你一样——但我没有别的考虑，我对未来的一切理想——我的生涯和其他一切都跟一个人拴在一起。别的任何东西都跟我毫无关系，我想这也有些好笑——但只有那些从未亲自感受过这些的人们才这样想。
>
> 给古妮写信吧——不过我要求你绝对保守秘密……

温斯顿后来分析了他弟弟和他的区别。

> 他跟我截然不同，他对女人十分了解，立即能同她们建立联系，全靠女性的某种影响来求得和平和心灵的平静，由于我在人际关系方面颇为笨拙，自然只是独来独往，保持缄默。然而殊途同归，我们二人都落得十分孤独。

温斯顿很了解古妮，现在他一心只想帮助弟弟。"亲爱的妈妈，我们必须设法为他促成那件事。"他给妈妈写道，"他该是多么幸福，该是多么高兴，而我又是多么高兴他没有为了金钱去同某个令人讨厌的女人结婚……"

古妮写信给温斯顿，谈到她同詹妮共进午餐的情况："……一个神奇的女人，是那样富有哲理……不管怎样，她的精神和活力是令人惊叹的。她从不退却，哪怕是一丝一毫。"1907年，纽约的财政恐慌加重了乔治因受骗所遭受的损失。正如詹妮对温斯顿说的，"乔治今年还不能从他的生意中得到一个铜板，所以我们给他的投资也有去无回了……这把乔治折磨坏了，为此事他简直要病倒了……"

詹妮能忍受这种危局，可乔治忍受不了。几个月后，杰克向他哥哥报告：

> ……家庭事务的情况很糟糕。精力不支的乔治已经承认失败，陷入困境。我想使他"东山再起"，闯过难关——可这是一件艰巨的事。

詹妮这样描述了他们的处境：

> 四个星期了，乔治一直感冒，没精打采，医生让他到圣莫里

兹去疗养。不幸的是，因费用紧，我不能跟他一起去——这是令我们俩都沮丧的事情——他病了，感到很孤独，而我不愿离开他，可是，竟真的就要分手了。

詹妮当时是那样缺钱，以致不能给温斯顿发生日贺电，为此向温斯顿道了歉。她说她没有他当时的地址，还以为打电报很贵呢。不过，对缺钱的忧虑并没有阻止她保持活跃，也没有妨碍她跟温斯顿通信交流最新的信息：首相病入膏肓，政府变动指日可待；她跟凯西尔一起吃过饭，他向温斯顿表示问候；利奥尼会见了德国皇帝，"德皇多次向她探问我"，康苏埃洛看上去很健康，"也相当胖……"她在邦德大街举办了书籍展览会。

> 所有的出版商和作家都来了——我讲了话，约翰·默里先生建议大家鼓掌向我表示感谢。他很聋，也作了一次"邋遢"的讲话——他说，康沃利斯夫人是一位女作家，也是女作家的母亲！

《泰晤士报》指出，詹妮在讲话里把自己说成"既非书痴，亦非博学之士"。她补充说："出版商对作家的重要性类似于内阁会议对主张妇女参政者一样。"

为了节约，詹妮和乔治决定搬回伦敦住。他们回来的好处，她写给温斯顿说："在于我们可以更多地看到你。"关于杰克订婚一事，在给温斯顿的另一封信中她殷切地说："我建议你们下一步就'速战速决'，在家庭问题上总是这样的……"

詹妮还要为温斯顿办一件特别困难的事。他的仆人斯克里文斯死了，温斯顿要詹妮转告斯克里文斯的妻子，然后再为他物色一个仆人，因为他很快就要结束旅行返回故里。

乔治从圣莫里兹回来"稍好了一些"，可是他的鼻子需要动手术。"可怜人儿……他似乎总也离不开医院。"詹妮写道。这时，詹妮自己的身体也不大好。"我想吃煮醋栗。"她在1908年元月给温斯顿的信里写道："我真想到巴黎去见你一面。"五天后又说："务必拍个电报告诉我你回来的准确时间，你'母亲'会在那儿等候你的……"

1908年春，温斯顿回来还没几个月，首相坎贝尔－班纳曼由于健康原因辞了职。他的继承人是阿斯奎斯，一个机敏、倔强的约克郡人，但如果愿意，他也可能是和蔼老练的。他的妻子是漂亮的玛戈·阿斯奎斯，也是詹妮和温斯顿的朋友。阿斯奎斯新内阁包括贸易大臣温斯顿，然而，新的大臣均需要按法律再行选举方能生效。

在就任的那个周末，温斯顿参加了她母亲在索尔兹伯里庄园举行的晚宴，其客人之一是克莱门亭·侯西亚。克莱门亭的父亲是亨利·蒙塔古·侯西亚爵士，一个漂亮华贵的军人，一年前已经去世了。他父亲跟妻子分居多年，以致他在《名人录》中无法写出婚姻状况。他母亲布兰奇夫人早年认识詹妮，而詹妮的妹夫约翰·莱斯利是克莱门亭的教父。

温斯顿第一次看到克莱门亭时她芳龄才19岁。1904年，他们都参加了克鲁夫人举办的舞会。在那里，温斯顿问他母亲是否认识那位姑娘，詹妮说她不认识，但允诺会想办法弄清楚她的情况。就是那时候她发现克莱门亭是她"多年没见过的老朋友的女儿"。

詹妮于是把温斯顿引见给克莱门亭。温斯顿紧张得两眼发呆，克莱门亭后来说："他一句话也没说，而且显得异常笨拙——他一直没有请我跳舞，也不请我跟他共进晚餐。我当然对他有所耳闻——全是

第三十六章 庄园

坏话。人们告诉我他很高傲，惹人讨厌等。而在当时的场合下，他只是站着，目不转睛。"

两年前，温斯顿也在另一位少女维奥莱特·阿斯奎斯面前表现得很笨拙。经过很长一段沉默之后，他问她多大年龄，她告诉他19岁。温斯顿几乎是绝望地说，他已经32岁了——"虽比别人估计得都年轻"。然后他又补充道："我们都是虫子，而我是一只萤火虫。"

温斯顿再次遇到克莱门亭是在1908年3月，在她姑婆圣海里尔夫人举办的晚宴上。这一次，温斯顿真的向她开口了，问她是否读过他写的关于他父亲的传记。她说没看过。"如果我明天把书送给你，你会读吗？"她说会的。可是他根本没有给她送书，这使很好的印象淡薄了。

4月12日，在索尔兹伯里庄园，克莱门亭又来了。4天后，他给她写信道：

我回来待一天一夜，目的是进行就职宣誓，利用这转眼即逝的时间给你写信，告诉你我是多么喜欢星期天那次长时间的交谈，对我来说遇到这样一位有教养、有高尚情感的姑娘是多么欣慰、多么愉快啊！我希望我们再见面，更进一步相互了解，更加互爱，而且我认为我们没有理由不这样做。时间过得真快，你出国的6个月很快就要结束了。请写信告诉我你回来以后的计划，首先每天如何安排，同时，我将随时通知你我在这暴风雨中的情况。我们可以建立一个坦诚而正确的友谊关系的基础，我们将十分珍视它，多多地爱护它。

迄今为止，曼彻斯特的竞选在其开始和发展阶段是相当激烈的，我在城里的三天使朋友们的情绪发生了最可喜的变化……

经过激烈竞争，温斯顿在曼彻斯特的选举中失败了，只好去竞选较为可靠的职位，即邓迪工人区的议员。这次他赢得了绝对胜利，他公开抨击保守党，说"它充满着年老的、蹒跚的贵族，装腔作势的阔佬，聪明的幕后操纵者，长着酒糟鼻的阴谋家。进步的全部敌人都在那里——一些意志薄弱、油嘴滑舌、自命不凡、安于现状、妄自尊大的人们"。他还阐述了跟社会主义有关的自由主义道德观。

> 社会主义要推倒富豪，自由主义要扶持贫困；社会主义要消灭私有制，自由主义则只有当私有制应该受到保护时才去保护它们，使它们服从于公众利益……社会主义抨击资本主义，自由主义抨击垄断。

杰克也得到了一个好消息，他的公司担保给他提供足够的收入可以让他办理婚事。1908 年 8 月 7 日，温斯顿给克莱门亭写了封信。

> 杰克今天根据民法结婚了，婚礼明天在牛津举行。但我们都得坐汽车奔向小镇阿丙顿，并在婚姻登记处办好手续。对世俗来说，这仿佛是私奔——愤怒的父母喘着粗气在小道上追赶。然后我们被领着参观了市政厅，参观了其中的古董和财宝——对这么小的地方来说相当可观了。然后新郎新娘各回各家直至明天，二人完全计划好了，事情办得迅速麻利，简直惊人至极。

第三十六章 庄园

第二天，温斯顿又从阿丙顿写来信。

亲爱的：

我刚刚回来，脱掉旧便鞋就上了杰克的汽车。这是一次有趣的婚礼，这里没有大群的伦敦食虫鸟，无关的人一个也没来，仅有的观众是佃农和乡下人，只有儿童做新娘的侍郎侍女。义勇骑兵把佩剑交叉起来，甚为壮观。新娘很漂亮，她的父母为失去她十分伤感。可是喜气洋洋的杰克则帮助新娘挤入密密麻麻的人群，抛掷的谷粒和欢呼尾随着他们——让我们为她一生的幸福和荣耀祈祷吧。

正如詹妮所预见的那样，温斯顿"随之将突然结婚"。他很快就做出决定，并建议克莱门亭在他的出生地布伦海姆宫举行婚礼。

我们大家都到布伦海姆宫过星期一和星期二，星期三到索尔兹伯里庄园。萨尼要我们大家都去，我母亲将会照顾你的，我也会照顾你的。我很想让你看看那个美丽的地方。在花园里，我们能找到很多可以谈话之处且会找到很多可谈的话题。我母亲也许已经给你打了电报……

起初，克莱门亭迟疑不决，但她还是去了，她母亲没有陪她去，所以詹妮做了保护人。下午后半晌，温斯顿带克莱门亭出去散步。下雨了，他们便在一座能鸟瞰湖面的装饰华丽的庙宇里避雨。在那里，他求了婚，她接受了。

詹妮把这一秘密泄露给了她的朋友玛丽·克里克顿，说："你瞧，我的温斯顿很不容易,他很困难,可是她却完全正确。"

不久,詹妮接到克莱门亭的祖母艾厄利伯爵夫人的来信,她说:"感谢您对她的热情款待。我希望她能成为你们大家都满意的你的儿媳妇……布兰奇是您的老朋友了,所以,她在你们中间并不会感到陌生。"艾厄利伯爵夫人给温斯顿写道:"……你母亲这样诚心地欢迎她,这将使她感到高兴,而且将从她那儿学到很多东西……"然后,她补充了一句意味深长的话:"……一个好的儿子也是一个好的丈夫……"

温斯顿后来写道:"我们于1908年9月12日结婚,此后我们生活很幸福。"

婚礼是在伦敦的圣玛格丽特教堂里举行的。新娘戴着漂亮的针编威尼斯面纱,这面纱是詹妮在她自己的婚礼上戴过的。

詹妮穿着按照公主的式样制作的缎子上衣,对中年女子来说臀部太紧了。上衣镶有最宽的金属绣花边,帽子是同样颜色的,带有点古风,边上是青铜色和银色的,上有柔软的缎子做成的百合花瓣。

> 正当兰迪(伦道夫)的遗孀、温尼(温斯顿)的母亲拉住她身材魁梧的儿子约翰的胳膊,把他拽到拥挤的教堂过道中时,教堂里发出了连新娘的相貌也不能唤起的称美声。
>
> 这样说似乎太挑剔了,其实他的母亲仿佛比新娘至少还要小两岁。

这对54岁的詹妮来说,是一个令人满意的恭维。婚礼的第二天她收到了另一封恭维信,这是温斯顿从布伦海姆写来的。

第三十六章 庄园

我最亲爱的妈妈：

一切都很舒适，这里一切都很令人满意，克莱米很高兴，很漂亮。天气有点不好，有时阳光稍稍显露一点，我们渴望见到意大利温暖的太阳。别担心，她说她已给您写了信。向您致以最亲切的问候，我最亲爱的妈妈。在我精神发展的最关键的时刻您是我最大的安慰和支柱。

我们从来没有在这样短时间内有过这么多次的接触。上帝保佑您。

婚礼举行得这样顺利，这样高兴，真是轻松极了。

您的爱子

温斯顿

附言：我又把信打开，是想告诉您乔治发现您是他的最好的妻子，他度过了一段最幸福的日子！

温斯顿

第三十七章 文才

1909年，詹妮当了两次奶奶：5月份，杰克和古妮有了儿子；6个月后，温斯顿和克莱米有了女儿。但她从未感到自己已当了奶奶，而且看起来也不像个奶奶。

乡下的宁静生活一度对她挺合适，可是她的精力和想象力都无法长期只同花草和火炉平静地相处，她很快又回到国际生活的风暴中心。威廉·阿斯特夫人向报界发表了她对纽约社交界的看法，而詹妮在纽约《世界》杂志上的答复则整整占满了第一版的全部版面。

在纽约和伦敦的现代上流社会被庸俗地冠以"时髦团体"的称号，一直遭到责难和批评。这些责难大多来自外部的一些意见——即使事实人所共知，人们仍妒忌他们的"joie de vivre"（生活乐趣）和他们所谓的令人厌恶的方面……

最好的上流社会不一定是"时髦团体"。当然，伦敦上流社会并非如此，而最近在大西洋两岸引起人们兴趣的访问中，威廉·阿斯特夫人对我们说，具有最大影响的女人、能给纽约上流社会定调的女人都在她们自己的圈子里。她的观点自由地表达了对那些生活空虚、追求虽谈不上庸俗却也是虚饰的享乐的时髦女人的邪恶谴责，也应当受到敏感的思想正确的人的谴责。对某些无聊的邪恶的寻欢作乐夸大其词的详细报道，正如报界报道的那样，虽很可能言过其实，但已使国外的同胞满面羞愧，他们已因自己的国人奇怪的行为而遭到无情的嘲讽。我们谈到粉红色午餐和紫罗兰茶、淡蓝色晚宴，那里各种调味汁千奇百怪，跟女主人的服饰一样千变万化。那里除了谈话、红色的餐桌上想入非非的晚宴之外，一切都是蓝色的，客人被邀请骑马体会猎场上的情景，或坐在平板船上想象威尼斯是什么样的……

……没有人愿意让人家指出自己的缺点，在社会问题上，我们美国人的敏感是众所周知的。如果我们过分高傲以致受人指摘，敏感应该是能帮助我们了解，我们并不一贯都是正确的。我们的学问中没有损伤别人荣誉的内容。在所有的民族中，美国人最善于使自己适应环境了。有了这些，一看便懂，一懂就能制胜。

有人告诉我们，纽约社交界最高雅、最文明的人才使时髦有了绝对必要。无疑，哪里没有组织起来的权威——或者说没有源泉——哪里的社会就会分裂为各种各样的团体，就会各有各的法规，就会像鄙视下等人一样鄙视其他团体。巴黎的情况就是如此，那里就是因为没有组织起来的权威。纽约上流社会跟伦敦所组织起来的上流社会相比是那样的小，所以那些女人，按照她们在社会中的地位和知识，还不能对社会趣味施加某种权威的影响，这几乎是不可思议的。

也许，如果把门开得稍大一些，那么她们的影响——虽说不上是榜样——也许会让人领略得到。在英国，上流社会比世界其他任何地方的同类社会都容易接近，正在打下更广阔、更坚实的基础，早就形成了的秩序使人们更不必担心他们的特权会受到侵犯，或其地位会受到动摇。他们能出钱款待任何他们愿意讨好的人，虽然，对他们的声誉来说，在最排外的圈子里，个人的功绩比头衔和财产所受的评价更高。一个女人的美貌和优雅、男人的聪慧和友情使得他们不愿接近容貌威严的妇女和富有但令人厌烦的男人。你也许是公主，也许是世界上最富有的女人，但是你不比一个普通的淑女强。可以相信，淑女才是走遍天下的通行证。

在访问中已经说道：可以断言，某些举止不文明的美国参议员和众议员，不可能受到最好的接待。对于这些人我不能说什么了。在一些历史较悠久的国家，理智战胜了大量的罪孽，而理智的人即使有时缺少风度，也会处处受到欢迎。"绅士"的气质在今天显得尤为重要，人们会宽恕对风俗知识及其运用知之不多，因为它们毕竟只是一套老习俗罢了，只要某位男士姿态优雅，拥有法国人所赞誉的一种"闲情雅致"就足够了。

综观当今摩登社会，虽然许多方面无疑应受到批评和指责，但是难道它真的比任何时代都更追求享乐和奢侈吗？我认为不是这样。人们只有研究了历史才会明白，这一代人在许多方面比起过去任何一代人的怪癖和奢侈要好多了。大多数妇女比过去的妇女受到了更好的教育，她们生活的视野开阔多了，这是无可否认的。在英国，最轻浮的交际花也有自己可靠的严肃的职业，即使为数不多，或者十分稀少，却多数都有通晓现时问题的愿望。在这一点上，她们比大洋彼岸的同胞姐妹要富裕得多，后者对政治一无所知，她们因出路更少连正当地花一点钱也要受到限制。

对这些评论下结论时，我冒险说出它们的差别，我知道也许有人会说我离开自己的国家时间太久了，导致我的批评不够公平，可是我密切注视着影响美国妇女的任何争议。我深信，在这个社会问题上，如果一些人犯了错误，也仅仅是暂时的现象，这些人只要对事物具有良好的认识能力和众所周知的智慧，就会很快转到正确的方向上来。

《世界》杂志上的这篇文章在美国引起了一连串的反对。纽约上流社会的主妇们指责詹妮"睁眼不看事实，胡说八道"。奥利弗·哈泽德·佩里·贝尔蒙特夫人，即马尔巴罗公爵夫人之母，说要给詹妮提些意见，"我们要提请注意的是一片秋天的树叶，当它在土地上颤动时，总是力图吸引人们的注意力"。而一位曾在国外度过了40年的百万富翁约翰·贝克先生对詹妮批评道："很明显，虽说不上不爱国，起码也是不合美国传统的。"

詹妮对这种小题大做觉得很开心，但她也为她的回忆录受到较少的严酷批评而感到欣慰。它是一本媚人的书，不矫揉造作。她没有写她的爱情生活、所受的挫折和她跟孩子们的关系，但它是一本成功的书，在英国和美国再版了好几次。

这成功激励她开始从事戏剧创作。对戏剧的爱好是她长期以来的爱好，她不仅写过，而且从桑丁哈姆到布伦海姆，在朋友们的乡村别墅里业余演出过十几次呢。

1903年8月，她开始写她的第一部长篇话剧。詹妮曾经抱怨自己写得太慢，常常几乎是痛苦的。且不说需要时间，它也是一次需要勇气的冒险。在维多利亚女王时代，总的来说，是戏剧萧条时代。相比之下，爱德华时期则出现了阿瑟·温皮尼罗爵士、乔治·萧伯纳、约翰·高尔斯华绥等的最佳作品。无论花样怎样繁多，总之都是"描写中产阶级的茶杯封闭的典雅戏剧"，轻浮、诙谐，通常都是四幕，写的是绅士战胜情敌，赢得情人的爱情之类。爱德华时期的表演别具一格，无疑，大部分表演在今天也许认为"过火"。演员可以任意走板，津津有味地说自己的话，手舞足蹈，运用各种姿势。

在一次午餐聚会上,詹妮向帕特夫人谈到了她的剧本《靠别人得来的声望》。"她给我读了她的剧本",帕特夫人后来说:

> 它肯定有许多巧妙之处,我认为只要有实实在在的排练和好的演员同心协力,也许会成功的。
> 我觉得它是一出及时的戏,也是一篇讨人喜欢的作品,于是我就主动提出为她排演。
> 一切就这样安排好了。

在《靠别人得来的声望》戏中有戏。女主人公菲比亚·萨姆纳(坎贝尔夫人饰)写了一部小说的情节说明,"另一个女人"安吉拉·克兰菲尔德偷窃了它,而且还想偷窃菲比亚的丈夫帕西伏尔·萨姆纳少校。安吉拉把菲比亚的手稿给了少校(少校并没有对其来路产生任何怀疑),他就把它当作自己写的剧本的基础。最后一幕是在国家剧院客厅里演出的,穿过通向舞台的小门,可以看到观众席,也能听到演员们慷慨激昂的台词,以及观众们喝彩和呼唤作者名字的声音。在跟观众见面之前,少校跟他妻子说好,向他的观众宣布剧本的真正作者是他的妻子而不是他,他在"靠别人得来的声望"中一直在伪装和冒充。

"我的女冒险家(安吉拉·克兰菲尔德)在一些人看来并不完全是陈腐的反面角色。"詹妮对记者这样说。

> 她并非蓄意去偷草稿。这是一种半偶然性的行为,缺少充分的思想准备,是在一时的盛怒之下才发生的。像她这样的女人,在伦敦上流社会俯拾即是。正是人物性格的这种精微之处

使之难以在舞台上准确、清楚、明显地表现出来。但是,这又正是这部剧作使舞台演出充满魅力之处。它是那样诱人,促使人们去探索最困难的东西。

至于说纯粹的事实,对任何持有不同意见的人最好的回答,就是在主要情节上巧妙接上一段实事。我所知道的某些情景比通常的要夸张一些,但我承认,在这些事情上我还是老一套。我本人也已厌倦了全是道白的戏剧,就我个人而言,我喜欢发生点变化,所以尽力在老套的基础上增加一点戏剧色彩罢了。

……在戏剧中要准确表达出一个人想表达的思想,要比在其他任何文艺形式中都更加困难。自己想的和观众想的差距多大啊。

朋友们喜欢推测乔治的性格有几成在萨姆纳少校身上体现出来,菲比亚身上又有詹妮的多少成分。

在讨论菲比亚丈夫时,有两位男士说:

沃尔特:……他快乐,开朗。
马丁:你是说他心胸开阔?
沃尔特:而且对女人很慷慨,有人这样对我说。你应当承认,从体魄上说,他是个标准的男子汉。
马丁(摇头):……在哪里都要当中心人物,总爱占上风,跟最漂亮的女人攀谈。现在再来看看他。(帕西伏尔在舞台后部,有几个小姐围着他。)
克兰菲尔德夫人(对菲比亚):我要有你那智慧,我也就不会轻浮放纵了。当你能够指挥伦敦所有最聪明的男人都来到你身边的时候,你怎么会到人群中去寻找他们呢?(她继续说。)我是多么羡慕你的地位呀。我是说,你完全独立,不受上流社会的约束。假如你有五六个情人,明天你就可以挑选一个,跟他私奔,良辰美景全会集于你的一身。——他们将是容忍的、理解的、坦诚的——"上天的精选,人们之间亲密无间"。他们一定会这么说的。你会发现没有区别。

　　克兰菲尔德夫人:我要在我能找到幸福的地方得到幸福——或偷,或用别的方式。

巴兹尔对菲比亚说,克兰菲尔德夫人只是一时对帕西伏尔感兴趣。

　　菲比亚:也许是这样,但是也许他认为他喜欢,反正都一样。她聪明,但不审慎,她的影响已经把他改变。

　　巴兹尔:改变了他?怎样改变的?

　　菲比亚:他变得失眠且急躁。更糟的是他的意志消磨了,喜欢谈论我的缺点了……

　　巴兹尔:但是要记住,男人只要恨上他认为了解他的女人,他就完了。

有人问马丁,帕西伏尔和菲比亚现在相处得怎样?

　　马丁:我想跟同居十年的大多数已婚夫妇一样好。如果能善始,必能善终。

阿尔玛：我怀疑她未必会爱他。

　　马丁：她自己的丈夫？荒唐！多么自私的女人！

　　菲比亚：（谈起一位来访的女演员）你认为她跟我丈夫在一起的机会太多了吗？

　　简：你太忙了，你看不到你周围发生的变化。在蛇群中，那个女人是条喷液的毒蛇。

　　菲比亚（苦笑着）：你如此相信我看不到，也不知道吗？

如果詹妮真知道，她是不会表现出来的。"……排练正在进行"，她写信给利奥尼说：

　　这星期只有两天了。帕特夫人真是一位天使，没有她是不会有那出戏的……我不明白为什么我对那出戏如此镇定。伯恩斯坦告诉我，他提前几周便已神志恍惚。也许我不知道恐怖就在我面前。上星期五，我在里茨举行了晚宴，太成功了，简直无法形容……基蒂，安，康苏埃洛，朱丽叶，维奥莱特·鲁特兰和帕特夫人，斯特拉（其女儿），缪丽尔·威尔逊，亨利·恩里，叶芝，休·塞西尔，伯恩斯坦，马瑟·巴比斯库，莫里斯·巴林，米尔伍德（我的导演），克莱尔（弗雷温），温斯顿和杰克等，我们一直进行到凌晨2：30。跳了许多狂欢舞、西班牙舞……每个人都跳了舞……

帕特夫人让詹妮在剧里设计一场在国家剧院的皇家包厢后面的客厅的场景。这是一间詹妮十分了解的屋子，她亲自提供了伊丽莎白时代的家具和装饰品。

1909年7月6日，在伦敦希克剧院的开场戏是以壮观的、古老的传统方式开始的，是"该季节观众最多的戏之一"。温斯顿·丘吉尔——贸易大臣，"看上去极为紧张"，跟他母亲和继父乔治·康沃利斯-韦斯特坐在一个包厢里。报道没有提到杰克，不过他肯定也在那儿。

在对过的包厢里是曼彻斯特公爵的遗孀，观众席上有泰克的弗朗西斯王子、俄国的米哈伊尔大公、马尔巴罗的公爵夫人们、鲁特兰、罗克斯伯、豪伯爵、爱尔科勋爵、查尔斯·贝雷斯福德勋爵、阿斯奎斯夫人，还有几十个名人和贵族——全都戴着高高的宽缘帽，穿着法国执政官式的长袍。

其中几个演员没有调整好嗓音，观众有好几次大声命令他们"大声点"。道森·米尔沃德，作为业余戏剧作家，只好做一个贬抑的手势，让演员们注意。"他们说得那样自然，"他说，"没有一句话不受到观众欣赏。"观众大声喊着笑着，到了接近尾声的时候，观众喊："作者，作者。"在巨大的欢呼声中，詹妮向观众鞠了个躬。

总的说来，批评家也有点为之陶醉。有一位批评家写道：

> ……一位新的剧作家的第一个剧本，很像牧师第一次讲道一样——总觉得不祥，也很不自然，充满对整个人类的冗长训示。《靠别人得来的声望》效果是那样不同，它是那样自由，那样轻松，以至于难以置信它会是作者的处女剧作。

接着他赞扬"它的道白有卸去重负似的痛快，戏剧各场多弦外之音，含蓄地对两性弱点进行了欢快的讽刺……"

一位评论家在《时代周刊》上写道：

第三十七章 文才

康沃利斯-韦斯特夫人的剧本,由于音响故障开始不顺利,但很快就证实了她有真正的天赋,是天生的剧作家。她的《靠别人得来的声望》紧紧抓住了观众的兴趣,直到演出结束。

戏剧是要被人看的,而不是被人读的。詹妮大部分作品的写作风格都显示出时代特征,虽然以现在的眼光看是颇有古风的,但人们感到其中的人物都不呆板。詹妮生活中类似的轶事使她的剧本充满生活气息。

最富有洞察力的评论是著名的马克斯·比尔博姆的。

> 从一般的戏迷的观点看,《靠别人得来的声望》这个剧本是很好的消遣。从纯技术批评的观点看,它是一部很好的作品:故事的构思脉络清楚,没有缺点,完全掌握了戏剧的形式。从那些希望展现实际生活的批评家的观点看,它完全符合要求,突出了故事性而不是人物。如在争风吃醋的女人的场面,人物性格鲜明而且很自然、真实、感人。在克兰菲尔德夫人和少校的关系中有许多都是真实的事情。但是至于其他人物,康沃利斯-韦斯特夫人则采用了悬念,等待每个人自己去构想剧情——这种悬念,不是让人们作为生活的目击者去实录,而是作为完全了解戏剧的戏迷去想象。我恳求她今后不要为她必须写一个好剧本而费心了,而是要让她的人物自己去做现实生活中所必须做的事情。只要有明确的戏剧形式,她显然已经具备了这一点,她就无须担心这个过程的结果怎样……

对这些社会反响，詹妮似乎很高兴。"批评恰是我所希望的，而且越直率越好。"她对记者说，"虽然这是我的第一个剧本，但我绝不会让它成为我的最后一个剧本……"

当时，一出好戏常常只能演出两三个星期。《赫达·加布勒》和《埃勒克特拉》两剧，甚至还有《德黛儿》，即使由名声显赫的坎贝尔夫人来主演，也只能演几场日戏。《靠别人得来的声望》却持续演出了几乎两个星期。

詹妮的外甥，西摩·莱斯利后来说，这出戏他一共看了五次。但他所能记起的唯一一点是："玛丽犯了一个错误。"然而，还有不少鲜明特点是意味深长、引人深思的。

> 如果我们能花得起钱不至于使家丑外扬，我们大家都会打扮得像模像样的。
>
> 在政治家和演员之间有这么大的区别吗？他们双方都迫切希望得到大众的掌声，双方都怀疑自己是否能够得到。
>
> 没有情欲焉有爱？犹如无花的花园，无羽的帽子，无雪的平底雪橇。
>
> 那些贞洁的女人往往是阴险的。

詹妮以后会痛苦地记起其中某几点的。她现在的态度恰恰缺少沾沾自喜。"毕竟，"她写信给利奥尼说，"我说这些并非幻想而是事实，假如我明天死了，那么在所有的鬼魂中我是唯一一个能留名于后世的女人。樱草会、'缅因号'医疗船、《盎格鲁－撒克逊评论》、我的书、我的剧本。"

她留下的丰碑比这单子更多。

第三十八章 破镜

1909年,路易·布莱里奥上校第一个驾飞机横越英吉利海峡。汽车飞速地代替了马车。更多的家庭和工厂以电灯代替了汽灯。日益增强的工业化使工会成了重要的政治力量,工会支持了自由党人的执政及其推动的社会与税收改革。上议院威胁说要对预算案使用否决权时,自由党人极力主张缩小贵族的权力。劳埃德·乔治说:"上议院不是在保卫宪法,它是鲍尔弗先生的走卒。"奥古斯汀·比勒尔补充说:"上议院不代表任何人,只是代表他们自己。"

大声疾呼反对贵族的是1910年2月新任的内务大臣温斯顿·丘吉尔。他警告说:"代议制全部机器已经停顿,保守党自认为是统治阶级,有权在全国实行神圣的权力。"他要求"公正与平等",而这只有把上议院蛮横的否决权打得粉碎,"化为地上的灰尘",才有可能实现。

保守党徒严厉抨击丘吉尔是自己阶级的叛徒。1910年举行了年内的第二次普选,自由派以微弱多数组阁。为了政治生存,他们要依靠爱尔兰民族主义者的支持。

詹妮早些时候曾写信给深陷于爱尔兰政治斗争的外甥沙恩·莱斯利说:"两周前,克鲁勋爵、乔治先生、比勒尔先生以及温斯顿来到这里……真可称为内阁会议!事实上,在爱尔兰问题上他们确实是开明的。我希望你也在这儿……"

除了上院议员、爱尔兰问题、罢工的威胁及妇女参政等问题外,政局也被强大的德国幽灵及再次爆发战争的可能性所困扰。但流行歌曲却唱道：

> 战争不会发生，
> 只要明主爱德华健在。
> 战争不会发生，
> 爱德华厌恶战争。
> 母亲们不必担忧，
> 只要明主爱德华健在，
> 光荣的和平
> 是他的座右铭，
> 上帝保佑吾王。

那年，爱德华照例到比亚里茨春游，回来后不久就病危了。他对副官弗雷德里克·庞森比说："我睡不着觉，吃不下饭，他们需给我准备后事啦。"庞森比走后，国王说："我再也见不到你了，别了。"次日他便去世了。

当国王垂危时，亚历山德拉王后派马车去接爱丽丝·凯佩尔夫人，亚历山德拉亲自等候并带领她到爱德华的卧室，让她单独长时间和国王待在一起。

詹妮也为他悲伤。爱德华国王是她的支持者，是她最早的情人，也是她的老朋友之一。当她成为英国名人的第一批美国新娘时，他的赞同使詹妮得以心安理得地进入英国的上流社会。虽然他曾强烈地反对过詹妮和乔治的婚姻，但最后还是宽厚地促成了这桩婚事。甚至当温斯顿攻击上院使他痛苦时，爱德华仍和詹妮保持固有的友谊。此外，詹妮与国王巩固的关系，保证了她与欧内斯特·凯西尔爵士终生的亲密——凯西尔促进了杰克的发迹，帮助乔治在事业上起步，并且充当温斯顿的财政顾问。

大街小巷到处都有"号外"，上面宣布了爱德华国王逝世的消息。

> 英国陷于深深的悲哀之中，
> 死神夺走了我们亲爱的父亲；
> 国王始终一贯为全国人民所爱戴。

爱德华七世的追悼会于1910年7月的阿斯科特赛马周举行，后来这一天被称为"黑色阿斯科特日"。"所有被允许到皇家围场的妇女的帽子都以黑色羽饰和罗纱替代了平素的花饰和丝带。"她们身材苗条，头戴巨大的帽子，就像从嫩绿色草坪中长出来的奇葩。仪式在赛马场举行，在那儿，酷爱和平的国王曾获得多次重大胜利，并度过最欢快的时刻……爱德华时代的贵族们交换着最新的消息："凯佩尔夫人已去中国""亚历山德拉王后拒绝离开皇宫""索沃拉尔已回葡萄牙""莉莉·兰特里因赛马负债而破产"。

他们也提到詹妮。康沃利斯－韦斯特曾购买、装饰又出售了一所房子，这是她的一种肯定能赚钱的办法。最近她用这种办法赚了许多钱，以至赢得了温斯顿的高度赞扬。温斯顿写信给詹妮，"我高兴地听到您在商业上的成功，很多事物的效用是用金钱来衡量的"。他鼓励詹妮四下里看看，"您的知识和经验甚多，您审读舒适和优雅的眼光是如此准确熟练，以至用少量资本便能赚一大笔钱，要是您卖出更多的房子就有可能花得起钱以写作并演出另一出戏"。

通过她对戏剧文学的兴趣，詹妮以一种意想不到的方式帮助了温斯顿。作为内务大臣，温斯顿考虑着如何改革监狱。看了约翰·高尔斯华绥的剧《法网》之后，他告诉母亲他是多么赞赏这个剧，詹妮便为高尔斯华绥和温斯顿安排了便宴。在那里，他俩可以无拘束地相见并悠闲地谈话。丘吉尔后来说，在改革监狱这个问题上高尔斯华绥的观点深深地影响了他的行动。

不管她是否能够提供经费，詹妮正在认真地考虑她的第二个剧本。一家报纸宣布她计划到美国上演一出新戏，内容是关于牺牲个人家庭生活以"提高人性"的。该报补充说："有人劝韦斯特夫人在美国发表演说，谈谈她在社交上的种种经历。"

做这个宣告有点为时过早，詹妮正在筹划一个更大的有关戏剧的计划——创设一家国家剧院。她说："在伦敦要想建立一个保留剧目剧院，没有官方和国家资格几乎是不可能的……我越看我们的剧院，便越相信需要国家剧院……"

詹妮帮助筹建了一个国家剧院委员会，并与人合写了一份详细的报告：《国家剧院计划和预算》。她负责筹集了 3 万英镑（15 万美元），其中大部分用来购买维多利亚和阿尔伯特博物馆对面的一块地皮。后来，当国家剧院委员会同莎士比亚纪念剧院合并时，联合小组请求詹妮担任新的执行委员会主席，她领导他们在利奥尼家里举行了第一次会议。

詹妮很快地埋头于这桩事业，她认识到最急需的是资金，她想出了一个主意：在莎士比亚纪念剧院举办 600 人的舞会，客人都穿上莎士比亚时代或都铎王朝时代的服装。詹妮决定扮成《第十二夜》中的奥莉维亚。

举行舞会的同时，还举行了乔治五世的加冕典礼。加冕礼于 6 月

22 日举行，克莱门亭·丘吉尔是皇家包厢中的客人，而詹妮却不是。当晚，伦敦烟花冲天，詹妮宴请弗雷德里克·埃德温·史密斯，后来的伯肯黑德伯爵，并"步入昏暗的大街上去看球场俱乐部外燃放的烟火"。后来，詹妮和朋友为参观次日的海军演习乘汽车到了艾克斯伯里。

1911 年夏，与德国可能发生战争的议论甚嚣尘上，9 月，阿斯奎斯首相轻易说服了温斯顿入阁，担任海军大臣。

同时，詹妮又有了一个壮丽的构想，莎士比亚纪念剧院的舞会仅仅是它的序幕。舞会只举行了一夜，易于被人忘记，并且只是局限于有爵位的和有钱的人参加。为什么不创设一种机构，能更长久地存在，让众多的人参加呢？

她的计划是把伦敦的一部分改建成伊丽莎白时代的城镇，人们可以由 20 世纪径直步入 16 世纪。詹妮得到曾重新设计阿尔伯特大厅的埃德温·路屯斯爵士的支持，他保证伊丽莎白时代的建筑物是真实的，残留至今的房屋、教堂、市政厅都需要重修或翻造。

然而展览会的内容比建筑物更多，需要有莎士比亚曾见到的市井生活，以及市民中发生的种种事件，各行各业都像那时一样营业。一座环球剧场的模型被建筑起来，一群演员每日在那里演出，正像莎士比亚时期一样，只是女角由妇女担任，而不再像古代由男孩子扮演。舞台上应有风流绅士，以及后排观众发出的议论。还要有一个幸福剧院，用 16 世纪的乐器演奏 16 世纪的音乐，要有跳土风舞的广场，也要有正规的举行舞会的大厅，还要有杂耍、露天戏、歌唱和竞技。总之，把"莎士比亚的英国"整个地展览出来。

地点选在伯爵宫，靠近泰晤士河，那里年久失修，净是些破烂房屋和老剧院。詹妮的计划是重修那些现存的建筑物，直到能用为止，再新建一些必需的。

为了给这个巨大计划提供经费,她用甜言蜜语从考克斯银行搞到40,000英镑,这笔钱是她用计谋从有钱的朋友那儿弄来的捐款。"还需要另外15,000英镑,"乔治·韦斯特后来写道,"詹妮让我向利兹夫人求助,她是我的好友,一个美国百万富翁的遗孀,其夫把所有东西都留给了她……我不愿干这桩事……然而,我经过反复考虑,仔细地研究了这笔款的数额,得出的结论是:虽然有危险,但是如果对银行有利的话……她可以有理由帮助我妻子。"

乔治去见住在巴黎的利兹夫人,带回了这笔巨款。利兹夫人对乔治毫不掩饰的爱是伦敦社交界公认的。

伦敦《每日邮报》此时认为詹妮是"伦敦最忙的女人"。

> 她总是精力旺盛,这是由于她的美国血统。当她作为伦道夫·丘吉尔夫人第一次来到英国时,她给伦敦社交界一个巨大的刺激。她永不满足于过平淡生活,现在她手中握有一个比过去已经实施的计划大得多的新计划。

几个月后《每日快报》也进行了报道。

> ……从搜集到的种种事实看,她(詹妮)是一直不知疲倦地工作着,每天上午11点她就到伯爵宫,一直停留到深夜。在这里,她有一所逗人喜爱的都铎式房屋,此时伯爵宫就是她的家。
>
> 人们和她交谈,认识到她对工作的热情,她深入工作且掌握全部细节。到这时候,人们就开始明白,温斯顿·丘吉尔是多么像他母亲。他从父亲那里继承了政治才干,但他旺盛的精

力却是来自他的美国母亲,且是海军部里最受爱戴的人(1911年10月他已被任命为海军大臣)……

皇后大殿里的舞蹈和比赛并不是韦斯特夫人所唯一关注的事。她还要考虑环形剧场,在这里,在众多"未来的大事"中,有由一位业余爱好者表演的《仲夏夜之梦》,利顿夫人饰蒂塔尼亚。

演出的每一个细节都逃不过她的眼睛,都铎时代商店的招牌,更是她的杰作。

韦斯特夫人是"浪荡财主们"应该效法的极好榜样。伯爵宫实际上是已被抛弃了,是她使它复活了,不仅给伦敦增添了一个具有特色的娱乐场所,而且为千百工人找到了工作。她之所以做这些,绝不是为了名利(韦斯特夫人的地位、名声早已十分显赫),而是因为对有益事业的兴趣,也出于对紧张工作的纯真的爱。

韦斯特夫人是有权有势名媛们的朋友,她与同时代有名的男女人士都有亲密关系。她写的回忆录是可供我们暇时阅读的我们时代的秘史。她整天在伯爵宫奔波不息,一心扑在游乐计划和有关展览会的每件琐事上。

这是非常令人不可思议的,在某种意义上说,也是非常激动人心的。

要想知道这位指挥有方的女士是怎样成功地监督着每件事,并物色恰当的人选去完成她那无数的计划,这是有点困难的。她的嘴巴非常紧,并有一副天生的组织者特有的像在说"没有什么能使我不安"的镇静面孔。另外,她没有时间浪费在争论和饶舌上。

她本身是委员会,由各下属委员会协助。说到她的工作,韦斯特夫人毫不担心。她正在敏捷地使事业取得重大成就，要成功而不努力工作是不可能的。她所创建的是一个新伯爵宫，这儿有一种新的精神。

詹妮所出的"骑士比武"的主意，虽然就历史而言与伊丽莎白时代的英国无关，但效果是所有节目中最迷人的。这种比赛是从艾凡赫时代以来英国人未曾见到过的。宏伟的皇后大厅改建成和沃里克城堡的庭院一模一样。

詹妮说服了各位公爵和其他贵族穿戴上他们家族世传的甲胄——或借来一些装备——表演古代骑士参加格斗比赛。他们以14英尺长的木枪互相攻击，根据刺中对手而得分，不管他们是否摔下马来。然后是混战，12个骑士持剑相互袭击，从别人的头盔上割下装饰的羽毛。

为庆祝"莎士比亚的英国"展览的开幕，詹妮在"人鱼酒家"举办了一系列宴会，宴请朋友和欧洲的皇族。

一天夜里，她的来宾签名簿出现了意外，来客署名很简单：金斯基。他的妻子过世已经有一年了。金斯基不单是一位客人，而且已经同意在露天剧"艾兰特公主"里担任侍从，艾兰特公主则由黛西·普莱斯王妃即乔治的姐姐扮演。乔治当然也出席了宴会，这对詹妮来说一定是一个有趣的夜晚。很容易想象出她在同伴们中一定十分活跃，但要想猜出当她的目光不断从乔治身上转到金斯基身上时到底在想些什么，却不是一件容易的事。

在过去几年里，乔治并不是一位模范丈夫，他和热情洋溢的利兹夫人的暧昧关系仅是很多桃色事件中的一个，更为严重的是他对帕特夫人持久的殷勤。正像帕特夫人所叙述的那样，"世界上有时会发生意想不到的事情，乔治·康沃利斯-韦斯特真的被我迷住了……我相信他的生活是不愉快的，于是我把友谊与爱情热烈地献给他……这引起了难以忘却的流言、误解和痛苦"。

沙恩·莱斯利曾引用了司汤达的话说："在法国，女人们互相监视；在意大利，她们则监视男人。"他还补充说："在英国，她们两者都做。"詹妮亲口以解嘲的口吻对一位朋友说："今后，没有女人会去爱一个诚实的男子。"

如一位戏剧评论家所说，帕特夫人是令人烦恼、使人心醉的谜一般的女人。她使乔治感到无比重要。詹妮一心一意埋头于她的"莎士比亚的英国"展览会，乔治觉得他只占有她生活的一个小小的角落。他对她的出类拔萃感到不快。此时，詹妮和乔治常常发生激烈的争吵。

"最初，他拜倒在她肉体的风骚上。"《双妻记》里说，"当这些变得平淡无奇之后，他确实不爱他妻子了。他厌恶吵架，但她则喜欢吵架。现在已到了中年，他一直容忍她，他所希望的是平静和安宁。她允许他集邮，努力不去妨碍他。"

乔治的爱好是打猎、钓鱼和女人，为了这些他频频远游。他俩互不见面的次数越来越多，时间越来越长了。莎士比亚展览会正处于高潮之中，在"人鱼酒家"詹妮的客人留言簿上，有人曾这样写道："噢，幸运夫人，祝你吉祥如意……"

但不幸的是这只是异想天开的希望，"莎士比亚的英国"，从历史角度看是成功的，但在财政上却是失败的。赛会是豪华的，比赛是激动人心的，但花费太大，得不偿失。和詹妮合作的有名的剧院老板科克兰说："她的想法是极好的，是钱使她为难，她花钱似流水。"科克兰带来更多的余兴节目：博览会有游览小铁路、万国马戏团，詹妮还表演了风琴独奏，但最后展览会仍然赔了钱。

乔治·韦斯特常常觉得他和詹妮的主要争论是关于钱的。在他写的小说里，男主人公对他妻子说：

> 我告诉你，我们不可能有充裕的财力，再也付不起你所需要的规模越来越大的娱乐活动了。我们没在这所房子住已达6个月了。我说的话你丝毫也没听，或者只听进去一点点。现在我觉得我处于非常难堪的境地。
>
> ……卡斯汀夫人被惊呆了。她的丈夫现在直率地面对着她，表现出讥讽的神情，她想起她很久以前就想表现出同样的表情，但即使没有完全压灭，也成功地忍住了……

婚姻已经死亡。对乔治来说，爱情早已消失，嫉妒代替了爱情。此时，他感到自己永远不会成为詹妮家里的男人。凯西尔这样说他是合适的：他并不一心只打算赚钱，然而钱是衡量他成功的标准。杰克·丘吉尔的说法是正确的：他忍受不了紧张劳累。

此时，乔治有他自己的想法——帕特夫人也这样激励他——他想成为一名剧作家或小说家，但这都是他们不切实际的幻想。詹妮58岁，他37岁，但她比他年轻，他不仅没有她那种青春之火，而且也缺少她那种才能，并且几乎根本没有她所具有的品质。他也没有她那种高贵的、典雅的、时髦的意识。1912年12月24日詹妮写道：

> 最亲爱的乔治：
>
> 我高兴地准备给你写信——打击严酷地降临了——如果这件事发生了，就不会很快结束——当它过去之后，我们都会更愉快——感谢上帝，我有体力、精力及足够的勇气在生活中独

自战斗。

1913年1月2日，乔治回信：

最亲爱的詹妮：

感谢你的美好的信，我曾想过给你打电话，但是老实说，不要认为现在我能忍受你宝贵的吵闹声……

詹妮于1913年1月20日提出离婚申请，下一个法律步骤是向她丈夫提出恢复夫妇权利的命令，并于1913年3月3日下达。这个案件作为"韦斯特对韦斯特案件"记入法庭案件档案中。

"遗弃的特征是什么？"法院院长塞缪尔·伊文思问。

蒂维尔顿勋爵说："被告人（乔治·康沃利斯－韦斯特）离开他们在诺福克大街的住所，12月底和1月初确实通过信，要求他返回住所，他却拒绝返回。"

"韦斯特夫人。"庭丁喊。詹妮恰在此时进入法庭，走入证人席。有人记录了当时的情况：

她面容娇美，体态庄严，身穿黑天鹅绒服装。优美风雅的黑貂皮由两肩垂下，无边女帽戴在浓密的黑发上，一双手放在大黑貂皮手筒里，带金链的秀丽的钱包摇晃着。她宣了誓。

她显然患了重伤风，声音嘶哑，但她平静低声地回答问题。

"你是本案的原告吗？"蒂维尔顿勋爵问。

"我是。"韦斯特夫人答。

"你是于1900年7月28日嫁给你丈夫的吗？"

"是。"

"从那时起,你们家曾在不同的地方住过,近来则住在诺福克大街,是吗?"

韦斯特夫人点头表示肯定。

"去年12月23日被告就离开了诺福克大街,是吗?"

"是这样。"

"12月29日你收到了一封信吗?这封信你在向法官的陈述中披露了出来。"

"我说过。"韦斯特夫人认真地回答。

"12月31日你回信了吗?"

"是的。"

"你在1月3日又另外给他回了一封信吗?"

"是的。"

"从那时起他回来过吗?"

"没有。"

法官翻阅着夫妇间来往的信件,此时审判暂停了一会儿。没有当场宣读这些信件。

"被告是在国内吗?"塞缪尔·伊文思先生问。

"我不能肯定。"哈维·莫非先生(律师)答。

法院发出恢复夫妇权利的例行命令。康沃利斯-韦斯特夫人同她进入时同样平静地离开了法庭。

《北美》杂志驻英记者发了一篇通讯。

康沃利斯-韦斯特夫人非常盼望法庭诉讼尽可能平静、没有诽谤。除非绝对不可避免,她不希望牵扯任何人。

韦斯特夫人的两个儿子,温斯顿和杰克,盼望他们的母亲能顺利离婚……

离婚还需通过另外几个步骤,有关的法律程序将在下一年进行。在这期间,詹妮另有计划来消磨时间和集中注意力——她要写第二个剧本。三年前她已写出一个提要,并为此断断续续地进行了几乎一年的工作。阿尔弗雷德·韦尔林在他的格拉斯哥新艺术剧院已为此剧上演做好了准备。

《议案》是一出政治剧,詹妮向一位记者描述如下:"这是一出关于政客的戏……既不是传道者的戏,也不是论战的戏,而是一出政界喜剧。包含若干调情情节、爱情纠葛及父子冲突,多少能接触到一点邪恶。"

剧评家对此剧给出了很高的评价。《议案》牵涉到普选,写到了由妇女帮助她们的丈夫或爱人得到权力的政治策略,观众亦对此剧反响强烈。

向乔治·韦斯特提出的离婚诉讼进行得很顺利。现在他和帕特夫人更公开地待在一起了。詹妮对他俩的评论是:"唷!乔治显然喜爱浅黑型女郎。我总是被当作吉卜赛人,至于帕特夫人——当然了,她只是一只墨水瓶。"

帕特夫人仍同乔治·萧伯纳通信,两人仍处于一种爱情关系中。萧伯纳已结了婚,但仍未圆房,他已57岁,自己承认爱着帕特夫人。她写信给他说:"乔治对于我,比我自己的生命更为宝贵。"

萧伯纳给她回信,称她为"最神圣的爱人"。

我恳求你不要由于谈到你嫁给乔治而认为我是在破坏你们的家庭……你一提到乔治,我就十分清醒地明白,你要嫁给他的全部世俗原因……所以,虽然我喜欢乔治(我们有共同的爱好)……我是说他年轻我年老,所以可以让他先等一等,直到我对你厌倦了……关于你,我是一团幻想。我不可能不对你迅速地厌倦了,没有什么东西比能持久地延续下去更离奇了。你不可能真正成为我想象的那种人,你只是我少年时代的梦中人——全部的浪漫……我保证,我一定尽快地厌倦你,以便及早给你自由……

萧伯纳这时正在写《皮格马利翁》(*Pygmalion*),主要是为了帕特夫人。她继续和他交往,但当他打算拜访她并与她同床时,她却拒绝了他。他回答道:

很好,走开,失去一个女人不是世界末日。阳光照样明亮,游泳照样愉快,工作照样有益。我的灵魂能忍受孤独,但我深深地受到伤害。我对你过分好了,过于崇拜你,把我的心都献给了你(像我献给古人一样),希望你能了解它,但是你并不了解它。那么,去吧!别让萧伯纳的氧气灼伤你的小肺,你去寻找一个适合于你的安乐窝吧。你是不会嫁给乔治的!到了最后时刻,你会害怕他,或被更鲁莽的人所驱逐。你伤害了我的虚荣心:这是一种意想不到的无礼和不能宽恕的愚蠢行为。再见,我所爱的可怜的女巫。

詹妮提出离婚诉讼后,温斯顿和克莱米邀请詹妮与他们出海旅

第三十八章 破镜

行，改变下环境。詹妮同意了。出发前，她还在惦记剧作演出的事。

离婚诉讼的下一步于1913年7月15日开始。詹妮的律师们申请在"推事室"审问此案，失败了。此案原来是排在后边，他们设法把它提前了。

"昨天她站在证人席上。"报纸报道。

> 她是容貌不凡的女性……她的次子杰克·丘吉尔陪着她出庭。他们及其律师悠闲地站在挤满人的走廊里十来分钟。这时，院长审理完当日的穆斯布鲁吉尔诉讼。后来到四点钟，对穆斯布鲁吉尔一家命运感兴趣的男男女女群集在法庭外边，还有一些听不到抗辩的夫妇陆续进来，坐到空座里。
>
> 韦斯特夫人进来了，坐在靠近证人席的位子上。

法庭上重述了事实背景，还补充了"乔治·康沃利斯－韦斯特先生自3月28日到31日和一个不知名女人住在帕丁顿的西方铁路大旅馆"。当问到她丈夫是否同意执行关于恢复婚姻权利的命令时，詹妮回答："他不同意，阁下。"法庭证言继续进行。

> 德鲁先生，私人调查代理人，苏格兰场前检察长，一位白发"名侦探"。他告诉审判长，他到过帕丁顿。一个女服务员露伊沙·敏特从相片上认出了康沃利斯－韦斯特先生。女服务员说，她亲眼见到上尉和韦斯特夫人自3月28日到31日住在西方铁路大旅馆。她微笑着说，她从行李上知道了他们的名字，她还曾在罗素先生的办公室里见到过康沃利斯－韦斯特先生。
>
> 敏特小姐要离开证人席，这时，史密斯先生拦住了她。

"再问个问题，"他说，"你在旅馆所看到的那个女人，就是坐在你下方的那一位吗？"

女服务员向下看，乔治·康沃利斯-韦斯特夫人往上看。

她们匆匆地互相瞥了一眼，女服务员说："不是。"

故事到此为止。院长同意宣告离婚。

詹妮得到一张解除婚姻的离婚判决，但要过 9 个月判决才能最后生效。

那年夏天，乔治和姐姐黛西到南美去旅行。詹妮也去旅行了，只是大部分是在欧洲大陆。

那年冬天，海军大臣温斯顿请求他母亲给一艘新战舰命名为"希望号"。她被告知只能起这个名，并祝愿一帆风顺。"我高高兴兴地去格拉斯哥，"她后来写道，"在那儿举行下水仪式。我在码头上对着群众微笑，接受了献花……"她还说，"当巨舰缓慢地滑下造船台时，支架的断裂和砍断绳索的轰隆声"掩盖了她"一帆风顺"的祝愿和她的其他讲话。

"现在该吃午饭啦。"舰长说，"我们有非常好的一伙人——至少 500 人，他们都在等待您发表演说。"

詹妮解释道，别人已经特别关照她，她没有必要演说。有人对她低声说，他们打算送她一件漂亮礼物。"我相信是路易十六金质饰链。"舰长补充说。作为海军大臣的母亲，她肯定知道所有与海军有关的事。"确实，您儿子把所有的事都告诉您了吗？没有，好吧，您总可以以我们的同胞横越大海为题做一次演说吧？"

在最后的离婚判决临近的日子，黛西断定让詹妮当弟媳总比让一个臭名昭彰的女演员当弟媳要强。她拍来电报："给你拍了两次电报，不要真离婚。"

但 1914 年 4 月 14 日詹妮写信道:

亲爱的乔治:

惠勒先生捎来你的口信,将于星期一做出离婚宣告。我知道你将于星期二结婚。你不要怕我会说什么,我不愿谈论你。我们好似从未相识,这次真要分手了。

看在我们共同度过的一些愉快日子的面子上——你今后若遇到了困难,要来找我帮忙,我的门总是为你敞开的。我将把我的婚约和结婚戒指还给你。再见。

莫尔顿·弗雷温曾粗鲁地说:"漂亮的乔治·韦斯特将于星期二与帕特·坎贝尔夫人结婚——离婚最终判决是星期一,他们一起干了一件傻事。"

1914 年 4 月 16 日,最终判决后一小时内,乔治·韦斯特和帕特里克·坎贝尔夫人结婚了。典礼在登记处举行,只有两个朋友出席做证人。"坎贝尔夫人的结婚礼服是黑色绸缎做的,她头戴黑帽。她在登记表里填写的年龄是 47 岁,而康沃利斯-韦斯特比她年轻 8 岁。"

午饭后,坎贝尔夫人离开她在肯辛顿广场的家,乘汽车到登记处;家里人知道她要结婚,并离开两三天。星期六晚上,她要在皇家剧院上演萧伯纳的《皮格马利翁》,而"现在正在进行排演"。

很少人知道这个秘密:"……康沃利斯-韦斯特夫妇在婚礼后立即离去,据说他们将住在乡下。"后来人们引用帕特夫人的话说:"这是夫妇间长期无休止的别扭后的一片安宁。"

1914 年 4 月 7 日,在《泰晤士报》分类广告栏中出现了这样一个通告：

> 我，詹妮·斯宾塞·丘吉尔，通常叫伦道夫·丘吉尔夫人，在这以前称作詹妮·康沃利斯-韦斯特夫人，住于伦敦州多佛大街32号。特此公告：自1914年4月1日起我正式宣布废除我前述的这个姓：康沃利斯-韦斯特。今后凡签署，一律使用斯宾塞·丘吉尔这个姓，不再使用康沃利斯-韦斯特。

第三十九章 奇峰

詹妮生活的下一篇章是充满意外事件的,她的生活不是徐徐展开的,她经常更新自己,她的精力及她的爱情生活也常奇峰突起。

利奥尼谈到1914年年初的一个阴冷下午,她的姐姐詹妮来看她。由于离婚和乔治的迅速再婚,詹妮很悲痛,那天她露出痛不欲生的神情。她还悲叹她的经济不稳定和常常堆积如山的账单。现在她的儿子们都有自己的妻子和儿女,都在过自己的生活;她的朋友们死的死,散的散;詹妮本人是60岁的人了。诉说了一番她的忧虑和烦恼之后,她离开了。那晚,利奥尼本想去参加舞会,但是詹妮的话使她沮丧,便决定不去了。第二天,一个朋友打电话给她,给她描述了那美妙的夜晚的情况。知道谁是舞会上压倒群芳的美人吗?当然就是詹妮喽!

克拉丽塔的儿子休·弗雷温打算在罗马与密格南欧公爵的女儿结婚,詹妮要去参加婚礼。她住在她的年轻朋友塞莫尼塔公爵夫人维托利亚的宫廷里,那里有高大的法国梧桐林荫大道,使整个庭院显得宁静而可爱,前门两侧有石雕大熊,内庭花园里有7个喷泉,还有构成图案的种着美味芬芳的墨西哥红橘的花坛。结婚庆典在大饭店举行。休介绍一个朋友——蒙塔古·波齐给詹妮,他在尼日利亚殖民服务处就职。他很漂亮,有神气的小胡子,身材瘦长,头发过早地白了。

"我仍记得初见她的一刹那……她正和几个朋友坐在一起,她穿着绿色礼服,个子高矮不记得了,但看起来她非常漂亮。"波齐邀她跳舞,詹妮微笑着说:"我认为你最好是和年轻姑娘跳舞。"波齐37岁,比温斯顿小3岁。

几周前，利奥尼为詹妮60岁生日举行了寿宴。宴会后，她来到利奥尼的房间，沮丧地坐到床上，回忆往事。想当初，每当她大模大样地走进一间屋子时，她知道每个男士都在转头盯着她，那是多么叫人陶醉啊。然而好景不长，红颜易老，又是何等的可悲。即使如此，这位年轻英俊的男士却显然仍为她的秀美所倾倒。她外甥沙恩·莱斯利后来这样评论她："即使她活到100岁，她仍可以和年轻男士结婚。"

对某些类型的青年来说，詹妮不仅是一位绝色美人，而且还意味着一种不可抗拒的向新世界的探险。乔治·韦斯特、蒙塔古和另外一些人都有这样的看法。他们肯定也把她当作代理母亲，她有他们所没有的魄力、决心和坚强，相比之下，他们则较脆弱而且缺乏独立性。

但詹妮却向利奥尼道出了她的灵魂秘密，她的精力开始消退了。

> 我希望我们能彼此多见面。生命是短暂的，我们俩都是不幸的失落者。事实是，我们都是"马大"而不是"马利亚"①。绝不能让没有真正价值的杂事耗费我们的时间，使我们分离。我们帮助冷酷无情的世界做坏事，这个世界只要我们会微笑和伪善就够了。人类常为空名虚掷生命。为他人而生活，听起来是对的——你这样做了，亲爱的——但是结果是什么呢？你处处都不愉快。至于我，一切为停止自私而做的努力，都遭到了挫折。我的儿子们并不真正爱我，甚至给我的友谊也不多。责任当然在我。每天我反思内省，觉得更加孤独了，而这却是致命的。

---

① 《新约·路加福音》第十章记载，有姊妹俩，姊马大事多心烦，妹马利亚则皈依耶稣而多福。

第三十九章 奇峰

詹妮从来不会让这种自怜自叹延续太长时间,她总是觉得某些人或某些事比她自己的问题更重要。现在,最危险的莫过于在欧洲迅速逼近的战争。詹妮已和温斯顿谈论过此事,并写信给利奥尼:"……他好像在考虑欧洲形势最坏的方面,并认为战争不可避免。我写信的时候,内阁的命运悬而未决。"后来,和温斯顿共进午餐后,她又写信给利奥尼:"温斯顿真'伟大'。"在讨论一个政治问题时,她已告诉他:"如果发生了战争,你会站在对面说,他们将会胜利。"

"那有什么要紧,"温斯顿答,"如果能从战争中获得好处……"

8月1日,詹妮又写道:"简短地告诉你,温斯顿告诉我们,法国兵已给国王陛下写了一封充满感情的信,请求陛下给以援助,可能今天就动员舰队……"

同晚,温斯顿在海军部官邸宴请一位朋友,一个副官带进一个电报匣,温斯顿用钥匙打开了它,看到其中只有一句话:"德国已向俄国宣战。"

"你坚定如磐石,"吉青纳后来对温斯顿说,"舰队已做好准备。"

奥匈帝国皇太子弗朗西斯·斐迪南——奥地利和匈牙利的王位继承人被暗杀,激起一片混乱,各国纷纷订立条约,欧洲分裂为两个阵营。暗杀阴谋是在塞尔维亚策划的,德国皇帝支持奥地利攻击它的宿敌。俄国动员起来了。英国建议会谈,德国要求英国在扩大了的冲突中保持中立,英国拒绝作此保证。8月2日,德国向俄国宣战,次日,向法国宣战。英国询问德、法两国,他们是否尊重比利时的中立,法国同意,德国拒绝,并派兵侵入比利时。

英国向柏林发出最后通牒,要求德国8月4日午夜前自比利时撤军。前一天的8月3日,在外交大臣办公室里,格雷子爵说:"我们正站在我房间的窗户旁……天色渐渐昏暗，我们看到下边灯火辉煌。"格雷子爵对他的客人说，"全欧洲灯火已灭，我们一生中再也看不到它们重新点起来了"。第一次世界大战已经爆发。

对于詹妮和她的姐妹们，这也是富于戏剧性的绝望时刻。过了不久，每个姐妹都有一个儿子上了前线：杰克·丘吉尔、休·弗雷温、诺曼·莱斯利。诺曼在战争初期就阵亡了。

利奥尼失去儿子，处于极度痛苦之中，她决定为战争出力，在军人饭馆洗盘子。一天夜里，她看见了一张熟悉的面孔，原来是乔治·康沃利斯－韦斯特，他又当了军官。"我离婚的日子是我一生最悲伤的。"他告诉她。"对于我的姐姐，则可能是最快乐的日子。"利奥尼刻薄地回答。

乔治·韦斯特发现他也不能成为其第二位妻子的一家之主。当帕特夫人主演《皮格马利翁》时，他自己却在打扫房间。他还发现第二位妻子也像第一位夫人一样奢侈浪费，他很快将面临破产。

查尔斯·金斯基亲王又悄悄进入了詹妮的生活。他妻子死后，他和詹妮经常见面。他参加过她的"莎士比亚的英国"展览，他一直在克拉基斯大街保留着一套寓所，离她家只有几个街区。如果他们曾有过结婚念头的话，是战争使之不可能了。作为奥匈军队的后备军官，金斯基被召回服役。

"1914年7月赛马周结束时，我和他告了别。"金斯基的密友乔治·兰布顿回忆说，"他离开这里去为其祖国而战，而其祖国却站在他一直痛恨的德国一边。他爱英国和英国人民。"谣传金斯基宁愿毁掉赛马也不愿它为英国军队服务，事实是金斯基请求兰布顿将他的马和其他马匹一起分配到英国军队，兰布顿照办了。

为了不同英国朋友作战，金斯基要求到俄国前线。他侄子克拉里

第三十九章 奇峰

亲王说起 1915 年在俄国前线遇到他叔叔的情况："我见他坐在公园长凳上读《泰晤士报》，他对我说的第一句话是——用英语——'真怪，某人在战时竟坚决反对赛马……'"当时，轻骑兵团少校金斯基是军团指挥官的副官。"俄军于 1914 年 10 月撤退。"克拉里亲王写道。

一些哥萨克分队留在后边，藏在大树林里，身穿便衣，不断搞侦察、破坏，一有可能就捉俘房。当地道路无法通行汽车，电话线遭到破坏。电话打不通时，司令部内的情报由副官骑马传送，这些副官通常要带一个警卫。但查尔斯·金斯基不同，我记得有一天他独自一人来了，当将军问他为什么不带警卫时，他说他一人足可以对付几个哥萨克士兵。在回去的路上，他被两个哥萨克士兵拦住，他抽出手枪，用俄语大声向他们喊："他们是他的俘房。"哥萨克士兵被老少校的异常反应和喊叫吓得惊慌失措，结果，他们被带到了奥军司令部。

金斯基不时同在英国的管家联系，管家仍照料他在克拉基斯大街的房子。管家给他的一封短信说："昨天我见到伦·丘吉尔夫人，她让我告诉您我看见她啦，她身体健康……"

实际上，詹妮身体不好，常常闷闷不乐。她的外甥奥斯瓦德的日记记载："莫德·沃伦德夫人来了，带爸、妈和詹妮姨（她不如相片好看）去吃午饭。"她很快驱散忧闷，和莫德夫人走遍军营和医院。詹妮弹钢琴，莫德·沃伦德唱歌，詹妮有时也参加合唱。莫德夫人回忆，詹妮 "脑子里装满优美的故事，是一位有强烈幽默感的有骨气的朋友，是最好的伙伴"。她记得詹妮讲的一个故事，是关于她宴请一位美国参议员的，这位参议员到得很晚，未带妻子，他脱口说道：

"丘吉尔夫人，请原谅我，我遗憾地说今晚我妻子不能陪我来，她正在分娩……"

不久，詹妮在火车站为万千士兵筹建食堂，帮她小姑在乡村开办一个为伤员服务的疗养院，募捐并为美国妇女战地医院在南德文郡的佩恩顿觅得院址，招募工作人员。她是执行委员会主席。

詹妮写到过伤员们是如何的勇敢。"一颗子弹由面部穿过的人，还佯装着微笑，眨动一双眼睛……"；当第一批伤员乘火车到达他们镇上的时候，一个表示怀疑的市民说："……那么，战争真的在继续……"；几个伤员谈起在前线双方的战壕离得那么近，以至德军和英军能互相听见对方的歌声；新到的伤员恳求："护士小姐，请让我们死了吧……"

最使詹妮恼火的是一些假装心善的社交界女士，她们带着伤员驱车兜风。在佩恩顿医院，她们"讨那些缠着引人注目的绷带的人喜欢。你们最近给我们的一批军官，实际上根本没受伤，人人都知道这一点"。与此相对照，詹妮讲到她的年轻朋友莫德·沃伦德的小女儿爱丽诺·沃伦德，她曾在"缅因号"医疗船上同詹妮一起工作过，现在在法国前线医院服务，在那儿，她"在福尼斯和敦刻尔克不断遭到大炮轰击，整夜睡在满是老鼠的地窖里"。

詹妮成为在兰开斯特街一所医院的"气派十足的护士长"。莫德·沃伦德夫人曾记得詹妮是多么努力工作，她"一贯严格要求自己"。事实上，有了为他人服务的机会，詹妮为此感到真正愉快："我们已经吊儿郎当地度过我们渺小、平凡的大半生，吃吃喝喝、舒舒服服、沾沾自喜地对付着我们的例行公事。"

杰克的儿子佩里格林·丘吉尔记得他祖母带他到兰开斯特街的医院，她把大部分时间花在那里。詹妮希望她的小孙子能亲眼看看一些

第三十九章 奇峰

伤员，以此来端正他对战斗英雄的观念。他也记得她常常纠正他对"伊普尔"（Ypres）一词的读音，这是比利时的一个城镇的名字，那儿发生过多次血战。只有一次他见到祖母发怒打人，当时在医院里发现一个被安排当看守人的童子军竟擅离岗位，吃着橘子到处闲逛，詹妮打了他一耳光。

詹妮是一位尽职的祖母，她不仅给孙子们以挚爱，而且也给以教育和遗产。她和儿子杰克对音乐的热爱已经传给了杰克的儿子佩里格林。有一次，那时佩里格林可能是5岁，祖母正在参加午宴，他在另一房间里用钢琴，弹奏一支听来的曲子。詹妮当即离开宴席来到他的身旁，告诉他这支曲子来自一出歌剧，并讲了剧情给他听。这出歌剧是《齐格弗里德》，她为他弹了主旋律，包括用乐音模拟鸟群的惊叫声。之后，她又告诉他她曾去听过一次演奏，在那里鸟声是由一个很胖的女高音歌手唱出来的，詹妮鼓起面颊表示这个歌手有多胖。

她继续给他讲，因为歌手太胖，爬不到舞台的树上，只好站在纸板树后的箱子上，假装爬上了树。詹妮告诉他，这并无大碍，因为这位歌手有优美的嗓音。"你不用管歌手是不是胖子，"她说，"只要好好听，好好用你的想象力。"

佩里格林·丘吉尔一直没有忘掉这个片段。它不单是件真事，还是祖母和他的谈话方法，好像他已不是一个孩子而是一个少年。

孙子们叫她"奶奶"或"奶咪"，他们总喜欢见到她，"因为她总带礼物送给他们"。他们喜爱她，因为她很宠爱他们。当她的两个儿子尚未成年时，她是一个重要政治人物的妻子，丈夫和儿子都需要她经常关心；现在她的时间是自己的，她带孙子们去参观、郊游、坐汽车、去剧院、去音乐厅、参加宴会。

一次，她带着温斯顿和克莱米的儿子伦道夫去参加另一个孩子的生日宴会，娱乐节目是魔术师变把戏，小伦道夫显然不大喜欢。他突然跳到椅子上大喊："你，停止！乐队，演奏！"那个人就真停止表演了，乐队也真的演奏起来。詹妮肯定会想，这孩子多么像温斯顿啊！

詹妮也很关心她众多的外甥、外甥女。沙恩·莱斯利说："她永远是指挥，我们都跟着她。"

奥斯瓦德·弗雷温的日记记载："在詹妮姨家吃午饭……带我们去斯克劳斯看战争图片……詹妮姨妈胸怀宽阔。"而后，他又补充："带着我到海军部去看温斯顿，然而他正在参加内阁会议。"

1915年，温斯顿为在达达尼尔海峡的惨败而痛苦万分。在此之前，他已去安特卫普，如果阿斯奎斯首相允许他指挥此城的保卫战，他将自愿辞去海军部的职务。阿斯奎斯拒绝了。后来，温斯顿提出了一个有助于更快结束战争的宏伟计划，这是一个极为错综复杂的方案，即进军并打通达达尼尔海峡，切断土耳其与盟国的联系。这样将控制巴尔干国家，为英国在东部战场的胜利扫清道路。这是从后路偷袭敌人。温斯顿的朋友、同道费希尔勋爵开始支持这个计划，后来又反对，但温斯顿强行通过了这一计划。

英国官方军事史记载："土耳其海军士兵士气沮丧，如果舰队第二天发起攻击，显然，甚至德国军官此时也没有成功防御的希望。"然而，三艘英舰在布雷时被炸毁，主舰队司令官中止了行动，费希尔勋爵拒绝撤换他。

战后，达达尼尔海峡德军司令利曼·冯·桑德斯说："如果那时执行了命令，世界大战的进程在1915年春就改变了，德、奥不得不单独继续作战。"

相反，当几个月后英军步兵进攻加里波利附近时，他们遇到刚补给过的敌军，敌军有备无患，有加深了的战壕和充足的装备。结果是一场大灾难,英军伤亡超过 20 万人。失败引起了英国政治危机,建立了新的联合政府——温斯顿·丘吉尔却没有入阁。

这个办事缓慢因循的政府,现在开始认识到温斯顿 6 个月以来所讲的话的意义了。詹妮写信给利奥尼说,"如果他们过去坚决执行达达尼尔海峡政策,那么几年以前君士坦丁堡早已在我们手中。我们私下里说,温斯顿怎么会预见到此事,令人震惊……"

早些时候,詹妮向克拉丽塔表述过她对温斯顿的关心。

> 我担心温斯顿无事可做,他会非常悲伤的。当你已掌了四年舵,辛辛苦苦,可是一切都白费劲了,为什么?他在海军部的工作没有任何错误,却把他革职了;相反,陆军部犯了巨大的错误(吉青纳在加里波利),无法推卸责任的人却把真相掩盖起来,由此而得到嘉德勋章。真叫人气得肺都要炸了……

温斯顿自己对这段被迫闲散的生活做了生动的描述。

> 从在海军部的紧张工作突然变为一个可有可无的顾问而无所事事,这真叫我喘不过气来。像一只海牛从深海中浮起,或一个潜水员突然升起,我的血管像忽然减压似的要裂开……我现在有了长长的我不想要的空闲时间。有时,我身上每根筋都在燃烧,要行动……

温斯顿和她母亲同去参加一个宴会,主人无意中听到了他们的谈话。他记得,詹妮建议她儿子作画,两人的谈话听起来好像丈夫徒劳地把高尔夫球打出沙坑,一位纯洁的妻子在数落他一样。在接下来的星期日，温斯顿在乡村用一个儿童颜料盒试验作画，第二天上午他又买了一盒颜料和画架。他对此并不陌生，当他还是孩子时，他曾陪着母亲向 E.M. 沃德夫人学作画，而这还是他学生时代真正喜欢并擅长的少数科目之一。他曾写信告诉他母亲关于他画的山水、小桥，他还写了很多以画代字的信。

现在他母亲的建议对他再恰当不过。"作画非常有趣，"他后来写道，"看着各种各样鲜艳的颜料，巧妙地把它们挤出来，互相配合，然后你所见到的便自然是十分迷人的景象，吸引你专注于其中……我不知道还有什么别的活动能像这样既不损耗身体又有无穷的心灵乐趣。"

真的，观看温斯顿作画之后，维奥莱特·邦汉·卡特夫人说："我觉得练习作画是他唯一消磨时间的方法。"

"他最近的画很好。"詹妮后来写信给利奥尼，"拉维里说，如果温斯顿愿意以绘画为职业，他也能搞得很好的。当然，他只把绘画作为麻醉剂。"

这场战争成为历史上最残忍的战争，有30多个国家卷入战争旋涡，伤亡名单越来越长，好像没有止境。詹妮的许多朋友遭到个人损失，谈话常常变成沉默，并往往充满悲哀，晚会也很少举行。詹妮的精力越来越多地集中到家族里的问题上。克拉丽塔的女儿克莱尔——她嫁给了威尔弗雷德·谢里登，已是两个孩子的母亲——她的丈夫在战争中失踪，估计已凶多吉少。詹妮同陆军部有联系，她第一个得到了这个消息。

听到温斯顿要求重返法国前线参加他的老部队，詹妮大为吃惊。那时，他住在克伦威尔路他的兄弟家里。弗·埃·史密斯回忆说，他有一次去访问，"整个屋子正乱成一团糟，原来那位政治家想去当兵，已紧握了利剑。楼下,他忠实的秘书马什哭了;楼上,伦道夫夫人担心卓越的儿子要进入战壕而陷入绝望之中"。

从前很多次,当她的儿子们要上战场时,詹妮总向他们道别。但这一次,每件事都像预示着不祥。在医院里,她见到很多伤员,她知道还有许多死亡和失踪的士兵。她知道温斯顿是无畏的,他所需要的是到前线去战斗。"请明智点。"她告诫他,"经过十来年的文职生活,我认为你不应该再到战壕里去拼命,我肯定你不会去'当傻子'——记住,你命定要做重大的工作,我深信你会成功……"除了以这些话相激励外,她只能为他祈祷。

这时,她和儿媳们见面的次数多了,她与克莱门亭和古妮同住在克伦威尔路。克莱门亭在一家军需工厂上班,詹妮大部分时间都和小孙子们在一起。她和克莱门亭及古妮的关系是最理想的——亲近但不亲密。年轻女人们感到她盛气凌人,并感到她自然对儿媳们坚持过独立生活持妒忌心理。然而詹妮经常资助她们生活费,她们的丈夫不在家时还给些零用钱,对此她们并不拒绝。

詹妮之所以能够资助她的儿媳,是因为她给《皮尔逊》杂志写了一系列文章得到一些稿费。那些文章后来被收进一本叫《名人杂谈》的书中。

她第一篇文章刊登在1915年9月的一期上,名叫《战神与爱神》,谈及战时的婚姻问题。詹妮把自己写了进去,对婚姻进行了剖析,批评了那些不知结婚与战争有很大不同的、以冷眼看待世界的人。她还引用这样的话:"结婚是战场不是安乐窝。"她尖刻地评论:"你的空中楼阁没有任何基础,那就是为什么它这么容易建造的原因……"

詹妮最有资格写的是紧接着一期的一篇评论《论"浪费"》。像她支持战时节约一样,她不无伤感地提出观点:"……我们依靠浪费、奢侈才获得某些东西，因为节约和投机冒险很少并肩而行。"也可以说，如果她不是终生浪费，她永远也不能像现在这样在社交界活动。如果她没有挥金如土，她也就不能使她的儿子温斯顿和杰克登上现在的地位。

詹妮的另外一些短评，涉及各种各样的题材。她对妇女参政的观点经过多年的修正，现在她相信她们的事业"最终必定通向胜利"。她称赞她们由激烈地议论到和平示威的战略转变。她喜欢英国的新型妇女，"今日，不论什么阶层的姑娘，已不满足于赶上她们的美国姐妹，她们希望走向'一个更美好的未来'……"然而"独立"可能走得太远，她写道，因为一个男人"对刚才在球场上猛烈攻击他的姑娘是不会温柔地低头的"。

她拒绝将不同时代的人进行比较，认为这是一种陷阱，"因为我们在不同条件下生活"。她同情那些要求从无聊的家庭中解放出来的姑娘，"但当她得到自由时，她常常会觉得没有一个男士相陪的独身生活是沉闷无聊的"。

詹妮给"罪"下的定义是"过大的欲求"。

她的文章因其良好的记忆而变得丰富多彩。成功和失败有何关系？一个画家朋友告诉她："我的成功是建立在别人失败的基础上的。如果他们的画不这么糟，人们也不会认为我的画这么好。"

关于友谊，她说："像对待你的肖像那样对待你的朋友，把她们放在最明亮的地方。"她描述的完美的朋友的特点是：多情、热烈、敏感。

自1916年开始，詹妮处于困境。她总为秀丽的腿和娇美的脚而自负，但是因严重感染不得不动手术切除了一只脚趾。后来又加上家里被盗的不幸。

伦道夫·丘吉尔夫人被盗
皇家礼物被偷

昨天清晨，在西区汉诺威广场，布鲁克大街72号，盗贼进入伦道夫·丘吉尔夫人的公馆，偷走珠宝及私人贵重物品，其中有：一颗嵌有翡翠和红宝石顶的金印和一把金裁纸刀，两件都刻有"爱德华国王赠"的字样；一个大项链盒，刻有"亚历山德拉王后赠"；一个心形金盒，带有绿宝石做猫眼的猫头，下面刻有"乔治赠给普西"；一个黄珐琅框的象牙盒，内有温斯顿·丘吉尔孩提时代的肖像，戴着珠子项链；一个刻有20岁时的温斯顿和17岁时的杰克·丘吉尔头像的小金盒；一个圆形小金盒，以蓝色珐琅镶边，中央是爱德华国王和亚历山德拉王后的肖像。一个贮藏许多小装饰品的金盒子也被盗贼盗走，这是一个扁平的金盒，是可以追溯到安妮女王时代的古董，中央有马尔巴罗公爵一世的半身像，由大力神与战神支撑着。同时，还丢失一件袖珍画。这画至少有一百年的历史，镶着小粒珍珠，显示出一个中年妇女的半身像，梳着头，搽着粉。窃贼是破窗而进入客厅的。

还有更多的不快降临，在其日记中，辛西娅·阿斯奎斯夫人描述了1916年8月8日举行的一次宴会。

谈话是愉快的，我觉得精神很好。科恩斯（约翰·科恩斯将军，陆军军需总署署长）来到这栋房子，由于下列丑闻，有一个调查委员会正在调查他：伦道夫·丘吉尔夫人（黑詹妮爱上了一个士兵，由于她的请求，科恩斯将军任命这个男人为军官，不料另外又有女人进入这场竞争并俘获了这个男人，总之，他对詹妮的强烈感情未作任何反应，并且乱发脾气。她便又劝诱科恩斯降了此人的职，使其又回到原来的列兵军阶……科恩斯这个可怜的人，他有因对"女人"敏感而徇私舞弊的坏名声，但这个故事听起来很不可信……

事情却真是这样的。詹妮可能爱上了某一个俊美的士兵并试图帮助他，她以前也多次做过这样的事。当温斯顿就任海军大臣时，她曾要求他帮助一个名叫克伦多尔的年轻人，但温斯顿不肯答应。"关于克伦多尔，我很抱歉（我认识他），上尉晋级是严格的，是残酷的，唯一能够徇私的事是使它更残酷……"

阿斯奎斯的故事有一部分难以叫人相信。这部分故事说：詹妮反对这个人并力图取消对他的任命。那不是她会做的事，她可能摔烂些瓶瓶罐罐，她会尖刻地嘲笑，咒骂自己瞎了眼，但她毫不卑鄙，报复不是她的风格。

故事的真相完全是另一个样子的，《泰晤士报》上有一篇文章，其标题是：

军事调查
青年军官的严格考验
谴责一个女人

文中指名道姓提到的是在威尔士皇家火枪团的一名军士，他曾经被任命为中尉。文章描述了他被撤职，并"附有一封对康沃利斯－

第三十九章 奇峰

韦斯特夫人的抗议信",事情好像是:新近任命的中尉"一直没有回报"她对他相当不一般的兴趣。在法庭调查中,军官要申冤,并且发现韦斯特夫人"以非常可耻的方式进行幕后活动,且提出伪证"。她还被告发为"不聪明地自夸在国防部掌握大权……夫人存心报复,企图伤害他,这种行为是非常丢脸的"。

调查结果发现这个女人并不是詹妮。那位康沃利斯-韦斯特夫人,原来是鲁森城堡的威廉·康沃利斯-韦斯特上校的妻子——詹妮从前的婆婆。把两人混淆是不足为奇的,她们不仅名字相似,而且都是漂亮女人,都有爱好年轻男子的名声。

一个新的詹妮也渐渐显露出来。她已决定,不再徒劳无益地同时间作战以竭力保持青春,她的青春存在于她的内心。奥斯瓦德·弗雷温在他的日记中提到,他发现了他姨妈的第一丝白发。迷人的"黑詹妮"不再是黑的了。经常拜访她的爱德华·马什写道:"……她突然决定让她的头发、腰围、肤色等一切方面都听其自然,一日之间她变成我曾见过的最美的人。"

但她仍是孤独的。她告诉奥斯瓦德:"当我去剧院时,我常常不得不和我的女仆一起去,因为没有其他人来陪我。"这是夸大了的说法,然而确实很少有人再去拜访她。

那年以后,来访问她的是蒙塔古·菲皮恩·波齐,她在罗马曾见过这个诱人的青年。蒙塔古·菲皮恩·波齐与乔治·康沃利斯-韦斯特只是在英俊这一点上相似,但波齐是两人中力量小得多的人,他没有乔治那种积极向妇女献媚的才能。他的背景是格拉斯顿堡的小地主,他在那儿的邻居描述他是"地位虽低但志行高洁而有同情心的人""一位仁慈的人""一位旧式的谦恭的人""你永远不知道他真正在想什么,他也很少告诉你""……开会时他总是同意大多数""一个非常整洁的人——你以为他总穿着鞋罩，虽然他从来不穿"。

波齐是一位地主绅士，他的家庭象征着最牢固的社会实体，他们的财富最初来自澳洲羊。他的家因在金钱上"吝啬"而臭名昭著，但他家在公益事业上倒很积极。格拉斯顿堡第一任市长就是波齐家族的人。

格拉斯顿堡坐落在绿色起伏的群山之中，距布里斯托尔海峡不远。据说，公元60年，圣约瑟自"最后的晚餐"上带着"圣餐杯"到了那儿，当约瑟把传说中的棒插入地中，它就变成一棵神圣的荆棘，在圣诞节开花。格拉斯顿堡也是英国最古老的基督教堂所在地，那儿仍矗立着古教堂的两根柱子。还有，传说中的亚瑟王也葬于此地。

蒙塔古·波齐热爱格拉斯顿堡。在他久离家乡之后，他终于回来了。那儿曾发生了一幕家庭丑闻，他一个姐姐因在中国毒死丈夫而被判处死刑，后来改判了较轻的刑罚，她回来后和她妈一起住在巴斯附近。

波齐是牛津大学毕业生，曾在南非布尔战争中服役。战后，他参加了考古远征队，骑骆驼横越西奈沙漠，收集古代石器。他是一个居无定所的青年，仍然不想回家。据大英殖民服务处的说法，按惯例第一流的青年去印度（像蒙塔古的父亲所做过的那样），次等青年则去非洲。

服务期满后，波齐回到伦敦。"说来也奇怪，是温斯顿给我找到下一个工作。"那是在1906年，当温斯顿任殖民部次长时，他的秘书爱德华·马什会见了波齐，派他到尼日利亚任三等公使。

> 我记得他（马什）问我："你骑过骆驼吗？"我曾带着猎犬骑过多次，于是我就得到了在北尼日利亚的工作。我在那儿建造了卡杜纳的第一个城镇——几所用泥土和稻草盖的茅舍，为

第三十九章 奇峰

修筑通到卡诺的铁路的工程师们提供了住所。

当他在尼日利亚时，拉各斯《旗报》报道："三等公使捆打两个职员，因为他们不肯在他面前磕头。他规定所有的职员遇见他时，都必须匍匐在地上。"报道中没提公使的名字，但是在尼日利亚只有少数几个英国官员，一些人就认为此人便是波齐。其实很可能是另外的什么人，因为这种行为与波齐的善良举止与性格是不相称的。波齐把花生和棉花引进当地的农业经济，并驱赶豹子使之远离街市。

作为休·弗雷温的朋友，他请假参加休在罗马举行的婚礼。当詹妮拒绝和他跳舞时，他并不坚持。第二天塞莫尼塔公爵夫人邀他在宫廷共进午餐，詹妮当然在座。

"我们又相见啦。"他回忆道，"虽然她在那里只待了两星期，但我们却多次见面，我们看了很多纪念品，谈了很多话。"

他们俩都喜爱音乐，都会弹钢琴。

"看来你的头发白了。"她告诉他。

"这是真的。"波齐微笑回忆，"那是自家的事。"

第一次世界大战前夕，詹妮写给他一封他称之为"奇妙的信"。自那以后，他成为远征军步兵第二十七团所属尼日利亚联队的中尉副官，现在他休假回到英国。他们在短时间内多次见面，在波齐回归联队后，詹妮写信给利奥尼说："我已见到一个年轻人，我可能结婚。"

不久，又出现了另一个年轻人。她与此人交往的目的是为温斯顿的未来事业提供帮助，当时温斯顿已远离她去参加战斗。加文，一个形容消瘦、具有"热情的眼睛"和"可爱的天性"的年轻人。他成了她的常客。加文是《观察家报》的卓越编辑，她说服他鼓吹温斯顿，把他说成是一位当时急需的奇才政治家。后来，加文抱歉地告诉她，威廉·沃尔多夫·阿斯特否定了这个计划。阿斯特是温斯顿的私交，他不希望《观察家报》马上在政治上鼓吹他。

詹妮也和弗雷泽勋爵一起进餐，他在《泰晤士报》上"写过几乎所有的领导人……他是'耸人听闻'的好手"。也有一个长夜，她和好友阿斯奎斯首相在一起，詹妮向温斯顿通报了此事。

在这段时间，詹妮告诉一位朋友，考特·莱平顿上校，说她曾为能见到她丈夫和儿子双双领导过下院而高兴——温斯顿曾担任两个星期的议长，她也为听到他们的离职演说而痛苦。莱平顿也记得詹妮是多么努力地想去改变同温斯顿的政敌的关系。在一次午餐中，她遇到了"奥斯汀·哈里逊，他是温斯顿的一个死对头，后来她带着他走了……"她也与温斯顿政治上的朋友保持密切接触，总是催促他们把温斯顿从前线拉回来，回到政府工作中去。其中有劳埃德·乔治，他继吉青纳之后出任国防大臣。

1916年12月，劳埃德·乔治又出任首相，领导了一个联合政府。他的早期行动之一是邀请温斯顿任军需大臣，温斯顿接受了。

温斯顿回到英国，他的工作是"需要"，他的大部分闲暇时间是和妻子儿女一起度过。杰克也是这样。詹妮对克拉丽塔抱怨说，"她的孩子们从不接近她"。但她外甥奥斯瓦德回忆说，她似乎有其他男友，其中有诺曼·福布斯·罗伯逊，还有一个叫西蒙的男人，一位意大利绅士叫卡撒蒂，一名叫泰勒的士兵，他"曾公开演唱过"，还有其他一些人。

她为法国公益事业委员会筹集救济基金，为此把一本法文书译为英文，书名叫《我回到巴黎》，包括当时一些杰出作家的稿件。她还为一本叫作《妇女的战时工作》的书编写序言，书中收集了多篇关于各国妇女协助战争获得胜利的事迹的文章。在《瞭望》杂志的帮助下，她组织过一系列的午餐讨论会。在会上，她引导法国政治家们，其中包括克里孟梭，讨论了法国在战争中的力量问题。这些讨论会在理兹舞厅举行，入场券总是很快卖光。

有空她就尽量拜访社交界的妇女。她组织了一个歌星合唱队，于1917年12月在劳埃德·乔治夫人的"威尔士人的纪念音乐会"上演唱；她花更多时间和她姐姐克拉丽塔在一起，姐夫莫尔顿已身患重病；她为温斯顿组织一个小型宴会，使他能见到《让家庭生气勃勃》的作者，因为这首歌是温斯顿特别赞赏的；她还告诉剧院老板让他们采用几出经过改编的法国戏剧。

詹妮卖掉了布鲁克大街的房子，又赚了一大笔钱。温斯顿赞成她的做法，因为她在那里也住不长，她没有常性。"不要成为蜗牛。"他告诉她，"没有房子，你照样能过得很好。"她此时在海德公园区西界大街8号买了一所房子。她所买卖的房子，大部分都在这个小范围内。新买的房子是四层建筑，门口有两根圆柱，有一个小花园。上层每个大窗户都通向一个小阳台，可以看见一座古老教堂，楼塔上有美丽的彩色玻璃窗。步行数分钟，就是肯辛顿花园。

当詹妮搬入时，这所房子内部毫无特色，但詹妮很快赋予它生命和色彩。"她对内部进行创造性装饰。"她的外甥女激动地回忆，好像詹妮是在创造布景，"她首先用黄色窗帘挡住阳光……它是可爱的，她改变了那所房子。"

她用旧眼镜壳制成门把手；用着色灯泡，使其发射出更为柔和的令人喜欢的光线；用人造护墙板裱糊客厅，脏后可以擦洗；常用餐桌垫纸代替桌布放在闪光的红木桌上。家具和艺术品都采用英国的（安妮女王时代）、法国的、意大利的、中国的和日本的。

詹妮并不只是修理房子，她的仆人沃尔登恳求以某种方式为战争服务，温斯顿把他安置在司令部里。詹妮不再用男仆，她用女仆充当马夫和侍者。为了使她们看起来更动人，她设计了一种混合制服。她们穿着黑色紧身翻领外套，但剪掉臀部下方，外套里面是白色硬领、黑蝴蝶领结和马甲，辅以纯黑女裙。詹妮把她的女仆打点得像女兵，也分为若干等级。艾迪·马什记得在詹妮家吃过一餐饭，当时罗斯伯里勋爵用了很长时间研究这些女兵。

由于德国齐柏林飞艇的空袭，宴会变得无法预料。黛安娜·库伯夫人描述道："一所房子被炸，厨妇尖声喊叫，伤员被抬到地下室。""后来，詹妮·丘吉尔和莫德·丘纳德来了，都有点跟跟跄跄，疯狂地跳着、喊着。她们正走在路上，被吓坏了，停下来想喝点酒。"她们打算去歌剧院，因为"夜间有空袭，公众需要有人来做镇静的榜样"。

莫德·丘纳德是詹妮的另一位美国老友，曾帮助"缅因号"医疗船筹款。她矮个子，体态纤弱，下巴后缩，嗓音又高又尖，她总戴着很多宝石和戒指，自称为"翡翠"。最有吸引力的是她在格罗夫纳广场的房子总是向娱乐活动敞开着大门。莫德·丘纳德可能颇怀恶意，但她总是活泼、欢乐的。在她的兴奋和珠光宝气之下是一个可怜的、希望幻灭的女人。詹妮是一个很好的倾诉对象。

詹妮也听到温斯顿的牢骚，他埋怨政府不热心，不听他的意见把坦克作为一种主战武器。当他在海军部时，他第一个力主坦克。过了一段时间，他当军需大臣时，对此事做过一些工作。后来，他非常得意，事实证明他是一个预言家。在1917年年末，当坦克群进攻并获得胜利时，詹妮写信给利奥尼：

你知道温斯顿的坦克获得多么大的胜利吗？今天的《每日

第三十九章 奇峰

邮报》多么令人憎恶。温斯顿为此工作,给坦克筹集资金……两年前,他到法国去进行宣传;当他在海军部时,黑格派人请他去讲解。当然,温斯顿并未发明坦克,但如果没有他的预见和推动,它们今天就不会存在。今天,他们想夺走他在推广坦克方面应得到的荣誉,这气得我血液沸腾——他受到了不公正和卑鄙的对待。

詹妮常常到爱尔兰利奥尼的城堡去拜访她,不时也愉快地做点工作。伦敦《每日新闻》约她写几篇政论,她以愉快的回忆写到艾萨克·巴特,"那个气量广阔、目光远大的人",他提出了"地方自治",并寄希望于新近召开的爱尔兰代表大会,"最凶恶的敌人……都在一起友好地讨论了一次爱尔兰问题"。

她评述爱尔兰的政治问题,分析了各种情况,以全面的观点写道:明亮的街道,没有空袭,远离战争。"这些人显然不明白也认识不到如果战争失败,他们愚昧的国家在普鲁士武力残酷统治下将要灭亡……"她的结论是,"只要企图使好的爱尔兰人变为坏英国人",爱尔兰问题就不会得到解决。

大约与此同时,詹妮听到她两个最早的崇拜者的死讯:亨利·德·布勒特伊侯爵和哈里·卡斯特。这时,她64岁,仍然是异常漂亮的女人,面部光滑无皱,眼睛明亮,充满着渴求。虽然她告诉朋友们她计划活到90岁,但她预感到自己将不久于人世。由于她的精力几乎没有衰退,他们并不怀疑她会长寿。事业和社交活动都不能使她无休止的精力得到满足。

"她住在韦斯特伯恩大街新居,非常寂寞。"她外甥西摩·莱斯利回忆说。她常常打电话来叫他去陪她吃饭或弹琴。他说:"我见她哭了。"

她也有看破红尘、冷嘲热讽的时候。她和几个朋友闲聊,一个男士热情洋溢地称赞他所"崇拜的美人",他说:"她的美德价值连城。"

"怎不用钻石比一比?"詹妮讽刺说。

1918年,蒙塔古·菲皮恩·波齐又休假回家了。他想念詹妮已两年多了,仍决定和詹妮结婚。"我认为我忘求婚了。"波齐说。他和詹妮应邀到利奥尼在爱尔兰的城堡去做客。"我们到达城堡的时候已山盟海誓,约定成婚。"詹妮随后向他承认:"你知道我从来没有和我同年龄的人结过婚。"他们在那儿住了两周,迷恋于莫那干森林的静谧,眺望着宁静的湖泊。利奥尼告诉他们:"你们看来是非常幸福和愉快的一对。"

据波齐后来说,温斯顿"非常吃惊"。他的反应肯定比他们的年龄差距——那时他44岁而波齐只有41岁——更强烈。

还有其他问题:会不会使温斯顿在政治上为难?这种婚姻的基础是孤独和爱情一半对一半,它有多少成功的希望?

考特·莱平顿上校和他们共进午餐,在他的日记中记载:"伦夫人的未来是愉快的,波齐先生是聪明和有才智的,明天他们将结婚,准备到温莎去度周末。温斯顿说,他希望这种不相称的婚姻不要因为有他母亲带头而在她的同龄女士中成为一种时髦。"

1918年6月1日,詹妮和波齐举行了婚礼,未通知他人,仪式简单。他们很不引人注意地来到哈罗路的登记处。波齐准确地记得詹妮当时的穿着:"灰外衣和裙子,浅绿色无边女帽,她看起来很美。"

温斯顿作为证婚人第一个在登记簿上签字,而后他对蒙塔古说:"我知道你娶她永不后悔。"

"我永不后悔。"很多年后波齐说。

第四十章 玉殒

"他有未来，我有往昔，"詹妮告诉她的朋友阿德尔·埃塞克斯夫人，"因此我们会相处得很好的。"

在詹妮结婚那天的晚宴上，小说家乔治·穆尔"感到伦道夫夫人很可笑"。辛西娅·阿斯奎斯夫人回忆道："我觉得她可能宁可人们把她当作尼日利亚的白女人，也不愿把她当作伦敦社会中的黑女人。乔治·穆尔说他可以料想他们会以一千零一夜的形式度过他们的夜晚，她每晚讲出她自己的一件桃色事件来使他高兴（穆尔断言，她有两百个情人）——把这些故事收集起来，就是一部《新天方夜谭》。"

这种恶毒的评论很快传遍伦敦上层社会，甚至詹妮也以此向波齐开玩笑说："杰罗姆小姐走向墓地，死了，成为波齐……"但是，詹妮的座右铭是"他们有嘴巴，他们想说什么便让他们说去！"

有一次，詹妮参加宴会，谈话间一位尖刻的女客批评她的品格，"事实上，她把鸡零狗碎的事全拿到餐桌上"。在这难堪的时刻，全屋子安静了下来，在座的其他人都知道，说这话的人是詹妮的好友。詹妮倚在桌子上，飞快抬起她那明亮的双眼，反驳说："聪明的少女总是追求她自己的希望之光。"

有人问蒙塔古·菲皮恩·波齐："难道你不在乎社会上的流言蜚语吗？"他有点惊讶，说："在乎？我在恋爱呀！"

波齐写信告诉温斯顿说，当世人都陷于痛苦时，他却能如此快乐，这是难以置信的。他认为这次婚姻是他生活中最重要的一步，"绝不会走向黑暗"。

"我爱你的母亲，"他说，"我能使她快乐——今后我将和她共担困难和义务，并心甘情愿"。

回尼日利亚之前，波齐带詹妮去巴斯见他母亲。她未参加婚礼，他儿子是他家族中最后一个男人，现在她不能期望有后代了。会见是恳切的、简短的。

詹妮没被同意伴随丈夫到非洲。战争期间限制平民出国，政府甚至不同意波齐所提出的为工作上的需要詹妮必须相随的理由。西非的一张报纸主张发给詹妮一张护照，说尼日利亚需要詹妮的智慧，以推动国家去纠正一些不正当的行为。

詹妮写信给她姐姐说："可怜的波齐非常寂寞。"克拉丽塔把她儿子奥斯瓦德来信的一部分读给詹妮听，信中说詹妮应该和"蒙塔古"在一起，"英国的习俗是已婚夫妇应尽可能团聚"。詹妮为此很不愉快。

虽然有一位有权势的朋友告诉她没有希望，记者们注意到詹妮用"很多时间去说服官方给她一张护照"。她写信给利奥尼："我感到做什么事都这么无力，但我必须试一试。"而后她又补充："生命是如此短促，我已经度过了大半生。"

很多人感到詹妮并没有真正尽最大努力去搞出国许可。"她说她愿去尼日利亚，但她永远不会去。"近年成为波齐密友的哈德利·赫克夫人说："她年岁太大，受不了热。人们猜疑，不管天热不热，假若是金斯基或乔治在尼日利亚，詹妮就会想一切办法到那儿去的。"

"结婚与我的战时工作，在任何方面都没有抵触。"詹妮向报界说，"我将一如既往，但我不想说我的计划是什么。"说实在的，她真不知道她的计划是什么。有一件事她是肯定的，就是不愿人们知道她已经是蒙塔古·菲皮恩·波齐夫人。她一度改名为乔治·康沃利

第四十章 玉殒

斯－韦斯特夫人,结果是大伤了她的自尊心,她不希望那样的事重演。婚后她又到过布伦海姆宫,她签名为伦道夫·丘吉尔夫人。她说:"对此,她没有丝毫势利的想法。"但她确实希望正当地恢复她这个堂皇的名字。她补充说:"我的孩子们要求我这样做。"

伦敦是一个阴沉的城市:看不见汽车,人们是悲哀的、忧愁的,詹妮工作过的兰开斯特街医院充满了"可怜的酗酒的士兵"。已经公布了四年来的伤亡名单,商品定量供应,希望渺茫。后来军事形势转变,打了很多大仗,取得重大胜利。突然——难以置信地——一切都过去了。

1918年11月的停战条约把人们心中积压的挫折和恐惧一下子发泄出来,激动到了发狂的程度。在伦敦,互不相识的人臂挽着臂游行,高声歌唱;姑娘们爬上车顶,挥动旗帜,车里的人持续不断地鸣喇叭。那天夜里艾迪·马什带着剧作家约翰·德林克沃特和诗人西格弗里德·萨松(他曾是兰开斯特街医院的病人)去参加詹妮家的宴会。他后来写道:"狂饮的庆祝正酣……"

爱德华国王的逝世为詹妮带来一个时代的结束,现在,第一次世界大战的结束,标志又一个时代的结束。詹妮64岁,大多数同龄人不知不觉地退出了社交界。他们既没有这种嗜好,也没有为这种庄严仪式准备更多应酬的仆人。这个新时代有了新的基调,迅速代替了庄重和谦和,汽车开得快了又快,正餐饭菜的道数减少了。更多的应酬在饭馆举行。年轻人跳土耳其快步舞,一夜之间,从一个夜总会跑到另一个夜总会,高声大笑,十分快乐。詹妮是青年队伍中的一员。

事实上,她比她的老式丈夫更有朝气。他来自宁静的乡村,习惯于一种固定不变、常规的社会。战争结束后,他辞掉尼日利亚国内服务部的工作,回到伦敦。他希望自己在詹妮生活中占更大的分量。他把格拉斯顿堡庄园的地皮卖掉一些，投资詹妮购买的伯克利广场的房子。她把房子装饰后卖了 17,000 英镑（80,000 美元），赚了一大笔钱。赫克夫人轻蔑地说："但她立即把钱花得精光。"

当然，她确实花光了。她不愿改变她的生活作风，波齐也不希望她改变。几年以后，他说："我只希望你知道我们共同生活得很愉快，从未有过沉闷的时刻。"

他们逛遍法国。詹妮的朋友仍然很多，宴会上出现一些新的、令人兴奋的人——斯特拉文斯基、毕加索、拉威尔、普鲁斯特、詹姆斯·乔伊斯，其中一些人后来到伦敦回访詹妮和波齐。詹妮也邀请老朋友，如亚历山德拉王后——当王后来时，波齐不得不"打电话叫警察在外边保卫"——但现在她有更多青年朋友。斯科特·菲茨杰拉德及其妻子泽尔达在她家见到温斯顿，起初他们认为他"很难说话"，后来却发现，他"是那么活泼可爱"。

沙恩·莱斯利记得波齐是多么高兴啊，好像他是从蚕茧中挣扎出来到了新世界似的。他似乎仍看得见那个年轻人如何惊奇地瞪大了眼睛。

在这些交往的间隙，詹妮深深地追念那些老相识们。查尔斯·鲁道夫·安德列亚斯·金斯基亲王于 1919 年 12 月 11 日死于奥地利。他的朋友乔治·兰布顿写道："如果曾有人因心碎而死，那么，金斯基便是其一……"

詹妮与波齐能同享快乐，并不使人震惊，但她从未因为得到他而更愉快，更多的是因为她现在需要一个"需要她的人"。她仍为温斯顿安排些小型宴会，以便会见某些特定的人。而克莱门亭举行的大多数宴会则是为了职业上的需要。詹妮仍常常给杰克写信谈些商业上的交易之类的事情，但杰克现在也有自己的交际。然而波齐却完全依靠她。

在娱乐嬉戏和热热闹闹中过了一年之后,现在波齐觉得自己该工作了,况且他和詹妮都需要钱。詹妮征求杰克的意见——她现在常常这样做。温斯顿仍在政府工作,并于1919年当了陆军大臣兼空军大臣,所以通常詹妮很难见到他。杰克劝他母亲投资,他也肯倾听她的意见,一贯地崇敬她。

波齐自身的条件很差,他所具备的唯一的真实知识是关于尼日利亚的。对具有这种知识的人来说,尼日利亚充满可能赚钱的投资机会。杰克和温斯顿决定给他提供到那儿去调查旅行的资金。

1921年年初,波齐离开伦敦去尼日利亚,他开始憎恶人们对他的怠慢和嘲笑,他说:"我宁愿在南非战争里中弹,或在黄金海岸忍受蚊子叮,也不愿忍受在伦敦客厅里受人怠慢的讽刺。"

他走后不久,詹妮写给他一封短信,那信他总是珍藏着。

亲爱的:

祝福你。再会。我爱你胜过世上任何事物。当你不在的时候,我将尽力做你希望我做的一切事。

又:爱我和想念我。

詹妮后来说:"我第二次婚姻是浪漫的,但不是成功的;第三次结婚是成功的,但却不是浪漫的。"

她现在67岁,又孤独了。她应怎么办呢?

她打算飞行。在一次宴会上她遇到一位快活的、戴单眼镜的人,他在皇家空军工作,不久,她坐在了他飞机的小柳条椅上,以每小时90英里的速度飞行。"一次不平凡的经历,像坐着双座马车在云层上奔驰一样。"

她想演电影。她曾和一群青年参加一次宴会,当时一位电影导演建议他们都到他那儿为慈善事业临时演一部片子。在座的每个人都比詹妮小40岁。"但是我们从未考虑那个。"奥特林厄姆夫人说,"她正是我们中的一员,詹妮是年轻的。"

她对一位青年歌手有好感。这位威尔士女歌手名叫福斯特,初次登台,临出场前,她紧张得全身发抖。一位具有"非凡的眼睛"的老妇未经介绍走近了她,使她镇定下来,那便是詹妮。

她是好发议论的。"伦道夫·丘吉尔夫人曾评述道,美国布告是荒唐可笑的。一位费城牧师贴出布告:'合乎道德'的女长上衣,颈下裁得不能超过3英寸,离地面不能超过7英寸半。詹妮对报界说:'根本就不存在道德服装这种东西……只有人才能说是道德的还是不道德的。'"

她愿意帮她家里人。美国大使馆不可思议地拒绝她外甥女克莱尔·谢里登进入美国。克莱尔曾到过俄国,雕塑过列宁和托洛茨基的半身像。詹妮发现在英国有她的档案材料,她知道侦探曾看到一位报纸编辑到克莱尔的住所,常常待得很晚。这家报纸被认为是亲莫斯科的,所以政府怀疑这里边有阴谋。詹妮拜访了美国大使,解释说克莱尔为这个编辑雕塑了一个半身像。克莱尔得到了签证。

詹妮陪克莱尔到车站,劝她说如果她在那儿不愉快,就快点回来。克莱尔记得"那天早晨她是那么漂亮和热忱"。

她的端丽仍保持一种当代的特质。她的白发,"不像老妇而像路易十五时代的侯爵,活泼的女友们喜爱这白色蓬松的卷发"。

她的活动日程表包括莎士比亚协会和青年会的种种事务。没有她不能熟练跳的新舞,很少有当代的好书她没读过。她的才智仍然是敏

第四十章 玉殒

锐的,在描述一位多情的绅士时,她观察到他"废话多于行动"。

很多朋友恳切邀请她,要求她到他们那儿,愿待多长时间就待多长时间。1921年春,她接受了来自维托利亚,即塞莫尼塔公爵夫人的邀请。詹妮从佛罗伦萨写信给利奥尼。

> 我将像小天使一样幸福而甜蜜地回到家里(原文如此)。这地方多么美丽!我的生活多么有趣!我玩得这么痛快,而你却被爱尔兰的内战包围着,想到这点儿我又感到自己太自私了。
>
> 温斯顿、克莱门亭和我与拉维里一家住在卡普戴尔,温斯顿画了一些讨人喜欢的画。维托利亚乘汽车接我,我看到罗马很华美,赛马,跳舞,还有古董商人。维托利亚的宫殿妖媚迷人,但不像科隆纳宫庄严,我在那儿吃过饭——那里是如此富丽堂皇!
>
> 她们都入迷地玩桥牌,赌注很大。你知道我玩得是多么糟,而且罗马人非常贪得无厌!我不得不停止玩牌。
>
> ……我已买下了一些可心的东西……

詹妮在"最好的罗马鞋店买了几双雅致的拖鞋"。公爵夫人后来看到詹妮的脚娇美得"难以想象"。公爵夫人回忆,"我们游览了很多地方"。

> 我们找遍了所有老古董铺。詹妮花钱大方,她对花钱的热情是她的一种爱好。她仍是一个美妇,黑眼睛的光辉不减当年,她的脸型总是值得赞美。萨金特为她画的像,非常神似,她是南方浅黑型的美人。

公爵夫人也记得她多次谈起温斯顿,她"坚信他的能力"。詹妮曾说:"温斯顿的肩膀,宽得可承受任何重担。"公爵夫人还讲道,詹妮"绝对肯定'温斯顿所做的每件事'都是正确的"。

詹妮在生气勃勃的罗马之行后,接受了弗朗西斯·霍妮夫人的邀请,访问萨默塞特的梅尔斯庄园,那里距她丈夫在格拉斯顿堡的祖居很近。"小杰克·霍妮"的家,高居一块岩石上,有一个宽大的阳台,可俯瞰下面的湖泊。梅尔斯庄园是一所华丽的房子,光线从"乔治王的"窗户射入室外,无数樱草花和野风信子闪闪发光,室内的家具是旧式的,庞大而舒适。

喝茶时,詹妮穿上她新买的意大利鞋,急忙走下陈旧的楼梯,当剩下最后三阶时,她摔倒了。霍妮夫人回忆说:"我确实不知发生了什么事,但我听见了她的摔倒声和呼叫声……她无法站起来,我扶起她,把她的背和脚垫上椅垫,打电话由弗罗姆请来医生。医生一刻钟就来到了,说'左腿近脚踝处严重骨折'。"

骨头接上了。两天后,由一位医生和一位护士随乘救护车返回伦敦的家中。医生诊断,伤仅是脚踝正上方两根骨头折断,有一点错位,踝部与脚肿得很严重。治疗过程起初是良好的,但这两星期内,一部分皮肤变黑,开始腐烂,当她发烧到有生命危险时,叫来了温斯顿。

"尽管时间晚了,他以特有的敏捷,立刻请来外科医生。检查结果是,必须立即进行手术,两小时内完成。"当医生告诉她要截腿时,詹妮平静地要求他查明,截得要够高。最终在她的膝盖上部截断。

亲人们为詹妮感到伤心难过,但詹妮不需要怜悯。手术后詹妮恢复得特别好，她健康有力。当爱丽诺·沃伦德来访时，詹妮欢迎她说："您瞧，我把我最好的脚放在前边来欢迎您……"

6月28日，手术后两星期，奥斯瓦德带着百合花来到韦斯特伯恩大街。

"我问她是否愿意见我，她同意了！"

利奥尼姨妈在那儿，她（詹妮）看来还像老样子，一个一个地询问我家的人，她很愉快，但痛得皱着眉头。她说她从未认识到，在她的医院里，那些人遭受了多么大的痛苦，并说："痛得越厉害，那些鬼医生越高兴，他们说这表明健康正在恢复。"

利奥尼低声说："你不要待得太长。"詹妮无意中听到了，说："不，我喜欢听你们这两只猫说话……"

她收到大量的信件，其中一封来自一位缺腿的士兵，那是一封动人的短信，他希望伦道夫夫人能得到像她从前照料他那样的照料。

仍在尼日利亚的波齐终于接到消息，立即准备返回伦敦。

6月29日清晨，詹妮醒来，感觉良好。她情绪很高，询问利奥尼儿媳的情况，后者在那天早晨生了孩子。过后，她吃了丰盛的早餐。忽然，没有任何前兆，断腿的大动脉突然出血。她喊："护士，护士，我流血了。"护士带着止血器械急速进来，但她已流失了大量的鲜血。

恰巧布克·科克伦夫妇当时在伦敦。布克和利奥尼驱车赶到詹妮家，她已处于昏迷状态。杰克已经来了，温斯顿也来了，他仍穿着睡衣。

当天晚些时候，奥斯瓦德·弗雷温打电话给利奥尼的儿子沙恩·莱斯利。沙恩问他："你听到消息了吗？"

"没有，什么消息？"弗雷温问。

"关于詹妮姨妈……"

"我刚接到母亲的电话，说她病危。"

"她死啦。"

奥斯瓦德被告知不要让他妈妈克拉丽塔知道这个消息，但她已到了特拉法尔加广场，已经见到新闻海报的标题："伦道夫·丘吉尔夫人仙逝。"另外一张有黑边的海报，简单地写着："伦道夫夫人逝世。"

"他们在3点把詹妮放入棺内，8点盖上。"弗雷温1921年6月29日的日记写道。

> 母亲和我及利奥尼姨妈一起去了。我第一次看见一个人准备入棺……我不想去，但得陪着母亲……对詹妮本人及其遗体，我心灵上毫无反应。死后的她不像她本人，这正如来自伊夫林·莱伊的吉利卡勋爵一样。我以前见到的她，嘴周围没有皱纹，鼻子和闪光的眼睛上搽着粉，充满愉快。现在嘴紧闭着，双唇不是双弓形而是新月形的，嘴角下垂，冷酷得像一个武士长。鹰钩鼻子，面色如土，华美的眉毛，这好像是罗马皇帝或印第安人首领的遗体。她叫我联想起的唯一妇人是我可怕的祖母。她死于1896年，我们全都见过她的肖像。

7月1日，温斯顿给伊斯林顿夫人写了一封颇有见地的信。

第四十章 玉殒

……总之,她没受更多的痛苦;也从未知道老年、衰老和孤独。杰克和我将非常想念她,但对她自己来说我不知道她是否失掉很多。在她面前有长时间的严酷考验,当考验终结时,只能是部分的和有限的暂停。

……我希望在她安葬前,你能最后见她一面——总之,生活的阳光和风暴都过去了。她容貌依然美丽、光彩。自她的痛苦开始以来,她已蹙眉度过30年。

我记得,在她的全盛时期,我曾像孩子似的赞美她的容貌。每想起这些,好像80年代和90年代的古老灿烂的世界又回来了。

7月2日,全家乘预定的维多利亚式马车到帕丁顿车站,再转乘火车到牛津。窗帘半掩以防止烈日。这是一个小小且沉默的团体:两个儿子、两个姐妹、三个外甥、她的管家沃尔登、几个朋友及亚历山德拉王后的代表。西摩·莱斯利记得温斯顿对他说:"你也非常爱她。"

在牛津,他们乘汽车走了最后的8英里,越过干透了的土地,到布拉登的教堂,在那儿举行了葬礼。这是一个幽静的乡村教堂,好像世外桃源似的藏了起来。同时在伦敦圣玛格丽特教堂举行追悼会。

"她躺在大量的奇花异草之中。"沙恩·莱斯利写道。

我献上两盏祭坛灯,它们将整夜通明,约翰·拉维里先生将此景绘于画布之上,在两灯间放一张耶稣受难像,增添了悲悼的气氛。的确,在这最后时日所遭受的巨大苦难,使她的灵床可以同耶稣受难的十字架相提并论。……血浓于水,她的儿子们和姐妹们无不悲痛欲绝……温斯顿处于一生中最大的悲哀中,他弯下了腰……我们都把玫瑰花扔进她的墓穴中……

一处儿童运动场紧挨着墓地——詹妮会喜欢这儿的。她葬于丘吉尔家族的领地里,长眠在伦道夫勋爵的旁边。有朝一日,他们的两个儿子也要埋在这里。

乔治·韦斯特送来一个花圈。蒙塔古·菲皮恩·波齐仍在自尼日利亚归来途中的船上。

詹妮对温斯顿的影响和对他的帮助,将会公正地证明她在我们时代的历史地位,但是她一生的意义远比这一点多,也比一位英国国王宠幸过她、还有许多男士爱恋过她更多,当然也比她所从事过的政治活动、文学评论、医疗船工作、写作和演出活动以及战时的工作等意义更多。

詹妮是上流社会的活动家和热心人物之一,在她的时代中,没有一个妇女在历史上所占的地位比她更重要。由此,她建立了自己的天地,制定了自己的法则。她的勇气和她的端丽一样超绝,她的激情和她的智慧、她的精力和她的想象力也都并驾齐驱,冠绝一时。

她曾和一位朋友谈论往事,詹妮同意这样的看法:如果她们能再从17岁开始,她们能做的事也不过就是她们已经做过的那些事。最多不过是做得稍多些。"如果我们已经尽其所能,那么我们也只好如此了。"

阿斯奎斯首相这样评论她:"她生命的每一时刻,都活到了极致。"(She lived every inch of her life up to the edge.)

那就是她的墓志铭。